T0194829

metzler kompakt

Bernd Engler / Eberhard Kreutzer / Kurt Müller /
Ansgar Nünning (Hrsg.)

Englischsprachige Autoren

113 Porträts

Verlag J. B. Metzler
Stuttgart · Weimar

Achebe, Chinua
Geb. 16. 11. 1930 in Ogidi, Nigeria

Mehr als fünf Millionen Exemplare sind von Chinua Achebes Erstlingsroman *Things Fall Apart* (1957; *Okonkwo oder Das Alte stürzt*, 1983) verkauft worden. Er steht vielerorts in Lehrplänen afrikanischer Schulen und Universitäten, und über keinen afrikanischen Autor sind so viele wissenschaftliche Publikationen erschienen. Der Roman handelt vom ersten Kontakt der Igbo mit der Kolonialmacht Großbritannien, vom Beginn des Kolonialismus. Geschrieben hat A. das Werk kurz vor der Unabhängigkeit Nigerias, am Ende der Kolonialzeit. Er hat einen historisch verbürgten Fall des Widerstands gegen das britische Vordringen aufgegriffen. In seiner Fiktionalisierung rückt er das Igbo-Dorf Umuofia in den Mittelpunkt, um die Spannungen zwischen kulturellem Wandel, verkörpert durch Obierika, und konservativem Beharren, verkörpert durch Okonkwo, Inbegriff aller Igbo-Tugenden, zu illustrieren. Okonkwo hat sich als Krieger ausgezeichnet, ist aber durch zwei Tötungsdelikte in einen Konflikt mit seiner Gesellschaft geraten und endet ehrlos durch Selbstmord. Er hat einen Kolonialpolizisten getötet, um sein Dorf zum Aufstand gegen die Briten anzustacheln. An den Anfang des Romans stellt A. den Gründungsmythos Umuofias, der mit dem Sieg über den Geist der Wüstenei die Überwindung des Chaos durch gesellschaftliche Ordnung verdeutlicht. A. zeigt Umuofia als Gemeinwesen, das auf einer klaren Rechtsordnung aufgebaut ist: Erst die Kolonialmacht verwirft diese Ordnung. Unter dem Vorwand, den »Wilden« Zivilisation zu bringen, öffnet sie der Korruption und Willkür die Tür. Okonkwos Selbstmord – ein Verstoß gegen die Erdgöttin – symbolisiert den Zerfall der alten Ordnung. In der Schlußpassage gibt A. dem Distriktverwalter das Wort: Als Beleg seiner zivilisatorischen Mission wird er in seinem Buch über »Die Befriedung der Wilden am Niger« der Geschichte Okonkwos ein kleines Kapitel widmen. In diesem scheinbar belanglosen Wechsel der Erzählperspektive faßt A. die Grundkonstellation postkolonialer Literatur zusammen: Der Diskurs über Afrika wird von den Kolonialisten beherrscht, das Afrikabild ist aus Ignoranz und rassistischer Arroganz verzerrt worden. Bis zu dieser Passage belegt der Roman, daß die Geschichte Afrikas vor Ankunft der Weißen eben nicht »eine endlose Nacht der Barbarei« war, daß die Afrikaner selbst das Wort ergreifen müssen, um das Bild vom »dunklen Kontinent« zu korrigieren. In der Figur des Distriktverwalters stellt A. einen Hauptvertreter des afrikanischen Kolonialromans bloß: Joyce Cary, der ebenfalls Distriktverwalter in Nigeria war. In A.s Augen repräsentiert er die Arroganz und Ignoranz des Autors im Kolonialdienst, der im Gegensatz zum einfühlsamen Künstler der literarischen Tradition des Westens steht.

Things Fall Apart hat die realistische »Achebe School« begründet. Die folgenden Romane *Arrow of God* (1964; *Der Pfeil Gottes*, 1965), *No Longer at Ease* (1960; *Heimkehr in ein fremdes Land*, 1963), *A Man of the People* (1966; *Ein Mann des Volkes*, 1966) und die Kurzgeschichtensammlung *Girls at War* (1972) führen A.s Projekt der Wortergreifung für eine afrikanische Geschichtsperspektive fort, von der Kolonialzeit in den 1920er Jahren über die Unabhängigkeitsbewegung bis zum ersten Militärputsch und dem Biafra-Krieg. Heute betrachtet die Kritik A.s Erzählwerk differenzierter. Über die rein reaktive Intention des Gegendiskurses (»writing back«) werden A.s Romane als Illustration dessen gelesen, was Theoretiker der Postkolonialität wie Edward Said oder Kwame Anthony Appiah propagieren. Auch A. hat in seinen Essays die literarischen Repräsentationen der Postkolonialität durch theoretische Erwägungen ergänzt. In »The African Writer and the English Language« (1965) stellt er klar, daß die Nationalstaaten Afrikas eine historische Konsequenz des Kolonialismus sind, also die Autoren, die in den Kolonialsprachen schreiben, nur diesem Faktum Rechnung tragen. Aber A. beansprucht für sich, die englische Sprache so zu modifizieren, daß sie seinen Vorstellungen von afrikanischer Expressivität genügt. Damit hat A., der seine Erzähltexte in Englisch, seine Lyrik aber in Igbo schreibt, in dem Streit, in welcher Sprache afrikanische Autoren schreiben sollten, eine pragmatische Position markiert und eine Lanze für sprachliche Experimente mit Varietäten des Englischen gebrochen. A. hat sich zudem mit der Imagologie und den hegemonialen Strukturen des Afrika-Diskurses auseinandergesetzt, wie er über den Kanon der »Great Tradition« perpetuiert wird. Nachdem er Kolonialautoren wie Joyce Cary, Graham Greene und John Buchan auf ihren Platz verwiesen hatte, nahm er sich in »African Literature as Restoration of Celebration« (1991) einen Schlüsseltext dieser Tradition vor, Joseph Conrads *Heart of Darkness* (1899): Er habe lange gebraucht, bis ihm klar wurde, daß er nicht an Bord von Marlows Boot den Kongo aufwärts fahre, sondern einer der Wilden sei, die grimmassierend am Ufer tanzen; Conrad entwerfe ein Bild von Afrika als dem fundamental Anderen, der Antithese zu Europa und zur Zivilisation, als Ort, an dem statt der Intelligenz, Bildung und des Anstands die Bestialität des Menschen vorherrscht. Auch mit seinen Essays hat A. eine neue Tradition begründet, die des Afrika-zentrierten kritischen Diskurses. Nach 20jährigem Schweigen hat A. mit dem Roman *Anthills of the Savannah* (1987; *Termitenhügel in der Savanne*, 1989) nochmals eine Neuorientierung in der afrikanischen Literatur eingeführt: die multiperspektivische Erzählweise. A. be-

schreibt die Militärregime nach dem Bürgerkrieg von vier verschiedenen Standpunkten. Drei Schüler des Lugard-Gymnasiums repräsentieren drei Entwicklungsmöglichkeiten des unabhängigen Nigerias. Sam, Chef der Militärjunta, steht für die autoritäre Macht. Chris, Sams Informationsminister, vertritt die korrumpierte Privilegentia, die überall mitspielt, solange sie persönlich profitieren kann. Ikem, Journalist und Dichter, träumt von einer ›Graswurzel‹-Demokratie, die allein den afrikanischen Humanismus politisch umsetzen könne. Durch ihren Lebensweg und die persönliche Freundschaft miteinander verbunden, werden die drei zu tödlichen Kontrahenten. Ikem wird von Sams Geheimdienst ermordet, Sam fällt einem Putsch zum Opfer, Chris wird auf der Flucht von einem Polizisten erschossen. Die vierte Perspektive ist die von Beatrice, die zwar mit allen drei Männern liiert ist, aber ihre Unabhängigkeit bewahrt und als einzige überlebt. Sie repräsentiert das (Über-)Lebensprinzip in einer von Männern korrumpierten, außer Kontrolle geratenen Gesellschaft. Die feministische Kritik hatte A. wegen seines Frauenbildes in den früheren Romanen heftig kritisiert. *Anthills of the Savannah* zeigt auch darin einen Neuansatz, daß Männerdominanz als destruktiv gekennzeichnet wird und die maßgebliche Bedeutung der Feminität für die Aufrechterhaltung der Humanität betont wird.

Eckhard Breitinger

Ackroyd, Peter
Geb. 5. 10. 1949 in London

Peter Ackroyd, der als experimenteller Lyriker, Essayist, Kulturkritiker, Rezensent, Herausgeber, Biograph und Romanschriftsteller tätig ist, bewältigt in seinen fiktionalen und kritischen Werken die Gratwanderung zwischen publikumswirksamen Bestsellern und mehrfach preisgekrönter Literatur mit Bravour, obwohl die Texte als hermetisch verschrieene postmodern-dekonstruktivistische Thesen auf hohem intellektuellem Niveau reflektieren. Nach A.s Aussage finden sich die Themen und theoretisch-philosophischen Vorannahmen seiner Biographien, Romane und lyrischen Werke bereits in dem Essay *Notes for a New Culture* (1976), dessen Titel auf T.S. Eliots *Notes Towards the Definition of Culture* (1948) anspielt. Dieses literarphilosophische Manifest faßt in polemisch zugespitzter Form die Erkenntnisse des nach dem Abschluß des Clare College in Cambridge (1968–71) durch ein Stipendium ermöglichten Studiums an der Yale University 1971–73 zusammen, wo A. mit den Thesen der sogenannten *Yale Critics* konfrontiert wurde. Der Text deutet die englische Geistesgeschichte als Verfallsgeschichte, da England seit der Restauration den Anschluß an außerinsulare Modernisierungsschübe verpaßt habe und sich bis in das 20. Jahrhundert an einem essentialistisch konzipierten *aesthetic humanism* festklammere. Dieser negativ konnotierte ›Humanismus‹ manifestiert sich laut A. vornehmlich in den Konzeptionen von Selbst, Welt und Sprache und ignoriert als modernistisch charakterisierte, sprachzentriert-konstruktivistische Entwürfe von Subjektivität, Realität und Kunst, die A. im Rückgriff auf Theoretiker wie Roland Barthes, Jacques Derrida und Jacques Lacan entwickelt. – Analog zu den Thesen des Essays verwischen sowohl A.s Biographien über Ezra Pound (1980), T.S. Eliot (1984; *T.S. Eliot*, 1988), Charles Dickens (1991), William Blake (1995; *William Blake: Dichter, Maler, Visionär*, 2001) und Thomas More (1998) wie auch seine bislang neun Romane die ontologische Differenz zwischen Fiktion und Wirklichkeit. In *The Life of Thomas More* z.B. evozieren Anekdoten und Briefe, Dialoge, juristische Dokumente und mittelalter-

liche Kirchentexte ein in der betonten Selektivität von Daten und Textsorten lebhaftes Bild Londons im Umbruch vom Katholizismus zum Anglikanismus.

Auch A.s Romane stellen häufig das von der (Literatur-)Geschichtsschreibung konstruierte Bild historischer Personen in Frage, wenn z.B. *The Last Testament of Oscar Wilde* (1983; *Das Tagebuch des Oscar Wilde*, 1999) in Tagebuchform die Perspektive des homosexuellen Ästhetizisten Wilde (1854–1900) auf seinen skandalumwitterten gesellschaftlichen Abstieg imaginativ (re-)konstruiert. Besonders ausgeprägt in den magisch-esoterischen Romanen *Hawksmoor* (1985; *Der Fall des Baumeisters*, 1988), *First Light* (1989; *Die Uhr in Gottes Händen*, 1992), *The House of Doctor Dee* (1993) und *Dan Leno and the Limehouse Golem* (1994; *Der Golem von Limehouse*, 1998) wirkt die transhistorisch-mythische Magie von London, dem bevorzugten Handlungsort von A.s Fiktionen, aktiv an der Auflösung fester Identitätsgrenzen mit, indem das seit Urzeiten an diesem Platz konzentrierte Wissen ›Englands‹ zeitübergreifend Charaktere beeinflußt. Bereits A.s erster Roman, *The Great Fire of London* (1982), überlagert historische und fiktionale Wirklichkeiten des 19. und 20. Jahrhunderts, die sich um den viktorianischen Autor Charles Dickens (1812–70) drehen. In *Hawksmoor* unterminiert das okkulte Weltbild des Kirchenarchitekten Nicholas Dyer im 18. Jahrhundert, einer fiktionalen *alter ego*-Figur des historischen Nicholas Hawksmoor (1661–1736), die dem Denken der Aufklärung verpflichteten, rationalistisch-fortschrittsgläubigen Überlegungen des Detektivs Nicholas Hawksmoor im London des 20. Jahrhunderts bei seiner Suche nach dem Mörder von in Dyers Kirchen aufgefundenen Leichen so radikal, daß die Bewußtseinsinhalte von Dyer aus dem 18. Jahrhundert und diejenigen Hawksmoors im 20. Jahrhundert zu verschmelzen scheinen.

Strukturell setzt ein Großteil der Texte in unterschiedlichen Epochen angesiedelte Wirklichkeitsentwürfe relativierend zueinander in Beziehung, um sowohl den Konstruktcharakter der historisch spezifischen Denkformationen als auch die interessengeleitete Nachträglichkeit der historiographischen oder biographischen Deutung aufzudecken. Im Zentrum dieser fiktionalen Dekonstruktion stehen die in *Notes for a New Culture* erwähnten Schlüsselkonzepte des Selbst oder der Identität und der Sprache bzw. der Kunst. Die historiographische Metafiktion *Chatterton* (1987; Chatterton, 1990) z. B. verknüpft exemplarische Identitäts- und Kunstkonzepte von historischen und fiktionalen Künstlerfiguren des 18., 19. und 20. Jahrhunderts, um dem Verhältnis von individueller Originalität und intertextuell geprägter Kopie bei der Schöpfung einer personalen Identität wie auch eines Kunstwerkes nachzugehen. *Milton in America* (1996) schreibt das Leben des englischen Dichters John Milton (1608–74) nach dem Sturz Oliver Cromwells fiktional in einer puritanischen Siedlung in Amerika fort und stellt dem exzessiv schriftgläubigen John Milton mit seinem Diener Goosequill einen zwar des Lesens und Schreibens kundigen, jedoch dominant von mündlichen Traditionen geprägten Charakter gegenüber, um die kognitiven Codierungen eines mündlich und eines schriftlich geprägten Bewußtseins hinsichtlich des Selbstbildes, der Kommunikationsformen und der politischen Ethik zu veranschaulichen. Gleichzeitig illustriert der Roman die Besonderheiten der oralen und literalen Kommunikation, indem er Miltons von Goosequill niedergeschriebene – und respektlos kommentierte – Tagebucheinträge, Predigten und (innere) Monologe, aber auch seitenlange, wie Dramentexte notierte Dialogpassagen zwischen Goose-

quill und seiner Frau wiedergibt. *The Plato Papers* (1999) schließlich befaßt sich mit den Bedingungen eines Denkens von Transzendenz und begreift die transzendentale Obdachlosigkeit der (Post-)Moderne als Chance, eine nicht absolut gesetzte Transzendenz zu entdecken – oder zu konstruieren –, die sich an Derridas *différance* orientiert. Das Konzept wird herausgearbeitet über den Protagonisten Plato, der in diesem historiographisch-metafiktionalen Science-fiction-Roman 3705 n. Chr. aus Fragmenten eine Mentalitätsgeschichte der Menschheit zu konstruieren sucht. Platos ›Fehldeutungen‹ verschiedener Quellentexte aus der *Era of Mouldwarp* ca. 1500–2300 n.Chr., die der Leser als Bruchstücke der für das 19. und 20. Jahrhundert bedeutenden antimetaphysischen Wirklichkeitsmodelle von Charles Darwin (1809–82), Karl Marx (1818–83) und Sigmund Freud (1856–1939) erkennt, parodieren einerseits diese Meisterdiskurse selbst, andererseits den Objektivitätsanspruch historiographischer Rekonstruktion. So wird Darwins *On the Origin of Species* als »comic masterpiece« eines Autors namens Dickens kategorisiert, Marx' Werk dem absurden Humor der Marx Brothers zugeordnet und Freud aufgrund seines aus Platos Sicht satirisch reduzierten Menschenbildes als »a great comic genius of his age« namens Fraud gedeutet.

Anna-M. Horatschek

Albee, Edward
Geb. 12. 3. 1928 in Washington, D. C.

Der Anfang von Edward Albees Biographie liest sich wie ein modernes amerikanisches Märchen: Zwei Wochen nach seiner Geburt wird das unerwünschte Kind von einem New Yorker Millionärsehepaar adoptiert und nach dem neuen Großvater, Mitbesitzer einer Kette von Vaudeville-Theatern, benannt. Das Waisenkind wächst so in einem äußerst exklusiven Milieu auf, bis es gegen den Wunsch der Adoptiveltern 1950 in New Yorks Künstlerviertel Greenwich Village umzieht, um eine Karriere als Schriftsteller bzw. – seit den späteren 50er Jahren – als Dramatiker in Angriff zu nehmen. Der große Erfolg der Uraufführung seines Erstlingswerks *The Zoo Story* (1959; *Die Zoo-Geschichte*, 1962) in West-Berlin (in deutscher Sprache) öffnet A. den Zugang zu den Off-Broadway-Theatern und begründet seinen Aufstieg zu einem der wichtigsten Bühnendichter der amerikanischen Gegenwartsliteratur. Es ist nicht ohne Ironie, daß ausgerechnet A. – in seiner frühen Biographie eine nahezu prototypische Verkörperung des amerikanischen Traums – sich in seinem literarischen Schaffen zu einem der scharfsinnigsten Analytiker und schonungslosesten Kritiker amerikanischer Ideologeme entwickelt hat. Obwohl A. als einziger zeitgenössischer Dramatiker gleich dreimal den renommierten Pulitzer Preis für sich gewinnen konnte, blieb diese Auszeichnung seinem populärsten (und wohl bedeutendsten) Bühnenwerk *Who's Afraid of Virginia Woolf?* (1962; *Wer hat Angst vor Virginia Woolf?*, 1962), das heute weltweit ein unbestrittener Klassiker im Repertoire des modernen Theaters ist, aufgrund einer skandalösen Juryentscheidung verwehrt.

Schon der Einakter *The Zoo Story* konfrontiert den Zuschauer mit Themen, die für A.s gesamtes Œuvre konstitutiv sind: die Sinnsuche in einer postmetaphysischen Welt, die Auflösung einfacher Täter-Opfer-Strukturen, Grausamkeit als Mittel zur Selbsterkenntnis, Destabilisierung von Identität. Anhand des Kontrastes zwischen den Handlungsträgern Jerry und Peter, die sich hinsichtlich ihrer sozialen Stellung (Unterschicht/Mittelklasse), ihres Verhaltens (Nonkonformismus/Konformismus), ihrer Lebensentwürfe (Rebell/

amerikanischer Durchschnittsbürger) und ihrer sprachlichen Kompetenz (kreative Sprachgewalt/schematisierte Sprechformen) deutlich voneinander unterscheiden, inszeniert das Drama eine existentielle Konfrontation, die eine Vielzahl von Deutungsmöglichkeiten eröffnet. So läßt sich die Figur Jerrys beispielsweise entweder sozialkritisch (als Opfer der sozialen Schere, als Produkt urbaner Anonymität oder als Verkörperung einer Gegenwelt zur borniereten Behaglichkeit des Establishments), individualpsychologisch (psychopathologischer und homosexueller Subtext), kollektivpsychologisch (als Peters dunkler Doppelgänger), mythologisch (als »Guide Figure« im Sinne eines Initiationsdramas) oder poetologisch (als Sprachrohr für A.s dramentheoretische Programmatik) interpretieren. Das Zweipersonenstück endet mit einem absurden Kampf um eine Parkbank, die vordergründig für Peters unheilig-heile, kleinbürgerliche Sonntagsruhe steht, hintergründig aber auch ein Symbol für seine Flucht vor einer weiblich dominierten Familie und für seine unterschwelligen ›Territorialinstinkte‹ darstellt. Im Verlauf der Auseinandersetzung spielt Jerry Peter ein Messer zu, in das er sich dann mit selbstmörderischer Entschlossenheit stürzt.

In seinen Stücken ist es A.s erklärtes Ziel, »die unsichtbare vierte Wand« zum Zuschauerraum zu zerstören. Das Ende der *Zoo Story* liefert hierfür ein markantes Beispiel: Jerry stirbt, Peter flüchtet, die Zuschauer werden mit desorientierender Beklemmung aus dem Stück entlassen. Unter Aneignung tragender Prinzipien des »Theaters der Grausamkeit« von Antonin Artaud versucht A., die voyeuristische Behaglichkeit seines Publikums zu unterlaufen, es emotional in das Bühnengeschehen zu involvieren und im günstigsten Fall existentiell zu erschüttern. Wie kaum ein zweiter zeitgenössischer Bühnenautor versucht er somit, das klassische Katharsis-Konzept zu aktualisieren. Der mit dem Titel seines Erstlingswerks evozierte Bildbereich hat deshalb auch eine poetologische Relevanz: Erst das Ausreißen trennender Gitterstäbe, so A.s existentialistische Prämisse, ermöglicht Vitalität und den Ausbruch des Animalischen, was sich auch als eine Chiffre für ein riskantes, aber authentisches Leben in Angst und Freiheit verstehen läßt.

Auf therapeutische Effekte zielt auch der Schluß des Meisterwerks *Who's Afraid of Virginia Woolf?* ab. Ausgangssituation des Stücks ist eine stark alkoholisierte Nachfeier zu einer offiziellen Party an einem kleinen, neuenglischen College, zu der die Gastgeber Martha (Tochter des College-Präsidenten) und George (Dozent für Geschichte) den jungen Assistenzprofessor für Biologie Nick und dessen Frau Honey eingeladen haben. Wider Willen wird das konsternierte junge Paar zum Zeugen und Instrument eines rücksichtslosen Ehekriegs. Nach der schonungslosen (und verbal brillanten) Inszenierung eines Macht- und Geschlechterkampfs zwischen Martha und George, nach zahllosen Wortfeuerwerken und Schimpftiraden, Vorwürfen und Verletzungen, Beleidigungen und Enthüllungen (allesamt im Kern lang eingeübte, ritualisierte ›Spiele‹) endet das Stück mit einer exorzistischen Szene (»The Exorcism« lautet die Überschrift zum letzten Akt). Im letzten ihrer bitteren Spiele erklärt George den fiktiven Sohn, den sich das Ehepaar erfunden und dessen Leben es seit 21 Jahren mit immer neuen Details ausgeschmückt hat, für tot. Das Drama schließt mit Marthas einsilbig artikulierter Angst vor der Zukunft. Die Ambivalenz dieses Ausgangs läßt es offen, ob das Ende dieser Illusion den Anfang einer neu begründeten Zuneigung zwischen den Eheleuten oder aber mit dem Ende der Spiele auch das Ende der Beziehung markiert. Kein Zweifel hingegen besteht an dem kalkulierten kathartischen Effekt des auf psychoana-

lytische Techniken rekurrierenden Desillusionierungsprozesses, dem das Publikum unterzogen wird. Bei dem Theaterstück handelt es sich keineswegs nur um eine radikal zugespitzte Version des traditionellen Ehedramas skandinavischer Prägung. Vielmehr lädt ein eng geflochtenes Gewebe aus intertextuellen, zeit- und ideengeschichtlichen Anspielungen zu allegorischen, mythenkritischen und gesellschaftsdiagnostischen Interpretationen ein. So kann der Konflikt zwischen Nick und George auch als eine Rekonfiguration des Gegensatzes zwischen Natur- und Geisteswissenschaft oder zwischen opportunistischem Pragmatismus und ineffizientem Intellektualismus gedeutet werden. Zudem spielen allein schon die Vornamen der beiden Hauptprotagonisten parodistisch auf das erste Präsidentenehepaar der USA an. Wenn das Kind der Washingtons zu Grabe getragen wird, sind weiterführende symbolische Bedeutungen impliziert: der Verlust der Illusion von adamitischer Unschuld, die Sterilität bzw. Impotenz der Kinder des amerikanischen Traums, das Scheitern grandioser Phantasien über geschichtlichen Neuanfang oder apokalyptische Erlösung.

In einigen seiner späteren Werke greift A. erneut auf Konventionen des psychologischen Symbolismus und speziell auf das Figurenpersonal des Familiendramas zurück, um existentielle Grenzerfahrungen in Szene zu setzen, so etwa in *A Delicate Balance* (1966; *Empfindliches Gleichgewicht*, 1967), *All Over* (1971; *Alles vorbei*, 1973), *The Lady from Dubuque* (1980; *Die Dame von Dingsville*, 1982) und zuletzt in *Three Tall Women* (1991; *Drei große Frauen*, 1992). Insbesondere in den drei letztgenannten Bühnenstücken konfrontiert A. sein Publikum schonungslos und direkt mit gerade im Kontext der amerikanischen Unterhaltungsindustrie   tabuisierten Themen wie Krankheit, Alter und Tod. In anderen Stücken wie *Tiny Alice*

(1964; *Winzige Alice*, 1967) und *Sea-scape* (1974; *Seeskapade*, 1975) hingegen widmet sich A. mit der Mischung von Dramenstilen und der Integration von phantastisch-surrealistischen Elementen in ein parabolisches Handlungsgeschehen verstärkt avantgardistischen Experimenten. In A.s Spätwerk nimmt *Three Tall Women*, vielleicht das bitterste seiner Stücke, eine herausragende Position ein. Das Drama stellt die Hauptfigur in drei verschiedenen Phasen ihres Lebens – als A (90jährig), B (mit 52) und C (im Alter von 26 Jahren) – simultan auf die Bühne. Mit eindringlichen Mitteln und unter völligem Verzicht auf sentimentale oder melodramatische Tonlagen produziert A. einen niederschmetternden Kontrast zwischen dem Verlust an Erinnerung, Kontrolle und Würde im Alter und dem unfundierten, zukunftsgewissen Idealismus der frühen Jahre. Letztlich werden die mythobiographischen Selbststilisierungen eines jeden Lebensalters als verhängnisvolle Selbsttäuschungen demaskiert. Was vordergründig im ersten (naturalistischen) Akt als Identitätsmultiplikation beginnt, endet im zweiten (surrealistischen) Teil in einer Identitätsauflösung, die einer grimmigen, pechschwarzen, nihilistischen Weltsicht Ausdruck verleiht.

Seit dem Welterfolg von *Who's Afraid of Virginia Woolf* wartet die Theaterkritik auf ein zweites unstrittiges Meisterstück aus der Feder A.s, nur um ihm immer wieder das partielle Scheitern zu attestieren. Genau dieser hochgespannte Erwartungsdruck wird selbst zum Gegenstand einiger Werke. Der Zweiakter *The Man Who Had Three Arms* (1983; *Der Mann, der drei Arme hatte*, 1984) gerät so zu einer nur spärlich verschlüsselten, autobiographisch eingefärbten Selbststudie über die unheilvollen Auswirkungen eines zu frühen Erfolgs. Ein braver Familienvater avanciert zu einem allseits bestaunten Weltwunder, nachdem ihm urplötzlich ein

dritter Arm gewachsen ist. Nach dem ebenso plötzlichen Verschwinden des Auswuchses kompensiert der Titelheld seine Reduktion auf eine Durchschnittsexistenz mit einsamen Zechtouren und haßerfüllten, aber ohnmächtigen Anklagen, für die er kein Publikum findet. Diese selbstreferentielle Qualität der späten Dramen ist A. insbesondere von der amerikanischen Theaterkritik oft zum Vorwurf gemacht worden. Nicht in der Wahl seiner Themen und Motive, sehr wohl aber in seiner Vorliebe für bestimmte Formen und Strukturen ist A. vermutlich der ›europäischste‹ unter den zeitgenössischen amerikanischen Dramatikern. Vielleicht ist dies auch der Grund, warum die europäische (vor allem die deutsche und französische) Literaturkritik mit seinen späteren Werken tendenziell nachsichtiger verfahren ist. Diesseits wie jenseits des Atlantiks herrscht jedoch weitgehend Einvernehmen darüber, daß es A. mit dem vermutlich einmaligen Geniestreich *Who's Afraid of Virginia Woolf?* gelungen ist, sich einen festen Spitzenplatz in der Geschichte des amerikanischen Dramas zu sichern.

Werner Reinhart

Atwood, Margaret [Eleanor]
Geb. 18. 11. 1939 in Ottawa, Kanada

»There was a great advantage to being a Canadian back in 1956, the year I started writing in a manner I then considered serious: there was no heritage of intimidating geniuses looming above you as you wrote [...]. There were a few Canadian writers then, but with their usual modesty the Canadians hid them from view, and you had to dig for them at the very backs of bookstores, among the maple syrup cookbooks and the autumn scenery. All that has now changed.« Was Margaret Atwood hier anläßlich einer der zahlreichen Preisverleihungen (zuletzt der *Booker Prize*

2000) übergeht, ist, daß sie selber wie niemand sonst zu der bemerkenswerten »Canadian Renaissance« seit den 1960er Jahren, die Kanada auf die literarische Weltkarte setzte, beigetragen hat. Mit ihren äußerst vielseitigen Talenten, die sich in einem umfangreichen Gesamtwerk niederschlagen, ihrer intellektuellen und sprachlichen Brillanz, ihrem kanadischen (literarischen) Nationalismus und zugleich global-politischen Bewußtsein, ihrer Gabe zur humorvoll ansprechenden, komplexen Tiefenschärfe und ihrer medienkompatiblen Persönlichkeit, die ihre zahlreichen öffentlichen Auftritte zu einem Ereignis werden läßt, ist A. die unbestritten bedeutendste und auch öffentlichkeitswirksamste Repräsentantin der kanadischen Literatur und eine der faszinierendsten zeitgenössischen Schriftstellerinnen überhaupt.

Zu A.s Œuvre gehören über ein Dutzend Lyriksammlungen, von denen *Eating Fire: Selected Poetry 1965–1995* (1998) eine breit gefächerte Auswahl bietet; zehn Romane, darunter *Surfacing* (1972; *Der lange Traum*, 1979), *Lady Oracle* (1976; *Lady Orakel*, 1984) und *The Blind Assassin* (2000; *Der blinde Mörder*, 2000); fünf Kurzprosasammlungen, darunter *Wilderness Tips* (1991; *Tips für die Wildnis*, 1991); ferner diverse wichtige literatur- und kulturkritische Werke wie *Survival: A Thematic Guide to Canadian Literature* (1972), *Second Words: Selected Critical Prose* (1982), *Strange Things: The Malevolent North in Canadian Literature* (1995) und *Negotiating with the Dead: A Writer on Writing* (2002). Obwohl A. wiederholt die Gattungsgrenzen weitet – etwa in *Murder in the Dark: Short Fictions and Prose Poems* (1983; *Die Giftmischer*, 1985) oder *Good Bones* (1992; *Gute Knochen*, 1995) – und sowohl in ihrer Kurzprosa als auch in ihren Romanen erzählerisch experimentiert, ist A.s Erzählwerk der Tradition des psychologischen Realismus zuzuordnen, die post-

modernistischer Werteindifferenz ablehnend gegenübersteht: A. ist eine politisch (auch geschlechterpolitisch) engagierte Schriftstellerin, die Literatur nicht zuletzt in einem didaktisch-moralischen Sinne als Sozialkritik versteht (»If we cease to judge this world, we may find ourselves, very quickly, in one which is infinitely worse«). Ihr immer wieder auf die Geschlechterdifferenzen verweisendes Werk, das häufig die systembedingte, gleichwohl persönlich charakterisierte Situation weiblicher Figuren in den Mittelpunkt rückt (»to take the capital W off woman«), ist Konsequenz ihres mit großer intellektueller Schärfe betriebenen radikalen Humanismus: ein bis auf die Wurzeln zurück- und durchdenkender engagierter Humanismus, der zwangsläufig die hergebrachte Rolle der Frau als abgeleitet-zweitrangig konstatieren muß, radikalisiert etwa in der patronymischen Namengebung (»Offred«) in *The Handmaid's Tale* (1985; *Der Report der Magd*, 1987). Doch A. wendet sich auch gegen Auswüchse der Frauenbewegung (vgl. die Bücherverbrennung in *The Handmaid's Tale*) und entmystifiziert den Mythos der opferbereiten, friedfertigen Frau besonders in ihrem späteren Erzählwerk: *Cat's Eye* (1988; *Katzenauge*, 1989), *The Robber Bride* (1993; *Die Räuberbraut*, 1994), *Alias Grace* (1996; *Alias Grace*, 1996). A. zeigt die psychologischen und sozialen Gesetze und Ambivalenzen von Vereinnahmung, Diskriminierung, Opfermentalität, Machtausübung, Auflehnung und Neubestimmung auf, wiederholt auch von überlieferten bzw. volksliterarischen Erzählungen ausgehend, die sie aufschlußreich und virtuos um- bzw. neuschreibt, z. B. in »The Little Red Hen Tells All« (Nischik 1994). A.s Gesamtwerk demonstriert, wie höchster ästhetischer Anspruch, eine außergewöhnliche sprachliche und imaginative Kraft und unmittelbar zeitbezogene sozialpolitische Relevanz (etwa in Themen wie

Ökologie und Multikulturalismus) auf-
rüttelnde Werke hervorbringen können,
die national wie international große
Breitenwirkung erzielt haben und
gleichzeitig bereichernde ›Pflichtlek-
türe‹ für eine (akademische) Beschäftigung mit kanadischer Literatur und
Kultur darstellen.

Reingard M. Nischik

Austen, Jane
Geb. 16. 12. 1775 in Steventon,
Hampshire; gest. 18. 7. 1817
in Winchester, Hampshire

Jane Austen vollbrachte mit ihrer Entwicklung des figurengebundenen Erzählens (point-of-view narration) am
Beginn des 19. Jahrhunderts eine der
bedeutendsten Innovationen in der Geschichte des Romans. Sie wurde früh
von Walter Scott wegen ihrer realistischen Darstellung gelobt, aber Charlotte
Brontë z. B. vermißte Gefühle und Leidenschaften in ihrem Werk. Seit dem
späten 19. Jahrhundert gehört sie zu
den Klassikern, zur ›great tradition‹
(F. R. Leavis). In neuerer Zeit hat sich
die feministische Literaturkritik intensiv mit A. auseinandergesetzt, und auch
Vertreter kulturgeschichtlicher Ansätze
haben sich ihrem Werk zugewandt. Die
A. immer wieder zugesprochene Zugehörigkeit zu einem spezifisch englischen
kulturellen Kontext – her Englishness –
hat ihre weltweite Popularität nicht verhindert. – A. war das jüngste Kind eines
Pfarrhauses in Steventon. Sie erhielt ihre Erziehung im wesentlichen durch ihren Vater, George Austen, der sie zum
Lesen ermunterte und ihre schriftstellerische Neigung unterstützte. Große äußere Ereignisse fehlen in A.s Leben. Die
Familie zog 1801 nach Bath, nach dem
Tod des Vaters 1806 nach Southampton
und 1809 zurück nach Hampshire
(Chawton). Aufschluß über ihr Leben
und ihr Literaturverständnis bieten ihre
Briefe, die allerdings von ihrer Schwester Cassandra einer Zensur unterworfen wurden.

Schon in ihrer Jugend setzte sich A. in
komischen Texten mit Gattungen und
Formen des Romans auseinander, z. B.
in Love and Friendship (1790), einer
Parodie auf die Gattung des Briefromans sowie auf die Übertreibungen und
stilistischen Affektiertheiten des sentimentalen Genres. Die kreative Auseinandersetzung mit populären Romangat-
tungen, speziell mit den sentimentalen
Liebesromanen (romances) und den
Schauerromanen (gothic novels), lebt in
A.s Romanwerk fort, besonders deutlich
in dem 1797/98 geschriebenen, aber erst
1818 postum veröffentlichten Roman
Northanger Abbey (Die Abtei von Northanger, 1948), dessen Protagonistin Catherine Morland sich auf dem Weg zur
Selbst- und Wirklichkeitserkenntnis –
ein Ziel aller Heldinnen A.s – von
den Denkklischees aus Ann Radcliffes
Schauerroman The Mysteries of Udolpho
(1794) lösen muß. A.s Romanwerk besteht aus fünf vollendeten Texten, denen
ihr einziger Briefroman, Lady Susan
(1793–94; Lady Susan, 1992), und das
Fragment The Watsons (1804–07; Die
Watsons, 1978) vorausgingen. Ihr letzter
Roman, Sanditon (1817; Sanditon,
1980), der in seiner realistischen Darstellung neue Wege zu weisen scheint,
blieb Fragment. In allen Romanen A.s
ist die Handlung auf das Ziel der Eheschließung der Protagonistin ausgerichtet (marriage plot). Das glückliche Ende
(happy ending) ist allerdings vielfach
leicht ironisiert, da es zu den Versatzstücken der von A. kritisierten Liebes-
romane (romances) gehört. Das Hauptinteresse gilt den komplexen moralischen, ökonomischen und gesellschaftlichen Problemen, die sich auf dem Weg
zur Ehe stellen. Kontrastierende Nebenhandlungen stellen andersartige Liebesbeziehungen dar.

A.s erster vollständiger Roman ist
Sense and Sensibility (1811; Vernunft
und Gefühl, 1984), der auf eine in Brief-

form geschriebene Fassung mit dem Titel *Elinor and Marianne* aus dem Jahre 1795 zurückgeht. Den beiden gegensätzlichen Begriffen im Titel des Romans – *sense* (Vernunft) und *sensibility* (Gefühl) – entsprechen in einer Tradition antinomischer Präsentation des späten 18. Jahrhunderts die beiden Hauptfiguren, Elinor Dashwood, die das vernunftgemäße, auf Schicklichkeit (*decorum*) ausgerichtet Verhalten repräsentiert, und ihre Schwester Marianne, die die Position des Gefühls (*feeling*) und der Phantasie (*fancy, imagination*) vertritt. Diese beiden Standorte werden am Beispiel der Liebesschicksale der beiden Schwestern expliziert: Elinors zumindest nach außen hin kontrolliertem Umgang mit den Enttäuschungen und dem letztendlichen Glück ihrer Liebe zu dem angehenden Geistlichen Edward Ferrars und Mariannes gesellschaftliche Normen mißachtendem, exzessiv emotionalem Verhalten in ihrer romantischen Liebe zu Willoughby, der sich als ein charakterloser Verführer – in der Tradition von Richardsons Lovelace (*Clarissa*) und Fanny Burneys Willoughby (*Evelina*) – erweist. *Sense and Sensibility* privilegiert den Standort Elinors, aus deren Sicht auch das Schicksal Mariannes dargestellt wird. Komplexität ergibt sich daraus, daß Elinor mehr an Empfindung für ihre Schwester aufbringt als für sich selbst. Mariannes die sozialen Normen durchbrechende Verteidigung ihrer von Mrs. Ferrars beleidigten Schwester ist ein erzählerischer Höhepunkt. Mariannes Ehe mit Colonel Brandon erscheint durch die tätige Liebe des Mannes und die zur Selbsterkenntnis führende Entwicklung in der jungen Frau als ein glaubwürdiges glückliches Ende. Charakteristisch für A. ist die Art, wie die Handlung des Romans aus der durch das Erbrecht benachteiligten Lage einer Witwe, die nur Töchter hat, hergeleitet wird. Sozialkritik drückt sich in der satirischen Darstellung von Nebenfiguren aus, die

Mißgunst (Mrs. John Dashwood), Raffgier (Mr. John Dashwood), soziale Arroganz (Mrs. Ferrars) und weibliches Intrigantentum (Lucy Steele) bloßstellen.

Die Ausgangslage von *Pride and Prejudice* (1813; *Stolz und Vorurteil*, 1830) ist, der des ersten Romans vergleichbar, die ungesicherte Existenz der Familie Bennet mit ihren fünf Töchtern, da nach dem Erbrecht ihr Landsitz in Hertfordshire an den nächsten männlichen Verwandten fällt (Primogenitur). Elizabeth Bennet hat es in der Hand, ihre Familie zu retten, aber sie lehnt den Heiratsantrag des Erben, ihres Cousins Mr. Collins, ab. Auch den Antrag Mr. Darcys, Eigentümer eines großen Herrensitzes in Derbyshire, weist sie zurück, weil sie ihn des Hochmuts verdächtigt. Elizabeth läßt sich, anders als ihre Freundin Charlotte Lucas, nicht auf eine Versorgungsehe ein und geht doch am Ende, von ihren Vorurteilen befreit und zur Selbsterkenntnis gelangt, durch die Annahme von Darcys zweitem Antrag eine höchst vorteilhafte Ehe ein. Der Roman präsentiert ein ganzes Spektrum von Einstellungen zur Liebe, von der spontanen Liebe der ältesten Bennet-Tochter Jane bis zur ungezügelten Sinnlichkeit der jüngeren Lydia, die zum willigen Opfer eines Verführers wird. Mit Nebenfiguren wie dem Pfarrer Mr. Collins wird, anders als in *Sense and Sensibility*, Sozialkritik eher komisch als satirisch artikuliert. Kritik an der Aristokratie drückt sich in Elizabeths Zurückweisung von Lady Catherine de Bourghs arrogantem Versuch der Verhinderung einer Ehe zwischen Elizabeth und ihrem Neffen Darcy aus. Diese Szene ist ein Beispiel für die Dialogkunst des Romans.

In *Mansfield Park* (1814; *Mansfield Park*, 1968), A.s ernstestem Werk, dominiert die Perspektive der weiblichen Hauptfigur Fanny Price in einer Weise, die Henry James' Standpunkttechnik vorwegnimmt. Als Außenseiterin beobachtet Fanny die Geschehnisse auf dem Herrensitz Mansfield Park rigoros moralisch wertend: die Verirrungen und moralischen Verfehlungen, in welche die beiden Söhne von Sir Thomas Bertram – Tom und Edmund – und die beiden Töchter – Maria und Julia – involviert sind. Diese spitzen sich während einer Geschäftsreise des Hausherren nach Antigua in Westindien zu, als eine von Fanny mißbilligte Aufführung von Kotzebues *Kind der Liebe* (1791) inszeniert wird. In dem moralischen Chaos beweist nur Fanny Integrität und Stabilität. Das zeigt sich z. B. darin, daß sie, wie es so gut wie alle Heldinnen A.s einmal tun, einen scheinbar vorteilhaften Heiratsantrag ablehnt, hier den des reichen Nachbarssohns Henry Crawford. Das *happy ending*, Fannys Verbindung mit Edmund Bertram, der als zweiter Sohn der Familie Geistlicher geworden ist, stellt A. mit charakteristischer Ironie dar.

A.s erzählerisches Meisterstück ist *Emma* (1816; *Emma*, 1961). Die Heldin Emma Woodhouse ist eine selbsternannte Ehestifterin, die sich bei ihren Eheanbahnungsversuchen moralisch sehr fragwürdig verhält. Zuerst versucht sie mit viel Arroganz, der naiven Harriet Smith ihren Liebhaber, einen einfachen Bauern, mies zu machen und sie mit dem Vikar des Dorfes Highbury, Mr. Elton, zu verkuppeln. Dieses Projekt scheitert kläglich, als nämlich der Pfarrer ihr, Emma, selbst einen Heiratsantrag macht. Immer wieder zerbrechen ihre ehestifterischen Illusionen an der Wirklichkeit, und sie nimmt sich vor, sich zu bessern, wird aber stets rückfällig. Ihr letztes Projekt führt Emma in eine tiefe Krise. Sie versucht, Harriet für den oberflächlichen Frank Churchill, einen reichen Erben, zu interessieren, muß aber erfahren, daß Frank heimlich verlobt ist. Als Harriet gesteht, daß sie in Wahrheit Mr. Knightley, einen langjährigen Freund der Familie Woodhouse, als Ehemann im Au-

ge hat, wird Emma bewußt, daß sie selbst Mr. Knightley liebt. Durch ihre Einbildungskraft steht Emma in der Tradition von Charlotte Lennox' weiblicher Quijote-Figur Arabella in *The Female Quixote* (1752). A. führt den Leser in einer perfektionierten *point-of-view*-Technik durch das Mittel der erlebten Rede (freie indirekte Gedankenwiedergabe) ganz nahe an das Bewußtsein ihrer Heldin heran und hält ihn durch das Mittel der Ironie zugleich in einer Distanz. Eine weitere Innovation liegt in der Handlungsdarstellung. Von Emmas ehestifterischen Unternehmungen erfährt kaum eine andere Figur des Romans. Sie bleiben weitgehend auf das Bewußtsein der Protagonistin beschränkt, eine vor A. nicht bekannte Verinnerlichung der Handlung, die auf den Bewußtseinsroman vorausdeutet. Gleichzeitig kommt es in diesem Werk mit einer Heldin, deren Denken über weite Strecken von sozialem Vorurteil und Snobismus gekennzeichnet ist, zu einer höchst differenzierten und nuancierten Wertung moralischer Sachverhalte, z. B. in dem Box-Hill-Kapitel, als Emma sich Miss Bates, einer sozial benachteiligten Frau, gegenüber zu einer verletzenden Bemerkung hinreißen läßt, ein Geschehen, das scheinbar beiläufig präsentiert und von den anderen Romanfiguren nicht kommentiert wird. Um so größer ist Emmas Bestürzung, als ihr Mr. Knightley am Schluß des Kapitels heftige Vorwürfe macht. Hier zeigt sich A.s Kunst der Entwicklung von Sozialkritik aus der Darstellung alltäglicher Situationen. Unter den vielfach komisch und satirisch dargestellten Nebenfiguren, wie etwa Mrs. Elton, hebt sich die bereits genannte Miss Bates heraus, deren Redefluß durch die Assoziationstechnik auf den Bewußtseinsstrom der modernen Erzählkunst verweist.

Persuasion (1817; *Überredung*, 1822), A.s Roman mit den stärksten politischen Implikationen, variiert den für die Autorin charakteristischen *marriage plot* bedeutsam. Nachdem Anne Elliot sieben Jahre zuvor die Verlobung mit dem mittellosen Marineoffizier Wentworth auf Druck ihrer aristokratisch-snobistischen Familie gelöst hatte, kehrt dieser nach dem Krieg als gemachter Mann in die Nähe ihres Landsitzes Kellynch Hall in Somersetshire zurück. Es kommt zu einem allmählichen Wiederaufleben der Liebe der beiden ehemaligen Verlobten. Während dieses Prozesses gelangt die Protagonistin, die sensibelste Frauenfigur, die A. je geschaffen hat, zu einer totalen sozialmoralischen Neuorientierung: Die Wertvorstellungen einer (dekadenten) Aristokratie, verkörpert durch ihren Vater, den eitlen alten Baronet Sir Walter Elliot, werden durch ein neues individualisiertes bürgerliches Lebenskonzept ersetzt, das vertreten ist durch die Angehörigen der Navy, Admiral Croft mit seiner Frau und Captain Harville. Die narrative Standpunkttechnik erhält in diesem Roman eine besonders intensive Ausprägung. Da im Fall einer moralisch untadeligen Protagonistin wie Anne Elliot, anders als bei Emma Woodhouse, Ironie gegenstandslos ist, wird der Leser im Ablauf des Romans immer näher an das Bewußtsein der Hauptfigur geführt, so daß es quasi zu einer Identifikation von Figuren-, Erzähler- und Lesersicht kommt. Eine der künstlerischen Errungenschaften des Romans liegt in der Darstellung nonverbaler Kommunikation. A., die im Gegensatz etwa zu Charles Dickens nicht an der äußeren Erscheinung (und Kleidung) ihrer Figuren interessiert ist, bekundet dennoch eine im Vergleich zu früheren Autoren gesteigerte Sensibilität für körperliches Verhalten wie Mienenspiel, Blickkontakt, Beobachtung und Bewegung sowie für das Verhältnis von Ferne und Nähe von Figuren im Raum.

Man hat A. gelegentlich mangelndes Interesse an den großen politischen Fragen ihrer Zeit vorgeworfen oder, besonders in den letzten Jahren, das von ihr ausgeblendete oder höchstens angedeutete Politische ins Zentrum der Interpretation gerückt. Aber die Erwähnung der geschäftlichen Reise von Sir Thomas Bertram nach Antigua in Westindien etwa wird bei A. nicht zum Ansatz einer Kolonialismuskritik. Sie bleibt politisch eine blinde Stelle. Die Abwesenheit des Hausherrn dient als Katalysator für die destruktiven moralischen Tendenzen in der Gesellschaft von Mansfield Park. In A.s Beschränkung auf drei oder vier Familien im Bereich der landbesitzenden Gentlemen liegt ihre Stärke. Das Phänomen, daß Ehen in A.s Romanen nicht selten unter (wenn auch nicht blutsmäßig verbundenen) Verwandten geschlossen werden, ist nicht auf ein etwaiges Interesse der Autorin an inzestuösen Beziehungen zurückzuführen, sondern auf ihre Orientierung an dem sozialen Kleinbereich von nur einigen wenigen Familien, den sie unter Berücksichtigung der sozioökonomischen Basis von Liebesbeziehungen mit großer Sensibilität und vielfach auch mit Ironie darstellt. Ihr innovativer Beitrag zur Romangeschichte liegt in der Ausbildung der *point-of-view*-Technik, die weibliches Bewußtsein privilegiert und eine subtile psychologische Analyse ermöglicht. Zugleich führt A. die Dialogisierungstendenz der Gattung fort, die sich im 18. Jahrhundert v. a. bei weiblichen Romanciers wie Charlotte Lennox und Fanny Burney zeigt.

Wolfgang G. Müller

Auster, Paul
Geb. 3. 2. 1947 in Newark, New Jersey

»It was a wrong number that started it«, so beginnt der erste von Paul Auster unter seinem Namen veröffentlichte Roman. Und so sollte es auch weitergehen: Zufälle, Unfälle und Abfälle, wohin man in A.s Werken auch blickt.

Kaum ein amerikanischer Autor der Gegenwart widmet sich mit solcher Intensität der Planlosigkeit menschlichen Seins. Literarisch begonnen hat A. aber unter einem anderen Namen: Der Roman *Squeeze Play* (1978; *Aus für den Champion*, 1994), eine Detektivgeschichte, wird zunächst unter dem Pseudonym Paul Benjamin veröffentlicht. Zuvor hatte sich der New Yorker jüdisch-deutsch-osteuropäischer Abstammung vor allem als Übersetzer, Kommentator und Herausgeber französischer Lyrik betätigt. Bemerkenswert sind vor allem die Mallarmé-Übersetzungen und die Sammlung moderner und postmoderner französischer Gedichte im *Random House Book of 20th Century French Poetry* (1984). Es folgten eigene Gedichte und Essays, die während A.s Studium an der Columbia University und während des anschließenden fünfjährigen Frankreich-Aufenthalts entstanden. Retrospektiv lassen sich bereits in diesen Texten *in nuce* zentrale Anliegen A.s identifizieren, die sich leitmotivisch durch die Gesamtheit seines Romanwerks ziehen: Scheitern, Verlust, Entfremdung, Leben als prekärer Zustand permanenter Krisis, Konstruktion von Realität, Bewußtsein und Sprache.

In *The Invention of Solitude* (1982; *Die Erfindung der Einsamkeit*, 1993), einer *mémoire*, widmet sich A., ausgehend vom plötzlichen Tod seines Vaters, in zwei sehr unterschiedlichen Abschnitten der Problematik und Bedeutung der Beziehung von Vater und Sohn. Die experimentellen Romane *City of Glass* (1985; *Stadt aus Glas*), *Ghosts* (1986; *Schlagschatten*) und *The Locked Room* (1986; *Hinter verschlossenen Türen*), 1987 als *New York Trilogy* (*New York-Trilogie*, 1989) zusammengefaßt, verhelfen dem Autor zum Durchbruch. Sie faszinieren durch strukturelle Originalität und sprachliche Nüchternheit und sind erste meisterhafte Beispiele des später zur eigenen Poetik erhobenen funktionalen Prinzips A.s: Auf der Basis einer etablierten Romanform entfaltet sich in kürzester Zeit ein reflektives, metafiktionales Spiegelkabinett, welches permanent Lesererwartungen weckt, um diese kurz darauf zu zerstreuen oder drastisch zu brüskieren. Im Falle der *New York Trilogy* dient der Detektivroman als Vorlage. In jedem der Romane folgt der Erkenntniszuwachs des Lesers dem eines »private eye« (oder »I«, Ausgangspunkt eines der zahlreichen und mehrfach suggestiven Wortspiele A.s), eines Privatdetektivs nach dem Vorbild eines Sam Spade oder Philip Marlowe, eines einsamen, desillusionierten Einzelgängers am Rande der eigenen Existenz. New York ist nicht nur Schauplatz dieser Romane, sondern scheinbar unerschöpflicher Raum der Vorstellung und Assoziation des Flaneurs, ebenso opakes wie arbiträres Zeicheninventar, in dem Protagonist und Leser gleichermaßen bald jegliche Orientierung einbüßen. Das literarische Verweispotential reicht von Edgar Allan Poe über Walt Whitman, Franz Kafka, Raymond Chandler, Jean-Paul Sartre und Samuel Beckett bis zu Jean Baudrillard und Thomas Pynchon. Der Text selbst wird hier zum urbanen Irrgarten ohne Ausweg oder Zentrum, der Lesevorgang läuft mit der narrativen Bewegung oft zurück zum Ausgangspunkt, jede Vorstellung linearer Handlung wird *ad absurdum* geführt.

Technisch anspruchsvoll, hochsymbolisch und mit mehr oder minder offenen intertextuellen Referenzen, Wortspielen, Verdoppelungen, Inversionen, allegorischen und kryptischen Elementen geradezu gespickt sind auch alle weiteren fiktionalen Werke A.s, die zunächst mit *In the Country of Last Things* (1987; *Im Land der letzten Dinge*, 1989) und *Moon Palace* (1989; *Mond über Manhattan*, 1990) in großen Teilen an New York City als Hauptschauplatz festhalten. Im ersten Falle ist nur anhand einiger Hinweise festzustellen, daß es sich bei der im Roman dargestellten postapokalyptischen Ruinenstadt um Manhattan handelt. Der dystopische Briefroman thematisiert wiederum Suche, Identität, Zerstörung und Wiedererfindung von Sprache und Text, Wirklichkeit und Sinn. In *Moon Palace* tritt zusätzlich die Vater-Sohn-Thematik in den Vordergrund. Mit leichtem, für A. gleichwohl ungewöhnlich deutlichem zeit-, kultur- und sozialkritischem Unterton und einigen autobiographischen Details gestaltet der Schriftsteller in diesem pikaresken Bildungsroman das unruhige Dasein des heranwachsenden, scheiternden, sterbenden, erretteten und stets suchenden Marco Stanley Fogg. Seine Reise ist die von schmerzlichem Verlust und unverhofftem Wiedererlangen geprägte, vom Zufall getriebene ziellose Bewegung über den nordamerikanischen Kontinent. Ausgehend von der kontrastiven Darstellung von Enge und Weite, Bindung und Einsamkeit, Hunger und Überfluß, Freiheit und Sicherheit, Chaos und Ordnung, Vorbestimmung und Zufall, Natur und Kultur reflektiert diese Suche zentrale Themen nicht nur menschlichen Lebens, sondern auch spezifisch amerikanischer Identität. Zyklische, motivisch regelmäßig wiederkehrende Konstante im Roman ist einzig das Bild des Mondes, Projektionsfläche für zahlreiche Interpretationen und vermutete Intentionalität.

Als literarisches »road movie« ist *The Music of Chance* (1990; *Die Musik des Zufalls*, 1992) bezeichnet worden. In der Tat zeigt der Roman das diesem Genre gemäße Bild zweier Antihelden, zweier marginaler Gestalten, die der Zufall zusammenführt. Die Reise ohne Ziel nach dem Zusammenbruch von Ehe und Familie wird zum Symptom innerer Rast- und Haltlosigkeit des Aussteigers Jim Nashe und des bankrotten Zockers Jack Pozzi. Abermals bietet sich dem Leser eine aktionsreiche Handlung mit doppeltem Boden. Über das Motiv des schicksalsentscheidenden Spiels (Lotterie, Poker) wird die Zufälligkeit von Verlust und Gewinn verdeutlicht, anhand der *City of the World*-Miniatur der Herren Flower und Stone werden Solipsismus, Streben nach Kontrolle und Modellcharakter jeder menschlichen Vorstellung von Wirklichkeit thematisiert. *Leviathan* (1992; *Leviathan*, 1994), der Bericht eines Schriftstellers über seinen verstorbenen Freund und Kollegen, bietet eine weitere Verarbeitung der Identitätsthematik mit deutlich persönlich gefärbten Aspekten. Die Tatsache, daß das Buch A.s Freund Don DeLillo gewidmet ist, hat zu der vielfach geäußerten Spekulation geführt, es handle sich um eine Reflexion über diese Freundschaft: Der Erzähler Peter Aaron teilt A.s Initialen, er heiratet Iris, Anagramm des Vornamens von A.s Frau Siri Hustvedt, die übrigens inzwischen selbst durch die Romane *The Blindfold* (1992; *Die unsichtbare Frau*, 1993) und *The Enchantment of Lily Dahl* (1996; *Die Verzauberung der Lily Dahl*, 1997) einem größeren Publikum bekannt ist. Nachdem schon *The Music of Chance* und *Leviathan* deutlich unwahrscheinliche und kuriose Wendungen der Handlung enthalten, jedoch wie *Moon Palace* weitgehend traditionell erzählt werden, betritt A. spätestens mit *Mr Vertigo* (1994; *Mr. Vertigo*, 1996) den Bereich des Phantastischen. Die Initiationsgeschichte des Walter Clairborne Rawley, der das Fliegen erlernt und verlernt, gilt als Parabel über den Umgang mit widrigen Umständen, dieses Mal mit Anspielungen auf die jüdisch-amerikanische literarische Tradition; der »luftmensch« oder Überlebenskünstler ist hier ein etablierter Typus. Im 1999 erschienenen Roman *Timbuktu* (*Timbuktu*, 1999) überrascht A. den Leser erneut, nun durch die Erzählperspektive eines Hundes, der über sein Leben mit seinem Besitzer Willy G. Christmas, dessen Tod und sein weiteres Schicksal berichtet. *Timbuktu* entwickelt strukturell, motivisch und thematisch aus frühen Werken bekannte Elemente A.s (Verlust, Suche, Identität, Text im Text, Traum und Tod), ist jedoch auch diesseits der zu vermutenden (und noch weitgehend unerforschten), in der Ambiguität von Namen, Orten und Wortspielen verborgenen Bezugssysteme als weiteres Plädoyer für ein allen Widrigkeiten trotzendes, tapferes und unverzagtes Leben interpretiert worden. Der im Titel angelegte Verweis auf den zweiten Brief des Paulus an Timotheus (»*Tim-book-two*«) mag dies unterstreichen.

Erwähnung verdienen auch A.s Filme. *Smoke* (1995) und *Blue in the Face* (1995) wurden von Wayne Wang verfilmt, während im jüngsten Filmwerk *Lulu on the Bridge* (1998) der Autor selbst Regie führte. Als »ruhiges Erzählkino« gewertet, zeigen *Smoke* und *Blue in the Face* Geschichten aus Brooklyn, A.s derzeitigem Wohnort. *Lulu on the Bridge*, eine Adaption der Pandora-Thematik, stellt sich als eher beunruhigende phantastische Parabel um die Vergänglichkeit von Liebe und Leben, die Unmöglichkeit der Erkenntnis von Identität, Illusion und Wirklichkeit dar.

Während sich A. in Europa, insbesondere in Frankreich, Deutschland und Skandinavien wachsender Beliebtheit und wissenschaftlicher wie kritischer Rezeption erfreut, bleibt er in den USA ein Insider-Tip. Lediglich an Universitäten und Colleges finden sich enthusiastische Leser. Die Kritik ist in der Bewertung seines literarischen Schaffens indes geteilt. Ein häufig geäußerter Vorwurf unterstellt ihm gewollte, überzogen experimentelle Konstruktion sowie ostentative Zurschaustellung von Intellekt und Belesenheit. Andererseits ist vielfach die sprachliche Ausdruckskraft und die »Lesbarkeit« seiner Romane hervorgehoben worden, die häufig allegorisch in aller Einfachheit jene zentralen Probleme der Postmoderne und Dekonstruktion vor Augen führen,

über die Foucault, Derrida und Lacan viel Tinte verloren haben.

Christian Berkemeier

Ayckbourn, Alan [Sir]
Geb. 12. 4. 1939 in London

Alan Ayckbourn ist der erfolgreichste englische Komödienschreiber im gegenwärtigen Großbritannien. Er ist Fellow of the Royal Society of Arts, wurde 1987 zum *Commander of the Order of the British Empire* (CBE) ernannt und als erster Dramatiker nach Terence Rattigan in den Adelsstand erhoben. Seit 1963 hat A. über 60 Stücke geschrieben, die in aller Regel zunächst im Stephen Joseph Theatre in Scarborough, Yorkshire, von ihm selbst inszeniert und danach im Londoner West End oder im Royal National Theatre auf die Bühne gebracht wurden. Der Dramatiker A. hat von Anfang an in Symbiose mit dem Regisseur A. gelebt. Er begann seine Karriere als Stage Manager und Schauspieler in der *touring company* von Sir Donald Wolfit, arbeitete als Drama Producer bei der BBC in Leeds, war Mitbegründer des Victoria Theatre in Stoke-on-Trent, kehrte dann nach Scarborough zurück und übernahm nach dem Tod von Stephen Joseph als dessen Nachfolger das dortige Theater. Dieses ist ein *theatre in the round* und bietet vielfältige Möglichkeiten für Experimente. Als A. gegen Ende der 1990er Jahre ein neues Domizil in Scarborough bezog, wurde zusätzlich zu The Round ein weiterer Handlungsraum, The McCarthy, eingerichtet.

Seinen überaus großen Erfolg als Dramatiker verdankt A. zum einen den praktischen Erfahrungen, die er in langjähriger Arbeit in diesem Theater gesammelt hat, v. a. aber der Vielfalt eigener Ideen und seiner Fähigkeit, bühnenwirksame Mittel geschickt zu nutzen. In *Taking Steps* (1979; *Treppauf-Treppab*, 1980) begreifen die Zuschauer erst nach einer Weile, daß sie sich das sonderbare Durcheinander von Möbeln und Treppenstufen auf drei verschiedenen Etagen vorstellen müssen. In *The Norman Conquests* (1973; *Normans Eroberungen*, 1975) werden dieselben Ereignisse aus drei nebeneinanderliegenden Zimmern und Gärten gesehen. In *Sisterly Feelings* (1979; *Geschwisterliche Gefühle*, 1994) entscheidet zu Beginn jeder Aufführung der Wurf einer Münze, welche der vier für den weiteren Ablauf möglichen Versionen das Publikum am jeweiligen Abend sieht. Bisweilen läßt A. die Figuren sozusagen in den Köpfen anderer entstehen, so aus dem verzerrten Blickwinkel der Frau eines Pfarrers in *Woman In Mind* (1985; *In Gedanken*, 1986) oder im konstruierten Hirn eines Roboters in *Henceforward* (1987; *Ab jetzt*, 1989). Nicht selten wirken sogenannte *offstage characters*, die niemals auf der Bühne zu sehen sind, als Katalysatoren auf das Geschehen ein, wie in *Absurd Person Singular* (1972; *Frohe Feste*, 1974).

A.s erklärtes Ziel ist es, die Zuschauer so zu unterhalten, daß sie auf ihren Sitzen zwei bis drei Stunden ausharren, ohne sich zu langweilen. Doch unter der Tünche der Unterhaltung kommt zum Vorschein, was die Menschen zutiefst bedrängt und bedrückt. Seine Stücke leben von der Koexistenz komischer und ernster Elemente. Als kritischer Beobachter unserer Zeit will A. die Menschen lachend zum Nachdenken bringen. Komödien sind für ihn zur rechten Zeit unterbrochene Tragödien. Die frühen Stücke, mit betont englisch-klassenspezifischen Nuancen, behandeln das Mit- und Gegeneinander der Menschen in der englischen *middle class*, so *Relatively Speaking* (1967; *Halbe Wahrheiten*, 1967), *How the Other Half Loves* (1969; *Die bessere Hälfte*, 1971) und *Absurd Person Singular*. In den 1980er und 90er Jahren schreibt A. Komödien und Farcen, die auch in zahlreichen anderen Ländern auf großes Interesse

stoßen und in 35 Sprachen übersetzt wurden. *Way Upstream* (1981; *Stromaufwärts*, 1984) leitet eine Phase ein, in der A. andere Akzente setzt. Diese von Kritikern als »Stück zur Lage der Nation« apostrophierte politische Allegorie ruft zur Mäßigung und Verantwortung auf. Die Figuren spiegeln verderbliche Einflüsse auf die – nicht nur englische – moderne Gesellschaft, wie Dekadenz und kapitalistische Arroganz. Spätere Stücke, z. B. *A Small Family Business* (1987; *Familiengeschäfte*, 1988) und *Henceforward*, werden häufig von Kritikern in Abgrenzung von den vorherigen ›leichten‹ als ›dunkle‹ Komödien bezeichnet, wiewohl beide Elemente von Beginn an, zwar in unterschiedlicher Verteilung, in A.s Bühnenstücken zu finden sind. Diese Kombination tritt in einer weiteren Phase besonders deutlich zutage, die im Laufe der 1990er Jahre beginnt und für die *Wildest Dreams* (1991; *Unsere kühnsten Träume*, 1995), *Time of My Life* (1992; *Glückliche Zeiten*, 1994) und *Comic Potential* (1998; *Ein komisches Talent*, 2000) eindrucksvolle Beispiele sind. So ist *Comic Potential* eine schwarze Komödie über die mögliche Entwicklung des Lebens im 21. Jahrhundert, in dem die Computer nicht nur die Wissensaneignung und das Gedächtnis der Menschen unterstützen, sondern auch deren Emotionen in Beschlag nehmen. Ort des Geschehens ist ein Fernsehstudio, in dem die Schauspieler durch sogenannte *Actoiden*, roboterartige Puppen, ersetzt werden, die von einem Kontrollzentrum so programmiert sind, daß sie Rollen in den täglich immer wieder neu zu produzierenden Seifenopern spielen können.

Innovative Ansätze im dramatischen Schaffen A.s in den 1990er Jahren sind die zunehmende Bedeutung der Frauenfiguren, die Auseinandersetzung mit den technologischen Errungenschaften der Gegenwart, die Einbeziehung des Todes (lange Zeit ein Tabu für Komödien) sowie das gewachsene Interesse an Musicals, wie *Dreams from a Summerhouse* (1992; *Träumereien um ein Sommerhaus*, 1996), und an Stücken für Kinder. A.s bekannteste Kinderstücke sind *Mr. A's Amazing Maze Plays* (1988; *Das Rätsel der gestohlenen Stimmen*, 1991), *Invisible Friends* (1989; *Unsichtbare Freunde*, 1991) und *The Boy Who Fell into a Book* (1998; *Vom Jungen, der in ein Buch fiel*, 2000). Der Autor wendet sich mit diesen Stücken nicht nur an Jugendliche, sondern auch an Eltern, die mit ihren Kindern die Aufführungen gemeinsam besuchen und aus unterschiedlichen Perspektiven wahrnehmen können. In jüngster Zeit erwies sich *House & Garden* (2000; *Haus & Garten*, 2002) als ein markanter Höhepunkt in A.s dramatischem Schaffen. Hier handelt es sich um zwei eigenständige Stücke, die sich gegenseitig ergänzen. Sie beginnen und enden gleichzeitig auf zwei Bühnen in demselben Theater. Die Akteure (nicht weniger als 20) pendeln zwischen den Bühnen hin und her; sie verlassen die eine rechtzeitig, bevor sie als dieselben Charaktere auf der anderen ihren Auftritt haben. In *House* versucht die graue Eminenz des Premierministers den Hausherrn davon zu überzeugen, bei der nächsten Parlamentswahl zu kandidieren, um dann Vorsitzender des Ausschusses zur Überprüfung des moralischen Lebenswandels der Abgeordneten zu werden. In *Garden* geht es um die Vorbereitung für ein ländliches Fest. Beide Stücke zusammen sind eine Komödie über mangelnde Kommunikation. A. entfaltet eine Welt voller Unaufrichtigkeit, Egoismus und Betrug – doch so, daß die Zuschauer darüber lachen können. Dramaturgisch gesehen ist *House & Garden* sozusagen ein Schmelztiegel von Konzepten, die A. schon in früheren Stücken verwendet hat: Wesentliches geschieht *off-stage*, vieles bleibt der Vorstellungskraft der Zuschauer überlassen, Farce und Komödie gehen ineinander über. Jedes der beiden Stücke kann für sich gesehen werden oder beide in beliebiger Reihenfolge hintereinander.

Albert-Reiner Glaap

Banville, John
Geb. 8. 12. 1945 in Wexford, Irland

John Banville, seit 1988 Literaturredakteur bei der *Irish Times*, gilt als einer der bedeutendsten zeitgenössischen irischen Prosaautoren. Sein Erzählwerk zeichnet sich durch außergewöhnliche thematische und gestalterische Geschlossenheit aus und knüpft an internationale literarische Tendenzen an, was auch an einer Vielzahl intertextueller Anspielungen (etwa auf Marcel Proust, Henry James, Rainer Maria Rilke, Vladimir Nabokov) zum Ausdruck kommt. B. hat zudem Adaptionen zweier Dramen von Kleist vorgelegt und einige Drehbücher verfaßt, darunter auch das für die Verfilmung seines Kurzromans *The Newton Letter* (1982). Sein Erzählwerk ist in hohem Maße von den Themenkomplexen ›Schuld und Sühne‹ und ›Wirklichkeitsauffassung‹ bzw. dem Thema des künstlerischen Schaffensprozesses durchdrungen.

In seinem Erstlingswerk, *Long Lankin* (1970), einer Sammlung von neun Kurzgeschichten und der Novelle »The Possessed«, finden sich Charaktere, die allesamt in der privaten Hölle eines besonderen Schuldbewußtseins gefangen sind. Ihre zwischenmenschlichen Beziehungen werden dabei von einer intervenierenden ›Long-Lankin‹-*persona* (der alt-schottischen Ballade »Lamkin« entlehnt) aufgebrochen. Die Gliederung der Geschichten nach Kindheit, Jugend, Reife und dem Bereich des öffentlichen Lebens erinnert an James Joyces *Dubliners* (1914). – *Nightspawn* (1971) ist eine der wenigen irischen postmodern anmutenden Metafiktionen. Der Roman parodiert die literarischen Konventionen des Thrillers und reflektiert zugleich das zeitlose Verlangen des Künstlers, die Dinge in ihrem Wesen auszudrücken, Schönheit und Wahrheit festzuhalten. Wie häufig bei Samuel Beckett treibt sich auch B.s Erzähler unentwegt an; doch er versagt, wie letztlich jeder Künstler, weil sich Schönheit und Wahrheit seinem Bemühen entziehen. – *Birchwood* (1973) verfolgt ein vergleichbares thematisches Anliegen. Oberflächlich handelt es sich um einen *big-house*-Roman, die Geschichte einer Herrenhausfamilie. Eigentlich ist aber der Erzähler, Gabriel Godkin, im Gefolge von Prousts Marcel in *A la recherche du temps perdu* darum bemüht, seine Vergangenheit in der Form eines Erzählwerks zu ergründen, und zu diesem Zwecke testet er eine Reihe narrativer Gattungen (pikaresker Roman, gotischer Roman, *big-house*-Roman usw.) auf deren Brauchbarkeit. Am Ende muß er sich sein Scheitern eingestehen. Der »rosy grail« (rosige Gral), Symbol für Schönheit und Wahrheit, entzieht sich seinem Zugriff. Godkin akzeptiert schließlich sein Unvermögen, wissend: »Wovon man nicht sprechen kann, darüber muß man schweigen« (Ludwig Wittgenstein).

Doctor Copernicus (1976; *Doktor Copernicus*, 1999), *Kepler* (1981; *Kepler*, 1997), *The Newton Letter* und *Mefisto* (1986) bilden B.s ›Wissenschafts‹-Tetralogie, die sich thematisch der Methode annimmt, mit der das wissenschaftliche Bewußtsein die Welt zu erklären sucht. Den Hauptfiguren der Romane ist gemein, daß sie alle vereinheitlichende gedankliche Systeme aufstellen, die zwar von überwältigender Geschlossenheit und Schönheit sind, aber eigentlich keinen Wahrheitsgehalt beanspruchen dürfen. Jede der Hauptgestalten ist schließlich gezwungen sich einzugestehen, dem Leben zugunsten der wissenschaftlichen Betätigung aus dem Wege gegangen zu sein, kurz: ihre Menschlichkeit verwirkt zu haben. – *The Book of Evidence* (1989; *Das Buch der Beweise*,

1991), *Ghosts* (1993; *Geister*, 2000) und *Athena* (1995; *Athena*, 1996) machen B.s ›Künstler‹-Trilogie aus, indem sie der Frage nachgehen, wie die künstlerische Vorstellungskraft die Wirklichkeit zu bewältigen versteht. Im ersten Roman verfaßt Freddie Montgomery sein »Buch der Beweise« zur Rechtfertigung seines Mordes an einem Dienstmädchen. Er habe die junge Frau töten können, weil sie für ihn nicht wirklich *lebendig* gewesen sei, behauptet er. Freddie transfiguriert sein Leben und das seines Opfers, indem er beide mittels Versatzstücken aus Film, Kunst und Literatur einfängt. Er gewinnt eine Einsicht in die unüberbrückbare Kluft zwischen der Welt der Kunst und der Welt des Alltags und verspürt den »unvermeidlichen Imperativ«, die getötete Frau wieder zum Leben zu erwecken, eine Aufgabe, der er sich in *Ghosts* stellt. Auf einer Insel der Reue (die an Shakespeares *The Tempest* und Defoes *Robinson Crusoe* erinnert) bemüht sich Freddie, eine fiktionale Geschichte um eine Schar schiffbrüchiger Vergnügungsreisender zu spinnen, die ein paar Stunden dort verweilen müssen. Eine kleine Welt entsteht, gekennzeichnet vom Zustand des Nicht-wirklich-Daseins, des In-der-Schwebe-Befindlichen, kurz: die ›Geister‹-Welt der Kunst, der italienischen *commedia dell'arte* und der *fêtes-galantes*-Gemälde von Jean-Antoine Watteau, die Welt der Romanze und Pastorale. Freddie verspürt, keine Gegenwart zu besitzen. Ohne Gegenwart gibt es kein Sein, und so muß er sich gleichsam selbst neu erschaffen, ehe er »die Rückgabe eines Lebens« zu bewerkstelligen vermag. Er strebt nach purem Sein, das jedoch nur in der autonomen Welt der Kunst zu erreichen ist. Allerdings beschwört er ein Arkadien herauf, in dem der große Gott Pan tot ist. Das Goldene Zeitalter Watteaus ist an eine Welt des Zufalls und Chaos verlorengegangen. In *Athena* bringt Freddie schließlich eine junge Frau,

»A.«, in einer Kopfgeburt – wie Zeus seine Tochter Athena – zur Welt, wobei sich A. nach einer erotischen Beziehung am Ende von ihm freimacht. Tatsächlich aber geht es in *Athena* um das Wesen von Kunst. Nicht nur die acht Gemälde mit Szenen aus der griechischen Mythologie (die Namen ihrer Maler: Anagramme von ›John Banville‹), die Freddie zu begutachten hat, sind Fälschungen, das Ganze wird aufs Subtilste als Fiktion entlarvt. Kunst ist nichts als Fälschung, der Künstler ein gerissener Schwindler.

The Untouchable (1997; *Der Unberührbare*, 1997) vereint erneut manche für B. charakteristische Themen (Verrat, Schuld, Sühne, Doppelleben) und gestalterische Strategien (Spiel mit dem Leser, Ich-Erzählung). Im Format eines Spionagethrillers dienen die Lebenserinnerungen Victor Maskells (auf der Basis biographischer Details des Lyrikers Louis MacNeice und des Doppelagenten Anthony Blunt) dazu, nach einem Leben der Verstellung wie bei der Restaurierung eines Gemäldes die Schmutzschichten abzutragen, um »das Ding an sich« freizulegen und als das zu erkennen, was es ist: »Meine Seele. Mein Selbst.« *Eclipse* (2000) wird thematisch von einem vergleichbaren Bemühen um Selbstfindung getragen. Der Schauspieler Alexander Cleave nimmt nach einem Bühnendebakel in seinem elterlichen Haus Zuflucht und sucht, Vergangenheit und Gegenwart gegeneinander abwägend, nach dem Sinn seines Lebens. Der Roman verrät B.s Beschäftigung mit Kleist anhand diverser Anspielungen auf *Amphitryon* und »Über das Marionettentheater«. B. mag in seinen letzten Werken nicht immer der Gefahr der thematischen Wiederholung entronnen sein, indes hat er sich stets als brillanter Denker und exzellenter Prosastilist erwiesen.

Rüdiger Imhof

Barnes, Djuna [Chappell]
Geb. 12.6.1892 in Cornwall-on-Hudson, New York; gest. 18.6.1982 in New York City

Lange Zeit galt Djuna Barnes nach einem von ihr selbst verbreiteten Bonmot als die »berühmteste Unbekannte« der modernen Literatur. Obschon B. durch das gesteigerte Interesse an feministischer und lesbischer Literatur im letzten Drittel des 20. Jahrhunderts eine Art Kultstatus erreichte, wandte sie sich noch zu Lebzeiten gegen eine derartige Aufwertung und einseitige Vereinnahmung. Im Einklang mit ihrer stets nonkonformistischen künstlerischen Praxis forderte B. für sich, daß sie keiner bestimmten gesellschaftlichen oder literarischen Richtung zugeordnet werden solle. Ihr Stilreichtum und ihre Meisterschaft in verschiedenen Metiers haben darüber hinaus dafür gesorgt, daß sich die Werke der Magazinjournalistin, Illustratorin und Malerin B. einer vorschnellen Klassifizierung entziehen. Dennoch blieb Lob von allerhöchster Stelle in ihrer Karriere nicht aus: James Joyce, T.S. Eliot, Marianne Moore, Dylan Thomas und Samuel Beckett gehörten zu ihren großen Bewunderern. Für ihren deutschen Übersetzer, den Literaten Wolfgang Hildesheimer, war ihr von Eliot herausgegebenes und eingeleitetes Hauptwerk *Nightwood* (1936; *Nachtgewächs*, 1959), das »größte fiktionale Werk unseres Jahrhunderts«.

B.' besondere Betonung ihrer Einzigartigkeit und Unabhängigkeit läßt sich leichter verstehen, wenn man sich die prägenden Erfahrungen ihrer Kindheit und Jugend vor Augen hält. B. wuchs außerhalb der vorherrschenden Gesellschaftsnormen im abgelegenen Ferienort Cornwall-on-Hudson, New York, auf. Sie besuchte keine Schule, da sie von ihrem Vater und ihrer Großmutter unterrichtet und musisch gefördert wurde. Eine noch weitaus prägendere Erfahrung als diese von der exzentrischen Familie praktizierte Abgrenzung von viktorianischen Gepflogenheiten war jedoch die sexuelle Nötigung, die B. durch ihren Vater erfahren mußte. Auch wenn die genauen Umstände nicht ganz geklärt sind, so ist doch unstrittig, daß B.' Vater, ein psychisch labiler Libertin, der zeitweise zusammen mit Liebhaberin und Frau auf einer Farm lebte, seiner Tochter durch erzwungenen Geschlechtsverkehr großen körperlichen und seelischen Schaden zufügte. Diese Verletzungen konnten auch die späteren Beziehungen der bisexuellen B. nicht wiedergutmachen – weder die Heirat mit dem Theaterkritiker Courtenay Lemon noch die große, qualvolle Liebe zur Bildhauerin Thelma Wood. 17jährig floh die künstlerisch hochbegabte B. von der Farm des Vaters und ging an eine New Yorker Kunstschule, das Pratt Institute. Bald darauf arbeitete B., deren Schüchternheit und Scheu im Umgang mit der fremden Welt nun die Form der Arroganz annahm, als Gesellschaftsreporterin im Greenwich Village. Gefürchtet wegen ihrer Scharfzüngigkeit und Schlagfertigkeit – aber trotzdem geschätzt und beliebt wegen ihrer ausgeprägten Beobachtungsgabe – berichtete sie aus der New Yorker Boheme und führte Interviews mit bekannten Zeitgenossen, wie etwa dem Galeristen Alfred Stieglitz, dem Varietéveranstalter Florenz Ziegfeld oder der Gewerkschaftsführerin Mother Jones. Um als Reporterin auf das Leiden von hungerstreikenden Wahlrechtsaktivistinnen aufmerksam zu machen, schloß sie sich in spektakulärer Art und Weise selbst dem Protest an. In den 20er Jahren setzte B. ihre Karriere als Gesellschaftsjournalistin im Umfeld von Sylvia Beach und James Joyce in Paris fort. Auf das Ende der Beziehung mit Thelma Wood in den frühen 30er Jahren folgte eine Zeit mit schweren Alkoholproblemen und Nervenzusammenbrüchen. Aufnahme fand die nun erfolglose Journalistin und Künstlerin bei ihrer Freun-

din und Förderin, der exzentrischen Millionärin Peggy Guggenheim auf deren Sommerresidenz in Devonshire, England. 1940 zog sich B. nach Amerika in eine kleine Wohnung im Greenwich Village zurück. Dort lebte sie die nächsten 40 Jahre fast unbeachtet von der Öffentlichkeit und starb 1982 wenige Tage nach ihrem 90. Geburtstag.

B.' Werk ist geprägt durch die große Vielfalt der von ihr beherrschten Genres und Stilrichtungen. Sie schrieb Gedichte, die sie selbst illustrierte, fertigte Einakter für die Provincetown Players und verfaßte Erzählungen, die sie dann 1923 als Sammlung unter dem Titel *A Book* (*Leidenschaft*, 1986) veröffentlichte. 1928 erschien ihre Persiflage *Ladies Almanac* (*Ladies Almanach*, 1985), die mit intimen Details aus dem lesbischen Salon von N. Barney gespickt war. 1928 folgte die satirische Pikareske *Ryder* (*Ryder*, 1986). Ihr Hauptwerk *Nightwood* entstand in Devonshire in den frühen 30er Jahren. Der Liebesroman ist in jeder Hinsicht innovativ und unkonventionell. Er entwirft in assoziativ gereihten Episoden eine turbulente, unglückliche lesbische Dreiecksbeziehung, wobei die im Zentrum stehende Robin Vote als moderne Medusa das Leben ihrer Geliebten zerstört. Doch der stilistisch an einer düsteren, barocken Bildlichkeit orientierte Roman ist keineswegs eine einseitige Anklage oder ironische Verherrlichung der Dekadenz ihrer Zeit. Mittels wilder Metaphern und alptraumartig inszenierter Tableaus wird dem Leser das Lieben und Leiden der Menschen und die Nachtseiten einer als grotesk empfundenen Existenz unerbittlich vor Augen geführt. Nach dem geringen Erfolg von *Nightwood* trat die von Nervenproblemen und Schreibunfähigkeit geplagte B. erst 1958 mit dem parabelhaften Versdrama *Antiphon* (*Antiphon*, 1972) wieder künstlerisch hervor; doch auch dieses Werk blieb ohne nennenswerte Reaktion. Bis zu ihrem Tod arbeitete B. weiter an Gedichten, konnte aber nur insgesamt drei davon veröffentlichen.

Trotz des neugewonnenen Kultstatus gilt es auch heute noch, die »berühmteste Unbekannte« zu entdecken. In ihrem Meisterwerk *Nightwood* schafft sie eine Stilrichtung, die in einzigartiger und immer noch aktueller Manier die große Zerissenheit eines Jahrhunderts der Extreme aufzeigt. Der Romananfang ist der vielleicht beste Einstieg für eine Entdeckungsreise in die Kunst B., da er die absichtsvoll gestaltete Paradoxie des Werks direkt vor Augen führt. Anziehend in der sinnlichen Prägnanz der Bilder, abstoßend in der menschenverachtenden Gefühlskälte der Handlungen, führt er mit einer als Schlacht inszenierten Geburt ins Zentrum ihres Schaffens: »Early in 1880, in spite of a well-founded suspicion as to the advisability of perpetuating that race which has the sanction of the Lord and the disapproval of the people, Hedvig Volkbein, a Viennese woman of great strength and military beauty [...] gave birth, at the age of forty-five, to an only child, a son, seven days after her physician predicted that she would be taken. / Turning upon this field, which shook to the clatter of morning horses in the street beyond, with the gross splendour of a general saluting the flag, she named him Felix, thrust him from her, and died«.

Gerd Hurm

Barnes, Julian [Patrick]
Geb. 19.1.1946 in Leicester

»Um zu schreiben, muß man davon überzeugt sein, daß dies nicht nur ein Neuaufbruch für einen selbst, sondern für die gesamte Geschichte des Romans ist.« Dieses in einem Interview geäußerte, ambitionierte künstlerische Credo hat Julian Barnes in bisher neun Romanen umzusetzen versucht, die sich sehr unterschiedlicher Sujets und Ge-

staltungsmittel bedienen. Hinzu kommen, neben zahlreichen Kurzgeschichten und Essays, noch vier Kriminalromane mit der Detektivfigur Duffy, einem bisexuellen, neurotischen Ex-Polizisten, die in den 1980er Jahren unter dem Pseudonym ›Dan Kavanagh‹ erschienen. Das scherzhafte Verwirrspiel des ›Chamäleons‹ B. mit Namen, Identitäten und Publikumserwartungen geht noch auf seine publizistischen Anfangsjahre bei verschiedenen englischen Zeitungen und Magazinen zurück, als der studierte Neuphilologe, Jurist und ehemalige Lexikograph beim *Oxford English Dictionary* sich in Rezensionen und Kolumnen als ›Basil Seal‹, ›Edward Pygge‹ oder ›Fat Jeff‹ ausgab.

Der literarische wie kommerzielle Durchbruch gelang B. mit seinem dritten Roman unter eigenem Namen, *Flaubert's Parrot* (1984; *Flauberts Papagei*, 1987), der, international ausgezeichnet, schon bald zu einem kanonischen Exemplar des postmodernen britischen Romans erhoben wurde. Die experimentelle Mischung aus Romanerzählung, literaturkritischem Essay, Zitatenschatz und biographischem Zettelkasten ist inszeniert als Versuch eines pensionierten Landarztes, durch eine Spurensuche in den Relikten von Leben und Werk des französischen Romanciers Gustave Flaubert seine Trauer um die verstorbene Ehefrau zu verdrängen. Der Arzt Braithwaite, dessen Frau Ellen sich mit Flauberts Romanfigur Emma Bovary nicht nur die Initialen teilt, vermag dabei zu keinem widerspruchsfreien biographischen Bild Flauberts zu gelangen. Zentrales und vielschichtiges Symbol für die sich entziehende Vergangenheit (in Person von Flaubert und Braithwaites Frau) ist ein ausgestopfter Papagei, der Flaubert zur Inspiration gedient haben soll, nun aber angesichts einer Vielzahl in Frage kommender Papageien nicht mehr identifiziert werden kann. *Flaubert's Parrot* präsentiert vieles von dem, was B.' Erzählwerk allgemein ausmacht: vielfältige intertextuelle Bezüge (zu Flaubert, Vladimir Nabokov, Philip Larkin usw.), eine besondere Neigung zur französischen Literatur und Kultur, einen typisch englischen Sinn für Humor und feinsinnige Ironie, stilistisch einen starken Hang zu Essay und Epigramm, zur gleichsam auf Hochglanz polierten Formulierung. B.' wiederkehrende Themen sind das Verhältnis von Kunst und Leben, die Unterscheidung von Schein und Sein sowie eine Obsession mit Vergangenheit (als *historia* und *memoria*), die Ausgangspunkt einer erkenntniskritischen, oft aporetischen Suche nach Wahrheit und Sinn ist.

B.' zweiter großer Romanerfolg, *A History of the World in 10½ Chapters* (1989; *Eine Geschichte der Welt in 10½ Kapiteln*, 1990), thematisiert die Vergangenheit durch eine Kritik universalgeschichtlicher Vorstellungen. Was wie eine Ansammlung von zehn Kurzgeschichten an den Rändern welthistorischer Katastrophen und einem auktorialen Essay über die Liebe (dem ›Halbkapitel‹ des Titels) erscheint, ist ein Romanexperiment, dessen Kohärenz nicht durch ein einheitliches Personeninventar oder raum-zeitliches Setting erzeugt wird, sondern durch Wiederholung aufeinander verweisender Erzählelemente. Mehr noch als bei den leitmotivischen Nennungen von Papageien in *Flaubert's Parrot* ergeben sich in B.' idiosynkratischer *History* aus den zahlreichen Erwähnungen von Holzwürmern und anderen Leitmotiven »strange links, impertinent connections«, wodurch Geschichte insgesamt aus nicht mehr als ›seltsamen Verknüpfungen‹, unerhörten Verbindungen‹ zu bestehen scheint. Lassen sich B.' *History* und *Flaubert's Parrot* dem hybriden Genre ›historiographischer Metafiktion‹ zuschlagen, so gilt dies im Ansatz auch für die meisten anderen, weniger formal-experimentellen Romane des Autors. *Staring at the Sun* (1986; *In die Sonne sehen*, 1991),

The Porcupine (1992; *Das Stachelschwein*, 1992) – ein politischer Roman über osteuropäische Vergangenheitsbewältigung nach 1989 – und *England, England* (1998; *England, England*, 1999) beschäftigen sich alle auf verschiedene Weise mit Geschichtskonstrukten und der Sehnsucht nach Wahrheit, Authentizität und Lebenssinn. In *England, England*, einer ›Semi-Farce‹ über das megalomane Projekt eines Großunternehmers zur Miniaturisierung Englands in einem Freizeitpark auf der Isle of Wight, wendet sich B. dabei besonders – wie schon in dem Kurzgeschichtenband *Cross Channel* (1996; *Dover–Calais*, 1996) dem englisch-französischen Verhältnis – dem Zusammenhang zwischen kultureller Erinnerung und nationaler Identität zu.

In B.' Texten können weder Geschichte oder Gedächtnis noch Kunst oder Religion als verbindliche Sinngebungsinstanzen bestehen; einzig in der Privatheit erfüllter Liebe deutet sich für B. ein Ausweg gegenüber Relativismus und Zynismus an. Die Liebe steht hier für persönliche Freiheit – so für den sich vom jugendlichen Rebellen zum Durchschnittsbürger entwickelnden Antihelden in B.' autobiographisch beeinflußtem Romanerstling *Metroland* (1980; *Metroland*, 1989) –, bringt jedoch oft auch die zerstörerischen Schattenseiten von Eifersucht und Betrug mit sich. Letzteres zeigt sich besonders im blutigmakabren Ende von *Before She Met Me* (1982; *Als sie mich noch nicht kannte*, 1988), aber auch in *Talking It Over* (1991; *Darüber reden*, 1992) und dem Folgeroman *Love, Etc* (2000) an dem *ménage à trois* einer Frau und zweier (anfangs) befreundeter Männer. Das an sich triviale Thema dieser beiden Romane dient dem Autor nicht nur zur Beschreibung der ›Feinmechanik‹ von Liebesbeziehungen und ihrer Abgründe, sondern auch zur Darstellung unhintergehbarer Subjektivität, was sich formal in einer quasi-dramatischen Erzählform alternierender Monologe ausdrückt – die kontroversen Perspektiven der sich direkt an den Leser wendenden Figuren bleiben ohne erzählerische wie moralische Vermittlung.

B. ist einer der vielseitigsten zeitgenössischen Schriftsteller Englands, dessen Wandelbarkeit sich auch in seinen journalistischen Zeitsatiren dokumentiert, von denen ein Teil im Sammelband *Letters from London, 1990–1995* (1995; *Briefe aus London*, 1995) veröffentlicht ist. Den hochfliegenden künstlerischen Anspruch, mit jedem Buch sich und den Roman neu zu erfinden, hat B. jedoch spätestens mit *Love, Etc* unterlaufen – auch wenn er ironisch zu seiner Verteidigung anbringt, daß für ihn ein Folgeroman doch etwas Neues sei.

Christoph Henke

Beckett, Samuel [Barclay]
Geb. 13. 4. 1906 in Dublin;
gest. 22. 12. 1989 in Paris

Samuel Beckett kann von seiner Biographie, den Zielsetzungen seines Werks und seinen künstlerischen Verfahren als Modellfall eines Grenzgängers zwischen Kulturen, Sprachen und Disziplinen gelten. Seine Werke schöpfen aus den Traditionen der Literatur, der Philosophie, der Kunst und der Musik vieler europäischer Länder, zumal Italiens, Frankreichs, Irlands, Englands und auch Deutschlands. B.s Werke sind Weltliteratur im doppelten Sinne, insofern sie aus der Literatur der Welt schöpfen und als Literatur für die Welt verfaßt sind. Dies gilt besonders für das Drama, dessen wichtigster Neuerer B. im 20. Jahrhundert wurde. In seinem mittleren und späten Werk wandte sich B. den modernen Medien zu, dem Hörspiel (*All that Fall*, 1957; *Alle, die da fallen*, 1957), dem Film (*Film*, 1965) und dem Fernsehen: *Eh Joe* (1966; *He, Joe*, 1968), *Ghost Trio* (1977; *Geister-*

Trio, 1978), ›... *but the clouds* ... ‹ (1977; ›...nur noch Gewölk‹, 1978), *Quad* (1982; *Quadrat*, 1986) und *Nacht und Träume* (1983; *Nacht und Träume*, 1986). Nicht nur wurden viele seiner Theaterstücke – auch in Deutschland – von ihm selbst inszeniert, seine Arbeiten für Film und Fernsehen wurden von ihm selbst oder unter seiner Mitwirkung ins Bild gesetzt. B.s Biographie liefert ebenfalls einen Hinweis auf sein Grenzgängertum. Er bereiste Deutschland zwischen 1929 und 1936 mehrfach und entschied sich in jungen Jahren für das Land seiner hugenottischen Vorfahren, Frankreich, wo er zunächst zwei Jahre an der Ecole Normale Supérieure in Paris unterrichtete. B.s protestantischer, relativ wohlsituierter Familienhintergrund der *Ascendency* (der angloirischen Führungsschicht) bedeutete – im Gegensatz etwa zu James Joyce – eine geringe Vertrautheit mit der katholischen Mehrheit Irlands. Die Erfahrung der Fremdheit und der Entwurzelung gehörte seit Jonathan Swift zu den erkenntnisleitenden Erfahrungen der irischen *Ascendency*. B.s Mehrsprachigkeit und Transkulturalität führen dazu, daß sowohl die englischsprachige als auch die französischsprachige Literaturkritik seine Werke als ihren legitimen Gegenstand beansprucht.

Drei Fakten erlauben eine Strukturierung der über 50jährigen Schaffensgeschichte des öffentlichkeitsscheuen Autors, der 1969 nur widerstrebend den Nobelpreis für Literatur annahm. Die Tatsache, daß B. Literaturdozent war, wie auch sein freiwilliges Exil in Frankreich, erhärtet die These, daß vieles in seinem Werk als parodistische Auseinandersetzung mit der abendländischen Literatur zu verstehen ist: Die Stücke etwa reflektieren nicht zuletzt die Rezeption des aristotelischen Dramas im französischen Klassizismus. Sodann erweist sich Joyce, der bedeutendste Erzähler der Moderne (dessen Nähe B. in Paris suchte), gleichzeitig als Vor- und

Gegenbild. Die Welthaltigkeit des Werks von Joyce, etwa der Anspielungsreichtum und die sprachliche Vielschichtigkeit, war der Endpunkt einer Entwicklung, die B. unmöglich fortführen konnte: Bereits seine frühesten, noch ›irischen‹ Werke, seine Sammlung von zehn Kurzgeschichten über den irischen Antihelden Belacqua mit dem enigmatischen Titel *More Pricks Than Kicks* (1934; *Mehr Prügel als Flügel*, 1989) ebenso wie sein erster Roman, *Murphy* (1938; *Murphy*, 1959), sind Antworten auf Joyces noch relativ realistische Frühwerke *Dubliners* (1914) und *A Portrait of the Artist as a Young Man* (1916). Schließlich aktivierte B. in der Hinwendung zum Drama zugleich die gattungsgemäße Modalität des Visuellen. Damit setzt B. die große Wiederentdeckung dieser Dimension des Dramas am Beginn des 20. Jahrhunderts fort.

Die Neigung zum Visuellen in der Kunst gehört zu den ausgeprägten Vorlieben B.s. Als passionierter Museumsbesucher mit einem detailgenauen Gedächtnis galt sein Interesse gleichermaßen den Alten Meistern und der modernen Malerei; mit Malern wie Jack B. Yeats, Bram und Geer van Velde war er persönlich befreundet; und wenn er der Kunstkritik skeptisch gegenüberstand, verfaßte er doch selber vier kunstkritische Aufsätze. Die »Gesetze des Sehens«, wie sie nicht nur die Kunst, sondern auch die Kunstkritik und die Gestaltpsychologie thematisierten, gehören zu den maßgeblichen Einflüssen auf B.s Arbeiten für die Bühne, die Leinwand und den Bildschirm. Während der Psychotherapie, der sich B. ab 1935 in London unterzog, beschäftigte er sich mit der psychologischen Fachliteratur der Zeit.

Die umfangreiche B.-Forschung konzentrierte sich zunächst auf philosophische Konzepte wie Absurdität, Existentialismus und Sinnsuche in seinen Dramen, die seiner theater- und dramenspezifischen Erneuerungsleistung kaum gerecht werden konnte. Diese wird auf der Basis der inzwischen veröffentlichten Regietagebücher stärker berücksichtigt. Schwerpunktuntersuchungen v. a. zum späten Drama thematisieren die Wiederentdeckung der Bildlichkeit und die Parodiestruktur. Auch die Beziehung B.s zu Deutschland und seiner Kultur (von der ein umfangreiches Reisetagebuch zeugt) und sein Verhältnis zum Zeitgeschehen (über das sein zusammen mit seiner Frau Suzanne Deschevaux-Dumesnil aktives Engagement in der Résistance Aufschluß gibt) bieten sich der Forschung an.

Zu B.s Vorbildern gehören Dramatiker der Irischen Renaissance wie John Millington Synge und Sean O'Casey, deren indigene Thematik er in seinen Stücken abstrahiert. Strukturell gibt es auffällige Affinitäten zum Drama von Eugene O'Neill und Tennessee Williams. Das Grundmuster der nicht erfüllten Heilserwartung verbindet deren Stücke mit B.s *Waiting for Godot*. Charakteristisch für B.s Dramenkonzept sind die Dekonstruktion jeglicher Form aristotelischer Dramatik, die Aufgabe der Handlungsorientierung und die Verlagerung des Schwerpunktes auf Situation und Figurenkonstellation, Tendenzen in der Tradition der *commedia dell'arte*, der *music hall*, des Zirkus usw. Mit der Begründung des situativen Dramas übte B. großen Einfluß auf zeitgenössische Dramatiker wie Harold Pinter, Edward Albee und Tom Stoppard aus. Sein dramatisches Werk begann B. mit *En attendant Godot* (1952) als Entlastung während der Arbeit an seinem erzählerischen Hauptwerk, der »Trilogie«. Die englische Übersetzung seines ersten Stücks – *Waiting for Godot* (1954; *Warten auf Godot*, 1953) wie der Trilogie – *Molloy* (1955; *Molloy*, 1954), *Malone Dies* (1956; *Malone stirbt*, 1958), *The Unnamable* (1958; *Der Namenlose*, 1959) – besorgte der Autor selbst. Sein dramatisches Spätwerk – *Not I* (1972; *Nicht ich*, 1974), *That Time* (1976; *Da-*

mals, 1976), *Footfalls* (1976; *Tritte*, 1976) – ist sehr viel schlichter und kürzer als das Frühwerk – neben *Waiting for Godot* vor allem *Endgame* (1958; *Endspiel*, 1957) – und bevorzugt wieder die Einfachheit und das größere Sprachspielpotential des Englischen. B.s Dramen sind zunehmend gattungs- und medienreflektorisch und lenken mit Witz und Humor den Zuschauer auf seine eigenen Wahrnehmungsgewohnheiten zurück. Sie setzten sich auf philosophischer Basis variationsreich mit der Gattungstradition auseinander.

In *Waiting for Godot* wird das Warten gegen das Handeln gestellt und damit auch der christliche Gegensatz von *vita activa* und *vita contemplativa* aufgegriffen. Bereits dieses Stück ist deutlich dramen- und theaterreflektorisch und keineswegs pessimistisch; vielmehr gilt die Aussage Vladimirs gegenüber Estragon beim gemeinsamen Warten, daß die Errettung eines der beiden neben Christus gekreuzigten Schächer einen passablen Prozentsatz ausmacht. Nicht umsonst trägt das Stück den Untertitel *A Tragicomedy*: Glück und Unglück, Lachen und Weinen, Optimismus und Pessimismus halten sich wie hier auch sonst in B.s Werk die Waage. Der Name bezieht sich auch auf Godeau, den Adressaten einer Abhandlung über die klassizistischen Regeln der Einheit der Zeit. Das aristotelische Drama, ebenso wie die Sprachen von Wissenschaft und Philosophie, werden hier parodiert. Die stereotypen Verhaltensmuster und die Figurenkonstellation sind wie in den weiteren Dramen B.s kontrastiv und komplementär angelegt. Das dialektische Muster von Herr und Knecht, das in diesem Stück aufscheint, wird in *Endgame* zum strukturierenden Prinzip der Beziehung von Clov und Hamm. Die zentrale Metapher von *Endgame* ist die des Schachspiels (die Bezeichnung für den Springer im Schachspiel, *knight*, hat ursprünglich die Bedeutung ›Knecht‹). Clov, der seinen Herrn

Hamm bedient, bewegt sich mit vorgegebenen abgehackten Bewegungen in nur zwei Richtungen auf den Brettern (*board* als Schachbrett und Bühne), die die Welt bedeuten. Seine Bewegungen betonen die Räumlichkeit der Bühne und erfolgen analog zu denen der Schachfigur. Das archetypisch karge Bühnenbild ist vielfach symbolisch gedeutet worden als das Innere des Schädels mit Augen gleich Fenstern; das Stück ein eschatologisches Drama der Endzeit. Im virtuellen System der Gattungen, die B.s Dramen jeweils thematisieren, diskutiert es die Zeit als dramatische Kategorie: *kairos*, der hervorgehobene Moment des Dramas, wird durch die gleichmäßig verlaufende Zeit, *chronos*, ersetzt. Das Stück ist auch historisches Drama, insofern es die (verhinderte) Heilsgeschichte in einer invertierten Weihnachtsgeschichte darstellt. Zugleich thematisiert es in den Eltern, die in Mülltonnen stecken und zu einem Säuglingszustand zurückgekehrt sind, eine Generationengeschichte. Dieses oft als besonders pessimistisch eingeschätzte Drama muß im Zusammenhang mit *Happy Days* (1961; *Glückliche Tage*, 1962) gesehen werden, das als Gegenentwurf zum Pessimismus den unverwüstlichen Optimismus des Menschen darstellt, verkörpert in Winnie, die immer tiefer im Sandhaufen – der Metapher für die verrinnende Zeit – versinkt und dennoch unbeirrt von »another happy day« schwärmt.

Not I thematisiert als dritte dramatische Kategorie die Figurenidentität, die erst im Rezipientenbewußtsein entsteht. Die Modalität des Dramas als Visualität wird im Homophon »I« / »eye« angedeutet. Beides, das *Nacheinander* und das *Nebeneinander* in der Kommunikation zwischen MOUTH und AUDITOR, die sich in allen drei Dimensionen der Bühne vollzieht, sind Bestandteil des Dramas. Wortzwang und Sprachlosigkeit, ebenso wie *chronos* und *kairos*, gehören zu diesem Drama, das den Zuschauer unentrinnbar und schmerzhaft *pity* und *fear* und *catharsis* erleben läßt. Die Rückkehr zu einer existentiellen Erfahrung ist sicherlich eine der stärksten Wirkungen von B.s Drama über die Thematisierung der Kategorien von Raum und Zeit hinaus. *That Time*, ein anderes Stück der fragmentarisierten, extrem reduzierten Körper, ebenso wie *Footfalls*, wurde von B. selbst als »brother to *Not I*« bezeichnet. Die Metapher des Lebens als Band in *Krapp's Last Tape* (1958; *Das letzte Band*, 1960) wird immer wieder, auch in B.s Fernsehstücken, aufgegriffen. Vieles bleibt der Ergänzungstätigkeit des Zuschauers überlassen, dem Räumliches aus dem Nichts entsteht. Extrem abstrakt und doch unmittelbar und konkret ist das späte Drama B.s. Eines der letzten Werke, *Nacht und Träume*, ist von bewegender Unmittelbarkeit in der Frage der Erlösung des Menschen, dem eine Hand im Traum aus dem Nichts Trost und Labung spendet.

B.s Erzählprosa wird am besten über sein in Englisch geschriebenes Frühwerk zugänglich. *Murphy* präsentiert bereits einen komischen Gegenentwurf zur Teleologie in den zen-buddhistischen Neigungen von Professor Neary. *More Pricks Than Kicks*, das sprachlich noch sehr welthaltig ist, verwendet die Dubliner Topographie im Sinne von Joyce nur noch parodistisch, und auch die Sinnsuche Belacquas (»looking for a sign«) endet profan im Anblick des großen Bovril Sign. Nach dem Roman *Watt* (1953; *Watt*, 1970) schreibt B. auf Französisch, um »stillos« zu sein. B.s Roman-Trilogie kann nur noch als totale Reduktion verstanden werden. B. fordert von der modernen Literatur das, was die Malerei und die Musik bereits geleistet haben, die Auflösung der Materialität. Er sieht in Joyces *Finnegans Wake* (1939) die »Apotheose des Worts« und betrachtet es als seine eigene Aufgabe, den »Schleier« der eigenen Sprache zu zerreißen. Die Romane der Tri-

logie – *Molloy, Malone meurt, L'Innomable* (1947–53) – stellen in Verbindung mit *Comment c'est* (1961; *Wie es ist*, 1961) bzw. *How It Is* (1964) darin einen Zusammenhang her, daß sie verschiedene Stadien der Selbstbetrachtung und der Erinnerungs- und Erzählfähigkeit des Ichs aufgreifen. Die Selbstreflexivität und die Unmöglichkeit des Erkennens und des Erzählens wird paradoxerweise im Erzählen selbst zum Gegenstand. Der dritte Teil der Trilogie, *The Unnamable*, ist im Rückblick aus dem Tod erzählt. Der Tod als Bestandteil des Lebens, ebenso wie die Zusammenbindung des Sakrosankten mit dem Profanen, ist bereits in den frühen Kurzgeschichten (»Love and Lethe«) als *Eros* und *Thanatos* gestaltet; ähnlich das säkularisierte Ritual etwa der Mahlzeit als Messeparodie und des Hummers als Christus (»Dante and the Lobster«). Zentrale abendländische Vorstellungsmuster wie die Dreigliedrigkeit und die Klimax von der Hölle über das Fegefeuer zum Himmel (Dantes *Divina Commedia*) klingen früh an und kehren als archetypische Referenzmuster wieder. Diese Formen fungieren als Restrituale einer tiefen, nicht mehr religiös motivierten Humanität. B.s früheste Veröffentlichungen waren Gedichte (*Whoroscope*, 1930), und seine letzten erzählerischen – *Company* (1980; *Gesellschaft*, 1981), *Worstward Ho* (1983; *Aufs Schlimmste zu*, 1989), *Ill Seen, Ill Said* (1982; *Schlecht gesehen, schlecht gesagt*, 1983) – ebenso wie seine letzten dramatischen Werke haben die Dichte von Lyrik. B.s Spätwerk verlangt von seinem Leser und dem Zuschauer der Stücke die Rezeption der Modalitäten der Schriftlichkeit wie der Mündlichkeit, des Visuellen wie des Auditiven. B.s Werke machen auf immer neue Weise existentiell und ästhetisch betroffen; sich dieser Betroffenheit zu entziehen ist unmöglich.

Therese Fischer-Seidel

Blake, William
Geb. 28. 11. 1757 in London;
gest. 12. 8. 1827 ebd.

Der Visionär, Dichter, Maler und Graveur William Blake, eine Generation vor der ›ersten Generation‹ romantischer Dichter (William Wordsworth, Samuel Taylor Coleridge, Robert Southey) geboren, wird in vielen Literaturgeschichten noch zur Vorromantik gezählt. Dieser chronologischen Zuordnung widerspricht jedoch, daß der erklärte Systemfeind schon alle diversen Denkansätze der Vorromantik mit fast paradoxer Logik synthetisierte und in den ›radikalen‹ Kreisen Londons an die jungen ›Radikalen‹ (Anhänger der Ideale der Französischen Revolution) Wordsworth und Coleridge weitergab. So war B. der erste eigentliche englische Hochromantiker.

Die Ereignislosigkeit von B.s Leben sowie seine geringe (und bis zu seinem Tode noch schwindende) Bekanntheit stehen im Gegensatz zu seinem umfassenden Denken und genialen Werk. Der Sohn eines nonkonformistischen Londoner Strumpfwarenhändlers machte ohne formale Schulbildung eine Kupferstecherlehre, wurde Student der Bildenden Künste an der Royal Academy, lernte andere Künstler wie John Flaxman und Johann Heinrich Füßli alias Fuseli kennen und geriet zunehmend in revolutionäre Kreise um den Londoner Buchhändler Joseph Johnson. Dort traf er bekannte politisch systemkritische bis revolutionäre Literaten, u.a. den jungen Wordsworth, William Godwin und Mary Wollstonecraft. Doch während der radikale Rationalist Godwin den Ursprung von Tyrannei und Ungleichheit in der Verwirrung der Köpfe durch Imagination diagnostizierte, erstellte der radikale Idealist B. im Rückgriff auf Thomas Hobbes' und John Lockes Definitionen den entgegengesetzten Befund: *reason* als die trennende Fähigkeit des menschlichen Geistes habe die materielle Abbildwelt aus der alleinheitlichen ideellen Urbildwelt abgespalten und zersplittert, *imagination* als seine konträre, ineinsbildende (›esemplastische‹) Fähigkeit vermöge sie in Antizipation notwendiger Heilsgeschichte wieder zusammenzufügen. Dies erklärt B.s häretisch antinomistische Aphorismensammlung *The Marriage of Heaven and Hell* (1790–93; *Die Hochzeit von Himmel und Hölle*, 1987) wie auch sein Anklagegedicht gegen die rechtliche Absonderung von Frauen und Sklaven, *Visions of the Daughters of Albion* (1793). Besonders der Kreis um Johnson wurde durch die Geheimpolizei von George III überwacht, was B. lebenslangen Ärger bescherte. Die Radikalen ermöglichten B. die Veröffentlichung seiner ersten Gedichtsammlung, *Poetical Sketches* (1783), sowie 1784 die Eröffnung eines eigenen Druck- und Buchladens. Hier entstanden B.s erste illustrierte Gedichtbände, von ihm selbst in Kupferplatten radiert oder gestochen, v.a. die *Songs of Innocence* (1789), später ergänzt durch die *Songs of Experience* (1794; *Lieder der Unschuld und Erfahrung*, 1958). In der einfachen Sprache, die schon der Primitivismus der Vorromantik wider die poetische Diktion der Klassizisten mobilisiert hatte, stellte B. hier Gedichte mit verschiedenen kindlichen und erwachsenen Sprechern als These und Antithese einander gegenüber. So drücken *Songs of Innocence* wie »The Lamb« und »The Chimney Sweeper« kindliche Reminiszenzphantasien des Paradieses aus, welche von den Illustrationen noch mehr als von den Texten selbst als unrealistisch entlarvt werden: Die Lämmer, selbst das Christuslamm, sind Schlachttiere; der Schornsteinfegerknabe ist ein Opfer industrieller Ausbeutung. Die jeweiligen Gegengedichte, hier etwa »The Tyger« und »The Chimney Sweeper«, machen dem Menschen dann den Verlust des Paradieses zur brutalen Gewißheit. Der Tiger, Schutztier des Grenzensetzers und Vernunftty-

rannen Urizen (*oúros* + *reason*), schüch-
tert den menschlichen Geist ein mit der
»fearful symmetry« der Reduktion von
Natur auf restriktive Gesetze; und der
Schornsteinfegerknabe wird Betrugsop-
fer einer Religion von Schwindelprie-
stern, die als Helfershelfer der Tyrannen
und Ausbeuter falschen Trost in Gehor-
sam predigen.

Die *Songs* enthalten schon im Kern
B.s später entfaltete gnostische und antinomistische Weltanschauung sowie
seinen Neuplatonismus und Sweden-
borgianismus. Hinzu kommt B.s Kenntnis hinduistischer Philosophie durch
die Vermittlung von Sir William Jones.
Die ursprüngliche ideelle All-Einheit
kannte unsere Vernunftunterscheidun-
gen (Jenseits und Diesseits, Geist und
Materie, Himmel und Hölle, Mann und
Frau, Herrscher und Untertan, Heiliges
und Profanes, Licht und Dunkel, Wärme und Kälte usw.), also John Keats'
»schism«, nicht. Der Weltenschöpfer
war nach gnostischer Lehre nicht die
gütige Urgottheit, sondern ein *spiritus
malignus* oder Demiurg, B.s Urizen. B.
stellt ihn bildlich wechselnd dar als eis-
grauen alten Mann mit starren linearen
Zügen, mal als zirkelbewaffneten Wel-
tenplaner, mal getarnt als gütiger Vater,
mal als unter seinem eigenen Joch lei-
dender Gefangener, ein abschreckendes
mixtum compositum aus Jehovah, Zeus,
König George III und Sir Isaac Newton.
Sein Beiname »ancient of days« markierte ihn doppelt als sterblich, im Unterschied zu den »Eternals«, B.s Bezeichnung der All-Einheit in Wiederin-
einsbildung von Monotheismus und
Polytheismus. In einer ersten Fallstufe
splitterte der Demiurg aus der Ewigkeit
ein räumlich und zeitlich begrenztes *pa-
rádeisos* ab (These: Paradies). In einer
zweiten Fallstufe splitterte daraus dann
unsere Welt, fragmentiert durch Sozial-
hierarchien und zusätzlich durch die
Industrielle Revolution (Antithese: Verlorenes Paradies). Doch selbst dann er-
innerten sich die Menschen in kulturell

verschieden verbilderten Mythen ihrer
Heimat der Ideenwelt, zumal sie (nach
Emanuel Swedenborgs Lehre) Fragmente des Göttlichen wie das Feuer und
die Liebe mitgebracht hatten, siehe B.s
Song of Innocence »The Divine Image«.
Um ihre Herrschaft zu etablieren und
die Lebensdauer ihrer sterblichen Welt
zu verlängern, zerstörten die Tyrannen
mit Hilfe von Priesterschwindlern diese
frei fließende *anámnēsis*, indem sie
Heilsmythen zu heilsgeschichtlichen
›Wahrheiten‹ erklärten und in dogmati-
sche Religionen und eherne Gesetzes-
tafeln (Bibel, Koran usw.) hämmerten.
So wurde ›wahrer‹ Glauben wider Häre-
sie gepredigt und die verdummte
Menschheit in sinnlose Religionskriege
gestürzt; dagegen steht *All Religions Are
One*. Die Versklavung liegt somit in des
Menschen »mind-forg'd manacles«
(*Songs of Experience*: »London«). Doch
alles Geschaffene drängt mit soteriolo-
gischer Notwendigkeit zu seinem Ursprung zurück, und B. wähnte im Einklang mit den anderen ›positiven‹ Romantikern (dem jungen Wordsworth
und Coleridge, Percy Bysshe Shelley,
Keats, Novalis usw.) ein unmittelbar be-
vorstehendes Millennium (Synthese:
›Paradise Regained‹) entsprechend dem
biblischen Mythos von Offenbarung 20
und dem antiken Mythos der Rückkehr
des Goldenen Zeitalters. Schließlich
werde auch dieses Paradies zurückkehren müssen in seine ur-all-einheitliche
Heimat der Ideenwelt, wie in den Mythen von Offenbarung 21 (Himmlisches
Jerusalem) und von der Rückkehr des
Odysseus nach Ithaka.

Schon in den *Songs of Innocence and
Experience* ist diese idealistisch-dialekti-
sche Vision, in typisch B.scher Verachtung der klassizistischen Dekorumsre-
gel, mit brutal realistischer Sozialkritik
gepaart, so in der Anklage des Schmut-
zes und der Prostitution Londons
(»London«) oder der Verbiegung kind-
licher Seelen durch erzieherische und
religiöse Restriktion (»The Garden of

Love«, »The Nurse's Song«). Dabei posiert B. selbst als – wie das Kind dem Ursprung nahestehender – romantischer Prophetendichter, berufen, mit seiner Kunst die in Ignoranz verirrten erwachsenen Menschen über ihre mythischen Reminiszenzen an ihre Herkunft und Bestimmung zu gemahnen: »Hear the voice of the bard, Who present, past, and future sees –«.

B. weigerte sich, eine dieser in Dogmen skriptural festgehämmerten Mythologien zu übernehmen. Statt dessen suchte er die fließenden Reminiszenzen in sich selbst und schuf seine eigenen stets wechselnden Mythen: »I must create a system, or be enslaved by another man's« (*Jerusalem*). Dies gilt für alle seine prophetischen Bücher, angefangen von *The First Book of Urizen* (1794, B.s Gegenentwurf zu Genesis), wie auch für seine Gemälde (Öl- und Wasserfarben) und Illustrationen (Stiche und Radierungen), mit denen er auch Texte anderer Dichter (John Milton, Edward Young usw.) im Sinne seines Antinomismus radikal umlas. B.s Texte und Illustrationen sollten wegen ihrer gegenseitigen Erhellung parallel gelesen werden, jedoch ohne Erwartung einer exakten Entsprechung von Textseite und Illustration. In Ablehnung aller Symmetrie hat B. sie asynchron angeordnet, so daß die Illustrationen in den verschiedenen Visionen des Falls und Heilsgeschehens falsche Erwartungen korrigieren, Rückschläge oder Fortschritte vorwegnehmen. Es lassen sich bei aller Varianz der freiphantastischen Namen und Handlungen einige Konstanten feststellen, da B. in Text wie Bild gezwungen war, urizenisches Diesseits und alleinheitliches Jenseits kontrastiv zu veranschaulichen. So steht ewiges Feuer gegen schmelzendes Eis, wobei die in Ägypten imaginierten ersten Priesterschwindler, die ihre Tyrannis in den symmetrischen Steinformen der Pyramiden sichtbar werden ließen, asketisch urizenisches Eis zu Tugend und ewiges

leidenschaftliches Feuer zu Sünde pervertierten. Doch das Restfeuer ist nie auslöschbar, selbst nicht in ehernen Kugeln und platonischen Höhlen und im Fell des urizenischen Schutztigers »burning bright« (»The Tyger«). Weitere Restriktion und Sterilität assoziierenden Zentralbilder B.s sind Steine, Eisen, Netze, Fesseln, enge Kleider und Schuppenpanzer, Dornengestrüpp, Stöcke und Krücken, Räume und Gefäße, Zirkel und andere symmetrische Formgebilde, sämtliche zerstörbar. Zerstörung aber ist Antithese zur Synthese. In *Vala, or, The Four Zoas* (1795–1804) werden Weizenkorn und Traube zerquetscht, um sich zum »bread and wine of ages« zu erhöhen (B.s Variante der Eucharistie), im Zuge der Wiederherstellung des in vier gegnerische Fähigkeiten gespaltenen »Eternal Man«. Anders wieder in B.s sperrigstem visionären Epos, *Jerusalem* (1804–20), wo der Riese Albion (England) fallen und leiden muß, um schließlich wieder mit seiner Emanation (weiblichen Abspaltung) Jerusalem vereint und zu »Eternal Life« erweckt zu werden (B.s Variante der Anglo-Israel-Lehre, siehe das ebenfalls oft mit »Jerusalem« betitelte vielzitierte Einleitungsgedicht zu *Milton*, 1804–08; *Milton*, 1995).

Rolf Lessenich

Bond, Edward
Geb. 18. 7. 1934 in Holloway, London

»In our time only socialism can produce art«, bringt der englische Dramatiker Edward Bond sein Kunstverständnis polemisch auf den Punkt. Theater ist für B. demnach nur als sozialkritisches Medium denkbar, in dem sich selbst ästhetische Überlegungen als politisch determiniert erweisen. Hinter der seit fast 40 Jahren unveränderten marxistischen Ausrichtung seiner Stücke verbirgt sich allerdings eine erstaunliche Dynamik, die sich in einer auffallenden stilistischen und thematischen Vielfältigkeit manifestiert und die eigentliche Faszination der Dramen des unermüdlichen Autodidakten B. ausmacht. B. schlug sich nach einer schon früh abgebrochenen Schullaufbahn mit diversen Gelegenheitsarbeiten durch, bis er 1953 zum Militär eingezogen und in Wien stationiert wurde. Seine negativen Erfahrungen in der Armee gaben den Anstoß zu systemkritischer literarischer Aktivität. Eine ernsthafte Auseinandersetzung mit dem Theater erfolgte allerdings erst Jahre später über die Writers' Group des Royal Court Theatre, der B. schon wenige Monate nach ihrer Gründung im Januar 1958 angehörte. Das Royal Court war es schließlich auch, das B.s erste abendfüllende Stücke, *The Pope's Wedding* (1962; *Die Hochzeit des Papstes*, 1971) und *Saved* (1965; *Gerettet*, 1966), auf die Bühne brachte und B.s Etablierung in der englischen Theaterszene maßgeblich förderte.

Durch extreme Szenen in seinen frühen Stücken, wie etwa die Steinigung eines Babys in *Saved* oder kannibalistische Exzesse in *Early Morning* (1968; *Trauer zu früh*, 1969), wurde B. zunächst fast ausschließlich mit der schockierenden Darstellung unmotivierter Gewalt in Verbindung gebracht. »I write about violence as naturally as Jane Austen wrote about manners«, erklärt der Dramatiker im Vorwort zu *Lear* (1971; *Lear*, 1972), wobei er allerdings seine *aggro-effects* – so bezeichnet B. die schockartige Wirkung gewaltgeladener Szenen auf das Publikum – zunehmend in einen ideologisch-sozialkritischen Rahmen stellt. In den auf *Saved* folgenden Stücken geht der Autor verstärkt dazu über, die Ursachen der dargestellten Aggressionsakte dramatisch zu explizieren und für das Publikum nachvollziehbar zu machen. Während sich das Miteinbeziehen sozialpolitischer Hintergründe in den beiden Künstlerdramen *Bingo* (1973; *Bingo*, 1976) – über das Leben Shakespeares – und *The Fool* (1975; *Der Irre*, 1977) – über das Leben John Clares – als eine der Bühnenwirksamkeit der Stücke kaum abträgliche Rezeptionshilfe erweist, gerät die Diskussion dieser Hintergründe in *The Bundle* (1978; *Das Bündel*, 1979) und v. a. in *The Worlds* (1979; *Die Welten*, 1987) zur unverhüllten Didaxe. Das Vorherrschen epischer und auch lyrischer Darstellungsformen mit starker Tendenz zur expliziten Rezeptionslenkung findet sich in den 1980er Jahren nur noch in der Trilogie *The War Plays* (1985; *Kriegsstücke*, 1988). In anderen Dramen der 1980er, allen voran in *Restoration* (1981; *Restauration*, 1987) und *Summer* (1982; *Sommer*, 1983), findet B. dagegen zu einer gelungenen Symbiose von z. T. episch vermittelter sozialkritischer Botschaft, Komik und dramatischer Spannung. Komische Elemente dienen in B.s Dramatik fast ausschließlich dazu, mittels Kontrasten die schockierende Wirkung beklemmender Szenen zu verstärken. Dies gilt selbst für B.s ›Komödien‹ im engeren Sinne, *Restoration* und *The Sea* (1973; *Die See*, 1973), die beide an Konventionen der Gesellschaftskomödie anknüpfen. In *Restoration* experimentiert der von Brecht beeinflußte Dramatiker zusätzlich mit der Integration des Liedes als dialektischer Folie zum dramatischen Geschehen, einer Technik, die auch in einigen anderen Dramen B.s bemüht wird. Der Neuinterpretation klassischer Vorlagen widmet sich B. in *Lear* und *The Woman* (1978; *Die Frau*, 1979), das der archetypischen Geschichte um den Fall Trojas eine neue Deutung gibt.

B.s Produktivität und Kreativität bleiben auch in den 1990er Jahren ungebrochen. Von den in dieser Dekade entstandenen Werken ist v. a. das Stück *Coffee* (1997) zu erwähnen, in dem B. – wie schon in zahlreichen früheren Dramen – intensiv mit Techniken der Groteske und des Theaters des Absurden operiert, um die Irrationalität einer bei B. stets als veränderbar gezeigten Welt zu dramatisieren. B.s Theater ist somit trotz des häufigen Spiels mit Darstellungsweisen des Surrealen und Absurden ein *Rational Theatre*, wie der Autor im Vorwort zu *Plays Two* (1978) deutlich macht, ein Theater, das der modernen Gesellschaft ihr schizophrenes Dasein in heilsamer Weise vor Augen führen soll. *Coffee*, das sich auf das Massaker von Babi Yar (1941) bezieht, zählt zu den schockierendsten Stücken B.s: Wie in *At the Inland Sea* (1995), einem Jugenddrama für Big Brum, eine *theatre-in-education company*, läßt B. in *Coffee* den Holocaust abrupt und direkt über ein friedliches Alltagsszenario des ausgehenden 20. Jahrhunderts hereinbrechen und aktualisiert damit die beklemmende Relevanz historischer Ereignisse für die Gegenwart. *Eleven Vests* (1997), *The Children* (2000) und *Have I None* (2000) bezeugen B.s anhaltendes Interesse am britischen Jugendtheater. Zugleich spiegeln die Aufführungsorte von B.s Stücken in den Jahren 2000/01 (*The Sea* in Wien, *Lear* und *The Crime of the Twenty-First Century* in Paris, *Olly's Prison* in Straßburg, *In the Company of Men* in Mailand, *Summer* in Barcelona und *Saved* in New York) die steigende Internationalität des Dramatikers, der sich vom *mainstream British theatre* aber weitgehend zurückgezogen hat. Zumal die Entwicklungen an den etablierten Londoner Theatern betrachtet der kritische Autor mit großer Skepsis, weshalb die einzige für 2001 geplante Londoner ›Aufführung‹ eine Lesung des Stückes *Lear* im neuen Globe ist. B., der mit *Blow Up!* (1966) und *Olly's Prison* (1993; *Ollys Gefängnis*, 1994) auch als Drehbuchautor hervorgetreten ist, hat immer wieder versucht, das Verständnis seiner Werke durch weit ausholende Vorworte, theoretische Anmerkungen und den Dramen beigefügte Prosatexte zu erhöhen. Erst mit *The Hidden Plot* (2000) allerdings legt B. erstmals eine ausführliche Darstellung seiner theoretischen Überlegungen zum Theater vor und festigt damit einmal mehr seine Bedeutung innerhalb des modernen englischen Dramas.

Maria Löschnigg

Brontë, Charlotte

Geb. 21.4.1816 in Thornton, Yorkshire; gest. 31.3.1855 in Haworth, Yorkshire

Charlotte Brontë ist, gemeinsam mit ihrer jüngeren Schwester Anne, die Hauptvertreterin des frühviktorianischen weiblichen Entwicklungsromans; gleichzeitig verdeutlicht die kritische Rezeption ihres Werkes, die sich in historischer Perspektive als biographisch, didaktisch, feministisch und narratologisch fokussiert nachzeichnen läßt, geradezu paradigmatisch den allgemeinen Perspektivenwechsel der modernen Literaturwissenschaft. – Als drittes Kind des Reverend Patrick Brontë geboren, verbrachte B. den größten Teil ihrer Kindheit in Haworth, Yorkshire, gemeinsam mit ihren Geschwistern Maria (1813–25), Elizabeth (1815–25), Patrick Branwell (1817–48), Emily Jane (1818–48) und Anne (1820–49), dem Vater und nach dem' frühen Tod der Mutter (1821) ihrer Tante Elizabeth Branwell. Alle Mädchen mit Ausnahme Annes besuchten die Clergy Daughters' School in Cowan Bridge, wo sie letztlich aufgrund unzureichender Fürsorge unter selbst für viktorianische Verhältnisse katastrophalen Lebens- und Lernbedingungen zu leiden hatten; todkrank kehrten Maria und Elizabeth 1825 nach Hause zurück und starben bald darauf; am 1.6.1825 kehrten auch Charlotte und Emily nach Haworth zurück. Obwohl B. ab 1831/32 die Schule von Miss Wooler in Roe Head besuchte, wo sie dann in den Jahren 1835–38 auch als Erzieherin arbeitete, fand die eigentliche Erziehung ab Mitte der 1820er Jahre im Pfarrhaus von Haworth statt. Dort führte der Vater die Kinder an die Schätze seiner Bibliothek heran (u.a. die Bibel, Homer,

Vergil, Shakespeare, John Milton, Lord Byron, Sir Walter Scott) und eröffnete ihnen mit *Blackwood's Edinburgh Magazine*, *Fraser's Magazine* und *The Edinburgh Review* einen weiteren intellektuell-kulturellen Horizont. Im Juni 1826 hatte Mr. Brontë von einem Besuch in Leeds Branwell ein Set von zwölf Holzsoldaten mitgebracht, ein Geschenk, das sogleich zum Schlüsselerlebnis wurde: Über die Empfindungen, Erlebnisse und Abenteuer dieser Figuren erzählten und schrieben die Kinder Geschichten, und sie erfanden eine imaginäre gläserne Stadt. Charlotte und Branwell schrieben eine Chronik der erstaunlichen Geschichte des Königreichs Angria in kaum briefmarkengroßen Heftchen nieder (*Legends of Angria*, 1933; *Erzählungen aus Angria*, 1987), während Emily und Anne sich über Jahre hinweg der Gondal-Saga widmeten. Dokumentieren bereits diese Jugendschriften die unerschöpfliche, melodramatische, phantastische Imaginationskraft B.s und den Gemeinschaftsgeist der Kinder, so werden sie im Rückblick ebenfalls zu einer konzentrierten Schreibschule für das spätere Werk.

In die 1840er Jahre fällt der für B. biographisch so wichtige (und dann in den Romanen *Villette* und *The Professor* literarisierte) Aufenthalt in Brüssel, wo sie zwischen Februar 1842 und 1844 insgesamt 18 Monate im Pensionat von M. Constantin Heger verbrachte, um ihre Französisch- und Deutschkenntnisse zu verbessern. Im September 1845 entdeckte B., die schon seit ihrer Zeit in Roe Head selbst Gedichte schrieb, ein Heftchen mit Gedichten Emilys, und schnell hatte sie ihre widerstrebenden jüngeren Schwestern überzeugt, gemeinsam eine Gedichtsammlung zu veröffentlichen. Diese erschien Ende Mai 1846 – weitgehend unbemerkt von der Kritik und dem Lesepublikum – als *Poems by Currer, Ellis and Acton Bell*, ein schmales, 165 Textseiten umfassendes, schnell produziertes Bändchen mit 19 Gedichten von Currer (Charlotte) und jeweils 21 von Ellis und Acton (Emily und Anne), auf Kosten der Autoren. Literarisch bedeutsam sind im Grunde nur einige der Gedichte Annes und Emilys, während Charlottes Themen gesucht und ihre Gestaltungskraft limitiert erscheinen. Dennoch, ihrem Engagement war diese erste Veröffentlichung zu verdanken, und schon bald wandte sie sich wiederum an die Londoner Verleger, denen sie nun drei Romane der »Gebrüder Bell« anbot; ihr eigener Roman, *The Professor* (*Der Professor*, 1990), wurde immer wieder abgelehnt und erschien erst postum im Jahre 1857. Eine mit freundlicher Aufmunterung versüßte Ablehnung des Romans durch das Verlagshaus Smith, Elder and Co. ermutigte B., ihren inzwischen vollendeten zweiten Roman, *Jane Eyre* (*Jane Eyre*, 1848), einzuschicken; dieser wurde sogleich akzeptiert und erschien im Oktober 1847, zwei Monate bevor Emilys *Wuthering Heights* und Annes *Agnes Grey* bei T. C. Newby veröffentlicht wurden. Plötzlich waren die Romane der Gebrüder Bell Gegenstand des öffentlichen Interesses, insbesondere *Jane Eyre* wurde von der Kritik enthusiastisch gefeiert, wobei die männliche Autorenfiktion zusätzliches Interesse provozierte. Wie schon die ambitionierte B. die treibende Kraft hinter der Veröffentlichung der *Poems* und der Romane war, so war sie auch diejenige, die als erste ihre wahre Identität (und die ihrer Schwestern) preisgab. Die Freude über die literarischen Erfolge im Hause Brontë sollte nicht lange andauern: Im September 1848 starb Branwell, im Dezember 1848 Emily und im Juli 1849 Anne, womit B. zur Nachlaßverwalterin auch der literarischen Werke ihrer Schwestern wurde, Werke, deren Qualitäten sie verkannte und die sie demzufolge nur widerstrebend für Neuauflagen freigab.

Im Oktober 1849 erschien B.s Roman *Shirley* (*Shirley*, 1849), gefolgt von *Vil-*

lette (1853; *Villette*, 1853), jeweils Achtungs- und Publikumerfolge, die zusammen mit *Jane Eyre* zu den bedeutendsten literarischen Entwürfen weiblicher Existenz im Zeitalter des Viktorianismus gehören. *Jane Eyre* ist die fiktionale Autobiographie einer klugen, nicht übermäßig hübschen jungen Frau. Konzentriert auf die für ihre Selbstfindung im Widerstreit von Gefühl (*passion*) und Vernunft (*reason*) zentralen Phasen ihres Lebens, strukturiert die Ich-Erzählerin ihren Bericht, rafft oder berichtet detailliert: Eingehend geschildert werden die Jahre der entbehrungsreichen Kindheit im Hause ihrer Tante und in Lowood – Waisenhaus und Schule zugleich –, die Begegnung mit dem düsteren – an die Helden der *gothic novel* erinnernden – Gutsherrn Edward Rochester von Thornfield Hall, die Liebe zu ihm, ihre Flucht, nachdem sie am Hochzeitsmorgen erfahren mußte, daß Rochesters Ehefrau Bertha als Wahnsinnige im obersten Stock des Gutshauses weggeschlossen ist, der Aufenthalt im Hause von St. John Rivers und seinen Schwestern, der moralische und religiöse Druck, den St. John auf sie ausübt, ihn als seine Ehefrau auf eine Missionsreise zu begleiten, der erneute Aufbruch und die Auflösung aller Verwicklungen, die Heirat mit dem inzwischen verkrüppelten und verwitweten Rochester. Das aus einem zeitlichen Abstand von zehn Jahren (nach der Hochzeit mit Rochester) geschilderte Geschehen wird in deutlicher Parallelität zum fortschreitenden Integrationsprozeß der Protagonistin immer häufiger für Reflexionen und direkte Leseranreden unterbrochen, die zum einen der leidenschaftlichen Emotionalität der jungen (erlebenden) Jane die ruhige Ausgewogenheit der gereiften (erzählenden) Jane gegenüberstellen, zum anderen immer wieder prinzipielle Fragen aufwerfen, etwa die Restriktionen, denen Frauen unterworfen sind (Kap. 12). Die ausgefeilte, den ganzen Roman prä-

gende Symbolik (Feuer, Wasser) und Metaphorik, die behutsam angedeutete Parallelität zwischen Jane und Bertha, dies alles verleiht dem zentralen Aspekt der weiblichen Identitätskonstitution im Widerstreit von *passion* und *reason* Tiefe.

Wie die Schilderung von Lowood in autobiographischem Erleben (Cowan Bridge) gründet, so verarbeitet B. ihren Brüsselaufenthalt in *Villette* (*Villette*, 1984), der fiktiven Autobiographie Lucy Snowes, einer – wie Jane Eyre – unscheinbaren, auf sich allein gestellten jungen Frau. Diese bezeichnet am Ende des Romans und nach etlichen Verwicklungen die drei Jahre als selbständige Lehrerin und Leiterin einer kleinen Schule, in denen sie auf die Rückkehr von Paul Emanuel wartete, als die glücklichste Zeit ihres Lebens. Erzählerische Traditionen der *gothic novel* und strukturelle Innovationen, der offene Schluß wie die immer wieder durchscheinende Unzuverlässigkeit der Erzählinstanz, verdichtet B. zu einer präzisen, glaubhaften Darstellung auch in ihrer Liebe durchaus unromantischer Charaktere. Zwei sehr unterschiedliche Frauenfiguren, Caroline Helstone und Shirley Keeldar, stehen im Mittelpunkt von *Shirley*, einem multiperspektivischen historischen Roman, der vor dem fragmentarisch ausgeleuchteten Hintergrund der Ludditen-Unruhen entscheidende Monate im Leben der beiden jungen Frauen schildert. Wie Caroline und Shirley im Rahmen des in den Roman – primär über die Nebenfiguren – integrierten Meinungsspektrums über die Möglichkeiten weiblicher Existenz ihre Zukunftswünsche realisieren, ist vielleicht nicht spektakulär; bedeutsam ist der Roman dennoch, weil er durchgängig strukturell verdeutlicht, daß in einer zunehmend komplexer werdenden Welt keine allgemein akzeptable Repräsentation von Wirklichkeit und Weiblichkeit mehr möglich ist.

Uwe Baumann

Byatt, A[ntonia] S[usan]
Geb. 24. 8. 1936 in Sheffield

Die in London lebende Autorin und Kritikerin A. S. Byatt erhielt ihre akademische Ausbildung am Newnham College, Cambridge, wo sie 1954–57 Englisch studierte, sowie als Postgraduate-Studentin 1957–59 am Bryn Mawr College, Pennsylvania, und Somerville College, Oxford. Nach ihrer ersten Heirat und der Geburt zweier Kinder arbeitete B. von 1962–71 in der Erwachsenenbildung an der Universität London und unterrichtete von 1965–69 zusätzlich an der Londoner Central School of Art and Design. Trotz des Todes ihres Sohnes, ihrer zweiten Heirat und der Geburt zweier Töchter arbeitete B. seit 1972 als Dozentin für Englische und Amerikanische Literatur am University College London und publizierte neben wissenschaftlichen auch literarische Texte. 1983 gibt sie ihr Senior Lectureship am UCL auf und zieht sich aus dem akademischen Leben zurück, um sich ganz der Schriftstellerei zu widmen. B., die heute eine der erfolgreichsten Schriftstellerinnen Großbritanniens ist, wurden zahlreiche Ehrungen durch Universitäten (unter anderem von London und Cambridge) zuteil; seit 1983 ist sie Mitglied der Royal Society of Literature, seit 1990 CBE (Commander of the Order of the British Empire), seit 1999 DBE (Dame Commander of the Order of the British Empire).

1964 erschien B.s erster Roman, *Shadow of a Sun*, dessen Charaktere und Schreibstil in den späteren Werken wiederkehren. Die Protagonistin Anne Severell ist die Tochter eines berühmten Autors, die ihren Weg finden muß. Es zeigt sich bereits B.s exakte Beschreibungskunst, die sie mit (Farb-)Symbolik und Anspielungen auf literarische Traditionen verknüpft. Ihr zweiter Roman, *The Game* (1967), handelt von einem intellektuellen Kampf, diesmal zwischen zwei Schwestern, von denen die eine Dozentin in Oxford, die andere Schriftstellerin ist, was Kritiker dazu veranlaßte, *The Game* als autobiographischen Roman über B.s Verhältnis zu ihrer jüngeren Schwester, der Autorin Margaret Drabble, zu lesen. Auch in ihrer geplanten Tetralogie, von der 1978 der erste Band *The Virgin in the Garden* (*Die Jungfrau im Garten*, 1998), 1985 der zweite Teil *Still Life* (*Stilleben*, 2000) und 1996 der dritte Teil *Babel Tower* erschienen, verfolgt B. Themen und Techniken, die bereits in den frühen Romanen angelegt waren. Erzählt wird die intellektuelle und emotionale Entwicklung der beiden Schwestern Frederica und Stephanie Potter, zunächst in Yorkshire, dann in Cambridge und London von den 1950er bis in die 1980er Jahre. Durch B.s detailorientierten Blick auf das Alltagsleben und ihre Diskussion philosophischer, kunst- und literaturtheoretischer Ideen und des Zusammenhangs von Kunst und Leben wird ein präzises kulturelles Spektrum der jeweiligen Dekaden entworfen. B. selbst hat ihre früheren Romane, die als Entwicklungs- und Bildungsromane gelesen werden können, in die Tradition eines psychologisch-moralischen Realismus gestellt und in Essays und Interviews die Wichtigkeit einer einfachen, genauen Schreibweise betont. Eine neue Wendung nimmt B.s Werk mit dem Bestseller *Possession* (1990; *Besessen*, 1994), der verschiedene Preise, unter anderem den renommierten *Booker Prize*, gewann. Dieser hochgradig selbstreflexive Roman mit dem Untertitel *A Romance*, der parallel die Liebesgeschichten zwischen dem viktorianischen Autor und Gelehrten Randolph Henry Ash und Christabel LaMotte und zwischen den LiteraturwissenschaftlerInnen Roland und Maud im 20. Jahrhundert erzählt, spielt mit verschiedenen Geschichts- und Literaturtheorien und Gattungen wie dem realistischen Roman, der Romanze, Lyrik und Märchen, was B. das Etikett einer postmodernen Autorin eintrug. Auch ihr bislang letzter Roman, *The Biographer's Tale* (2000; *Geheimnis des Biographen*, 2001), spielt in postmoderner Manier mit der Gattung Biographie und lotet ihre Grenzen aus. In die mit *Possession* aufgegriffene nicht-realistische Erzähltradition gehören auch die erste Novelle »The Conjugial Angel« in *Angels and Insects* (1992; *Geisterbeschwörung*, 1995) sowie die 1994 erschienene Märchensammlung *The Djinn in the Nightingale's Eye* (*Der verliebte Dschinn*, 1995). An den weiteren Geschichtensammlungen, *Sugar and Other Stories* (1987; *Zukker*, 1995), *The Matisse Stories* (1993; *Erzählungen um Matisse*, 1996) und *Elementals: Stories of Fire and Ice* (1998), läßt sich B.s Interesse an visuellen Details und Farben und der Frage, wie diese in Texten wiedergegeben werden können, ablesen. Wie schon in *The Virgin in the Garden* und *Still Life* setzt sich B. darin mit Malerei und den Mediendifferenzen zwischen Text und Bild auseinander – ein Aspekt, den die Forschung bislang vernachlässigt hat.

In B.s literaturkritischen Studien lassen sich neben ihrer Auseinandersetzung mit den Romanen Iris Murdochs (*Degrees of Freedom: The Novels of Iris Murdoch*, 1965) die Romantik und der Realismus des 19. Jahrhunderts als Schwerpunkte ausmachen: 1970 erschien *Wordsworth and Coleridge in Their Time* und 1991 die Essay-Sammlung *Passions of the Mind: Selected Writings*. B.s Interesse am 19. Jahrhundert läßt sich auch an ihrer Herausgabe von George Eliots *The Mill on the Floss* für Penguin Classics (1979) und *George Eliot: Selected Essays, Poems and Other Writings* (1990, gemeinsam mit Nicholas Warren) ablesen. An den 1995 erschienenen (mit Ignês Sodré verfaßten) *Imagining Characters*, das weibliche Romanfiguren diskutiert, zeigt sich ein weiterer Aspekt B.s: ihre Auseinandersetzung mit der Rolle der Frau, auch wenn sie es ablehnt, als feministische

Autorin zu gelten. Ihr neuster Essayband, *On Histories and Stories* (2000), setzt sich mit britischen Geschichtsromanen und der Frage nach der Grenze zwischen Fakten und Fiktion in biographischen und historiographischen Diskursen und der Rolle von Mythos und Märchen in ihren eigenen Werken auseinander.

Gabriele Rippl

Byron, [George Gordon Noël] Lord
Geb. 22. 1. 1788 in London;
gest. 19. 4. 1824 in Mesolongion, Griechenland

Lord Byron, der skandalöse, maskeradierende Lord, der mit einem hehren Heldentod im griechischen Unabhängigkeitskrieg wider die Türken ein ausschweifend promiskuitives Leben wiedergutgemacht habe, spukt seit seinem Tod in Griechenland unverändert in den Köpfen vieler Leser. Doch war weder das Leben des Adligen, traditionell der Bürgermoral enthoben, angesichts seiner Fürsorge für seine (ehelichen und unehelichen) Töchter sowie seine jungen Epheben rücksichtslos, noch war sein Sterben am banalen Sumpffieber ein sühnehafter Heldentod. – B. war ein Vertreter der »negativen Romantik«, auch »romantischer Desillusionismus« genannt, vergleichbar zu derselben Zeit in Italien Giacomo Graf Leopardi und in Deutschland Heinrich Heine sowie den E.A.F. Klingemann zugeschriebenen *Nachtwachen von Bonaventura* (1804). In der *spoiler's art* (»Kunst des Verderbers«, Paul West) dieser negativen Romantiker ist er ein Vorläufer der Literatur des Absurden.

Typisch für die (»positive«) Romantik war das dialektische Geschichtsdenken, wie schon bei William Blake ausgeprägt. Die Geschichte des einzelnen Menschen wie der Völker und der gesamten Menschheit entwickle sich mit teleologischer Notwendigkeit vom Paradies (These) über das verlorene Paradies (Antithese) zum wiedergewonnenen Paradies oder Millennium (Synthese). Dieses Geschichtsbild fand verschiedene Ausprägungen in der nächsten Generation romantischer Dichter (William Wordsworth, Samuel Taylor Coleridge, Robert Southey) und dann auch in der letzten Generation (Leigh Hunt, Percy Bysshe Shelley, John Keats). Gleich ob diese Dichter und Philosophen der Vision eines bevorstehenden irdischen Millennium (im Sinne des Mythos von *Offenbarung* 20) treu blieben wie Blake, Hunt, Shelley und Keats oder sie aufgaben und ins Jenseits (*Offenbarung* 21) verschoben wie Wordsworth, Coleridge und Southey – ihrer »positiven« Romantik gemein war der Glaube an dialektische Vollendung. Mythopoetisch wurde dieses Geschichtsbild gerne veranschaulicht durch die Odyssee (»the circuitous journey of Ulysses«): Odysseus mußte seine Heimat Ithaka (These) verlassen und umherirren in Gefahren und Kriegen (Antithese), um weiser und besser nach Ithaka zurückzukehren (Synthese).

Charakteristisch für die »negative« Romantik B.s, wie auch Heines und Leopardis, war die Leugnung dieser Synthese und ihrer traditionellen Mythen, Bilder und Symbole auf allen Ebenen. Illusionen und Visionen werden nur aufgebaut, um antiklimaktisch zerstört zu werden: *fatae morganae* von bleibender Schönheit, bleibendem Ruhm, bleibenden Reichen wie sinnvollen Lebens- und Geschichtszielen. Das erklärt auch die hohe Popularität B.s zu seiner Zeit, als auf dem Wiener Kongreß 1815 die alte Ordnung wiederhergestellt und die Hoffnung auf ein *millennium ante portas* begraben wurde, und als die Industrielle Revolution mit ihrer Versklavung der Menschen und Verschandelung der Landschaft immer schneller voranschritt. Zu den alten Tyrannen (Fürsten und Priestern) kamen statt ihres vielfach prophezeiten Untergangs

noch neue (Fabrikbesitzer und Produktionsplaner) hinzu. Die Hochromantik in Europa ging zu Ende, hauptsächlich bedingt durch eben dieses Zeitklima. Daneben liegen biographische und psychoanalytische Erklärungsversuche vor, welche B.s Werk allein aus seiner Persönlichkeit zu begründen suchen. Eine polykausale Erklärung überzeugt wohl am meisten, wobei die Annahme einer durchgehenden literarischen Maskerade angesichts B.s enormer Wirkung durch fast zwei Jahrhunderte Literaturgeschichte am fragwürdigsten sein dürfte.

B.s Vater war ein hochstapelnder, verarmter schottischer Offizier aus adliger Familie, der seinen Geliebten und Ehefrauen davonlief, sobald er ihr Vermögen verspielt hatte. Nach erster Ehe, aus der B.s Halbschwester Augusta hervorgegangen war, lernte er B.s Mutter, Catherine Gordon of Gight, in Bath kennen. Die temperamentvolle Catherine war geblendet von den Uniformen und Posen des gutaussehenden Hauptmanns und wurde seine zweite Ehefrau. Noch bevor ihr Sohn George 1788 geboren wurde, hatte Vater John Mutter Catherines Vermögen durchgebracht und war verschwunden. Der Junge wurde mit einem Klumpfuß geboren, eine Verkrüppelung, die seine kalvinistische Mutter ihm von frühester Kindheit an als Zeichen seiner Verworfenheit deutete. So wurde der ansonsten ungewöhnlich hübsche Junge stets mit dem ihm unbekannten Vater identifiziert. Und die Wechselbäder von Liebe und Haß, mit denen ihn seine Mutter während seiner ersten zehn Lebensjahre in Aberdeen zu überschütten pflegte, mögen sein zentrales dichterisches Bild einer immer wieder erfolgenden Vertreibung aus dem Paradies als antithetischen Endzustand mitgeprägt haben. Die Identifikation mit dem unbekannten Vater erklärt B.s lebenslanges martialisches Posieren und Maskerieren in verschiedenen Uniformen, in denen er sich mit Vorliebe porträtieren ließ, ohne daß man daraus auch auf die literarische Maske eines zeitmodischen Weltschmerzposeurs schließen sollte. Die von B. immer wieder thematisierte zunehmende Desillusion des Menschen erscheint in diesem Lichte eher als echtes romantisches Bekenntnis denn als zeitmodisches Sprecherkonstrukt. – Im Alter von zehn Jahren erbte B. Titel und Vermögen des verstorbenen fünften Baron Byron. Mutter und Sohn bezogen, nach ihrem armen Leben in Aberdeen, das geerbte große, aber halbverfallene Familienschloß, Newstead Abbey bei Nottingham, heute ein vielbesuchtes B.-Museum. Nun stand Geld zur Verfügung für eine standesgemäße Erziehung, zuerst in der Privatschule Harrow und dann, 1805–08, am Trinity College in Cambridge. In Harrow prägte sich B.s schwärmerische Verehrung für junge Epheben (u. a. Robert Rushton, John Edleston), und in Cambridge zeigten sich dann auch schon B.s programmierte Ähnlichkeiten mit dem gesuchten Ritter, sein Lebenshunger und seine Verschwendungssucht. Als B. 1824 im Alter von nur 36 Jahren starb, war Newstead Abbey samt großer Ländereien verkauft und das gesamte Vermögen ausgegeben.

In die Studienzeit in Cambridge fiel die Publikation von B.s erstem Gedichtband, *Hours of Idleness* (1807). Es ist eine Sammlung kürzerer lyrischer und erzählender Gedichte in verschiedenen Situationen und Stimmungen, großenteils bekenntnishafte Versuche in romantischer Schreibweisen. Hier sind romantischer Weltschmerz und Todessehnsucht allerdings schon Leiden an der irreparablen Ungerechtigkeit und Willkür der Weltkonstitution. In dieser Manier hat B. kontinuierlich weitergedichtet, so in *Hebrew Melodies* (1815; *Hebräische Melodien*, 1865). Auf eine böswillige Besprechung der ansonsten wohlwollend aufgenommenen *Hours of Idleness* reagierte B. mit einer formalen klassizistisch-augusteischen Verssatire:

English Bards and Scotch Reviewers (1809). Auch in dieser Gattung schuf B. noch vielgelesene Werke, über *The Vision of Judgment* (1822; *Die Vision des Gerichtes*, 1865) bis hin zu *Don Juan* (1819–24; *Don Juan*, 1837). Die Unvereinbarkeit von romantischer Sensibilität und klassizistischer Satire sowie die Tatsache, daß B. schon in seiner ersten Satire augusteische Dichter (John Dryden und Alexander Pope) lobend wider romantische Dichter (Wordsworth und Coleridge) stellte, scheint das Bild des Poseurs zu stützen. Nur waren für B. elegisch-romantische Klage und rational-satirische Schelte zwei komplementäre Möglichkeiten der Reaktion auf die »false nature« der Schöpfung. Die Romantik als Bezeichnung einer Schaffensperiode kannte, wenn man Romantik als Programm begreift, sehr wohl eine stark ausgeprägte klassizistische Gegenströmung (George Canning, Jane Austen, Thomas Love Peacock), zumal in einem Land, dessen Krieg mit dem revolutionären Frankreich die Romantiker als Hochverräter erscheinen ließ.

1809 war auch das Jahr des Antritts von B.s erster langer, gefährlicher Reise (bis 1811) nach Spanien, Portugal, Malta, Griechenland und in die Levante. Auf der Iberischen Halbinsel kam es zu Aufständen gegen die französische Besatzung unter Napoleon, in Griechenland gegen die seit 1461 andauernde türkische Herrschaft. B. wollte diese romantischen Freiheitskriege trotz seines Zweifels am Endsieg der Freiheit erleben. Der Zweifel wird deutlich in seinem gewaltigen Versepos *Childe Harold's Pilgrimage* (1812–18; *Ritter Harolds Pilgerfahrt*, 1836), in dessen beiden ersten Cantos er diese Reise schildert. Sie erschienen 1812 und machten B. berühmt. Es ist ein Ritterepos in neunzeiligen Spenserstrophen und mit Anklängen an Spensers antiquierende Sprache (»Spenserisms«), das die *quest* des fahrenden Ritterschafts-Anwärters Harold als Pilgerreise schildert. Doch konterkariert es das mittelalterliche Motiv der (Lebens-)Pilgerreise insofern, als jedes feste Ziel geleugnet wird. Alle Irrungen und Wirrungen sind zirkulär, alle Mühen und Leiden letztendlich vergeblich. Sie enden im Untergang, im Meer (vgl. die letzten acht Strophen von Canto IV). Harold ist eine leicht durchschaubare Persona B.s, ein melancholischer, noch im Untergang stolzer, Unrecht und Sinnlosigkeit der Welt vergeblich trotzender Charakter und somit der erste der *Byronic Heroes*. Dies ist um so deutlicher, als B. in Canto IV (Italien) die Persona fallenläßt und in der ersten Person weiterspricht. Cantos III (1816) und IV (1818) reflektieren B.s weitere Reisen wie auch seine unglücklichen Erfahrungen. 1816 heiratete B. Annabella Milbanke, Nichte seiner Geliebten Caroline Lamb, Lady Melbourne, Gattin des Staatssekretärs (und späteren Premierministers). Im selben Jahr veröffentlichte die rachsüchtige Caroline ihren erfolgreichen Schauerroman *Glenarvon*, der B.-Glenarvon als dämonischen Verderber und Ahasverus schildert. Gerüchte über solche Ehebruchsaffären, über Inzest mit der Halbschwester Augusta sowie über Ephenliebschaften führten bald zur Ehescheidung. Dieser Skandal um B., der als aktives Mitglied des Oberhauses und »Radical Whig« doppelt im Licht der Öffentlichkeit stand, führte dazu, daß B. 1816 England für immer verließ. Seine Reise den Rhein herauf zur Villa Diodati am Genfer See bildete den Hintergrund für Canto III von *Childe Harold*. Auch die Rheinstrophen (46–60) mit dem eingefügten Drachenfels-Lied drücken B.s Zweifel an einer besseren Welt aus. In der Villa Diodati, wo B. mit Leibarzt John Polidori und Geliebter Claire Clairmont standesgemäß residierte, besuchte ihn Shelley mit seiner Geliebten Mary Godwin (später Shelley). Die Gruppe veranstaltete in der Atmosphäre tosender Alpengewitter einen Schauerroman-Wettbewerb. B. verfaßte ein Romanfragment, Polidori den ersten Vampirroman (*The Vampyre*, 1819) und Mary *Frankenstein, or, The Modern Prometheus* (1818). Am Mythos des Prometheus schieden sich die Geister. In B.s ›Prometheus‹-Hymne (1816) erscheint Prometheus als *Byronic Hero*, der dem Tyrannen trotzend stolz zugrundegeht. Shelleys späteres Lesedrama *Prometheus Unbound* (1820) war der positiv-romantische Gegenentwurf, die Vision des notwendigen Endsiegs des Prometheus über alle Tyrannei. Die häufigen Kontroversen zwischen den beiden Dichtern fanden auch ihren Niederschlag in Shelleys Dialoggedicht *Julian and Maddalo* (Manuskript 1818, publiziert 1824), wo Julian (Persona des Apostaten Shelley) der skeptischen Geschichtssicht Maddalos (Persona des von vielen für wahnsinnig gehaltenen B.) die Gewißheit dialektischer Geschichtsvollendung entgegenhält. – B.s acht Versdramen, darunter die Lesedramen *Manfred* (1817; *Manfred*, 1837) und *Cain* (1821; *Cain*, 1831), zeigen den *Byronic Hero* in Konfrontation mit dem empörenden Unrecht der Welt. Durch die Unbeherrschbarkeit der menschlichen Leidenschaften verdammt zu handeln, wird er von einem zynischen Gott oder Vater bestraft für das, was diese ihm unentrinnbar auferlegt haben. Hier findet B.s (kalvinistisch vorgeprägter) pessimistischer Deismus seinen deutlichsten Ausdruck.

Vom Genfer See aus reiste B. ruhelos weiter durch Italien (z. T. noch von Österreich besetzt), wo er in Venedig Liebhaber der verheirateten Teresa Guiccioli wurde und in Pisa im Kreis der geflohenen englischen *Radicals* (u. a. die Shelleys, Leigh Hunt) verkehrte. 1823 setzte er von dort nach Griechenland über und wurde Galionsfigur der mächtigen philhellenischen Bewegung. 1819–24 entstand B.s unvollendetes Meisterwerk, das Versepos *Don Juan*. Als komplementäres Pendant zu *Childe Harold* war es die satirische Darstellung der »false nature« der Welt, mit einem

ironisch spottenden statt lyrisch klagenden *Byronic Hero* (wiederum B. selbst)
als Sprecher. Es schildert in komisch-
unheroischen Stanzen die fortschreitende Desillusionierung des jungen Don
Juan von seiner Verbannung aus Sevilla
aufgrund eines inszenierten Moralskan-
dals über seine kurzlebige Liebe in einem scheinbaren Paradies, seine Abenteuer als Sklave und Liebhaber der tür-
kischen Sultana, seine Erfahrungen als
Liebhaber der Zarin Katharina und als
russischer Soldat bis hin zu seinen Eng-
landabenteuern als schon desillusionierter Schicksalsspötter. Dies geschieht in
burlesker Nachahmung des heroischen
Stils (»mock-heroic«) des überkomme-
nen komischen Epos. Heroische Themen und Stile finden sich nur anzitiert,
um dann parodistisch verkehrt zu werden. So ist in Umkehrung des Stoff-
musters Don Juan Opfer statt Verderber
der Frauen. »Das Ewig-Weibliche« zieht
ihn anders als bei Goethe nicht »hinan«,
sondern hinab. *Don Juan* zeigt, auch im
Licht von B.s Tagebüchern und Gesprä-
chen mit Lady Blessington, daß der
Gelbfiebertod in Mesolongion das *letting go* eines Lebensmüden war. Im Krieg
sterben, wenn nicht mehr in der Liebe
erfolgreich, war B.s skeptische Variante
der adligen Rittertugenden – so das
Gedicht »On this Day I Complete My
Thirty-Sixth Year« (Manuskript 1824).
Die Nachrufe und Totenfeiern in ganz
Europa und den USA, wie auch die
inszenierte Überführung der Leiche
nach England mit Begräbnis in der Fa-
miliengruft der Kirche von Hucknall bei
Newstead Abbey (statt in der verweiger-
ten Westminster Cathedral), verfestig-
ten einen politisch gewollten Helden-
mythos.

Rolf Lessenich

Carey, Peter
Geb. 7.5. 1943 in Bacchus Marsh,
Victoria, Australien

Peter Carey wird als Anwärter auf die
Nachfolge der zentralen Position Patrick
Whites in der australischen Literaturgeschichte gewertet, nicht nur weil seine
Romane kontinuierlich renommierte
Preise erhalten und Gegenstand zahlreicher literaturwissenschaftlicher Untersuchungen sind, sondern gerade
auch weil C. wie White ein exakter Analytiker der kulturellen Befindlichkeit
und Mythen des Kontinents ist. Anders
jedoch als die Werke Whites mit ihrer
metaphysischen Ausrichtung beeindrucken die von Werk zu Werk neue
Wege einschlagenden Romane C.s
durch ihre Kunst des *story-telling*. In
wenigen, vom Visuellen bestimmten
Sätzen mit sicher gesetzten Details entstehen in klarer Sprache Situation und
Spannungsbogen, wie beispielsweise im
Rückblick des Ich-Erzählers in C.s bekanntestem Roman *Oscar and Lucinda*
(1988; *Oscar und Lucinda*, 1991): »In
order that I exist, two gamblers, one
Obsessive, the other Compulsive, must
meet. A door must open at a certain
time. Opposite the door, a red plush
settee is necessary. The Obsessive, the
one with sixteen bound volumes of
eight hundred and eighty pages, ten
columns per page, must sit on this red
settee, the Book of Common Prayer
open on his rumpled lap. The Compulsive gambler must feel herself pro-
pelled forward from the open doorway.
She must travel towards the Obsessive
and say an untruth.« Diese Meisterschaft im Erzählen oszilliert in C.s Werk
zwischen einer skurrilen, von schwarzem Humor gefärbten Dimension und
einer ausgeprägt menschlichen und moralischen Perspektive.

In den ersten publizierten Werken,
den beiden vielbeachteten Kurzge-
schichtenbänden *The Fat Man in History* (1974; *Traumflug*, 1982) und *War*

Crimes (1979), dominiert das Surreale und Fantastische. In den Geschichten, in denen Menschen sich wegen fehlender Liebe langsam auflösen oder Schatten in Fabriken produziert und in Paketen verkauft werden, entlarven die fantastischen Elemente und die narrative Unbestimmtheit als kafkaeske Verfremdungseffekte die soziale Realität und die sie durchziehenden Macht- und Kontrollmechanismus. Auch die surrealen Elemente in C.s erstem Roman *Bliss* (1981; *Bliss: Das Paradies umsonst*, 1987), dem Porträt eines Werbemanagers, der sich nach einer Nahtoderfahrung in der ›Hölle‹ des zeitgenössischen Sydney wiederfindet, stehen in kritisch kommentierender Verbindung zu der Einsicht des Protagonisten in die zerstörerische Kraft von amerikanischem Vorbild folgenden Werbekampagnen. Die Darstellung der Werbebranche läßt dabei autobiographische Momente vermuten. C. wuchs in einer Autohändlerfamilie in einer Kleinstadt bei Melbourne auf und besuchte das ›Eton Australiens‹, die Geelong Grammar School. Nach einem abgebrochenen Studium der Zoologie und Chemie arbeitete er bis in die 1980er Jahre als Werbetexter (später auch als Miteigentümer einer Agentur), um sein Schreiben zu finanzieren. Seit 1989 lebt er – nach längeren Aufenthalten in Europa und einer in einer alternativen Kommune in Queensland verbrachten Zeit während der 1960er-70er Jahre – mit seiner Familie in New York und unterrichtet gelegentlich *creative writing*-Kurse an renommierten Universitäten.

C.s zweiter Roman *Illywhacker* (1985; *Illywhacker*, 1990) macht die Geschichte und Kultur Australiens zum – von nun an vorherrschenden – Thema. Der Roman hinterfragt das von der ›offiziellen‹ Geschichte geprägte Bild Australiens vom frühen 20. Jahrhundert mit seinem nachwirkenden britischen Imperialismus bis zu den späteren neokolonialen Einflüssen der amerikanischen Kultur und der japanischen Wirtschaft in den pikaresken Erinnerungen eines *unreliable narrator*, des 139jährigen Herbert Badgery. Als historiographische Metafiktion zweifelt der Roman an der Möglichkeit der Erkenntnis von (historischer) ›Wahrheit‹, einer für C.s Schreiben zentralen Fragestellung. Sie bestimmt auch sein wichtigstes Werk, den Roman *Oscar and Lucinda*, der C. endgültig als international angesehenen Autor etablierte. *Oscar and Lucinda* wendet sich in realistischer Erzählweise der Besiedlungsgeschichte Australiens im 19. Jahrhundert zu und kritisiert in der Schilderung des Transports einer Glaskirche ins unerforschte Landesinnere den unbedingten Fortschrittsglauben der Industrialisierung und das religiöse Sendungsbewußtsein als zentrale Elemente des Kolonialismus.

Nach der Opulenz der beiden mit Geschichte befaßten Romane zeigte sich die Kritik verblüfft von der nüchternen Erzählweise und der düsteren Sozialkritik des im Sydney der Gegenwart spielenden Romans *The Tax Inspector* (1991; *Die Steuerfahnderin*, 1993). Eine ähnlich drastische und an die Kurzgeschichten erinnernde Perspektive, die gleichzeitig großes menschliches Verständnis auszeichnet, bestimmt auch die sich mit dem amerikanischen Neokolonialismus auseinandersetzende Dystopie *The Unusual Life of Tristan Smith* (1994; *Das ungewöhnliche Leben des Tristan Smith*, 1996). Das folgende *re-writing* von Dickens' *Great Expectations*, der Roman *Jack Maggs* (1997; *Die geheimen Machenschaften des Jack Maggs*, 1999), untersucht in Anlehnung an die von Edward Said in *Culture and Imperialism* (1993) analysierte Rolle der Literatur im Kolonisierungsprozeß die Wirkung eines literarischen Texts auf die Kultur Australiens. Die Sträflingsfigur in Dickens' Prätext wird als negatives australisches Identifikationsmuster durch den energischen Protagonisten Jack Maggs, der sogar den Entstehungsprozeß des über ihn zu schreibenden Romans beeinflußt, destruiert. C.s bisher letzter Roman, *True History of the Kelly Gang* (2000), gibt einer weiteren Figur der australischen Vorstellungswelt in einem eigenwilligen, von Temperament und Gesellschaftsschicht gefärbten Erzählstil in der ersten Person eine eigene Perspektive: Ned Kelly, dem berühmtesten *outlaw* des 19. Jahrhunderts. Seine menschlichen Schwächen machen, wie durchweg in C.s Werk, eine einfache moralische Deutung unmöglich, obwohl die Verzerrungen der Geschichte der Kelly Gang durch Justiz und Journalismus entlarvt werden. Dieses Sensorium für das Menschliche mit seinen paradoxen Ausprägungen, das auch in C.s Kinderbuch *The Big Bazoohley* (1995; *Der Große Bingobang*, 1997) spürbar wird, bleibt der Faktor in C.s Romanen, von dem sich die Kritiker neben der Lust am Fabulieren und der Auslotung von Australiens kultureller Positionierung am meisten beeindruckt zeigen. C. selbst betont in einem Interview: »it is a writer's responsibility to imagine what it is to be others. It is an act of empathy.«

Sigrun Meinig

Carroll, Lewis
[Charles Lutwidge Dodgson]
Geb. 27. 1. 1832 in Daresbury, Cheshire; gest. 14. 1. 1898 in Guildford, Surrey

Die Selbststilisierung Lewis Carrolls als bürgerlicher Diakon und Mathematikdozent in Oxford einerseits und exzentrischer Kindernarr und Autor von Nonsens- und Traummärchen andererseits entsprach einer Persönlichkeit, die zwischen rationaler Akribie und intuitiver Sensibilität, pflichtbewußter Ernsthaftigkeit und einfallsreichem Witz, konformistischen Absicherungszwängen und subversiver Phantasie schwankte. C.s Kinderbuchklassiker *Alice's Adventures in Wonderland* (1865;

Alice im Wunderland, 1963) und *Through the Looking-Glass*, 1871; *Alice hinter den Spiegeln*, 1963) markieren den Beginn des ›goldenen Zeitalters‹ der englischen Kinderliteratur, sind weltweit in Übersetzungen verbreitet, haben als viktorianische Besonderheit moderne Schriftsteller und Künstler angeregt und gehören in der angelsächsischen Welt zum Repertoire der Alltagskultur. – Wenn C. seine Titelheldin in eine Unterwelt schickt, in der sie mit bizarren Wunderlandwesen konfrontiert wird, oder sie durch einen Spiegel in eine Schachspielwelt führt, in der sie ins regelwidrige Spiel mit eigenwilligen Figuren verwickelt wird, inszeniert er die Unterlegenheitsgefühle und Entgrenzungsbedürfnisse, die Selbsterprobung und Rollenübernahme des heranwachsenden Kindes, das sich in der Auseinandersetzung mit einer unzugänglichen Erwachsenenwelt beherzt bewährt. Mit Common Sense begegnet Alice dem dort herrschenden Nonsens, einer durch Inkongruenzen und Inversionen verrätselten Welt voller widersinniger Verstöße gegen Empirie und Logik, einer Welt, in der die Hierarchie von Mensch, Tier und Materie metamorph durcheinandergerät. Ein besonderer Reiz auch für erwachsene Leser liegt in dem spielerischen Umgang mit der Sprache: Die Unberechenbarkeit der Kreaturen und die Verunsicherung der Heldin hängen mit der Unzuverlässigkeit einer Sprache zusammen, in der die Grammatik außer Kraft gesetzt ist. Das dialogische Aneinandervorbeireden, die Neigung zur kalauernden Wortklauberei, das ganze Repertoire spielerischer Sprachmanipulation findet seinen Höhepunkt in der Kinderreim-Figur Humpty Dumpty, die alle linguistischen und literarischen Konventionen unterläuft: Wörter nehmen die Bedeutung an, die ihnen der Sprecher gibt; Gedichte kann man interpretieren, bevor sie überhaupt verfaßt sind; und Texte wie die von Mischwortprägungen strot-

zende Balladenparodie »Jabberwocky«
lassen sich mit assoziativer Interpreta-
tionslust entschlüsseln. – C. hat auch
Abhandlungen zur Mathematik und
Logik sowie Pamphlete zum Zeitgeschehen verfaßt, aber seine Bedeutung liegt
in der Erneuerung der Kinderliteratur
nach Merkmalskriterien, die ›Kinder
jeglichen Alters‹ Vergnügen bereiten.
Neben den Alice-Büchern, zu deren Erfolg auch die Illustrationen von John
Tenniel maßgeblich beitrugen, sind hier
das Nonsens-Erzählgedicht *The Hunt-
ing of the Snark* (1876; *Die Jagd nach
dem Schnark*, 1988) und der zweiteilige
Roman *Sylvie and Bruno* (1889/93; *Sylvie und Bruno*, 1986) zu nennen. C.s
Kinderbücher reflektieren und konter-
karieren zugleich die Zwänge der viktorianischen Gesellschaft auf eine durch
ihre fabulöse Komik eingängige Weise.

Eberhard Kreutzer

Carter, Angela [Olive]
Geb. 7.5.1940 in Eastbourne, Sussex;
gest. 16.2.1992 in London

Angela Carters Romane, Kurzgeschichten und Märchenadaptionen werden oft
mit dem Begriff des Magischen Realismus belegt; sie stellen eine exakte
Analyse zeitgenössischer Gesellschaften
mit ihren Wertesystemen und Ritualen
dar. C., die den Begriff der *bricolage*
demjenigen des Magischen Realismus
vorzog, interessiert die intertextuelle
Referenz auf andere Texte in Form von
Zitat, Parodie oder Travestie. Eigenen
Aussagen zufolge liegt ihr Interesse in
der Dekonstruktion von Mythen, die sie
als Strategien kultureller Desinforma-
tion und gesellschaftlicher Unterdrükkung auffaßt und denen sie mit ihren
Texten einen ironischen und parodistischen Kommentar gegenüberstellen
möchte. In ihrem Verständnis von Mythos folgt sie Roland Barthes' Konzept
von Mythos als sekundärem Zeichen-
system, das im Sinne ideologischer Ver-

klärung die repressive Funktion gesellschaftlicher Bedingungen verschleiern
will. Schreiben wird demnach bei C. zur
Aufklärungsarbeit. – Das Interesse an
politischer Analyse, das sich in ihren
Essays sehr deutlich dokumentiert, mag
aus ihrer anfänglichen journalistischen
Tätigkeit bei einem Londoner Wochen-
blatt herrühren. Im Anschluß daran
studiert sie englische Literatur an der
University of Bristol und verfaßt kulturkritische Betrachtungen u.a. für *New
Society* und *The New Statesman*.
1969–72 reist C. mehrfach für längere
Zeit nach Japan. 1980–81 ist sie Visiting
Professor for the Writing Programme
an der Brown University, Rhode Island,
1984 *Writer in Residence* an der University of Adelaide in Südaustralien,
1984–87 unterrichtet sie *creative writing*
an der University of East Anglia in Nor-
wich.

C. verfaßte neun Romane, die allesamt den Gestus naturalistischer Darstellung verweigern. Ihr zweiter Roman,
The Magic Toyshop (1967; *Das Haus des
Puppenmachers*, 1988), erhält den *John
Llewellyn Rhys Prize*, in direkter Folge
schließt sich der *Somerset Maugham
Award* für ihren dritten Roman, *Several
Perceptions* (1968), an. Ihre Romane
stellen häufig literarische Reflexionen
gesellschaftlicher Konstruktionen dar:
So spielt *Heroes and Villains* (1969; *Helden und Schurken*, 1989) phantasievoll
mit gegensätzlichen Paradigmen kultureller Organisation in einer postapokalyptischen Welt, dargestellt aus der
Perspektive einer jungen Frau, die ihre
gebildete Enklave rationaler Existenz
verläßt, um sich einer Horde ›primitiver
Wilder‹ anzuschließen. Auffallend an
diesem Text ist die Betonung der semiotischen Aspekte von Kultur: Hier wird
deutlich, daß sich Identität und Bedeutung nicht als ontologische Faktoren
ergeben, sondern aus den jeweiligen
kulturellen Semantiken erschlossen
werden müssen. Die Reflexion von
Identität v.a. im interkulturellen Kon-

text findet sich auch in C.s Romanen *The Infernal Desire Machines of Dr. Hoffman* (1972; *Die infernalischen Traummaschinen des Dr. Hoffmann*, 1984) und *The Passion of New Eve* (1977; *Das Buch Eva*, 1996). Erstgenannter Text parodiert das Vertrauen in rationale Ordnung und objektive Organisation von Wissen in der Figur eines rationalistischen Staatsmannes, der sich von einem verrückten Wissenschaftler durch die Aktivierung menschlicher Träume bedroht sieht. Ganz in der Tradition des pikaresken Romans setzt sich Desiderio, der junge Sekretär des Ministers, zum Ziel, den verrückten Wissenschaftler zu entlarven und dadurch Staat und rationale Ordnung vor den Attacken sich materialisierender destruktiver Phantasie zu retten. Auf seiner Suche nach Dr. Hoffmann gerät Desiderio in eine Reihe abenteuerlicher Situationen, die C. mit viel Phantasie und v. a. mit reichhaltigen intertextuellen Referenzen ausstattet: Desiderio trifft auf einen de Sadeschen Libertin mit syphilitischem Diener und auf Swiftsche Zentauren. Obwohl der Text durchaus kontrovers interpretiert wurde, bietet sich jedoch eine Lesart an, die auf die psychoanalytischen Theorien Lacans zurückgreift. Der bezeichnenderweise Desiderio genannte junge Mann folgt seinem Begehren und dessen Manifestationen, die sich von den jeweiligen kulturellen Semantiken nicht loslösen lassen. Den Themenkomplex von Identität und kultureller Semantik behandelt auch *The Passion of New Eve*, allerdings gesellt sich hier noch die Perspektive geschlechtlicher Konstruktion und die Konstruktion von Identität und Weiblichkeit als Medienikonen hinzu: *The Passion of New Eve* berichtet von einem jungen Mann, der auf seinem Weg in den amerikanischen Westen von feministischen Amazonen gekidnappt und in eine Frau umoperiert wird, deren Äußeres eine Manifestation westlicher Männerphantasien darstellt. Die-

se narrative Wendung ermöglicht C., die Konstruktion von Geschlechtlichkeit anhand einer Figur vorzuführen, bei der Bewußtsein und Körperlichkeit divergieren. C. beläßt es jedoch nicht bei dieser Feststellung geschlechtlicher Differenz, sondern hinterfragt das Zustandekommen der jeweiligen Ikonographien. In diesem Zusammenhang spielt der Verweis auf Hollywood und dessen Filmproduktionen eine herausragende Rolle, denn hier werden die zeitgenössischen Ikonographien von Geschlechtszugehörigkeit produziert.

Den Zusammenhang von Medienbildern und Geschlechterikonographien stellt C. ebenfalls in ihrer theoretischen Abhandlung über die Schriften des Marquis de Sade, *The Sadeian Woman: An Exercise in Cultural History* (1979; *Sexualität ist Macht*, 1981) unter Rückgriff v. a. auf die Filme Billy Wilders dar. C. versteht die Schriften de Sades im Gegensatz zur konventionellen feministischen Rezeption als Analyse zeitgenössischer Stereotypen von Weiblichkeit, die weitgehend abhängig von den materiellen Strukturen einer Gesellschaft sind. C.s letzte Romane, *Nights at the Circus* (1984; *Nächte im Zirkus*, 1986) und *Wise Children* (1991; *Wie's uns gefällt*, 1992), bieten zwar wieder eine Vielzahl intertextueller Referenzen, jedoch sind sie insgesamt versöhnlicher, da hier v. a. die beunruhigende Gewalt der vorangegangenen Texte fehlt. Statt dessen bieten sie ein Repertoire der karnevalesken Welt des Zirkus und des Varietés an. Fevvers, der geflügelte Star eines viktorianischen Zirkus, ist gleichzeitig Symbol für die neue Frau, der es gelungen ist, sich aus den Fesseln des Alltags und der Konventionen zu befreien. In *Wise Children* ist es eine fiktive Autobiographie, die Anlaß zur Überprüfung der Zeitgeschichte liefert. – Ein weiterer bedeutender Aspekt von C.s Textproduktion ist das große Interesse an Folklore und Mythen. Neben Anthologien diverser Volksmärchen legt C.

mit *The Bloody Chamber and Other Stories* (1979; *Blaubarts Zimmer*, 1982) ihre Version europäischer Märchen vor. Der Schwerpunkt dieser Texte liegt in erster Linie auf der Subversion simpler moralischer Lektionen zugunsten einer differenzierten Verschiebung von Bewertungen: So wird das Märchen von Blaubarts achter Frau zu einer pornographische Phantasien zitierenden Studie sexueller Abhängigkeit, und Rotkäppchen befreit sich aus den moralinsauren Fängen der Großmutter, indem es mit den Wölfen davonläuft. Der irische Filmemacher und Autor Neil Jordan hat diese Sammlung unter dem Titel *The Company of Wolves* (1984; *Zeit der Wölfe*, 1984) verfilmt.

Angela Krewani

Carver, Raymond

Geb. 25. 5. 1938 in Clatskanie, Oregon; gest. 2. 8. 1988 in Port Angeles, Washington

Raymond Carvers Œuvre von Kurzgeschichten macht deutlich, daß auch nach Ernest Hemingway, mit dem die amerikanische Short Story einen unüberbietbaren Höhepunkt erreicht zu haben schien, noch bedeutsame Innovationen in dieser Gattung möglich sind. C.s Geschichten, die vielfach dem sogenannten »Minimalismus« zugerechnet werden, stellen die Beziehungsprobleme, Existenznöte und Ängste einfacher Menschen aus den unteren sozialen Schichten in einer eindringlich verknappenden, lakonischen und zugleich suggestiven Weise dar. Sie evozieren ein authentisches Milieu, das keinen Raum für den amerikanischen Traum läßt und in dem Stagnation, Hoffnungslosigkeit und Alltagskatastrophen die Norm sind. Es liegt zunächst wohl nahe, C.s Kurzgeschichten auf die Biographie des Autors zu beziehen, der in seinem Elternhaus Arbeitslosigkeit und Bankrott erlebte und nach dem Studium der eng-

lischen Literatur schlecht bezahlte Stellen annehmen, das Scheitern einer Ehe ertragen und mit Alkoholproblemen kämpfen mußte. Sein letztendlicher Ruhm als Autor und das persönliche Glück einer Ehe mit der Schriftstellerin Tess Gallagher waren wegen eines schweren Krebsleidens nur von kurzer Dauer. Wenn es auch unbestreitbar ist, daß in C.s Kurzgeschichten viel an persönlicher Erfahrung eingegangen ist, so sind diese Texte aufgrund des hohen Grades ihrer künstlerischen Formung doch in einem beachtlichen Maße von ihrem biographischen Kontext losgelöst. C.s Tendenz zur intensiven Arbeit an der sprachlichen Form zeigt sich übrigens auch in seiner Lyrik.

Mit ihrer starken Realitätsbezogenheit treten C. und andere Minimalisten in Widerspruch zu den antimimetischen, selbstreflektiven Erzählformen des Postmodernismus, deren Autoren entweder die Existenz einer objektiven Realität gänzlich abstreiten oder die Wirklichkeit für so komplex halten, daß ihre adäquate Darstellung ein unmögliches Unterfangen ist. Entsprechend wurde (z. B. von John Barth) der Minimalismus beziehungsweise Neue Realismus durch Bezeichnungen wie »Dirty Realism«, »K-Mart Realism«, »TV-Fiction«, »Postliterate Literature« oder »Postmodernist Blue-collar Neo-early-Hemingwayism« abgewertet. Darüber hinaus hat man den Minimalismus, dem C.s frühe Kurzgeschichtensammlungen *Will You Please Be Quiet, Please?* (1976) und besonders *What We Talk about When We Talk about Love* (1981; *Wovon wir reden, wenn wir von Liebe reden*, 1989) zuzuordnen sind, moralisch verurteilt und ihm Angst vor dem Leben, das Fehlen von Visionen und ein zu schwarzes Bild von Amerika vorgeworfen. C.s letzte Sammlung, *Cathedral* (1983; *Kathedrale: Erzählungen*, 1985), tendiert zu einem größeren Umfang der Erzählungen und weniger düsterer Thematik. Neben Versager-Figuren treten hier zunehmend Figuren auf, die sich letztendlich zu behaupten vermögen.

C.s Erzählungen thematisieren ›kleine‹ Katastrophen wie Alkoholismus, finanziellen Ruin, Gewalt im Alltag oder scheiternde Partnerschaften und porträtieren isolierte, kommunikationsunfähige, traurige, verklemmte und obsessive Menschen. Ein Beispiel einer besonders beklemmenden und beunruhigenden Geschichte ist die Erzählung »What Is It?« aus dem Band *Will You Please Be Quiet, Please?*, deren Protagonist Leo, eine typische Versager-Figur, die ihrem Namen gar nicht gerecht wird, hilflos und wortlos den Verlust von Würde und Hoffnung erleiden muß. Leo und seine Frau stehen vor dem finanziellen Ruin. Bevor ihr letzter Besitz, ein rotes Cabriolet, konfisziert wird, versuchen sie, dieses zu Bargeld zu machen. Um den besten Preis zu erzielen, soll sich die Frau dem potentiellen Käufer gegenüber gefällig erweisen, was zu Ehebruch und Angst, Panik und Demütigung des Mannes und dem unverhülltem Ausdruck der Verachtung seitens der Frau führt, kurz, dem finanziellen Bankrott einen totalen moralischen Bankrott der Partnerbeziehung hinzufügt. C. stellt auch dar, wie aus angepaßtem gesellschaftlichem Verhalten plötzlich Aggressionsausbrüche und Gewalttaten hervorgehen können, so etwa in der Geschichte »Tell the Women We're Going«, in der ein verheirateter Mann während einer Zechtour mit seinem Freund scheinbar unmotiviert zwei Mädchen mit einem Felsbrocken erschlägt.

C.s Technik, die wenig expliziert, aber viel impliziert, zielt auf Verkürzung im Sinne von Hemingways »Eisbergtheorie«; C. spricht von einer »theory of ommission«. Seine Kompositionsweise stellte sich so dar, daß er zuerst längere Texte schrieb, die er dann reduzierte. Mehrfach veröffentlichte er Texte in zwei Fassungen unterschiedlichen Umfangs. Später baute er allerdings auch sehr kurze Geschichten zu längeren aus. »Where Is Everyone?« veröffentlichte er z. B. in einer minimalistischen Form unter dem Titel »Mr Coffee and Mr Fixit«, kehrte später aber zu der ursprünglich längeren Form zurück. Die Geschichte »A Bath«, die das Bangen eines Ehepaares um das Leben des Sohnes, der an seinem achten Geburtstag nach einem Unfall ins Koma gefallen ist, zum Gegenstand nimmt, wurde später als längerer Text unter dem Titel »A Small Good Thing« veröffentlicht. Ein besonderer Effekt wird in der Geschichte durch die mysteriösen Anrufe eines Bäckers erzielt, bei dem eine Geburtstagstorte bestellt wurde, an die sich die Mutter nach dem Unfall des Sohnes nicht mehr erinnern kann. Der enigmatisch-suggestiven Kurzfassung mit ihrem offenen Schluß steht die pathetischere Langfassung mit einem versöhnlichen Schluß als ästhetisch gleichwertige Komposition gegenüber. Hier zeigt sich die erzählerische Meisterschaft C.s, der die extreme Kurzform der Short Story genauso beherrscht wie ihre längere Form und beiden Formen unterschiedliche künstlerische Funktionen und Wirkungen zuweist.

In der Dialoggestaltung ist C. Hemingway ebenbürtig. In der extensiven Darstellung nonverbaler Kommunikation geht er indes über sein Vorbild noch hinaus. Mittels Gestik und Mimik stellt C. die Hilflosigkeit, Verzweiflung und Kommunikationsstörungen seiner Figuren noch stärker dar als durch ihre Rede. Hierin steht er in der Tradition des ›behavioristischen‹ Erzählens Ernest Hemingways, Dashiell Hammetts oder Raymond Chandlers. Auch in der Benutzung des für die Short Story charakteristischen Mittels des Ding-Symbols beweist C. höchste Kunst, etwa in der Geschichte »A Serious Talk«, in der ein Mann seine getrennt von ihm lebende Frau und seine Kinder am Weihnachtstag besucht und, bevor sie mit ihrem neuen Liebhaber feiert, ein »ernstes Gespräch« mit ihr führen will. In der Darstellung der wechselnden Gefühlslagen des Mannes, die schließlich in ohnmächtiger Wut und dem Versuch, das Haus anzuzünden, gipfeln, gewinnt ein Aschenbecher, der als Leitmotiv figuriert, symbolische Bedeutung.

C. hat sich nicht zu Unrecht in der Tradition von Leo Tolstoi, Anton Tschechow, Gustave Flaubert und Hemingway gesehen. Seine innovative Kraft zeigt sich z. B. auch in »What We Talk About When We Talk About Love«, einem stark dialogisierten Text, der als ein Gespräch über die Liebe in Analogie zu Platons *Symposion* konzipiert ist. Eine Sammlung von C.s Kurzgeschichten, *Short Cuts* (1993) wurde von Robert Altman kongenial verfilmt.

Wolfgang G. Müller

Chandler, Raymond [Thornton]
Geb. 23. 7. 1888 in Chicago, Illinois;
gest. 26. 3. 1959 La Jolla, Kalifornien

Als Raymond Chandler 1959 starb, schrieb die Londoner *Times* in ihrem Nachruf, daß er einer der wenigen Kriminalschriftsteller gewesen sei, die »in working the vein of crime fiction, mined the gold of literature«. Sie spielte damit auf C.s intensives Bemühen um die Gattung der Kriminal- und Detektivliteratur an. Sein erklärtes Ziel war es, das Genre aus dem engen Korsett starrer Regeln zu befreien und den Kriminalroman auf ein gänzlich neues Niveau zu heben. Er wandte sich ab vom Muster des Detektivromans, wie er im »Golden Age«, der Zeit zwischen den beiden Weltkriegen, in England von Autoren wie Agatha Christie, Dorothy Sayers, Ngaio Marsh und Margery Allingham geschrieben wurde, und öffnete die Gattung erfolgreich für Elemente der ›hohen Literatur‹. C. gilt – in der Nachfolge von Dashiell Hammett – als der wichtigste Vertreter der »hard-boiled school«, jener spezifisch amerikanischen Spielart des Kriminalromans, die sich als Antwort auf den Detektivroman des englischen »Golden Age« entwickelte und in ihrer Darstellung größtmögliche Wirklichkeitsnähe anstrebt. Dem »ermüdenden Häkelwerk aus öden Indizien« setzte er Romane entgegen, deren Gestalten, Schauplatz und Atmosphäre realistisch sind; er wollte – so C. – »das Leben beschreiben, wie es wirklich vor sich geht«.

C. wurde 1888 in Chicago geboren. Sein Vater war Alkoholiker, und die Ehe seiner Eltern wurde auf Drängen der Mutter geschieden, als C. sieben Jahre alt war. Mit seiner irischstämmigen Mutter siedelte er daraufhin nach London um, wo er das Dulwich College, eine traditionsreiche Privatschule, besuchte. Nach seinem Schulabschluß verbrachte er je sechs Monate in Paris und in Deutschland, um seine Fremdsprachenkenntnisse zu vervollkommnen, und trat schließlich einen Posten im britischen Marineministerium an, den er aber – zum Entsetzen seines Onkels – bereits nach sechs Monaten quittierte. Von 1908 bis 1912 lebte C. als freier Schriftsteller im Londoner Intellektuellen-Viertel Bloomsbury und verfaßte Gedichte, Rezensionen, Essays und satirische Skizzen für verschiedene Zeitungen und literarische Zeitschriften. Allein und mit nur 500 Pfund in der Tasche entschloß er sich 1912, in die USA – das Land seiner Geburt – zurückzukehren. Über New York, St. Louis und Nebraska gelangte er nach Kalifornien und ließ sich in Los Angeles nieder. Er verdiente seinen Lebensunterhalt, indem er eine Reihe schlecht bezahlter Gelegenheitsjobs annahm. Beim Eintritt der USA in den Ersten Weltkrieg meldete er sich als Freiwilliger, diente zunächst bei den kanadischen Gordon Highlanders in Frankreich und trat später in das Royal Flying Corps der britischen Luftwaffe ein. Nach seiner ehrenvollen Entlassung aus der Armee kehrte er 1919 mit seiner Mutter nach Los Angeles zurück, der

Stadt, die den Hintergrund seiner Kriminalromane bilden sollte. 1924, unmittelbar nach dem Tod seiner Mutter, heiratete er die 18 Jahre ältere Pianistin Cissy Pascal. Die »Roaring Twenties« brachten auch für C. einen steilen Aufstieg. Er machte Karriere als Geschäftsmann, wurde Buchhalter, Vorstandsmitglied und später Direktor mehrerer unabhängiger Ölgesellschaften. Während der großen Wirtschaftsdepression der 30er Jahre verlor jedoch auch er seinen Job und begann, Geschichten für Kriminalliteraturmagazine zu schreiben, die ihm schnell Anerkennung brachten.

Ausschlaggebend für seine spätere Karriere als Kriminalautor war die Lektüre der »Pulps«, billig aufgemachter Groschenhefte, die sich in den 20er und 30er Jahren einer enormen Popularität erfreuten und den Markt mit einer Flut von Abenteuer-, Liebes-, Science Fiction- und Kriminalgeschichten überschwemmten. Das bekannteste und angesehenste dieser »Pulps« war das von Joseph T. Shaw herausgegebene *Black Mask Magazine*, in dem C. einen Großteil seiner Kriminalerzählungen veröffentlichte. Sein erster Roman, *The Big Sleep* (*Der tiefe Schlaf*, 1950), wurde 1939 veröffentlicht und zeigt C.s Talent als Kriminalromanschriftsteller. Auf *The Big Sleep*, den er in nur drei Monaten fertigstellte, folgten sechs weitere Romane, von denen er *Farewell My Lovely* (1940; *Lebewohl, mein Liebling*, 1953) für den besten hielt und mit denen er sich als Meister der »hard-boiled school« etablierte.

C.s Werke zeichnen sich durch einen gesellschaftskritischen Milieurealismus aus. Er beschreibt eine von Verbrechen, Gewalt und Korruption beherrschte Welt, in der keinerlei Gesetze gelten, und vermittelt damit ein authentisches Bild der »mean streets« von Los Angeles in den 30er und 40er Jahren. Philip Marlowe, der zur Kultfigur gewordene Protagonist aller C.-Romane, erscheint als realer Held, der in einer realen Welt agiert. Marlowe ist ein »private eye«, ein Privatdetektiv, und verdient sich seinen Lebensunterhalt durch die Übernahme gefährlicher, meist zwielichtiger und wenig lukrativer Aufträge. Er ist ein Einzelgänger ohne soziale Bindungen. Anders als Hammetts Continental Op wendet er Gewalt nur im äußersten Notfall an, und im Vergleich zu den »tough guys« in Hammetts Romanen erweist sich Marlowe als Gentleman mit romantischen Zügen. Er ist »a man [...] who is not himself mean, who is neither tarnished nor afraid« (C.). Grundlage seines Handelns bildet ein eigener Moralkodex. Mord und Verbrechen werden geahndet, weil sie eine Bedrohung für die menschliche Gesellschaft darstellen, nicht weil sie wider das Gesetz – das ohnehin als käuflich betrachtet wird – verstoßen.

Internationale Bekanntheit erlangten Marlowe und sein geistiger Vater durch die Verfilmung von *The Big Sleep* (1946) unter der Regie von Howard Hawks, in der Humphrey Bogart – neben Cary Grant C.s Wunschkandidat für die Marlowe-Rolle – den Detektiv in idealer Weise verkörperte. Wie zuvor Hammett, so ging auch C. in den 40er Jahren nach Hollywood, wo er sich als Autor von Drehbüchern für die Paramount Pictures Corporation einen Namen machte. Für das Script von *Double Indemnity* (1944), einem für zwei Oscars nominierten Kassenschlager, arbeitete er mit Billy Wilder zusammen, und er verfaßte unter anderem die Drehbücher zu *The Blue Dahlia* (1946) und zu Alfred Hitchcocks Verfilmung von Patricia Highsmiths Psycho-Thriller *Strangers on a Train* (1951).

Seine theoretischen Überlegungen zum Kriminalroman legte C. in dem 1944 im *Atlantic Monthly* erschienenen Essay »The Simple Art of Murder« (»Die simple Kunst des Mordes«, 1975) nieder. Im Laufe seiner literarischen Karriere gelang es ihm, sein Ziel, »eine mediokre Form herzunehmen und so etwas wie Literatur daraus zu machen«, umzusetzen. Die Verwendung von literarisch gestaltetem, der Umgangssprache nachempfundenem Slang, fragmentarischer Syntax, Ironie sowie ausgefallene Vergleiche und Metaphern zeichnen C.s sachlich-nüchternen Stil aus. C.s Kriminalromane sind Sprachkunstwerke, denn er schrieb – wie er selbst sagt – »für Leute, die unter Schreiben eine Kunst verstehen«.

Katrin Fischer

Chatwin, [Charles] Bruce
Geb. 13. 5. 1940 in Sheffield;
gest. 18. 1. 1989 in Nizza

Bruce Chatwin hat in seinem kurzen Leben der britischen Tradition der Reiseliteratur eine Dimension hinzugefügt, die man die anthropologische nennen könnte. Sein Werk kann als Auseinandersetzung mit dem Wandertrieb, der ›nomadischen Alternative‹ des Menschen gedeutet werden, selbst dort, wo er sich, wie oft in seinen Romanen, mit der Unbeweglichkeit beschäftigt. – Ch. war der Sohn eines Rechtsanwalts. Nach dem Besuch von Marlborough College war er 1958–66 Angestellter bei Sotheby's, wo er durch sein sachkundiges Auge auffiel. Ein verspätetes Studium der Archäologie und des Sanskrit in Edinburgh brach er ab. 1965 heiratete er die Amerikanerin Elizabeth Chandler und wohnte in Gloucestershire und Oxfordshire. Als Rezept gegen vorübergehende Blindheit verschrieb ihm ein Arzt ›Afrika‹ als Heilmittel. Auf langen Reisen durch Afrika, Asien, Südamerika und Australien, von denen er für die *Sunday Times* berichtete, sammelte er das Material für seine künftigen Bücher. Zu seinen Reisegefährten gehörten u. a. Salman Rushdie, Peter Levi und Paul Theroux. Eine Kindheitserinnerung an das Hautstück eines Riesenfaultiers führte ihn nach Feuerland. Aus dieser

Reise entstand *In Patagonia* (1977; *In Patagonien*, 1981), »denn die älteste Form des Reiseberichts ist die, in der der Erzähler seine Heimat verläßt und sich auf der Suche nach einem legendären wilden Tier in ein fernes Land begibt«. In dieser Landschaft am Ende der Welt begegnet er exzentrischen Einwanderern und Sektierern. In *Patagonia Revisited* (1985; *Wiedersehen mit Patagonien*, 1992), das er gemeinsam mit Paul Theroux verfaßte, werden literarische Bezüge zu Shakespeare, Edgar Allan Poe, Herman Melville und William H. Hudson sichtbar. Der Roman *The Viceroy of Ouidah* (1980; *Der Vizekönig von Ouidah*, 1982) erinnert in seiner Beschwörung des ›dunklen‹ Afrika an Joseph Conrads *Heart of Darkness* und diente als Vorlage zu Werner Herzogs Film *Cobra Verde* (1988). Der nächste Roman, *On the Black Hill* (1982; *Auf dem schwarzen Berg*, 1983), schildert das eng verbundene Leben zweier Zwillingsbrüder vor dem Hintergrund des ländlichen Wales. Mit dem Reisebuch *The Songlines* (1987; *Traumpfade*, 1990) errang Ch. Weltruhm. In Skizzen und Porträts erkundet er das mythische Universum der australischen Aborigines und ihrer Vorstellung einer durch Lieder erschaffenen und zu erhaltenden Welt. Die Berichte und Begegnungen reichert er mit spekulativen Notizen zur Evolution an. In dem Roman *Utz* (1988; *Utz*, 1989) wendet er sich dem Schicksal eines besessenen Porzellansammlers in Prag zu und zeigt die Wechselbeziehungen zwischen Sammeltrieb und der Geschichte des 20. Jahrhunderts. Postum erschien die Essaysammlung *What Am I Doing Here* (1989; *Was mache ich hier*, 1991), in der er Nadeshda Mandelstam, André Malraux, Werner Herzog oder Ernst Jünger porträtiert, über China, Afghanistan und die Wolga oder über die Welt des Kunsthandels schreibt. Weitere Artikel erschienen in *Anatomy of Restlessness* (1996; *Der Traum des Ruhelosen*, 1997). Seine photographische Arbeit belegt der Bildband *Far Journeys: Photographs and Notebooks* (1993; *Bruce Chatwin auf Reisen: Photographien und Notizen*, 1993). – Früh bildeten sich Legenden um den Reisenden, zu denen er gerne beitrug. Nach eigenen Angaben erkrankte er tödlich nach dem Genuß eines seltenen chinesischen Pilzes; nach anderen starb er an AIDS. An die Verwandtschaft mit Arthur Rimbaud erinnert Kevin Volans' Oper *The Man Who Strides the Wind* (1993). Zuletzt plante Ch. einen Roman über Rußland. Ch. gehört in die Reihe großer britischer Reisender wie Sir Richard Burton oder Robert Byron, die ihm auch literarische Vorbilder waren. Mehr als die Kunst und die Archäologie interessierten ihn die Menschen.

Elmar Schenkel

Chaucer, Geoffrey
Geb. um 1340–45 in London;
gest. 25. 10. 1400 ebd.

Geoffrey Chaucer, der bedeutendste Dichter des englischen Mittelalters, war bürgerlicher Abstammung. Sein Vater war Weinhändler und hatte Beziehungen zum Hof. Dies eröffnete dem jungen Ch. die Möglichkeit, in den Dienst des Adels zu treten. 1357 war er Page bei der Gräfin von Ulster, danach studierte er (mutmaßlich) an einer Londoner Juristenschule. 1366 trat er in den Dienst des Hofes und nahm 1368–73 an mehreren diplomatischen Missionen (nach Frankreich, Flandern, Italien) teil. Von 1374 an hatte er eine Reihe von Ämtern inne; er war u.a. Zollaufseher im Londoner Hafen, Friedensrichter von Kent, Intendant der Königlichen Schloßbauten. Auf diese Weise lernte er alle Schichten des englischen Volkes, aber auch das Leben und die kulturellen Strömungen auf dem Kontinent kennen, was ihm eine Fülle von Themen und Darstellungsmöglichkeiten für seine Erzählkunst erschloß und zugleich eine ausgereifte kritische Weltsicht mit sich brachte.

Die Jugenddichtungen des mittelenglischen Dichters sind von französischen und italienischen Vorbildern beeinflußt (Guillaume de Machaut, Eustache Deschamps, Jean Froissart, Rosenroman; Dante, Boccaccio, Petrarca). Ein strukturelles Grundschema ist zu erkennen: Die Dichtung beginnt im Alltag des Ich-Erzählers, der häufig dem Autor nahesteht, aber stets ironisch gezeichnet wird. Es folgt eine Episode aus der antiken Dichtungstradition, die indirekt auf die Thematik des Werkes aufmerksam macht. Dann folgt – stets in einer Traumvision – ein Mittelteil, der den Weg des Träumers zu seinem Ziel beschreibt; erst danach entfaltet der Dichter die Hauptthematik seines Werkes. Sodann wird die Dichtung schnell zu Ende geführt. Jede der Jugenddichtungen hat einen thematischen Schwerpunkt: (1) *The Book of the Duchess*: Fortuna (und der Tod); (2) *The House of Fame* (und das Haus der Neuigkeiten); (3) *The Parliament of Fowls*: Liebe und Natur.

Der Anlaß für *The Book of the Duchess* war der Tod der Herzogin Blanche, der Gattin von Ch.s Freund John of Gaunt, die 1369 an der Pest starb. Die Jagdszene im Mittelpunkt der Dichtung lenkt den Blick auf die höfische Gesellschaft und führt den Schwarzen Ritter ein, der zunächst in einem Monolog den Tod der geliebten Frau beklagt. Im Dialog läßt der Ritter sich dazu bewegen, ein Porträt der Frau zu entwerfen, die hier ganz nach dem Vorbild einer höfischen Geliebten beschrieben wird. Der Tod wird nicht als ein religiöses Problem verstanden, sondern als Teil des Schachspiels, das der Ritter mit Fortuna spielt.

The House of Fame (um 1372–80; *Das Haus der Fama*, 1883) rückt von Anfang an die Ambivalenz der Fama ins Bewußtsein des Lesers. Aeneas und Dido sind dafür die besten Beispiele aus der antiken Literatur. Ein Weltraumflug mit einem Adler bringt den Träumer zum Haus der Fama, die Nachruhm und Vergessenheit willkürlich verteilt. Auch die Werke der Dichter (von Homer bis Claudian), die zwischen Wahrheit und Illusion stehen, sind von der Ambivalenz der Fama geprägt. Im benachbarten Haus der Neuigkeiten (Hous of Tydynges) beobachtet der Träumer, wie Informationen über alle Wechselfälle des Lebens eintreffen, eine bestimmte Nachricht (man dachte lange an eine Hofneuigkeit) kommt jedoch nicht an. Am Ende der Dichtung, die Fragment bleibt, heißt es lediglich: »y saugh a man ... a man of gret auctorite«. Wer diese Autorität ist (Boethius oder Christus), bleibt offen.

The Book of the Duchess und The House of Fame sind in vierhebigen Paarreimversen geschrieben; für The Parliament of Fowls (um 1382; Das Parlament der Vögel, 1883) schuf Ch. den »rhyme royal« (auch Chaucerstrophe genannt); die Strophe weist das Reimschema ababbcc auf, die Verse sind fünfhebig. Die Wendung »blisful place« weist in der antiken Episode (im Anschluß an das Somnium Scipionis) auf das jenseitige Leben hin, für das ein tugendhaftes Leben im Diesseits die Voraussetzung ist. Für das irdische Leben ist kennzeichnend, daß es bei Ch. antithetisch dargestellt wird. Bereits das Eingangstor zum Liebesgarten weist mit seinen Inschriften auf irdisches Glück und Leid hin. Diese Antithese zeichnet sich auch in der Beschreibung von Venus und Cupido und ihrer Umgebung ab. Stärker noch ist der Kontrast zwischen Venus und der Göttin Natura, die nach Alanus ab Insulis ›Statthalterin Gottes‹ genannt wird. Während bei Alanus die Vögel nur beschrieben werden, sind sie bei Ch. sprechende Figuren: Drei Adler umwerben ein Adlerweibchen; dieses kann sich nicht entschließen, was eine Debatte der Vögel auslöst, wobei die höfische und nichthöfische Sicht der Liebe in drama-

tischen Dialogen und differenzierter Sprache, von der derben Diktion der niederen Vögel bis zum höfisch-verfeinerten Stil der höheren Vögel, lebendig werden. Schließlich gewährt Natura dem Adlerweibchen ein Jahr Bedenkzeit, während alle anderen Vögel ihren Partner erhalten und mit dem fröhlichen Rondel »Now welcome, somer« davonfliegen.

Bei seinem umfassendsten abgeschlossenen Werk, Troilus and Criseyde (um 1385) ließ sich Ch. besonders von Boccaccios Il Filostrato inspirieren. Das Material, das Boccaccio in acht Büchern präsentiert, wurde zu fünf Büchern umgeformt, wobei das Werk aber an Umfang gewann, weil Ch. die Charaktere differenzierter zeichnete, die Situationen ausbaute, Dialoge, Monologe und philosophische Kommentare einfügte. Ch. nennt sein Werk gegen Ende »lytel myn tragedye«; streng genommen müßte man von einer ›Tragikomödie‹ sprechen, denn die Bücher I-III gleichen einer Liebeskomödie, in der Troilus, ursprünglich ein Verächter der höfischen Liebe, mit Hilfe von Pandarus, seinem Freund und Criseydes Onkel, die Gunst der Dame gewinnt. Ch. verbindet den lyrischen Stil der Liebesszenen mit dem realistischen Stil, der insbesondere in den Auftritten von Pandarus vorherrscht. Criseyde ist eine lebenskluge Witwe, die zugleich den ständigen Wandel aller irdischen Dinge fürchtet. Ihre Befürchtungen werden bestätigt, als (mit dem Beginn des IV. Buches) sich das Rad der Fortuna dreht und die Liebeskomödie zunehmend tragische Züge annimmt. Criseyde wird an die Griechen ausgeliefert und wendet sich schließlich Diomedes zu. Sie weiß, daß sie damit einen der edelsten Menschen verrät. Der Erzähler stimmt diesem Urteil zu, plädiert aber zugleich für sie, weil sie Reue zeigt. Troilus ergibt sich in sein Los und kommentiert seine Situation in einem großen, an Boethius angelehnten Schicksalsmonolog. Ohne

Trost fällt er im Kampf gegen Achill. Erst als er aus der achten Sphäre auf die Erde schauen darf, gewinnt er. Ch. ordnet die mittelalterlich-christliche Perspektive über die antik-philosophische und schließt sein Werk mit einem Gebet an die Trinität, ohne damit das irdische Glück, wie er es zuvor beschrieb, völlig zu entwerten.

Die Rahmenerzählung *The Canterbury Tales* (um 1385–92) war auf 100 Erzählungen geplant, 24 wurden nur ausgeführt. In diesem Zyklus kommen Erzähler der verschiedensten Stände zu Wort: Ritter, Geistliche, Vertreter der akademischen Berufe, aber auch des niederen Volkes. Zieht man thematische und stilistische Kriterien heran, dann lassen sich vier Bereiche unterscheiden: der ritterliche, der religiöse, der ethisch-philosophische und derjenige der Fabliaux. An der Spitze der Erzähler steht der Ritter, dessen Erzählung von der Rivalität zweier Freunde berichtet, von denen der eine von Venus, der andere von Mars unterstützt wird. Der Junker bevorzugt eine verfeinerte Stilart, die schon auf die Dekadenz des Rittertums schließen läßt. Ch. selbst trägt die Erzählung von Sir Thopas, eine (in Schweifreimstrophen geschriebene) Parodie der populären Ritterdichtung vor. Die Frau von Bath und der Gutsherr (Franklin) wählen Stoffe aus dem ritterlich-bretonischen Bereich, stimmen aber jede Geschichte auf ihren Lebensstil ab. Während die Frau von Bath die Herrschaft der Frau hervorhebt, bietet der Gutsherr eine idealisierende Synthese von christlicher Ehe und ritterlicher Liebesauffassung. – Die Erzählungen aus dem religiösen Bereich nehmen Motive und Formen auf, die bereits in altenglischer Zeit üblich waren: Die Priorin berichtet vom Märtyrerschicksal eines Christenjungen, die zweite Nonne hebt das Moment der freien Entscheidung Cäcilias hervor, die ihren heidnischen Widersachern trotzt. Die Erzählung des Mönchs besteht aus einer Gruppe von Kurzberichten, in denen im Stil der mittelalterlichen Tragödie vom Sturz hochgestellter Persönlichkeiten (bewirkt durch die Fortuna) berichtet wird. Rein religiöse Didaxis ist der Prosatraktat des Pfarrers, der von der Pilgerfahrt nach Canterbury den Blick auf die sündhaften Verfehlungen im Diesseits und auf Buße und Vergebung richtet. Als religiöses Exemplum läßt sich die Erzählung des Ablaßkrämers verstehen, der von drei Schurken berichtet, die den Tod erschlagen wollen. – Die Erzählungen des Rechtsgelehrten (über Konstanze) und des Scholaren (über Griseldis) bezeichnen den Übergang von der religiösen zur philosophisch-ethischen Gattung. Rein philosophischen Charakter hat die Erzählung von Melibeus, der angesichts des Todes seiner Tochter Sophia von seiner Frau Prudentia Trost empfängt. Die Erzählung des Arztes behandelt den Virginia-Stoff. Der Konviktschaffner rückt das Schicksal einer geschwätzigen Krähe in den Mittelpunkt, während der Dienstherr des Kanonikus von einem Priester berichtet, der in die Geheimnisse der Alchemie eingeweiht werden wollte. – Zu den Fabliaux, die stets in komischem Ton und brillanter Erzähltechnik die unverwüstliche Vitalität verliebter Menschen preisen, gehören die Erzählungen des Müllers, des Verwalters, des Kochs, des Bettelmönchs, des Büttels, des Kaufmanns und des Matrosen. – Den Höhepunkt der *Canterbury Tales* bildet die Geschichte des Nonnenpriesters. Mit seiner Tiererzählung vom Hahn und vom Fuchs verbindet er philosophische und religiöse Themen; höfisches Gebaren wird vor dem Hintergrund einer bäuerlichen Umgebung geschildert. – Mit den Erzählungen und den Charakterporträts im »General Prologue« ließ Ch. seine Fähigkeit erkennen, typische Figuren zugleich mit individuellen Zügen auszustatten und den Klang und das Idiom gesprochener Sprache mit den Feinheiten der höfischen Diktion zu verbinden. Ch. wollte zugleich unterhalten und belehren, und er hat mit seiner Fähigkeit, lebendige Menschen zu zeichnen, seine Leser bis in die Gegenwart fasziniert.

Willi Erzgräber

Chopin, Kate [eigentlich Katherine O'Flaherty Chopin]

Geb. 8. 2. 1850 in St. Louis, Missouri; gest. 22. 8. 1904 in St. Louis, Missouri

Chopin gehört mit Harriet Beecher Stowe und Emily Dickinson zu den bedeutendsten amerikanischen Schriftstellerinnen des 19. Jahrhunderts. Sie gilt als eine der ersten amerikanischen Autorinnen eines literarisch anspruchsvollen Romans; ihr Werk markiert den Übergang vom Realismus zum Modernismus. C. war väterlicherseits irischer und mütterlicherseits kreolischer Abstammung; sie war katholisch, genoß in einer Klosterschule eine ungewöhnlich gute Erziehung und wuchs zweisprachig auf in einem Haushalt, der überwiegend aus tatkräftigen, lebenslustigen Witwen bestand. 1870 heiratete sie Oscar Chopin, einen Kreolen aus Louisiana. Die Chopins wohnten zunächst in New Orleans, später in Cloutierville, einem kleinen, französischsprachigen Dorf im Nordwesten Louisianas. Als ihr Mann 1882 unerwartet starb, hinterließ er vor allem Schulden. C. war jetzt Inhaberin eines Ladens, Managerin einer Plantage, Mutter von sechs halbwüchsigen Kindern und bald schon die Geliebte eines Nachbarn. Zwei Jahre später, als sie Oscars Schulden abbezahlt hatte, verkaufte sie aus einem plötzlichen Impuls heraus ihren Besitz und zog mit den Kindern zurück nach St. Louis zu ihrer Mutter. Dort begann sie zu schreiben.

Sie veröffentlichte zwei Romane, *At Fault* (1890) und *The Awakening* (1899; *Das Erwachen*, 1980), Gedichte, Essays, Rezensionen, ein Theaterstück und vor allem etwa 100 Kurzgeschichten. Sie thematisieren den Konflikt zwischen Erotik, Sehnsucht, Verlangen auf der einen Seite und den Verpflichtungen, die Ehe, Familie und Gesellschaft mit sich bringen, auf der anderen. Die Anthologien *Bayou Folk* (1894) und *A Night in Acadie* (1897) wurden wegen ihres Lokalkolorits – C. beschreibt das Leben und Treiben der Leute von Cloutierville – von der Literaturkritik hoch gepriesen. Innerhalb von nur fünf Jahren hatte sich C. als eine anerkannte Autorin etabliert. Sie unterhielt jetzt in St. Louis einen Salon, der von Künstlern, Intellektuellen und Nonkonformisten frequentiert wurde. Ihr bekanntester Roman, *The Awakening*, erzählt die Geschichte von Edna Pontellier, einer Frau Ende zwanzig, die ein Leben in Luxus führt, das sie aber seltsam unbefriedigt läßt. Sie versucht, sich selbst und ihre Sexualität zu verstehen. Sie nimmt ihr Malen wieder auf. Sie vernachlässigt Mann und Söhne. Sie verweigert sich der gesellschaftlichen Norm, indem sie eine Affäre beginnt – obwohl sie glaubt, einen anderen Mann zu lieben. Die Rezensenten, fast ausschließlich Männer, empfanden *The Awakening* als skandalös, morbid, vulgär und sexuell viel zu explizit. Sie bildeten eine geschlossene Front von Ablehnung und Entrüstung. Die Stimmung, die sich gegen C. richtete, war so intensiv negativ, daß sie keine weiteren Texte mehr publizieren konnte. Sie war effektiv zum Schweigen gebracht worden. Sie starb, innerlich zerbrochen, fünf Jahre später.

Evelyne Keitel

Christie, [Dame] Agatha

Geb. 15. 9. 1890 in Torquay, Devon; gest. 12. 1. 1976 in Wallingford, Oxfordshire

In einem Interview beschrieb Agatha Christie die Detektiverzählung einmal als »direkten Nachfahren des alten Moralstückes. Es ist der Triumph des Guten über das Böse – die Befreiung des Unschuldigen vom Aggressor«. In ihren 66 Kriminalromanen, 144 Kurzgeschichten und 15 Theaterstücken hält Ch., deren Erzählungen zurecht als Prototypen der sogenannten ›Klassischen Kriminalliteratur‹ gelten, diesen moralischen Anspruch denn auch stets durch. In der Grundstruktur sind ihre Romane eng an die Kurzgeschichten Arthur Conan Doyles angelehnt: Einem scheinbar perfekten Mord (oder – in wenigen Ausnahmen – einem anderen Verbrechen), dessen entscheidende Begleitumstände (Täter, Tatmodus, Motiv) unbekannt sind, folgt ein Ermittlungsteil, in dem alle wesentlichen Elemente der Lösung bereits erscheinen, jedoch durch zahlreiche weitere Rätsel und falsche Kontextualisierung dem Leser in ihrer Bedeutung verborgen bleiben. Im Lösungsteil werden alle im Zuge der Ermittlung aufgetretenen Teilrätsel und die Hauptfrage nach dem Täter gelöst. Ihren eigenen Reiz entfalten Ch.s Werke, weil die Autorin wie kaum eine andere »das Enträtselungsspiel mit ungeheurer Geschäftigkeit auf allen drei Ebenen betreibt, als Täterrätsel, Hergangsrätsel und Enthüllungsspiel« (Ulrich Suerbaum). – Erste literarische Gehversuche machte Ch. bereits als Teenager, als sie – Mitglied der ›upper class‹ und mit viel Freizeit ausgestattet – v. a. kleinere Gedichte schrieb, die, wie sie selbst berichtete, sogar vereinzelt in regionalen Publikationen abgedruckt wurden. 1920 veröffentlichte sie ihren ersten Kriminalroman, The Mysterious Affair at Styles (Das geheimnisvolle Verbrechen in Styles, 1929, später unter dem Titel Das fehlende Glied in der Kette), für den sie lange keinen Verleger gefunden hatte. In ihm stellt sie mit Hercule Poirot einen ganz neuen Ermittlertyp vor: Poirot, ein pensionierter hoher belgischer Polizeibeamter, in Aussehen und Verhalten reichlich unenglisch, führt seine Untersuchungen in der Regel in

der britischen Oberschicht durch. Die auffällige Detektivfigur ist geradezu prädestiniert dafür, dem Leser entscheidende Hinweise zu geben, sie aber zugleich falsch einzuordnen. Je feiner Ch.s Techniken im Laufe ihrer über 50jährigen Karriere als Krimischriftstellerin wurden, desto geringer wurde Poirots Anteil am Verwirrspiel. Bereits 1930 entwickelte sie in The Murder at the Vicarage (Mord im Pfarrhaus, 1952) mit der 74jährigen Miss Jane Marple sogar eine ungleich dezentere Hauptfigur, deren wesentliche Waffe zur Enttarnung des Verbrechers der scheinbar unbedeutende small talk ist. Ihre Spannung beziehen Ch.s Kriminalgeschichten jeweils aus dem Bruch einer einzigen der sogenannten ›Limitierungsregeln‹, die die Suche nach dem Täter im Rätselspiel begrenzen: Besonders The Murder of Roger Ackroyd (1926; Roger Ackroyd und sein Mörder, 1928, später unter dem Titel Alibi) gilt in dieser Hinsicht als ein äußerst gelungenes Werk, das freilich unter Ch.s zahlreichen Fans auch eine heftige Kontroverse auslöste: Am Ende entpuppt sich nämlich der Ich-Erzähler des Romans als Mörder. – Im Erscheinungsjahr dieses Krimis wurde Ch., die bereits über eine große Popularität verfügte, auch zum Mittelpunkt eines landesweiten Skandals: Für elf Tage verschwand die Schriftstellerin spurlos; ihren Wagen hatte man verlassen in einer einsamen Gegend gefunden. Tagelang glaubten Polizei und die durch eine bis dahin unbekannte Form der Pressekampagne besorgte Öffentlichkeit, daß die Autorin einem Verbrechen zum Opfer gefallen sei. Hintergrund für das plötzliche Verschwinden war aber offenbar das Zerwürfnis mit ihrem Ehemann Archibald Christie, der sich wegen einer anderen Frau von ihr scheiden lassen wollte. Die Trennung folgte dann tatsächlich nach 14 Jahren Ehe 1928. Ch. heiratete 1930 erneut; mit ihrem zweiten Ehemann, dem berühmten Archäologen Sir Max Mallowan, bereiste sie ausgiebig den Orient und wurde auch als Mäzenin und Mitarbeiterin von bedeutenden Ausgrabungen bekannt. Nicht selten bildet der Nahe Osten in den folgenden Romanen die Kulisse für die Krimihandlung. – Unter ihren Theaterstücken ragt *The Mousetrap* (1952; *Die Mausefalle*, 1953) besonders heraus, das seit 1952 ununterbrochen in London gespielt wird und damit das am längsten durchgehend aufgeführte Drama in der Literaturgeschichte ist. *Witness for the Prosecution* (1953; *Zeugin der Anklage*, 1959) erlangte durch die Verfilmung Billy Wilders mit Marlene Dietrich in der Hauptrolle (1957) ebenso Berühmtheit. – 1971 wurde Ch., die unter dem Pseudonym Mary Westmacott auch sechs erfolgreiche Romane veröffentlichte, die kein Verbrechen als Mittelpunkt haben, in den Adelsstand erhoben. Ihre Autobiographie erschien 1977 postum.

Sascha Feuchert

Churchill, Caryl
Geb. 3. 9. 1938 in London

Caryl Churchill hat sich nicht nur im *New English Drama*, dem auffallend wenige Frauen zugezählt werden, ihren Platz gesichert, sondern gilt überhaupt als erfolgreichste britische Dramatikerin im europäischen Theater des 20. Jahrhunderts. Im Jahr 1956, das den Anfang des ›NED‹ markiert, begann Ch. ihr Literaturstudium in Oxford, wo auch ihre ersten Dramen aufgeführt wurden. Dennoch erfolgte kein nahtloser Übergang von der renommierten Universität zum etablierten Theaterbetrieb, denn an die ersten Erfolge als Jungdramatikerin schloß ab ca. 1960 eine Zeit spezifisch weiblicher Lebenserfahrung an, die Ch.s künstlerische Möglichkeiten einschränkte. Gerade diese von Mutterschaft und Familie geprägte Phase, in der Ch. ihre schriftstellerische Tätigkeit hauptsächlich in Form regelmäßiger Hörspielbeiträge für die BBC fortsetzte, schärfte jedoch ihren Blick für gesellschaftspolitische Fragen, insbesondere für die Rollen(bilder) der Frau. Schon ab Mitte der 1970er Jahre ist ihre Auseinandersetzung mit gesellschaftlichen Normen und ästhetischen Konventionen in ihrem Bühnenwerk wesentlich deutlicher als bei anderen VertreterInnen des ›NED‹. Ch. stellt sich radikal gegen die affirmativen Strukturen des *well-made play*, indem sie konventionelle Dramentechniken auf kritische und experimentelle Weise neubelebt. Mit ihrem thematisch wie strukturell sehr heterogenen Œuvre ist es ihr als einer der weltweit meistgespielten TheaterautorInnen der 1980er Jahre gelungen, die das englische Gegenwartstheater kennzeichnende Dialektik von kontrovers-alternativem (Frauen-)Theater vs. kommerziellem Drama in einer einzigartigen Synthese zu überwinden. Keine britische Dramenautorin konnte bislang auf nationalen wie internationalen Bühnen ähnlich reüssieren. Das Spektrum ihres umfangreichen und mit etlichen Auszeichnungen gewürdigten Werks reicht von den frühen Hörspielen über Fernsehstücke bis hin zu rund 30 Bühnendramen, die sowohl Mißstände im Bereich geschlechterspezifischer Chancenungleichheit ungeschminkt darstellen als auch allgemeine gesellschaftliche Mißstände pointiert offenlegen. Die Einbeziehung epischer Techniken und die offene Handhabung von Zeit, Raum und geschichtlicher Dimension charakterisieren eine Reihe ihrer Dramen. Der häufige Einsatz des *cross-gender casting* bezeichnet die prinzipielle Egalität der Geschlechter und zielt darauf ab, Gender-Stereotypen als kulturell bedingte Konstrukte zu entlarven. Ähnlich dienen Mehrfachbesetzungen dazu, soziale und politische Funktionen einzelner Figuren als – einander zuweilen sogar widersprechende – ›Rollen‹ im gesellschaftlichen Zusammenspiel herauszustellen.

Die Uraufführung von *Owners* (1972; *Besitzer*, 1973) am Royal Court Theatre markiert den Beginn von Ch.s führender Rolle als Gegenwartsdramatikerin, hatte sie doch als erste Frau dort für mehrere Jahre die Position des *Resident Dramatist* inne. *Owners* präsentiert im Konflikt zwischen Hausbewohnern und einer Immobilienmaklerin die Problematik von Grundbesitz und prangert die Degradierung des menschlichen Lebens zum rein kapitalistischen Faktor an. Einen weiteren entscheidenden Schritt bildete Ch.s bis heute fortgeführte Zusammenarbeit mit (Frauen-) Theatergruppen. In *Light Shining in Buckinghamshire* (1976), einer gemeinsamen Produktion mit der Joint Stock Theatre Company, widmet sie sich der Darstellung der Unterdrückung von Frauen im englischen Bürgerkrieg. Obwohl die ›Geschichte machenden‹ männlichen Figuren in der Überzahl sind, etablieren die fünf Frauenfiguren die zentrale Perspektive ›von unten‹. Eine prononciert feministische Stoßrichtung kennzeichnet auch das in Kollaboration mit dem Theaterkollektiv Monstrous Regiment entstandene *Vinegar Tom* (1976), das wiederum auf das 17. Jahrhundert zurückgreift und in der episodischen Darstellung einer Hexenverfolgung den Vorwurf der ›Hexerei‹ in den Zusammenhang von Armut, Unterdrückung und Dämonisierung von (homoerotischer) Sexualität stellt. Im äußerst erfolgreichen Zweiakter *Cloud Nine* (1979; *Siebter Himmel*, 1980) werden sexuelle Konformität und Kolonialismus parallelisiert, wobei das Vertauschungs- als dramatisches Veranschauungsprinzip die Dichotomien von Rassen- und Geschlechtszugehörigkeit sowie sexueller Orientierung durchbricht. Der Zweiakter *Top Girls* (1982; *Top Girls*, 1983) rückt in modifizierter Form erneut die Problematik weiblicher Rollen (identifikation) in den Mittelpunkt. Er kontrastiert eine moderne Karrierefrau mit fünf berühmten historischen bzw. bekannten fiktionalen Frauenfiguren, die unterschiedliche Epochen und Kulturen repräsentieren. In den nur partiell dialogisch verknüpften und einander überlagernden Berichten dieser ›Top Girls‹ fällt die grundsätzliche Affirmation bestimmter Frauenrollen auf. Zum Widerspruch provoziert auch und gerade das Modell der ›emanzipierten‹ Gegenwartsfigur Marlene. Diese sichert ihre Karriere nämlich dadurch, daß sie die Mutterrolle für ihr einziges Kind ihrer Schwester überträgt. Die widersprüchlichen Rollenanforderungen innerhalb eines von Profitstreben beherrschten Systems kulminieren schließlich in der Begegnung der erfolgreichen Mutter mit der zur Verliererin prädestinierten Tochter. *Serious Money* (1987; *Serious Money*, 1988), ironischerweise einer der auch finanziell größten Erfolge, setzt diese Kritik am Kapitalismus des Thatcherismus am Beispiel der Börsenspekulation fort.

Durchgehend charakteristisch für Ch.s Dramatik ist, daß sie die jeweils zentrale Problematik keiner eindeutigen Lösung zuführt, sondern als Fragestellung dem Publikum zur aktiven gedanklichen Bearbeitung überantwortet und simple Polarisierungen vermeidet. So rückt etwa *A Mouthful of Birds* (1986; *Io!*, 1987) auch weibliche Gewaltbereitschaft ins Blickfeld; die Verbindung von Aggression mit nationalen Stereotypen veranschaulicht in *Icecream* (1989) den zunehmenden zwischenmenschlichen Realitäts- und Werteverlust einer postmodernen Gesellschaft. Archaische Formen wie Tanz und Musik, z. B. in *Lives of the Great Poisoners* (1991), oder auch der Rückgriff auf die mittelalterliche Moralität in *The Skriker* (1994; *Skriker*, 1997) signalisieren die Kontinuität selbstdestruktiver Tendenzen als Teil der gesamten Menschheitsgeschichte. Neben der ökologischen Zerstörung thematisiert Ch. zuletzt – etwa in *Far Away* (2000; *In weiter Ferne*, 2001) – auch verstärkt den fortschreitenden politischen Radikalismus. Insgesamt läßt sich Ch. zwar als feministisch und sozialistisch orientierte Autorin begreifen; über diese Perspektiven hinaus widmet sie ihr experimentelles Potential jedoch immer deutlicher globalen dystopisch-anthropologischen Entwicklungen.

Doris Mader

Coetzee, J[ohn] M[ichael]
Geb. 9. 2. 1940 in Kapstadt

J. M. Coetzee ist einer der international renommiertesten Romanciers Südafrikas, der mit seiner hermetischen Schreibweise im eigenen Lande allerdings nur sehr zögerlich rezipiert worden ist, zumal er sich gegen die zwei dominanten Literaturtraditionen Südafrikas sperrt: den moralisch appellierenden liberalen Realismus überwiegend weißer Autoren und den autobiographisch inspirierten, politisch kämpferischen Realismus überwiegend schwarzer Autoren. C.s Romane setzen sich mit ihrer postmodernen Textualität von solchen Tendenzen einer instrumentalen Ästhetik ab. Dem Vorwurf der formalistischen Indifferenz hat C. wiederholt das Postulat des primär literarischen Diskurses entgegengehalten. *The Master of Petersburg* (1994), ein Künstlerroman über Dostojewski, reflektiert diese Problematik, wenn der Künstler die Rolle des literarischen Propagandisten zurückweist und sein geradezu shandyeskes Verständnis von der absoluten Autonomie der Literatur bekundet (»I follow the dance of the pen«). Gleichwohl sind C.s Romane keine universalistischen Allegorien, keine der »worldliness« (Edward Said) entkleideten ›reinen‹ Kunstwerke. Der Begriff der »situational metafiction« ist am ehesten geeignet, die für C.s Erzählwerk charakteristische Fusion von gesellschaftlicher Abbildungsebene und metafiktionaler Reflektion der Abbildungsmodalitäten zu erfassen. Die soziale

Funktion der Metafiktion besteht darin, mit künstlerischen Mitteln ihre eigenen gesellschaftlichen oder literarischen Repräsentationsformen und -modi zu hinterfragen, anstatt sich mit einer hypothetisch wie essentialistisch vorausgesetzten ›Natur‹ des Menschen oder der Gesellschaft zu befassen. Bevor das inhaltliche ›was?‹ in den Blick genommen wird, geht es um deren gesellschaftliches ›wie?‹, ›warum?‹ oder ›wann?‹. Darin liegt die Relevanz der angeblich so realitätsfernen Texte C.s, der als Literaturwissenschaftler, welcher über Samuel Beckett promoviert hat, offenbar nicht umhin kann, seine Romanwelten mit Hilfe der Reflexion über die Fremdbestimmtheit des Subjekts und die Macht der Diskurse zu verfremden. So betrachtet inkorporieren C.s Romane sehr wohl die soziohistorischen Entwicklungen im Südafrika der letzten 30 Jahre als einen Subtext, der aufgrund künstlerischer Formgebung in vielfachen Brechungen und Transformationen textualisiert wird. In verschiedenen seiner theoretischen Schriften hat C. wiederholt auf den mythischen Status der Geschichte hingewiesen: »history is nothing but a story people agree to tell each other«. Wenn aber Geschichte nichts als ein Diskurs unter vielen ist, erwächst dem Roman daraus die Aufgabe der »Entmythologisierung der Geschichte«, und der zentrale Geschichtsmythos, der das südafrikanische Selbstverständnis nachhaltig geprägt hat, ist der koloniale Rechtfertigungsdiskurs von der Überlegenheit der europäischen Kolonisatoren bei gleichzeitiger Abwertung der kolonisierten Anderen. Dieser Diskurs konkretisiert sich literarisch in charakteristischen Textsorten, die in Südafrika entstanden oder dort heimisch geworden sind, wie etwa der die Landeroberung thematisierende Abenteuerroman, die Farmhauspastorale vom idyllischen Leben auf dem Lande oder die *pre-* und *post-desaster story* vom Zusammenbruch der (weißen) Zivilisation –

alles Genres, die in C.s Romanen parodiert werden.

In den ersten beiden Romanen C.s, *Dusklands* (1974) und *In the Heart of the Country* (1977; *Im Herzen des Landes*, 1987), wird – erstmalig in der südafrikanischen Literatur und im Gegenentwurf zum liberal-realistischen Verbesserungsvorschlag nach Art Nadine Gordimers – der diskursive Charakter der kolonialen Inbesitznahme exponiert. Wie manipulativ dabei mit der Realität umgegangen werden kann, demonstrieren die beiden Teile des ersten Romans: In »The Vietnam Project« figuriert der Protagonist Eugene Dawn, der als Mythograph in Diensten eines Forschungsinstituts (im Auftrag des Pentagon) eine Rechtfertigung für die amerikanische Präsenz in Vietnam konstruiert, wobei der Wissenschaftsdiskurs solcher Regierungsdokumente parodiert wird; »The Narrative of Jacobus Coetzee« handelt von den Abenteuern eines Elefantenjägers aus dem 18. Jahrhundert, der in seiner Eroberungsgier vor keinem gewaltsamen Konflikt mit der indigenen Bevölkerung zurückschreckt. Diese Erzählung von der Frühphase der kolonialen Expansion, deren Legitimation sich allein aus einer überlegenen Waffentechnologie herleitet, hat ihr intertextuelles Echo in den zeitgenössischen Dokumenten der Van Riebeeck Society in Südafrika, deren krude Diktion wiederum perfekt parodiert wird. Beiden Texten, die von scheinbar zeitlich wie räumlich weit auseinanderliegenden Phänomenen euro-amerikanischer Gewalt gegenüber der sogenannten Dritten Welt handeln – dem amerikanischen Imperialismus und dem niederländischen Kaufmannskolonialismus –, liegt das gleiche Diskurssubstrat zugrunde, nämlich der Versuch aller kolonialen Selbstrepräsentation, die ursprünglich gewaltsame Beziehung der Kolonisatoren zum eroberten Land und seinen Bewohnern als harmonisch und zeitenthoben zu naturalisieren. – In dem zweiten Roman wird daher das Genre dekonstruiert, in dem die südafrikanische Landnahme und Enteignung der indigenen Bevölkerung am nachhaltigsten gerechtfertigt worden ist – die Farmhauspastorale. Deren zentrales Moment beruht auf der Annahme, daß der Besitz an Grund und Boden über Generationen hinweg durch Arbeit legitimiert und dadurch ›naturgegeben‹ ist. Dieser diskursive Ansatz wird gleichsam utopisch überhöht, indem die Farm als ein Hort der Ruhe, des Friedens und der Harmonie zwischen den Generationen, Klassen und Rassen dargestellt wird, an dem alle gemeinsam nur um das Wohl der Besitzerfamilie besorgt sind. C. macht aus seiner Farm in der Halbwüste der Karoo einen dystopischen Ort, wo Gewalt, Inzest, Vergewaltigung und Rassenkonflikte herrschen und wo die schizophrene Protagonistin vergeblich versucht, ein Gefühl der Behaustheit zu erlangen. Das Verdienst beider Romane liegt darin, daß sie in einer Phase Südafrikas, in der sich der Rassenkonflikt nach den Ereignissen von Soweto verschärft, jeglichem ideologischen Essentialismus entgegenwirken, indem sie die weiße Dominanz in Südafrika, die in ihrer materialen Faktizität so unverrückbar erscheint, als historisch kontingentes Ereignis und als Produkt eines wirkungsmächtigen westlichen Diskurses erscheinen lassen.

Die nächsten zwei Romane, *Waiting for the Barbarians* (1980; *Warten auf die Barbaren*, 2001) und *Life & Times of Michael K* (1983; *Leben und Zeit des Michael K*, 1986), die von dem bevorstehenden Ende bzw. dem bereits erfolgten Ende eines Unterdrückungsregimes handeln, stellen dies in beiden Fällen so situationsabstrakt dar, daß der Bezug zum südafrikanischen Kontext nicht unmittelbar hergestellt werden kann, situieren sich aber im ideologischen Klima des in den 1980er Jahren sich verfestigenden *total onslaught*-Diskurses: Der Stellvertreterkrieg zwischen den USA und der UdSSR, der in Angola von der *South African Defense Force* und der *UNITA* sowie den Kubanern ausgefochten wird, tritt in seine heiße Phase ein, und die Verhängung des *State of Emergency* steht kurz bevor. *Apartheid in Decline* – so betitelt eine historische Darstellung diese Phase, und entsprechend versuchen die weißen Protagonisten beider Romane, mit Repräsentanten der kolonisierten und marginalisierten Mehrheit ins Gespräch zu kommen, die aber – ob unter Folterzwang oder im therapeutischen Dialog – die Kommunikation verweigern: *the Other cannot speak*. Auf diese Situation reagieren die Kolonisatoren jeweils, indem sie ›den Anderen‹ entweder dämonisieren als *ante portas* stehenden Barbaren oder, wie im Falle des kafkaesken Michael K, eine Opferrolle aufoktroyieren. Beide Male wird der Andere zum Rätsel, zum semiotischen Problemfall eines Überschusses an Signifikanten, dem die Signifikate fehlen, und der Ausweg aus diesem Dilemma ist die *colonial invention* des Anderen – eine Fiktion, die als solche entlarvt wird. Ähnliches gilt für den Roman *Foe* (1986; *Mr Cruso, Mrs Barton und Mr Foe*, 1986), in dem *der* koloniale Mythos schlechthin, nämlich Defoes *Robinson Crusoe* (1713), dekonstruiert wird. In C.s Version verweigert Friday den Dialog, indem er, aufgefordert, seine Geschichte zu schreiben, immer nur den Buchstaben O zu Papier bringt und auf des fiktiven Autors Foe Rat, es doch einmal mit dem ersten Buchstaben des Alphabets zu versuchen, nicht reagiert: Die Kolonialgeschichte ist nur resultativ als Geschichte der Kolonisatoren geschrieben worden, wie die völlig einseitige ›Zähmungsgeschichte‹ Freitags in Defoes Roman zeigt. Wie die anfängliche Wirkung des Kolonisationsprozesses von der anderen Seite empfunden wurde – dafür bestand wenig Interesse, weshalb in *Foe* die Großzügigkeit des Autors im Umgang mit der

Wahrheit hervorgehoben wird, die der Nachwelt einen angeblich so wirklichkeitsgetreuen Roman beschert hat.

Die Kritiker C.s haben förmlich aufgeatmet, als er mit *Age of Iron* (1990; *Eiserne Zeit*, 1995) und *Disgrace* (1994; *Schande*, 2000) zwei scheinbar realistische und eindeutig auf die südafrikanische Situation bezogene Romane vorlegte. In der Tat gehen beide Texte mehr oder weniger unvermittelt auf das Endzeitsyndrom der weißen Dominanz ein: der erste auf die sogenannte *twilight phase* des allmählichen Machtübergangs, der sich von 1990 bis zu den ersten allgemeinen Wahlen 1994 hinzog; der zweite auf die reduzierte Position der Weißen im mehrheitlich schwarz regierten Südafrika, wo deren Diskurs schlicht nicht mehr relevant ist, wo aber auch ein neuer schwarzer *discourse of empowerment* sichtbar wird, dessen Auswirkungen ähnlich negativ sein können wie der der vorherigen Machthaber. Was häufig übersehen wird, ist die Tatsache, daß C. beide Texte mit Signalen versieht, die deren Textualitätscharakter sichtbar machen und somit ihren Status als *State of South Africa*-Romane mindern, wie etwa ein rätselhafter Todesengel im ersten Roman und eine auffällige narrative Symmetrie im zweiten. C. entzieht sich damit auch hier der erzählerischen Festlegung: Von einer sicheren auktorialen Position aus referentialisierbare Aussagen darüber zu machen, wie die Wirklichkeit aussieht oder aussehen soll – in diese Realismusfalle begibt er sich schlechterdings nicht.

Erhard Reckwitz

Coleridge, Samuel Taylor
Geb. 21. 10. 1772 in Ottery St. Mary, Devon; gest. 25. 7. 1834 in Highgate, London

Samuel Taylor Coleridge ist einer der einflußreichsten englischen Dichter und

Denker des frühen 19. Jahrhunderts und bedeutender Repräsentant der literarischen Romantik. Er wurde 1772 als jüngstes von zehn Kindern des Geistlichen John Coleridge geboren. 1791 begann er das Studium der griechischen Sprache, der Philosophie und Medizin in Cambridge. Aufgrund seiner politischen und religiösen Gedanken und Aktivitäten, v. a. aber wegen seiner demonstrativen Sympathie für die Französische Revolution, verließ er jedoch 1794 die Universität ohne Abschluß. Gemeinsam mit seinem Freund, dem Dichter Robert Southey, faßte er den Plan, in Pennsylvania ein kommunistisches Gemeinwesen (*Pantisocracy*) zu gründen. Nach C.s Hochzeit mit Sara Fricker (1795), der Schwester von Southeys Frau, wurde dieser Plan aufgegeben, und C. wurde unitarischer Prediger, bevor er sich ganz der Dichtung widmete. – Der zweite Lebensabschnitt C.s (1797–1802) war bestimmt von seiner Rezeption deutscher Philosophie und Literatur und v. a. von seiner Bekanntschaft mit den Wordsworths. Dies ist der künstlerisch bedeutsamste Abschnitt seines Lebens. Zusammen mit William Wordsworth gab er 1798 den Gedichtband *Lyrical Ballads* heraus, der auch C.s wichtigstes Gedicht »The Rime of the Ancient Mariner« (1797) enthält und dessen zweiter Ausgabe (1800) ein Vorwort vorangestellt ist, das als Manifest der englischen Romantik angesehen werden kann. Als anregend erwies sich ein zehnmonatiger Deutschlandaufenthalt (September 1798 bis Juli 1799), v. a. in Göttingen. C. erlernte die deutsche Sprache, übersetzte u. a. Schillers Trilogie *Wallenstein* und las die Schriften Kants und Schellings. Die politischen Interessen seiner frühen Phase werden nicht in der Lyrik, sondern in der Prosa (Artikel für die *Morning Post*) behandelt und spiegeln seinen Wandel vom Verfechter zum Feind der Französischen Revolution und ihrer Folgen wider.

Die nächste Lebensphase (1802–16) ist weniger für ihre Dichtung als für C.s Arbeit an seinem kunsttheoretischen Buch *Biographia Literaria* (1817; *Eine Reise von Yarmouth nach Hamburg im Jahre 1798*, 1946) wichtig. Sein rheumatisches Leiden, das er vergeblich mit Opium zu lindern versucht, hoffte er durch einen zweijährigen Mittelmeeraufenthalt zu heilen. Auf Malta arbeitete er als Sekretär des englischen Gouverneurs Sir Alexander Ball. Nach seiner Rückkehr 1806 folgten die Trennung von seiner Frau und zahlreiche Schwierigkeiten beruflicher wie auch gesundheitlicher Art. Trotzdem unternahm er mit Unterstützung von Freunden, v. a. der Wordsworths, immer wieder Versuche, gegen die völlige Abhängigkeit von Narkotika und Stimulanzien anzukämpfen. Dieser Zustand besserte sich erst 1808, als C. seine vielbeachteten Vortragsreihen über Philosophie und Literatur begann, die besonders die Shakespeare-Rezeption in England beeinflußten. In seiner Hervorhebung der von Jean Paul angeregten Unterscheidung zwischen *imagination* und *fancy* (Einbildungskraft und Phantasie) versucht er v. a. in den Kapiteln 4 und 13 seiner *Biographia Literaria*, das echte Symbol, das die Ordnung einer übersinnlichen Welt in der Empirie wiedererkennt, von der reinen Phantasieschöpfung zu trennen.

In C.s letztem Lebensabschnitt (1816–34) lebte er bei Freunden in Highgate (London) und versuchte in Schriften mit meist theologischem Schwerpunkt, die Hauptinteressen seiner späten Lebensabschnitte – Logik, Metaphysik und Dichtkunst – miteinander zu verknüpfen.

C.s Leistung als Vermittler der deutschen Klassik und Romantik wird häufig überschätzt. So konnte er sich in Göttingen nicht einmal dazu aufraffen, Weimar und Jena zu besuchen. Der 74jährige Friedrich Gottlieb Klopstock und der 70jährige Christian Gottlob

Heyne sind die einzigen bedeutenden Deutschen, denen er bei diesem Aufenthalt begegnete. Sein Urteil über die Deutschen (»keine liebenswerte Rasse«) ist reserviert. Im Frühjahr 1806 traf er in Rom mit Wilhelm von Humboldt und Ludwig Tieck zusammen, mit letzterem auch später in London. C.s praktische Bemühungen, zwischen deutscher und englischer Dichtung zu vermitteln, beschränkten sich im wesentlichen auf seine Wallenstein-Übertragung (1799–1800). Aber er half, den Weg zu bereiten für eine sehr viel intensivere Rezeption deutscher Literatur und Philosophie im Verlauf des 19. Jahrhunderts.

Literaturgeschichtlich bedeutend ist C. v. a. durch seine Zusammenarbeit mit Wordsworth an den Lyrical Ballads. Unter dem Eindruck der Veränderungen durch die Französische Revolution überschritten beide auf ihre Weise die vom Klassizismus gesetzten Grenzen und wandten sich dem Rhythmus und der Diktion der Alltagssprache zu (»language really used by men«). Bewußt stellte jeder von ihnen einen der beiden sich ergänzenden Aspekte des Lebens dar: Wordsworth machte das alltägliche Erlebnis, die fundamentalen zwischenmenschlichen Beziehungen einfacher Menschen seiner Umgebung, zum Gegenstand seiner Dichtung und entdeckte darin Poesie, Romantik und das Wunderbare. C. befaßte sich dagegen mit dem Wunderbaren selbst und zeigt, wie es real in das Leben hineinwirkt und besonders in Träumen deutlich wird. »Kubla Khan: or a Vision in a Dream« (1798) geht offenbar auf einen tatsächlichen Traum des Dichters zurück, der durch die Wirkung von Opium angeregt wurde. Der Schauplatz ist Xanadu, ein räumlich und zeitlich entrückter Ort, wo auf den Befehl des Herrschers Kubla Khan die Quintessenz der Kunst, ein Palast, errichtet wird, und zwar an der Stelle, an der sich der heilige Fluß Alph ins Meer ergießt. Dem Kunstschönen, dem Palast, werden das Naturschöne und die Quelle des heiligen Flusses als wild, unergründlich und gefährlich gegenübergestellt. Diese Quelle, die aber auch zugleich selbst bedroht ist, könnte für die Kraft der dichterischen Imagination stehen, deren Versiegen in sich selbst C. als ständige Bedrohung empfindet.

Seine drei bekanntesten Gedichte sind mit Dantes Divina Comedia verglichen worden, wobei »Christabel« die Hölle, »The Rime of the Ancient Mariner« das Purgatorium und »Kubla Khan« eine Vision des Paradieses darstellt. In »Christabel« (1797), das wie »Kubla Khan« ein Fragment geblieben ist, macht sich das übernatürliche Böse Christabels Mitleid und Unschuld zunutze und schleicht sich bei ihr ein, um ihre behütete Welt zu korrumpieren. Während sein Melusinengedicht »Christabel« das Übernatürliche im Sinne der Schauerballade darstellt, wird es in C.s wichtigstem Gedicht, »The Rime of the Ancient Mariner« zu einer jedermann zugänglichen mythischen Erfahrung. C. erfüllt damit seinen Anteil am Projekt der Lyrical Ballads, das Übernatürliche darzustellen, und zwar so, daß beim Lesen »that willing suspension of disbelief for the moment that constitutes poetic faith« entstehen kann (»jenes freiwillige Aufheben von Unglauben, das dem poetischen Glauben zugrunde liegt«). Die Ereignisse um die mutwillige Tötung eines Albatros werden in der Form einer mittelalterlichen Ballade erzählt, die nicht versucht, Ereignisse und Charaktere naturalistisch wiederzugeben, sondern den Realitätsbezug auf eine symbolische Ebene verlegt. Das Gedicht beginnt damit, daß ein Hochzeitsgast von einem Matrosen (dem »ancient mariner«) angehalten wird, der ihm seine Geschichte erzählt, der dieser erst unwillig, dann fasziniert und zum Schluß verstört zuhört. Er verpaßt dadurch die Hochzeit, und das Gedicht schließt mit dem Eindruck, den die Erzählung des Matrosen auf den Hochzeitsgast gemacht hat: »A sadder and a wiser man he rose morrow morn.« Die Erzählung des Seemanns schildert eine Seereise, die – von den Kräften der Natur begünstigt – zunächst einen glücklichen Verlauf nimmt, die aber schließlich in unwegsame Regionen des Eismeeres führt. Wie durch ein Wunder wird das Schiff durch einen Albatros aus den Regionen von Eis und Nebel herausgeführt. Der Vogel erscheint den Seeleuten wie eine christliche Seele, die ihnen in ihrer Not beisteht, und sie freunden sich mit dem Tier an. Dann aber erschießt einer der Matrosen (der »ancient mariner«) den Vogel ohne erkennbares Motiv aus reiner Mordlust mit seiner Armbrust. Damit ist die Harmonie mit der Natur mutwillig zerstört worden. Zwar verläuft die Reise eine Zeitlang unverändert erfolgreich weiter, doch dann zeigt sich, daß der Segen durch die Natur ausbleibt und die Besatzung des Schiffs von den Wurzeln des Lebens abgeschnitten ist. Angesichts des begrenzten Vergehens eines Einzelnen ist die Strafe der Natur ungeheuer, und die Folgen sind für die Mannschaft katastrophal. Windstille setzt ein, und bis auf den Erzähler, den eigentlichen Missetäter, kommt die gesamte Mannschaft um, und letzterer überlebt nur, um seine Schuld zu erkennen und zu büßen und allen Menschen davon zu berichten. Zu diesem Zweck bringt ihn das Geisterschiff in seinen Heimathafen zurück. Was geschehen ist, ist nichts Geringeres als eine Wiederholung des Sündenfalls. Wieder einmal haben die Menschen das leitende Prinzip ihres Lebens mutwillig zerstört und müssen schrecklich dafür büßen. Der tote Vogel wird dem Seemann um den Hals gehängt, wie ein Bleikreuz, von dem er sich selbst nicht mehr befreien kann. Seine physischen Qualen werden als Durst dargestellt (»water, water everywhere nor any drop to drink«), seine psychischen Qualen als Ekel vor den schleimigen Lebewesen, die auf dem faulig riechenden Ozean herumzukriechen scheinen. In diesem Moment segnet der Matrose ganz unwillkürlich auch diese Lebewesen, vor denen er sich zuvor nur geekelt hatte. Da fällt der Albatros von ihm ab und versinkt im Meer. – Das Gedicht hat eine große Wirkung auf die Dichtung des 19. Jahrhunderts ausgeübt, und seine Symbolik hat u. a. religiöse und ökologische Interpretationen gefunden. Die Erzählung des Matrosen stellt eine mythische Erfahrung der Menschheit dar, die offenbar immer wieder neu gemacht werden muß und die über Schuld und Sühne zur Wiedergeburt führen kann. Auf den Zuhörer, den Hochzeitsgast, verfehlt die Geschichte des Seemanns ihre Wirkung nicht. Als traurigerer, aber auch weiserer Mensch steht er am nächsten Morgen auf.

Viktor Link

Conrad, Joseph [Józef Teodor Konrad Nałęcz Korzeniowski]

Geb. 3. 12. 1857 in Berdicev, Ukraine;
gest. 3. 8. 1924 in Bishopsbourne, Kent

In einem Brief vom 2. 8. 1901 hat Joseph Conrad die zentrale Idee seines künstlerischen Selbstverständnisses artikuliert, daß Kunstwerke ihre Legitimität einzig in der mutigen Identifizierung all jener unversöhnlichen Widersprüche finden, die unser Leben so rätselhaft, beschwerlich, faszinierend, gefährlich und so voller Hoffnung machen. Alle Texte, die C.s Anerkennung als einen der sensibelsten und hellsichtigsten Schriftsteller der frühen Moderne begründen, sind Darstellungen eben solcher Konflikte (z. B. zwischen Individuum und Umwelt, Treue und Verrat, Entfremdung und Solidarität, Ehre und Korruption). Als künstlerische Resultate einer bedingungslosen Treue gegenüber den eigenen Wahrnehmungen verfolgen sie – wie C. im Vorwort zu *The Nigger of* the »*Narcissus*« (1897; *Der Nigger vom* »*Narzissus*«, 1912) schreibt – die zentrale Absicht, die LeserInnen mit Hilfe des geschriebenen Wortes hörend, fühlend, v. a. aber *sehend* zu machen. Wenn ihm das gelinge, würden sie Ermunterung, Trost, Furcht, Charme und vielleicht auch jene Ahnung von Wahrheit finden, um die zu bitten sie vergessen hätten. Allerdings müßten sie sich ebenfalls bedingungslos auf seine Texte einlassen, denn der Autor schriebe nur das halbe Buch – die andere Hälfte sei ihre Aufgabe. Zwar hoffte C. nicht, daß diese gemeinsame Anstrengung die Welt verbessern könnte, aber sein Werk legt nahe, daß ein ebenso beharrlicher wie unverzagter Blick auf die Unzulänglichkeiten der Menschen ihrem Scheitern die nötige Würde verleihen könnte.

Leidvolle Erfahrungen bestimmten C.s frühe Jugend: Józef Teodor Konrad Korzeniowski wurde 1857 als einziger Sohn von Apollo Korzeniowski (1820–69) und Ewa, geb. Bobrowska (1832–65) in Berdicev (in der ukrainischen Provinz Podolia, die seit 1793 unter russischer Oberherrschaft stand) geboren. Seine Eltern gehörten zum polnischen Landadel, kämpften für die politische Unabhängigkeit Polens und bezahlten diesen Einsatz mit Exil, Krankheit und frühem Tod. Nach dem Tod des Vaters nahm sich der ältere Bruder von C.s Mutter, Tadeusz Bobrowski (1829–94), seiner an. K.s Erfahrungen von politischer Verfolgung, Exil, Krankheit, Tod sowie familiärer und nationaler Heimatlosigkeit wurden kaum dadurch gemildert, daß er in einer intellektuell anregenden Umgebung aufwuchs: Durch seinen Vater, der Shakespeare, Dickens und Hugo ins Polnische übersetzte, kam C. früh und intensiv mit Literatur in Berührung. Obwohl er keine regelmäßige Schulbildung genoß, lernte er doch Französisch und war seit seinem fünften Lebensjahr ein begeisterter Leser. Als er 15 Jahre alt war, äußerte er zum ersten Mal den Wunsch, zur See zu fahren – ein Begehren, das auf den ersten Blick dem typischen (durch Leseerlebnisse geförderten) jugendlichen Drang nach Freiheit und Abenteuern geschuldet scheint, aber im Kontext der allgemeinen polnischen Emigration nach Amerika (2.500.000) und Westeuropa (500.000) zwischen 1870 und 1914 und der besonderen Lage C.s, der als Sohn eines politischen Gefangenen mit einer bis zu 20jährigen Wehrpflicht in der russischen Armee rechnen mußte, eine andere Perspektive erhält. 1874 ging C. nach Marseille; nach drei Fahrten auf französischen Schiffen in die Karibik wechselte er zur britischen Handelsmarine und betrat am 10.6.1878 zum ersten Mal englischen Boden. Bis 1894 fuhr er zur See (v. a. nach Indien, Südostasien und Australien), arbeitete sich vom einfachen Seemann zum Kapitän empor und lernte die englische Sprache; 1884 bestand er die Prüfung zum ersten Offizier, 1886 die Prüfung zum Kapitän; im selben Jahr wurde er als britischer Staatsbürger naturalisiert. – Während eines Landurlaubs im Herbst 1889, nachdem er zum ersten (und einzigen) Mal als Kapitän zur See gefahren war, begann C. sein ›drittes Leben‹ als Schriftsteller. Zum neuen Leben gehörte auch ein neuer Name: Joseph Conrad – und als sein erster Roman 1895 erschien, saß C. bereits an seinem zweiten. Selbst das Produkt vielfältiger kultureller Einflüsse, erschrieb er sich in den nächsten 30 Jahren in seiner dritten Sprache eine Welt, wie sie sich vielgestaltiger kaum vorstellen läßt: Sie reicht vom malaiischen Archipel bis ins Innere Afrikas, vom Mittelmeer bis an die Küsten Südamerikas, von Genf nach London und St. Petersburg.

C.s literarisches Schaffen läßt sich in vier Phasen einteilen: (a) Während seiner ›Lehrzeit‹ verfaßte er die beiden im malaiischen Archipel angesiedelten, in ihrem Handlungsablauf miteinander verknüpften Romane *Almayer's Folly*

(1895; *Almayers Wahn*, 1935) und *An Outcast of the Islands* (1896; *Der Verdammte der Inseln*, 1934), bei deren Gestaltung er – wie auch in den späteren Werken – eigene Anschauungen und Erfahrungen mit den Ergebnissen extensiver Lektüre (u. a. Alfred Russel Wallace, Fred McNair, Rodney Mundy) verwob. Wenngleich beide Romane strukturell der Abenteuerromanze (wie sie sich z. B. bei Robert Louis Stevenson, Rider Haggard und Rudyard Kipling findet) verpflichtet sind, gehen sie doch deutlich über sie hinaus: Ihre Protagonisten Almayer und Willems sind Antihelden, deren Inkompetenz, Illoyalität und moralischer Verfall den kolonialen Prozeß in Frage stellen und verurteilen; den Kolonisierten dagegen, denen sich C. verbunden fühlt, ohne sie zu idealisieren, gibt er Raum und Stimme(n), so daß seine Romane nicht nur ein weiteres Kolonialgebiet literarisch ›erschließen‹, sondern auch in seiner kulturellen Vielfalt repräsentieren. – (b) In den folgenden 15 Jahren schrieb C. z. T. unter schwierigsten persönlichen Bedingungen (mit finanziellen Problemen, Krankheiten, Depressionen und Schreibhemmungen) seine gelungensten Erzählungen und Romane. Am Anfang dieser Phase stand *The Nigger of the »Narcissus«*, den Stephen Crane für die beste Seegeschichte überhaupt hielt. Aber der Roman ist mehr: Das Meer symbolisiert das Leben in seiner die Menschen herausfordernden Unwägbarkeit, die »Narzissus« einen sozialen Mikrokosmos, in dem sich die Schiffsbesatzung Problemen menschlichen Verhaltens stellen und in ihnen bewähren muß. C. gelingt es, die Aufmerksamkeit auf das Schiff und seine Besatzung zu lenken, weil er einen einheitlichen, seine Perspektive aufdrängenden Erzähler vermeidet, statt dessen mit einem allwissenden Erzähler beginnt, später in die »Wir«-Perspektive eines Mannschaftsmitglieds schlüpft und das Ende der Reise aus der Ich-Perspektive

schildert. – Es folgten die Erzählungen »Youth« (1898; »Jugend«, 1926), »Heart of Darkness« (1899; »Das Herz der Finsternis«, 1926) und der Roman *Lord Jim* (1900; *Lord Jim*, 1927), denen bestimmte Merkmale (Rahmenerzählung, die vermittelnde Erzählerfigur Marlow) gemeinsam sind. »Youth« ist eine Initiationsgeschichte, die die ›Entdeckung des Ostens‹ thematisiert. »Heart of Darkness«, C.s wohl berühmtester (wenngleich kontrovers diskutierter) Text, ist auf Grund seiner semantischen und erzählerischen Komplexität auf vielen Ebenen lesbar. Marlows Fahrt den Kongo hinauf ist eine Reise in die Finsternis, die an kolonialistischen Greueln vorbei zu der Figur führt, die sie auf extreme Weise verkörpert: dem Handelsagenten Kurtz, der auf Grund seiner Machtfülle regrediert und den ›Verlockungen‹ dieser Regression erlegen ist. Diese Reise ist aber auch eine Reise ins Innere von Marlow, der sich – fasziniert und entsetzt von Kurtzens ›Grenzenlosigkeit‹ – mit Ambivalenzen in seiner eigenen Persönlichkeit konfrontiert sieht. Schließlich führt die Reise nicht nur in das Innere Afrikas, sondern in das gleichermaßen finstere Herz Europas. *Lord Jim* ist ein Bildungsroman: Ein junger Seemann voller hehrer Ideale will diesen entsprechend leben, seine romantische Idee von sich selbst verwirklichen – und scheitert bereits bei der ersten realen Bewährungsprobe. Er bekommt eine zweite Chance und scheitert abermals: Zusammen mit dem Kapitän und den anderen (weißen) Offizieren bringt er sich in Sicherheit, als sein Schiff voller Mekka-Pilger zu sinken droht. Wieder ist es Marlow, der (vornehmlich, aber nicht allein) diese Geschichte einer Runde von Zuhörern erzählt und versucht, diesem zweifachen Scheitern (dem ein drittes folgen wird) einen möglichen Sinn abzuringen. Dabei ist deutlich, daß sein Wissen nur partiell ist, aus verschiedenen Quellen stammt, die er selektiv nutzt und subjektiv zusammenfügt, wenn er sich auch mit der ihm eigenen Integrität um ›Wahrheit‹ bemüht. Aber selbst wenn es gelänge herauszufinden, ›wie es eigentlich gewesen ist‹, bliebe die Frage nach den Gründen menschlicher Fehlbarkeit unbeantwortet. So müssen die LeserInnen entscheiden, ob sie Jims Ende – er stirbt, um seine Ehre nicht ein drittes Mal zu verlieren – gutheißen oder, da sein Tod die Einsamkeit seiner Frau und den Niedergang von Patusan impliziert, kritisieren. – Die Höhepunkte dieser Schaffensphase werden durch drei Romane markiert: *Nostromo* (1904; *Nostromo* 1927) – von vielen als C.s größtes Werk eingeschätzt – ist der Versuch, die »materiellen Interessen«, d. h. den Kapitalismus in seiner alle Lebensbereiche durchdringenden Form darzustellen. C. entwirft hier das vielschichtige, -gestaltige und -stimmige Panorama eines fiktiven südamerikanischen Landes, in dem sich alles um ›das Silber‹ dreht; nicht nur die jeweiligen Regierungen sind von ihm abhängig, sondern auch die Möglichkeiten und Grenzen von sozialem Frieden und Glück. *The Secret Agent* (1907; *Der Geheimagent*, 1926) ist C.s ›schwärzestes‹ Buch: Was auf den ersten Blick wie ein Roman über Spionage und Gegenspionage im London des ausgehenden 19. Jahrhunderts aussehen mag (und auch an der Formierung dieses Genres entscheidenden Anteil hatte), ist tatsächlich ein unerbittlicher Blick auf einen repräsentativen Querschnitt der Gesellschaft, in dem der einzige nicht-korrumpierte Mensch das Opfer ist: ein geistig behinderter Jugendlicher. Alle anderen sind – auf je eigene Weise: im politischen wie privaten Leben – Geheimagenten: Sie lügen und betrügen, täuschen und erpressen um des eigenen Vorteils willen. *Under Western Eyes* (1911; *Mit den Augen des Westens*, 1913) hat C. nach eigenen Aussagen größte Probleme bereitet: In diesem Roman, der im sozialrevolutionären Milieu in St. Petersburg und

Genf spielt, hat er versucht, sein Bild und seine Erfahrungen des zaristischen Rußland künstlerisch zu bewältigen. Der Roman ist im Grunde eine Geschichte von Treue und Verrat, wobei der Verrat des anderen den Verrat der eigenen Identität bzw. Existenz bedeutet, während die Treue zu dem anderen auch Treue zu sich selbst verbürgt. C. hat die Arbeit an diesem Roman (über den Verrat) kurzfristig unterbrochen, um in »The Secret Sharer« (1910; »Der heimliche Teilhaber«, 1955) das Gegenbild (der Treue) zu entwerfen. – (c) Nach einem physischen und psychischen Zusammenbruch unmittelbar nach dem Abschluß von *Under Western Eyes* im Januar 1910, von dem er sich nur langsam erholte, kehrte C. in seiner dritten Schaffensperiode zu bereits früher bearbeiteten Themen zurück: In *Chance* (1913/14; *Spiel des Zufalls*, 1926) begegnen die LeserInnen einem gealterten, aber keineswegs weiseren Marlow, der eine komplexe Intrige erzählt. *Victory* (1915; *Sieg*, 1927) ist – in der Form der Abenteuerromanze – eine philosophische Meditation über die Entfremdung und Isolation des Individuums sowie die Möglichkeiten und Grenzen ihrer Überwindbarkeit durch Mitgefühl, Liebe und Solidarität. *The Shadow-Line* (1917; *Die Schattenlinie*, 1926) ist eine Initiationsgeschichte, die den Übergang vom Jugend- zum Mannesalter und die Relevanz der Übernahme von Verantwortung thematisiert. – (d) In seinen letzten Werken stellt C. geringere Ansprüche an sich und seine LeserInnen. *The Arrow of Gold* (1919; *Der goldene Pfeil*, 1932) ist eine Romanze, die zur Zeit der Carlisten-Aufstände spielt. *The Rescue* (1920; *Die Rettung*, 1931) hatte C. ursprünglich 1896 als dritten Band seiner ›malaiischen Trilogie‹ begonnen, aber nie beenden können. *The Rover* (1923; *Der Freibeuter*, 1930) spielt nahe Toulon um 1800 und stellt die Heimkehr und den ehrenvollen Tod eines alten Freibeuters dar. Es scheint, als habe C. nicht nur Frankreich und seiner Kultur (die Peyrol symbolisiert), sondern auch sich selbst ein literarisches Denkmal setzen wollen. *Suspense* (1925; *Spannung*, 1936), der lange geplante napoleonische Roman, ist unvollendet geblieben.

C.s Werk ist Produkt und Ausdruck einer komplexen Kreuzung verschiedener Diskurse: Es registriert und reagiert auf den Höhepunkt und Niedergang sowohl der Segelschiffahrt als auch des imperialen Zeitalters und stößt dabei an die Grenzen des in den tradierten Formen der viktorianischen Reise- und Abenteuerliteratur Darstellbaren. Seine Mahnung an Arnold Bennett, daß Realismus in der Kunst niemals die Realität zu fassen bekäme, demonstriert C.s Bestreben, durch eine stärker impressionistische, sensualistische Schreibweise seinen Texten ein Element »der Formbarkeit von Skulpturen, der Farbe von Gemälden und des zauberhaften Anspielungsreichtums der Musik« (*Preface* zu *The Nigger of the* »*Narcissus*«) zu geben. Aber dies reicht C. nicht; die Weltbilder seiner Romane bezeugen und reagieren auf eine zunehmende metaphysische Verunsicherung: Die Handlungsstrukturen sprengen tradierte Wahrnehmungsformen und verlangen angemessene, diskontinuierliche Chronologien. Die Erzähler können nicht behaupten, die Wahrheit zu sagen, weil sie ihnen nur partiell zugänglich ist; deshalb multipliziert C. sie, um sich ihr – wenn überhaupt – durch eine Polyphonie der Stimmen und Perspektiven zu nähern. Oft scheint auch dies nicht möglich, wenn sich verschiedene Stimmen kreuzen, denen nur ihre beißende Ironie gemeinsam ist. Sein unbeirrbares, unvergleichliches Ausloten des Sagbaren, für das ihn das Schreiben in seiner dritten Sprache sensibilisierte, macht C. zu einem der hervorragendsten Vertreter der frühen Moderne.

Jürgen Kramer

Cooper, James Fenimore

Geb. 15. 9. 1789 in Burlington, New Jersey; gest. 14. 9. 1851 in Cooperstown, New York

»As property is the base of all civilization, its existence and security are indispensable to social improvement«, so beginnt eines der Kapitel in James Fenimore Coopers *The American Democrat* (1838). C., der zu Lebzeiten als der führende amerikanische Romancier galt und als einer der meistgelesene Schriftsteller weltweit, ist heute fast nur noch wegen seiner Lederstrumpf-Romane bekannt, mit denen er das Vorbild für den Wildwestroman lieferte. Doch selbst in diesen Büchern ist die Frage nach dem Besitz des Landes, seiner rechtmäßigen oder unrechtmäßigen Inbesitznahme und dem verantwortungsvollen Umgang mit ihm und seinen Geschöpfen ein zentrales Thema.

C. kam schon als Kleinkind nach Cooperstown im damals noch recht wenig erschlossenen oberen Staat New York, in einen Ort, den sein Vater, ein neureicher Bodenspekulant, kurz zuvor gegründet hatte. Hier verbrachte C. insgesamt mehr als die Hälfte seines Lebens. Der Familiensitz bedeutete ihm so viel, daß er ihn später zurückkaufte, nachdem er durch die Mißwirtschaft seiner Brüder verlorengegangen war. C.s Vater schickte ihn 1806 zur See, nachdem er wegen ungebührlichen Verhaltens vom Yale College verwiesen worden war. 1808 trat C. in die Kriegsmarine ein, die er 1811 wieder verließ, um Susan De Lancey zu heiraten, eine Frau aus seinen eigenen Gesellschaftskreisen. Die ungewöhnlich glückliche Ehe sollte ihm auch in schwierigen Zeiten Halt geben. Zur Schriftstellerei kam C. erst mit 30 Jahren, nachdem die ökonomische Grundlage seines Lebens als konservativer Gentleman zusammengebrochen war. Sein erster Roman, *Precaution* (1820), war ein wenig überzeugendes Zufallsprodukt in der Nachfolge Jane

Austens, deren technische und stilistische Perfektion er nie erreichen sollte. Aber schon der zweite, *The Spy* (1821; *Der Spion*, 1824), übertrug erfolgreich Sir Walter Scotts Modell des historischen Romans auf das Amerika des Unabhängigkeitskrieges und startete C.s Karriere als erster und zunächst überaus populärer amerikanischer Berufsromancier. Bis 1850 folgten weitere 30 Romane, ein Drama, mehr als ein Dutzend nichtfiktionale Bücher, darunter mehrere Biographien, eine lange als Standardwerk geltende Geschichte der amerikanischen Marine sowie fünf Reisebücher über seinen Europa-Aufenthalt 1826–33 (nominell als Konsul in Lyon). C.s Vielseitigkeit und Innovationskraft waren bemerkenswert. Unter den fiktionalen Werken befinden sich außer den historischen Romanen z. T. zu mehrteiligen Generationenromanen verbundene Gesellschaftsromane, Satiren (v. a. *The Monikins*, 1835; *Die Monikins*, 1835) sowie ein utopisch-dystopischer Roman (*The Crater*, 1847; *Das Marcus-Riff oder der Krater*, 1848). C. nutzte seine eigenen Marineerfahrungen und wurde der erste See-Romancier von Rang: Bereits sein dritter Roman, *The Pilot* (1824; *Der Lotse*, 1824), der von den Taten amerikanischer Seeleute im Unabhängigkeitskrieg handelt, etabliert ein Genre, das durch Herman Melville und Joseph Conrad seine künstlerische Gloriole erhalten sollte.

Die amerikanische Vergangenheit von Kolumbus über die englische Kolonialzeit bis in C.s eigene Epoche ist sein wichtigster historischer Gegenstand, doch meistens geht es ihm dabei auch um aktuelle Fragen und gesellschaftliche Wertvorstellungen. Sein Buchessay *Notions of the Americans* (1828) verteidigt den amerikanischen Neubeginn und die demokratischen Institutionen gegen europäische Kritik. Nach seiner Rückkehr in die USA war C. allerdings entsetzt über die gleichmacherischen Tendenzen der Jackson-Ära. *The American Democrat* ist seine Abrechnung mit dem Egalitarismus, aber auch mit der sich abzeichnenden politischen Vorherrschaft einer neuen Geldelite (anstelle der alten Landelite). Zwar verteidigt C. die Demokratie als die gegenüber Monarchie und Feudalismus flexiblere Staatsform, aber er warnt davor, daß die manipulierbare Mehrheitsmeinung mit politischen Prinzipien verwechselt werden könnte. Schutz hiervor biete nur die Gemeinschaft der Landbesitzer, denn in Anlehnung an John Locke gilt ihm Privateigentum als Grundlage von Staat und Zivilisation. C. sprach im eigenen Interesse, denn nach seiner Rückkehr nach Cooperstown 1833 wurde er in Rechtsstreitigkeiten mit den Dorfbewohnern um ein Stück seines Landes verwickelt. Die Romane *Homeward Bound* und *Home as Found* (beide 1838) begründeten seine Ansprüche auch fiktional, und mit der Littlepage-Trilogie – *Satanstoe* (1845; *Satanszehe*, 1846), *The Chainbearer* (1845; *Der Kettenträger*, 1846) und *The Redskins* (1846; *Ravensnest*, 1846) – nahm er Partei für die alteingesessenen Großgrundbesitzer des Staates New York, die damals vergeblich versuchten, ihre quasi-feudalen Rechte gegenüber den aufrührerischen Pächtern zu verteidigen, was C.s Popularität in Amerika weiter beeinträchtigte. Verbittert, streitbar und umstritten wandte er sich in seinen letzten Jahren immer stärker der Religion zu, aber noch sein letzter Roman, *The Ways of the Hour* (1850), attackiert gesellschaftliche Zustände anhand des amerikanischen Rechtswesens.

Und doch ist C.s Werk weniger konsistent als man nach flüchtiger Durchsicht glauben könnte. Der Vorgang der Landnahme durch europäische Einwanderer erschien ihm zeitlebens problematisch; in *The Crater* versucht er, die ethischen Fragen sogar dadurch zu entschärfen, daß er den »Wilden« die Rolle der unrechtmäßigen Eindringlinge zuweist. Und auch das Verhältnis von

Landbesitzer-Elite und einfacher Bevölkerung ist in seinen Texten oft komplex. Bereits in *The Spy* führt C. neben den vornehmeren Hauptpersonen und in Abweichung von Scotts Modell mit dem Hausierer Birch eine Zentralfigur von niedrigem Stand ein, die als Spion George Washingtons ihre Existenz für die amerikanische Sache aufs Spiel setzt. Der ›kleine Mann‹ vertritt hier demokratische Prinzipien besser als alle anderen, bleibt jedoch von gesellschaftlichen und privaten Belohnungen ausgeschlossen. Dieser Figurentyp findet seine markanteste Verkörperung in Natty Bumppo, der Zentralgestalt der nach ihm benannten Lederstrumpf-Romane.

Der erste von ihnen, *The Pioneers* (1823; *Die Ansiedler*, 1824), setzt in der Gestalt des patriarchalen Judge Temple und mit der Schilderung dessen Wirkens als Dorfgründer C.s Vater ein durchaus ambivalentes Denkmal. Als repräsentativer Amerikaner kann Temple zwar beweisen, daß er sein Land rechtmäßig erworben hat – direkt von den im Revolutionskrieg zunächst vertriebenen Loyalisten und indirekt von den Indianern –, und der Konflikt zwischen der amerikanischen und der loyalistischen Seite findet mit der Hochzeit der jeweiligen Kinder ein Ende. Auch gelingt es Temple, die unruhige Dorfbevölkerung einigermaßen im Zaum zu halten, obgleich er ihren unvernünftigen Raubbau an der Natur nicht verhindern kann und selbst nicht frei von unüberlegtem Handeln ist. Aber der tragische Seite des Buches offenbart sich am Schicksal derjenigen, die von der Versöhnung ausgeschlossen sind und der gewaltsamen Umwandlung von Natur- in Kulturland im Wege stehen: dem alten Mohikanerhäuptling Chingachgook als letztem Repräsentanten der Indianer und seinem Freund, dem in diesem Buch ebenfalls schon betagten Jäger und Fallensteller Natty Bumppo, der am Ende des Buches weiter gen Westen zieht. Das Schicksal Lederstrumpfs ist es

in der gesamten ihm als tragender Gestalt gewidmeten Romanserie – *The Last of the Mohicans* (1826; *Der letzte Mohikaner*, 1826), *The Prairie* (1827; *Die Prärie*, 1827), *The Pathfinder* (1840; *Der Pfadfinder*, 1840) und *The Deerslayer* (1841; *Der Wildtöter*, 1841) –, die Wildnis für die Siedler zu öffnen, deren Lebensweise ihm dann die Existenzgrundlage raubt. Wie die Indianer nutzt er die natürlichen Ressourcen nur für den Eigenbedarf; dies aber ist nicht mit dem Privatbesitz vereinbar, der zwar Fortschritt bringt, doch die als gleichsam mythisch gezeichnete Welt einer Harmonie von Mensch und Natur vernichtet. Diese mythische Welt findet ihren deutlichsten Ausdruck in *The Last of the Mohicans*, das einige Jahrzehnte früher, während der Kolonialkriege, spielt. Da die indianischen Stämme von Engländern und Franzosen in wechselnden Allianzen instrumentalisiert werden, sind die Themen Verrat und undurchschaubare Fremdheit zentral. Dazu trägt die endlose und undurchdringliche Wildnis bei, in der die durchreisenden weißen Protagonisten verloren sind. Nur die diesem Bereich zugehörigen Figuren, die Mohikaner als stereotype »edle Wilde« und ihre blutrünstigen irokesischen Widersacher sowie Natty finden sich hier zurecht. Flucht und Verfolgung dominieren die Handlung. Uncas als letzter Hoffnungsträger der Mohikaner und sein dämonischer Gegenspieler, der Hurone Magua, konkurrieren um die Offizierstochter Cora, die ihrerseits ein Quentchen schwarzes Blut in sich hat. Diese Auseinandersetzung gewinnt heroische Proportionen und ist weit interessanter als die konventionell-sentimentale Verbindung von Coras blonder Schwester mit einem jungen Offizier. Uncas' Liebe hebt ihn über den Status des edlen Wilden noch hinaus und macht ihn den Helden der klassischen Antike ähnlich. Doch er wie Cora und Magua finden den Tod, ein symbolisches Ende, denn darin wird deutlich, daß die Rassenschranken in Amerika nicht überwunden werden können – eine Verbindung der zeitlos-mythischen mit der historischen Welt im Sinne der Schaffung einer neuen Menschheit aus der Synthese der besten Eigenschaften aller Ethnien scheitert. Daß die Indianer nicht entwicklungsfähig seien, war damals verbreitete Ansicht und bildet eine der Grundlagen des Romans über die Siedlungsgrenze, eine Gattung, die C. recht eigentlich begründet hat. Weitere Elemente dieser Frühform des Western sind der nicht in die Gesellschaft integrierbare weiße Held und die Einteilung der Indianer in eine gute und eine böse Gruppe. Die Gestalt des Lederstrumpf selbst ist in die neue Mythologie der amerikanischen Kultur eingegangen als edler Helfer und Retter, als Mittler zwischen Weiß und Rot, der die Naturnähe der Indianer teilt, aber zugleich die Werte des christlichen Abendlandes verkörpert. Allerdings repräsentiert er nur ein Übergangsstadium in einer von C. stärker als von seinen Nachfolgern als ambivalent empfundenen Geschichte der amerikanischen Nation.

Helmbrecht Breinig

Crane, Stephen

Geb. 1. 11. 1871 in Newark, New Jersey; gest. 5. 6. 1900 in Badenweiler, Deutschland

1895 erscheint von dem bis dahin weitgehend unbekannten Stephen Crane *The Red Badge of Courage* (*Das Blutmal*, 1954; *Die Flagge des Mutes*, 1955; *Das rote Siegel*, 1962; *Die rote Tapferkeitsmedaille*, 1985). Der kurze Roman schlägt ein »wie eine Granate« (J. Conrad), denn er bricht mit dem herkömmlichen Muster des romantisierenden, heroisierenden Kriegsromans seiner Zeit. C. zeigt den jungen Freiwilligen Henry Fleming, wie er erste Erfahrungen mit der schockierenden Realität des amerikanischen Bürgerkrieges macht. *The Red Badge* wird sogleich von einigen Veteranen als realistisch-authentisch gepriesen, von anderen wegen seiner Infragestellung der traditionellen Vorstellungen von Heldentum, Mut, Ehre und Männlichkeit diffamiert – heute gilt er als ein Meisterwerk der Kriegsliteratur zwischen Naturalismus, psychologischem Realismus und Modernismus. C. stellt aus der verzerrten Sichtweise Henry Flemings – meist nur »the youth« genannt, was seine Erfahrung verallgemeinert – Episoden der Schlacht um Chancellorsville (1863) dar. Aber es geht ihm weniger um die Schilderung des historischen Ereignisses als vielmehr um die Demontage von Henrys kindlich-romantischer Vorstellung vom Krieg, um seine menschlichen Reaktionen der Angst vor und während der ersten Kampfhandlungen, der panikartigen Flucht, der einsetzenden Furcht vor sozialer Stigmatisierung und des Horrors vor den Toten sowie um seine tierhafte Kampfeswut nach seiner Rückkehr. C. entwirft im Roman ein »psychological portrait of fear«. Die Kopfverwundung, die der Deserteur Henry versehentlich erhält, zeichnet ihn für die ahnungslosen Kameraden als Helden aus, und diese Ironie enthüllt die wahre Bedeutung eines solchen Abzeichens (»badge«) sowie die Oberflächlichkeit und Einfalt der Gesellschaft. Oft als Initiationsgeschichte gelesen oder mit romantischen Heldenepen verglichen, verweigert sich der Roman aber einer einfachen Deutung, derzufolge der Junge am Ende ein gestandener Held ist. Zu groß sind C.s Ironie und die Diskrepanz zwischen dem irrationalen Geschehen und Henrys Rationalisierungsversuchen.

C.s oft parodierter Stil nimmt Ernest Hemingway vorweg und ist geprägt von kurzer, einfacher Syntax, Parataxis, photographisch-impressionistischer und expressionistischer Darstellung, von Metaphern, Farbsymbolik und episodenhaften Szenenwechseln. Menschen werden animalisiert, maschinisiert, und Maschinen lebendig; Krieg ist ein Dämon, ein Ungeheuer. Charaktere, Zeit und Ort sind bei C. stereotyp und gewöhnlich; die Komplexität der Texte wird durch eine stark allegorische Sprache erzeugt. Nicht nur *The Red Badge* ist von einer Zerissenheit und Ambivalenz bestimmt, die ironischer Distanz entspringt, modern anmutet und seit jeher recht divergierende Interpretationen hervorruft. C. überarbeitet seine Texte häufig, was bei *The Red Badge* – 1894 zuerst gekürzt als Zeitungsserie erschienen – einen ständigen Disput um die gültige Version zwischen Kritikern entfacht. Bei all dem bleibt erstaunlich, daß der kriegsunerfahrene C. diesen Roman allein aus seiner Einbildungskraft heraus verfaßt. Er geht von den Emotionen auf einem Fußballfeld und der Einsicht aus, das ganze Leben sei ein Kampf.

C., das jüngste von 14 Kindern eines Methodistenpredigers und einer Anhängerin der Temperenzbewegung, gibt sich als Heranwachsender rebellisch. Er ist wählerisch in seiner Lektüre, übt sich früh an Gedichten und Erzählungen, hilft seinem Bruder, der Journalist bei der *New York Tribune* ist, bei dessen Kolumne und lernt frühzeitig, Menschen genau zu beobachten, Situationen und Schauplätze detailgetreu wiederzugeben und Stimmungen einzufangen. In seinen Reportagen schult er seinen kritischen Blick und seinen prägnanten, pointierten Stil. Literarisch fühlt er sich den Realisten nah; er verschreibt sich dem Motto der subjektiven, »personal honesty« in der Kunst, was ihn auf individuelle, unkonventionelle Pfade lenkt, aber hoffen läßt, der Leser möge die subtile Wahrheit und inhärente Moral aus den Texten herauslesen. Nach dem Besuch einer Kadettenschule, des Lafayette College und der Syracuse University, die er 1891 jedoch wegen mangelnden Interesses verlassen muß, arbeitet C. in New York als Journalist und

widmet sich der Kunst und dem Studium der menschlichen Natur. Sein »Experiment in Misery« (*New York Press*, 1894) basiert auf einem Selbstversuch im New Yorker Elendsviertel Bowery. Aus der Perspektive des »outcast« wird die Grenzerfahrung zum Lehrstück: Der Mensch steht stets am Abgrund. C. stellt fest, daß Armut und Elend Resultate einer feigen Gesellschaft seien, geboren aus Gleichgültigkeit, Resignation und Kleingeist. Er schreibt sein Erstlingswerk, den kurzen Roman *Maggie, a Girl of the Streets* (1893, unter dem Pseudonym Johnston Smith; *Maggie, das Straßenkind*, 1897), über ein Mädchen, das im Kreislauf von Armut und Gewalt, ausgenutzt durch gewissenlose Männer und Pseudomoral, in die Prostitution und in den Selbstmord getrieben wird. C.s Skizze spricht klare, harte Worte, die die Brutalität der Gosse schlaglichtartig illustrieren. *George's Mother* (1896) ist ebenfalls in diesem Milieu angesiedelt und handelt von dem verzweifelten Versuch einer frommen Mutter, ihren trunksüchtigen Sohn mit Hilfe moralischer Ermahnungen vor der Selbstzerstörung zu retten. Diese beklemmend realistischen Milieustudien zeigen C.s Zeitgenossen Aspekte des Großstadtlebens, die sie nicht kennen und nicht kennen wollen. C. fällt es folglich schwer, einen Verlag zu finden, er erhält aber die Unterstützung von William Dean Howells und Hamlin Garland. Erst mit *The Red Badge* wird er berühmt; seine Reportagen sind gefragt, und er kann viele seiner mehr als hundert Kurzgeschichten erfolgreich in Magazinen und Zeitungen veröffentlichen.

Was sich in *Maggie* und *The Red Badge of Courage* ankündigt, bleibt auch im weiteren Werk C.s die zentrale Aussage: Das Leben des Menschen ist ein immerwährender Kampf, bestimmt von den Genen und der Natur, gesellschaftlichen Bedingungen und dem Zufall. Die Natur ist dabei z. T. feindselig, das Universum gleichgültig ob des Schicksals und des Leids der Menschen. Der Gott in C.s Texten ist ein zorniger oder abwesender; christliches Moralisieren wirkt in C.s amerikanischer Welt realitätsfern. Das Leben des Autors ist geprägt von Unruhe, Nonkonformismus, Todesfaszination oder gar Todessehnsucht. Der Tod, der C. früh den Vater nimmt, spielt in vielen seiner Texte eine wichtige Rolle: Er ist das Unergründbare, Unfaßbare, aber einzig Sichere im Leben, und der Mensch ist klein und ohnmächtig ihm gegenüber. C.s frühzeitiger Erkenntnis, »environment is a tremendous thing«, entsprechend, werden seine Romane und Kurzgeschichten dem Naturalismus zugerechnet, allerdings lassen sie sich bei näherem Hinsehen nicht so leicht in dieses Schema pressen. C.s Schriften weisen trotz eines gewissen Pessimismus und Fatalismus doch auch Respekt vor dem Menschen und Anerkennung seines freien Willens auf. Trotz ihrer Schwächen bleiben seine Charaktere Menschen, die zwar fallen, aber in ihrer Menschlichkeit nicht degenerieren.

Es sind diese menschlichen Schwächen und die gefährliche Dummheit der Gesellschaft, die C. immer wieder auch in seinen Kurzgeschichten unter die Lupe nimmt. In »The Monster« (1898; *Das Monstrum*, 1962) rettet der schwarze Diener Henry Johnson den Arztsohn Jimmie aus einem brennenden Haus und wird dabei furchtbar entstellt. Henry und Jimmies Vater, der ihn pflegt, werden gleichsam zu Aussätzigen in dem fiktiven Städtchen Whilomville, in dem Gerüchte, Vorurteile, Aberglaube und moralische Feigheit die Oberhand über Mitleid und Humanität gewinnen. Somit gerät für den Leser nicht der verstümmelte, geistig gestörte Henry, sondern die ihn ausstoßende, kleinbürgerliche Gesellschaft zum gesichts- und gefühllosen Monster. C. gelingt hier die Darstellung der kleinstädtischen Gesellschaft und ihrer Doppelmoral besonders überzeugend.

Auf einer Reise in den amerikanischen Westen (1895) sammelt C. Stoff für Reportagen und Kurzgeschichten, die in diesem Kontext angesiedelt sind. In »The Blue Hotel« (1898; *Das blaue Hotel*, 1936) sind die Vorurteile eines schwedischen Reisenden über den Wilden Westen und die untätige Gleichgültigkeit der Einheimischen die Ursachen für den Tod dieses Fremden, den er – selbsterfüllende Prophezeiung – mit panisch-ängstlichem, provokantem Verhalten heraufbeschwört. Die Frage nach der moralischen Mitschuld der Hotelgäste stellt sich nur ein weiterer Außenseiter von der Ostküste, aber da ist es schon zu spät für den Schweden. Wie schon in *The Red Badge* zeigt sich C. hier als einfühlsamer Beobachter, der die Psyche eines Menschen in der Gefahr darzustellen weiß. In »The Bride Comes to Yellow Sky« (1898; »Die Braut kommt nach Yellow Sky«, 1962) stellt C. mit Hilfe von Multiperspektivität der Zivilisation – in Gestalt der Braut des Sheriffs Potter – das archaische »Frontier«-Gebaren – beispielhaft die Streitsucht des betrunkenen Scratchy Wilson – gegenüber und entmythologisiert damit den »Alten Westen«.

C. kommt immer wieder auf die Themen Krieg und Tod zurück, etwa 1896 mit seinen Kurzgeschichten zum Bürgerkrieg (zusammengefaßt in *The Little Regiment and Other Episodes of the American Civil War*, 1896), in denen er einmal mehr die im Krieg mit dem Tode verbundene Sinnlosigkeit, Leere und Ohnmacht verdeutlicht; so z. B. in »The Veteran« in der Gestalt des gealterten Henry Fleming aus *The Red Badge*, der wahren Mut mit der Rettung eines Menschen und mehrerer Tiere aus einer brennenden Scheune beweist und Bürgerkriegserinnerungen entidealisiert. In »A Mystery of Heroism« stirbt der Soldat Fred Collins einen sinnlosen Opfertod, und die üblichen Vorstellungen vom Heldentum werden ironisiert; jedoch ist Collins' Mitleid mit einem Verwundeten wahrhaft heldenhaft zu nennen, weil es menschlich ist. Ein Begräbnis wird zum makabren Horrorszenario, endend mit einem »plop« der Erde auf das Gesicht des Toten, vor dem die Kameraden sich fürchten. (»The Upturned Face«). 1897 reist C. mit seiner Lebensgefährtin Cora Taylor, einer ehemaligen Prostituierten, nach Europa, um über den Griechisch-Türkischen Krieg zu berichten. Als Frontberichterstatter erkennt er, daß seine Kriegsdarstellung in *The Red Badge* der Wahrheit entsprach. Mit den Geschichten in *Wounds in the Rain* (1900) zum Spanisch-Amerikanischen Krieg (1898) gibt C. ungeschminkt die Realität dieses Krieges aus Sicht des gemeinen Soldaten und Reporters wieder. Wie auch in seinen Bürgerkriegstexten stellt C. die ideologischen und propagandistischen Ideale in Frage und enthüllt die häßliche Brutalität des Krieges.

Aber C.s Werk, das erst seit den 1920er Jahren wieder Beachtung fand, umfaßt auch andere Themenbereiche. In den fabelartigen *Sullivan County Tales and Sketches* (1892) begegnet man typenhaften Figuren wie dem »kleinen Mann«, dessen verzerrte, begrenzte Wahrnehmung und hysterische Angst ihm die Natur feindselig erscheinen lassen. Die *Whilomville Stories* (1900) fangen das Leben in der amerikanischen Provinz um die Jahrhundertwende ein, sind realistische Reminiszenzen an seine Heimat (Whilomville ist das Port Jervis aus C.s Jugend) und skizzieren Episoden aus der Kindheit. Als C. 1897 den Untergang des Schiffes *Commodore* miterlebt, wird aus diesem Stoff »The Open Boat« (1898; *Im Rettungsboot*, 1948). Die Geschichte des Schiffbruchs ist eine Parabel auf das Leben: In einer Schicksalsgemeinschaft rudern vier Männern verzweifelt um ihr Leben, umgeben vom Grau der See und des Himmels, die für die majestätische aber unerbittliche, gesichtslose und gleichgültige Natur stehen, der der Mensch hilflos ausgeliefert ist und welche unbarmherzig Opfer fordert – hier ironischerweise wenige Augenblicke vor der Rettung den stärksten der Männer. Der Verlauf der Geschichte ähnelt dem Wellengang der See; Hoffnungen kommen auf und werden jäh zerstört. Die Geretteten kehren zurück, wissend um die Essenz der menschlichen Existenz und den Wert der »subtle brotherhood of men«.

C. flüchtet sich gegen Ende der 1890er Jahre vor Schulden, Ärger mit der New Yorker Polizei und bigotten Vorurteilen gegenüber Cora nach England. Hier entstehen viele seiner Gedichte und Geschichten, die nun realistischer und weniger abstrakt sind. Er versucht sich an einer romantisch-komischen Burleske; doch er kann sie, gezeichnet von einer Tuberkulose-Erkrankung, nicht mehr vollenden (*The O'Ruddy*, 1903 vollendet von Robert Barr).

Weniger bekannt als sein Prosawerk ist heute C.s Lyrik, die sich keiner Schule zurechnen läßt. Zu seiner Zeit indes treffen *The Black Riders* (1895) und *War Is Kind* (1899) auf Erstaunen ob der innovativen Individualität, Kraft und Intensität der Verse. Auch hier sind die zentralen Themen das Mysterium des Lebens, Gott (C. wird Blasphemie vorgeworfen) und Tod sowie menschliche Schwächen und gesellschaftliche Zwänge. Seine Zeilen sind überladen mit Allegorien, Symbolen und Metaphern, der Sarkasmus (»War Is Kind«) ist beißend. Einzelne Kritiker betonen C.s religiösen Symbolismus, aber sowohl in der Prosa als auch in der Lyrik dient dieser C. zunächst als Ausdruck erkenntnistheoretischer Skepsis gegenüber Gott und Universum (»A Man Said to the Universe«), die sowohl in der kritischen Haltung gegenüber der Religiosität seiner Familie als auch in seiner Lebenserfahrung der Kluft zwischen Ideal und Realität begründet liegt. Bei all dem aber liest sich C. nicht unbedingt düster-pessimistisch; er beweist durchaus Humor und Leichtigkeit. Dies wird insbesondere durch die offene (dialogische) Form und natürliche Sprache seiner Gedichte unterstrichen, welche sie in die Nähe von Impressionismus und Imagismus rücken. C. wendet sich desillusionierend, z. T. schockierend gegen Konventionen und erhält sich dennoch Moral und Realitätssinn. Allerdings sind seine Gedichte eher Aneinanderreihungen von Gedanken und daher wenig dynamisch. Sie erreichen nicht die Qualität seiner Prosa, haben aber mit ihr die Experimentierfreude, das Rebellische und Ikonoklastische gemein. »War Is Kind«, *The Red Badge* und einige Kurzgeschichten gelten zu Recht als seine besten Texte.

Britta Salheiser

Defoe, Daniel

Geb. 1660 in London;
gest. 24. 4. 1731 ebd.

Außer dem Drama gab es kaum eine literarische Gattung, in der sich der vielschreibende Berufsautor Daniel Defoe, der ›Vater des Romans‹ und ›Vater des Journalismus‹, nicht versucht hätte. Aber nur mit wenigen Schriften hat er Weltruhm erlangt. Es liegt keine Ausgabe seiner gesammelten Werke vor, die mehr als nur einen Bruchteil seines Gesamtwerks enthält. – Geboren als Sohn nonkonformistischer (›puritanischer‹) Eltern aus einer emigrierten flämischen Protestantenfamilie namens Foe, hatte »De Foe«, wie er sich später mit trotzigem Adelsprädikat nannte, besonders zur Herrschaftszeit der Tories (1660–88, 1710–14) unter vielen Diskriminierungen zu leiden. So waren ihm die nur Anglikanern zugänglichen Universitäten Oxford und Cambridge verwehrt; statt dessen genoß er eine zumindest gleichwertige Erziehung an einer der vielen ›dissenting academies‹, Newington Green. – Der vorwiegend nonkonformistische Mittelstand Englands zeichnete sich durch protestantische

Geschäftstüchtigkeit aus, die nach Calvins Lehre äußeres Zeichen innerer Auserwählung war. Doch im Unterschied zum offenbaren Geschäftserfolg seines Vaters (Fleischer und Talgkerzenmacher) ging er aus seinen wenig seriösen Geschäfts- und Handelsunternehmen (Schiffsversicherung, Ziegelherstellung usw.) mit Schulden und Gerichtsverfolgung hervor. Dies legte die Ehe mit einer Dissenterin aus reicher Geschäftsfamilie und Geldverdienen mit der Feder nahe, machte ihn jedoch politisch erpreßbar. So zwangen die Tories, aber auch radikale Whigs, den moderaten Whig D. in ihre Dienste, als Journalist, Pamphletautor und gar Spion. Unter Königin Anne, die mit ihren Tories gegen die Junto Whigs die 1707 erfolgte politische Union von England und Schottland durchsetzte, wurde er wider seine Überzeugung gezwungen, die Stimmung im Norden auszukundschaften. Dieser Aufgabe entledigte er sich wahrscheinlich als Doppelspion (und Doppelverdiener). So kam zu D.s literarischer Vielfalt und Wendigkeit die politische hinzu.

D. fiel der Politik auf, als er mit Pamphleten zugunsten der Whigs die zum Scheitern verurteilte Rebellion des Herzogs von Monmouth gegen seinen Vater, König Charles II, unterstützte. Nach der Thronbesteigung des römisch-katholischen Königs James II 1685 mußte er gar auf den Kontinent fliehen, und in der *Glorious Revolution* 1688 schloß er sich den Soldaten des neuen protestantischen Königs Williams III (of Orange) und seiner englischen Königin Mary an.

1688–1702 war D. der literarische Propagandist und Apologet des Holländers William. Wider die zu den Tories tendierenden Anhänger des im französischen Exil vergeblich auf seine Restauration« wartenden Stuarts James (»Jacobites« wie John Dryden), die den ›fremden‹ König aus Holland für ›unnatürlich‹ hielten, schrieb D. seine klassizistische Verssatire *The True-Born Englishman* (1701). Dem alten Königsmythos der Tories setzte er, mit Common Sense und Ironie, das nüchterne Whig-Konzept des Staatsvertrags entgegen, welches schon die Hinrichtung des Stuartkönigs Charles I 1649 gerechtfertigt hatte: Das Volk schließt einen justiziablen Vertrag mit einem tüchtigen und gottesfürchtigen Staatsoberhaupt gleich welcher Herkunft. Lesenswert und lehrreich ist v. a. D.s rationale Widerlegung der unsinnigen Annahme einer natürlichen, eingeborenen (»true-born«) Bevölkerung. Durch die Geschichte sei England ein Einwanderungsland für Pikten, Skoten, Kelten, Römer, Germanen, Normannen, französische Hugenotten, Fürsten und Kaufleute aus ganz Europa: »Fate jumbled them together, God knows how; / Whate'er they were, they're true-born English now. / [...] / A true-born Englishman's a contradiction, / In speech an irony, in fact a fiction.« Als nach Williams Tod 1702 die anglo-katholische Königin Anne den Thron bestieg und sich immer mehr mit hochkirchlichen Tory-Beratern umgab, die ihr Whig-Kabinett bedrohten (und 1710 schließlich stürzten), und Gesetzesentwürfe zur erneuten Diskriminierung der Dissenter einbringen ließ, verfaßte D. seine bitter ironische Prosasatire *The Shortest Way with the Dissenters* (1702). Sprecher ist ein fiktiver High Church Tory, der das totale Verbot und gar die Ausrottung der Dissenter befürwortet. Die Satire, mit ihrer ironischen Logik Vorlage für Jonathan Swifts *Modest Proposal* (1729), trug D. eine Prangerstrafe ein, für die er sich mit seiner ebenfalls ironischen *Hymn to the Pillory* (1703) rächte.

Zwei Jahre nach Begründung der ersten Tageszeitung (›journal‹) Englands, *The Daily Courant*, startete D. die erste eigentliche Wochenzeitschrift (›periodical‹) Englands, *The Review* (1704). D. verfaßte sie fast alleine bis 1713, zuerst in einer, schließlich in drei Wochenausgaben. Es war eine nominell unparteiische Zeitschrift, deren Whig-Autorschaft jedoch in ihrer Betonung der kommerziellen Interessen Englands manifest wurde. Ihre Absicht war, D. zufolge, seine Leserschaft mit literarischer Qualität in einschmeichelnder Weise zu informieren und moralisch zu belehren, bittere Medizin in süßem Zuckerguß. So enthielt sie die ersten Leitartikel wie elegante essayistische Kommentare zu Politik, Liebe und Ehe, Glücksspiel, Duell, Wirtschaft und Handel, Mode, Literatur usw. Die jeweilige Lehre wurde gelegentlich in Predigtart mit fiktiven Exempeln veranschaulicht, die in nuce seine Romane vorwegnehmen. So war *The Review* literarische Vorlage für Richard Steeles und John Addisons moralische Wochenzeitschriften *The Tatler* (1709–11) und *The Spectator* (1711–14), die in ganz Europa rezipiert und imitiert wurden.

Die Zeitschrift wäre nicht möglich gewesen ohne die zahlreichen Besuche, auch in Gerichten, Gefängnissen und bei Hinrichtungen, sowie Reisen, die der scharf beobachtende D. unternahm. Ihr weiteres Ergebnis waren u. a. D.s dreibändiger Reiseführer *A Tour through the Whole Island of Great Britain* (1724–26), sein *conduct book* (Erziehungsbuch) *The Compleat English Gentleman* (postum 1890) sowie seine fiktional ausgearbeiteten Justizberichterstattungen in *Applebee's Journal* (1724–26). Hier mischen sich Beobachtung und Quellenstudium zu Erzählungen zwischen Historiographie und Invention. Sie inspirierten die späteren historischen Romane Walter Scotts (1814–32), der D.s Romane zuvor (1810) in zwölf Bänden herausgegeben hatte.

Wenn D. mit *Robinson Crusoe* (1719; *Robinson Crusoe*, 1720) den ersten seiner zahlreichen Romane veröffentlichte, stellte er sich damit mehr in die moralische Tradition des Dissenters John Bunyan als der Anglikanerin Aphra Behn. Henry Fieldings späterer Versuch im

Vorwort zu *Joseph Andrews* (1742), den Roman als Prosaepos an die Gattung und Regeln des antiken Versepos anzuschließen, zeugt davon, daß *novel* und *romance* noch lange nicht als literarische Gattung respektiert waren. Man hielt sie, ähnlich den Geschichten in den moralischen Wochenzeitschriften, für Moralexempel. Samuel Johnson bezeichnete sie noch 1750 als weitverbreitete (und darum nützliche) Schriften für Frauen, Kinder, Müßiggänger und Ignoranten. Ihre Stoffe waren aus Leben oder Lektüre geschöpfte, zumeist nicht stoffkreisgebundene (*novel* im Gegensatz zu *romance*), erbauliche oder abschreckende Geschichten. Dabei stand den Dissentern zusätzlich eine Tradition der Selbstkontrolle zur Verfügung, das Seelentagebuch (›*spiritual autobiography*‹ oder ›*spiritual biography*‹), derer sich schon Bunyan bedient hatte. Die Dissenter pflegten, gemäß ihrer protestantischen Geschäftsmentalität, ihre täglichen guten und schlechten Taten in Bilanzen festzuhalten, Böse und Gut analog Soll und Haben. So entstanden Aufzeichnungen von Ereignissen des Alltagslebens, die, weil häufig publiziert, leicht in *novels* fiktionalisierbar waren. Ein solcher bekannter Seelentagebuchautor war Timothy Cruso. Auf ihn verweist der Name von D.s Robinson Crusoe, der auf seiner Insel ebenfalls Doppelbilanzen seines Seelen- und Besitzstandes führt. So schöpft der Roman zugleich aus gewöhnlichen Alltagsaufzeichnungen und ungewöhnlichen Reiseberichten (Freibeuterkapitän W. Rogers' Bericht über den ausgesetzten Seemann Alexander Selkirk). Was D.s Roman von Bunyans unterscheidet, ist die Unaufdringlichkeit der moralischen Allegorie. Dennoch sind Ereignisse und ihre Bezeichnungen so gewählt, daß der Roman auf zwei Ebenen zu verstehen ist. Schiffbruch, Verworfenheit, Einsamkeit, Leiden, Krise und Rettung bezeichnen über die metaphorischen Wortbedeutungen neben physischen Abenteuern auch dialektisches seelisches Heilsgeschehen. Der fiktive Ich-Erzähler Robinson Crusoe schildert diese Ereignisse aus der Retrospektive des reuigen und erlösten Sünders in einem nüchtern buchhalterischen Stil, beginnend mit dem Ungehorsam gegenüber seinem Vater als Gottes Stellvertreter, einem mittelständischen Kaufmann, der ihm für seine Zukunft eben diesen (auch biblisch gerechtfertigten) Mittelstand befohlen hatte. Seine Flucht führt zu mehrfachem Schiffbruch (mit Bezug auf Jonas Ungehorsam gegenüber Gottes Gebot) und, nach mißachteten Warnungen, zur ›Verwerfung‹ auf die Insel. Der »castaway« muß über viele Jahre lernen, seine Existenz geschäftsmännisch zu planen, Gott und Bibel zu vertrauen und unchristliche Furcht zu überwinden, bis eine Fieberkrise, aus der er körperlich wie seelisch geläutert hervorgeht, das weitere Heilsgeschehen (»deliverance« im doppelten Sinne) einleitet. Dazu gehört seine Begegnung mit dem Eingeborenen Friday, die ihn zu der Einsicht führt, daß Christus an einem Freitag auch für die Wilden gestorben ist, nicht nur für einige rechtgläubige Auserwählte. Hier zeigt sich der aufgeklärte Puritanismus D.s in rationalistischer Zeit, als Calvins vernunftfeindliche Prädestinationslehre selbst unter den Dissentern unglaubwürdig geworden war. Auch für die sündigen Heldinnen und Helden der folgenden Romane D.s gilt, daß widrige Lebensumstände trotz konsequenten Erbsündenzwangs (›*paradise lost*‹) keine notwendige Verworfenheit beinhalten, sondern sie mit Gottes Hilfe den Weg zurück zum Heil finden können (›*paradise regained*‹). Dieser Ersatz von absolutistischer Prädestination durch gütige Vorsehung brachte D. der Aufklärungstheologie der Anglikaner (›*latitudinarianism*‹) nahe. – Dieser weltbekannte und oft in ›Robinsonaden‹ imitierte Roman hat viele verkürzte Lesarten erfahren: u. a. als Kinderbuch, marxistisch ökonomische Fallstudie oder Kolonialerzählung. Wenn Robinson am Schluß mit der Insel als seiner mittelständischen Handelskolonie belohnt wird, so ist der koloniale Impetus der dissenterischen Whigs theologisch zu verstehen. In D.s beiden selten gelesenen Fortsetzungen des Romans (1719 und 1720) wird das noch deutlicher. Sie blieben, wie leider alle anderen im Anschluß an diesen Romanerfolg und diese Erzähltechnik verfaßten *novels* D.s, im Schatten von *Robinson Crusoe*.

Es sind fast sämtliche ebenfalls retrospektive Erzählungen reuiger Sünder und als solche moralisch theologische Entwicklungsromane, deren Authentizitätsfiktion (»true history«) u. a. durch die stilistisch nüchterne, formlose, unselektiert additive Ereignisreihung bewirkt wird. Dabei schlüpft, wie später bei Scott, der Autor gerne in die Rolle des Quellenherausgebers. Zumeist betitelt nach ihren Helden, der Prostituierten *Moll Flanders* (1722; *Moll Flanders*, 1723), der Kurtisane *Roxana* (1724; *Roxana*, 1966), den Freibeutern *Captain Avery* (1720), *Captain Singleton* (1720; *Captain Singleton*, 1919) und *Charles Johnson* (1724), den Straßenräubern *John Sheppard* (1724; *John Sheppard*, 1968) und *Jonathan Wild* (1725), dem Taschendieb und Sklavenaufseher *Colonel Jack* (1722, Autorschaft zweifelhaft; *Colonel Jack*, 1740), dem Zauberer *Duncan Campbell* (1720; *Duncan Campbell*, 1984), dem sich für Abenteuer und Kriegsruhm verdingenden *Cavalier* (1720; *Kavalier*, 1785) sowie *Captain Carleton* (1728) usw., variieren sie das Grunderzählmuster in doch erstaunlicher Vielfalt und zukunftsträchtiger Hybridität. So wechseln etwa in *Moll Flanders* mit Erzählzeitpunkt und Handlungszeit auch die moralischen Perspektiven derart, daß man geneigt sein könnte, der Heldin lebhaft realistische Schilderung ihres vergangenen Sündenlebens als Rück-

fälle (statt erzähltechnisch effektvolles Wiedererleben) zu deuten. So stellt *John Sheppard* eine multiperspektivische Montage dar aus einer Magistratsproklamation, der Er-Erzählung eines mit den Gerichtsakten vertrauten Newgate-Gefängnischronisten, eines Briefes des Titelhelden nach einer Flucht und seinen abschließenden reuigen Aufzeichnungen kurz vor seiner Hinrichtung. So mischt sich in den erzählerischen Realismus von *Colonel Jack* die aufkommende Charakterdarstellung der Empfindsamkeit, und so ist ›H. F.‹, der rückblickende bürgerlich-dissenterische Ich-Erzähler des *Journal of the Plague Year* (1722; *Tagebuch aus dem Pestjahr*, 1925), ein unabhängig analytischer, buchhalterisch detailfreudiger, vernunftbetonter Chronist der Lebensumstände in London unter der Katastrophe von 1665, der die Pest dennoch *nostra culpa* als Gottes Strafe für die Exzesse der Restaurationszeit versteht. Die vielfach gestellte Frage, ob die nüchternen Faktenanalysen der Romane (hygienische und scharlatanische Bedingungen von Seuchen, soziale Bedingungen von Verbrechen und Meutereien, parteipolitische Bedingungen von Kriegen, ausbeuterische Bedingungen von Sklavenmißbrauch usw.) bereits Zweifel am theologischen Überbau implizieren, dürfte kaum zu beantworten sein.

Rolf Lessenich

Dickens, Charles
Geb. 7. 2. 1812 in Landport, Portsmouth; gest. 9. 6. 1870 in Gad's Hill, Rochester

Nicht selten kommt heute die Frage auf, wie ein Autor der Vergangenheit auf das Potential der medialen Informationswelt angesprochen hätte, oder, genauer gesprochen, ob er den traditionellen Weg literarischer Kommunikation durch den Buchdruck vorgezogen oder sich durch die elektronischen Medien an ein Massenpublikum gewandt hätte.

Nun mögen solch anachronistische Überlegungen wenig sinnhaft erscheinen, bei Charles Dickens haben sie indes ihre Berechtigung. Für das überaus große Lesepublikum – seine Beliebtheit ging durch alle Schichten der Gesellschaft – war D. der »unnachahmliche« Entertainer im besten Sinne, ein Geschichtenerzähler, wie er vor dem Einsetzen der Schriftkultur die Zuhörer in seinen Bann zieht. Dabei kam ihm ein Modus der Buchproduktion zugute, den er selbst allerdings zwiespältig beurteilte: Seine Erzählungen kamen, einer zeitgenössischen Praxis folgend, im Verlauf von ein bis anderthalb Jahren in Fortsetzungsdrucken heraus, um erst dann in Buchform angeboten zu werden. Das gab ihm die Möglichkeit, die Meinung seiner Kritiker und Leser zu jeder Nummer einzuholen und den Fortgang einer Erzählung auf ihre Reaktionen hin abzustimmen. Der Vergleich mit dem *Rating System* drängt sich hier auf, obschon die Struktur der Einzelnummer bei D. wenig mit der manipulierten Folge einer TV-Serie gemein hat. Die Annahme, daß diese Art der Vermittlung Spannung wie Engagement hervorrief, ist nicht von der Hand zu weisen. Gleichwohl wäre es verfehlt, die damit dokumentierte literarische Professionalität gegen D. in die Waage zu werfen. Vielmehr belegt die für ihn charakteristische Umsetzung der Publikationsweise, die auch nachträgliche Korrekturen zuließ, wie sehr er um die endgültige Form seiner Werke bemüht war, die er, ohne einen Handlungsplan ausgefeilt zu haben, gleichsam einer schöpferischen Eingebung gehorchend hervorbrachte.

Damit wäre D.s literarischer Werdegang angeschnitten, der offenkundig auf bescheidenen Voraussetzungen gründete. Gleichwohl wird man die Zurücksetzungen, unter denen er in der Jugend zu leiden hatte, aus heutiger Sicht anders bewerten wollen. Seine Herkunft aus dem Kleinbürgertum verwehrte

ihm die klassische Bildung eines Gentleman; doch mag der knappe Schulunterricht, der ihm gewährt wurde, einen Sinn für das Praktische erweckt haben. So schmerzhaft ihn die Verschuldung des Vaters, die den Zwölfjährigen zur erniedrigenden Lohnarbeit zwang, treffen mußte, rief sie doch eine erhöhte Sensibilität für soziale Mißstände bei ihm wach. Die damals noch verbreitete Ausbeutung von Kindern hat ihn immer wieder beschäftigt. Zweifellos waren die Jahre, die er dann als Schreibkraft in einer Anwaltskanzlei verbrachte, von einiger Wichtigkeit für den Schriftsteller, der fast in jedem seiner Romane Rechtsprobleme anspricht. Endlich scheint es offensichtlich, daß die spätere Tätigkeit als Berichterstatter seinen Blick für das politische Geschehen geschärft haben muß. Schon von Kindheit an war D. ein unbändiger Leser gewesen, der sich neben Märchen und Räubergeschichten bald die großen Erzählungen der Weltliteratur und die nun bereits klassischen englischen Romane des 18. Jahrhunderts aneignete. Und so wird es verständlich, wieso er, anstatt eine journalistische Laufbahn einzuschlagen, zum Berufsschriftsteller wurde. Die erstaunliche Reife, mit der er als ein solcher an die Öffentlichkeit trat, ist freilich so nicht zu erklären.

Die ersten literarischen Arbeiten des jungen D. waren Skizzen aus dem Volksleben (*Sketches by Boz*, 1833–36; *Londoner Skizzen*, 1839). Doch dann – er war erst 24 Jahre alt – konnte er eine große Chance wahrnehmen. Ein prominenter Künstler hatte es übernommen, die vergnüglichen Abenteuer einer Philisterrunde in einer Bilderserie darzustellen, für die ein Begleittext benötigt wurde. Das Resultat waren die *Pickwick Papers* (1836/37; *Die Pickwickier*, 1837/38), eine Folge von Begebenheiten, welche der Selbstkritik ihres Verfassers widersprechend bereits Ansätze zur Geschlossenheit aufweist und in dem gütigen Mr. Pickwick und dem pfiffigen Sam Weller ein Herr-Diener-Paar einführt, das auf Cervantes rückverweist. Darüber hinaus hat D. hier zwei jener so profilierten Figuren geschaffen, die von nun an jeden seiner Romane auszeichnen. *Oliver Twist* (1837/38; *Oliver Twist*, 1838), in dem ein Waisenkind sich gegen eine sehr realistisch geschilderte Verbrecherbande behaupten kann, und die pikaresken Abenteuer des ungestümen *Nicholas Nickleby* (1838/39; *Leben und Schicksale Nikolas Nickelbys und der Familie Nickelby*, 1838–1840) folgten rasch aufeinander. Ganz England, so möchte man glauben, empfand den Tod der rührenden Little Nell in *The Old Curiosity Shop* (1840/41; *Der Raritätenladen*, 1852) als persönlichen Verlust. *The Life and Adventures of Martin Chuzzlewit* (1843/44; *Leben und Abenteuer Martin Chuzzlewits*, 1843/44), der nun schon mehrschichtige Roman einer ganzen Sippe, verschlägt seinen Helden in ein satirisch verzerrtes Amerika, von wo er geläutert in ein Glück im Winkel zurückfindet. Doch nicht der bläßliche Held, sondern der heuchlerische Pseudo-Architekt Pecksniff und die vulgäre Mrs. Gamp (deren Namen als Jargonausdruck für den Regenschirm weiterlebt) begeisterten das Lesepublikum. Besonders in der Frühphase des Autors waren es die *Dickensian characters*, jene markanten Figuren, welche stets den Gefallen der Leser wie die Zustimmung der nicht immer wohlwollend gesinnten Kritiker fanden. So unverkennbar diese Gestalten sein mögen, fällt es schwer, die Eigenart der D.schen Charakterkunst aus ihnen auszufällen. Mit ihr erreicht eine der englischen Erzähltradition eigene drastische Charakterzeichnung einen Höhepunkt. Realistisch bis grotesk überzeichnet wie bei Tobias Smollett nehmen die meist als Nebenfiguren eingesetzten Personen durch ihre Komik für sich ein, obschon sich asoziale Elemente und wahre Unholde unter ihnen finden. So vereinigt *Dealings with the Firm of Dombey and Son*

(1846/48; *Dombey und Sohn*, 1847/48) die grimmige Mrs. Pipchin, den gutmütig-dämlichen Captain Cuttle und den durchtriebenen Major Bagstock, dessen Selbstinszenierung als biederer Veteran der hochmütige Geschäftsmann Dombey nicht zu durchschauen vermag. Sie alle treten als ins Extreme gesteigerte Individualfiguren auf, die eben dadurch wieder Universalien verkörpern. Wenngleich ihre Funktion im Roman nicht zu bestreiten ist, vermögen sie über den jeweiligen Kontext hinauszutreten, um als kulturelle Ikone weiterzuwirken. Wen darf es da verwundern, daß der heimtückische Uriah Heep aus *David Copperfield* (1849/50; *David Copperfield*, 1849/51) seinen Namen einer Pop-Gruppe unserer Tage leihen mußte? D. selbst hat den autobiographisch bestimmten Bildungsroman *David Copperfield* als seine Lieblingsschöpfung bezeichnet. Und doch ist der liebenswürdige Held und glaubhafte Erzähler nicht mit dem eigentlichen Autor gleichzusetzen, der selbst die dunkelsten Seiten der menschlichen Persönlichkeit als die eigenen empfunden haben muß. Der Jahre später verfaßte zweite Ich-Roman *Great Expectations* (1860/61; *Große Erwartungen*, 1862) ist denn auch härter und schärfer angelegt. Wo ein David Copperfield noch seine Zukunftserwartungen zu verwirklichen vermag, muß ein Pip Pirrip erkennen, daß die seinen reine Illusion gewesen sind. Mit welcher Hingabe D. auch an dem Schicksal dieser Romanfigur Anteil nahm, beweisen die alternativen Schlüsse, mit denen er die Handlung abzurunden suchte. Wir vermögen nicht zu entscheiden, ob die so stimmungsvolle, symbolische Schlußszene einen konventionell ›glücklicheren‹ Ausgang anzeigt, als dies die andere, nüchterne, realistischere Schilderung nahelegt.

Doch dieses Werk gehört bereits einer späteren Phase an, die nun nicht mehr die ungeteilte Zustimmung des Lesepublikums fand. Der sich so heimelig ge-

bärdende Erzähler der Weihnachtsge-
schichten (*A Christmas Carol*, 1843; *Der
Weihnachtsabend*, 1844) schien ein anderer geworden zu sein. Wo die zeitgenössischen Kritiker noch Mangel an
Gestaltung, ja Leichtfertigkeit in den
frühen Romanen festzustellen meinten,
stieß man sich nun an der weit komplexeren düsteren Thematik, der strukturellen Vielschichtigkeit und Vielstim-
migkeit seines Schaffens. Auch der
moderne Leser vermag die narrative
Struktur von *Bleak House* (1852/53;
Bleakhaus, 1852/53), in der sich ein
übergeordneter Erzähler und eine in das
unabwendbare Geschehen verwickelte
Ich-Erzählerin ergänzen, mitunter jedoch zu widersprechen scheinen, nicht
ohne weiteres nachzuvollziehen. *Hard
Times* (1854; *Schwere Zeiten*, 1855)
greift die Not des Industrieproletariats
auf, die in diesem Fall mit der Thematik
der unglücklichen Ehe verschränkt
wird. *Little Dorrit* (1855/57; *Klein Dorrit*, 1856/57) stellt dem exzessiven Materialismus das krasse soziale Elend der
Epoche entgegen. Wo die früheren Romane mit einem Ausblick in eine ge-
deihliche Zukunft ihren Abschluß finden, drängt sich hier ein Ton von Skepsis und Bitterkeit in den Ausklang ein.
Auch in diesen Werken konnte der Leser
noch den beliebten D.schen Charakteren begegnen, wie sie uns etwa in *Our
Mutual Friend* (1864/65; *Unser gemein-
schaftlicher Freund*, 1867) in den so ge-
gensätzlich gearteten Eheleuten Mr und
Mrs. Wilfer und ihrem Gegenstück, den
harmonisch verbundenen, simplen Bof-
fins entgegentreten. Es muß freilich da-
hingestellt bleiben, ob ein solcher Zugang die volle Sinnhaftigkeit des komplexen Romans zu erschließen vermag.
Es ist wohl eher die Aura der Großstadt
London, und hier v. a. die düsteren Szenen, in denen der trübe Fluß Verfall und
Verderben zu verheißen scheint, die eine Einsicht in die Bedeutungstiefe des
Werks zu eröffnen vermögen. Der durch
Komödienelemente aufgehellte Realis-

mus der Frühphase hat sich zu einer
vielschichtigen Darstellung gewandelt,
die jenseits der faßbaren, gegenständlichen Wirklichkeit eine höhere Seinswelt
erahnen läßt.

Neben dem sozialen Kritiker hat D.
auch als politischer Denker keineswegs
an Aktualität eingebüßt. Seine ambige
ideologische Position kommt am nachhaltigsten in den historischen Romanen
zur Geltung. Während *Barnaby Rudge*
(1841; *Barnaby Rudge*, 1852) die bür-
gerkriegsartigen Ausschreitungen des
auslaufenden 18. Jahrhunderts beschreibt, als ein aufgehetzter Pöbel ganze Teile von London verwüstete, ist *A
Tale of Two Cities* (1859; *Zwei Städte*,
1859/60), in dem London und Paris
gegenübergestellt werden, dem gewaltigen Ereignis der französischen Revolution gewidmet. Wo das Frühwerk die
Unruhen als Folge politischer Aufwie-
gelung begreift, geht der spätere Roman
den Ursachen des Umsturzes nach.
Doch auch hier setzt sich der Autor
vornehmlich mit der erschreckenden
Gewalttätigkeit, dem Zerfall von Sitte
und Ordnung auseinander, wie sie im
benachbarten England mit Entsetzen
registriert wurden. Der mit enormem
Eifer zu sozialen Reformen drängende,
radikale D. war sich augenscheinlich bewußt, wie dünn die Schicht ist, die
Zivilisation von Bestialität trennt.

Auch der reife D. geht nicht davon ab,
der moralischen Komponente seiner Erzählungen Nachdruck zu verleihen.
Während der didaktisch ausgerichtete
Erzählerkommentar zurücktritt, ist die
exemplarische Funktion vieler Einzelszenen und ganzer Handlungsketten
nicht zu übersehen. So stark sich die
dem untersten Milieu entstammende
Lizzie Hexam von dem jungen Lebe-
mann Eugene Wrayburn angezogen
fühlt, bekennt sie sich erst dann zu ihm,
als sie die Pflege des schwer Verletzten
antreten kann. Ihre Fürsorge bringt ihn
wieder dazu, allem Standesdünkel zu
trotzen und einen ehelichen Bund mit

ihr einzugehen. Der Ablauf einer der beiden Haupthandlungen von *Our Mutual Friend* mag verdeutlichen, wie sehr D. sich seiner Rolle als Repräsentant bürgerlicher Moral eingedenk war. Der Erfolgsschriftsteller war zu einer Leitfigur geworden, die sich ihrer Mission nicht mehr entziehen konnte, ohne die Grundsätze der viktorianischen Gesellschaft in Frage zu stellen.

Diese Überlegungen sind angebracht, wenn D.' Scheidungsaffäre und seine langjährige Verbindung mit einer jungen Schauspielerin erörtert werden. Es blieb einer weniger restriktiven Zeit vorbehalten, eine gewisse Aufklärung der geheimgehaltenen Beziehung zu erlangen und aus dieser Perspektive die thematische Struktur seiner Spätwerke zu hinterfragen, allerdings ohne damit wesentlich neue Interpretationsansätze gewinnen zu können. Immerhin heben schon die Jugendwerke den Lebensbund gleichgesinnter Partner von der Misere landläufiger Ehen ab. Nach wie vor werden Selbstsucht und Heuchelei angeprangert, Selbstentsagung und Offenheit als Tugenden herausgestellt. D.' letztes Werk, das Romanfragment *The Mystery of Edwin Drood* (1870; *Edwin Drood: Eine geheimnisvolle Geschichte*, 1870), über dessen vermutlichen Ausgang noch immer spekuliert wird, stellt einen Charakter in den Mittelpunkt, der die Abgründe seiner Persönlichkeit vor der Umwelt zu verbergen weiß; doch gerade dieses Motiv hatte den Autor schon mehrfach beschäftigt. Daß der sensible Dichter sein Doppelleben als Heimsuchung empfand, reflektieren wohl eher die ausgedehnten Vortragstourneen der letzten Jahre, deren enormer Verschleiß seinen frühen Tod herbeigeführt haben mag. Es mag nicht nur seine Neigung zum Performativen gewesen sein, die ihn in diese populären Auftritte trieb. Vielleicht wurzelten sie in einem uneingestandenen Drang, einem verunsicherten Publikum die Stirn zu bieten. Wie dem auch sei, gewiß

bleibt, daß D. den weiten Bogen menschlicher Gefühle, Begierden, Sorgen und Beklemmungen, den er so unnachahmlich erfaßte, selbst erlebt hat. Damit ist allerdings wieder nur eine Seite seines Dichtertums erfaßt. Die unendliche Phantasie und unerschöpfliche Gestaltungskraft des genialen Erzählers gestattet keine kategorische Bestimmung.

Herbert Foltinek

Dickinson, Emily [Elizabeth]
Geb. 10. 12. 1830 in Amherst,
Massachusetts; gest. 15. 5. 1886 in
Amherst, Massachusetts

Zu ihren Lebzeiten als Dichterin unbekannt (nur eine Handvoll ihrer Gedichte erschien vor ihrem Tod im Druck), hat Emily Dickinson im 20. Jahrhundert einen bedeutenden Platz in der amerikanischen Literaturgeschichte errungen; sie wird heute nicht nur als Gegenpart zu Walt Whitman anerkannt, sondern auch als Begründerin einer autonomen weiblichen Traditionslinie gesehen. So hat eine neuere, feministisch orientierte Literaturkritik in Gedichten wie »Her face was in a bed of hair« (Nr. 1722) die homoerotische Komponente betont und D.s Leben als eine Absage an männliche Autoritäten – seien es Gott, Vater, ein Liebhaber, Ehemann oder der literarische Mentor – interpretiert, die Adrienne Rich als direkten Akt des Widerstandes gegen das Patriarchat charakterisierte.

Mit der Ausnahme eines Schuljahres am nahegelegenen Mount Holyoke Female Seminary und einer Reise nach Washington, D.C., wo sie ihren Vater besuchte, verbrachte D. ihr ganzes Leben in Amherst. Stadtbekannt als das exzentrischste Mitglied einer exzentrischen, aber einflußreichen Familie, lebte D. die letzten zwölf Jahre in selbstgewählter Isolation in ihrem Elternhaus, kleidete sich ganz in Weiß und kommunizierte mit Freunden und Besuchern nur indirekt – hinter einem Wandschirm verborgen oder durch Geschenke und Mitteilungen in einem Korb, den sie aus ihrem Fenster in den Garten hinunterließ. Den neurotischen Rückzug aus dem äußeren Leben kompensierte D. durch Bücher – gekauft vom Vater, der ihr aber gleichzeitig davon abriet, sie zu lesen – und natürlich ihre Gedichte, von denen kaum jemand in ihrer Umgebung wußte. Wie ihre Schwester Lavinia heiratete D. nicht, doch spielten mehrere Männer in ihrem Leben eine Rolle: Benjamin Franklin Newton, der sie mit der zeitgenössischen englischen und amerikanischen Literatur, insbesondere mit den Werken von Ralph Waldo Emerson, vertraut machte; Samuel Bowles, der Herausgeber des *Springfield Republican*, der ein paar ihrer Gedichte veröffentlichte; Charles Wadsworth, den sie auf der Rückreise von Washington in Philadelphia kennengelernt hatte und mit dem sie eine starke emotionale Beziehung verband; Thomas Wentworth Higginson, den sie um literarischen Rat und Hilfe bei der Veröffentlichung ihrer Gedichte bat, der aber so in den Konventionen des »genteel age« befangen war, daß er D.s Genie nicht erkannte; schließlich Otis Phillips Lord, den D. als väterlichen Freund verehrte und später liebte. Eine besondere Beziehung hatte D. zu ihrer Schwägerin Susan Gilbert, die wohl – wie es manche Passagen in ihrem Briefwechsel nahelegen – das Objekt der Begierde in den homoerotischen Gedichten war.

Als D. im Mai 1856 an der Brightschen Krankheit starb, war man überrascht von der Fülle der hinterlassenen Gedichte, die zum Teil in Faszikeln zusammengefaßt waren; die 40 Hefte mit Reinschriften repräsentieren allerdings keine thematische Ordnung, wie manchmal vermutet worden ist. Auf Bitten von D.s Schwester veröffentlichte Mabel Loomis Todd, die sich in den letzten Monaten vor D.s Tod mit der Dichterin angefreundet hatte, 1890 mit Hilfe von Higginson eine Auswahl der Gedichte, der 1891 und 1896 zwei weitere Bände folgten; darin paßten hinzugefügte Titel, Einteilung in konventionelle Rubriken (»Leben«, »Liebe«, »Natur«, »Zeit«, »Ewigkeit«) und Glättungen mancher von D.s Eigenheiten die Texte dem zeitgenössischen Geschmack an.

In Form und Thematik greift D. auf bekannte Muster und Themen zurück. Formale Basis ist das sogenannte »common meter«, die Hymnen- oder Balladenstrophe, bestehend aus vier Zeilen in alternierendem vier- bzw. dreihebigen jambischen Metrum, von denen die zweite und vierte Zeile sich reimen. Dieser konventionelle Rahmen wird durch Experimente mit Reim, Rhythmus und Enjambement auf vielfältige, überraschende Weise verfremdet; wenn D. auch weitgehend an der Umgangssprache festhält, so ist ihre Wortwahl doch innovativ und variationsreich; die ohne syntaktischen Zusammenhang vermittelten Gedankenassoziationen, als Ergebnis der erstrebten Verdichtung, werden häufig durch Gedankenstriche voneinander abgesetzt, ein typisches äußeres Zeichen von D.s Gedichten.

Folgt man William Wordsworths Unterscheidung von Gedichten über private Herzensangelegenheiten und Gedichten über öffentliche Themen, so ist D.s dichterisches Werk ganz der ersten Kategorie zuzuordnen. Ihre Gedichte sind die intensiven Erkundungen eines Ich, das die Wahrheit über die Natur, über Leben und Tod, über Zeit und Ewigkeit, über Gott und Unsterblichkeit, über Liebe, Schmerz und Verzweiflung sucht und – indirekt – sagt. D.s frühe Jahre waren geprägt von dem orthodoxen Puritanismus, der in ihrer Umgebung – im Gegensatz zum unitarisch geprägten Boston – noch vorherrschte, doch löste sie sich zunehmend von den Vorstellungen von Hölle,

Verdammnis und einem unbarmherzigen Gott, so daß sie sagen konnte, »That odd old man is dead a year« (Nr. 1130). Wenn sie auch die puritanische Vergangenheit nicht ungeschehen machen konnte, so gewann sie doch durch Emerson und den Transzendentalismus auch Perspektiven, die ihr den Blick auf »Eternity« und – ihre eigene – »Immortality« (Nr. 1231) eröffneten. Trotz des gelegentlichen transzendentalistischen Optimismus ist D.s Weltsicht jedoch zutiefst von einer existentiellen Angst beherrscht, die Tod und Leben gleichermaßen hassenswert macht (»We hated Death and hated Life«, Nr. 1136).

D.s Auffassung von Dichtung basiert – wie die Whitmans – auf Emerson, doch definiert sie den Dichter nicht als jemanden, der den Umkreis des Kosmos abschreitet, sondern als jemanden, der die Essenz überraschender Weisheit aus gewöhnlichen Auffassungen destilliert (»Distills amazing sense / From ordinary Meanings«, Nr. 448), so wie man ätherische Öle aus Rosenblättern herauspreßt. Neben dieser Verdichtung – »condensation«, die auch Ezra Pound später als Aufgabe der Dichtung beschreiben wird – ist es das indirekte Sprechen, das D. vom Dichter fordert (»Tell all the Truth but tell it slant«, Nr. 1129), da nur so die ganze Wahrheit gesagt werden könne.

Volker Bischoff

Dos Passos, John [Roderigo]
Geb. 14. 1. 1896 in Chicago, Illinois;
gest. 28. 9. 1970 in Baltimore, Maryland

Als Jean-Paul Sartre 1938 erklärte, er halte Dos Passos für den größten Schriftsteller seiner Zeit, gab es wohl viele andere Autoren und Kritiker, die diese Ansicht teilten. D. stand damals im Zenit seines Ruhms. Zwar gilt er auch heute noch als ein Klassiker der Moderne, doch im Kanon amerikanischer Schulen und Universitäten und in der Beliebtheit beim Lesepublikum wird er von seinen Zeitgenossen und Freunden F. Scott Fitzgerald und Ernest Hemingway inzwischen deutlich überragt. Dieser Statusverlust liegt indes nicht so sehr an einer veränderten Wertschätzung der Qualität der Prosa D.', sondern vielmehr an der Art der Lektüre, die seine Texte verlangen. Heutigen Lesern fällt der Zugang zu D.' Meisterwerken *Manhattan Transfer* (1925; *Manhattan Transfer*, 1927), und *U. S. A.* (1938; *U. S. A.*, 1939), ohne historisches Vorwissen und erklärende Fußnoten nicht leicht, da die Texte auf anspielungsreichen Verknüpfungen basieren, die lediglich von den zeitgenössischen Rezipienten noch ohne große Mühe erkannt werden konnten. Der ursprüngliche Vorteil der Anbindung an das Alltägliche und Aktuelle gerät den Texten somit zum Nachteil. Dies ist vor allem deshalb zu betonen, da in diesem Aspekt auch einer der Gründe für die eigentümliche ästhetische Herausforderung von D.' literarischen Collagen zu sehen ist. Diese erfordern einen aktiv gestaltenden Leser, der aus unkommentiert montierten Passagen die lediglich angedeuteten Bezüge erst interpretierend erstellt. Gelingt dem Leser diese ›Transferleistung‹ nicht mehr, ist D.' Prosa ein Großteil ihrer Faszination und Wirkung genommen. Es wird dann schwierig, den ästhetisch bewußt gestalteten Widerspruch wahrzunehmen, der darin begründet liegt, daß D. sein Plädoyer für selbstbestimmte Individuen vorrangig durch die innovative Form des »collective novel« präsentiert. Wie auch schon Sartre betonte, besteht die große Leistung D.' darin, daß die Lesenden im Akt der Lektüre unwillkürlich in das Geschehen verwickelt werden und nun dort Stellung gegen eben jene Kräfte beziehen müssen, die den Freiheitsdrang und die Selbstverwirklichung des Individuums unterminieren bzw. zerstören.

D.' Biographie bietet vielfältige Anhaltspunkte dafür, warum in seinen Werken die Lektüre oft als umfassende Sinnfrage und -stiftung gestaltet wird und warum darin Figuren auftreten, die sich auf Identitätssuche begeben, dabei scheitern, ihre Niederlagen überleben und zu erneuten Versuchen aufbrechen. John Roderigo Madison wurde als uneheliches Kind 1896 in einem Chicagoer Hotel zur Welt gebracht. Da sein Vater, John Randolph Dos Passos, ein bereits verheirateter und in der Öffentlichkeit angesehener Anwalt, aus finanziellen und gesellschaftlichen Gründen seine Geliebte Lucy Addison Sprigg Madison zunächst nicht ehelichen wollte, wuchs D. in Hotels auf, in denen sich seine Mutter mit ihm auf ihren Reisen durch Mexiko, Belgien und England einquartierte. Diesem Muster der notgedrungenen Mobilität und Heimatlosigkeit blieb D. in seinen jungen Jahren verhaftet. Nach einem Studium in Harvard ging er 1916 nach Spanien, um dort Architektur zu studieren, meldete sich dann 1917 als Kriegsfreiwilliger zum Sanitätsdienst, den er zuerst in Italien und dann in Frankreich leistete. Künstlerisch wirkte D. in den 20er Jahren zwar vorrangig in der Avantgarde New Yorks, doch war er auch als Publizist in Europa, im Nahen Osten und in der Sowjetunion tätig. Sein Engagement für die Rechte des Individuums in den Vereinigten Staaten wurde besonders 1927 beim Justizskandal um die Hinrichtung der Anarchisten Sacco und Vanzetti deutlich. D. nahm an Mahnwachen teil und ergriff als aktiver Intellektueller in einer Streitschrift Partei gegen die Barbarei der Todesstrafe. Damit etablierte er sich als einer der wichtigsten Sprecher der literarischen Linken in den 20er und 30er Jahren. Seine grundlegende, auf einer radikalliberalen Gesinnung fußende Zurückhaltung gegenüber der zentralistischen Ausrichtung der kommunistischen Politik schlug 1937 allerdings in offene Feindschaft

um, als im Spanischen Bürgerkrieg einer seiner Freunde Opfer stalinistischer Umtriebe wurde. Der Kampf gegen eine nun als menschenverachtend verstandene kommunistische Ideologie und die Rückbesinnung auf die freiheitlichen Werte der amerikanischen Gründerväter bestimmten danach immer stärker D.' intellektuelles Schaffen. Die Dekaden nach dem Zweiten Weltkrieg verbrachte D. – nun seßhaft geworden – bis zu seinem Tod im Jahr 1970 auf der Familienfarm in Westmoreland County, Virginia.

D.' erste Veröffentlichungen sind durch einen in Harvard angeeigneten Ästhetizismus und durch den Schock der Kriegserlebnisse in Europa geprägt. *Three Soldiers* (1921; *Drei Soldaten*, 1922), behandelt in für die »Lost Generation« der 20er Jahre beispielhafter Weise das Zerbrechen des Individuums an der Militärmaschinerie. Sein Meisterwerk *Manhattan Transfer* widmet sich den Kräften, die den Moloch Großstadt erzeugen und prägen. Die überaus erfolgreiche Rezeption und die literarhistorische Wirkung des Werks rühren wohl hauptsächlich daher, daß hier D. eine für sein Thema kongeniale Form entwirft. Die »simultane Chronik« New Yorks in den ersten beiden Jahrzehnten des 20. Jahrhunderts verzichtet in der Gestaltung von Raum, Handlung und Figuren bewußt und gekonnt auf viele der Bauelemente eines konventionellen Romans. Gleichsam wie Neuankömmlinge in der Stadt erfahren und entdecken Leser die Metropole erst prozeßhaft im Verlauf der Lektüre. D.' verwirrend vielgestaltiges New York ist aus unzähligen Episoden zusammengesetzt, die erst nach und nach eine dichte Textur aus parallelen und kontrapunktischen Beziehungen entstehen lassen. Die fügende und gleichzeitig verunsichernde Technik der Collage, die Liedfragmente, Schlagzeilen und Werbeslogans in den Erzähltext integriert, stellt dabei sicher, daß entsprechend der darzustellenden Großstadterfahrung kein einheitliches Ganzes zustande kommt. Zwar bleiben die Leser durch die mal satirisch, mal dadaistisch inspirierte Technik des ›kommentarlosen Kommentars‹ der Montage nicht orientierungslos, doch offerieren die so nebeneinandergestellten Erzählsegmente das fiktive New York letztlich als ein nicht zu bewältigendes, gleichsam überwältigendes steinernes Verhängnis und als einen grausamen Umschlagplatz und Sackbahnhof der Hoffnungen und Illusionen seiner Bewohner.

Die Trilogie *U.S.A.*, bestehend aus den Romanen *The 42nd Parallel* (1930; *Der 42. Breitengrad*, 1930), *1919* (1932; *Auf den Trümmern*, 1932) und *The Big Money* (1936; *Der große Schatten*, 1939), weitet D.' Perspektive aus. In den Blick kommen nun die gesamtgesellschaftlichen Verhältnisse, die das Individuum nicht zur Entfaltung und zur Erfüllung seines Glücksstrebens kommen lassen. Die Romane entwerfen ein Panorama der amerikanischen Geschichte von der Jahrhundertwende bis zur Weltwirtschaftskrise. Im Vordergrund stehen dabei wie schon in *Manhattan Transfer* die Schicksale von Figuren, die aus der Mittelschicht stammen. In den verschiedensten Facetten und Tonlagen beklagt der Roman immer wieder das Ende des amerikanischen Traums im Scheitern der Selbstverwirklichung des Individuums. Die Collage der Romane ist zusammengesetzt aus vier wiederkehrenden, immer neu verschachtelten Segmenten. Diese bestehen aus fiktiven Lebensläufen von Figuren, die im Verlauf der Handlung mal interagieren, mal kollidieren, dann wieder einander nur touchieren; aus ›Wochenschauen‹, d.h. aus lyrisch gehaltenen Zitatteppichen, die Fragmente aus Zeitung und Werbung, Reden und Songs thematisch verbinden; aus in der Technik des »stream of consciousness« gestalteten, autobiographischen Erinnerungsfetzen; und schließlich aus skizzenhaften Porträts

von Personen des öffentlichen Lebens. Dargestellt werden Politiker, Industrielle, Erfinder und Künstler wie beispielsweise Frank Lloyd Wright, Isodora Duncan, Henry Ford, Thorstein Veblen und Woodrow Wilson. D.' Absicht war es, in der Trilogie die Sprache des Volkes und die dominanten Diskurse der Gesellschaft umfassend zu dokumentieren und durch ihre möglichst getreue Reproduktion selbst als kritischer »Architekt der Geschichte« zu fungieren. Die Synthese des Dargestellten wird jedoch auch in diesen Romanen wiederum den Lesern abverlangt. In der Lektüre mit den subjektiven und unscharfen Perspektiven der Figuren konfrontiert, werden sie durch das Prinzip der Montage angeregt, sich aktiv mit deren gesellschaftlichen und politischen Benachteiligungen auseinanderzusetzen. D.' Spätwerke halten an der Großform fest – wie etwa die 1952 abgeschlossene Trilogie *District of Columbia* –, widmen sich aber nun verstärkt den Werten der Gründergeneration, z. B. in Publikationen zu Thomas Paine und Thomas Jefferson. Oft fehlt diesen späten Schriften eine kritische Offenheit, da aus dem Suchen nun vielfach ein Finden und Bestätigen geworden ist. Aber auch hier ist das Engagement D.' gegen freiheitszerstörende Machtkonstellationen gerichtet.

D.' Leistung liegt bei aller zum Elitären neigenden Innovations- und Experimentierfreudigkeit hauptsächlich darin, mit seiner Prosa doch einen demokratischen literarischen Modernismus geschaffen zu haben. Wie kein zweiter Autor der ersten Hälfte des 20. Jahrhunderts hat er virtuos die Techniken der modernen Malerei und der neuen Massenmedien Fotografie und Film auf die Literatur übertragen. In seinem Kampf gegen jene Kräfte, die der politischen Selbstbestimmung und kreativen Selbstverwirklichung des einzelnen im Wege stehen, hat sein Werk nichts an Aktualität verloren.

Gerd Hurm

Doyle, [Sir] Arthur Conan
Geb. 22.5.1859 in Edinburgh;
gest. 7.7.1930 in Crowborough, Sussex

Als Arthur Conan Doyle 1887 in *A Study in Scarlet* (*Späte Rache*, 1894, später *Studie in Scharlachrot*) erstmals seinen Meisterdetektiv Sherlock Holmes ermitteln ließ, konnte er wohl kaum ahnen, daß dies die Geburtsstunde einer der erfolgreichsten literarischen Gestalten aller Zeiten sein sollte. Dies um so weniger, da die Erzählung zunächst bei Verlegern, aber auch nach ihrer Publikation bei Lesern, eher auf Zurückhaltung gestoßen war. Die Reaktionen änderten sich jedoch schlagartig nach der dritten Geschichte, »A Scandal in Bohemia« (1891; »Eine Skandalgeschichte im Fürstentum O.«, 1894), der ersten, die im Londoner *Strand Magazine* erschien. D. und seine literarische Schöpfung wurden gleichsam über Nacht berühmt und verhalfen der Zeitschrift in der Folge zu einem riesigen Erfolg. Den Lesern hatten es v.a. zwei Elemente in D.s Geschichten angetan: zum einen der schillernde und exzentrische Protagonist, zum anderen die Struktur der Krimis als Rätselspiel, das die Leser zum Mitmachen animierte. Beide Komponenten hatte D. vor dem Hintergrund von Edgar Allan Poes Dupin-Kurzgeschichten entwickelt. So ist sein Detektivgespann, das neben Holmes aus dem etwas naiven Ich-Erzähler Dr. James Watson besteht, eine konsequente Übersetzung der Poeschen Figuren ins spätviktorianische England. Holmes ist ein den Ergebnissen der Naturwissenschaften verpflichteter Detektiv, dessen Ermittlungserfolge auf scharfer Beobachtung und szientistisch verbürgten Analysen von am Tatort zurückgelassenen Spuren basieren. Auf diese Weise spiegeln und verstärken D.s Geschichten den Wissenschaftsoptimismus des ausgehenden 19. Jahrhunderts und den Aufstieg des Positivismus zum Leitparadigma jeglicher Welterkennung. Es ist daher durchaus kein Zufall, daß D. im Hauptberuf Arzt war und daß mit Prof. Joseph Bell einer von D.s akademischen Lehrern zur realen Vorlage für Holmes wurde. Um die Detektivfigur rankt sich denn auch bis heute ein (oft wenig ernsthaftes) Forschungsspiel, das immer wieder seinen Ausgang bei der Vermutung nimmt, Holmes habe tatsächlich existiert. »Vielleicht ist das größte aller Sherlock Holmes-Rätsel jenes: Daß wir, sobald wir von ihm reden, unvermeidbar der Vorstellung anheim fallen, er existiere wirklich«, beschrieb T.S. Eliot dieses Phänomen. Selbst ehrwürdige britische Institutionen beteiligten sich (durchaus in ernsterer Absicht) auf ihre Art an der ›Holmesmania‹: So sendete die *BBC* 1954 zum angeblichen 100. Geburtstag des Detektivs eine Sondersendung, und die *Encyclopaedia Britannica* widmete ihm als einer der wenigen literarischen Figuren einen eigenen Eintrag, der zudem in der Länge etwa jenem zu seinem Schöpfer D. entspricht. D. selbst war vom Erfolg seiner Erfindung zunehmend abgeschreckt; er fürchtete nicht zu Unrecht, daß die Kriminalgeschichten seine anderen Werke (vornehmlich historische Romane) in den Hintergrund drängten. Daher beging D. 1893 gleichsam selbst einen ›Mord‹: Der Autor ließ Holmes zusammen mit seinem Gegenspieler Prof. Moriaty in »The Adventure of the Final Problem« (»Sein letzter Fall«, 1894) die Reichenbach-Fälle hinabstürzen. Doch massiver Leserprotest (und ein üppiges Honorar) veranlaßten ihn 1903, Holmes wieder auferstehen zu lassen. – D.s erzählerische Meisterleistung besteht darin, im Text viele richtige Spuren zu legen, die am Ende Bestandteil der Lösung sind, aber aufgrund ihrer Kontextualisierung durch den Erzähler Watson zunächst überzeugend in einen falschen Zusammenhang eingeordnet werden können. Stets hat der Leser das Gefühl, daß er auch selbst hätte auf die Lösung kommen können, obgleich das Sprachspiel durch D. derart komplex gestaltet wird, daß dies fast unmöglich ist. An Dramatik und Dynamik gewinnen D.s Krimis jeweils, indem die Auflösung des ersten Verbrechens mit dem Kampf gegen eine weitere, unmittelbar bevorstehende Straftat gekoppelt ist. Mit seinen insgesamt 56 Holmes-Erzählungen legte D. ein Gattungsmodell vor, das lange Zeit prägend war; v. a. beeinflußte es auch die Gestalt der Detektivromane, die im sogenannten »Goldenen Zeitalter« (1920–40) zur Leitform der Krimiliteratur wurden (v. a. bei Agatha Christie).

1902 wurde D. anläßlich der Krönung von Edward VII geadelt, freilich nicht für seine literarischen Errungenschaften auf dem Gebiet der *crime fiction*, sondern für ein umfangreiches Werk über den Burenkrieg (erschienen 1900) und seine Leistungen als Arzt in einem Feldhospital während dieses Krieges. Eine entscheidende Wandlung erfuhr D.s Schaffen durch persönliche Schicksalsschläge nach dem Ersten Weltkrieg: Nach dem Tod seines Sohnes Kingsley, seines Bruders Innes und seines Schwagers E. William Hornung wandte er sich zunehmend dem Spiritismus zu und publizierte in seinem letzten Lebensjahrzehnt hauptsächlich zu diesem Themengebiet. Seine Beerdigung wurde 1930 auch eher zu einem Fest für Spiritisten als zu einer Trauerveranstaltung. Am 13. 7. 1930 fanden sich gar Tausende von Besuchern in der Royal Albert Hall ein, um mit D.s Geist während einer Séance Kontakt aufzunehmen. Sein spiritistisches Werk, aber auch seine historischen Romane sind heute weitgehend vergessen; die Holmes-Erzählungen dagegen finden immer noch ein Millionenpublikum.

Sascha Feuchert

Dreiser, Theodore [Herman]

Geb. 27. 8. 1871 in Terre Haute, Indiana; gest. 28. 12. 1945 in Los Angeles, Kalifornien

Theodore Dreiser gehört zu den amerikanischen Autoren, um deren Werk immer in heftiger Weise gestritten wurde. D., der heute neben Frank Norris und Stephen Crane als einer der ›Klassiker‹ des amerikanischen Naturalismus gilt, mußte sich anfänglich vor allem gegen die Vorbehalte der konservativen Literaturkritik durchsetzen. Einer seiner schärfsten Kritiker, Stuart Paul Sherman, attestierte seinen Werken ein »moral vacuum from which the obligations of parenthood, marriage, chivalry and citizenship have been quite withdrawn«. Urteile dieser Art zeigen an, wie sehr D.s literarische Sensibilität sich außerhalb der damals etablierten gesellschaftlichen und ästhetischen Normen bewegte. Insbesondere die Unbekümmertheit, mit der D. sich über sie hinwegsetzte, war es, was viele Zeitgenossen verstörte. D. reflektiert in seinem Werk nicht nur das ›amoralische‹ Weltbild des Naturalismus, er präsentiert auch eine Sicht auf die amerikanische Wirklichkeit, die geprägt ist von einer gesellschaftlichen und kulturellen Außenseiterperspektive.

Maßgeblich hierfür sind nicht zuletzt die Lebensumstände des Autors, gehört doch die Außenseitererfahrung zu den stärksten Eindrücken seiner frühen Biographie. D. wurde als neuntes von insgesamt 12 (davon 10 überlebenden) Kindern eines verarmten deutsch-katholischen Einwanderers und seiner um 12 Jahre jüngeren, aus einer tschechisch-mennonitischen Einwandererfamilie stammenden Frau geboren. Seine Kindheit und Jugend waren geprägt von Armut, Entwurzelung, Orientierungslosigkeit und dem Gefühl sozialer Stigmatisierung. Ständig auf der Suche nach neuen Möglichkeiten des Lebensunterhalts, war die Familie zu häufigen Ortswechseln gezwungen und konnte daher nirgendwo ein Gefühl sozialer Zugehörigkeit entwickeln. Im Alter von 16 Jahren löst sich D. erstmals von seiner Familie und zieht nach Chicago, wo er sich in verschiedenen Jobs als Gelegenheitsarbeiter durchschlägt. Während dieser Zeit wiederholt sich für D. noch einmal das Erfahrungsmuster seiner Kindheit und frühen Jugend. Im Jahre 1892 gelingt es ihm, in der Welt des Journalismus Fuß zu fassen, wo er bis Ende der 90er Jahre bei verschiedenen Zeitungen in Chicago, St. Louis, Toledo, Cleveland und New York tätig ist.

Die verschiedenen Erfahrungsfaktoren von D.s früher Biographie haben auch Eingang in seinen berühmten Erstlingsroman *Sister Carrie* (1900; *Schwester Carrie*, 1929) gefunden. Orientiert u. a. an den sozialdarwinistischen Theorien Herbert Spencers, am naturalistischen Schreibkonzept von Emile Zolas »Le roman experimental« sowie am Vorbild Honoré de Balzacs, schildert der Roman in Form von zwei einander kreuzenden Handlungssträngen die gegenläufigen Entwicklungen der beiden Hauptgestalten. Während die jugendliche Titelheldin Carrie Meeber vom einfachen Landmädchen zum gefeierten New Yorker Bühnenstar aufsteigt, sinkt ihr männlicher Gegenpart, der alternde Saloon-Manager George Hurstwood, von der Höhe seines Erfolgs in einen Zustand erbärmlichster Armut ab, in dem er schließlich seinem Leben ein Ende setzt. Diese Konstellation fungiert im Zolaschen Sinne als eine Art Experimentieranordnung, die auf die literarische Veranschaulichung des Spencerschen Evolutions-Dissolutionsmodells hinausläuft. Während sich bei Carrie im Verlauf der Handlung ein evolutionäres Entwicklungspotential entfaltet, von dem am Schluß offen bleibt, inwieweit es sich bereits erschöpft und einen Umschlagpunkt erreicht hat, vollzieht sich bei Hurstwood ein Auflösungsprozeß, der in logischer Konsequenz in der

Rückführung seiner physischen Substanz in ›tote Materie‹ endet. Die Entwicklung Carries wird insbesondere durch das Theatermotiv markiert. Am Anfang des Romans steht die berühmte Zugepisode, in der die im sozialen Rollenspiel noch unerfahrene Tagelöhnertochter auf dem Weg von der Provinzhauptstadt Columbia City in die Großstadt Chicago dem »impression management« ihres ersten ›Verführers‹, des Handlungsreisenden Drouet, erliegt. Am Ende sitzt Carrie, die inzwischen zum gefeierten Broadwaystar aufgestiegen ist, am Fenster ihrer luxuriösen New Yorker Hotelsuite in ihrem Schaukelstuhl und träumt sehnsuchtsvoll ihrer ›eigentlichen Bestimmung‹ als ernsthafte Künstlerin entgegen.

Es ist vor allem der Handlungsstrang um Carrie, mit dem D. die Doubleday-Affäre auslöste, die als eine der berühmtesten Zensurskandale in die amerikanische Literaturgeschichte eingegangen ist. Als die Frau des Verlegers das Manuskript in die Hand bekam, war sie von dessen unmoralischem Inhalt so schockiert, daß sie Druck auf ihren Mann ausübte, den Roman nicht zu veröffentlichen. Da D. jedoch auf Einhaltung des bereits geschlossenen Druckvertrages bestand, ließ der Verleger das Buch nur in einer Kleinstauflage drucken und beschränkte den Werbeaufwand auf ein Minimum. Für zeitgenössische Leser bestand das Skandalon des Romans insbesondere darin, daß er in mehrfacher Hinsicht gängige Erwartungen enttäuschte. D. kehrt z. B. das konventionelle Muster der Horatio-Alger-Erfolgsgeschichte parodistisch um, indem er den im Sinne der Zeit ›unmoralischen‹ Lebenswandel seiner jugendlichen Heldin mit materiellem Erfolg belohnt. Was Leser darüber hinaus bis heute irritiert und provoziert, ist der Umstand, daß die Erzählerstimme der Protagonistin zwar immer wieder Gefühlstiefe attestiert, auf der Handlungsebene jedoch der Eindruck extremer Gefühlskälte vermittelt wird. Augenfällig ist z. B. die Kaltblütigkeit, mit der Carrie sich ihrer Liebhaber entledigt, wenn diese ihrem Eigeninteresse im Wege stehen. Dies war nicht nur vor dem Hintergrund der literarischen Konventionen der Zeit mehr als ungewöhnlich, sondern widersprach auch fundamental dem traditionellen viktorianischen Frauenbild. Indem der Roman eine Protagonistin auftreten läßt, die sich an den Gesetzen der kapitalistischen Marktgesellschaft orientiert und damit Erfolg hat, während ihr männlicher Gegenpart untergeht, reflektiert er indirekt auch die Veränderungen, die sich um die Jahrhundertwende im Gefolge der »new-woman«-Bewegung in den Geschlechterbeziehungen vollzogen.

Im Gefolge der Doubleday-Affäre spitzten sich bei D. die seelischen Probleme zu, die schon vorher sein Leben geprägt hatten. Er fühlte sich nun gewissermaßen als kultureller Außenseiter, litt an Minderwertigkeitskomplexen und Depressionen und trug sich zeitweilig mit Selbstmordabsichten. Nach einem längeren Sanatoriumsaufenthalt gelang D. dann jedoch eine steile Erfolgskarriere als Journalist und Herausgeber populärer Modemagazine, die allerdings 1910 abrupt endete, als er wegen einer Affäre mit der minderjährigen Tochter einer Kollegin seine Stellung verlor. Dieser Karrierebruch führte dazu, daß D. nun seine schriftstellerische Tätigkeit wieder aufnahm und im folgenden Jahrzehnt eine außerordentliche literarische Produktivität entfaltete. Von den in dieser Zeit entstandenen Romanen stellt *Jennie Gerhardt* (1911; *Jennie Gerhardt*, 1928) eine Art sentimentales Gegenstück zu *Sister Carrie* dar. Ähnlich wie die Protagonistin des Erstlingsromans verhält sich auch Jennie Gerhardt unmoralisch im Sinne der herrschenden Moral, indem sie illegitime Verhältnisse mit zwei Männern hat. Im Unterschied zu *Sister Carrie*

fand dieser Roman beim zeitgenössischen Lesepublikum jedoch eine überwiegend positive Resonanz, wohl nicht zuletzt deshalb, weil D. im Porträt seiner Heldin auf das populäre Romanzenklischee der selbstlos-opferbereiten Frau zurückgriff.

Von ganz anderem Zuschnitt sind *The Financier* (1912; *Der Finanzier*, 1954) und *The Titan* (1914; *Der Titan*, 1928), die beiden ersten Bände eines als »Trilogy of Desire« geplanten Zyklus über den Finanzmagnaten Charles T. Yerkes (1837–1905), dessen Leben und Persönlichkeit in der Figur des Trilogiehelden Frank Algernon Cowperwood fiktionalisiert werden. In dessen Gestalt porträtiert D. jenen legendären Typus des »robber baron«, der in der populären Vorstellung als heroische Verkörperung bodenständiger Pioniertugenden wie »self-sufficiency« und »rugged individualism« glorifiziert wurde. Vordergründig geht es im Porträt der Cowperwood-Figur wieder um die Anwendung naturalistischer Erklärungsformeln. Der Protagonist ist eine Nietzsche nachempfundene Übermenschengestalt, der von einem angeborenen ›Willen zur Macht‹ erfüllt ist und schon als Kind das sozialdarwinistische ›Naturgesetz‹ des »survival of the fittest« verinnerlicht hat. Sein gesamtes Handeln ist deshalb von Anfang an von dem amoralischen Lebensmotto »I satisfy myself« bestimmt. Die scheinbar totale Autonomie des Protagonisten unterliegt jedoch paradoxerweise einer Fremdbestimmung, denn sein Handeln wird von Kräften gesteuert, die sich letztlich seiner Kontrolle entziehen. Die Gesamthandlung der Trilogie wird wieder bestimmt vom Evolutions-Dissolutionsmodell Spencers. Dem inneren Impuls seiner Natur folgend, durchläuft Cowperwood ähnlich wie die Titelgestalt von *Sister Carrie* zunächst eine Aufwärtsentwicklung von einer zuerst rein materialistischen, dann immer mehr spirituell und künstlerisch verfeinerten

Lebenseinstellung. In *The Stoic* (1947; *Der Unentwegte*, 1953; *Der Stoiker* 1954), dem unvollendet gebliebenen und erst zwei Jahre nach D.s Tod erschienen Schlußteil der Trilogie, wird der Dissolutionsprozeß ins Bild gesetzt, indem geschildert wird, wie das gigantische Finanzimperium Cowperwoods nach dessen Tode durch die Machenschaften kleinkarierter Vermögensjäger zerfällt. Das für den Naturalismus insgesamt typische Verfahren, der Handlungs- und Figurengestaltung ›wissenschaftliche‹ Erklärungsmuster zugrundezulegen, ist freilich aus heutiger Sicht weniger interessant als vielmehr die Bedeutung der Trilogie als kulturelles Dokument einer gesellschafts- und epochenspezifischen Mentalitätsstruktur, denn hinter dem vermeintlich objektiven Wissenschaftshabitus der Erzählerstimme verbirgt sich eine kaum verhüllte Faszination für die in der Hauptgestalt repräsentierten Erscheinungsformen männlicher Macht, eine Faszination freilich, hinter der sich auch unterschwellige maskuline Ängste vor dem Verlust von gesellschaftlicher Kontrolle vermuten lassen. Das Werk wirft insofern ein interessantes Schlaglicht auf die Psychologie der Geschlechterbeziehungen im »Gilded Age«.

Daß solche Ängste auch eine Triebfeder für D.s eigenes künstlerisches Schaffen waren, zeigt sich auf eher peinliche Weise an dem fast unverhüllt autobiographischen Künstlerroman *The »Genius«* (1915; *Das »Genie«*, 1929), einem seiner schwächsten Werke, wo es ähnlich wie in *Sister Carrie* zu einer Diskrepanz zwischen dem durch die Erzählerstimme und dem durch die Handlung vermittelten Porträt der Hauptfigur kommt. Während die Erzählerstimme den sexuellen ›Akquisitionsdrang‹ des Protagonisten als Ausdruck naturhaft-elementarer Triebhaftigkeit stilisiert, wird auf der Handlungsebene die soziale Kompensationsfunktion seines Verhaltens offensichtlich.

Ein wirklich großer Wurf gelingt D. erst wieder mit dem voluminösen *An American Tragedy* (1925; *Eine amerikanische Tragödie*, 1927), wo der Autor im Porträt seines Protagonisten Clyde Griffiths einerseits auf einen in der zeitgenössischen Presse ausführlich dokumentierten Kriminalfall zurückgreift, andererseits die Außenseitererfahrungen seiner Kindheit und Jugend in höchst komplexer Weise in dieses Porträt einarbeitet. Es ist die in drei »Büchern« erzählte Geschichte eines Jugendlichen aus ärmlichem Milieu, der sich durch den Mord an seiner ebenfalls aus armen Verhältnissen stammenden Geliebten den Weg zur Heirat mit einem »golden girl« aus reichem Hause und damit zum gesellschaftlichen Aufstieg zu bahnen versucht, aber der Tat überführt, zum Tode verurteilt und hingerichtet wird. Das herkömmliche »from-rags-to-riches«-Schema der populären amerikanischen Erfolgsgeschichte erfährt auf diese Weise eine parodistische Umkehrung. Darüber hinaus setzt der Roman eine im Sinne der Titelgebung spezifisch amerikanische Tragödie der Selbstentfremdung und des Selbstverlustes ins Bild. Der Protagonist Clyde Griffiths, der in seinen wechselnden Selbstentwürfen ganz und gar vom Identitätenmarkt der herrschenden Konsumkultur abhängig ist und nicht einmal im Moment seines Todes zu sich selbst zu finden vermag, erscheint dabei als beispielhafte Verkörperung der »plastic personality«, der beliebig formbaren, fremdgesteuerten Persönlichkeit des modernen Zeitalters.

Nach dem überwältigen Erfolg von *An American Tragedy* setzt D. seine vielfältigen schriftstellerischen Aktivitäten mit unverminderter Energie auf unterschiedlichsten Gebieten fort, dem der Autobiographie (*A Book about Myself*, 1922, *Newspaper Days*, 1926, bzw. *Dawn*, 1931; *Das Buch über mich selbst*, 1932; *Ein Buch über mich selbst*, 1950), dem des Reiseberichts (*A Traveler at*

Forty, 1913; *A Hoosier Holiday*, 1916; *Dreiser Looks at Russia*, 1928), dem des journalistischen Großstadtporträts (*The Color of a Great City*, 1923), des biographischen Sketches (*Twelve Men*, 1919; *A Gallery of Women*, 1929; *Die Frau*, 1930), des philosophisch-politischen Essays (*Hey Rub-a-Dub-Dub*, 1920; *Moods: Cadenced and Declaimed*, 1926; *Tragic America*, 1931; *Die Tragik Amerikas*, 1932; *America Is Worth Saving*, 1941), dem des Dramas (*Plays of the Natural and the Supernatural*, 1916; *The Hand of the Potter*, 1918; *Ton in des Schöpfers Hand*, 1928), der Kurzgeschichte (*Free and Other Stories*, 1918; *Chains*, 1927) und des Romans (*The Bulwark*, postum 1946; *Das Bollwerk*, 1961; *The Stoic*, 1947; *Der Stoiker*, 1954). D. kann jedoch mit all diesen Werken nicht wieder an das künstlerische Niveau von *An American Tragedy* anknüpfen. Seit 1981, dem Jahr der spektakulären Veröffentlichung des ungekürzten Originalmanuskripts von *Sister Carrie*, findet D.s Status im Kanon der amerikanischen Literatur seinen Ausdruck auch im gigantischen Großprojekt einer von der University of Pennsylvania Press in Auftrag gegebenen kritischen Gesamtausgabe seiner Schriften.

Kurt Müller

Eliot, George
[Mary Ann, später Marian, Evans]
Geb. 22. 11. 1819 in South Farm, Arbury, Warwickshire; gest. 22. 12. 1880 in London

Keine Frage: Im heutigen England ist George Eliot, Pseudonym für Mary Ann Evans, eine nationale Institution. Die vermutlich intelligenteste und gebildetste Frau des 19. Jahrhunderts genießt eine Wertschätzung, die im respektvollen Ton der Kritik, einer ins Unüberschaubare gewachsenen Flut von substantiellen Veröffentlichungen über sie und einer intensiven Erinnerungspflege

im Rahmen der George Eliot Fellowship deutlich wird. E.s *Middlemarch* (1871–72; *Middlemarch*, 1872–73), so lautete das treffsichere Urteil von Virginia Woolf (1919), ist einer der wenigen englischen Romane, die für Erwachsene geschrieben worden seien. – Leben und Werk von E. stehen auffällig im Zeichen einer Horizonterweiterung und der Modernisierungserfahrung. Als Tochter eines Gutsverwalters wächst sie in der englischen Provinz (Warwickshire) auf, deren vom Dissentertum, insbesondere von der religiösen Erweckungsbewegung des Methodismus beeinflußte bäuerliche Kultur für sie als prägendes soziales Umfeld und als oft nostalgisch beschworener Erinnerungsraum lebenslang von großer Bedeutung ist. An der Mrs. Wallington's School in Nuneaton gerät sie unter den Einfluß der evangelikal gesinnten Lehrerin Miss Lewis. Kontinuierlich arbeitet sie an ihrer Bildung, lernt unter der Anleitung von Privatlehrern Italienisch, Deutsch, Griechisch und Latein. Noch während sie für ihren verwitweten Vater den Haushalt führt, erleidet sie, wie andere viktorianische Intellektuelle auch, den Verlust ihres Jugendglaubens, was, in Verbindung mit der formal illegitimen Beziehung zu dem verheirateten Wissenschaftler George Henry Lewes, zu einer lebenslangen Entfremdung von ihrer Familie führt. Der Säkularisierungsprozeß greift also in dramatischer Weise in ihr Leben ebenso ein wie die Erfahrung der damaligen rechtlichen und sozialen Benachteiligung der Frau. E. kompensiert diese Erfahrungen in typisch viktorianischer Weise mit dem Konstrukt einer moralischen Weltanschauung, die auf übersinnliche Rechtfertigung verzichtet, und mit zahlreichen Reisen auf den europäischen Kontinent (Deutschland, Frankreich, Italien, Spanien). Die Provinzlerin E. eignet sich einen umfassenden europäischen Horizont an, der u. a. an der Polyphonie ihrer Motti und literarischen Anspielungen ablesbar ist, und sie gewinnt als Schriftstellerin und Denkerin eine wahrhaft europäische Statur.

Man kann in E.s Leben drei Phasen unterscheiden: erstens die evangelikal geprägte Jugend in der Provinz (bis 1842), zweitens eine unruhige Zeit der Suche als Übersetzerin und De-facto-Herausgeberin der progressiven Zeitschrift *Westminster Review* (1851) mit vielen Kontakten zur Intellektuellenszene Londons (John Chapman, Herbert Spencer und andere) und schließlich ab 1854 die glückliche Verbindung mit Lewes, die auch ihre schriftstellerische Tätigkeit auslöst und sie ideologisch zwar nicht zurück zur christlichen Orthodoxie, aber doch in die Nähe eines unorthodoxen, rebellischen Konservatismus bringt. Was gelegentlich als proteische, standpunktlose Wandlungsfähigkeit erscheinen mag, hat indes seine Wurzel und seinen Ort in einer humanistischen Philosophie der Liebe (Sympathie) und der Mitmenschlichkeit, die Weltanschauung, ästhetische Theorie (Realismus) und Lebenspraxis E.s gleichermaßen bestimmt und umgreift. Diese ethische Position entsteht nicht zuletzt unter dem Einfluß der freidenkerisch-humanistischen Interpretation der christlichen Theologie durch David Friedrich Strauss und Ludwig Feuerbach. 1846 erscheint E.s englische Übersetzung von Strauss' *Das Leben Jesu* (1835), 1854 publiziert sie ihre Übertragung von Feuerbachs *Das Wesen des Christentums* (1840). Laut Strauss sind die Berichte der Evangelisten nicht historisch, sondern mythische Konstruktionen, und Feuerbach deutet die biblischen Gottesvorstellungen materialistisch und anthropologisch im Sinne eines emanzipatorischen Humanismus als menschliche Werke, in denen der Mensch seine Selbsterkenntnis reflektiert. Anders als der Hegelsche Idealismus versteht Feuerbach den Menschen als natürliches, bedürftiges, leibliches, auf andere Menschen angewiesenes Sinnenwesen. Höchstes Prinzip der »Philosophie der Zukunft« ist für Feuerbach das Prinzip der liebenden »Mitmenschlichkeit«. Ähnlich wie in Auguste Comtes positivistischer Philosophie, der sich E. ebenfalls verpflichtet fühlte, wird bei Feuerbach ein Pathos der Liebe und der Humanität verkündet. E. stand in den 1840er und frühen 1850er Jahren also im Bannkreis des deutschen Linkshegelianismus. Während aber Feuerbach nach der Marx-Lektüre 1868 zum Marxisten konvertierte, wandte sich E. von freidenkerisch-antichristlichen Haltungen ab und gelangte zu einer überaus komplexen, ja widersprüchlichen Position, die konservative und liberale Strömungen, statisches und evolutionäres Geschichtsdenken, moralischen Idealismus und empirischen Realismus miteinander verband. Wie Comte und Feuerbach verwandelt ihr Humanismus das Christentum in eine moralische, gemeinschaftsstiftende Kraft.

Diese Voraussetzungen bestimmen die Ausrichtung ihrer Romanpoetik. Im Mittelpunkt steht der liebende und verstehende Blick auf die um ihre Existenz ringende Menschheit, seien es nun Landarbeiter, Bauern, Handwerker und Milchmädchen wie in den frühen Erzählungen oder heroische, sozial und intellektuell hochstehende Figuren, die der einfühlenden Sympathie bedürfen. E.s moralischer Imperativ schließt einen bloß ästhetischen oder naturalistischen Blickwinkel aus. Angeregt von dem konservativen Kultursoziologen Wilhelm Riehl, dessen Werk sie eine grundlegende Rezension widmet (»The Natural History of German Life«, 1856), will sie in ihren Romanen das komplexe Netz der vielfältigen Beziehungen der sozialen Klassen und ihre Abhängigkeit von Traditionen und äußeren Bedingungen untersuchen. Wenn ihre quasi-soziologischen Romanfiktionen brauchbare Erkenntnisse liefern sollen, dann ist die realistische Methode unabdingbar, die Bauern nicht in idyllische Operettenfiguren verwandeln darf. Ziel humanistischer, moralisch verantwortlicher Kunst muß die Bildung und Erziehung des Lesers sein – und diese wird am greifbarsten an der erkennbaren Ausweitung seiner Sympathien (»the extension of our sympathies«). Multiperspektivik und auktoriale Erzählstimme spielen in diesem ästhetischen Programm eines moralisch imprägnierten Realismus deshalb eine Schlüsselrolle. Ersterer fällt die Aufgabe zu, ein möglichst vielstimmiges, objektives Bild der Gesellschaft zu erstellen und erzählerischen Egoismus bzw. Narzißmus zu vermeiden. Das erzählerische Medium vermittelt zwischen realer Welt und Fiktionswelt, erklärt und bewertet die Figuren im Medium einer Sprache, die, unendlich variabel, zahlreiche Gefühlsnuancen und Haltungen von der herablassenden oder mitfühlenden Ironie bis zu satirischem Ingrimm oder philosophischer Gelassenheit und nostalgischer Ergriffenheit zuläßt. Das auch für den Hegelianismus charakteristische Erbe von abstraktem Philosophieren und Leben, Theorie und Praxis haucht bei E. der auktorialen Erzähltradition neues Leben ein und führt ihr neue Funktionen zu, die mit der Kommunikation von Einsichten, Moral und Sympathie zu tun haben. Dabei ist E. doktrinäre Rabiatheit fremd. Oft entstammen die deutenden, gelegentlich aphoristischen Verallgemeinerungen der Weltklugheit der Moralistik, oft illusionskritischem *common sense*, gelegentlich aber auch anspruchsvollen Spezialdiskursen wie der Zeichentheorie.

E.s erste Erzählungen und Romane – *Scenes of Clerical Life* (1857; *Bilder aus dem kirchlichen Leben Englands*, 1885), *Adam Bede* (1859; *Adam Bede*, 1860), *The Mill on the Floss* (1860; *Die Mühle am Floss*, 1861), *Silas Marner* (1861; *Silas Marner*, 1861) – wurzeln tief in ihren persönlichen Erfahrungen und der Provinzkultur der Midlands.

Durchweg retrospektiv angelegt und etwa ein halbes Jahrhundert zurückversetzt, fangen sie jenen Augenblick des Übergangs von der traditionellen zur modernen Gesellschaft ein, den die Erzählstimme mit einer Mischung aus realistischer sozialkritischer Betrachtung und Nostalgie zur Anschauung bringt und deutet. So gehen Idyllekritik und Idylle, kultursoziologische Analyse nach dem Vorbild Riehls und Romanze in diesen auch sprachlich (Dialektwörter) regional eingefärbten Erzählungen eine komplexe, auch widersprüchliche Verbindung ein, zumal die realistische Faktizität zahlloser konkreter Einzelbeobachtungen über das Buttern, Mähen, Kartoffelernten, Weben und Schreinern zugleich nach dem Muster moralischer Fabeln angeordnet wird. Bei aller Individualisierung und Kontingenz sorgt eine moralische Nemesis dafür, daß eine moralische Fehlhaltung wie z.B. Eitelkeit (Hetty in *Adam Bede*) bestraft und sozial verantwortliches Handeln (Adam Bede, Dinah Morris) belohnt wird. ›Commonplace‹ ist das Stichwort der *Scenes of Clerical Life*, mit denen E., durch den Zuspruch von Lewes ermutigt, ihre Karriere als Künstlerin beginnt. Nicht die romantischen Verlogenheiten der »silly lady novelists« (E.) sind ihr Anliegen, sondern, fern aller Theologie, die menschlichen, alltäglichen Realitäten des Pfarrerstandes. Liebe unter den Bedingungen gesellschaftlicher Realität im 19. Jahrhundert, das große Thema des Romans und der Erzählungen von *Scenes of Clerical Life*, bestimmt auch die Anlage der weiteren Romane von E. Dabei ist streng zwischen erotischer und moralischer Liebe zu trennen. Die Leidenschaft der naivnarzißtischen eitlen Hetty für den abenteuernden Aristokraten Arthur Donnithorne endet in der Katastrophe des Kindsmords und der Verbannung, während die moralisch integren Figuren, der Schreiner Adam Bede und die methodistische Predigerin Dinah Morris zueinanderfinden. Was den enormen Erfolg von *Adam Bede* ausgelöst hat, dürfte aber weniger dieser Plot sein als der retrospektiv-nostalgische Blick zurück auf das Landleben von Hayslope, der trotz des Bemühens um Idyllekritik etwa in die Darstellung der Poyser-Familie eingeschrieben ist. Erlösung durch liebende Hinwendung zum Mitmenschen ist das Handlungsmuster, dem auch der Plot von *Silas Marner* gehorcht. Der isolierte, von der abergläubischen, vor-modernen Dorfgemeinschaft kritisch beäugte Weber Silas gewinnt sein durch üble Nachrede verlorenes Glück zurück, als er das von Godfrey verleugnete Kind Eppie findet und aufzieht. Entgegen kulturkonservativen Deutungen (Q. D. Leavis) wird man sagen müssen, daß E. gerade im ›sozialhistorischen‹ Eingangskapitel die Dorfgemeinschaft keineswegs zum Muster heilen organischen Soziallebens stilisiert, sondern eine für sie typische ambivalente Position bezieht. Die Doppelstrategie von realistischer Mimesis und Mythisierung, sozialkritischer Diagnose und Wunschprojektion bestimmt in besonderem Maß ihren vielleicht persönlichsten Roman, *The Mill on the Floss*. Die Ironien und Widersprüche des Modernisierungsprozesses, v. a. seine Kosten, sind am Schicksal der Familie Tulliver ablesbar. Der altmodische, inkompetente Müller Tulliver gerät im hoffnungslosen Prozeß gegen den smarten Rechtsanwalt Wakem zur tragikomischen Figur, der gleichwohl die Liebe der Tochter Maggie gilt. Maggies Schicksal spiegelt die Leiden begabter junger Frauen, denen in einer rückwärtsgewandten provinziellen Gesellschaft der Bruder (Tom) vorgezogen wird. Verstrickt in die Leidenschaft für Stephen Guest, ihre Loyalität zum Jugendfreund Philip Wakem und die Liebe zum selbstgerechten Bruder, ›erlöst‹ sie der Tod im Wasser, der gleichzeitig die ersehnte Vereinigung mit dem Bruder bringt. Auch wenn dieses Schluß-

motiv des gemeinsamen Todes in der Flut etwas aufgesetzt wirkt und offensichtlich auch auf persönliche Harmoniebedürfnisse der Autorin (wegen der ablehnenden Haltung ihres eigenen Bruders) antwortet, widerspricht das Schema des tragikomisch-tragischen Untergangs nicht der Ambivalenz der Moderne-Deutung des Romans.

Sieht man von dem 1866 erschienenen politischen Roman *Felix Holt, The Radical* (*Felix Holt, der Radikale,* 1867) ab, der u. a. das korrupte Wahlsystem aufs Korn nimmt, läßt sich bei den jetzt folgenden Romanen und Texten eine deutliche Ausweitung, ja Europäisierung der Perspektive ausmachen. Der im Florenz der Renaissance spielende Roman *Romola* (1862–63; *Romola,* 1863), von der Kritik als Fehlschlag eingestuft, weil er mit ermüdender Akribie im Englischen vergangene italienische Sprache und Kultur fingiert, knüpft gleichwohl in ahistorischer und herausfordernder Weise an die Liebesthematik an. Romola, die Protagonistin, löst sich gleich von drei Vaterfiguren: ihrem eigenen Vater, dem gelehrten Bardo, der ihre weibliche Rolle traditionalistisch deutet; dem treulosen Ehemann Tito, der sich moralisch und politisch kompromittiert, und dem geistlichen Vorbild Savonarola. Romola lebt emanzipatorischen Humanismus, wenn sie am Ende mit der Geliebten ihres toten Mannes und deren Kindern eine Kommune bildet. Etwas resignativ fällt der Schluß in ihrem Meisterwerk *Middlemarch* aus, wenn die idealistische Heldin Dorothea ihre Ambitionen nur im Rahmen einer Ehe und von Privatkontakten verfolgen kann. In diesem Roman schaffen Kontrast und Parallelismus sinnfällige Unterschiede zwischen Egoismus (Rosamond) und Altruismus (Dorothea), moralisch gefestigter (Mary Garth) und erotisch motivierter (Lydgate) Liebe. Die europäische Perspektive ist in die reiche Intertextualität des Romans (z. B. Motti) ebenso eingegangen wie in die anglo-europäische Identität zentraler Figuren und die Ausweitung des Schauplatzes auf Rom. Wenn es ein zentrales Thema gibt, das alle Teile zusammenbindet, dann ist es, entsprechend dem zentralen Ereignis der Reform Bill von 1832, die Reform. Immer noch angetrieben vom Anliegen, die Möglichkeiten der Sympathiestiftung, des moralisch gelungenen und mißlungenen Lebens im Roman sichtbar zu machen, betritt E. in ihrem letzten Roman, *Daniel Deronda* (1874–76; *Daniel Deronda*, 1876), inhaltlich und formal (Rückblenden) noch einmal völlig neues Terrain. Ihre Sozialkritik speist sich hier aus einem moralischen Impuls, der fast utopische Qualitäten erreicht und entsprechend kontrastive Strukturen nach sich zieht. Denn offenkundig ist, trotz mancher Parallelen in der Frauenfrage, das Bild einer kalten, von materiellen Erwägungen bestimmten englischen Oberschicht (Grandcourt-Handlung) analog zur utopischen Sozialkritik kontrastiv auf das idealisierte Bild jüdischer Kultur (Mordecai, Daniel Deronda) bezogen. In bahnbrechender Weise bürdet die Viktorianerin und Intellektuelle E. dem Roman noch einmal die ethische Aufgabe auf, tiefverwurzelte Vorurteile abzubauen und den Horizont des Sympathiewürdigen auszuweiten.

Hans Ulrich Seeber

Eliot, T[homas] S[tearns]
Geb. 26. 9. 1888 in St. Louis, Missouri; gest. 4. 1. 1965 in London, England

Mit dem Tod von T.S. Eliot im Jahr 1965 ging in der Literatur- und Kulturgeschichte des 20. Jahrhunderts eine Ära zu Ende, die sich untrennbar mit seinem Namen verbindet. E.s herausragende Position unter den Dichtern seiner Epoche erklärt sich nicht zuletzt aus dem paradoxen Tatbestand, daß er mit seinem Gedicht *The Waste Land*

(1922; *Das wüste Land*, 1927) nicht nur ein genialer Zeitdiagnostiker war, der das Zerbrechen traditioneller Werte auf allen Ebenen der Kultur und des Lebens in der Zeit nach dem Ersten Weltkrieg in einer innovativen sprachkünstlerischen Form mit größter Eindringlichkeit zum Ausdruck brachte, sondern daß er sich – auch schon in diesem Werk – gleichzeitig als Sinnsuchender und Bewahrer des kulturellen Erbes zeigte. Diese Doppelgesichtigkeit seines Werks machte E. auch nach dem Zweiten Weltkrieg zu einem Autor, dem man sich angesichts eines extremen Ordnungs- und Werteverfalls zuwenden konnte. In der Entwicklung E.s nach *The Waste Land* fand man den paradigmatischen Fall eines Autors, der konsequent von der Diagnose des Sinnverlusts zur neuen Sinnfindung voranschritt. Bei der intensiven Rezeption E.s spielte auch die Tatsache eine große Rolle, daß der Dichter komplementär zu seinem Werk in Essays und Rezensionen eine Poetik entwickelte, die einerseits als Schlüssel zu seinen Dichtungen aufgefaßt werden konnte, andererseits aufgrund ihres universellen Anspruchs aber auch als Poetik des 20. Jahrhunderts gelten konnte. Seine *Selected Essays* (1932; *Ausgewählte Essays*, 1950) – und nicht die Schriften seines wesentlich betriebsameren und avantgardistischeren Freundes Ezra Pound – wurden zum Manifest des Modernismus, das über seine poetologische Relevanz hinaus eine umfassende Neubeurteilung der Literatur und Kultur Europas und speziell des Kanons weltliterarischer Werke darstellte.

Das besondere kulturgeschichtliche Interesse E.s hängt unter anderem damit zusammen, daß er Amerikaner und Brite in einem war. Wenn er 1927 auch die britische Staatsbürgerschaft annahm und zum Anglo-Katholizismus konvertierte, blieb seine amerikanische Vergangenheit in seiner Persönlichkeit und seinem Werk stets präsent. Das betrifft seine Heimatstadt St. Louis und die im Bewußtsein seiner Familie lebendige Herkunft aus Massachusetts einschließlich ihres puritanischen Erbes. E. studierte ›naturgemäß‹ in Neuengland, an der Harvard University, wo er in George Santayana und Irving Babbit herausragende Lehrer hatte. Seine philosophischen Studien vertiefte er während eines Studienjahres an der Sorbonne, wo er Vorlesungen von Henri Bergson hörte. In Harvard wurde er mit einer Arbeit über die subjektbezogene (neuidealistische) Philosophie Francis Herbert Bradleys promoviert. Nach seiner Übersiedelung nach England kam E. rasch in den avantgardistischen Kreis um Ezra Pound, der in E.s Gedichten eine außerordentliche Modernität erkannte und ihm den Weg für die Veröffentlichung von »The Love Song of J. Alfred Prufrock« in Harriet Monroes Zeitschrift *Poetry* bereitete. Zur Sicherung des Lebensunterhalts ging E. nach der Heirat mit Vivienne Haigh-Wood (einer psychisch instabilen Frau, die später im Wahnsinn endete, wofür E. sich mitverantwortlich fühlte) verschiedenen Tätigkeiten nach, z. B. als Bankangestellter und Herausgeber der Zeitschriften *The Egoist* und *The Criterion*, bis er 1925 zum Verlag Faber & Faber kam, dessen Leiter er schließlich wurde. Anders als bei seinen Dichterkollegen Wallace Stevens, der Jurist war, und William Carlos Williams, der eine Arztpraxis hatte, bestand bei E. eine sehr enge Beziehung zwischen seiner beruflichen Tätigkeit im Verlag und seiner Laufbahn als Dichter.

E.s literaturgeschichtliche Bedeutung liegt in der Hauptsache in seinem lyrischen Werk begründet, obwohl er seit den 30er Jahren auch auf dem Gebiet des Dramas in beachtlicher Weise als Neuerer hervortrat. Seine frühe Lyrik bis zu *The Waste Land* ist als Reaktion auf den Werteverfall und die Disharmonie der großstädtisch geprägten modernen Welt zu verstehen. E.s erster Gedichtband, *Prufrock and Other Observations* (1917), ist mit dem ironisch-sardonischen Ton und der vielfach zynischen Selbstbeobachtung und Selbstkritik seiner Rollensprecher dem französischen Symbolisten Jules Laforgue verpflichtet. Die Skepsis dem Ich gegenüber äußert sich in dem dramatischen Monolog »The Lovesong of J. Alfred Prufrock« in Ichspaltung. Die einleitenden Verse – »Let us go then, you and I [...]« – lassen sich eher als Anrede des Ich an ein *alter ego* denn als die konventionelle Anrede an die Geliebte (*invitatio*) auffassen. Der Sprecher ist ein desillusionierter Junggeselle, der, angewidert von der Schalheit und Sinnlosigkeit des großstädtischen Lebens und den Prätentionen seiner Kulturträger, sich selbst immer wieder bohrende Fragen stellt, aber doch in Mut- und Antriebslosigkeit verharrt und nicht aus dem Ritual gesellschaftlicher Nichtigkeiten – »I have measured out my life with coffee spoons« – ausbrechen und zu einer entschiedenen existenzbegründenden Handlung finden kann. Vergleichbar ist der von Henry James beeinflußte Monolog »Portrait of a Lady«, dessen Sprecher sich über seine unbefriedigende Beziehung zu einer hochgebildeten, wenn auch vitalitätsschwachen Frau äußert. Kulturkritisch pointiert ist auch das gelangweilt-geistreiche Aneinandervorbeireden der Gesprächspartner in »Conversation galante«. Gedichte wie »Preludes«, »Rhapsody on a Windy Night« und »Morning at the Window« stellen nicht die sterile, überkultivierte vornehme Welt, sondern Häßlichkeit und Elend des städtischen Milieus und einer entsprechend einsamen, entfremdeten und sinnlosen menschlichen Existenz vor. Ein positiv dargestellter Charakter in E.s erstem Band ist Mr. Apollinax, der Dionysisches und Appollinisches verbindet, vermutlich ein Portrait Bertrand Russells, bei dem E. 1914 an der Harvard University studiert hatte.

In *Poems* (1920) läßt E. auf Figuren wie den triebschwachen Ästheten Prufrock aus seinem ersten Band den ganz und gar nicht hypertroph-intellektuellen, sondern vielmehr erdverbundenen Charakter Apeneck Sweeney folgen, dessen vulgäre Sinnlichkeit in »Sweeney among the Nightingales« unangefochten bleibt von der ominösen Stimmung des Gedichts, das auf Verrat und Mord hindeutet und durch den Bezug auf den griechischen Mythos (Agamemnon, Philomela) ins Tragische weist. Die Lösung von dem im ersten Band dominierenden amerikanischen Milieu zeigt sich u. a. in der kosmopoliten Orientierung eines Gedichts wie »Burbank with a Baedeker: Bleistein with a Cigar«, das eine Liebesaffäre in Venedig in Versen mit höchstem Anspielungsreichtum darstellt. Das bedeutendste Gedicht dieses Bandes ist »Gerontion«, ein auf Samuel Beckett vorweisender Monolog eines physisch und emotional reduzierten Greises, der in einem verfallenen Haus, dem Symbol des geistigen, religiösen und kulturellen Ruins, dahinvegetiert und vergeblich auf Regen wartet.

Als Schlußpunkt von E.s frühem lyrischem Werk steht *The Waste Land*, das Themen, Motive und Techniken der früheren Gedichte in einer großen innovativen Komposition zusammenführt. Für die vorliegende Gestalt des Werks ist Ezra Pound zu einem großen Teil mitverantwortlich, der den ursprünglich wesentlich längeren Text drastisch kürzte. Wichtige formale Eigenschaften des Gedichts sind u. a. die Montagetechnik, der Gebrauch frei wechselnder Rhythmen, die vielen Anspielungen, das Verfahren der Zitat-Collage, die Leitmotiv- und Symbolisierungstechnik und die Kennzeichnung der dargestellten Welt als sinnentleert, orientierungslos, dehumanisiert und dem Tod anheimgefallen. In der Zusammenstellung fragmentarischer und diskontinuierlicher Einzelteile wurde vielfach eine formale Entsprechung zur

Disharmonie und Heterogenität der Nachkriegswelt gesehen. Beispielgebend für die Literatur des Modernismus ist die Verwendung von Mythen (wie dem des blinden Sehers Tiresias oder auch von Vegetationsmythen, zu denen die Gralssuche als Fruchtbarkeitsritus gehört) als kohärenzbildende Motive. Die Zitat-Collage am Schluß des Gedichts, wo sich in nur acht Versen acht Zitate aus den unterschiedlichsten Kontexten finden (Gralssage, Kindervers, Dante, lateinischer Cantus, Tennyson, Nerval, Kyd, indische Weden), ist indes nicht als Symptom des Kulturverfalls zu sehen, sondern als Versuch, Kulturfragmente zusammenzuführen. Ein Zeichen des Verlangens nach Sinngebung ist im Bezug auf die indische Philosophie im letzten Teil des Gedichts zu sehen, das mit dem indischen Wort für Frieden (»shantih«) schließt.

E.s Werk nach *The Waste Land* ist bestimmt von der Suche nach einer neuen Ordnung, für die Philosophie und Religion maßgeblich werden. Ein Werk des Übergangs ist in diesem Kontext »The Hollow Men« (1925), das zwar eine völlig negative, paralysierte, sinnentleerte, vom Tod bestimmte Existenzform präsentiert, aber Ansätze zu chorischem und liturgischem Sprechen enthält, die allerdings scheitern. »Ash-Wednesday« (1930), E.s erstes größeres Werk nach *The Waste Land*, markiert dagegen einen, wenn auch mühsamen, Übergang zu einer religiösen Meditationsform, die von der Selbsterforschung bis zum Gebet führt. E. rückt hier von der weitgehend unpersönlichen Dichtungskonzeption seiner Frühphase und von der Montagetechnik ab. Eine weitgehend konsistente lyrische Stimme wird hörbar. Eine neue Stiltendenz, die zuvor in »The Hollow Men« nur ansatzweise zu beobachtende Neigung zur abstrakten Diktion und zum Paradoxon, verstärkt sich. Diese Tendenz wird in *Four Quartets* (1943; *Vier Quartette*, 1948) dominant, E.s letztem großen lyrischen Werk, der bedeutendsten religiösen Dichtung des 20. Jahrhunderts. *Four Quartets* ist eine in Analogie zu musikalischen Strukturierungsmethoden komponierte Meditation, die zwischen mehr gedanklichen, begrifflich-abstrakten und mehr erlebnishaft-konkreten und symbolisch konzipierten Passagen wechselnd, von verschiedenen Standpunkten her das Problem behandelt, wie der in der Zeit verhaftete Mensch der Erfahrung von Zeitlosigkeit teilhaftig werden kann. In der poetischen Verwendung von Begriff und logischem Urteil ist E. Wallace Stevens verwandt. Kein Lyriker des 20. Jahrhunderts hat das Paradox mit so intensiver Wirkung gebraucht wie E.

E.s erstes Drama, *Murder in the Cathedral* (1935; *Mord im Dom*, 1946), zeigt sein Bemühen, sein religiöses Anliegen einem größeren Publikum zu präsentieren. Das Werk ist weniger als historisches Drama konzipiert, in dem es um den geschichtlich belegten Konflikt zwischen Staatsräson und religiösem Auftrag geht, der in der Ermordung des englischen Bischofs Thomas à Becket gipfelte, sondern als Exempel eines Märtyrerschicksals, in dem das Wesen des Märtyrertums und seine Bedeutung für die Gemeinschaft der Gläubigen aufgezeigt werden sollen. Das Werk greift Techniken des antiken Theaters (Chor) und des mittelalterlichen Dramas (Allegorisch-Didaktisches, Psychomachie) auf. Ein besonderer Effekt resultiert aus der Gegenüberstellung der intensiven poetischen und liturgischen Verssprache mit der Prosa der Mörder, die E. sich in zynischer Argumentation direkt ans Publikum wenden läßt, wodurch dieses unmittelbar zu einer intellektuellen und moralischen Auseinandersetzung mit dem Stück aufgefordert wird. Als poetisches Drama ist auch *The Family Reunion* (1939; *Der Familientag*, 1949), das, Eugene O'Neills *Mourning Becomes Electra* verwandt, den Orest-Mythos zur Gestaltung einer christli-

chen Schuldproblematik in einer Familie verwendet. Dramatische Kühnheit liegt darin, daß E. in einem modernen Familienbeziehungsdrama die Erynnien auftreten läßt und den Verwandten die Rolle des Chors zuweist. Auf den Alkestis-Mythos greift die nicht sehr komödienhafte Salon-Komödie *The Cocktail Party* (1949; *Die Cocktail Party*, 1950) zurück. Bei der Enthüllung des Zerwürfnisses zweier Ehepaare und ihrer Hinwendung zum christlichen Glauben ist hier ein ominöser Psychotherapeut, Sir Henry Harcourt-Reilly, von entscheidender Bedeutung. Eine der Frauenfiguren, Celia Coplestone, führt die Rolle von Lord Harry in *The Family Reunion* fort, der am Ende des Stücks beschließt, die Familie zu verlassen und Missionar zu werden. Celia findet den Märtyrertod in Afrika. In seiner Entwicklung als Dramatiker bewegt sich E. immer mehr vom poetischen Drama weg. Der Bezug auf antike Mythen bleibt in seinen beiden letzten Dramen, den Gesellschaftsstücken *The Confidential Clerk* (1953; *Der Privatsekretär*, 1954) und *The Elder Statesman* (1958; *Ein verdienter Staatsmann*, 1959) erhalten, verliert aber seine funktionale Notwendigkeit.

E., neben Ezra Pound der bedeutendste *poeta doctus* des 20. Jahrhunderts, machte mehr noch als sein Dichterkollege auch als Kritiker Epoche. Die wichtigsten Bestandteile seiner Dichtungstheorie sind die Forderung nach der Unpersönlichkeit der Kunst, die er in seinem lebenslangen Leitbild Dante verwirklicht sieht, das intertextualistische Postulat eines Kanons der Weltliteratur, der sich durch jedes neu hinzugekommene Werk verändert (»Tradition and the Individual Talent«, 1919), die von der symbolistischen Ästhetik und der Erkenntnistheorie Francis Herbert Bradleys beeinflußte Auffassung von der gegenständlichen Entsprechung (»objective correlative«), die der Dichter jeweils für seine Emotion finden müsse (»Hamlet«, 1919), und schließlich die Forderung nach der Einheit von Denken und Fühlen, die er bei den englischen Barockdichtern, besonders bei John Donne, exemplarisch realisiert findet und die seit John Milton in einem gravierenden Traditionsbruch (»dissociation of sensibility«) verlorengegangen sei (»The Metaphysical Poets«, 1921).

Wolfgang G. Müller

Emerson, Ralph Waldo
Geb. 25. 5. 1803 in Boston, Massachusetts; gest. 27. 4. 1882 in Concord, Massachusetts

Andere Menschen sind optische Linsen, durch die wir uns selbst besser ›lesen‹ können; der Wert großer Persönlichkeiten bemißt sich nach der schöpferischen Energie, die sie in uns freisetzen. Als Ralph Waldo Emerson diese Gedanken in der Einleitung zu *Representative Men* (1850; *Repräsentanten des Menschengeschlechts*, 1895) formuliert, ist er selbst bereits in die Liga derer aufgerückt, die er in seinem Essayzyklus porträtiert. Als führender Kopf der Transzendentalisten – einer Bewegung, die in den 1840er Jahren entscheidende Impulse zu jener ersten kulturellen Blüte liefert, die als »American Renaissance« in die Literaturgeschichte eingegangen ist – nimmt E. um die Jahrhundertmitte die Stellung eines *Praeceptor Americae* ein, mit einer weit über seine Heimat Neuengland hinausgehenden Ausstrahlung. Diese Ausstrahlung hält bis in unsere Tage an. Ob man (wie 1981 der Präsident der Yale University) E. für nahezu alles verantwortlich macht, was an der politischen Kultur der USA faul ist; ob man mit Harold Bloom in ihm den ›Erfinder‹ der ›amerikanischen Religion‹ sieht oder mit Richard Poirier meint, die amerikanische Literatur und E. seien in vielfacher Hinsicht identisch, an seiner zentralen Stel-

lung in der amerikanischen Ideengeschichte besteht kein Zweifel. Hochgradig eklektizistisch, an die einheimischen theologischen Traditionen des Puritanismus und Unitarismus ebenso anknüpfend wie an den deutschen Idealismus, die englische Romantik, die mittelalterliche Mystik und fernöstliche Religionen, spielt er zugleich eine Vorreiterrolle für die amerikanische wie die internationale Moderne. Der Pragmatismus eines William James oder James Dewey und dessen neopragmatistische Variationen bei Richard Rorty, Giles Gunn und Richard Poirier sind ihm ebenso verpflichtet wie die Musik von Charles Ives, die Lyrik Walt Whitmans und der »projective verse« Charles Olsons. Unübersehbar, obgleich immer noch nicht genügend gewürdigt, ist seine Wirkung außerhalb der USA. Der Amerikaner, den Friedrich Nietzsche gegen Ende seiner 3. *Unzeitgemäßen Betrachtung* (»Vom Nutzen und Nachteil der Historie für das Leben«) als Gewährsmann für den Anbruch einer neuen Zeit zitiert, ist kein anderer als E.

Die Anfänge waren nicht vielversprechend. Einige Jahre versucht er sich als Lehrer, läßt sich dann an der Harvard Divinity School zum Pfarrer ausbilden, legt sein Amt jedoch 1832 nieder, weil er das Ritual des Abendmahls nicht mehr verantworten kann. Im Anschluß an eine Europareise, auf der er Thomas Carlyle, William Wordsworth, Samuel Taylor Coleridge und andere führende Literaten Englands trifft, bezieht er ein Haus in Concord, Massachusetts, und baut sich, zum Teil abgesichert durch eine Erbschaft von seiner verstorbenen ersten Frau, eine Karriere als freier Schriftsteller und Redner auf. 1836 gelingt der Durchbruch mit der Veröffentlichung von *Nature (Natur*, 1922), dem (wie es vielen erschien) Manifest des Transzendentalismus; im nächsten Jahr, 1837, folgt mit »The American Scholar« die Rede, die Oliver Wendell Holmes im Rückblick die ›geistige Unabhängigkeitserklärung‹ der Vereinigten Staaten nennt, und 1838 schließlich die vor den Absolventen der theologischen Fakultät der Harvard University gehaltene »Divinity School Address«. Mit ihr löst er eine Kontroverse aus, die ihm neben einer Art Hausverbot in Harvard den Ruf des Wortführers einer neuen, einen geistigen Aufbruch anstrebenden Generation einbringt. Um 1840 ist der Transzendentalismus in aller Munde. Dazu trägt neben den Reden und Schriften des Meisters die Schar ›verwandter Geister‹ bei, mit denen er Concord in eine Art Weimar der USA verwandelt. Zu den wichtigsten Gemeinschaftsprojekten, die in seinem Hause durchgeführt werden, gehört *The Dial*, die 1840 gegründete, zunächst von Margaret Fuller und seit 1842 von E. selbst edierte Hauszeitschrift der Transzendentalisten.

E. ist kein Philosoph im traditionellen Sinn. In einer schonungslosen Selbstanalyse bescheinigt er sich einen eher schwachen Intellekt und sieht seine eigentliche Stärke in einer ausgeprägten ›moralischen Imagination‹. Seine Prosa ist die eines verhinderten Dichters (er hat im übrigen auch einige hervorragende Gedichte veröffentlicht). Hinter den Porträts von *Representative Men* steht das Beispiel Plutarchs, dessen Parallelviten und *Moralia* in ihrer Kombination von Biographie, Anekdote und Sentenz genau jene Verbindung von Anschauung und Belehrung, Poesie und Reflexion präfigurieren, die als Markenzeichen von E.s Denk- und Schreibstil gelten kann. Nicht um die systematische Entwicklung von Argumenten geht es, schon gar nicht um den Entwurf eines philosophischen Systems, sondern um die Vermittlung von Denkanstößen über die Phantasie und das moralische Empfinden. Transzendentalismus wird von E. einmal lapidar als »Idealismus für das Jahr 1842« definiert, aber der Leser ist gut beraten, sich weniger an Immanuel Kant oder Johann Gottlieb

Fichte als an Michel de Montaigne zu orientieren, dem in *Representative Men* behandelten Begründer des Essays. Ein Essay ist dem ursprünglichen Wortsinn nach der in hohem Maße vom Temperament des Verfassers geprägte ›Versuch‹, ein Problem ›anzudenken‹, Fragen zu stellen und Antworten nur insoweit bereitzuhalten, als sie den Leser zum Weiterdenken anzuregen vermögen.

Der Text als Versuch und Provisorium entspricht Kernvorstellungen E.schen Denkens. Die in »Self-Reliance« entwickelte Begründung des Individualismus faßt das Ich als wesensmäßig prozeßhaft und unabgeschlossen. Selbstvertrauen, das entschiedene Bestehen auf dem Vorrang des eigenen Ich, ist nicht zu verwechseln mit engherzigem Egoismus; im Postulat der »self-reliance« geht es vielmehr um die Freisetzung dessen, was als göttliches Prinzip in uns hineinragt und uns übersteigt. Ein E.-Essay ist folglich zugleich autobiographisch-subjektivistisch und unpersönlich. Seine vornehmste Aufgabe liegt darin, die durch Traditionen, Konventionen und Institutionen befestigten Denkgewohnheiten aufzubrechen und den vitalen Kern des Ich, die Seele, zum Wachstum anzuregen.

Ein solcher Text kann im günstigsten Fall beanspruchen, ›natürlich‹ zu sein. Die Natur hat für den Transzendentalisten Modellcharakter insofern, als sie uns täglich das Gesetz steter Erneuerung und endlosen Wachstums vor Augen führt. E.s Naturbegeisterung ist wie die seines Schülers Henry David Thoreau ganz und gar unsentimental, sie ist nicht einmal romantisch oder idealistisch im Sinne einer metaphysischen Verankerung des Subjekts. Wohl erscheint die Natur als das sichtbare Gewand Gottes, aber dieser Gott ist weder der des Alten oder Neuen Testaments noch der der Pantheisten, er ist vielmehr selbst reine Bewegung. Indem das Ich sich an der ›Methode der Natur‹

orientiert, wird es durch und durch dynamisiert, mit Energie geladen. Damit entzieht es sich zwangsläufig dem begrifflich-systematischen Zugriff. Das Gefühl, das den Leser bei der Lektüre eines E.-Essays beschleichen mag – daß man nichts in der Hand hat –, entspricht einem Schreiben, das Ich und Welt als Energiequellen nutzbar zu machen sucht. Solche Texte vermitteln eine Ahnung von der Freiheit desjenigen, der, gerade weil er nichts in der Hand hat, sich den Kraftströmen überlassen kann, die allenthalben darauf warten, ihn zu tragen.

Der sprichwörtliche Eklektizismus des E.schen Transzendentalismus ebenso wie das Insistieren auf der ›Unendlichkeit des privaten Individuums‹ sind im Gedanken der »self-reliance« zu einer stimmigen Denkhaltung gebündelt, die über den einzelnen hinaus in Gesellschaft, Kirche, Kultur und Dichtung ausstrahlt. Ob E. von den Sozialreformern handelt (»New England Reformers«), von den Pfarrern (»Divinity School Address«), den Intellektuellen (»The American Scholar«) oder den Dichtern (»The Poet«), stets geht es ihm um den Beitrag, den sie zur Selbstbefreiung des Einzelnen wie des Ganzen leisten können. Dabei verschiebt sich im Laufe der Jahre der Akzent von einer idealistischen, am Bild des ›ganzen Menschen‹ ausgerichteten Rhetorik zu einer mehr lebenspraktisch-pragmatischen Orientierung, die selbst in den Niederungen der Massengesellschaft eine ›Tendenz‹ zum Besseren ausmacht. Hier liegt ein wesentlicher Unterschied zu Thoreau und ein Grund für die Entfremdung, die zwischen Lehrer und Schüler eintrat. Während Thoreau beispielsweise ein Phänomen wie den kalifornischen Goldrausch angewidert als Symptom einer gefallenen Welt verdammt, sieht E. noch in den krassesten Auswüchsen von Materialismus und Massendemokratie eine bessere Welt im Werden – Indizien für den Expansions-

drang der Seele, den es zu reinigen und zu verfeinern, nicht aber abzuwürgen oder zu leugnen gilt. Die später immer wieder geäußerte Kritik, E. habe sich damit zum Apologeten von Kapitalismus und Expansionismus gemacht, trifft insofern zu, als er in der Tat der Entwicklung der USA wie der Zivilisation im allgemeinen aufgeschlossen gegenüberstand; diese Kritik verkennt jedoch die Feinheiten eines Argumentationsstils, der den Status quo nicht als solchen bejaht, sondern als Emergenzphänomen, als Vorschein einer wahrhaft Neuen Welt. Im übrigen stand solche Subtilität tagespolitischem Engagement nicht im Wege, auch wenn E. keinen Wert darauf legte, seinen Einsatz etwa für die Sache der Abolitionisten zu dokumentieren und erst die neuere Forschung das ganze Ausmaß seiner vielfältigen Aktivitäten gegen die Sklaverei rekonstruiert hat. E.s Pragmatismus läuft nicht auf eine Absage an frühere idealistische Positionen und schon gar nicht auf Resignation hinaus. Die Wegstrecke, die er von den Vorträgen und Essays der 1830er Jahre über die Essayzyklen von 1841 und 1844 bis hin zu *The Conduct of Life* (1860; *Die Führung des Lebens*, 1862) und *Society and Solitude* (1870; *Gesellschaft und Einsamkeit*, 1875) zurücklegt, wird angemessener beschrieben als konsequente Umsetzung der praktischen Möglichkeiten, die im Ideal des ganzen und seiner selbst gewissen Menschen liegen, oder umgekehrt als Verschiebung des Blicks von der Kontemplation des Ideals und dem Hoffen auf den visionären Augenblick hin zu jenen Aspekten der Lebenswelt, in der sich Impulse zur Verwirklichung des Ideals andeuten. Diese Impulse gilt es zu verstärken, die Alltagswirklichkeit als ›Magazin‹ zu erkennen, das ungeahnte Ressourcen enthält.

In diesem Sinne werden auch die in *Representative Men* versammelten Heroen und Genies nicht idolisiert, sondern instrumentalisiert. Thomas Carlyle, auf dessen *On Heroes, Hero-Worship and the Heroic in History* (1840) E. mit seinem Essayzyklus gleichsam antwortet, war irritiert von der Hemdsärmeligkeit, mit der der amerikanische Freund mit Koryphäen wie Platon, William Shakespeare und Johann Wolfgang Goethe umspringt. Jeder wird zunächst aufs Podest gehoben und in seinen Vorzügen gepriesen, um schließlich demontiert zu werden angesichts der Spanne, um die er hinter seinen Möglichkeiten zurückblieb. Der Rhythmus von Aufbau und Demontage entspricht einem Verständnis von menschlicher Größe, dem es weniger um Heldenkult als vielmehr um den Nutzen geht, den die Großen für uns haben. Dieser Nutzen aber kann uns nur dann voll zugute kommen, wenn wir, nachdem wir sie ›ausgeschöpft‹ haben, über sie hinweggehen und zu dem finden, was an heroischem Potential in uns selbst liegt. So müssen nicht nur der verhaßt-bewunderte Napoleon, sondern auch der geliebte Platon und Montaigne vom Sockel gestürzt werden. Sie wären uns sonst im Wege. Damit wird schließlich eine weitere Besonderheit von *Representative Men* plausibel, die Carlyle verwunderte: Die Sammlung enthält keinen Amerikaner. Walt Whitman meinte in einem Beitrag zum Geburtstag des »Weisen von Concord« (zwei Jahre vor dessen Tod), das beste an E.s Vermächtnis sei, daß es den Riesen hervorbringe, der sich selbst vernichte. Die Größe des Lehrers bemißt sich nach seiner Fähigkeit, sich selbst überflüssig zu machen. E. war stolz darauf, keine Schule begründet und keine Jüngerschar hinterlassen zu haben. Niemand hätte den Platz des repräsentativen Amerikaners mehr verdient als er selbst, gerade darum aber glänzt er durch Abwesenheit.

Dieter Schulz

Faulkner, William (eigentlich Falkner)

Geb. 25.9.1897 in New Albany, Mississippi; gest. 6.7.1962 in Byhalia, Mississippi

William Faulkner steht wie kein zweiter amerikanischer Schriftsteller für den Übergang des amerikanischen Romans in die literarische Moderne. Sein Werk kombiniert die thematische Vielfalt des realistisch-naturalistischen Sittengemäldes mit symbolistischen Darstellungsmitteln und experimentellen Erzählstrategien. Im Gegensatz zu den mythopoetischen Ansätzen vieler europäischer Modernisten bleiben F.s Texte jedoch thematisch streng wirklichkeitsbezogen – sie sind durch und durch »Southern« und beschäftigen sich eingehend mit den Traditionen, Ideologien, Sprachgebräuchen und Lebensbedingungen seiner Heimatregion, dem Norden des Staates Mississippi, an die sich der Schauplatz von F.s berühmtesten Romanen, das fiktive »Yoknapatawpha County«, eng anlehnt. Diese Region fungiert in insgesamt 15 von F.s Romanen als geographisch und geschichtlich präzise ausgearbeiteter, beziehungsreicher Mikrokosmos, in dem immer wieder dieselben Familien in Erscheinung treten. Deren ineinander verwobene Schicksale nimmt F. zum Ausgangspunkt für seine Auseinandersetzung mit der gesellschaftlichen Wirklichkeit des Südens, die er in all ihren sozialen Facetten (von der Pflanzeraristokratie bis zu den gesellschaftlichen Randgruppen) und mit historischer Tiefenschärfe (der zeitliche Rahmen reicht von 1800 bis in F.s Gegenwart) beschreibt. Dabei wird das historisch und kulturell Partikulare immer wieder symbolisch überhöht und mit der Aura des Universalen umgeben: Ganz im Sinne der modernistischen Forderung an den Schriftsteller, sich nicht an der Oberfläche des Kontingenten aufzuhalten, sondern zur überhistorischen »human condition« vorzustoßen, läßt F. hinter den Einzelschicksalen seiner Figuren das Pathos des Zeitlosen aufblitzen, wenn er etwa in *The Sound and the Fury* (1929; *Schall und Wahn*, 1956) das Heulen eines geistesbehinderten Jungen als »the grave hopeless sound of all misery under the sun« beschreibt oder in *The Hamlet* (1940; *Das Dorf*, 1957) die Zweige eines Pfirsichbaumes mit den Haaren »of a drowned woman sleeping on the uttermost floor of the windless and tideless sea« vergleicht.

Während solche imagistischen Bildlichkeiten bereits den dem Bildungsroman und der Familiensaga verpflichteten realistischen Rahmen von F.s Repräsentationen des Südens leicht unscharf werden lassen, sind die experimentellen Textoberflächen seiner Romane realistischem Schreiben geradezu entgegengesetzt und weisen weit in die Moderne. In der Tat sind F.s darstellerische Mittel derart radikalisiert, daß die Geschehnisse in »Yoknapatawpha County« nur in den synoptischen Darstellungen der zahlreichen Lesehilfen zu seinem Werk kohärent und durchsichtig erscheinen. Der Leser des typischen F.-Romans hat alle Mühe, in dem Gewirr von halbseitigen, spärlich interpunktierten und rhizomartigen Nebensätzen den Hauptsatz im Auge zu behalten. Des weiteren erhält F.s Prosa durch ihren lyrischen und hypnotischen Ton sowie ihre sich rankenden Symbolketten eine gebrochene Qualität, welche die oft schockierenden Geschehnisse in F.s Texten verschlüsselt und verfremdet, so daß selbst die grausamen Ereignisse in seinem sensationalistischsten Roman *Sanctuary* (1931; *Die Freistatt*, 1951) – die brutale Vergewaltigung von Temple Drake und die Ermordung ihres schwachsinnigen Beschützers – mit ästhetisierender Distanz beschrieben werden. Eine häufige, die Direktheit der Handlung abfedernde Verfremdungstechnik F.s ist die Verlangsamung der Erzählgeschwindigkeit durch das Gesamtbild verzerrende Detailvergrößerungen, wodurch der Leser das Geschehen wie durch ein Teleskop betrachtet und zunächst zwar den Eindruck bekommt, näher am Objekt zu sein, aber durch die Fokussierung auf Nebensächlichkeiten eher von der Handlung abgelenkt wird. Eine weitere, für F. typische Verfremdungstechnik ist die Auflösung des Handlungsablaufs in inkohärente Teilerzählungen, rhapsodische Impressionen und opake Bilder, so daß der Leser nur einen fragmentarischen Eindruck des Geschehens bekommt. Die verschiedenen Erzähler werden zudem oft durch negative Sympathielenkung diskreditiert und hinsichtlich ihrer Wirklichkeitsdarstellung als unzuverlässig charakterisiert.

In *The Sound and the Fury* etwa läßt F. die Geschichte vom Niedergang der Compson Familie von vier sehr unterschiedlichen, teilweise widersprüchlichen Perspektiven erzählen. Der erste Teil des Romans besteht aus den Wahrnehmungen des geistig behinderten Benjy Compson, der weder kohärent denken noch sprechen kann. Seine Erzählung ist eine chronologisch und kausal ungeordnete Assoziation von Sinneseindrücken und Gesprächsfetzen, die einen Zeitraum von rund 30 Jahren umfassen und einander so überlagern und durchdringen, daß sie vom Leser nur schwer in eine logische Ordnung zu bringen sind. Der zweite Teil besteht aus einem kaum weniger strukturlosen Bewußtseinsstrom von Benjys Bruder, des Intellektuellen Quentin Compson, und ist ein manisch-nervöses Gewirr von Rückblenden und Reflexionen am Tag seines Selbstmordes. Die letzten beiden Teile des Romans, ein innerer Monolog des ältesten Bruders Jason Compson sowie ein traditionell realistisches Schlußkapitel mit der schwarzen Bediensteten Dilsey als narrativem Zentrum, sind in verständlicheren, konventionelleren Formen des Erzählens gehalten, werfen aber durch den Perspektivenwechsel wiederum neue Fragen auf, anstatt die ersten beiden Teile des Romans zu erhellen. Wie bei vielen von F.s Romanen wird der Erzählstrom der Figuren durch deren Faszination mit einer abwesenden Person angetrieben, hier der mysteriösen Caddy Compson, der Schwester von Benjy, Quentin und Jason Compson, die sich nach einer behüteten Kindheit im Schoße ihrer Familie als promiskuöser Teenager entpuppt, kurz vor ihrer Ehe mit einem reichen Bankier durch einen ihrer Liebhaber schwanger wird und, von Familie und frischgebackenem Ehemann verstoßen, ihre Heimat für immer verläßt. Das Schicksal Caddys nimmt in *The Sound and the Fury* zwar die Hauptrolle ein, wird dem Leser aber nur durch die gebrochenen und subjektiv gefärbten Perspektiven ihrer Brüder vermittelt, die alle in einem obsessiven Verhältnis zu ihr stehen und deshalb wenig glaubwürdig erscheinen: Der behinderte Benjy ist von Caddys Geruch angezogen, von ihrer mütterlichen Wärme abhängig und nach ihrem Weggang nicht mehr zu trösten. Quentin hat nie verwunden, daß seine Schwester ein eigenes Sexualleben entwickelt hat und leidet unter inzestuöser Eifersucht. Der gefühllose Pragmatiker Jason ist verbittert, weil ihm Caddys Ehemann eine lukrative Stelle in seiner Bank versprach, dieses Versprechen aber nach ihrer Untreue nicht mehr einlöste. Da Caddy nur im Bewußtsein ihrer Brüder gespiegelt zu sehen ist, bleibt sie rätselhaft, ihr Charakter ein liebevoll gezeichnetes Fragment, dessen feine Konturen F. durch narrative Brüche und widersprüchliche Aussagen geschickt verschleiert und damit den Leser zugleich frustriert und fesselt.

Wegen solcher Techniken der Wahrnehmungserschwerung gilt *The Sound and the Fury* neben *Absalom, Absalom!* (1936; *Absalom, Absalom!*, 1938) als F.s schwierigster, aber auch faszinierendster Roman, der den Exegesetrieb der Literaturkritik immer wieder angekurbelt hat. Trotz des einhelligen Kritikerlobs blieben die Verkaufszahlen jedoch zunächst zu unwesentlich, als daß F. von den Tantiemen hätte leben können. Obwohl er danach in rascher Folge seine berühmtesten Romane veröffentlichte (*As I Lay Dying*, 1930; *Als ich im Sterben lag*, 1961 – *Light in August*, 1932; *Licht im August*, 1935 – *Absalom, Absalom!*, 1936 – *The Hamlet*, 1940 – *Go Down, Moses*, 1942; *Das verworfene Erbe: Chronik einer Familie*, 1953), mußte er sich unter anderem als Drehbuchschreiber in Hollywood verdingen, um finanziellem Schiffbruch zu entgehen. 1931 veröffentlichte er gar mit dem erklärten Ziel, kommerziell erfolgreicher zu werden, den als »potboiler« konzipierten Roman *Sanctuary*, dessen skandalöser Inhalt ihn dann auch einem breiteren Publikum bekannt machte, ohne jedoch seine Geldschwierigkeiten zu lösen. Dies änderte sich erst, als Malcolm Cowley 1946 einen Querschnitt durch F.s Werk unter dem Titel *The Portable Faulkner* herausgab und damit dessen literarischen Ruhm förderte, der 1949 in der Verleihung des Nobelpreises für Literatur kulminierte. Danach lebte F. bis zu seinem Tode im Jahre 1962, von wenigen öffentlichen Auftritten abgesehen, als kauziger, Interviews verweigernder literarischer Star zurückgezogen auf seiner Farm in Mississippi. Spätestens seit der Verleihung des Nobelpreises ist sein Platz im Kanon der wichtigsten amerikanischen Romanciers unumstritten.

Charakteristisch für F.s Werk ist ein deutlicher melancholischer Grundton. Seine Romane sind Allegorien menschlichen Leidens, vertreten eine unromantische Weltsicht und ein durchgehend nüchternes Menschenbild. In ihren schwermütigen Erzählhaltungen zeigt sich eine Ästhetik des Erhabenen, die sich in der Faszination mit dem Tod und den Abgründen der menschlichen Existenz ausdrückt. Komik wird folglich höchstens in der Form des Tragikomischen oder Grotesken zugelassen, wie etwa in *As I Lay Dying*, der absurden Geschichte einer »poor white«-Familie, die mit dem Sarg der Mutter auf dem Dach des Wagens nach Jefferson pilgert, um sie im dortigen Familiengrab zu beerdigen. F.s Fabeln sind fast ohne Ausnahme Tragödien, durchzogen von Blut und Schmutz, sexueller Gewalt und Mord, und ihre Helden sind meist Antihelden mit neurotischem Gefühlsleben. Ein zentrales Thema F.s, das immer wieder die tragische Grundhaltung seiner Romane trägt, ist der Niedergang des alten Südens und die Trostlosigkeit des in der »Reconstruction«-Ära materiell und moralisch verarmten »New South«. Am Beispiel von traditionsreichen, im Zerfall begriffenen Familien wie den Compsons (*The Sound and the Fury – Absalom, Absalom!*), den Sartoris (*Sartoris*, 1929; *Sartoris*, 1961 – *The Unvanquished*, 1938; *Die Unbesiegten*, 1954) oder den McCaslins (*Go Down, Moses*), die er mit »white trash«-Farmpächtern (den Bundrens in *As I Lay Dying*) und sozialen Aufsteigern (den Snopes' in *The Hamlet* – *The Town*, 1957; *Die Stadt*, 1958 – *The Mansion*, 1959; *Das Haus*, 1960) kontrastiert, thematisiert F. den Übergang der durch die Pflanzeraristokratie dominierten Südstaatengesellschaft in die industrielle Moderne. Diesen Übergang parallelisiert er häufig mit der schmerzhaften Initiation ins Erwachsenenalter von Sprößlingen auseinanderbrechender Aristokratenfamilien, die sich von der glorreichen Vergangenheit des *ante bellum*-Südens, welche sie durch verklärte Familienlegenden kennengelernt haben, zugleich angezogen und abgestoßen fühlen. Geprägt durch die hehren Werte und romantischen Moralvorstellungen des 19. Jahrhunderts und beeindruckt vom heroisch überhöhten Glanz ihrer Vorfahren, kommen sie nur schwer mit den Bedingungen des 20. Jahrhunderts und vor allem den regionalen Realitäten des »New South« zurecht. Quentin

Compson etwa (*The Sound and the Fury – Absalom, Absalom!*) ist zwar als Intellektueller und Harvard-Student gedanklich beweglich und damit auch lernfähig, trägt aber eine tiefgehende unbewußte Prägung durch das rückwärtsgewandte moralische Erbe der *ante bellum*-Südstaatenkultur mit sich. Sein ausgeprägter Puritanismus und die zarte, feinsinnige Disposition des »Southern Gentleman« machen ihn für seine prosaische Lebenswelt untauglich, und er zerbricht an der Promiskuität seiner Schwester, dem Zynismus seines alkoholkranken Vaters und der kapitalistisch-pragmatischen Gefühllosigkeit von Bruder und Schwager.

Die Erkenntnis von F.s Helden, daß das Leben keine Komödie der moralischen Läuterung, sondern eine »blind tragedy of human events« ist, wird oft mit der epiphanischen Entdeckung der »wahren Natur« der Frau verknüpft, die trotz feiner Umgangsformen gerade nicht dem romantischen Ideal der »Southern Belle« entspricht, sondern unter ihrer mütterlichen und liebevollen Oberfläche dunklere, zerstörerische Züge trägt. Viele von F.s Protagonistinnen sind abgründige, »hungrige, grabschende Seelen«, wie F. sie in »Verse Old and Nascent« selbst nennt. Als erdgebundene, naiv-sinnliche Landpomeranzen (Lena Grove in *Light in August*; Dewey Dell in *As I Lay Dying*), hysterische, unmütterliche Hypochonderinnen (Mrs. Compson in *The Sound and the Fury*), dämonische, skrupellose Verführerinnen (Temple Drake in *Sanctuary*) oder einzelgängerische, nymphomanische Matronen (Joanna Burden in *Light in August*) verkörpern sie das destruktive, ordnungszersetzende Potential der Natur und führen – ohne böse Absicht, aber mit instinktiver »affinity for evil« – die Handlung zur Katastrophe. F. ist für seine weiblichen Figuren immer wieder heftig kritisiert worden – Leslie Fiedler etwa bezeichnete ihn als »village misogynist swapping yarns with the boys at the bar« und als verkappten Puritaner, der die billigsten Klischees seiner konservativ-frauenfeindlichen Heimat noch schrill übertreffe. Solche Kritik tendiert jedoch dazu, die Vieldeutigkeit von F.s Texten auf eine eindimensionale, weltanschaulich klar faßbare Autorintention zu reduzieren. Dabei wird gerade eines der Hauptmerkmale von F.s Romanwerk übersehen, nämlich das Bedeutungsschillern seiner multiperspektivischen Texte, welches allzu einheitliche Schlüsse über die in den Romanen vertretenen Welthaltungen immer wieder unterläuft. Durch die Bedeutungsoffenheit in F.s Texten werden festgefügte Wertehierarchien oder Klassifizierungen infragegestellt und konventionelle Denkschemata bezüglich Rassen-, Klassen- oder Geschlechter-Oppositionen aufgebrochen. Am deutlichsten zeigt sich dies in F.s Behandlung der Rassenproblematik des Südens in *Light in August*, in welchem die Diskursivität von ethnischen Kategorien demonstriert wird. F.s Modernität zeigt sich schließlich auch in seiner tiefgehenden Erkenntnisskepsis, die in seiner Auseinandersetzung mit Problemen der Historiographie in *Absalom, Absalom!* am stärksten zum Ausdruck kommt. Die Figuren dieses Romans scheinen in ihren eigenen Interessen und Welterklärungshoffnungen gefangen und verstricken sich in den Netzen ihrer Vergangenheit, ohne ein objektivierbares Bild der ›wahren‹ Geschichte zu erlangen.

F.s Umgang mit epistemologischen und ethischen Themen ist jedoch weder resignativ noch postmodern verspielt, sondern trägt die Signatur einer melancholisch-hoffnungsvollen Moderne, die der als unergründlich verstandenen Realität über hochkomplexe und vieldeutige Texte letztlich eben doch noch beizukommen versucht und die sich angesichts eines schmerzlich verspürten Sinnverlusts immer noch einen Rest metaphysischen Optimismus bewahrt,

nämlich in der Überzeugung, – wie F. in seiner Nobelpreisrede betonte – daß der Mensch trotz seiner Animalität eine zum Guten tendierende Seele besitze, »a soul, a spirit capable of compassion and sacrifice and endurance«, und deshalb überlebensfähig sei.

Günter Leypoldt

Fielding, Henry
Geb. 22. 4. 1707 in Sharpham Park, Somerset; gest. 8. 10. 1754 in Lissabon

Das Leben Henry Fieldings, der als Dramatiker, Essayist und v. a. als Romanschriftsteller zu den einflußreichsten Autoren des 18. Jahrhunderts zählt, ist zunehmend die Geschichte seines literarischen Erfolgs. Als Sohn eines Leutnants genoß er in Eton die standesgemäße Erziehung nach aristokratischen Idealen, studierte in Leyden (Holland) Jura und begeisterte sich für die klassische Literatur. Nachdem er mit 19 Jahren vergeblich versucht hatte, mit einer reichen Witwe durchzubrennen, gab er sich in London, mit ruinösen Folgen für seine Gesundheit, den Vergnügungen der Hauptstadt hin und widmete ab 1729 sein ganzes Interesse dem Theater. Er schrieb mehr als zwei Dutzend Dramen, vorwiegend satirische Farcen und burleske Komödien, übernahm zeitweise das Management des Londoner Haymarket Theatre und war mit seinen bissigen Anspielungen auf das Whig-Kabinett Robert Walpoles ein maßgeblicher Anlaß für die Einführung der Bühnenzensur 1737. Dieser radikale Einschnitt in der Geschichte des englischen Theaters beendete abrupt F.s Karriere als Dramatiker und stürzte ihn zeitweise in bittere Armut. Der inzwischen mit Charlotte Cradock, dem Vorbild für seine Heldinnen Sophia und Amelia, verheiratete Autor nahm sein Jurastudium wieder auf und erhielt 1740 die Zulassung als Anwalt, übte die Anwaltstätigkeit wegen zunehmender Gichtanfälle aber kaum aus. Er entdeckte sein Talent als Erzähler und erschloß mit seinen satirischen und komischen Romanen einen immer größeren Leserkreis. F. machte sich auch als engagierter gesellschaftskritischer Essayist einen Namen und war Herausgeber von vier Zeitschriften, *The Champion* 1739–41, *The True Patriot* 1745–46, *The Jacobite's Journal* 1747–48 und *The Covent Garden Journal* 1752. Seit 1748 war er Friedensrichter für Westminster, später auch für Middlesex, prangerte vehement soziale Mißstände an und trat für Reformen im Rechts- und Polizeiwesen ein. Als sich sein Gesundheitszustand verschlechterte, suchte er mit seiner Familie in Portugal Linderung; er starb 1754 in Lissabon.

F.s Karriere als Dramatiker begann bereits 1728, als sein erstes Stück, *Love in Several Masques*, erfolgreich am Drury Lane Theatre aufgeführt wurde. Er adaptierte in der Folge zwei Stücke Molières für die englische Bühne und setzte in unterschiedlichen Komödienformen die schäbige Welt der Buchhändler und Lohnschreiberlinge (*The Author's Farce*, 1730) ebenso dem Spott aus wie Politik und Justizwesen (*Rape upon Rape; or, The Justice Caught in His Own Trap*, 1730). Am bekanntesten ist seine auch heute noch aufgeführte Burleske *Tom Thumb: A Tragedy* (seit 1731 mit dem Titel *The Tragedy of Tragedies*; *Die Tragödie der Tragödien oder Leben und Tod Tom Däumlings des Großen*, 1973), die in holprigen Blankversen den Däumling der Volkserzählung zum großspurigen Helden erhebt und so die heroische Tragödie persifliert. F.s politische Satiren auf Walpole, *Pasquin* (1736), ein metadramatisch mit der Konvention der fiktiven Theaterprobe spielendes Stück, und *The Historical Register for 1736* (1737) waren seine letzten Stücke vor dem *Licensing Act*.

F.s überragende literaturgeschichtliche Leistung liegt freilich auf dem Gebiet des Romans, der sich damals als realistische Erzählgattung herausbildete. Auslöser war seine kritische Haltung gegenüber der pathetisch moralisierenden Weltsicht Samuel Richardsons, der 1740–41 mit seinem Briefroman *Pamela, or, Virtue Rewarded* einen internationalen Erfolg erzielt hatte. F. antwortete parodistisch mit der kurzen, aber deftigen Satire *An Apology for the Life of Mrs. Shamela Andrews*, die vorgibt, die »notorischen Falschheiten« des Prätexts richtigzustellen und die kalkulierende Heuchelei einer nur scheinbar auf Tugend bedachten Heldin offenzulegen. Bereits diese Prosaburleske, die Richardsons puritanische Moral und seine oft künstlichen Stilmittel der Lächerlichkeit preisgibt, enthält mit der derbkolloquialen Umgangssprache der Figuren und der Übernahme dramatischer Techniken zentrale Merkmale seines späteren Romanschaffens. Mit seiner zweiten *Pamela*-Parodie, dem Roman *Joseph Andrews* (1742; *Die Geschichte von den Abenteuern Joseph Andrews*, 1765), untermauerte F. seinen Anspruch, in England einen neuen Fiktionstyp begründet zu haben. Das anfängliche Konzept, über die lächerliche Verkehrung der Geschlechterrollen einen komischen Gegenroman zu Richardsons empfindsamer Weltdeutung vorzulegen und Pamelas Bruder Joseph – analog auch zum biblischen Joseph – immun gegen weibliche Verführungskünste zu machen, wird nur im ersten und letzten der vier Bücher aufrechterhalten. Die parodistische Intertextualität macht bald einer autonomen realistischen Fiktion Platz, die auf die satirische Bloßstellung menschlicher Sitten zielt. F. nimmt Merkmale des pikaresken Erzählens auf und stellt dem jugendlichen, erst allmählich Welterfahrung gewinnenden Diener Joseph eine cervanteske Vaterfigur an die Seite, den in skurriler Weise weltfremden, naiven, aber durch und durch liebenswerten Pfarrer Abraham Adams. Zu den beiden männlichen Protagonisten stößt die von

Joseph geliebte Zofe Fanny, und die drei erleben auf der Reise durch die südenglische Provinz eine Reihe von Abenteuern, die ihnen z. T. recht schmerzhaft den materialistischen und selbstsüchtigen Habitus von Landadel und Bürgertum vor Augen führt. Der auktoriale Erzähler, F.s nachhaltigster Beitrag zur Struktur der neuen Erzählgattung, entschärft freilich mit seinen ironischen Kommentaren die negativen Erlebnisse und führt die Gesellschaftssatire in einer großen Enthüllungsszene zum glücklichen Ende. – F. hat im Vorwort zu *Joseph Andrews* einen wichtigen Theoriebeitrag zur Struktur des Romans und zur Funktion der Komik geleistet. Darin wertet er die neue, realistische Erzählgattung (*novel*) zum »komischen epischen Prosagedicht« auf, indem er es einerseits am klassischen Epos ausrichtet, andererseits – freilich mit verwirrender Begrifflichkeit – von der phantastischen, damals als trivial geringgeschätzten Prosaromanze (*romance*) abgrenzt. Ebenso bedeutsam ist sein Beitrag zur Theorie des Komischen, dem er wirkungspoetisch die Aufdeckung menschlicher Affektationen, v. a. von Eitelkeit und Heuchelei, zuschreibt. F.s Konzept einer satirischen Dekuvrierkomik verabsolutiert allerdings die gesellschaftskritische Zielsetzung; es läßt die Episoden liebenswerter Lächerlichkeit ebenso unerwähnt wie die humorvolle Vermittlungsleistung des Erzählers. Die Diskrepanz zwischen komischer Theorie und praktischer Umsetzung im Roman manifestiert sich besonders an der Konzeption des Landpfarrers Adams, F.s englischem Don Quijote, dessen benevolenter Humor die Tradition des satirischen Verlachens sprengt und eine neue, empfindsame Charakterkomik begründet.

Im Jahr 1743 veröffentlichte F. zwei längere Prosasatiren, mit denen er den Bezirk des Lächerlichen weiter auslotete. Neben *A Journey from this World to the Next* (*Reise nach der andren Welt*,

1759), einer phantastischen Fabel nach Lukianschem Vorbild, in der die aus dem Körper tretende Seele des Ich-Erzählers eine Reise ins Elysium antritt und dort berühmten Persönlichkeiten der älteren und jüngsten Vergangenheit begegnet, erregte v. a. die Schurkenbiographie *The Life of Jonathan Wild the Great* (*Die Lebensgeschichte Mr. Jonathan Wilds des Großen*, 1790) Aufsehen. Wie vor ihm John Gay in *The Beggar's Opera* (1728) stellt auch F. das moralische Normen- und Wertesystem ironisch auf den Kopf, wobei er, wie die durchgängige Konfrontation des guten mit dem großen, d. h. dem genialen Menschen zeigt, auf das Exemplarische des Falls abzielt. Der Große bringt skrupellos Unheil über die Gesellschaft und beutet sie aus, während die Gute, im Gegensatz dazu, Ungemach von ihr fernzuhalten sucht. Auf dieser moralphilosophischen Grundlage insinuiert der Roman eine sarkastische Analogie zwischen zwei Vertretern des Großen aus höchst unterschiedlichen Lebensbereichen, nämlich zwischen dem gefürchteten und schließlich gehängten Verbrecher Jonathan Wild und dem Premierminister Robert Walpole. Damit setzte F. die politische Satire seiner Dramen in narrativer Form fort und zeigte an der *mock-* bzw. anti-heroischen Attitüde seines Erzählers, daß er sich weiterhin den aufklärerischen Idealen Alexander Popes und Jonathan Swifts verpflichtet fühlte. In den beiden folgenden Romanen macht die vorwiegend satirische Zielsetzung freilich einer komischen Platz: F. konzentriert sich auf die Spannung zwischen Individuum und Gesellschaft und reflektiert dabei immer wieder die Darstellungsprozesse des realistischen Romans.

F.s Meisterwerk, der 1749 veröffentlichte Roman *The History of Tom Jones, a Foundling* (*Die Geschichte des Tom Jones, eines Findlings*, 1771), vertieft die in *Joseph Andrews* entwickelten narrativen und komischen Strukturen und wird so zum Paradigma der neuen Erzählgattung. Die oft gepriesene Handlungsstruktur geht vom Geheimnis um die Geburt des Allerweltshelden Tom Jones aus und verknüpft es mit seiner aus Statusgründen unrealisierbaren Liebe zu Sophia, der Tochter des polternden Landjunkers Western. Daraus entwickelt sich stimmig die nach und nach von insgesamt fünf Parteien angetretene, mit pikaresken Abenteuern gespickte und durch Nebenhandlungsstränge komplizierte Reise nach London, wo die Konfusionen nach Komödienmanier erst im letzten Augenblick gelöst werden. Der nach dem Muster des Erziehungsromans geschilderte Reifeprozeß des Helden spielt sich in einem vielschichtigen gesellschaftlichen Panorama ab, das an drei zentralen Schauplätzen, auf dem Land, auf der nach London führenden Landstraße und zuletzt in der Metropole selbst, entwickelt wird. F.s komischer Romanklassiker, 1963 von Tony Richardson erfolgreich verfilmt, weist vielfältige Analogien zum antiken Epos auf und erreicht mit seinen 18 Büchern auch quantitativ epische Breite. Die nach dem Kontrastprinzip angelegte Figurengestaltung will letztlich Aufklärung über die Prinzipien der »menschlichen Natur« vermitteln. Obwohl die heuchlerische Doppelmoral weiter Gesellschaftskreise wiederum mit den Mitteln der Demaskierungskomik offengelegt wird, bleibt F.s Bild einer von der wankelmütigen Fortuna regierten Welt weitgehend optimistisch. Dies erreicht er nicht zuletzt durch den humorvollen Erzähler, der sich über seine Kommentare kontinuierlich in das Geschehen einmischt und es im ironischen Spiel mit klassischer Bildung parodistisch unterminiert. Der derartig dramatisierte Erzähler zeigt darüber hinaus ein selbstreflexives Bewußtsein, wenn er in einen Dialog mit dem Leser eintritt und ihm die Gesetzmäßigkeiten der fiktionalen Vermittlung erläutert.

F.s letzter Roman, *Amelia* (1752), fällt düsterer aus und weist Anzeichen eines Spätwerks auf. Es ist die Geschichte einer Ehe zwischen der schönen und tugendsamen Amelia und Captain Booth, ihrem zwar gutmütigen, aber labilen und leichtsinnigen Gatten. Die narrative Struktur der vom Zufall beherrschten Abenteuerhandlung orientiert sich wiederum am antiken Epos; im Gegensatz zu den *Ilias*-Anklängen des *Tom Jones* dominiert jetzt aber der ironische Kontrast zu *Odyssee* und *Äneis*. Eine korrupte und depravierte Gesellschaft bringt die Liebe der beiden Gatten an den Rand der Katastrophe, doch F.s grundsätzlicher Glaube an das Gute im Menschen stellt auch diesmal sicher, daß Lüge, Hinterlist und Gemeinheit nicht obsiegen. Booth ist am Romananfang unschuldig in Haft, trifft im Gefängnis seine Jugendfreundin Miss Matthews, verfällt ihren Verführungskünsten und wird Opfer ihrer Intrigen, als er sich reumütig von ihr zu lösen sucht. Die treu zu ihm stehende, unter dem Einfluß Richardsons stark idealisierte Amelia muß sich dagegen den Nachstellungen eines lüsternen Lords und eines zwielichtigen Obersts erwehren. Sie erwirkt schließlich über den väterlichen Freund Dr. Harrison, der als weitere moralische Instanz neben dem Erzähler fungiert, Booths Rettung und sichert so die Harmonie ihrer Ehe. Die Handlungsabfolge bestätigt damit die in der Widmung zum Ausdruck gebrachte Darstellungsintention, der Tugend zum Sieg verhelfen und beklagenswerte Übel privater wie öffentlicher Natur exponieren zu wollen. Der heitere Optimismus, den F.s frühere Erzählungen ausstrahlen, wird freilich von einem bisweilen sentimentalen und pathetischen Moralismus zurückgedrängt, und so tritt – womöglich bedingt durch F.s desillusionierende Tätigkeit als Friedensrichter – die Kritik an den sozialen Ungerechtigkeiten schärfer zutage. Dies fällt besonders bei der Schilderung der Gefängnisszenen und des schäbigen Milieus der Londoner Unterschicht auf, wo F. Dickenssche Erzählcharakteristika vorwegnimmt.

Machten sich Defoe und Richardson um die ernsthafte Spielart des realistischen Romans verdient, indem sie die Welt als individuelle Erfahrung bzw. als emotionale Introspektion deuteten, so wurde F. zum Begründer der komischen Erzähltradition. Die seinen Werken zugrunde liegende *Englishness* ist charakteristisch für den Süden Englands und erfaßt die ländliche Region ebenso wie die Metropole London, den Adel ebenso wie das niedere Bürgertum. F. läßt Sein und Schein jener Gesellschaft schockartig aufeinanderprallen und schafft über die Trennung von Zentralfigur und Erzähler die für das Lachen nötige Distanz. Die häufig eingestreuten romantheoretischen Erörterungen zeigen, daß er damit ein anspruchsvolles Ziel verfolgte, nämlich den neuen realistischen Erzählstil zur epischen Kunstform aufzuwerten. F.s in Komik umgesetzter pragmatischer Optimismus fand viele Nachahmer, von Jane Austen, Charles Dickens und William Makepeace Thackeray bis hin zu Kingsley Amis und David Lodge.

Dieter A. Berger

Fitzgerald, F[rancis] Scott
Geb. 24. 9. 1896 in St. Paul, Minnesota; gest. 21. 12. 1940 in Hollywood, Kalifornien

F. Scott Fitzgerald zählt heute zu den wichtigsten amerikanischen Schriftstellern des 20. Jahrhunderts: Sein Roman *The Great Gatsby* (1925; *Der große Gatsby*, 1928) ist eines der unumstrittenen Meisterwerke, das die Literatur der Vereinigten Staaten hervorgebracht hat. Das künstlerische Schaffen F.s wurde jedoch nicht immer so hochgeschätzt. Als er 1940 finanziell ruiniert und trunksüchtig in Hollywood an Herzversagen starb, war er ein fast in Ver-

gessenheit geratener Schriftsteller, auf den eher herablassende Nachrufe geschrieben wurden. Ein genauer Blick auf die schwankende Einschätzung der literarischen Fähigkeiten des Bestsellerautors liefert indes einen Schlüssel zum Verständnis für den späteren Aufstieg zum Klassiker der Moderne. Zu F.s Lebzeiten wurden Leben und Werk in verkürzender Art und Weise gleichgesetzt und seine Texte als Inbegriff autobiographischer Authentizität (miß)verstanden. F. galt als der herausragende Chronist des von ihm so benannten Jazz Age und wurde so zunächst als dessen Wunderkind, später als dessen Sündenbock betrachtet. Doch diese von F. selbst geförderte Deutung wird heute als einseitig und letztlich irreführend gesehen. Der Wert der Romane und Erzählungen liegt gerade nicht in einem simplen, kausalen Bezug von Lebens- und Schreibstil, sondern in ihrem markanten, wenngleich nicht immer bemerkten Bruch. Sie zeigen einerseits die verführerische Faszination auf, welche die Aura der Reichen und Schönen ausübt, gehen aber andererseits auch auf spürbare Distanz zum leeren Treiben der Geld-Boheme. In F.s vieldeutigen Texten bleibt es in der Schwebe, ob die selbsternannte »Lost Generation« in ihrem Tun bewundert oder bedauert, verklärt oder verpönt wird. Es ist dieser Aspekt seines literarischen Schaffens, der es als einen Ausdruck moderner Offenheit und Ambivalenz auszeichnet.

F.s Leben lieferte in der Tat vielfach den Stoff, aus dem die Träume in seinen Werken gemacht sind, und damit aber auch die Ursache für die darin verborgenen zwiespältigen und widersprüchlichen Haltungen. 1896 als Sohn einer irischen Kaufmannsfamilie im Mittleren Westen geboren, wurden ihm schon im Elternhaus gegensätzliche Einstellungen nahegelegt. Die Mutter stammte von geschäftstüchtigen katholischen Immigranten ab, der Vater von einer alteingesessenen Familie, die besonders stolz darauf war, als entfernten Verwandten den Komponisten der amerikanischen Nationalhymne, Francis Key Scott, vorweisen zu können, der dann auch als Namenspate für F. herangezogen wurde. F. trat früh mit Schuldramen literarisch hervor. Erste Anerkennung erlangte er damit am Newman Internat in Hackensack, New Jersey, später dann an der Universität in Princeton. Trotz dieser frühen Erfolge gelang es F. nicht, seine Unsicherheit bezüglich seiner gesellschaftlichen Stellung und seines literarischen Könnens zu überwinden. Hinzu kam, daß sein Selbstwertgefühl in Princeton auch von Mißerfolgen unterminiert wurde: Bei keinem seiner Stücke konnte F. selbst mitwirken, da seine Studienleistungen unzureichend waren. F. verließ die Universität ohne Abschluß, meldete sich freiwillig zur Armee, begann seinen ersten Roman und arbeitete schließlich nach Kriegsende – ohne in Europa gewesen zu sein – als Werbetexter in New York. Mit seinem mehrfach überarbeiteten Erstlingsroman *This Side of Paradise* (1920; *Diesseits vom Paradies*, 1988), gelang ihm der ersehnte literarische und finanzielle Durchbruch. In der Woche nach der Veröffentlichung heiratete er Zelda Sayre, die er zu Armeezeiten in Alabama kennengelernt hatte. Das Paar stürzte sich ins Partyleben der mondänen Konsumkultur und wurde bald »Prinz und Prinzessin« (Ring Lardner) der Schönen und Reichen der Ostküste. Früh zeichneten sich Probleme in der Partnerschaft ab, die allerdings durch das hektische Treiben in den »roaring twenties« überdeckt wurden. Auslandsreisen brachten F. ins Umfeld neureicher Amerikaner in Europa wie auch in Kontakt mit wichtigen Kollegen und Konkurrenten des Literaturbetriebs, wie etwa Gertrude Stein, Ernest Hemingway oder auch John Dos Passos. Mit der Weltwirtschaftskrise wendete sich F.s bis dahin erfolgreiche Karriere: Sein »Insiderwissen« und seine Themen

waren nun nicht mehr gefragt. In der Folge trank F. immer häufiger und unkontrollierter, Zelda kam nach Nervenzusammenbrüchen ab 1934 in ständige psychiatrische Betreuung, und ihre Tochter Frances wurde in die Obhut von Freunden und Internaten gegeben. Die Finanzierung des verschwenderischen Lebensstils war nun ebenfalls kaum noch möglich. Verdiente F. durch seine Werke im Jahre 1931 noch eine für die Zeit sehr beachtliche Summe von $ 40 000, so waren es 1939 gerade noch $ 33. Zwar versuchte sich F. in den späten 30ern als Drehbuchautor in Hollywood, doch scheiterte er kläglich. Im Bewußtsein, versagt zu haben, starb F. dort nach mehreren Herzattacken im Jahre 1940. Es fällt auf den ersten Blick schwer, F.s Schaffen nicht mit den blasierten Attitüden des Lebemannes und den Problemen einer glamourösen Partnerschaft zu assoziieren und es darauf zu reduzieren. Doch finden sich in seinen Erzählungen und Essays zahlreiche Hinweise auf eine bewußte Reflexion über das eigene zwiespältige Tun. Als Erklärung seiner widersprüchlichen Haltung, die er als Repräsentant und Kritiker eines gedankenlosen Materialismus gleichzeitig an den Tag legte, kann etwa sein oft zitierter Aperçu verstanden werden, wonach der Test höchster Intelligenz darin bestehe, im Kopf zwei grundsätzlich verschiedene Konzepte im Widerstreit zu halten und dennoch im Leben funktionieren zu können.

F.s Lebensgeschichte gibt also durchaus den Stoff ab, aus dem die Handlungen, Themen und Motive seiner Texte entstanden sind. Allerdings sind sie dort literarisch umgestaltet und verdichtet, so daß wenige direkte autobiographische Bezüge bleiben. Sein erster Roman, *This Side of Paradise*, berichtet von den Studienjahren des romantischen Helden Amory Blaines und dessen fehlgeschlagenem Versuch, in den moralischen Wirren der Zeit zu einer

Persönlichkeit zu reifen. Der zweite Roman, *The Beautiful and Damned* (1922; *Die Schönen und Verdammten*, 1998), behandelt auf satirische Weise den sozialen und moralischen Niedergang eines genußsüchtigen Boheme-Paares. F.s Meisterwerk *The Great Gatsby* ist eine vielschichtige Parabel über den modernen »self-made man« und den Erfolgsmythos des amerikanischen Traums. Der Roman erzählt die Geschichte der unglücklichen, obsessiven Liebe von James Gatz alias Jay Gatsby, der durch Reichtum seine ehemalige Jugendliebe Daisy Fay beeindrucken und zurückgewinnen will. Doch das Unterfangen scheitert. Gatsby geht dabei durch eigenes Verschulden – sein Reichtum beruht zum Teil auf kriminellen Machenschaften – und durch unglückliche Zufälle zugrunde. Die Geschichte vom Glanz und Elend des Reichseins erhält ihre Vieldeutigkeit durch die Präsenz eines Ich-Erzählers, des Außenstehenden Nick Carraway, der ein zwar einfühlsamer, sympathischer, aber letztlich auch unzuverlässiger Berichterstatter ist. Seine ambivalente Einstellung zu Gatsby und seine Versuche, den amerikanischen Erfolgsmythos trotz aller Beweise seines Niedergangs doch noch zu retten, lassen hinter der romantischen Verklärung von Liebe und Sehnsucht lediglich eine rückwärtsgewandte Geschichte voller Lügen und Halbwahrheiten hervortreten. Der Text erscheint als ein Mosaik von Versatzstücken: Die Handlungen, Gesten und Posen der Reichen sind ebenso wie die Anekdoten und Vermutungen des Erzählers fast ausschließlich aus zweiter Hand. Durch die Fassade falschen Reichtums läßt F. so die Leere und Dekadenz der Epoche schimmern. Zwei Romane aus den 30ern setzen diese Themen fort und bestätigen F.s Meisterschaft. *Tender Is the Night* (1934; *Zärtlich ist die Nacht*, 1952), setzt sich mit den Umständen und Folgen psychiatrischer Behandlung sowie dem Scheitern von Exilamerika-

nern in der Alten Welt auseinander. *The Last Tycoon* (1941; *Der letzte Taikun*, 1962), ist eine fragmentarisch gebliebene, postum veröffentlichte Abrechnung mit der Scheinwelt Hollywoods und den Geschäftspraktiken in der Traumfabrik. F.s reifste literarische Aufarbeitung seines Scheiterns ist die 1931 veröffentlichte Erzählung »Babylon Revisited« (»Wiedersehen mit Babylon«, 1954), die wohl mit Abstand beste von insgesamt 180 Kurzgeschichten, die F. überwiegend zum Gelderwerb schrieb und in populären Zeitschriften veröffentlichte. Der Text ist als eine kompakte Parabel gebaut. Der Exilamerikaner Charlie Wales kehrt im Anschluß an den Börsenzusammenbruch nach Paris zurück und versucht dort gutzumachen, was in den vorangegangenen, »wilden« Jahren schiefgelaufen ist. F. läßt hier bewußt offen, ob Charlie durch Reue und Sühne eine zweite Chance erhalten wird und ob er diese dann auch wirklich zu nutzen weiß.

Obgleich also F.s Leben und Werk zunächst untrennbar verknüpft scheinen, können und müssen sie dennoch in der Bewertung klar geschieden werden. Die Leistung des Autors F. in seinen besten Texten ist es, die große Faszination der Welt der Reichen und Schönen glaubwürdig dargestellt, aber auch ihre Unwahrhaftigkeit und Substanzlosigkeit vor Augen geführt zu haben. Der ihm eigene Stil speist sich direkt aus diesem doppelten Ansatz. Obschon seine Texte formal und thematisch zunächst als aus den glitzernden Oberflächen des Verdinglichten und Uneigentlichen zusammengesetzt erscheinen, gelingt es F., aus diesen trivialen Gesten und Chiffren ein dichtes Geflecht zu erstellen, das seinen Werken eine vieldeutige Tiefe verleiht. Die durch Querverweise und leitmotivisch wiederkehrende Metaphern bewirkte Verdichtung des Geschehens ebenso wie die durch die Brüche in der Erzählhaltung erzielte Bedeutungsoffenheit sind der eigentliche Ursprung der unabschließbaren und selbstkritischen Modernität von F.s Werk. Heute steht deshalb zu Recht weniger die glamouröse Selbstinszenierung des Lebemanns, als die Leistung des umsichtigen Künstlers im Vordergrund, der wie kein zweiter mit Scharfblick das verführerische und zerstörerische Blendwerk des amerikanischen Erfolgsmythos in Szene gesetzt hat.

Gerd Hurm

Forster, E[dward] M[organ]
Geb. 1. 1. 1879 in London;
gest. 7. 6. 1970 in Cambridge

Mit dem Erscheinen von Lionel Trillings Monographie (1944) begannen E. M. Forsters internationale Aufwertung als Romanschriftsteller und Literaturkritiker und seine Aufnahme in ein universitäres Curriculum. Bis dahin war F.s Bekanntheit auf den englischen Kulturkreis beschränkt. Sein liberaler Humanismus und sein stilistisches *understatement* verkörpern eine positive *Englishness*. Wie F.s demokratischer Individualismus in seinen nicht-fiktionalen literaturkritischen und journalistischen Arbeiten (*Abinger Harvest* 1936; *Two Cheers for Democracy*, 1951) und in seinem letzten und bekanntesten Roman, *A Passage to India* (1924; *Auf der Suche nach Indien*, 1960), zeigt, ist das Private stets auch das Öffentliche. F.s erzählerisches Werk ist nicht ›modern‹ im Sinne der Innovationen der Erzähltechnik anderer Autoren der Zeit. In seinem größten kritischen Erfolg, *Aspects of the Novel* (1927; *Ansichten des Romans*, 1949), einer Gattungspoetik, die aus Vorlesungen in Cambridge hervorging, wird zwar Erzählperspektive nicht zum Thema, aber seine witzige Distinktion von *story* und *plot* sowie seine Unterscheidung zwischen *flat* und *round characters* wurden epochemachend. Mit der intertextuellen Aufnahme von *A Passage to India* in Tom Stoppards *Indian Ink*

(1995) wurde die Wende in der Einschätzung F.s endgültig vollzogen. Neuere Ansätze deuten sein Werk als Diskurs über das Verstehen schlechthin. Heute gilt F. durch seine erst postum veröffentlichten Werke zum Thema Homosexualität, den Roman *Maurice* (1971; *Maurice* 1988) und den Erzählband *The Life to Come* (1972), als politisch korrekt. Seine Verbindung zu D. H. Lawrence trägt zu dieser Umdeutung bei. F. ist aber im Gegensatz zu Lawrence kein Primitivist, sondern Anhänger des Hellenismus eines Matthew Arnold. F.s Erzählwerk wird heute in die Nähe des mythenparodistischen Darstellungsverfahrens von James Joyce und T. S. Eliot gerückt. Insbesondere in den Kurzgeschichten, die F. nur in zwei schmalen Bänden publizierte – *The Celestial Omnibus* (1911) und *The Eternal Moment* (1928; *Der ewige Augenblick*, 1953) –, zeigt sich die Bedeutung des mythologischen Bezugsrahmens für F.s Erzählkunst.

Aus F.s Biographie werden drei zentrale Züge seines erzählerischen Werkes einsichtig: (a) seine Vorliebe für die klassische Mythologie, (b) sein interkulturelles Verständnis und (c) seine Wahrnehmung und Darstellung von Bildstrukturen. F. war einziges Kind eines Londoner Architekten walisischer Herkunft und der einer Malerfamilie entstammenden Mutter. Aufgrund des frühen Todes des Vaters wurde er von Mutter und Tanten erzogen. Seine Schulzeit als Tagesschüler in der renommierten Tonbridge School erzeugte bei ihm eine tiefe Skepsis gegenüber dem englischen *public school*-Wesen. Nach F.s Meinung werden die Absolventen dieser Schulen, die Angehörigen der *middle class*, »with well-developed bodies, fairly developed minds and undeveloped hearts« ins Leben entlassen. Die Gefühllosigkeit der englischen Mittelschicht wird in den meisten seiner literarischen Werke zum entscheidenden Kritikpunkt. Während seines Studiums der klassischen Philologie und Geschichte am King's College in Cambridge begegnete er Mitgliedern der späteren *Bloomsbury Group*. Nach dem Studium bereiste er Italien und Griechenland und schrieb für die liberale *Independent Review*. Von den über 90 Jahren seines Lebens widmete er nur die Spanne von 20 Jahren dem Schreiben schöngeistiger Literatur. Innerhalb dieser 20 Jahre findet sich zwischen der Veröffentlichung des Kurzgeschichtenbandes *The Celestial Omnibus* und *A Passage to India* eine elf Jahre dauernde Phase des Schweigens. Seinen literarischen Durchbruch erlebte er mit *Howards End* (1910; *Howards End*, 1949). Wie in seinem ersten Roman, *Where Angels Fear to Tread* (1905; *Engel und Narren*, 1948), wird auch darin der Kontrast zwischen der englischen *middle class* und anderen Lebensweisen thematisiert. Es folgten die Romane *The Longest Journey* (1907) und *A Room with a View* (1908; *Zimmer mit Aussicht*, 1986). Nach 1924 beschäftigte er sich 46 Jahre mit anderem, wie z. B. Vorlesungen in Cambridge und Literaturkritik, und kämpfte als aktives Mitglied des PEN-Clubs gegen die Zensur. 1934 wurde er Präsident des National Council for Civil Liberties. Für Benjamin Brittens Oper *Billy Budd* (nach Melville) schrieb F. 1949 das Libretto. Im gleichen Jahr schlug er als überzeugter radikaler Demokrat seine Erhebung in den Adelsstand aus. Seine Sammlung von Essays, Rezensionen und Radiomanuskripten erschien 1951 unter dem bezeichnenden Titel *Two Cheers for Democracy*. Ab 1945 lebte er bis zu seinem Tod als Honorary Fellow in King's College.

Prägende biographische Fakten sind sicherlich neben Cambridge die Auslandsaufenthalte, die seinen Blick für Kulturvergleiche schärften. Außer Italien, Griechenland und Deutschland, wo er 1905 einige Monate als Privatlehrer bei der Gräfin von Arnim arbeitete, war es v. a. die Begegnung mit Indien, die ihn prägte. In Cambridge war F. bereits 1905 Tutor und enger Freund eines Inders, Syed Ross Masood, gewesen. Seine anti-imperialistische Grundhaltung entwickelte er bei der Beobachtung der Anglo-Inder bei einem ersten Indienaufenthalt (1912). Seinen zweiten Aufenthalt in Indien (1921–22) verbrachte er als Privatsekretär eines Maharadschas. In dieser Zeit nahm F. die Arbeit an *A Passage to India*, seinem größten Erfolg, wieder auf. Der Zusammenprall verschiedener Kulturen und Lebensweisen sowie die Verachtung der englischen *middle class* für jede andere Kultur sind zentrale Themen seiner Romane und Kurzgeschichten. Ohne optimistisch zu sein, sind seine Werke dennoch selten bitter satirisch, eher versöhnlich und tolerant in der Grundabsicht, auch wenn die Möglichkeit der Versöhnung der Gegensätze und des gegenseitigen Verständnisses durch den Handlungsausgang oft in Zweifel gezogen ist. Die Versöhnung zwischen dem Inder Aziz und dem Engländer Fielding bleibt in *A Passage to India* in weite Ferne gerückt. Das Grundprinzip seiner Werke ist die dichotomische Struktur von Schauplätzen, sozialen Schichten, Geschlechtern und historischen Zuständen. *Howards End* thematisiert in einer topographischen und zugleich historischen Dimension den Gegensatz zwischen der philiströsen englischen Kaufmannsschicht der Wilcoxes und der Bildungsschicht der deutschstämmigen Schlegels unter dem Motto »Only connect«. Wie auch in seinem ersten Roman wird hier die Unmöglichkeit der Kommunikation zwischen den Gegensätzen zum Thema. Bei F. wird stets die Existenz des Mythischen, Irrationalen, Transzendentalen angenommen, seien es die Marabar Caves in Indien, die irrationale Erotik der jungen englischen Witwe Lilia in Italien oder die mythische Panfigur in »The Story of a Panic«. Der Mythos, das kulturelle Gedächtnis, ist ein Schlüssel zur Struktur seiner Werke. Mythos ist bei F., anders als etwa bei Joyce im *Ulysses* (1922), wo die Beziehung zwischen Text und Prätext implizit bleibt, nicht allein auf das Kommunikationssystem zwischen Autor und Leser begrenzt, sondern wird auch von den Figuren selbst erlebt und thematisiert. Der Mythos ruft die Gegenwelt auf. Griechenland, Indien, Italien stehen für die Figuren und den Leser für eine andere, exotischere, ekstatischere Welt, die der Langeweile und der Banalität des Lebens der *middle class* entgegengestellt wird. F. unterscheidet dabei kaum zwischen der Figuren- und der Erzählerperspektive, wenn er die Welt der Sinnlichkeit und des Gefühls im krassen Gegensatz zur englischen sinnen- und kunstfeindlichen Welt darstellt. Archetypische Symbole wie Baum, Höhle und Berg, Haus, Garten und Wasser sind ambivalent gebraucht und spielen auf Tod und Erlösung an. Mit seinen Archetypen und Symbolen gestaltet F. einen Kontrast zwischen der realen, prosaischen Welt der englischen Moderne und der Realität des ganz anderen, der poetischen und religiösen Imagination. Der Grundtenor seiner Werke mit ihrer tiefempfundenen Kritik an der englischen Mittelschicht ist die Melancholie.

Therese Fischer-Seidel

Fowles, John [Robert]
Geb. 31. 3. 1926 in Leigh-on-Sea, Essex

»I am not to be understood even by myself«, konstatiert die Protagonistin Sarah Woodruff in John Fowles' metafiktionalem historischen Roman *The French Lieutenant's Woman* (1969; *Die Geliebte des französischen Leutnants*, 1974). Mit diesen wenigen Worten faßt sie treffend das fast allen literarischen Texten von F. zugrundeliegende ›Programm‹ zusammen. F.' Romane und Kurzgeschichten verbinden traditionelles, am Realismus orientiertes Erzählen mit didaktischen Passagen, mythologi-

sche Modelle mit *mises en abyme*, eine ausgeprägte Intertextualität mit metafiktionalen Elementen sowie eine an D. H. Lawrence erinnernde Betonung von Natur und Körperlichkeit mit voyeuristischen Aspekten. Nicht selten erscheinen sie als konservative *romans à thèse*, die einem existentialistischen Humanismus das Wort zu reden scheinen, erweisen sich jedoch, z. B. indem dem Leser verschiedene Romanenden vorgeschlagen und er in Analogie zu den Protagonisten durch mehrdeutige (Text-)Labyrinthe geschickt wird, als polyvalente ›negative‹ Bildungsromane mit philosophischen, feministischen, sozial- und medienkritischen Dimensionen. An die Stelle einer fixierten inhaltlichen ›Botschaft‹ setzen F.' literarische Texte den Schaffens-, Befreiungs- und Individuationsprozeß des Protagonisten wie auch des Lesers. Zwischen den antagonistischen Polen von »the few« und »the many«, den »aristoi« und den »hoi polloi« (Heraklit) sowie von Männlichkeit (»stasis«) und Weiblichkeit (»kinesis«) arbeiten die Texte – häufig mit den Mitteln einer Dreieckskonstellation – an der Befreiung des Individuums in einer von positiv gewerteter Rätselhaftigkeit geprägten Welt.

Als Metafiktionen mit texttheoretischen Einsprengseln unterminieren die Romane vermeintliche Sicherheiten, verhalten sich die meist konservativ anmutenden didaktischen Passagen antithetisch zu der von den Texten in ihrer Gesamtheit verkörperten Vieldeutigkeit und läuft die Literarizität nicht selten den auf der Handlungsebene transportierten ideologischen Implikationen entgegen. Verdeutlichen läßt sich dies anhand von F.' in sich widersprüchlicher Visualitätskritik genauso wie durch seine umstrittene Funktionalisierung weiblicher Charaktere. Zwar erweisen sich F.' männliche Protagonisten in der Regel als limitiert, sieht sich der Autor selbst als »feminist«, doch wird die

Identität der Frauenfiguren, deren Rolle häufig darin besteht, die Individuation der männlichen Protagonisten zu ermöglichen, vom Text häufig ausgeblendet. Durch diese gleich auf mehreren Ebenen erfolgenden Revokationen ›verstehen‹ sich F.' Romane trotz ihrer zahlreichen konservativen Elemente und ihres Ziels, dem Leser zu einer allumfassenden Sicht der Dinge (»whole sight«) zu verhelfen, letztlich genauso wenig wie die bereits zitierte Sarah Woodruff. Und dies zum Gewinn des Lesers, den F. mit seinen *heuristic novels* als eigenverantwortlichen, die Gesellschaft verändernden Menschen für ein Leben ›im Jetzt‹ zu befreien sucht.

Aus F.' Biographie sind sein frühes Interesse für die Natur, die Internatsjahre in Bedford (1939–41, 1942–44), der Aufenthalt im ländlichen Devon (1941–42), die Heirat mit Elizabeth Whitton (1954) sowie der 1966/68 erfolgte Umzug nach Lyme Regis von Bedeutung. Auf F.' Militärzeit (1945–47) folgte der Ausbruch aus der Konformität der englischen Mittelklasse, die Beschäftigung mit dem Existentialismus am New College, Oxford (1947–50) sowie Aufenthalte als Dozent in Poitiers (1950–51) und Spetsai (1951–53). Gleichzeitig entstanden die ersten der 1973 in *Poems* publizierten Gedichte. Nachdem F. an mehreren englischen Schulen unterrichtet hatte, gestattete ihm der Erfolg von *The Collector* (1963; *Der Sammler*, 1964), einer häufig als Thriller mißverstandenen »parable«, sich ganz dem Schreiben zu widmen.

In *The Magus* (1977 [1965]; *Der Magus*, 1980 [1969]) präsentiert er nicht nur ein offenes Ende, sondern schickt den Leser auch durch ein literarisches Labyrinth mythologischer Anspielungen und wechselnder Realitäten, das dem auf der Handlungsebene dargestellten Metatheater des »magus« Conchis gleicht. In *The French Lieutenant's Woman* wird die durch geschickte Perspektivierung enigmatisch bleibende

Sarah Woodruff zur ›Geburtshelferin‹ des Viktorianers Charles Smithson. In diesem über weite Strecken ›viktorianisch geschriebenen‹, diese Konventionen jedoch gleichzeitig parodierenden und explizit hinterfragenden Bestseller finden sich neben drei Enden metafiktionale Reflexionen sowie das plötzliche Auftauchen einer Erzählerpersona, die starke Ähnlichkeit mit F. aufweist. Dessen Kurzgeschichtensammlung *The Ebony Tower* (1974; *Der Ebenholzturm*, 1984) zeichnet sich u.a. durch ihre kunstgeschichtliche und intertextuelle Dimension aus, während die 700 Seiten starke Roman *Daniel Martin* (1977) medientheoretische und autobiographische Aspekte privilegiert. In dem umstrittenen, stark metafiktionalen und bisweilen komischen *Mantissa* (1982) stehen die Rolle der Muse Erato bzw. die Analogie zwischen künstlerischem Schaffensprozeß und Sexualität (»*procreation*«) genauso im Vordergrund wie die vermeintlich »onanistic pleasures of writing fiction« (James R. Aubrey). *A Maggot* (1985) kombiniert in einem historischen, den Detektivroman evozierenden Rahmen unter Anleihen bei Daniel Defoe, George Lyttelton, Henry Fielding und anderen eine Mischung aus traditionellen, metafiktionalen und teilweise phantastischen Elementen. Atmosphärisch dichte Beschreibungen wechseln mit langen Dialog- bzw. Verhörpassagen, Briefen, Faksimile-Abdrucken (*The Gentleman's Magazine*, 1736) und nur scheinbar authentischem Material (*The Western Gazette*). Der unterschiedliche Realitätsauffassungen kontrastierende, nicht aber auflösende und mit einem Aufsatz von F. schließende Roman zeichnet die Transformation und Vision seiner Protagonistin Rebecca Hocknell nach, die ihrerseits die Mutter von Ann Lee (Gründerin der Shakers) ist. Weitere Romanprojekte wie *In Hellugalia* oder *Tesserae* hat F. bis heute nicht zum Abschluß gebracht.

F.' nicht-literarisches Schaffen reicht

von philosophischen Betrachtungen, die *The Aristos* (1968 [1964]) als »a self-portrait in ideas« in aphoristischer Form zusammenfaßt, über Rezensionen, Aufsätze zu Kunst und Literatur, Kommentare zu Bildbänden (*Shipwreck*, 1974; *Lyme Regis Camera*, 1990), Herausgeberschaften (*Monumenta Britannica*, 1980/82), Übersetzungen und Adaptationen von Theaterstücken (*Cinderella*, 1974; *Ourika*, 1977; *Dom Juan*, 1981; *Lorenzaccio*, 1981) bis zu Reflexionen über die für sein Werk zentrale Bedeutung der Natur (*The Tree*, 1979). Diese steht für »isolated discovery and experience« sowie metaphorisch für das Schaffen literarischer Welten. Eine Sammlung bereits veröffentlichter nicht-fiktionaler Texte erschien 1998 unter dem Titel *Wormholes*. Die dort eingenommenen Positionen decken sich weitgehend mit den F.' Romanen zugrundeliegenden Überzeugungen und haben im Laufe seines Schaffens nur geringe Modifikationen erfahren. Sie weisen provokative und idiosynkratische Elemente auf und zeugen von F.' Anliegen, auf die Gesellschaft einzuwirken. Dem entspricht, daß F. trotz seiner zurückgezogenen Lebensweise immer wieder Stellung zu sozialen, politischen und ökologischen Problemen bezogen und sich entsprechend engagiert hat.

Stefan Horlacher

Golding, [Sir] William [Gerald]
Geb. 19.9.1911 in St. Columb Minor, Cornwall; gest. 19.6.1993 in Perranarworthal, Cornwall

Scheinbar unberührt von der britischen Literaturentwicklung der 1950er bis 1980er Jahre schuf William Golding sein sich in der einheimischen literarischen Landschaft monolithisch ausnehmendes Erzählwerk. Als 1983, nach drei Jahrzehnten, mit G. erneut ein britischer Autor mit dem Literaturnobel-

preis ausgezeichnet wurde, lautete die offizielle Begründung, sein Romanschaffen beleuchte »mit der Klarheit realistischer Erzählkunst und der Mannigfaltigkeit und Universalität des Mythos die *conditio humana* in unserer heutigen Welt«. Tief prägend für G.s Weltsicht waren seine Zweifel an der liberalistischen Fortschrittsgläubigkeit des Elternhauses und, wenige Jahre nach seinem Oxfordstudium, die Teilnahme des Englisch- und Geschichtslehrers als Marineoffizier am Zweiten Weltkrieg. Das eigene Erleben von Zerstörung und Tod habe ihn, sagte er 1963, davon überzeugt, daß die Menschheit von einer »schrecklichen Krankheit« befallen sei, deren Wurzeln er in sich selbst – im Individuum – nachspüre. Schon in seinem ersten Roman wird sie durch den Titel *Lord of the Flies* (1954; *Herr der Fliegen*, 1956) unter Anspielung auf das hebräische *ba'al zebûb* als das Satanische, Böse, Destruktive benannt und im Gang der fiktiven Ereignisse als im Menschen befindlich diagnostiziert. Paradigmatisch für sein weiteres Schaffen entwarf G. eine einfache, jedoch ungewöhnliche Geschichte darüber, wie unter scheinbar idyllischen Umständen unschuldiges Kinderspiel zu grausamem Kinderkrieg pervertiert, eine Geschichte, die er, nachhaltig beeinflußt von der antiken griechischen Tragödie (insbesondere des Euripides), auch als »moralische« bzw. »tragische Lektion« begriff. Ihre oft erhebliche Komplexität erfahren G.s Werke durch gleichnishaft-allegorisierende Verfahren (vom Autor anfänglich als »fable« bezeichnet) und relativierende erzählerische Perspektivierungen – etwa, wenn am Ende von *Lord of the Flies* die Mikrowelt der Kinder mit deren tödlicher Kriegsführung abrupt in die nun als Vordergrundhandlung fungierende Makrowelt der Erwachsenen und des atomaren Weltkriegs ›hinübergerettet‹ wird. Hinzu kommt, daß G.s Romane sich durch eine überaus reiche

Intertextualität auszeichnen. Auf solche Weise wird das Erstlingswerk auch zur Anti-Robinsonade und zum ideologieträchtigen Gegenentwurf zu Robert M. Ballantynes viktorianischem Kinder- und Abenteuerroman *The Coral Island* (1858). Bereits in den 1960er Jahren erlangte es wohl auch wegen seiner antiutopischen und postimperialen Züge den Status eines Kultromans unter der akademischen Jugend, zunächst in den USA. Inzwischen in 26 Sprachen übersetzt und zweimal verfilmt (1963 und 1990), genießt der Roman v. a. als Schullektüre eine anhaltend weltweite Verbreitung.

Nach einer Variation des Themas in Form des ›prähistorischen‹ Romans *The Inheritors* (1955; *Die Erben*, 1964), der als pointierte Absage an H. G. Wells' evolutionären Geschichtsoptimismus in *The Outline of History, Being a Plain History of Life and Mankind* (1920) gilt, wandte sich G. der metaphysisch dimensionierten allegorisierenden Darstellung individueller Schicksale zu. Probleme der moralischen Verantwortung des schuldhaft in der Welt verstrickten Menschen und die Notwendigkeit seiner Selbsterkenntnis, jedoch zugleich deren allzu enge Grenzen, welche sich nur in Momenten von Vision (oder Wahn?) öffnen, stehen hier im Vordergrund. So hat ein Marineleutnant in *Pincher Martin* (1956; *Der Felsen des zweiten Todes*, 1960) im Augenblick des Todes die Illusion eines rettenden Felsens, der ihm ermöglicht, vergangene Konflikte in Visionen zu reflektieren. Die Behandlung des Moralitätenthemas überwiegend aus der Perspektive des Lasters ermöglicht die Sicht auf Splitter einer modernen bürgerlichen Biographie, welche variiert zum Objekt ausführlicher Selbst-Rekonstruktion und untröstlicher Einsichten Samuel Mountjoys, des Ich-Erzählers von *Free Fall* (1959; *Freier Fall*, 1963), in seine menschliche Natur wird. *Free Fall* ist an Albert Camus' *La Chute* (1957)

angelehnt, während der hauptsächliche motivische Kontext von *The Spire* (1964; *Der Turm der Kathedrale*, 1966) in der mittelalterlichen englischen Kirchenarchitektur liegt. Das Buch handelt vom Bau des höchsten Kirchturms im Lande als Gleichnis auf den hohen menschlichen Preis, den er als »steinernes Gebet« und »Steinhammer« zugleich einfordert. Beide vorgenannten Romane entwerfen fiktive Welten von dualistischer Natur. Die hohe Offenheit seiner Erzählwerke hat die Golding-Kritik ihrerseits mit den für sie charakteristischen kontroversen Lesarten bei Dominanz der vom Autor für sich selbst stets geltend gemachten religiös-metaphysischen Deutungen nachhaltig bestätigt.

Nach längerem, nur vom Erscheinen des Kurzromans *The Pyramid* (1967; *Oliver*, 1972) unterbrochenen künstlerischen Schweigen leitete *Darkness Visible* (1979; *Das Feuer der Finsternis*, 1980) G.s Spätwerk ein. Das mit dem Titelbezug auf John Miltons *Paradise Lost* (1667–74) gestiftete Motiv des Absturzes in die Hölle überspannt eine tief pessimistische Diagnose des Woher und Wohin der zeitgenössischen Zivilisation. Zeichen der Finsternis und der Warnung vor Destruktion und Chaos durchwalten den einzigen seiner Romane, welchen G. sich stets weigerte zu kommentieren. Gegenüber seinen mitunter obskur anmutenden Verschlüsselungen weisen die abschließenden, noch zu Lebzeiten des Autors veröffentlichten Romane manche überraschende Züge auf. Versteckt in der farcenhaften Handlung von *The Paper Men* (1984; *Papier-Männer*, 1984) vollzieht sich im Ansatz der Versuch einer ironisch verschlüsselten und satirisch verfremdenden ›Bilanz‹ des Goldingschen Romanschaffens. Im Vordergrund der Handlung steht hier das Thema gegenseitigen Ausgeliefertseins von Schriftsteller und Kritiker in Form einer bissigen Satire auf den modernen Literaturbetrieb. Das

Werk kann als fiktionalisiertes Szenario eines öffentlichen Vortrags G.s – veröffentlicht in der Sammlung *A Moving Target* (1982) – verstanden werden, in dem er 1976 bedauerte, mittlerweile zur Verkörperung der Botschaft seines Romans *Lord of the Flies* abgestempelt und mit seinem Schaffen zum »beweglichen Ziel« einer »akademischen Leichtindustrie« geworden zu sein. *The Paper Men* enthält auch eine Anspielung auf den wenige Jahre zuvor erschienenen, mit dem *Booker Prize* ausgezeichneten Roman *Rites of Passage* (1980; *Äquatortaufe*, 1983), der als G.s künstlerisches Meisterwerk gelten kann. Das Buch handelt von einer Schiffsreise, etwa um das Jahr 1813, von England in Richtung der Antipoden und von den fatalen Folgen einer Äquatortaufe, die für den jungen Geistlichen Robert Colley zum auslösenden Akt psychischer Vernichtung und mittelbar seines Todes aus Scham wird. Der Schuld an Colleys Verhängnis wird sich G.s tagebuchführender Ich-Erzähler Edmund Talbot, ein junger arroganter Adliger, nur langsam und teilweise bewußt. G.s namenloses Schiff steht in der Tradition des Narrenschiffs, wobei die grundlegende Bedeutung von Ritual und Zeremonie für die Strukturierung des Lebenszyklus an Bord schon dem auf Arnold van Genneps *Les Rites des Passages* (1909) anspielenden Titel entnehmbar ist. Talbots Zwangslage und große Herausforderung, das Schreiben und das Leben auf dem Schiff gleichzeitig erlernen zu müssen, verwandeln den Roman in eine Werkstatt (selbst-)reflektierenden Schreibens, welches dem Schiff häufig Züge einer Bühne verleiht, auf der die Tragik des fiktiven Rollenspiels nachhaltig von Satire und Farce überlagert wird und das insgesamt durch komplexe Epochenstil-Imitationen zwischen Aufklärung und Romantik brilliert. Für viele überraschend, entschied sich G. für die Fortsetzung seines Reise- und Seeromans und dessen Ausweitung zur zeitgenössi-schen Odyssee, die ironisch-motivisch häufig dem Kurs von Samuel Taylor Coleridges »The Rime of the Ancient Mariner« (1798/1800) folgt und hierbei die Bildung und Entwicklung Edmund Talbots in den Mittelpunkt stellt: in *Close Quarters* (1987; *Die Eingepferchten*, 1988) die Erziehung seiner Gefühle, in *Fire Down Below* (1989) seiner politischen Ansichten. Wenn Talbot, im Alter, rückblickend über den relativen lebenspraktischen Gewinn seiner Reiseerfahrungen sinniert, findet sich ein Echo dessen auch im Titel der von G. nachträglich zur Trilogie gefügten Talbot-Romane wieder: *To the Ends of the Earth* (1991). Mit gutem Recht darf man ihn als Fazit der humanistischen Bestrebungen und Hoffnungen verstehen, die G. mit seiner Erzählkunst verband: sein von Erfahrungen des Zweiten Weltkriegs und der Nachkriegsdekaden gespeistes besorgtes, immer aktuelles, doch tief skeptisches Warnen vor dem Destruktiven seit *Lord of the Flies*, zu dem im Spätwerk mit *To the Ends of the Earth* ein etwas nachsichtigeres Einräumen menschlicher Besserungsfähigkeit hinzukommt.

Hans Jochen Sander

Gordimer, Nadine
Geb. 20. 11. 1923 in Springs bei Johannesburg

Im europäischen und nordamerikanischen Raum wird Nadine Gordimer nicht erst seit 1991, als sie den Nobelpreis für Literatur erhielt, als ›das Gewissen Südafrikas‹ wahrgenommen. In ihren bislang 13 Romanen und 9 Kurzgeschichtensammlungen zeichnet G. schonungslos das Porträt einer rassistischen und zutiefst zerrissenen Gesellschaft, und wohl selten hat eine Autorin mit ihren Porträts einer selbstzufriedenen pseudoliberalen Mittelschicht ihren weißen Landsleuten deutlicher den Spiegel vorgehalten. Auch als Literaturkritikerin tat G. sich hervor, und ihre Essays sind zu Recht als subtile Auseinandersetzungen mit der rassistischen Apartheidgesellschaft und der Rolle des Autors in einer solchen gerühmt worden. Obwohl viele ihrer Romane in Südafrika der Zensur zum Opfer fielen, weigerte sich G. stets, das Land zu verlassen, da sie es als ihre Aufgabe ansah, von innen heraus den Apartheidstaat zu kritisieren. Innerhalb Südafrikas wird G.s Rolle jedoch kritischer wahrgenommen: Man verweist auf die privilegierte Stellung, die ihr Repressionen, wie sie schwarze Autoren erfahren mußten, ersparte, und bemängelt die manchmal klischeehaften Darstellungen schwarzer Südafrikaner in ihren Romanen. Dennoch finden ihre genaue Beobachtungsgabe und ihr distanzierter, analytischer Stil auch hier ihre Anerkennung.

Aus G.s Kindheit ließ sich die Entwicklung hin zu einer apartheidkritischen Autorin nicht unbedingt ableiten: Als Tochter eines jüdischen Einwanderers aus Litauen und seiner englischen Frau wuchs G. behütet und abgeschirmt mit den für die weiße Mittelschicht typischen Privilegien in einer kleinen Bergbausiedlung bei Johannesburg auf. G.s dominante Mutter, die ihre Tochter länger zu Hause behalten wollte, erfand ein Herzleiden für G., das es ihr unmöglich machte, eine öffentliche Schule zu besuchen, und G. verließ erst spät ihr Elternhaus. In den frühen 1950ern kam sie mit der damals sehr lebendigen multikulturellen Kulturszene Südafrikas in Kontakt und entwickelte enge Freundschaften zu anderen Künstlern und Intellektuellen.

G.s kritischer Realismus läßt sich als »Geschichte von innen« (S. Clingman) beschreiben. G. dokumentiert die Apartheidzeit vorwiegend aus der subjektiven Perspektive ihrer Charaktere heraus, und sie analysiert subtil die Phobien, Vorurteile und Ambivalenzen, die das Leben unter der Apartheid mit sich brachte. Zugleich ist ihr Werk selbst in verschiedener Hinsicht von Widersprüchen durchzogen: G. äußerte in diversen Interviews, daß sie eher unfreiwillig zur politischen Autorin geworden sei und sich nur durch die sozio-politische Situation in Südafrika gezwungen sah, Stellung zu beziehen und Verantwortung zu übernehmen. Dieser Zwiespalt schlägt sich in ihrem Schaffen als ständiger Widerstreit zwischen dem Privaten und dem Politischen nieder und verleiht G.s Werk seine vielfach gerühmte psychologische und ästhetische Komplexität. Auch wenn G. erklärtermaßen keine Feministin ist und dem Kampf gegen Rassismus Priorität beimißt, zeichnen sich ihre Werke durch ein fein entwickeltes Gespür für die Lebenswirklichkeit von Frauen in Südafrika aus, was sie nicht nur für die postkoloniale, sondern auch für die feministische Literaturkritik interessant macht. Die kritische Analyse von institutionalisiertem und unterschwelligem Rassismus, seinen Denkmustern und psychologischen Mechanismen bestimmt einen Großteil von G.s Texten. Trotz dieser Fokussierung weist ihr Gesamtwerk jedoch eine erstaunliche Vielfalt in der Bearbeitung ›ihres‹ Themas auf: Eine ihrer frühesten Kurzgeschichten, »Is There Nowhere Else Where We Can Meet?« (1947), thematisiert die Möglichkeiten einer interkulturellen Begegnung. Ein schwarzer Mann stiehlt einer jungen weißen Frau ihre Handtasche, und eine ›Begegnung‹ scheint allein in den Rollen von Täter und Opfer möglich zu sein. Die Schwierigkeiten, den Anderen kennenzulernen und eine ethisch verantwortungsvolle Beziehung zu ihm aufzubauen, zieht sich als ein Leitthema durch G.s Werk und schlägt sich auch in ihren Essays nieder: *The Essential Gesture* (1988) und *Living in Hope and History* (1999; *Zwischen Hoffnung und Geschichte*, 2000).

G.s erster Roman, *The Lying Days* (1953; *Entzauberung*, 1978), ist ein autobiographisch geprägter Entwicklungsroman, der die Politisierung und Sensibilisierung eines jungen Mädchens beschreibt. Helen Shaw, die Hauptfigur, beginnt in einem mühsamen, von Rückschlägen durchzogenen Lernprozeß, ihre Position in der Apartheidgesellschaft zu hinterfragen und einen alternativen Ort für sich zu suchen. Auch in *Occasion For Loving* (1963; *Anlaß zu lieben*, 1983) ist das Entwicklungsthema dominant, wenngleich auf zwei weibliche Figuren verteilt: Jessie Stilwell befragt ihre Vergangenheit, um Hinweise auf Gegenwart und Zukunft zu finden, und ihr Hausgast Ann wird zeitweilig zum Katalysator dieser Selbsterforschung. Über die Figur der Ann verflicht G. die Bildungsgeschichte mit einem brisanten südafrikanischen Thema: dem der Liebe jenseits der Rassengrenze. Die Beziehung zwischen dem Schwarzen Gideon und der Weißen Ann scheitert zwar auch an den persönlichen Unzulänglichkeiten der Figuren, doch wird besonders die rassistische Gesellschaft für ihr Mißlingen verantwortlich gemacht.

G.s frühe Romane sind zwar subtile psychologische Analysen ihrer weißen Hauptfiguren und deren Motivationen, bleiben erzähltechnisch jedoch relativ konventionell. Mit dem an die Tradition des burischen *plaasromans* anknüpfenden *The Conservationist* (1974; *Der Besitzer*, 1983), der den *Booker Prize* erhielt, gelingt G. ein auch in narrativer Hinsicht höchst anspruchsvolles Werk. Mehring, ein erfolgreicher Geschäftsmann, sucht an den Wochenenden in der Betätigung als Teilzeit-Landwirt auf seiner Farm Erholung vom städtischen Alltag und sehnt sich nach einer Verbindung zum Land. Der Roman dokumentiert sein Scheitern: Das Land bleibt unfruchtbar, und die nicht zu beseitigende Leiche eines unbekannten Schwarzen ist Sinnbild der Vergeblichkeit von Mehrings Bemühungen. Durch eine raffinierte Verschränkung von Extrakten aus Zulu-Erzählungen und der

Darstellung der Bewußtseinswelt Mehrings schafft G. eine spannungsvolle narrative Struktur, die konkurrierende Mythen gegeneinander ausspielt und den religiös verbrämten burischen Anspruch auf das Land dekonstruiert.

Mit ihren beiden großen Anti-Apartheidromanen, *Burger's Daughter* (1979; *Burgers Tochter*, 1981) und *July's People* (1981; *July's Leute*, 1982) gelingt G. auch international der Durchbruch. Zugleich sind sie fiktionales Zeugnis von G.s Auseinandersetzung mit der sie beständig umtreibenden Frage nach einem Platz für Weiße in Südafrika, die sie z. B. in ihrem Essay »Where Do Whites Fit In?« (1959) zu beantworten sucht. Rosa Burger, die Titelfigur von *Burger's Daughter*, ist die Tochter zweier Antiapartheidaktivisten und versucht, sich nach dem Tode der Eltern von deren Erbe zu lösen. Ihre Identitätssuche wird von G. vor dem Hintergrund des Erstarkens der *black consciousness* in den frühen 1970ern thematisiert, und der Roman verschränkt auf subtile Weise das für den Entwicklungsroman typische Familienszenario mit der Analyse von Apartheiddiskurs und Gegendiskursen. Die ausgefeilte Erzähltechnik des Romans mit verschiedenen Erzählerfiguren und *narratees* (fiktionalen Rezipienten) inszeniert Rosas Identitätssuche in einem dialogischen Prozeß aus wechselnden Perspektiven. *July's People* hingegen kann als apokalyptisches Werk verstanden werden und beleuchtet das Versagen weißer Liberaler angesichts der Revolution. Der Roman schildert eine Ausnahmesituation: Nach einer gewaltsamen Machtübernahme der Schwarzen in Südafrika ist eine weiße Familie gezwungen, die von bürgerkriegsähnlichen Wirren befallene Stadt zu verlassen, und findet im *homeland* ihres ehemaligen Bediensteten July Unterschlupf. Die Familie muß sich mit der Umkehrung der Rollen von *master* und *servant* auseinandersetzen: Werte und Selbstbilder werden hinterfragt, und vermeintlich stabile Oppositionen wie Schwarz und Weiß, wild und zivilisiert, richtig und falsch brechen zusammen. Mit *A Sport of Nature* (1987; *Ein Spiel der Natur*, 1987) stellt G. eine dritte, ironisch-utopische Lösung der Frage nach einem Platz für Weiße in Südafrika vor. Die Protagonistin dieses im pikaresken Stil gehaltenen Romans, Hillela, überwindet – zumal durch Liebesaffären – mühelos die starren Apartheidschranken und endet schließlich als Ehefrau eines afrikanischen Staatsoberhaupts. G. dekonstruiert durch ihre Hauptfigur verschiedene Rassendiskurse und entwickelt eine alternative Subjektkonzeption jenseits psychologischrealistischer Vorstellungen.

G.s in der Umbruchzeit nach dem Ende der Apartheid entstandener Roman *None to Accompany Me* (1994; *Niemand, der mit mir geht*, 1995) beschäftigt sich mit der Frage nach der gerechten Verteilung des Landes. Zugleich beleuchtet der Roman kenntnisreich die Querelen und Machtkämpfe innerhalb des ANC nach der ›Wende‹ und zeigt verschiedene Figuren, die auf ihre Weise am Aufbau eines neuen demokratischen Südafrikas mitwirken. Das emblematische Ende des Romans versetzt die weiße Protagonistin Vera in den Anbau eines nun von einem Schwarzen bewohnten Herrenhauses und fixiert die Übergangssituation so in einem einprägsamen Bild. Der Roman *The House Gun* (1998; *Die Hauswaffe*, 1998) zeugt von G.s Vielseitigkeit als Autorin anspruchsvoller moderner Romane. In diesem Gerichts- und Psychodrama thematisiert sie unter anderem die Umverteilung der Rollen im ›neuen‹ Südafrika: Ein schwarzer Rechtsanwalt übernimmt die Verteidigung eines weißen Mörders. Doch gilt in *The House Gun* G.s Interesse nicht mehr allein den psychischen Verletzungen Schwarzer und Weißer aus der Apartheidzeit, sondern auch der durch die Waffe symbolisierten omnipräsenten Gewalt, die

von den Medien seit Anfang der 1990er verstärkt thematisiert wird. Auch nach dem Ende der Apartheid begleitet G. so die Entwicklung Südafrikas hin zu einer demokratischen pluralistischen Gesellschaft kritisch und unterstützend zugleich.

Nicole Cujai

Greene, Graham
Geb. 2. 10. 1904 in Berkhamsted, Hertfordshire; gest. 3. 4. 1991 in Vevey, Schweiz

Das Motto, das Graham Greene seinem Gesamtwerk vorangestellt hätte, stammt aus einem Gedicht Robert Brownings und lautet: »the dangerous edge of things«. G. interessiert das gefährliche Potential des Uneindeutigen, das alles leichtfertige Urteil widerlegt; seine Leser sehen sich demgemäß nicht nur mit paradoxen Konstellationen wie der destruktiven Unschuld oder der rettenden Sünde konfrontiert, sondern auch mit ihrer eigenen Tendenz, solchen Verstörungen durch Etikettieren des Autors etwa als »katholischer Schriftsteller« zu entgehen. – Vielschichtig ist bereits das ebenso umfang- wie erfolgreiche Gesamtwerk, das G. als einer der meistgelesenen englischen Autoren des 20. Jahrhunderts nach einer gut 60jährigen Schaffensperiode hinterlassen hat. Neben den im Zentrum stehenden Romanen sind hervorzuheben die Kurzgeschichten (besonders »Across the Bridge«, »The Basement Room«, »The Destructors«), der thematisch wichtige Essayband *The Lost Childhood* (1951; *Sämtliche Essays*, 1974) sowie die beiden Autobiographien *A Sort of Life* (1971; *Eine Art Leben*, 1971) und *Ways of Escape* (1980; *Fluchtwege*, 1981). Ergänzend treten Reiseberichte aus Afrika bzw. Südamerika hinzu, die auch für die Romane bedeutsam sind: *Journey Without Maps* (1936) für *The Heart of the Matter* (1948; *Das Herz aller Dinge,*

1949) und *The Lawless Roads: A Mexican Journey* (1939; *Gesetzlose Straßen: Aufzeichnungen aus Mexiko*, 1949) für *The Power and the Glory* (1940; *Die Kraft und die Herrlichkeit*, 1948).

Bei den längeren fiktionalen Texten unterscheidet G. selbst, der sich nie gescheut hat, Formen mit einer Affinität zum Trivialen zu verwenden, zwischen *entertainments* und *novels*. Seine Abenteuergeschichten, Thriller, Detektivromane à la Sir Henry Rider Haggard oder Marjorie Bowen gehen jedoch über die genretypischen Versatzstücke (wie Verfolgung, *showdown*, melodramatische Zuspitzungen) und die damit in der Regel verbundene konservative Ideologie deutlich hinaus. So schließt *The Confidential Agent* (1939; *Jagd im Nebel*, 1951) anhand der Figur des unheroischen Agenten D., der eigentlich Philologe ist, eine Reflexion über die Parallelen zwischen Spion und Schriftsteller ein. Und die Geschichte des völlig harmlosen Vertreters Wormold in *Our Man in Havanna* (1958; *Unser Mann in Havanna*, 1959), der Konstruktionszeichnungen von Staubsaugern als Pläne für eine Superwaffe ausgibt, parodiert auf verschiedenen Ebenen die ideologisch staatstragenden James-Bond-Romane Ian Flemings. – Die *novels*, bei denen der Einfluß von Joseph Conrad und Henry James nachweisbar ist, kreisen um die Themen des Engagements und der Orientierung. In überraschenden Grenzsituationen werden die Figuren, oft gegen ihren Willen, in die Uneindeutigkeit menschlicher Bindungen verstrickt. Außer den unbeabsichtigten Folgen ihres Handelns belastet sie der Zweifel an ihrem religiösen Glauben (G. konvertierte 1926 zum Katholizismus) oder an ihrer politischen Überzeugung (G. war einige Wochen Mitglied der Kommunistischen Partei). Die Geschichte des jugendlichen Killers Pinke in *Brighton Rock* (1938; *Am Abgrund des Lebens*, 1948) etwa verbindet die Motive des Thrillers mit dem Thema der Unberechenbarkeit göttlicher Gnade, die möglicherweise dem, der blasphemisch die Hölle wählt, eher zuteil wird als dem Ungläubigen. Daß der Sünder die entscheidenden Kategorien von Gut und Böse wenigstens versteht, selbst wenn er ihnen in seinem Leben nicht gerecht wird, ist dem Afrikaroman *The Heart of the Matter* in einem Zitat von Charles Péguy als Motto vorangestellt. Potentiell ›häretisch‹ ist auch der parabelhafte Weltentwurf von G.s immer noch bekanntestem Roman *The Power and the Glory*, der zeitweise auf dem Index stand: Nicht die verkitschte Märtyrerlegende (die man im Roman den Kindern erzählt) ist das Entscheidende, sondern die Demut des stets betrunkenen Priesters, der alle Gebote übertreten und alle kirchlichen Insignien verloren hat und sich selbst für einen völligen Versager hält. Ebenso an der »dangerous edge« angesiedelt ist die Geschichte des Unheil anrichtenden amerikanischen Idealisten Alden Pyle in *The Quiet American* (1955; *Der stille Amerikaner*, 1956), der den Tod von Menschen für die vermeintlich ›gerechte Sache‹ in Kauf nimmt. Pyles naive Sicht der Indochina-Problematik verändert den Ich-Erzähler Thomas Fowler, einen weiteren Zweifler G.s, vom zynisch-distanzierten ›Reporter‹ zum agierenden ›Korrespondenten‹, der im Engagement Schuld auf sich lädt und dabei seine Humanität gewinnt. Unorthodox ist schließlich der Spionageroman *The Human Factor* (1978; *Der menschliche Faktor*, 1978) über den Doppelagenten Kim Philby (mit dem G. eine nicht unkritische Beziehung verband). Der plakativen Verurteilung des ›Verräters‹ wird die Uneindeutigkeit eines *halfbeliever* entgegengesetzt, dem weder Christentum noch Marxismus verläßliche Orientierungspunkte liefern können. G. mutet dem traumatisierten nationalen Selbstbewußtsein, das John le Carré zunächst deutlich systemkonformer bedient hatte, das empathische Protokoll der Ambivalenz des Doppelagenten, seiner Motive und Loyalitätskonflikte zu. So gibt es in den Romanen G.s keinen Bereich des reinen Ideals, sondern nur den *human factor* von Unzulänglichkeit, Verstrickung und Mißlingen. Eindeutig negativ ist dabei lediglich eines: die Indifferenz gegenüber den Mitmenschen. Am Ende des Haiti-Romans *The Comedians* (1966; *Die Stunde der Komödianten*, 1966) hebt Dr. Magiot vor seiner Ermordung durch das Terror-Regime in einem typischen Gedankengang G.s als Gemeinsamkeit von Katholiken und Kommunisten hervor, sie hätten zwar große Verbrechen begangen, aber nicht beiseite gestanden: »Ich habe lieber Blut an meinen Händen als Wasser wie Pilatus.« Diesen Zusammenhang von Humanität und Engagement greifen auch die Tragikomödien des Spätwerks noch einmal auf: In *Monsignor Quixote* (1982; *Monsignore Quijote*, 1982), einem der letzten Romane, fahren ein Priester und ein ehemaliger kommunistischer Bürgermeister auf den Spuren von Cervantes durch La Mancha.

Christoph Schöneich

Hammett, [Samuel] Dashiell

Geb. 27. 5. 1894 in Saint Mary's County, Maryland; gest. 10. 1. 1961 in New York City

Aufgrund des finanziellen Ruins seines Vaters, eines Farmers und erfolglosen Lokalpolitikers, mußte Dashiell Hammett früh die Schule verlassen, um seinen Lebensunterhalt zu verdienen. Er nahm eine Reihe schlecht bezahlter Gelegenheitsjobs an, ehe er 1915 eine Tätigkeit bei der berühmten Pinkerton's Detective Agency fand. Acht Jahre lang war er selbst als Detektiv tätig – zunächst in Baltimore, später in San Francisco. Ein Teil seiner Arbeit bei Pinkerton's bestand darin, Berichte über die einzelnen Kriminalfälle zu verfassen. Seine Erinnerungen an die Zeit als Detektiv setzte er später in seinen Kurzgeschichten und Kriminalromanen literarisch um, die die Arbeit eines »private investigators« weit realistischer darstellen, als es in der Gattung bis dahin üblich war. Wie Ernest Hemingway, William Faulkner und Raymond Chandler diente auch H. als Freiwilliger im Ersten Weltkrieg, wo er schwer an Tuberkulose erkrankte. Die Krankheit sollte fortan sein Leben bestimmen; sein angeschlagener Gesundheitszustand war auch einer der Gründe dafür, daß er seine Tätigkeit bei der Pinkerton-Agentur aufgab und sich dem Schreiben zuwandte.

Zwischen 1929 und 1934 verfaßte H. fünf Kriminalromane, mit denen er zum Begründer und literarisch führenden Kopf der »hard-boiled school« wurde, jener spezifisch amerikanischen Ausprägung des Detektivromans, die Gewalt und Verbrechen in all ihren Schattierungen und Einzelheiten nüchtern beschreibt und in ihrer Darstellung größtmögliche Wirklichkeitsnähe anstrebt. Chandler, einer der größten Bewunderer und literarischer Nachfahre von H., räumte denn auch unumwunden ein, daß H. das eigentliche Verdienst der Etablierung der »hartgesottenen« Kriminalliteratur zukomme.

H.s Karriere als Schriftsteller begann in den frühen 20er Jahren, als er anfing, Detektivgeschichten für populäre Kriminalliteraturmagazine wie *Pearson's Magazine* und H. L. Menckens *Smart Set* zu verfassen. Relativ schnell etablierte er sich als einer der führenden Autoren von *Black Mask*, einem angesehenen Magazin, das sich mit seinem Anspruch, die »hartgesottene« Kriminalgeschichte zu fördern, aus der Masse der »pulps« – billig aufgemachter Groschenhefte – heraushob. Seine erste Kurzgeschichte, »Arson Plus«, in deren Zentrum der Continental Op(erator) steht, wurde im Oktober 1923 in *Black Mask* veröffentlicht, und 1929 erschien sein erster Roman, *Red Harvest* (*Bluternte*, 1952). Vier weitere Romane folgten: *The Dain Curse* (1929; *Der Fluch des Hauses Dain*, 1954), *The Maltese Falcon* (1930; *Der Malteser Falke*, 1951), *The Glass Key* (1931; *Der gläserne Schlüssel*, 1953) sowie *The Thin Man* (1932; *Der dünne Mann*, 1952), sein letztes literarisches Werk. H. wandte sich vom Schreiben ab, weil er glaubte, an die Grenzen des von ihm begründeten Subgenres gestoßen zu sein, und weil er keine Entwicklungsmöglichkeiten mehr sah: »I stopped writing because I found I was repeating myself. It is the beginning of the end when you discover you have style«.

Im Zentrum eines Großteils seiner Kurzgeschichten und seiner ersten beiden Romane, *Red Harvest* und *The Dain Curse*, steht ein anonym bleibender Ich-Erzähler – der Continental Op. Er ist ein kleiner, dicklicher, schon etwas älterer Detektiv der fiktiven Continental Detective Agency von San Francisco, die nach dem Vorbild der Pinkerton's Detective Agency gezeichnet ist. Erst in den drei folgenden Romanen – *The Maltese Falcon*, *The Glass Key* und *The Thin Man* – erhalten die Detektive richtige Namen: Sam Spade, Ned Beaumont und Nick Charles. H.s Protagonisten sind eiskalte Profis, die, um sich im Dschungel der Großstadt zu behaupten, vor Brutalität nicht zurückschrecken. Sie sind »tough guys«, die in einer chaotischen, von Gewalt, Verbrechen und Korruption beherrschten Welt häufig auf recht zweifelhafte Weise der Gerechtigkeit zum Sieg verhelfen. Die Durchsetzung von Recht und Ordnung erfordert die Anwendung von Gewalt, die mit der sogenannten »violence-is-fun«-Technik verherrlicht wird und beispielsweise in *Red Harvest* in mehr als 20 Toten kulminiert. Die Beschreibung einer chaotischen, von korruptem Gangstertum, Verbrechen und Gewalttaten regierten Welt ist eng an die Wirklichkeit der amerikanischen Großstädte der 20er und 30er Jahre angelehnt. Die Forderung nach einer realistischen Darstellung dieser Welt schlägt sich auch in der Sprache der Charaktere nieder, die sich durch einen nüchternen, lakonischen, an die Umgangssprache angelehnten Stil auszeichnet, der später von Chandler kopiert und vervollkommnet werden sollte.

The Maltese Falcon ist H.s berühmtester und bester Roman; er ist ein Kunstwerk, mit dem H. die engen Grenzen des Genres zu sprengen vermochte. Das Bild Sam Spades ist bis heute untrennbar mit Humphrey Bogart verbunden, der die Detektivfigur in John Hustons Verfilmung von 1941 meisterhaft verkörpert. Spade ist auch der Held von drei Kurzgeschichten, die in der Sammlung *The Adventures of Sam Spade and Other Stories* (1945) zusammengefaßt sind. Zu H.s Bewunderern zählen – um nur einige zu nennen – Somerset Maugham, Robert Graves, Sinclair Lewis und William Faulkner. Raymond Chandler, der neben H. zweite wichtige Vertreter der amerikanischen »hard-boiled school«, würdigte H.s Verdienst um das Genre der Kriminal- und Detektivliteratur folgendermaßen: »Hammett gave murder back to the kind of people that commit it for reasons, not just to provide a corpse; and with the means at hand, not with hand-wrought duelling pistols, curare, and tropical fish«.

Katrin Fischer

Hardy, Thomas
Geb. 2. 6. 1840 in Upper Bockhampton, Dorset; gest. 11. 1. 1928 in Max Gate, Dorchester

Thomas Hardys Werke markieren ebenso wie die Werke Joseph Conrads den Übergang von der spätviktorianischen Zeit zur Moderne. Ein tiefer Pessimismus kennzeichnet das Schaffen beider. H. wurde in einem ländlichen Milieu groß, besuchte die Schule in Dorchester und wurde danach bei den Architekten John Hicks (1856–62) und Arthur

Blomfield (1862–67) in London ausgebildet. In den Jahren, in denen er als Architekt arbeitete, eignete er sich – von Freunden unterstützt – eine breite literarische und philosophische Bildung an. Er studierte die griechischen Tragödiendichter, die später seine Erzählkunst zutiefst beeinflußten, und er las die Philosophen und Wissenschaftler, insbesondere des 19. Jahrhunderts, die das Weltbild seiner Zeitgenossen bestimmten. Er selbst nannte Charles Darwin, Thomas Henry Huxley, Herbert Spencer, Auguste Comte und John Stuart Mill. Darwins *The Origin of Species* (1859) ließ ihn wie zahlreiche seiner Zeitgenossen in eine religiöse Krise geraten. Mit Darwins Abstammungslehre verloren die überlieferten Vorstellungen vom Ursprung der Schöpfung ihre Gültigkeit. Im Gegensatz zu vielen Viktorianern schloß sich H. nicht einem deterministischen Fortschrittsglauben an, sondern betonte die Spannungen, die den Entwicklungen im Universum und den Bestrebungen des Menschen nach einer ethisch würdigen Existenz inhärent sind. Spencer bestärkte ihn in der Überzeugung, daß eine unbewußte Kraft – *immanent will* genannt –, die den Gang der Ereignisse steuert, sich entwickelt und auf ein Bewußtsein hinstrebt. Mills Essay *On Liberty* (1859) beeindruckte H. wegen der Begründung der Gedankenfreiheit. Enge Freundschaft verband H. mit Leslie Stephen, der mit seinen *Essays on Free Thinking and Plain Speaking* (1873) und *An Agnostic's Apology* (1876) zu einem der führenden Vertreter des englischen Agnostizismus wurde und damit auf H.s Entwicklung einen tiefgreifenden Einfluß ausübte. Daß es auch Wechselbeziehungen zwischen Dichtungen und den philosophischen Ideen von Arthur Schopenhauer und Eduard von Hartmann gibt, wurde mehrfach hervorgehoben. Grundsätzlich ist zu betonen, daß H. niemals versuchte, ein systematisches Weltbild zu entwickeln. Seine Verarbeitung zeitgenössischen Denkens blieb ›impressionistisch‹.

Mit seinem ersten Roman stieß H. bei dem Verlag Chapman and Hall auf Ablehnung; George Meredith, der Lektor, empfahl ihm, sich zunächst mit einem spannungsreichen Sensationsroman dem Publikum vorzustellen. Dies gelang mit *Desperate Remedies* (1871). H. hat sein gesamtes Romanschaffen in drei Gruppen eingeteilt: (a) *Novels of Ingenuity*, Sensations- und Intrigenromane, die vieles dem Vorbild von Wilkie Collins verdanken. Dazu zählen – neben *Desperate Remedies* – *The Hand of Ethelberta* (1876) und *A Laodicean* (1881). (b) *Romances and Phantasies*; dazu gehören *A Pair of Blue Eyes* (1873), *The Trumpet-Major* (1880), *Two on a Tower* (1882) sowie *The Well-Beloved* (1897). Diese Romane sind locker konstruiert und arbeiten mit phantasievollen Einfällen. (c) *Novels of Character and Environment* bilden die gewichtige dritte Gruppe: *Under the Greenwood Tree* (1872), *Far from the Madding Crowd* (1874; *Am grünen Rand der Welt*, 1984), *The Return of the Native* (1878; *Die Heimkehr*, 1949), *The Mayor of Casterbridge* (1886; *Der Bürgermeister von Casterbridge*, 1985), *The Woodlanders* (1887), *Tess of the D'Urbervilles* (1891; *Tess von den D'Urbervilles*, 1895) und *Jude the Obscure* (1895; *Juda, der Unberühmte*, 1901). *Under the Greenwood Tree* – der Titel stammt aus einem Lied in *As You Like It* (II.5) – hat einen weitgehend idyllisch-pastoralen Charakter und ist ein Vorspiel zu den Wessex-Romanen. Künstlerisch am wirkungsvollsten sind die Szenen, in denen das Leben der ländlichen Bevölkerung, insbesondere des aus Handwerkern bestehenden Kirchenchors, dargestellt wird. Diese Menschen verstehen sich als »fellow-creatures« oder »God's creatures« und begegnen allen Schwächen ihrer Mitmenschen mit versöhnlichem Humor. Als mit der Einführung einer Orgel das Ende des Chors gekommen ist, fügen sie sich in diese Entwicklung in fatalistisch-heiterer Weise. H.s erster großer Wessex-Roman, *Far from the Madding Crowd*, ist nach einer Zeile aus Thomas Grays *Elegy Written in a Country Churchyard* (1750) betitelt (Wessex ist ein poetisch-realistisches Bild der Gegend in Südengland, in der H. seine Jugend verbrachte). H. setzte mit diesem Roman die idyllisch-pastorale Tradition in der englischen Literatur fort und baute die Darstellung des bäuerlichen Lebens bei der Ernte, der Schafschur sowie den Festen breit aus. Er charakterisiert eine Skala dörflicher Typen, wobei er sich des Dialekts bedient, den er geschickt zu variieren verstand. Inbegriff der ländlichen Mentalität ist Gabriel Oak, ein opferbereiter, selbstloser Mann, der am Schluß in Bathsheba die Partnerin findet, die sich zunächst dem verführerischen Troy zuwendet (und den sie heiratet) und die in dem puritanisch aufrecht gesinnten Farmer Boldwood in spielerischer Eitelkeit Erwartungen weckt, die sie nicht zu erfüllen vermag. Den Kontrast zu den bukolischen Szenen bilden die Teile der Handlung, die durch Troy ausgelöst werden. Als Boldwood sich in seinen Hoffnungen, Bathsheba zu gewinnen, endgültig betrogen sieht, erschießt er Troy in einer Aufwallung leidenschaftlichen Zorns. Dies ist das Modell einer Tragödie des Handelns, einer *tragedy of passion*. Troy hat zuvor das Dienstmädchen Fanny Robin betrogen und verlassen; sie erwartet ein Kind von ihm, schleppt sich in höchster Not ins Armenhaus, wo sie mit ihrem Kind stirbt. Es ist dies eine Tragödie des Leidens, wie sie sich im 19. Jahrhundert herausbildete. In seinem nächsten Wessex-Roman wandte H. die dramatische Form am entschiedensten an: In der ursprünglichen Fassung von *The Return of the Native* entsprechen die Bücher I bis V der Form eines Dramas, das die Einheit des Ortes (die Heide Egdon Heath) und der Zeit (ein Jahr) wahrt. Das VI.

Buch wurde erst nachträglich als Kompromiß mit dem viktorianischen Lesepublikum eingefügt. Im Vordergrund stehen die Beziehungen und Konflikte zwischen Eustacia Vye, Wildeve und Clym Yeobright. Zunächst (in Buch I) bietet Wildeve Eustacia an, mit ihm nach Amerika zu fliehen, da Egdon Heath für sie ein Gefängnis ist. Doch dann weckt Clym ihre Aufmerksamkeit und Zuneigung, er ist aus Paris zurückgekehrt, um wieder in der Heimat zu leben (dies erklärt den Romantitel). Clym heiratet Eustacia (Buch III) und löst sich gleichzeitig von seiner Mutter. Mit seinem Augenleiden setzt ein Wandel ein: Eustacia wendet sich wieder Wildeve zu, und Clym kehrt (im Buch IV) zu seiner Mutter zurück, allerdings zu spät. Im V. Buch wollen Wildeve und Eustacia Egdon Heath erneut verlassen, kommen aber in einer herbstlichen Naturkatastrophe um. Egdon Heath ist ähnlich wie die Heide in Emily Brontës *Wuthering Heights* (1847) und in *King Lear* ein Symbol: Egdon Heath ist die Schicksalsmacht, die über dem Geschehen herrscht. Während in der griechischen Tragödie das Schicksal aus der Höhe des göttlichen Willens stammt, kann H.s Heide ein Schicksal aus der Tiefe einer dämonischen Natur genannt werden. Figuren wie Thomasin, die Schwester Clyms, und der Rötelmann Diggory Venn lassen sich in ihrem Leben ganz von der Natur bestimmen und vermögen der Katastrophe zu entgehen. – *The Mayor of Casterbridge* ist nach dem Vorbild von Sophokles' *König Ödipus* gestaltet. Wie bei Ödipus wirkt auch bei Henchard eine weit zurückliegende Schuld in die Gegenwart hinein: Henchard verkaufte im Rausch seine Frau Susan und seine Tochter Elizabeth-Jane einem Matrosen namens Newson. 18 Jahre später ist derselbe Henchard ein wohlhabender Kornkaufmann und Bürgermeister von Casterbridge. Seine Frau, die annimmt, Newson sei ums Leben gekommen, kehrt mit ihrer Tochter zurück. In dem intelligenten Farfrae hat Henchard einen sympathischen Geschäftspartner gewonnen. Vom 15. Kapitel an wendet sich das Schicksal: Er überwirft sich mit Farfrae, Susan stirbt, und er erfährt, daß Elizabeth-Jane nicht seine Tochter ist. Die Vergangenheit holt ihn ein, als er über eine alte Frau richten soll, die seinen ›Frauenverkauf‹ miterlebte. Lucetta, die er heiraten wollte, gibt ihr Jawort Farfrae. Henchard macht bankrott, und als der totgeglaubte Newson zurückkehrt und Elizabeth-Jane die Wahrheit berichtet, zieht sich Henchard verbittert in eine Hütte am Rande von Egdon Heath zurück und stirbt. Henchards Schicksal ist eine Charaktertragödie, in seinem leidenschaftlichen Zorn gleicht er King Lear. Er kennt jedoch auch Reue, Gewissensbisse und gelegentlich auch Güte und Wärme. Er ist letztlich ein gemischter Charakter, der an der angeborenen Natur wie an äußeren Umständen zugrunde geht, in denen sich ein unbarmherziges Gerechtigkeitsprinzip spiegelt. – Mit *The Woodlanders* nahm H. noch einmal die Form der Pastorale auf, aber es ist nicht zu verkennen, daß er inzwischen zwei tragische Romane geschrieben hatte. Giles Winterborne erinnert an Gabriel Oak, Grace Melbury an Bathsheba, Dr. Fitzpiers und Mrs. Charmond sind die (aristokratischen) Außenseiter, die in die ländliche Ordnung eindringen. Land und Stadt, die niedere und die höhere Gesellschaftsschicht, geraten in Konflikt. Hier ist es letztlich die unpersönliche Macht der Rechtsordnung, die das Schicksal der Menschen bestimmt. Giles, der zugleich mythische Züge trägt und »Autumn's very brother« genannt wird, scheitert in seinen Beziehungen zu Grace, erkrankt und stirbt, von der einfachen Waldarbeiterin Marty South betrauert, die ihn wirklich liebte. Grace und Fitzpiers bleiben in einer Ehe voller Kompromisse miteinander verbunden.

Mit *Tess of the D'Urbervilles* lieferte

H. die umfassendste Darstellung eines tragischen Konflikts. Tess ist für ihn »a pure woman«, schuldlos und schuldig zugleich. Sie ist das Opfer ambivalenter (kreativer und destruktiver) Spannungen in der Natur. Sie ist zugleich das Opfer einer Gesellschaft, die mit ihren engen Konventionen die freie Entfaltung einer Frau wie Tess verhindert. In ihrem Schicksal spiegelt sich auch eine universale Macht, die – wie die Götter, von denen Gloucester in *King Lear* spricht – den Menschen zu ihrem Vergnügen leiden läßt. Tess' Schicksal läßt sich als Versuch begreifen, ein Leben nach selbstgesetzten Normen der Wahrheit, Liebe und Gerechtigkeit in einer sich auflösenden Gesellschaft zu führen. Sie scheitert an dem Libertin und Verführer Alec, der aus einer neureichen Familie stammt, sie jagt wie ein Tier und schließlich verführt. Und sie scheitert an Angel Clare, dem Sohn eines Pfarrers, der sich zu einer autonomen Ethik bekennt, aber zu schwach ist, bei Tess zu bleiben, als er von ihrer Vergangenheit erfährt. Nachdem er sich gewandelt hat, ist es zu spät: Tess hat Alec aus Rache getötet, und sie stirbt für ihre Schuld. Sie weiß, daß sie gegen die Gerechtigkeitsordnung verstoßen hat, in höherem Sinn aber schuldlos ist. Mit ihrem Bekenntnis zur Wahrheit erreicht sie den Rang einer klassischen Tragödienheldin.

Jude the Obscure spielt an einer Reihe von Schauplätzen in Wessex; das Waisenkind Jude fühlt sich nirgendwo zu Hause. Jude arbeitet zunächst als Steinmetz, widmet sich aber gleichzeitig, angeregt durch den Schulmeister Phillotson, dem Studium der griechischen und römischen Literatur. Sein Ziel ist ein Studium in Christminster (Oxford), und er sieht sich im Traum als Bischof. Diese Träume lassen sich jedoch niemals verwirklichen. Er erhält die ablehnende Antwort, er möge in seinem bisherigen Lebenskreis verbleiben. Vorübergehend denkt Jude daran, einfacher

Geistlicher zu werden, aber auch diesen Plan muß er aufgeben, und er vernichtet seine Bücher. Am Ende ist er wiederum der Steinmetz, der er ursprünglich war. Jude kritisiert die gesellschaftlichen Verhältnisse, die Universität, die Kirche und die bürgerliche Gesellschaft mit Bitterkeit; diese Haltung wird oft durch den Autor gedeckt, ist aber an zahlreichen Stellen durch die ganz persönlichen Erlebnisse von Jude bedingt. Im Mittelpunkt des Romans stehen vier Hauptgestalten: Jude, Arabella Donne, Sue Bridehead und Phillotson. Die Wechselbeziehungen sind geradezu *more geometrico* gestaltet: Es heiraten zunächst Jude und Arabella, die ihn jedoch verläßt und der Bigamie schuldig wird, als sie in Australien eine zweite Ehe eingeht. Sue Bridehead, Judes Cousine, heiratet Phillotson, obwohl sie sich Jude zutiefst verbunden fühlt. In einer späteren Phase dieser zwischenmenschlichen Beziehungen werden beide Ehen geschieden (und der australische Ehepartner Arabellas stirbt). Jetzt sind Jude und Sue frei, und sie könnten eine Ehe eingehen. Sie schrecken jedoch (jeweils im letzten Augenblick) vor einer standesamtlichen wie kirchlichen Trauung zurück. Nicht bedacht haben sie dabei, wie ihr freier Lebensbund auf die Gesellschaft wirkt, welche Schwierigkeiten sich ergeben, als sie mit zwei unehelichen Kindern und Father Time, einem Sohn, der nach Arabellas Aussage das gemeinsame Kind mit Jude gewesen sein soll, keine rechte Unterkunft finden. In Abwesenheit der Eltern beschließt Father Time sich und seine Geschwister zu erhängen: »Done because we are too menny«. Dieser Schock führt dazu, daß Sue einen Zusammenbruch erleidet, wiederum zu Phillotson zurückkehrt, derweilen Arabella erneut mit List versteht, mit Jude eine zweite Ehe zu schließen. Der 30jährige Jude ist physisch geschwächt; er hat sich ein Lungenleiden zugezogen und stirbt in Christminster. Als er im Sterben liegt,

zitiert er eine Stelle aus Hiob 3, 3: »Let the day perish wherein I was born...«. *Jude the Obscure* ist ein Desillusionsroman, der bei der zeitgenössischen Kritik auf schärfsten Widerspruch stieß. Die Äußerungen über Ehe und Moral, Religion und Kirche widersprachen den Grundüberzeugungen der Viktorianer; es bedurfte eines D. H. Lawrence, mit den Mitteln seiner Erzählkunst und seinen weltanschaulichen Überzeugungen die Hardysche Kritik fortzusetzen.

Nach der Publikation von *Jude the Obscure* widmete sich H. nur noch der Form des Dramas, der Kurzgeschichte und des lyrischen Gedichts. In *The Dynasts* (1904, 1906, 1908), einem dreiteiligen Großdrama, das 19 Akte umfaßt, stellt H. die napoleonische Epoche von 1805 bis 1815 dar, die ihn schon in den 1880er Jahren beschäftigt hatte. Er wollte eine moderne *Ilias* schreiben, ist aber inhaltlich wie formal eigene Wege gegangen. Zum einen liefert er eine Fülle von Einzelszenen, die das große politische Geschehen darstellen, zum anderen fügt er Genre-Bilder ein (z. B. aus seiner südenglischen Heimat), die das Leben und Schicksal einfacher Menschen zeigen. Das gesamte Historienspiel ist insofern ein Spiel im Spiel, als es Geisterchören vorgeführt wird, die das Geschehen aus geschichtsphilosophischer Sicht kommentieren. Die Ereignisse sind keine Heldentaten heroischer Größen wie Napoleon, sondern Ausdruck des *immanent will*, der die Figuren wie Marionetten zu führen scheint. Das deterministische Weltbild wird aber auch durch Szenen unterbrochen, in denen die Menschen aus eigener Initiative handeln (oder zu handeln scheinen); dazu kommt der hoffnungsvolle Schluß, in dem die Geisterchöre auf einen Wandel des *immanent will* zum Bewußtsein hinweisen. Damit scheint eine ›melioristische‹ Sicht zu dominieren.

Bei der Interpretation der Erzählbände *Wessex Tales* (1888), *A Group of Noble*

Dames (1891) und *Life's Little Ironies* (1894) entstand die Frage, ob der Begriff ›Short Story‹ überhaupt angemessen sei. Irving Howe hob den Unterschied zu Tschechow, Hemingway und Joyce hervor und plädierte für den Begriff ›tales‹, weil H. hier in einer locker angenehmen, entspannten Weise erzählt und sich damit in die Tradition der Erzähler einordnet, die der ländlich-mündlichen Darbietungsweise verpflichtet sind. Kirstin Brady hat dieser Deutung widersprochen und zwischen der ›pastoralen Perspektive‹ (*Wessex Tales*), der ›subjektiven Perspektive‹ (*A Group of Noble Dames*) und der ›ironischen Perspektive‹ (*Life's Little Ironies*) unterschieden. Dazu hat Brady das Zusammenspiel von mündlicher und schriftlicher Short-Story-Technik bei H. in treffender Weise mit den Begriffen *raconteur* und *écrivain* gekennzeichnet.

Bereits in seinen Anfängen hat H. Lyrik verfaßt; »Hap«, eines seiner bemerkenswerten frühen Gedichte, ist in den Band *Wessex Poems* (1898) eingegliedert. Es folgten die Bände *Poems of the Past and the Present* (1901), *Time's Laughingstocks* (1909), *Satires of Circumstance* (1914), *Moments of Vision* (1917), *Late Lyrics and Earlier* (1922), *Human Shows: Far Phantasies, Songs and Trifles* (1925) und *Winter Words in Various Moods and Metres* (postum 1928). Ähnlich wie die Erzählungen H.s weisen auch die Gedichte traditionelle und moderne Züge auf: Balladen und Kirchenlieder, aber auch die Lyrik Percy Bysshe Shelleys und Algernon Charles Swinburnes haben den Rhythmus, den Klang und die Diktion etlicher seiner Gedichte geprägt, wenngleich er niemals Vorbilder nachahmte, sondern immer transformierte. An die Grenzen seiner Ausdrucksfähigkeit stieß H., wenn er seine weltanschaulichen Themen in didaktisch gefärbte Dichtung umzusetzen versuchte. Am eindrucksvollsten sind die Gedichte, in denen Bild und Reflexion eine Einheit eingehen wie z. B.

in »The Darkling Thrush«, einem Gedicht, das als Abgesang auf das 19. Jahrhundert gilt. H. hat fast für jedes Gedicht eine eigene Form gefunden und Rhythmus und Metrik auf die zentrale Thematik abgestimmt. Selbst wenn er ganz persönliche Anlässe verarbeitete wie das Erlebnis des Todes seiner ersten Frau (Emma Lavinia Gifford) und die Erinnerung an die frühe Liebe und die fortschreitende jahrzehntelange Entfremdung schilderte, gelang es ihm, die privaten Erlebnisse zu objektivieren und dabei die traditionelle Form der Elegie zu modifizieren. Liebe, Leid und ein unsentimentales Mitleiden blieben die Grundthemen seiner Lyrik. – Kritiker wie T. S. Eliot und F. R. Leavis standen in Distanz zu ihm; W. H. Auden und Cecil Day Lewis trugen zu einer gerechteren Bewertung seiner Lyrik bei; die schrittweise Neubewertung findet sich bei Philip Larkin, Ted Hughes und Donald Davie.

Willi Erzgräber

Hawthorne, Nathaniel
Geb. 4. 7. 1804 in Salem, Massachusetts; gest. 19. 5. 1864 in Plymouth, New Hampshire

Als Nathaniel Hawthorne seiner Frau das Ende von *The Scarlet Letter* (1850; *Der Scharlachbuchstabe*, 1851) vorlas, empfand er es, wie er schrieb, als »a triumphant success« »[that] it broke her heart and sent her to bed with a grievous headache«. In einer solchen Äußerung wird deutlich, daß sich hinter der Fassade des gutaussehenden, liebenswürdigen, zurückhaltenden Mannes ein Autor verbarg, der andere so wenig schonen wollte wie sich selbst, der sich, wie sein zeitweiliger Freund Herman Melville in seiner berühmten Rezension »Hawthorne and His Mosses« bemerkte, der »Schwärze der Finsternis« stellte und auch mit den versöhnlicheren Aspekten am Schluß seines bekanntesten Romans die Unlösbarkeit der angesprochenen Lebens- und Normenfragen nicht verdecken wollte. Wenn man H. als ersten amerikanischen Klassiker der Weltliteratur anerkennt, als meisterhaft in Stil und Struktur seiner Erzählungen, Skizzen und Romane, so ist es zugleich notwendig, seine Größe nicht nur in der Gestaltung individueller und historischer Schuld und Tragik zu sehen, sondern auch in seiner Bereitschaft, Offenheit zuzulassen, wenngleich er vor der erkenntnisskeptischen Radikalität Melvilles zurückschreckte. Kennzeichnend ist außerdem, daß viele seiner Texte auf spezifische historische und zeitgenössische, politisch-gesellschaftliche und persönlich-biographische Kontexte beziehbar sind. Die Frage nach der jeweiligen Interpretationsrelevanz des Besonderen und des Allgemeinen hat zu einer kontroversen Forschungsdiskussion geführt.

H.s neuenglische Familientradition reicht in die frühe Kolonialzeit zurück, als seine Vorfahren an der puritanischen Quäker- und Hexenverfolgung beteiligt waren, was ihm eines seiner zentralen Themen – Last und Erbschuld auch der amerikanischen Geschichte – geradezu aufdrängte. Obwohl H. seinen Vater bereits mit vier Jahren verlor, wuchs er dank der Großzügigkeit der Familie seiner Mutter in relativ komfortablen Umständen auf. Seine Begabung wurde früh erkannt. Während seiner Studienzeit am Bowdoin College schloß er nützliche Freundschaften, z.B. zum nachmaligen Star-Poeten Henry Wadsworth Longfellow und dem späteren Präsidenten Franklin Pierce. Zwölf Jahre lang lebte er danach im Hause seiner Mutter; seine damalige Isolation stellte er rückblickend wohl krasser dar, als sie gewesen war. Es war eine Zeit des allmählichen, undramatischen Einstiegs in die Literatur, denn neben und nach einem erfolglosen Erstlingsroman, den er später zu unterdrücken versuchte, schrieb er Kurzprosa in der Nachfolge

Washington Irvings, Zyklen von Erzählungen mit einer Rahmenhandlung, für die er jedoch keinen Verleger fand. Zahlreiche Texte vernichtete er selbst, andere wurden einzeln in Zeitschriften und Jahrbüchern publiziert, bevor ein erster Sammelband, *Twice-Told Tales* (1837, erweitert 1842; *Zweimal erzählte Geschichten*, 1852) herauskam und wohlwollend aufgenommen wurde. Auch die späteren Kurzprosabände *Mosses from an Old Manse* (1846) und *The Snow Image* (1852) enthalten jeweils ältere und neuere Texte. Wirtschaftlich sicherte die Schriftstellerei H. nie hinreichend ab, so daß er sich immer wieder auf Ämter angewiesen sah, die ihm seine politischen Freunde aus der Demokratischen Partei vermittelten. Neben der literarischen durchlief H. also auch eine öffentliche Karriere. Von 1839 bis 1841 arbeitete er im Bostoner Zollamt, dann investierte er seine Ersparnisse in der nahegelegenen utopischen Landkommune Brook Farm, die von George Ripley und anderen Anhängern der Reformbewegung des Transzendentalismus gegründet wurde, zu denen er auch durch seine Verlobte Sophia Peabody und deren Schwester Elizabeth persönliche Beziehungen unterhielt. Doch hier wie beim Zoll vertrug sich die Arbeitswelt nicht mit seiner literarischen Tätigkeit; nach einem halben Jahr gab H. auf. Die Eindrücke jener Zeit verarbeitete er später kritisch in seinem Roman *The Blithedale Romance* (1852; *Blithedale*, 1852). 1842 heiratete er und zog mit Sophia nach Concord, Massachusetts. Trotz der Nachbarschaft Ralph Waldo Emersons und anderer Transzendentalisten und trotz seiner Freundschaft mit Henry David Thoreau konnte er deren optimistischer Weltsicht wenig abgewinnen. Seine Hoffnung, mit Hilfe literarischer Auftragsarbeiten ein hinreichendes Auskommen für sich und seine wachsende Familie zu finden, erfüllte sich nicht. Von 1846 bis 1849 war H. daher Zollaufseher im Hafen seiner Heimatstadt Salem. Nach der Wahlniederlage der Demokraten verlor er diese Stellung, was er seinen lokalen Gegnern, aber auch einigen Freunden noch lange nachtrug; »The Custom House«, die Einleitungsskizze zu The Scarlet Letter, gibt davon Zeugnis. Für die amerikanische Literaturgeschichte war das Ereignis allerdings ein Glücksfall, denn nun baute H. einen von ihm als Erzählung geplanten Text zu seinem berühmtesten Roman aus. Lenox im westlichen Massachusetts, wo er sich mit seinem jüngeren Bewunderer Melville anfreundete, dann wieder der Raum Boston und Concord waren die nächsten Stationen auf der Suche nach einer adäquaten Bleibe. Trotz solcher Unruhe war dies H.s produktivste Phase: Von 1850 bis 1852 erschienen neben mehreren anderen Büchern drei von seinen vier Hauptromanen. Sie waren bei Kritik und Käufern erfolgreich, und H. galt nunmehr als bedeutender Vertreter der amerikanischen Literatur. Dennoch war er dankbar, als Präsident Pierce, dessen Wahlkampfbiographie er 1852 geschrieben hatte, ihn 1853 zum Konsul in Liverpool ernannte. Bis 1857 diente H. seinem Land in dieser ehrenvollen und einträglichen Stellung. Ein anschließender, fast anderthalbjähriger Aufenthalt in Italien lieferte den Stoff für H.s letzten vollendeten Roman, The Marble Faun; or The Romance of Monte Beni (1860; Miriam oder Graf und Künstlerin, 1862). 1860 kehrten die Hawthornes nach Concord zurück, wo er seine englischen Beobachtungen zu dem Essayband Our Old Home (1863) ausarbeitete. Seine weiteren Romanpläne blieben hingegen Fragment. Seine Gesundheit verschlechterte sich rasch, wozu seine Verzweiflung über die nationale Katastrophe des Bürgerkriegs beigetragen haben mag. H. starb 1864 auf einer Erholungsreise mit Franklin Pierce.

H.s literarisches Schaffen ist breiter und umfangreicher als oft angenommen: Aus Neigung oder finanzieller Notwendigkeit schrieb er z. B. Geschichtsdarstellungen sowie modernisierte Fassungen klassischer Mythen und andere Texte für Kinder und Jugendliche. Ihre gesamtkulturelle Einbettung und mancherlei thematische Überschneidungen mit den Romanen und Erzählungen lassen auch diese Arbeiten interessant erscheinen. Doch H.s Hauptleistungen liegen in den letztgenannten Gattungsbereichen. Neben Irving und Edgar Allan Poe gilt er als einer der Begründer einer amerikanischen Tradition der kurzen Prosaerzählung (die später zur eigenen Gattung ernannt wurde, der Short Story). Allerdings muß die Vielfalt seiner Kurzprosa beachtet werden. Sie umfaßt u. a. auch Allegorien, parabelartige Texte und Humoresken, daneben Skizzen, die die Wahrnehmungen und Phantasien eines halbdistanzierten Beobachters wiedergeben, wie er sich auch als (nicht unproblematisch voyeuristischer) Ich-Erzähler in The Blithedale Romance wiederfindet. Poe formulierte seine Thesen zur Ökonomie sowie zur Gestaltungs- und Wirkungseinheit der Erzählung in seinen Besprechungen von Twice-Told Tales. In der Tat gehört eine Reihe von H.s Kurztexten zum Besten, was in diesem Genre in Amerika geschrieben worden ist. Darunter finden sich Initiationsgeschichten wie etwa jene von »Young Goodman Brown« (1835) oder »My Kinsman, Major Molineux« (1831). Im Kontext historischer Situationen – hier zum einen der Hexenglaube im puritanischen Salem des späten 17. Jahrhunderts, zum anderen die politische Situation im vorrevolutionären Boston –, die wiederum mit Vorgängen in H.s eigener Zeit in Beziehung zu setzen sind, wird Archetypisches verhandelt: In beiden Fällen erfährt ein junger Mann die Fraglichkeit bisher als stabil angenommener Wert- und Sozialordnungen (etwa des Geschlechterverhältnisses), die Fragwürdigkeit des Verhaltens von Vorbildern aus der Vätergeneration sowie die undeutlichen Grenzen zwischen Schein und Sein. Die im Extremfall psychisch zerstörerische Desillusionierung hat eine individuelle, eine allgemein-menschliche und eine auf die Schattenseiten der amerikanischen Geschichte bezogene Dimension. Oft ist eine einzelne Zentralidee Ausgangspunkt einer Geschichte, die dann grundsätzliche Möglichkeiten von psychologischer Motivation und zwischenmenschlichem Verhalten auslotet. Für »The Birthmark« (1843) etwa ist dies die Besessenheit von der Idee der Vollkommenheit, die einen Naturwissenschaftler dazu bringt, das Muttermal auf der Wange seiner jungen Frau Georgiana zu entfernen, eine Prozedur, die diese nicht überlebt. Vor der Simplizität einer moralischen Kalendergeschichte wird der Text nicht nur dadurch bewahrt, daß er mehrere Bewertungsweisen dieses Vorgangs anbietet, sondern in für H. typischer Weise auch durch die Vieldeutigkeit des Zentralsymbols selbst, das Schönheit wie Häßlichkeit markiert, irdische Existenz und vor allem weibliche Sexualität, deren sich der Protagonist in einem geradezu freudianischen Traum gewaltsam zu bemächtigen und zu entledigen versucht. In diesem Sinne gerät »The Birthmark« zu einem von vielen Beispielen dafür, wie H. die Prüderie des viktorianischen Zeitalters unterläuft.

Solche Texte sind psychologische Fallstudien nicht des Einmaligen, sondern des Grundlegenden und Typischen. In ähnlicher Weise untersuchen auch die Romane, was H. als »die Wahrheit des menschlichen Herzens« bezeichnete, allerdings mit größerer Komplexität und längeren Entwicklungslinien. Auch sie arbeiten mit reicher Bildlichkeit und der Vieldeutigkeit gerade der Zentralsymbole. In The Scarlet Letter ist es der Buchstabe A, den die Protagonistin Hester Prynne im puritanischen Boston des 17. Jahrhunderts auf

ihrer Kleidung tragen muß, nachdem sie in Abwesenheit ihres Mannes, Roger Chillingworth, eine uneheliche Tochter, Pearl, zur Welt gebracht hat. Doch das Zeichen für die Sünde (A = adulteress) – durchaus auch im Sinne von H.s eigenem viktorianischen Weltbild – ist zugleich eines für gesellschaftsferne Freiheit, da die unbändige Pearl als lebende Verkörperung des scharlachroten Buchstabens geschildert wird. Das Zeichen steht für die Liebe, wenn es an Hesters heimlichen Geliebten, den Geistlichen Arthur Dimmesdale erinnert, und es gewinnt die Konnotationen »able« und »angel«, als Hester sich immer mehr tätiger Nächstenliebe zuwendet. Die Reihe möglicher Bedeutungen ist damit längst nicht erschöpft, so daß sich ein Buchstabe zum Zeichen für die Ambiguität bzw. Vieldeutigkeit der Handlung und Figurenmotivation entfaltet. Völligem Bedeutungsrelativismus setzt H. seine Erzählerkommentare entgegen, doch bleibt es letztlich den Lesern überlassen, wie sie etwa die scheinbare ›Sympathie‹ der romantisch geschilderten Natur beurteilen, als sich die Liebenden nach Jahren der Trennung im Wald treffen, oder die frauenrechtlichen Emanzipationsgedanken Hesters, vor denen der Erzähler warnt, aber die so viel Zwingendes haben, daß der Roman besonders in den letzten Jahrzehnten als protofeministischer Text gesehen worden ist. Freiheit, Liebe, Toleranz und Kreativität (in Hesters Stickereien) werden somit nie exakt definiert, bilden aber einen Bereich der positiven Gegennormen gegen die religiöse und patriarchalische Repressivität der puritanischen Gesellschaftsspitzen oder den szientistischen Rationalismus, mit dem der rachsüchtige Chillingworth die Vernichtung des zwischen Konformität und Ausbruchsphantasien schwankenden Dimmesdale betreibt. Im Ausbleiben eines glücklichen Endes wie in der Rück-Emigration Pearls in die Alte Welt deutet sich an, daß H. im Unterschied zu vielen seiner nationalistischen Zeitgenossen Amerika nicht als neues Paradies, sondern als geschichts- und schuldbeladenes Gemeinwesen sieht.

In diesem wie den anderen Romanen, aber auch in einem Großteil der Erzählungen, schreibt H. »romances«, wie er sie in seinen Romanvorworten mehrmals charakterisiert: Texte, die realistische mit erfahrungsübersteigenden Elementen (vor allem dem Übernatürlichen) kombinieren können und durch die Stilisierung der Figuren, die Symbolik von Handlung und dinglicher Welt sowie durch die strenge Strukturierung zentrale thematische Aspekte besonders klar herauszuarbeiten erlauben. Auch in den weiteren Romanen gehören hierzu das problematische Verhältnis von gesellschaftlicher Normensetzung und individueller Freiheit (die im Extremfall jedoch zur Sünde der Isolation werden kann), wissenschaftliche Hybris, Fortschrittsgläubigkeit und unmenschliches Perfektionsstreben, der Umgang mit eigener und fremder Schuld, aber auch die Frage angemessener ästhetischer Gestaltung. In *The House of the Seven Gables* (1851; *Das Haus der sieben Giebel*, 1851) wird zwar der Fluch aufgehoben, der seit Jahrhunderten auf dem alten Haus lastet, und in der Hochzeit der Liebenden findet auch eine Überwindung von Erbfeindschaft statt, aber die Verwandlung des Außenseiter-Protagonisten zum Besitzbürger hinterläßt Skepsis beim Leser. In *The Blithedale Romance* scheitert reformerischer Idealismus an den Bedürfnissen des Individuums nach Macht, Liebe oder Bindung. *The Marble Faun* schließlich demonstriert an der Gestalt des faunartigen Grafen Donatello, des Menschen vor dem Sündenfall, Menschwerdung durch Liebe und Schuld, und im Kontrast von Figuren der Alten und der Neuen Welt die Unausweichlichkeit von historischer Last und gesellschaftlichem Zwang sowie die Begrenztheit einer amerikanischen Perspektive, die solches leugnet. Diese vor allem von Henry James aufgenommene Kontrastierung ist nur eines der Themen, die H. an seine literarischen Nachfolger weiterreichte, deren oft kreative Auseinandersetzung mit ihm seither ebenso wenig abgerissen ist wie die wissenschaftliche Beschäftigung mit einem der wenigen amerikanischen Autoren, deren Bedeutung seit ihren Lebzeiten außer Zweifel steht.

Helmbrecht Breinig

Heaney, Seamus
Geb. 13.4.1939 in Mossbawn,
County Derry, Nordirland

Bevor Seamus Heaney 1996 als zweiter irischer Dichter – nach W. B. Yeats – den Nobelpreis für Literatur erhielt, hatte er sich schon als gewichtige Stimme im Konzert der zeitgenössischen englischsprachigen Dichtung etabliert und für seine verschiedenen Gedichtsammlungen eine Vielzahl von Auszeichnungen im In- und Ausland erhalten. – H. wurde als jüngstes von neun Kindern auf der Farm seines Vaters geboren. Als Stipendiat studierte er Anglistik an der Queen's University in Belfast und begann, an den regelmäßigen Treffen Belfaster Dichter unter der Leitung Philip Hobsbaums teilzunehmen und selbst Gedichte zu schreiben. Nach verschiedenen Stellen als Lehrer übernahm er 1966 eine Englisch-Dozentur an seiner alten Universität in Belfast. 1972 übersiedelte er nach Dublin. Seit 1970 nahm er diverse Gastprofessuren in den USA wahr, seit Mitte der 1990er Jahre ist er Professor of Poetry an der Universität Harvard

Mit der Veröffentlichung seiner ersten Gedichtsammlungen, von denen *Death of a Naturalist* (1966) ihm nationales Ansehen und eine Reihe von Preisen einbrachte, wurde er über die Grenzen Irlands hinaus bekannt, und inzwischen ist sein Werk in viele Sprachen übersetzt worden. H.s Dichtung war anfangs inspiriert von der Einsicht, daß irische Traditionen, bäuerliche Lebensweisen und Bodenständigkeit mit dem Verschwinden einer eigenen Sprache ihr besonderes Idiom verloren haben und nun in einer diesen besonderen Erfahrungen fremden Sprache wieder zum Sprechen gebracht werden müssen. H.s übergeordnetes Ziel ist deshalb, »to found or refound a native tradition«. Diese Absicht konfrontiert aber H. als katholischen Iren mit einem grundsätzlichen Problem, das sein Landsmann Thomas Kinsella so formuliert hat: »An Irish poet has access to all of this (Yeats, Eliot, Arnold, Wordsworth, Pope) through his use of the English language, but he is unlikely to feel at home in it.« Das Bewußtsein, daß die eigene Kultur durch eine fremde Sprache und Tradition überformt und verdeckt ist, hat auch H. besonders geprägt. 1974 schreibt er: »The literary language, the civilised utterance from the classic canon of English poetry, was a kind of force-feeding. It did not delight us by reflecting our experience; it did not re-echo our own speech in formal and surprising arrangements.« Kultur und Sprache Irlands »vertragen sich nicht mit den Ausdrucksweisen und Einstellungen des Englischen«. Aus dieser Situation ergibt sich folgerichtig ein klar umrissenes poetologisches Programm. Es gilt, die Überfremdung durch diese andere Tradition zu beseitigen, das eigene Sensorium und das eigene Bewußtsein von den Überlagerungen zu befreien, den Wurzeln der eigenen Existenz nachzuspüren und ein Medium zu entwickeln, das, wenn es denn schon kein anderes als das Englische sein kann, dennoch den Eigenheiten der »native tradition« entspricht. H. entwickelt konsequent sich selbst und seine poetische Sprache zum Organ der Transformation eines englischen in ein neues, genuin irisches poetisches Idiom. H. schärft Auge und Ohr sowohl für

das, was noch sichtbar Irland ist, wie auch für das Abwesende, Verschüttete, in dem die einheimischen Traditionen Spuren hinterlassen haben, die aber erst wieder lesbar gemacht werden müssen. Das Ich und sein Erleben wird dabei zur entscheidenden Vermittlungsinstanz: »Ich reime, / um mich selbst zu sehen, um die Dunkelheit zum Klingen zu bringen«, schreibt er in dem Gedicht »Personal Helicon«. Mit diesen programmatischen Zeilen am Ende von *Death of a Naturalist* faßt er die Problematik zusammen, der er sich stellt. Das Ich als Quelle der Inspiration, als *Door into the Dark* – so der Titel der 1969 veröffentlichten Gedichtsammlung – findet im elterlichen Bauernhof Mossbawn im County Derry, in der Natur und Landschaft Irlands, in den Gegenständen und Verrichtungen des bäuerlichen Alltags sein objektives Korrelat. Mit dieser Beschränkung auf einen regional eingegrenzten, der eigenen Erfahrung zugänglichen Bereich eröffnet sich H. die Möglichkeit, den irischen Teil der Geschichte seines Erlebens und Empfindens auszusondern. Er koppelt sich damit gewissermaßen auch vom Gegenstandsbereich her aus der englische Tradition der Natur- und Landschaftsbeschreibung aus.

Die Definition des dichterischen Schaffens als Akt der Exhumierung einer versunkenen Tradition, als Ans-Licht-holen umdunkelter Bedeutung weist der »digging«-Metapher einen zentralen Stellenwert in seinem Selbstverständnis als Dichter zu. »Zwischen meinem Finger und meinem Daumen/ Ruht das gedrungene Schreibwerkzeug. / Ich grabe mit ihm« schreibt er im programmatischen »Digging«-Gedicht. Es ist daher verständlich, daß H. nach einem integrierenden Bild sucht, das alle Aspekte dieser kulturellen Identität – Natur, Landschaft, Menschen, ihre Geschichte und Gegenwart in der subjektiven Erfahrung des Dichters – zu umfassen und sinnfällig zu machen vermag. Er findet dieses Bild im »Bog«, einem charakteristischen Aspekt der irischen Landschaft: »So entwickelte sich bei mir die Vorstellung vom Moor als Gedächtnis der Landschaft, oder als eine Landschaft, die alles erinnert, was ihr und in ihr geschah.« Der »Bog« verbürgt und verbirgt, konserviert die Spuren der irischen Geschichte, öffnet sie aber auch dem, der danach gräbt, der wie Antaeus in Bodenkontakt bleibt, der die Fundstücke imaginativ aufbereitet und dem gegenwärtigen Bewußtsein verfügbar macht. Im »Bog« findet H. auch »Bilder, die die eigene schwierige Lage angemessen vermitteln können«, eine Lage, die in den Brüchen der eigenen Geschichte ihren Ursprung hat und im Unverständnis der Außenwelt für die irrationalen Antriebe, die hinter dem Geschehen in Nordirland stehen, mündet. Indem das Bewußtsein des Dichters sich in dieses Gedächtnis hineingräbt, stößt es auf Schicht um Schicht sedimentierte und konservierte Vorgeschichte, findet es ein immer dichteres Netz an Bedeutungen, die den Zusammenhang zwischen Gegenwart und Vergangenheit festigen. Wie bei der Aneignung der Landschaft und der Auseinandersetzung mit der Kindheitserfahrung kommt die Einsicht und Gewißheit auch gegenüber dem »Bog« nicht schlagartig, sondern wird langsam und gründlich vorbereitet und erarbeitet.

In *Wintering Out* (1972) weitet sich dann die Perspektive H.s zu einer Gegenwart, Stammesgeschichte und Dichtungsproblematik umfassenden Sicht. Die Überzeugung, ans Ziel gekommen zu sein, artikuliert sich deutlich in der Sammlung *Field Work* (1979), und hier besonders in den »Glanmore Sonnets«. Diese Sonettfolge ist eine poetische Kurzautobiographie, in der er vom sicheren Standpunkt des Erreichten noch einmal Rückschau hält über den Weg, den er zurückgelegt hat, und die Mühen, die es gekostet hat. H.s Leistung als Lyriker beruht zum wesentlichen Teil nicht auf den Inhalten eines restituierten nationalen Bewußtseins, sondern auf seiner Entschlossenheit, jeden Schritt, jeden Aspekt imaginativ und visuell prägnant zu gestalten. Seine Imagination bewegt sich stets als »Otter of memory in the pool of the moment«, so in dem Otter-Gedicht der Sammlung *Field Work*. Mit der wiederum preisgekrönten Sammlung *The Haw Lantern* (1987; *Die Hagebuttenlaterne*, 1995), mit *Seeing Things* (1991) und mit *The Spirit Level* (1996; *Die Wasserwaage*, 1998) hat H. seine ungebrochene poetische Produktivität unter Beweis gestellt und sein Repertoire an Themen, Bildern und Idiomen noch einmal entscheidend erweitert.

H.s schriftstellerische Tätigkeit beschränkt sich nicht auf Gedichte allein. Als Literaturwissenschaftler hat er auch in poetologischen Reflexionen immer wieder deutlich gemacht, worum es ihm geht. Seine Vortragssammlungen *Preoccupations* (1980), *The Government of the Tongue* (1988) und *The Redress of Poetry* (1995; *Verteidigung der Poesie*, 1996) legen davon beredt Zeugnis ab. Sein vielfältiges Engagement als Herausgeber von Gedichtsammlungen und als Förderer junger Dichter spricht für seine Überzeugung, daß der dichterische Umgang mit Sprache lebenswichtige Sensibilitäten erhält und erzeugt. Erst jüngst hat er die literarische Welt mit einer wunderbar einfühlsamen Übersetzung des altenglischen Epos *Beowulf* (2000) überrascht.

Jürgen Schlaeger

Hemingway, Ernest [Miller]
Geb. 21.7.1899 in Oak Park, Illinois; gest. 2.7.1961 in Ketchum, Idaho

Wie kaum ein anderer amerikanischer Schriftsteller reflektiert Ernest Hemingway in seinem Leben und Werk die turbulenten Veränderungen in Politik und Gesellschaft der USA zwischen

1900 und 1960 aus der Sicht eines ebenso begabten und kritischen wie exzentrischen Individualisten des amerikanischen Mittelstands. Auch wenn zeitgenössische Entwicklungen selten in H.s Kurzgeschichten, Romanen und Reportagen im Vordergrund des Interesses stehen, prägen sie doch ihre Atmosphäre und Schauplätze. So wird der Leser letztlich mit dem patriotischen Fortschrittsnationalismus eines Theodore Roosevelt und mit der existentialistischen Enttäuschung über den Verlust aller Ideale im Ersten Weltkrieg ebenso konfrontiert wie mit den ausgelassenen 20er Jahren und der nachfolgenden Depressionszeit oder mit der anti-faschistischen (und teilweise kommunistischen) Re-Idealisierung vor dem Hintergrund des Spanischen Bürgerkriegs und des Zweiten Weltkriegs und schließlich der Ausbreitung nationalistischer Ideologien während des Kalten Kriegs. H.s Lebensstil entspricht einem Autor, für den persönliche Erfahrung die primäre Quelle künstlerischer Schaffenskraft ist und der sich stets auf der Suche nach neuen Erfahrungen befindet: Er war freiwilliger Teilnehmer an drei Kriegen, Großwildjäger, Hochseefischer, Bewunderer des spanischen Stierkampfs und Liebhaber leiblicher Genüsse. Die Grenzen zwischen der (selbst)inszenierten Medienpersönlichkeit, den autobiographisch gefärbten Figuren seiner Werke und der sich darin in vielfachen Brechungen reflektierenden Persönlichkeit des Autors H. sind freilich oft schwer zu erkennen und bedürfen einer sorgfältigen Differenzierung, die erst von der jüngeren Kritik aufgrund der seit 1975 verfügbar gewordenen Briefe, Manuskripte und postumen Veröffentlichungen ernsthaft vorgenommen werden konnte.

Die Mehrzahl der gegenwärtigen Kritiker gruppiert H.s Werke in drei Schaffensperioden, in das modernistische Frühwerk, eine Phase der Neuorientierung in den 30er Jahren und eine Spätphase in den 40er und 50er Jahren. Der letzte Zeitraum wird von manchen als ›Erschöpfungsphase‹ gesehen, von anderen als beachtenswerter, wenngleich unvollendeter Neubeginn in Richtung auf ein postmodernes Literaturverständnis. Nach wie vor besteht in der Kritik Übereinstimmung darüber, daß H.s frühe Erzählungen und Romane zu seinen originellsten Schöpfungen zählen und daß sie einen nachhaltigen Einfluß auf die zeitgenössische Literaturszene ausübten. H.s typischer Stil, der stets mehr andeutet und ausspart als er ausspricht, wird von Kritikern oft mit Etiketten wie »Faktenstil«, »camera eye« oder »phänomenologischer Stil« versehen und vom Autor selbst mit dem Bild eines Eisbergs charakterisiert, von dem bekanntlich nur der kleinste Teil über Wasser und sichtbar ist. In *Death in the Afternoon* (1932; *Tod am Nachmittag*, 1957), einem mit großer Kenntnis geschriebenen Sachbuch über Tradition und Kunst des spanischen Stierkampfs, finden sich in der Einleitung weitere wichtige Hinweise zu H.s literarischer Ästhetik, zu deren Wurzeln seine frühen Erfahrungen als Reporter und Korrespondent für den *Kansas City Star* und den *Toronto Star* ebenso zählen wie die poetisch verdichtete Sprache der angloamerikanischen Imagisten, zu denen er während seiner Jahre in Paris über Ezra Pound, H[ilda] D[oolittle], Gertrude Stein und andere Mitglieder der »Lost Generation« Kontakt hatte: In seinem knappen Stil bemüht sich H., den Lesern nicht mittels wertender Attribute eine vorgefertigte Interpretation aufzuzwingen, sondern sie mit sorgsam gewählten Worten zur imaginativen Eigenerschaffung und -einschätzung einer Situation anzuregen. Er bietet den Lesern »[t]he sequence of motion and fact that makes the emotion«. Wenngleich T.S. Eliot und H. sonst wenig gemeinsam haben, so zeigt H.s hier erläutertes Verständnis vom Schreiben doch deutliche Affinitäten zu Eliots Konzept des

»objective correlative« und dient ebenfalls dem Ziel der Schaffung authentischer Lesererfahrung bei der Lektüre. Dabei wird der Leser aktiv in die Gestaltung der Textbedeutung miteinbezogen, da er – größtenteils unbewußt – die vom Autor gesetzten Leerstellen mit eigenen Erfahrungsinhalten füllt. Weiter verstärkt wird diese Mitwirkung des Lesers bei der Erschaffung des Kunstwerks durch H.s parataktischen Satzbau, da dieser die Herstellung bedeutungstragender Beziehungen zwischen den Satzteilen weitgehend dem Leser überläßt, wenngleich die leitmotivische Symbolik dabei steuernde Funktion übernimmt. Hinzu kommt, daß in vielen seiner Erzählungen auch das eigentliche Thema weitgehend ausgespart bleibt oder in ambivalenter Gestalt erscheint, wie z. B. in den frühen Sammelbänden *In Our Time* (1925; *In unserer Zeit*, 1932) und *Men Without Women* (1927; *Männer ohne Frauen*, 1958) oder auch den Romanen *The Sun Also Rises* (1926; *Fiesta*, 1928) und *A Farewell to Arms* (1929; *In einem anderen Land*, 1930).

Die zentralen Themen in H.s Frühwerk kreisen um Fragen individueller Sinnsuche, Identität und Würde im Spannungsfeld zwischenmenschlicher Beziehungen, häufig eingebettet in Extremsituationen wie Krieg, Kampf oder Jagd, in denen der Erfahrung von Gewalt und Tod tragende Funktion zukommt. Dabei greift H. zwar weitgehend auf persönliche Erfahrungen zurück, doch hat die neuere Kritik mit Recht jene früheren Studien korrigiert, welche die Erzähler beziehungsweise Protagonisten der Texte als weitgehend mit dem Autor identisch verstehen. Zweifellos trägt etwa Nick, die heranwachsende Hauptgestalt in den Geschichten von *In Our Time* und *Men Without Women* auch Züge des jugendlichen Autors, ebenso wie in die Gestaltung von Dr. und Mrs. Adams Eigenarten von H.s sensiblem Vater Clarence und seiner willensstarken Mutter Grace

miteingeflossen sind. Die Initiationserlebnisse des jungen Nick, wie sie etwa in »Indian Camp«, »Soldier's Home« oder auch »The Killers« greifbar werden, gehen jedoch weit über das bloß Autobiographische hinaus und entwerfen Nicks Begegnungen mit Tod, Liebe und Gewalt als Schlüsselsituationen des Erwachsenwerdens. Kein anderes Werk H.s gestaltet die tiefgreifende Desillusionierung seiner Generation mit der idealisierenden Weltsicht ihrer Eltern indes schonungsloser und eindringlicher als sein zweiter Roman, *A Farewell to Arms*, der allgemein als künstlerischer Höhepunkt von H.s erster Schaffensphase gilt. Bewußt stellt der Autor seine Schilderung des kollektiven Kämpfens und Sterbens in die noch junge Tradition von Antikriegsromanen – von Stephen Cranes *The Red Badge of Courage*, 1895, bis zu John Dos Passos' *Three Soldiers*, 1921 – und unterläuft alle heroisierenden Vorstellungen von Krieg als Feuertaufe der Männlichkeit mit lakonischen Schilderungen der tödlichen Banalität und Zufälligkeit des Kriegsalltags. Der Roman thematisiert aber auch jene allgemeine existentielle Sinnkrise der Zwischenkriegszeit, die sich bei H. mehrfach in der Gestalt des »Nichts« (»nada«) manifestiert. Die mit der Kriegshandlung verwobene Liebesgeschichte von Frederic Henry und der britischen Krankenschwester Catherine Barkley erscheint zunächst als positives Refugium vor den Schrecken der Kriegswelt. Als er im Chaos eines ungeordneten militärischen Rückzugs jedoch zum zufälligen Erschießungsopfer der Militärpolizei zu werden droht, schließt Henry seinen berühmten »separate peace« und flüchtet mit der schwangeren Catherine in die Schweiz. Die Geborgenheit der liebevollen *ménage à deux* in einem paradiesischen Gebirgsdorf bei Lausanne erweist sich letztlich indes als vergeblicher Versuch, Schutz vor der Bedrohung des Lebens zu finden: Das Kind wird tot geboren, Catherine stirbt an unstillbaren Blutungen, und der letzte Satz des Romans zeigt Henry allein im Regen auf dem Weg zurück zum Hotel.

Obwohl drei Jahre vorher erschienen, knüpft H.s erster Roman *The Sun Also Rises* thematisch gleichsam an *A Farewell to Arms* an und schildert das entwurzelte Leben einer Gruppe von Vertretern jener »verlorenen Generation«, der – wie Frederic Henry – im Krieg Ideale und Werte abhanden gekommen sind; Schauplätze sind Paris, Pamplona und Madrid. Im Zentrum steht die Beziehung zwischen dem durch eine Kriegsverletzung impotent gewordenen amerikanischen Journalisten Jake Barnes, dem kühl analysierenden Ich-Erzähler des Romans, und der attraktiven Engländerin Lady Brett Ashley, deren Verlobter im Krieg gefallen ist, und die seither vergeblich Erfüllung in zahlreichen Liaisons sucht. Als eine Art Doppelgänger von Jake fungiert der wohlhabende jüdische Amateurboxer und Möchtegern-Schriftsteller Robert Cohn; er ist Jake zwar an intellektueller Potenz unterlegen, nicht aber an körperlicher. Um diese drei Hauptpersonen gruppieren sich Nebenfiguren wie etwa der erfolgreiche junge Matador Pedro Romero, den Jake, der als einziger der Gruppe ein wahrer »aficionado« des Stierkampfs ist, mit Brett zusammenführt, um ihr die Erfüllung zu verschaffen, die er ihr selbst nicht geben kann. In einem für sie erstmaligen Akt der Selbstüberwindung entschließt sich Brett, Romero freizugeben, um ihn nicht zu verderben, und kehrt zu Jake zurück. Der Roman endet mit ihrer Bemerkung »we could have had such a damned good time together« und Jakes Replik »Yes. Isn't it pretty to think so?«

Spätestens der überwältigende Erfolg von *A Farewell to Arms* etabliert H. als Sprachrohr seiner Generation und festigt seinen Ruf als einer der führenden Schriftsteller seiner Zeit. Zugleich zeigen sich jedoch Anzeichen für eine persönliche wie auch künstlerische Krise

während der 30er Jahre: *Death in the Afternoon* und der autobiographische Safaribericht *Green Hills of Africa* (1935; *Die grünen Hügel Afrikas*, 1954) werden als öffentliche Selbstinszenierung und Selbstreklame für das Renommee des maskulinen Autors angesehen und ernten zum Teil vernichtende Kritiken; auch der 1933 erschienenen Kurzgeschichtensammlung *Winner Take Nothing* (*Der Sieger geht leer aus*, 1981) bleibt der Erfolg versagt wie seinem einzigen politisch-klassenkämpferischen Roman *To Have and Have Not* (1937; *Haben und Nichthaben*, 1951). 1937 nimmt H. als Kriegsberichterstatter am Spanischen Bürgerkrieg teil und entwickelt unter dem Eindruck der Ereignisse starke, wenngleich oft wenig reflektierte Sympathien für die kommunistische Seite. Er verfaßt Teile eines Kommentars für Joris Ivens Propagandafilm *The Spanish Earth* und veröffentlicht 1938 *The Fifth Column and the First Forty-Nine Stories* (*Die fünfte Kolonne*, 1969). Während *The Fifth Column* als einziges Theaterstück H.s einen gewissen Kuriositätswert hat, wird es allgemein als künstlerischer Nadir des Autors angesehen. *The First Forty-Nine Stories* hingegen enthalten neben bereits früher publizierten Erzählungen auch mehrere neue, darunter »The Snows of Kilimanjaro« (1936) und »The Short Happy Life of Francis Macomber« (1936), deren Wirkungskraft jener der früheren Erzählungen um nichts nachsteht.

Mit dem 1940 veröffentlichten Roman *For Whom the Bell Tolls* (*Wem die Stunde schlägt*, 1941) gelingt H. eine künstlerisch überzeugende Bewältigung seiner Erfahrungen im Spanischen Bürgerkrieg; das Buch ist nicht nur ein künstlerischer Erfolg, es zeigt auch deutlich eine gewandelte Einstellung des Autors zur Sprache, die für seine letzte Schaffensphase charakteristisch ist. Der aussparende ›Faktenstil‹ des Frühwerks ist verschwunden, Sprache, Sprechen und Erzählen werden zu zentralen Themen des Romans und tragen ebenso wesentlich zur Entwicklung der Hauptfigur Robert Jordan bei wie dessen Liebesbeziehung zu Maria, die sich den Partisanen angeschlossen hat und Opfer faschistischer Gewalt wird. Im Gegensatz zu *A Farewell to Arms*, wo Frederic Henry nach der Zerstörung all seiner Ideale und Hoffnungen im Regen dem »Nichts« entgegengeht, entwickelt sich Robert Jordan vom brillanten Denker, der am liebsten mit sich selbst Zwiesprache hält, zu einem kommunizierenden, fühlenden und verstehenden Mitglied einer sozialen Gemeinschaft; sein Opfertod, der die Überlebenschancen der Partisanengruppe erhöht, versöhnt ihn auch mit seinem eigenen Leben.

Die Hinwendung zur Sprache und zur Gedankenwelt seiner Charaktere prägt das gesamte Spätwerk H.s. Eine weniger gelungene Ausformung findet die neue Schreibweise in *Across the River and into the Trees* (1950; *Über den Fluß und in die Wälder*, 1951), das die letzten drei Tage im Leben des ehemaligen Generals Cantwell schildert, der die ihm noch verbleibende Zeit im Gespräch mit seiner jungen Geliebten Renata und in innerer Zwiesprache in Vorbereitung auf den Tod verbringt. H. greift hier sein vertrautes Thema des rituellen und würdevollen Umgangs mit dem Tod wieder auf, wobei allerdings den Reflexionen des sterbenden Generals jene selbstkritische Dimension fehlt, die dem Tod Harrys in »The Snows of Kilimanjaro« ironische Distanz verleiht. Ähnliches gilt auch für H.s letzten erfolgreichen Roman, *The Old Man and the Sea* (1952; *Der alte Mann und das Meer*, 1952), der ihm 1952 den Pulitzer Preis und 1954 den Nobelpreis für Literatur einbringt. Wie Renata für Cantwell so ist auch der Junge Manolin für den Fischer Santiago zugleich jugendliches *alter ego* und Personifikation der Jugend. Trotz symbolischer Überfrachtung gelingt es H. hier überzeugend, Sprache als soziales Ritual zur Kommunikation zwischen dem alten Mann und dem Jungen einzusetzen. Auch in seinem einsamen Kampf mit dem Schwertfisch ruft sich Santiago immer wieder das Bild des Jungen in Erinnerung; als er schließlich, geschlagen aber nicht besiegt, mit seiner von den Haien zum bloßen Skelett reduzierten Trophäe heimkehrt, ist es der Junge, der ihn durch die Wiederaufnahme des Gesprächs und den Hinweis darauf, daß er noch viel von Santiago lernen müsse, ins Leben zurückruft. H. selbst kann den Erfolg seines letzten Romans nur mehr bedingt genießen; 1954 bei zwei Flugzeugabstürzen während einer Afrika-Safari körperlich schwer angeschlagen, leidet er zunehmend auch an Depressionen und setzt 1961 seinem Leben ein Ende. 1960 veröffentlicht er noch für das Magazin *Life* eine Stierkampfreportage, *The Dangerous Summer* (*Gefährlicher Sommer*, 1988).

H.s postum erschienene Schriften umfassen *A Moveable Feast* (1964; *Paris, ein Fest fürs Leben*, 1965), in dem nochmals das aufregende Leben des jungen H. im Paris der 1920er Jahre Revue passiert, sowie Teile eines seit 1945 in Arbeit befindlichen Großprojekts, aus dem 1970 *Islands in the Stream* (*Inseln im Strom*, 1971) und 1986, zu seinem 25. Todesjahr, *The Garden of Eden* (*Der Garten Eden*, 1987) veröffentlicht wurden. Beide zeugen von H.s anhaltender Tendenz zu künstlerischer Selbstreflexion und selbstkritischer Analyse in seinem letzten Lebensabschnitt und erweitern auch das Verständnis früherer Schriften. Die aus Anlaß seines 100. Geburtstags 1999 erschienenen Memoiren über die so unglücklich verlaufene Safari des Jahres 1954, *True at First Light* (*Die Wahrheit im Morgenlicht: Eine afrikanische Safari*, 1999), sind vorwiegend von biographischem Interesse.

Walter Hölbling

Highsmith, Patricia
Geb. 19. 1. 1921 in Fort Worth, Texas;
gest. 4. 2. 1995 in Locarno, Schweiz

Patricia Highsmith ist eine Autorin von
Psychothrillern, in denen die Abgründe
der menschlichen Seele ausgeleuchtet
werden. Ihre Romane und Kurzgeschichten unterlaufen die Konventionen der Gattung Detektivliteratur. Bei
H. geht es nicht um das Entschlüsseln
eines kriminalistischen Rätsels, es wird
nicht nach dem Mörder gesucht, Indizien und Alibis sind irrelevant, der
Schluß ist offen, der Schrecken wirkt
fort. H.s Interesse gilt psychologischen
Konstellationen, paranoiden oder
zwanghaften Persönlichkeitsstrukturen,
symbiotischen Beziehungsgeflechten,
kurz: den Psychopathologien ihrer Protagonisten.

Von klein auf wollte H. Schriftstellerin werden und möglichst weit weg
von zu Hause leben. Ihre Kindheit empfand sie als klaustrophobisch und belastet von den beständigen Auseinandersetzungen zwischen Mutter und
Stiefvater. H.s Lieblingslektüre in dieser
Zeit bestand aus einem psychiatrischen
Lehrbuch mit gruselig anschaulichen
Fallgeschichten über Sadisten und Mörder. 1950 veröffentlichte H. den makabren Roman *Strangers on a Train* (*Alibi
für Zwei*, 1967), in dem zwei Männer,
die sich zufällig während einer Bahn-
fahrt kennenlernen, planen, sich wechselseitig bei ihren Mordplänen zu unterstützen: Der eine soll die Ehefrau des
anderen umbringen, dafür wird dieser
dann den Vater des ersten töten. Damit
hätte jeder der beiden entweder ein
hieb- und stichfestes Alibi oder aber
kein Motiv für die Tat. Aufgrund der
Verfilmung dieses Stoffs durch Alfred
Hitchcock (USA 1951) – für welche die
Drehbuchautoren Raymond Chandler
und Czenzi Ormonde das Ende der Ro-
manvorlage stark verharmlosten – wurde H. weltberühmt. Von da an führte sie
das unstete Leben einer Autorin im frei-

willigen Exil, bereiste Europa, Mexiko
und den Südwesten der USA, hielt sich
in England (1963–1966) und in Frankreich (1967–1982) auf, bis sie sich
schließlich 1982 im Tessin niederließ.
Sie zog sich immer mehr zurück, pflegte
ihr Einsiedlerdasein, umgab sich mit
einer Schar von Katzen, hielt Schnek-
ken, weil deren Zweigeschlechtigkeit sie
faszinierte, und produzierte ununterbrochen Romane und Kurzgeschichten.
Als eine Journalistin sie einmal fragte,
ob sie je versucht habe, mit jemandem
zusammenzuleben, bejahte H. mit dem
Kommentar, es sei katastrophal gewesen. 1991, wenige Jahre vor ihrem Tod,
gestand sie öffentlich ein, die Autorin
des lesbischen Kult-Klassikers *The Price
of Salt* (1952; *Carol: Roman einer ungewöhnlichen Liebe*, 1990), zu sein, der
ursprünglich unter dem Pseudonym
Claire Morgan veröffentlicht worden
war. Auch H.s späte Romane *Found in
the Street* (1986; *Elsie's Lebenslust*, 1988)
und *Small g: A Summer Idyll* (1995;
'Small g': Eine Sommeridylle, 1996) thematisieren Homosexualität.

Meist beginnen H.s Romane und
Kurzgeschichten mit der Schilderung
von Trivialitäten, aber das Alltägliche ist
nicht vertraut und anheimelnd, sondern nimmt unversehens Dimensionen
von Bedrohung und Terror an. Die Täter sind von Anfang an bekannt, häufig
haben sie einen massiv gestörten Realitätssinn. Sie verstricken sich in zunehmend absurdere Situationen; ein einfacher Ausweg aus der Misere, der sich
in den Augen des Lesers anbieten würde, ist für sie nicht gangbar, weil sie ihn
schlicht nicht erkennen können. So
bleibt ihnen nur das Morden als ein
letzter Verzweiflungsschritt. H. stellt
aber nicht die Mörder, sondern die Opfer als die wahrhaft verabscheuenswür-
digen Monster dar. Die Sympathien des
Lesepublikums sind – ungeachtet seiner
Verbrechen – deshalb immer beim Mörder, und meist kommt er am Schluß
davon.

In *The Talented Mr. Ripley* (1955; *Nur die Sonne war Zeuge*, 1961, bzw. *Der talentierte Mr. Ripley*, 1971), dem Beginn des bekannten Romanzyklus um Tom Ripley, mordet der Protagonist beispielsweise aus Habgier, später dann, in *Ripley under Ground* (1970; *Ripley under Ground*, 1972), aus Selbstschutz und schließlich, in *Ripley's Game* (1974; *Ripley's Game oder Der amerikanische Freund*, 1976), nur noch, um ein Spiel zu treiben. Er wird nicht gefaßt, heiratet, lebt in einem idyllischen Landhaus in Frankreich, führt ein Leben in Luxus und verspürt keinerlei Schuldgefühle. Weitere Bände in dieser Serie sind *The Boy Who Followed Ripley* (1980; *Der Junge, der Ripley folgte*, 1980) und *Ripley under Water* (1992; *Ripley under Water*, 1993). *The Talented Mr. Ripley* wurde 1961 von René Clément unter dem Titel *Plein Soleil* (*Purple Noon*) verfilmt.

Evelyne Keitel

Hughes, [James] Langston
Geb. 4. 8. 1902 in Joplin, Missouri; gest. 22. 5. 1967 in New York City

Langston Hughes ist ohne Zweifel eine der populärsten Gestalten der afrikanisch-amerikanischen Literatur. In seinem von der Harlem Renaissance bis in die Zeit des »Black Arts Movement« der 1960er Jahre reichenden Schaffen als Lyriker, Erzähler, Dramatiker, Autobiograph und Herausgeber schuf er ein Werk, das in seiner Vielfalt und seiner Ausstrahlung seinesgleichen sucht. Die vermeintliche Simplizität und der Humor seiner Texte, auf denen H.' Popularität beruht, verdecken indes für heutige Leser, die den Kontakt zu den Umständen ihrer Entstehung verloren haben, die unter der Oberfläche verborgene Komplexität und Kühnheit von H.' künstlerischen Innovationen, die ihn zu einer Schlüsselfigur der afrikanisch-

amerikanischen Literatur des 20. Jahrhunderts machen.

H.' Weltbild und Selbstverständnis als schwarzer Amerikaner wurden nachhaltig durch die Erfahrungen seiner Kindheit und Jugend geprägt. H. wuchs in einem Umfeld auf, in dem er soziale Not, familiäre Instabilität und Vereinzelung als Konsequenzen der ungleichen Chancen für die schwarze Bevölkerung ebenso kennenlernte wie die positiven, in Geschichte und Gegenwart der schwarzen Gruppe lebendigen Kräfte der Selbstbehauptung und des Widerstands. Der ambitionierte Vater, James Nathaniel H., verließ seine Frau und den dreijährigen Sohn, um in Mexiko seinen Aufstiegstraum zu verwirklichen. Die künstlerisch begabte, von schwarzen und weißen Vorfahren abstammende Mutter, Carrie Langston, war so gezwungen, den kleinen Sohn der Großmutter anzuvertrauen, in deren Obhut er in Lawrence, Kansas, aufwuchs und deren Erzählungen ihn mit der heroischen Geschichte des eigenen Volkes und der eigenen Vorfahren – sie war in erster Ehe mit einem Teilnehmer an John Browns Attacke auf Harper's Ferry verheiratet gewesen – bekannt machten. Von Bedeutung ist ferner seine High-School-Zeit in Cleveland, wohin er nach der Wiederheirat seiner Mutter kam. Während dieser Phase waren der Einfluß einer Englischlehrerin, die ihm die Dichtung Carl Sandburgs nahe brachte, und die Freundschaften mit weißen Mitschülern, meist Söhne osteuropäischer Einwanderer, die H. sozialistisches Gedankengut und die Hoffnung auf eine revolutionäre Überwindung der Rassen- und Klassengesellschaft vermittelten, prägende Momente. Es entstanden die ersten Gedichte, die, wie später das gesamte Werk H.', um die beiden Pole des politischen und sozialen Protests und der schwarzen kulturellen Selbstdarstellung kreisen, so z. B. »Steel Mills«, das gegen die Ausbeutung der Arbeiterschaft protestiert, sowie sein berühmtes Gedicht »The Negro Speaks of Rivers«. Das im Stile der Freiverse Sandburgs geschriebene Gedicht entstand spontan, während H. im Zug den Mississippi überquerte, bei dessen Anblick sich dem Sprecher die Leistungen und die Leiden schwarzer Menschen von der Frühzeit bis in die Zeit des jungen Abraham Lincoln erschließen und der sich dabei innerlich mit seinem Volk identifiziert. Mit diesem Gedicht war die Entscheidung gegen den vom Vater gewiesenen bürgerlichen Berufsweg und für die Existenz des Dichters, der sich seiner Gruppe verpflichtet weiß, gefallen.

Die nächsten Schritte führten 1921 nach New York und Harlem, in diesen Jahren ein Magnet für schwarze Migranten aus dem Süden wie für junge Künstler und Intellektuelle, aus denen sich die Harlem Renaissance rekrutieren sollte. Auf ein noch vom Vater finanziertes Jahr an der Columbia University folgten, nach Abbruch des Studiums, einige durch Hilfsarbeiten gefristete Monate in Harlem, dann Schiffsreisen als Kajütenjunge nach Afrika (1923) und Europa (1924). Nach seiner Rückkehr schlug er sich wieder mit Gelegenheitsarbeiten durch, bis er zwischen 1926 und 1929, unterstützt von einer weißen Mäzenin, Mrs. Charlotte Mason, sein Studium an der Lincoln University, Pennsylvania, fortsetzen konnte. Währenddessen erschienen seine ersten Gedichte in den Zeitschriften der sich im Aufbruch befindenden Harlem Renaissance, neben »The Negro Speaks of Rivers« Gedichte wie »The Negro« (später »Proem«), »My People«, »The Weary Blues«, »Aunt Sue's Stories«, »Danse Africaine«, »When Sue Wears Red«, »Jazzonia«, die wenig später in seinen ersten Gedichtband, The Weary Blues (1926), Eingang fanden. Es sind Gedichte, die die Verbindung zwischen afrikanischer Vergangenheit und amerikanischer Gegenwart herstellen, die die Schönheit und die Stärke schwarzer

Menschen preisen und die im Kraftstrom ihrer kulturellen Überlieferung, die zu dieser Zeit in Blues und Jazz einen neuen Ausdruck findet, das Geheimnis ihres Überlebens erblicken. Die Gedichte verraten den Einfluß Walt Whitmans und Carl Sandburgs, in ihnen werden aber auch aus dem Blues und dem Jazz stammende Prinzipien wie das von »call and response« wirksam, die H.' Versen eine ganz neue Spontaneität und Biegsamkeit geben. In seinem Manifest »The Negro Artist and the Racial Mountain« von 1926 verteidigt H. seine Kunst gegen den Einspruch von Freunden und Weggefährten wie Countee Cullen und George Samuel Schuyler, die vor den Gefahren freiwilliger Segregation im Gefängnis der Dialektdichtung warnten. H. war anderer Ansicht. Den Weg des »poet«, der sein Heil in der Fortsetzung weißer Traditionen sucht, als einen Ausdruck von uneingestandenem Selbsthaß kritisierend, preist er die Kunst des »Negro poet«, die »racial in theme and treatment« ist, die sich dem Leben der einfachen Leute in den Städten des Nordens zuwendet und die aus den Formen und dem Geist ihrer mündlichen Tradition, aus Spirituals, Blues und Jazz, ihre Inspiration bezieht. H. erweist sich mit diesem Essay als einer der ersten Vertreter einer »black aesthetic«, war jedoch, im Unterschied zu vielen Vertretern des »Black Arts Movement« der 60er Jahre, kein Separatist, sondern hielt an der Vision einer pluralistisch-offenen Gesellschaft fest. In seinem zweiten Gedichtband, Fine Clothes to the Jew (1927), setzte H. diese Programmatik noch konsequenter um und wurde dafür von schwarzen Kritikern, die ihre Aufstiegsaspirationen kompromittiert sahen, als »sewer dweller« attackiert. Die Sprecher der Gedichte, von denen viele der Form des klassischen Blues folgen, sind einfache schwarze Frauen und Männer, die in ihrer Sprache, einem authentischen schwarzen Englisch, von Not, Einsamkeit, Heimweh in den Städten des Nordens und vom Glück und Unglück ihrer Liebe reden. Die Stimme des Protests gegen Unterdrükkung und Ausbeutung wird in Gedichten wie »Brass Spittoons« immer wieder laut, prägend für den ganzen Band ist jedoch der Versuch, das Ethos des Blues und der »blues people« einzufangen: »The mood of the *Blues* is almost always despondency, but when they are sung people laugh«. Der Welt einfacher schwarzer Amerikaner und des Blues wendet sich auch sein bedeutender Roman *Not without Laughter* (1930) zu. Der autobiographisch getönte Roman schildert das Heranwachsen des kleinen Sandy in einer Kleinstadt in Kansas im Haus seiner Großmutter und stellt in den Personen der Familie unterschiedliche Reaktionsweisen auf die Erfahrung rassistischer Diskriminierung dar. *Not without Laughter* wäre ohne die finanzielle Unterstützung der dem weißen Primitivismuskult der 20er Jahre anhängenden Mrs. Mason nicht geschrieben worden. Daß sie H. im Dezember 1930 ihre Unterstützung entzog, war die Konsequenz aus der Unvereinbarkeit ihrer Erwartungen und seiner unter dem Eindruck der Weltwirtschaftskrise sich beschleunigenden Entwicklung zum engagierten politischen Dichter. Der Bruch mit Mrs. Mason markiert jedenfalls das Ende der ersten Schaffensphase in der Karriere von H. wie auch in symbolischer Weise das Ende der von der Kooperation schwarzer und weißer Amerikaner lebenden Harlem Renaissance überhaupt.

Die zweite Periode in H.' Schaffen, die Jahre von 1931 bis 1939, steht im Zeichen der »Great Depression« und ist eine Phase gesellschaftskritischer und politischer Dichtung. H.' politisches Engagement war eine Reaktion auf den Justizskandal um die »Scottsboro boys« sowie die Erfahrungen im segregierten Süden, den er auf Vortragsreisen 1931/32 kennenlernte, und erhielt weiteren Auftrieb aus den positiven Eindrücken während seines Aufenthalts in der Sowjetunion (1932/33). Sein charakteristischer Ausdruck sind Gedichte wie »Good Morning, Revolution« (1932) und »A New Song« (1932), das Titelgedicht des gleichnamigen Bandes von 1938, in denen er, zum Bündnis der Proletarier aller Rassen und Erdteile aufrufend, vom Sieg der kommunistischen Revolution die Überwindung von Ausbeutung und allen Rassenkonflikten erhofft. Neben der politischen Lyrik entstanden in diesen Jahren eine Reihe von in *The Ways of White Folks* (1934) gesammelte Short Stories, in denen H., vielfach mit den Mitteln der Satire arbeitend, ökonomische Motive und verdrängte sexuelle Impulse als Antriebe rassistischer Denk- und Verhaltensweisen seiner weißen Figuren aufzeigt. Diese Erzählungen bieten keine konkreten politischen Handlungsanweisungen, sondern wollen, indem sie Verdrängtes sichtbar machen, den Boden für Reformen bereiten. In diesem Sinne ist die Short Story »Father and Son«, welche die Tragödie des Mulatten Bert zum Thema hat, der, sobald er sich seiner eigenen Würde bewußt wird, den weißen Vater und Unterdrücker tötet, kein revolutionärer Weckruf, sondern eher ein Appell zur Versöhnung. H. adaptierte diese Short Story in seinem Drama »Mulatto«, das 1935 mit Erfolg am Broadway lief. Freilich erreichte sein Appell zur Überwindung rassistischer Spaltung das Publikum des Stücks kaum, denn es wurde in einer melodramatisch verzerrten Inszenierung geboten. Als erfolgreicher in der Vermittlung seiner proletarischen Botschaft erwies sich hingegen sein aus eigenen Gedichttexten montiertes, Blues und Spirituals verbindendes szenisches Panorama schwarzer Geschichte, *Don't You Want to Be Free?*, das in dem 1938 mit Hilfe einer linken Organisation gegründeten Harlem Suitcase Theatre aufgeführt wurde. Die Niederlage der Loyalisten in Spanien und der Hitler-Stalin-Pakt im Jahr 1939 bewirkten jedoch, daß sich H., in seinen konkreten politischen Hoffnungen enttäuscht, von der Rolle des radikalen politischen Dichters zunehmend verabschiedete. Dazu kam, daß er sich seit seinem die christlichen Kirchen attackierenden Gedicht »Goodbye Christ« immer wieder Angriffen durch evangelikale Gruppen und konservative Politiker ausgesetzt sah. 1953 wurde er vor den McCarthy-Ausschuß geladen, vor dem er sich von seiner prokommunistischen Dichtung und der »Communist Party« der USA distanzierte, andererseits jedoch sein politisches Engagement als Bestandteil des historischen Freiheitskampfes weißer und schwarzer Amerikaner rechtfertigte. Derartige Erfahrungen veranlaßten H., in seiner Autobiographie *The Big Sea* (1940), die sein Leben bis zum Ende der Harlem Renaissance behandelt und ein glänzendes Portrait dieser Periode enthält, und in seinen den 30er Jahren gewidmeten Erinnerungen *I Wonder as I Wander* (1956) die Geschichte seines radikalen politischen Engagements weitgehend auszublenden.

H.' dichterische Umorientierung Anfang der 40er Jahre stand im Zeichen der nach Kriegseintritt der USA veränderten innenpolitischen Situation, die für das schwarze Amerika eine Perspektive der Hoffnung ermöglichte. Franklin D. Roosevelts Executive Order No. 8802 im Jahr 1941 hatte alle Barrieren von Segregation und Diskriminierung aufgehoben und damit eine Entwicklung angestoßen, die sich in der Civil-Rights-Bewegung der 50er und 60er Jahre fortsetzte. H. reagierte auf diese Entwicklung mit Dichtungen, die ihre moralische Energie aus dem Widerspruch zwischen amerikanischer Realität und den Verheißungen des »American Dream« bezogen. Er war 1941 nach Harlem übergesiedelt, wo er sich dauerhaft niederließ, und auch als Dichter wählte er wieder Harlem als Schauplatz in Gedichtbänden wie *Shakespeare in Harlem* (1942), *One Way Ticket* (1949) und *Montage of a Dream Deferred* (1951), eine Bindung, die sich erst in den Gedichten von *Ask Your Mama: 12 Moods for Jazz* (1961) und dem postumen *The Panther and the Lash* (1969) wieder lokkerte. Die erneuerte Bindung an Harlem als Gegenstand und Inspiration seiner Lyrik wurde von H.' Kritikern überwiegend als Rückkehr eines erschöpften Dichters zu den alten Mustern der 20er Jahre mißverstanden. In den neuen Harlem-Gedichten spiegelt sich jedoch der fortschreitende soziale Niedergang der »Promised City« der 20er Jahre zu einem »here on the edge of hell« gelegenen Slum, andererseits legen diese Bände mit der Rückkehr zu Blues und Ballade und mit der Umsetzung von Motiven und Formen aus dem Jazz Zeugnis von der ungebrochenen kulturellen Produktivität Harlems ab. *Montage of a Dream Deferred* verwendet in neuartiger Weise musikalische Prinzipien des Be-bop zur Komposition des ganzen Bandes zu einem vielstimmigen Ganzen, das eine prophetische Antwort auf die Frage »What happens to a dream deferred?« gibt. In seiner Kolumne für die Chicagoer Wochenzeitung *Defender* entwikkelte H. in den 40er Jahren die Figur des Jesse B. Semple, alias Simple, die er bis in die 60er Jahre am Leben hielt. In den Reflexionen zum Zeitgeschehen und den Mitteilungen aus der Lebensgeschichte dieses Harlemer Jedermann bündeln sich alle Konflikte und Probleme schwarzer Amerikaner in Vergangenheit und Gegenwart. »These feet have stood on every rock from the Rock of Ages to 135th and Lenox. These feet have supported everything from a cotton bale to a hungry woman« führt Simple in »Feet Live Their Own Life« in eindrucksvoller komischer Steigerung aus. Diese kurzen, mit der ironischen Brechung zweier Perspektiven virtuos spielenden »urban folktales« wurden von H. in insgesamt fünf Bänden gesammelt, deren letzter, *Simple's Uncle Sam*, in seinem Todesjahr 1967 erschien. Im Verein mit seinen Gedichten sind sie es vor allem, die H. zum geliebten »folk poet« des schwarzen Amerikas gemacht haben.

Hartmut Grandel

Huxley, Aldous [Leonard]
Geb. 26. 7. 1894 in Godalming, Surrey; gest. 22. 11. 1963 in Los Angeles

So abwechslungsreich und vielschichtig wie sein Werk war auch Aldous Huxleys Leben. Er wurde in eine Familie hineingeboren, zu deren Ahnen wichtige Vertreter der intellektuellen Elite Englands zählten, wie sein Urgroßvater Thomas Arnold (1795–1842), sein Großvater Thomas Henry Huxley (1825–95) oder sein Großonkel Matthew Arnold (1822–88). H. wurde an der Privatschule Eton (1908–11) und am Balliol College Oxford (Englische Literatur, Philosophie; 1913–16) angemessen ausgebildet. Schon früh mußte er Schicksalsschläge hinnehmen – den Tod seiner Mutter (1908), eine schwere Augenkrankheit (1911) und den Selbstmord seines Bruders Trevenen (1889–1914). H.s Sehbehinderung erlaubte ihm keinen aktiven Kriegsdienst; während des Zivildienstes auf Gut Garsington lernte er 1916 in dem pazifistischen Kreis um Philipp und Lady Ottoline Morrell neben T. S. Eliot, D. H. Lawrence, Katherine Mansfield, Bertrand Russell und Virginia Woolf auch Maria Nys kennen, die er 1919 heiratete, kurz nach der Übernahme einer Stelle als Buch- und Theaterkritiker der Zeitschrift *Athenaeum*, die es ihm gestattete, die ungeliebte Tätigkeit als Lehrer aufzugeben. H. vertrat immer offener pazifistische Positionen und erregte damit scharfe Kritik; dies gilt noch mehr für die Übersiedlung in die USA (1937). Sein steigendes Interesse an der Mystik führte H. zum Kauf einer Ranch am Rande der Mojave-

Wüste (1941) – wo er sich dem Studium mystischer Schriften, aber auch der Landwirtschaft widmete – und zur Gründung des *Trabucco-College* (1942), eines spirituellen Zentrums. Nur wenige Jahre später zog H. in die Berge der Sierra Madre (1947), um sich nach einer langen Europareise 1950 in Los Angeles niederzulassen. 1953 scheiterte H.s Antrag auf amerikanische Staatsbürgerschaft; in diese Zeit fallen auch seine ersten Experimente mit Drogen zum Zwecke der Selbsttranszendenz. 1955 starb seine Frau Maria, ein Verlust, der H. schwer traf. Nur ein Jahr später aber heiratete er deren Freundin, die 20 Jahre jüngere Laura Archera. 1959 wurde er Gastprofessor an der University of California, Santa Barbara, und hielt Vorträge zur Psychoanalyse. 1960 erkrankte er an Zungenkrebs, erholte sich jedoch nach einer Radiumbehandlung zunächst und trat Reisen nach Europa und Indien an. Am Tag des Kennedy-Attentats starb er.

H. bediente sich vieler Genres. Zunächst trat er mit *The Burning Wheel* (1916) als Poet an die Öffentlichkeit. Er publizierte noch eine Reihe weiterer Gedichte (z. B. *Selected Poems*, 1925; *Orion*, 1943), sein Ruhm gründet indes auf den Romanen. Die frühen, ironisch-satirischen Ideenromane *Crome Yellow* (1921; *Eine Gesellschaft auf dem Lande*, 1977), *Antic Hay* (1923; *Narrenreigen*, 1983) und *Those Barren Leaves* (1925; *Parallelen der Liebe*, 1929) sind von Thomas Love Peacock beeinflußt; arm an Handlung, legen sie das Schwergewicht auf die oftmals essayistischen Monologe der Figuren und weisen in ihrer teils antithetischen Konstellation auf H.s Spätwerk voraus. In dem multiperspektivisch erzählten Roman *Point Counter Point* (1928; *Kontrapunkt des Lebens*, 1930), einem seiner Hauptwerke, zeichnet H. ein satirisch überspitztes Bild der englischen Gesellschaft der 1920er Jahre. Die Figuren sind auch hier antagonistisch ausgerichtet; unfähig zu echter Kommunikation scheitern sie in ihrem Streben nach Harmonie. Auf die Blindheit und Unfreiheit seiner Zeit spielt *Eyeless in Gaza* (1936; *Geblendet in Gaza*, 1953) an. Menschliche Hybris kritisiert H. in *After Many a Summer* (1939; *Nach vielen Sommern*, 1948): Der Earl of Gonister hat sein extrem langes Leben mit der Degeneration zum Affen bezahlt. Mystik, gepaart mit Gesellschaftskritik, steht beim stark vom tibetanischen *Totenbuch* geprägten *Time Must Have a Stop* (1944; *Zeit muß enden*, 1950) im Vordergrund. Den Verwicklungen einer Dreiecksbeziehung widmet sich H. retrospektiv im Kurzroman *The Genius and the Goddess* (1955; *Das Genie und die Göttin*, 1956). – Eine zentrale Stellung im Œuvre nehmen utopische Entwürfe ein. Sein Meisterwerk *Brave New World* (1932; *Schöne neue Welt*, 1953) griff H. noch zweimal auf: Im Vorwort der Neuauflage (1946) bedauerte er, die Gefahren der Kernspaltung nicht berücksichtigt zu haben, blieb aber bei seiner Schwerpunktsetzung – ebenso wie in seiner Essaysammlung *Brave New World Revisited* (1958; *Dreißig Jahre danach oder Wiedersehen mit der wackeren neuen Welt*, 1960). 1948 erschien H.s düstere Antiutopie *Ape and Essence* (1948; *Affe und Wesen*, 1951), die in Form eines Drehbuchs einen nachatomaren Teufelsstaat auf dem Gebiet Kaliforniens und dessen barbarische Sitten, vor allem die bestialischen Sexualbräuche, beschreibt. H. bedient sich hier – wie in *After Many a Summer* – des Bildes vom Affen zur Veranschaulichung der menschlichen Degeneration. 1962 veröffentlichte er seinen letzten Roman *Island* (1962; *Eiland*, 1973), in dem er die paradiesische Insel Pala beschreibt, deren Bevölkerung wegen ihrer buddhistischen Tradition und der Moksha-Droge lange von den Problemen westlicher Zivilisation verschont blieb, die wegen der riesigen Ölvorkommen letztlich aber doch von den Nachbarstaaten erobert wird. – Da-

neben interessierte sich H. auch für historische Themen. In *Grey Eminence: A Study in Religion and Politics* (1941; *Die Graue Eminenz: Eine Studie über Religion und Politik*, 1948) zeichnet er den Lebensweg des Père Joseph (1577–1638), des wichtigsten Beraters Richelieus, nach; *The Devils of Loudun* (1952; *Die Teufel von Loudun*, 1955) schildert die fürchterlichen Ereignisse bei Teufelsaustreibungen im Frankreich des 17. Jahrhunderts. – H. verfaßte auch viele Short Stories (z. B. *The Gioconda Smile: A Story*, 1938) und einige Drehbücher (z. B. *Madame Curie*, 1938; *Pride and Prejudice*, 1940; *Jane Eyre*, 1944).

Zeitlebens wandte sich H. in zahlreichen Essays einem breiten Themenspektrum zu. Seine pazifistischen Überzeugungen stellte er in *Ends and Means* (1937; *Ziele und Wege*, 1949) dar; das Plädoyer für Gewaltlosigkeit und die These, der Zweck rechtfertige nicht die Mittel, waren angesichts der dramatischen Ereignisse in Europa sehr provokativ. *The Perennial Philosophy* (1945) faßte H.s Studien zu Religionen zusammen. In *Science, Liberty and Peace* (1946; *Wissenschaft, Freiheit und Frieden*, 1947) warnte er die Wissenschaft vor einer neuerlichen Vereinnahmung durch die Politik. Seine Erfahrungen mit Drogen verarbeitete H. in den Essaysammlungen *The Doors of Perception* (1954; *Die Pforten der Wahrnehmung*, 1954) und *Heaven and Hell* (1956; *Himmel und Hölle*, 1957), die nicht ohne Kritik blieben. Zuletzt betonte er in *Literature and Science* (1963; *Literatur und Wissenschaft*, 1964) nochmals die ihm sehr wichtige Interdependenz von Geistes- und Naturwissenschaften.

Christoph M. Peters

James, Henry
Geb. 15. 4. 1843 in New York City;
gest. 28. 2. 1916 in London, England

Obwohl der in einer neuengländischen
Gelehrtenfamilie aufgewachsene Henry
James (der Philosoph William James
war sein älterer Bruder) nach ausgedehnten Europaaufenthalten 1876 seinen Wohnsitz in England nahm und
schließlich 1915 englischer Staatsbürger
wurde, kann er doch als ein genuin
amerikanischer Schriftsteller gelten, der
im Vergleich zwischen Alter und Neuer
Welt immer wieder den Versuch unternahm, das spezifische zivilisatorische
Potential der amerikanischen Gesellschaft zu bestimmen. Sein vielschichtiges Gesamtwerk von 22 Romanen, 114
Erzählungen und Kurzgeschichten, 16
Dramen, 8 Reisebüchern und einer Reihe einflußreicher literaturkritischer Essays und Essaysammlungen ist beeindruckend in der Konsequenz und Kreativität, mit der J. die viktorianische Er-
ziehungsgeschichte über den realistischen Gesellschaftsroman bis hin zur
experimentellen literarischen Moderne
fortentwickelt. In Rezensionen und literaturkritischen Schriften formulierte J.
zudem Einsichten in die Wirkungsweise
verschiedener Erzähltechniken, die zu
den Grundlagen der Theorie des Romans im 20. Jahrhundert gehören. Entgegen einer Sicht, die in J.' Interesse an
Fragen der literarischen Form nur die
Flucht in den Elfenbeinturm eines ›elitären‹ Kunstverständnisses zu sehen
vermag, war dieses Interesse seinem eigenen Verständnis nach nie Selbst-
zweck. Sein Werk stellt vielmehr eine
fortlaufende Analyse sozialer Beziehungen und ihrer oft subtilen, »zivilisierten« Herrschaftsmechanismen dar. Um
gegen diese Vereinnahmung Widerstand
leisten zu können, bedarf es für J. der
Ausbildung einer Fähigkeit zur selb-
ständigen Erfahrungsverarbeitung. Die
Literatur vermag dazu auf zweierlei
Weise beizutragen: Sie kann Charaktere

zeigen, die mit eben jener Suche nach
Selbständigkeit befaßt sind, und sie
kann dem Leser Modelle der mentalen
Verarbeitung von Erfahrung anbieten.
Letzteres erklärt die wichtige Rolle, die
die erzähltechnisch innovative Präsentation von Bewußtseinsprozessen im
Werk von J. einnimmt, ersteres macht
verständlich, warum Geschichten oft
schmerzlicher Lern- und Entwicklungs-
prozesse im Zentrum seines Werkes stehen.

Das Genre, in dem diese Bewußtwer-
dungsprozesse erzählerisch entfaltet
werden, ist das des internationalen Romans, in dem sich ein ›unschuldiger‹,
d. h. sozial noch unerfahrener und un-
fertiger, aber erfahrungshungriger Amerikaner mit den elaborierten Formen
(»manners«) europäischer Zivilisation
konfrontiert sieht. Daß die Romane von
J. oft im Milieu der europäischen Oberschicht angesiedelt sind, hat nichts mit
einem undemokratischen Gesellschafts-
verständnis zu tun, sondern damit, daß
soziale Beziehungen dort aufgrund eines aristokratischen Verhaltenscodes
besonders schwer zu durchschauen und
gerade darin besonders ›lehrreich‹ sind.
Das repräsentative »American girl«
Daisy Miller geht in der gleichnamigen
populären Erzählung (»Daisy Miller: A
Study«, 1879; *Daisy Miller: Erzählung*,
1959) an ihrer Unfähigkeit zugrunde,
dieses soziale Regelwerk zu durchschau-
en, so wie auch die Titelfigur des Romans *Roderick Hudson* (1876; *Roderick
Hudson*, 1983), ein amerikanischer
Bildhauer, daran scheitert, das eigene
kreative Potential in der Begegnung
mit einer übermächtigen europäischen
Kunst und Kultur zu entfalten. Selbst
dem zupackenden, optimistischen Geschäftsmann Christopher Newman –
schon namentlich als Repräsentant der
Neuen Welt ausgewiesen – gelingt es in
The American (1877; *Der Amerikaner*,
1877) nicht, die madonnenhafte Mme.
de Cintré aus den Fängen eines europäischen Adelsgeschlechts und einem Ge-

flecht moralischer Schuld zu retten. Alle diese Werke der 70er Jahre – zu denen auch der Roman *The Europeans* (1878; *Die Europäer*, 1983) gehört, in dem die Begegnung zwischen Alter und Neuer Welt in ein provinzielles Amerika verlegt ist – erlauben es J., die individuelle Entwicklungsgeschichte in den umfassenderen Zusammenhang eines Zivilisationsvergleichs einzubetten, in dem der Mangel an sozialer Erfahrung, durch den die ›unschuldigen‹ Repräsentanten der Neuen Welt gekennzeichnet sind, mit der in Jahrhunderten gewachsenen, aber moralisch schuldbeladenen ›Zivilisiertheit‹ der Alten Welt konfrontiert wird. Im Gegensatz zu Mark Twain geht es J. dabei jedoch nicht einfach um eine Absage an die Alte Welt, sondern um eine wechselseitige Komplementierung. Für J. besitzt Europa etwas, was der amerikanischen Gesellschaft fehlt: »manners« nicht im Sinne von sozialer Etikette, sondern von sozialer Form, durch die das zivilisatorische Potential des Amerikaners soziale Wirksamkeit erlangen könnte.

Mit den realistischen Romanen *Washington Square* (1880; *Die Erbin vom Washington Square*, 1956) und mit *The Portrait of a Lady* (1881; *Bildnis einer Dame*, 1950), der heute als einer der besten amerikanischen Romane des 19. Jahrhunderts gilt, gibt J. der Geschichte eines exemplarischen Lernprozesses einen neuen Akzent. In beiden Fällen droht die Heldin zum Opfer der ›formvollendeten‹ und daher besonders raffinierten Manipulation durch ihre Umwelt zu werden; in beiden Fällen muß sie einen schmerzlichen Bewußtwerdungsprozeß durchlaufen, um Kontrolle über ihr eigenes Schicksal zu erlangen. Mit *The Portrait of a Lady* ist in der Geschichte des amerikanischen Realismus ein Punkt erreicht, an dem der viktorianische Glaube an die Notwendigkeit moralischer Vormundschaft durch die Zuversicht in das inhärente Zivilisierungspotential individueller Er-

fahrungsprozesse ersetzt wird. Wie bei William Dean Howells beginnt diese Zuversicht jedoch um 1885, einem verstärkten Bewußtsein von der sozialen Determination derartiger Erfahrungsprozesse zu weichen. Mit dem Beginn seiner ›mittleren Periode‹ wendet sich J. vom internationalen Gesellschaftsroman ab und legt in bewußter Anknüpfung an den französischen Realismus und insbesondere den Sozialroman eines Émile Zola zwei in ihrem Gesellschaftsausschnitt breit angelegte Romane vor, die (seiner Absicht nach) »characteristic of our social conditions« sein sollen. *The Bostonians* (1886; *Die Damen aus Boston*, 1954) ist ein Roman über die »situation of women, the decline of the sentiment of sex, the agitation on their behalf«, *The Princess Casamassima* (1886; *Die Prinzessin Casamassima*, 1954) über eine Gruppe politischer Anarchisten in London.

J.' Sozialromane, wie auch der zu dieser Schaffensperiode zählende Theaterroman *The Tragic Muse* (1890), sind forcierte Versuche eines Neubeginns und werden zu Mißerfolgen, durch die J. sein mit »Daisy Miller« und *The Portrait of a Lady* gewonnenes Publikum wieder verliert. Sein mit großen Hoffnungen begonnener Versuch, als Dramenautor zu reüssieren, erbringt in den Jahren 1890 bis 1895 weitere Mißerfolge und die wahrscheinlich größte Enttäuschung seiner gesamten schriftstellerischen Karriere. Die Krise führt zur Rückbesinnung auf die »Kunst der Fiktion« – die er bereits 1884 in dem mittlerweile klassischen Essay »The Art of Fiction« (*Die Kunst des Romans*, 1984) analysiert hatte – und zu neuen Darstellungsformen, die die 90er Jahre zu einer der produktivsten und interessantesten Phasen in seinem Schaffen machen. Erzählungen wie »The Aspern Papers« (1888; *Asperns Nachlaß*, 1996), »The Figure in the Carpet« (1896), »The Turn of the Screw« (1898; »Die Drehung der Schraube«, 1953; *Die sündigen Engel*,

1954; *Die Tortur*, 1972; *Schraubendre-hungen*, 1980), *What Maisie Knew* (1897; *Maisie*, 1955), *The Sacred Fount* (1901; *Der Wunderbrunnen*, 1999) und »The Beast in the Jungle« (1903; *Das Tier im Dschungel*, 1959) sind allesamt durch den eingeschränkten Wahrneh-mungs- und Wissenshorizont der Hauptfigur bzw. des Erzählers geprägt und haben jeweils ein nicht auflösbares Geheimnis zum Thema, das den Leser zu immer neuen Interpretationsan-strengungen provoziert und für die mo-derne Literaturkritik daher zum Gleich-nis dessen geworden ist, was sie als unauflösbares Geheimnis der Literatur betrachtet.

Droht sich in den Erzählungen der 90er Jahre die Vorstellungstätigkeit auf oft unheimliche Weise zu verselbstän-digen, so wird sie in den drei großen Spätwerken *The Wings of the Dove* (1902; *Die Flügel der Taube*, 1962), *The Ambassadors* (1903; *Die Gesandten*, 1956) und *The Golden Bowl* (1904; *Die Goldene Schale*, 1963) zur Quelle gestei-gerter Wirklichkeitserkenntnis, mit de-ren Hilfe sich das Entwicklungssubjekt erfolgreich in einem komplexen Intri-genspiel zu behaupten vermag. J. ent-wickelt zu diesem Zweck in *The Ambas-sadors* eine neuartige Erzählperspektive, die an die Bewußtseinsvorgänge der Hauptfigur gebunden bleibt, diese je-doch nicht aus der Perspektive des Ich-Erzählers, sondern aus auktorialer Di-stanz präsentiert, so daß die Wahrneh-mung von Wirklichkeit und ihre Ver-arbeitung im Bewußtsein zugleich dar-gestellt werden können. In allen drei Romanen ist Gesellschaft reduziert auf einen kleinen Kreis repräsentativer Cha-raktere, die in konstanter Interaktion gezeigt werden und sich fortlaufend wechselseitig beeinflussen. Dabei wird deutlich, daß jede soziale Beziehung vom Ringen um Einfluß und Macht geprägt ist, aber auch, daß die unab-schließbare Wechselseitigkeit sozialer Erfahrung die Chance ständiger Er-neuerung in sich trägt. Gesteigerte Be-wußtseinstätigkeit, für die das J.'sche Spätwerk Anregung und Vorbild zu-gleich ist, und erfolgreiche Selbstbe-hauptung des Entwicklungssubjekts werden dabei identisch.

Entgegen späterer, seine künstlerische Leistung verzerrender Darstellungen stand die Kunst für J. weder im Gegen-satz zur Wirklichkeit noch war sie deren bloßes Abbild. Vielmehr ist sie Modell für eine Form der Wirklichkeitsbearbei-tung, durch die erfahrenes Leben erst Struktur und Sinn gewinnt. Im Zusam-menhang mit der 26-bändigen *New York-Edition* seiner Romane und Erzäh-lungen, mit der J. zwischen 1907 und 1909 so etwas wie einen definitiven Ka-non seines (weitaus umfangreicheren) Werkes etablieren wollte und für die er jeweils Vorworte beisteuerte, entsteht im Versuch der Erklärung der eigenen schriftstellerischen Praxis ein theoreti-sches Werk, das zu einer wichtigen Grundlage nachfolgender Theorien des Romans wurde. Gerade weil für ihn die ästhetische Dimension als Form der Wirklichkeitsbewältigung immer wich-tiger wurde, mußte ihn der wachsende Materialismus in den USA irritieren. Der Reisebericht *The American Scene* (1907) ist Bilanz seiner Enttäuschung und gehört zu jenen Büchern der Jahr-hundertwende, in denen sich die an-fängliche Zuversicht des realistischen Zeitalters, Kunst und Literatur könnten eine zivilisationsbildende gesellschaftli-che Führungsrolle übernehmen, zu pro-blematisieren beginnt.

Winfried Fluck

Jonson, Ben

Geb. 11. 6. 1572? in London;
gest. 6. 8. 1637 ebd.

Neben Shakespeare ist Ben Jonson der bedeutendste englische Dramatiker der Renaissance. Als gelehrter Dichter, aller-dings ohne jede Weltfremdheit, entwikkelte er ein eigenes Profil. Er begründete die Tradition der satirischen Sittenkomödie, die bis ins 18. Jahrhundert lebendig blieb, verstand sich aber immer auch als Lyriker. Er lehnte den ›metaphysischen‹ Stil ab und bemühte sich um Klarheit der Form und des Ausdrucks. Seine Lyrik entwickelte er auf der Grundlage antiker Gattungen wie Epigramm, Epitaph, Epistel und Ode. Seine Rolle in der Genese des Ideals des schlichten Stils (*plain style*) kann nicht überschätzt werden. – J. führte ein wechselvolles Leben, über das Aufzeichnungen seines Freundes William Drummond unterrichten. Als Schauspieler und Theaterautor war er seit 1597 in Diensten von Philip Henslowe. 1598 wurde sein erstes wichtiges Stück, *Every Man in His Humour*, unter Mitwirkung von Shakespeare als Schauspieler aufgeführt. Wegen seiner heftigen Satire eckte J. wiederholt bei den Behörden an und verwickelte sich in eine Fehde mit den Autorenkollegen John Marston und Thomas Dekker. Ein Beitrag zu diesem ›Theaterkrieg‹ ist die satirische Komödie *Poetaster* (1601), die Marston und Dekker angreift. Seine bedeutendsten Stücke entstanden zwischen 1605 und 1614. Diese Lebensphase fand 1616 einen Höhepunkt in der Veröffentlichung seiner Werke in der Folio-Ausgabe, mit der sich J. als Autor ein Denkmal setzte, und in der Gewährung eines Gehalts durch James I, die der Ernennung zum Hofpoeten (*Poet Laureate*) gleichkam. J. erfreute sich der Patronage durch den König. Er schrieb regelmäßig höfische Maskenspiele (*masques*), bei denen er mit dem Architekten Inigo Jones zusammenarbeitete. Eine Neuerung J.s ist die *antimasque*, ein komisch-groteskes Vorspiel, das den politisch affirmativen, auf Harmonie zielenden Charakter des eigentlichen Spiels um so deutlicher hervortreten läßt. In den ersten drei Dekaden des 17. Jahrhunderts spielte J. eine zentrale Rolle im literarischen Leben Lon-

dons. Seine Jünger nannten sich »the sons of Ben«.

J.s Frühphase als Dramatiker ist von seiner Erfindung der *comedy of humours* bestimmt, einer Spielart der *comedy of manners*. Mit dem Begriff *humour* knüpft er an die Theorie der vier Temperamente (Choleriker, Sanguiniker, Melancholiker, Phlegmatiker) an. Er verwendet diese Theorie aber metaphorisch, um die Exzentrizitäten und Affektiertheiten, »the typical manias« (T. S. Eliot) der Menschen im gesellschaftlichen Leben zu charakterisieren. In *Every Man in His Humour* (1598) erscheint das humoralpsychologische Moment lediglich bei zwei Figuren, welche die Modekrankheit der Melancholie kultivieren. Von dieser Komödie gibt es eine Fassung, die in Italien spielt, und eine spätere überarbeitete Fassung, die den Schauplatz nach England verlegt. J. wandelt die Komödienform von Plautus zu der für ihn charakteristischen Stadtkomödie (*city comedy*) um. Hier geht es um einen Generationenkonflikt, verkörpert in Knowell, der seinen Sohn aus Sorge um dessen Moral bespitzelt. Dabei spielt der Diener Brainworm – in der Tradition der Sklavenfiguren der römischen Komödie und der Lasterfigur (*Vice*) der Moralitäten – als Intrigant und Verwandlungskünstler eine zentrale Rolle. Alle Figuren des Stücks sind durch eine fixe Idee definiert. Die spektakulärste Figur ist Bobadill, ein Feigling, der – in der Nachfolge des antiken *miles gloriosus* – seine soldatische Expertise mit bombastischer Rhetorik und Gestik zur Schau stellt. Perfektioniert ist die figurenbezogene Dramatik J.s in *Every Man out of His Humour* (1599), einem Stück, das sich mit seiner deskriptiven Figurenzeichnung in starkem Maße an die von Theophrast übernommene Form des *character-writing* anlehnt. Die poetologische Grundlage von J.s Charakterisierungskunst ist die Auffassung, daß sich der Mensch durch seine Sprache definiert. In seinem

Prosawerk *Timber, or Discoveries* (1640) sagt er: »Language most shewes a man«. Die zweite Innovation von *Every Man out of His Humour* beruht in der Einführung von Kommentarfiguren, die zum einen in der *Induction* auftreten und handlungsextern die ganze Zeit über präsent sind und zum anderen wie der Moralist Macilente und der Lästerer Carlo Buffone handlungsintern die *humour*-Figuren mit Tadel und Spott überziehen. Wenn diese Episierung auch die unmittelbare Dramatik einschränkt, so ist die Satire doch von höchster Qualität. Die satirische Kritik am Höfischen wird in Figuren realisiert, die als Städter (z. B. Fastidius Brisk) oder Landbewohner (z. B. Sogliardo) höfische Verhaltensweisen nachäffen und durch den Erwerb von Attributen des Höflingsstands (Kleidung, Wappen) aufsteigen wollen.

Das heiterste Drama J.s ist *Epicoene, or The Silent Woman* (1609; *Epicoene,* 1799), das auf allen Ebenen der Handlung, der Charakterisierung und der Sprache auf ungemein komische Weise die Opposition zwischen den Geschlechtern aufhebt. Das auffälligste Beispiel dafür ist die Haupthandlung, in der sich die schweigsame und duldsame Epicoene nach der Eheschließung mit Morose als herrschsüchtiger Zankteufel und letztendlich als Mann in Frauenkleidern offenbart. Die Dekonstruktion der Geschlechterrollen wird auch in kunstvoll in die Haupthandlung eingeflochtenen Nebenhandlungen behandelt (etwa anhand der Rollenumkehr im Ehepaar Otter und bei den Collegiate Ladies).

Unter J.s Meisterwerken sind zwei Gaunerkomödien. *Volpone* (1605; *Volpone,* 1912) zeichnet sich neben der Charakterisierungskunst durch große Virtuosität in der Handlungsführung aus. Schauplatz ist Venedig, traditionell ein Ort des Lasters und der Ausschweifung (*dissoluteness*). Volpone stellt sich todkrank, um eine Reihe von Erbschlei-

chern, einen Rechtsanwalt, einen Kaufmann und einen alten Geizhals, zu prellen. Assistiert wird er von Mosca, der in der Tradition des gewitzten Sklaven der antiken Komödie steht. Das Stück macht einen deutlichen Unterschied zwischen den betrogenen Betrügern, die aus Raffgier alle moralischen Prinzipien aufgeben, und dem zentralen Gaunerpaar, das selbst prekärste Situationen mit Bravour zu meistern versteht und Genuß aus der brillanten Durchführung der Täuschungsstrategien bezieht. Volpone sagt: »I glory / More in the cunning purchase of my wealth, / Than in the glad possession.« Volpone ist ein Meister in der Simulation von Krankheiten, während Mosca virtuos die Sprache als Mittel des Betrugs und der Heuchelei manipuliert. Im Fortgang ihrer erfolgreichen Täuschungsaktionen überheben sich die beiden und ihre Partnerschaft zerbricht. Am Ende sehen sie einer drastischen Bestrafung entgegen. Die Analogie der Figuren zu Tieren – Volpone (Fuchs), Mosca (Fliege), Voltore (Geier), Corbaccio (Rabe), Corvino (Krähe) – evoziert die Fabel- und Bestiarientradition. Sie trägt zur Charakterisierung bei, ohne die Figuren zu bloßen allegorischen Personifikationen zu machen. – Brillanter noch ist die Kunst der Handlungsführung und des Dialogs in *The Alchemist* (1610; *Der Alchemist,* 1836), J.s zweiter Gaunerkomödie, in welcher ein Diener unter dem Namen Face während der Abwesenheit seines Herrn von London zusammen mit dem Alchimisten Subtle und der Dirne Doll Common einer Reihe von Klienten in einem groß angelegten Geflecht von Betrugsaktionen Illusionen verkauft. Das Drama ist eine Satire auf die zeitgenössische Faszination durch Astrologie, Alchimie und Quacksalbertum. Aus den Figuren hebt sich Sir Epicure Mammon hervor, der mit Hilfe des Steins der Weisen exorbitante Phantasien von Reichtum und Sinneslust verwirklichen will. Satire auf puritanische

Heuchelei, Fanatismus und Opportunismus kommt in den Zwillingsfiguren Ananias und Tribulation Wholesome zur Geltung. Der Schluß der Komödie verzichtet auf eine drastische Bestrafung der Gaunerfiguren und auf poetische Gerechtigkeit.

Nach der kunstvollen Verbindung von Parallelhandlungen mit der Haupthandlung in den Gaunerkomödien *Volpone* und *The Alchemist* überrascht J. in seinem nächsten Meisterdrama, *Bartholomew Fair* (1614; *Bartholomäusmarkt*, 1912), mit einer andersartigen Innovation. Schauplatz dieses Dramas ist der Jahrmarkt, der in Smithfield am 24. August abgehalten wurde. *Bartholomew Fair* ist keine Gaunerkomödie, obwohl auch hier Betrügereien vorkommen. Das Werk ist eine Art Revuestück, ein bunter Bilderbogen, der in rasch wechselnden Szenen die Schicksale von über 30 Besuchern des Markts mit ihren Illusionen und Obsessionen präsentiert. Die für J. kennzeichnende satirische Darstellungsform findet sich in der Figur des Puritaners Zeal-of-the-Land Busy, aber insgesamt dominiert die Komik. Mehr als früher tritt eine Tendenz zum Realismus hervor. Die ganze Bühnengesellschaft versammelt sich am Schluß bei der Aufführung eines Puppenspiels. Der Puritaner Zeal, wie die wirklichen Puritaner ein Feind des Theaters, unterliegt in der Debatte mit einer Puppenfigur über die Moral der Schauspielkunst. Der Richter Adam Overdo, der auf dem Jahrmarkt nach Monstrositäten (»enormities«) gesucht hat, lädt alle zu sich zum Abendessen ein, ein versöhnlicher Ausklang der Komödie.

Mit *Bartholomew Fair* hatte J. sein dramatisches Innovationspotential ausgeschöpft, wie seine nächste, deutlich schwächere Komödie, *The Devil is an Ass* (1616; *Der dumme Teufel*, 1836), zeigt. Danach widmete er sich Maskenspielen. Erst nach neun Jahren wandte er sich wieder dem eigentlichen Theater

zu: *The Staple of News* (1626), *The New Inn* (1629), *The Magnetic Lady* (1631), *A Tale of a Tub* (1633). Aus der Feder von J. stammen auch zwei Tragödien, *Sejanus, His Fall* (1603; *Der Sturz des Sejanus*, 1912) und *Catiline His Conspiracy* (1611). *Sejanus*, vom Machiavellismus und der machiavellistischen Tacitus-Interpretation geprägt, ist ein düsteres Werk, welches das politische Leben als einen Machtkampf darstellt, der von Ehrgeiz und genereller Skrupellosigkeit beherrscht wird. Sieger wird, wer sich besser verstellen und raffinierter täuschen kann. Die ›guten‹ Figuren in dem Drama sind Opfer. Ihnen bleibt nur der hilflose Kommentar des Geschehens. J. verstand sich als didaktischer Dramatiker, der die horazische Forderung von Unterhaltung und Belehrung befolgte, aber seine Begabung als Dramenautor und sein Gespür für Bühnenwirksamkeit führten ihn über die Didaxe hinaus.

Wolfgang G. Müller

Joyce, James [Augustine Aloysius]
Geb. 2.2.1882 in Dublin;
gest. 13.1.1941 in Zürich

James Joyce gilt vielen als der überragende Romancier englischer Sprache im 20. Jahrhundert, und er ist einer der einflußreichsten Klassiker der internationalen Moderne. Der eigenwillige irische Sprachvirtuose und experimentierfreudige Erzählkünstler hat mit vier Prosawerken, die auf seine Heimatstadt als mikrokosmischen Bezugsort rekurrieren, thematisch aber immer weiter ausgreifen, in der Wahl des jeweiligen Erzählkonzepts eine enorme Wandlungsfähigkeit gezeigt. Zumal die wachsende Anspielungsfülle und stilistische Radikalität seiner späteren Romane haben dem Autor eine Aura des Kryptischen verliehen, während er zugleich den Lesern seiner Texte – nicht zuletzt aufgrund der zunehmenden Komplexität – genügend Anreize bietet, die zur Entwirrung eines netzartigen Verweissystems und zum Auskosten der Mehrdeutigkeiten einladen. Ein Ansatz, der J.s Erzählwerk Kontinuität verleiht, ist der schon früh erkennbare spannungsvolle Rückbezug auf sowohl naturalistische wie symbolistische Schreibweisen, der zur Vielschichtigkeit seiner Texte wesentlich beiträgt. In der eigenen Zeit wurden allerdings die eklatanten Tabuverletzungen und die Extravaganz seiner Sprach- und Erzählkunst als Provokation empfunden, die wiederholt auch zu erheblichen Publikationsschwierigkeiten führten. Als maßgeblicher Begründer des Bewußtseinsromans, der das Hauptinteresse ins Innere der Figuren verlagert, hat er einem im 20. Jahrhundert dominanten Erzählkonzept Modelle geliefert und namhafte Autoren wie Virginia Woolf, Samuel Beckett, Vladimir Nabokov oder Salman Rushdie beeinflußt.

J. entstammte einer verarmenden, kinderreichen Kleinbürgerfamilie, die ihm gleichwohl den Besuch der Jesuitenschulen von Clongowes Wood und Belvedere ermöglichte (das Angebot der Priesterlaufbahn schlug er allerdings zugunsten eines Lebens für die Kunst aus). Er studierte Sprachen am University College von Dublin (1898–1902) und ging mit seiner Lebensgefährtin Nora Barnacle 1904 ins freiwillige kontinentaleuropäische Exil, das er hauptsächlich in Triest (1904–14), Zürich (1915–19, 1939–41) und Paris (1920–39) verbrachte. Er blieb Irland, dessen mentale Abhängigkeit von der katholischen Kirche und der spätkolonialen Herrschaft Großbritanniens er dezidiert ablehnte und dessen kulturelle Wiederbelebung einer bodenständigen Tradition in der Irish Renaissance er mit skeptischer Distanz betrachtete, zeitlebens in einer ausgeprägten Haßliebe verbunden. Er schlug sich mit seiner Familie mühsam als Sprachlehrer durch und mußte sich wegen eines schweren Augenleidens

zahlreichen Operationen unterziehen, Umstände, welche die kompromißlose Hingabe an sein literarisches Werk um so bemerkenswerter erscheinen lassen. Trotz mancher Kontakte zur Pariser Kulturszene mit ihrer Ansammlung internationaler Künstler blieb J. im Grunde ein Einzelgänger, der sich auch mit Kommentaren zum Zeitgeschehen zurückhielt. Dem aufmerksamen Leser seiner Werke wird aber der durch liberale Toleranz, säkulare Skepsis und humorvolle Humanität gekennzeichnete Standpunkt des kosmopolitischen Autors nicht entgehen.

In dem Kurzgeschichtenzyklus *Dubliners* (1914; *Dubliner*, 1969) entwirft J. die Porträts von typischen Kleinbürgern, die den paralysierenden »special odour of corruption« des Dubliner Alltags in exemplarischen Situationen repräsentieren: Gefangene der trostlos erscheinenden Umwelt und zumal der erdrückenden Konventionen von Kirche und Staat, in Beruf und Familie frustriert, sind sie unfähig zur Selbstbefreiung, sehnen sich nach dem wirklichen Leben, flüchten sich in den Alkohol, ins leere Gerede oder die Aggressivität und resignieren in geistig-seelischer Totenstarre, was besonders eindrucksvoll in den Geschichten »Eveline« und »The Dead« demonstriert wird. Die nach Kriterien des Figurenalters, der Erweiterung des Personenkreises und der Verschiebung des Fokus vom privaten ins öffentliche Leben in Geschichtengruppen sorgfältig komponierte Struktur der Sammlung geht einher mit einer aussparenden, andeutenden, kommentarlosen Präsentation, welche die Situation des Einzelnen wie der Gesellschaft in aufschlußreichen Details und durchgängigen Ironien bloßlegt (»a style of scrupulous meanness«) und ihnen durch symbolische Verweise und Parallelen allgemeinere Bedeutung verleiht. – In seinem ersten Roman, *A Portrait of the Artist as a Young Man* (1916; *Ein Porträt des Künstlers als junger Mann*,

1972), fiktionalisiert J. auf autobiographischer Grundlage – D. H. Lawrences *Sons and Lovers* (1913) vergleichbar – die Entwicklung des angehenden Künstlers Stephen Dedalus von der Kindheit im Dubliner Mittelstandsmilieu über das Einzelgängertum im Jesuiteninternat, pubertäre Träume und Erfahrungen sowie das Schwanken zwischen religiöser Krise und mustergültiger Selbstdisziplin bis zur Neuorientierung des Studenten, dessen Interesse sich ganz auf das ästhetische Erleben, Denken und Schaffen verlegt und ihn schließlich aus der Enge Irlands mit seinen »Netzen« der Nationalität, Sprache, Religion und Familie aufbrechen läßt, um auf dem Kontinent – mit »silence, exile and cunning« gewappnet – das freie Leben des Künstlers zu suchen. Der Held mit dem symbolträchtigen Namen erleidet das Martyrium der Auseinandersetzung mit der kleinbürgerlich-rückständigen Umwelt und erwacht zum künstlerischen Bewußtsein des Genius, der dem Labyrinth Dublin entflieht, um mit seinem Werk dem moralischen Bewußtsein seines Landes zu dienen. Dieses selbststilisierende Rollenverständnis wird in *Ulysses* (1922; *Ulysses*, 1972) ironisiert, wenn der aus Paris zurückgekehrte Held dem projizierten Selbstbildnis kaum nähergekommen ist, so wie bereits im ersten Roman seine Entwicklung wiederholt ironisch pointiert wird, wenn die am Kapitelende erreichten Stadien jeweils im folgenden relativiert werden. Die Textgenese des Romans, von dem Teile einer früheren Fassung unter dem Titel *Stephen Hero* (1944; *Stephen der Held*, 1972) erhalten sind, verdeutlicht einen Schaffensprozeß äußerster Verdichtung und stilistischer Feinabstimmung. Der überarbeitete Roman ist von einem dichten Netz von Leitmotiven, Symbolen und Schlüsselwörtern durchzogen, wird unter Verwendung der erlebten Rede perspektivisch erzählt und und spiegelt in der modulierten Sprache die

Entwicklung des Helden – vom Geplapper des Kleinkinds bis zum philosophischen Diskurs des Erwachsenen. Die künstlerische Sensibilität des Helden wird nicht zuletzt an seinem wachsenden Sprachverständnis, der Explikation seiner Ästhetik und der Demonstration seiner poetischen Praxis vorgeführt. Zu den Strukturmerkmalen des Romans gehört zudem der für das Frühwerk charakteristische Einsatz von »Epiphanien« (Momenten einer Art spiritueller Manifestation im banalen Alltagsleben), wie hier der Erfahrung seiner Berufung zum Künstler angesichts eines Mädchens am Strand, das ihm in einer ästhetizistisch säkularisierten Marien-Metaphorik als Sinnbild seines neuen Lebens erscheint.

Wahrt J. im *Portrait* noch eine Balance zwischen narrativer Tradition und Innovation, so beginnt er in seinem monumentalen Hauptwerk *Ulysses* die Gattungskonventionen des Romans mit dem systematischen Einsatz parodistischer und experimenteller Erzählweisen zu entgrenzen. Im Ansatz wiederum realistisch, präsentiert der Roman den Dubliner Alltag des 16. 6. 1904 im Leben von Stephen Dedalus, Leopold und Molly Bloom im minutiösen Stundenprotokoll anhand typischer Stationen (Frühstück, Begräbnisteilnahme, Arbeitsplatz, Mittagspause, Kneipentreff, Klinikbesuch, Bordellaufenthalt, Nachtruhe), die im topographischen Wechsel einen Großteil des Stadtgetriebes einbeziehen und die Hauptfiguren in diverse – meist flüchtige – Interaktionen mit Freunden, Bekannten und Fremden verwickeln. Die Wiedergabe des äußeren Geschehens dient dabei hauptsächlich als Vorlage für die Demonstration der Vorgänge im Bewußtsein der Personen, die vor der Schwelle inhaltlich wie formal kontrollierter Artikulation ablaufen: momentane Wahrnehmungsreflexe, impulsive Reaktionen, halbbewußte Vorstellungen, unwillkürliche Erinnerungen, endlose Assoziationsketten, improvisierte Gedankengänge, die in der neuen Technik des ›inneren Monologs‹ mit seinem Grundmuster der sprunghaft lockeren Folge bruchstückhaft verkürzter Sätze stilisiert vermittelt werden. Die multiperspektivisch eingesetzten Monologe sind thematisch und stilistisch je nach Figur und Situation differenziert. In der Figurenkonstellation verlagert sich J.s Interesse von dem introvertierten Intellektuellen und ambitionierten Künstler Stephen, der als einzelgängerischer Sucher hier immerhin mit Selbstironie ausgestattet ist, auf Bloom, den jüdischen Zeitungsangestellten, einen kurios eigenwilligen und zugleich sehr menschlichen Kleinbürger, der sich mit den Banalitäten des Hier und Jetzt auseinandersetzt, wiederholt auf seine Außenseiterrolle verwiesen wird und viel Lebenserfahrung, Aufgeschlossenheit und Humor beweist, während seine Frau Molly, die ihren Ehefrust in einer Affäre kompensiert, letztlich aber zu ihrem Mann hält, intuitive Spontaneität und elementare Lebensbejahung verkörpert. Im Verlauf des Romans bewegen sich auch Bloom und Stephen aufeinander zu.

J. läßt das für die Hauptfiguren charakteristische Spannungsverhältnis von Entfremdung und Zugehörigkeit mit der Suche Telemachs, den Irrfahrten des Odysseus und der zuhause wartenden Penelope korrespondieren und baut diese homerischen Mythenparallelen zu einem ausgeklügelten System enzyklopädischer Anspielungen (auf Körperorgane, Farben, Künste, Wissenschaften usw.) aus, die jedem Romankapitel sein eigenes Gepräge geben. Dazu gehört eine jeweils auf die Figur und das Geschehen abgestimmte kapitelspezifische Technik, eine kompositorische Tendenz, die zunehmend ausgefallene Stilexperimente nach sich zieht. So muß sich der Leser auf ständig wechselnde Schreibweisen einstellen: die Parodie der historischen Folge englischer Prosastile oder journalistischer Aufmacher, die

Adaptation des Groschenromans oder des Katechismus, die Imitation musikalischer Techniken wie Ouvertüre und Fuge, die Interpolation eines phantasmagorischen Traumspiels. J. erweist sich in alledem als der Sprachvirtuose *par excellence*. Er zieht alle Register der Sprache, vom archaischen Wortgut bis zur modischen Redensart, von abstrakter Begrifflichkeit bis zu poetischer Bildlichkeit, von hochsprachlicher Rhetorik bis zu unflätigem Slang und deftigem Dialekt, von flüchtiger Umgangssprache bis zu exakten Fachbezeichnungen, von knappster Formulierung bis zur kompliziertesten Periode. Seine sprachliche Kompetenz läßt sich allerdings nicht nur von der Suche nach dem *mot juste* der verfügbaren Sprache leiten, sondern auch von den vielfältigen Möglichkeiten einer spielerischen Mobilisierung der Sprache. Wort- und Namenmanipulationen, Mehrdeutigkeiten, Mischwortgebilde, groteske Komposita, bizarre Lautmalereien oder hybride Sprachenmischung gehören zu einem alle Schichten des Sprachsystems erfassenden und auf multifunktionale Komik und Suggestivität zielenden Spiel mit der Sprache, das weit über das Wortspiel im engeren Sinne hinaus eine nach der Renaissance verlorengegangene Stiltradition wiederbelebt und erweitert.

Hat man schon im Hinblick auf *Ulysses* gesagt, der eigentliche Held des Romans sei die Sprache, so gilt dies im denkbar radikalsten Sinne für das Spätwerk *Finnegans Wake* (1939; *Finnegans Wehg*, 1993), eine sprachspielerische *tour de force*, die schon auf der elementarsten Ebene des Wort-für-Wort-Verständnisses dem Leser ein beispielloses Textlabyrinth und Super-Puzzle präsentiert. Das schemenhaft herauslesbare Geschehen dreht sich um eine Dubliner Kleinbürgerfamilie, die einen Pub betreibt: Earwicker und seine Frau, die in der frustrierenden Gegenwart keine Zukunftsperspektive mehr entwickeln; die unterschiedlich veranlagten Söhne, die miteinander rivalisieren und gemeinsam gegen den Vater opponieren; die Tochter, die inzestuöse Neigungen des Vaters auf sich zieht, welche die Mutter argwöhnisch beobachtet, während sie zugleich ihren Mann öffentlich gegen die Gerüchte eines nie konkretisierten Vergehens an zwei Hausmädchen verteidigt. J. unterlegt dem rudimentären Basistext über die archetypische Familie ein Giambattista Vicos Geschichtsphilosophie entlehntes Grundmuster, das die Menschheitsgeschichte in Weltzeitzyklen einteilt und eine infinite Zirkularität suggeriert (entprechend findet der abbrechende Schlußsatz des Romans in dem bruchstückhaft einsetzenden Anfangssatz seine Fortsetzung). – Zur zentralen Thematik des Falls und Aufstiegs, des Werdens und Vergehens gehört Earwickers »Sündenfall«, der mit der titelgebenden Ballade über einen Dubliner Maurer, welcher von der Leiter fällt und, als Scheintoter aufgebahrt, vom Whiskeydunst der Totenfeier wieder zum Leben erweckt wird, verknüpft ist und im universalisierenden Kontext des Romans zahllosen anderen »Fällen« aus Mythologie, Geschichte und Literatur (etwa dem Absturz Satans, Adams, Napoleons, Parnells, Humpty Dumptys) ähnelt. Als »Nachtbuch«-Pendant zum »Tagbuch« Ulysses soll Finnegans Wake eine dem schlafenden Bewußtsein und der Freudschen Traumarbeit angenäherte Sprache offerieren; und als kulturräumlich und menschheitsgeschichtlich erweiterter Weltalltag soll das Spätwerk eine Art »Über-Sprache« entwikkeln. Das Sprachregister wird hier noch stärker in die Alltagskultur von Diskursarten wie Kinderreim, Reklameslogan, Statement, Predigt, Quiz oder Radiosendung ausgedehnt. Anspielungen auf weit über 1000 internationale Lieder tragen zum symphonischen Charakter des mit allen musikalischen Qualitäten der Sprache experimentierenden Textes bei. Polyglottismen aus etwa 60 Fremdsprachen, die als konnotative Ober- oder Untertöne das englische Textsubtrat umspielen, ermöglichen jene Zweit-, Dritt-, Viertbedeutungen, die in die Zehntausende gehen. Aus dieser Grundtendenz zur infiniten sprachspielerischen Vieldeutigkeit ergibt sich zwangsläufig die notorische Crux jeder Interpretation des Romans – der schwer begrenzbare Spielraum verbaler Assoziationen des einzelnen Lesers. Bot J. mit Ulysses ein narratives Kompendium der Moderne, so mit Finnegans Wake ein die Postmoderne radikal vorwegnehmendes Modell.

Eberhard Kreutzer

Keats, John
Geb. 31. 10. 1795 in London;
gest. 23. 2. 1821 in Rom

»He describes what he sees – I describe what I imagine. Mine is the hardest task.« So kennzeichnet John Keats in einem Brief vom September 1819 seine dichterische Arbeit im Gegensatz zu der seines erfolgreichen Zeitgenossen Lord Byron. Entsprechend gering ist der Umfang seines Werks. Nur drei schmale Bände und insgesamt 54 Gedichte konnte K. veröffentlichen; abgesehen von seinen literarischen Freunden, nahm kaum jemand davon Notiz. Das Buch hätte auch in Timbuktu erscheinen können, meinte ein Freund nach dem Erscheinen von Poems (1817). Spätestens seit der viktorianischen Zeit hat sich diese Einschätzung jedoch grundlegend geändert, und K. wird wohl heute von der Literaturkritik überwiegend als der größte romantische Dichter in England angesehen. Auf jeden Fall ist er der am meisten Formbewußte unter den englischen Romantikern. Mit allen Kräften widmete er sich seiner Aufgabe als Dichter und erreichte durch energische Selbstdisziplin in den großen lyrischen Gedichten seiner reifen Periode mit einfachen sprachlichen Mitteln ein unvergleichliches Maß an Eindringlichkeit, formaler Geschlossenheit und poetischer Komplexität.

Sein Leben war sehr kurz, und seine besonderen Lebensumstände erscheinen für einen romantischen Dichter auf den ersten Blick wenig aussichtsreich. Er genoß weder eine akademische Bildung wie Byron, noch konnte er wie Wordsworth die prägende Nähe zu einer grandiosen Landschaft erleben. In London wurde er als ältestes von vier Kindern eines Mietstallbesitzers geboren. Früh (1804) verlor er durch einen Reitunfall seinen Vater und sechs Jahre später seine Mutter, die nach einer gescheiterten zweiten Ehe an Tuberkulose starb. Um so enger war K.' Verhältnis zu seinen Geschwistern. Ab 1803 besuchte er eine kleine, äußerst fortschrittliche Internatsschule in Enfield, nördlich von London, wo er durch den Schulleiter und besonders dessen Sohn, den acht Jahre älteren Charles Cowden Clarke, entscheidende Förderung und Anregung erfuhr. Sie ermutigten ihn, ihre Bibliothek zu benutzen, und er wurde zum begeisterten Leser. Er hielt diese wichtige Verbindung auch später aufrecht, als er 1811 von seinem Vormund bei einem Arzt und Apotheker in dem Dorf Edmonton, unweit von Enfield, in die Lehre gegeben wurde und ab 1815 seine medizinische Ausbildung am Londoner Guy's Hospital fortsetzte. K. hatte stets den Ehrgeiz, ›der Welt etwas Gutes zu tun‹; doch er wurde schon bald mit seiner Arbeit als Wundarzt unzufrieden und beschloß, Ende 1816, sich lieber ganz der Dichtung zu widmen. Durch Cowden Clarke hatte er Leigh Hunt kennengelernt, der ihn mit anderen Literaten und Dichtern, darunter auch Percy Bysshe Shelley und William Hazlitt, sowie mit Verlegern und Künstlern bekannt machte. Im Mai erschien sein erstes Gedicht, »O Solitude«, in der Zeitschrift The Examiner und im folgenden Jahr der erste Gedichtband, Poems.

Trotz des geringen Echos gab K. nicht auf und schrieb, hauptsächlich auf der Isle of Wight, das epische Gedicht Endymion (1818; Endymion, 1897), welches nach seinem Erscheinen von der literarischen Kritik verheerend rezensiert wurde. Man lehnte den Dichter als Mitglied einer ›Cockney School of Poetry‹ ab. Im Sommer des gleichen Jahres unternahm er mit einem Freund eine Bergwandertour durch den Lake District und das schottische Hochland, seit Wordsworth und Scott die eminent poetischen Landschaften Großbritanniens. Mit einer schweren Halsentzündung, die dann chronisch wurde, kehrte er nach London zurück, wo er seinen Bruder Tom bis zu dessen Tod im Dezember pflegte. In dieser Zeit begann seine Liebe zu der schönen, ihm aber geistig nicht ebenbürtigen Fanny Brawne, die zu einer leidenschaftlichen, aber nicht sexuellen Beziehung wurde. Es kam zu einer heimlichen Verlobung, doch K. war überzeugt, er könne Fanny erst heiraten, wenn er sich als Dichter durchgesetzt hätte. Im Jahre 1819, seinem annus mirabilis, entstanden seine bedeutendsten Gedichte, darunter die großen Oden, die alle 1820 erschienen. Im Februar 1820 hatte K. einen Blutsturz, für den ausgebildeten Arzt ein untrügliches Zeichen, daß er unheilbar an Tuberkulose erkrankt war. Auf einer Reise nach Italien, die seine Gesundheit wiederherstellen sollte, starb er genau ein Jahr später in Rom und wurde auf dem protestantischen Friedhof beigesetzt. Shelley schrieb ihm noch im gleichen Jahr die Elegie Adonais, in der er den frühen Tod des Dichterfreundes als Folge der feindlichen Rezeption von Endymion erklärt.

Trotz seiner kurzen Schaffenszeit machte K. als Dichter eine beachtliche Entwicklung durch, die sich vielleicht am sinnfälligsten in seinen wichtigsten Vorbildern manifestiert: von Spenser und Hunt bewegte er sich hin zu Milton und Shakespeare. In den frühen Gedichten läßt sich die dichterische Vollendung meist wenig vorausahnen; sie wirken häufig vage und uneinheitlich und sind weithin durch schwärmerische und unkritische Verzückung gekennzeichnet. Allerdings zeigt das Naturgedicht »I Stood Tip-Toe« neben dem narkotischen Versenken in die Schönheiten der Natur auch eine bemerkenswerte Beachtung von sinnlich-konkreten, bisweilen üppigen Details. In »Sleep and Poetry« verleiht K. bereits seinem Gefühl der dichterischen Berufung emphatisch Ausdruck und zeichnet für sich einen Weg der Entwicklung als Dichter vor, der vom einfachen Naturleben zur menschlichen Involviertheit führt. Das dem Vorromantiker Thomas Chatterton gewidmete *Endymion*, welches die mythische Geschichte von dem jungen Schäfer erzählt, in den sich die Mondgöttin verliebt, wird von K. selbst im Vorwort als unreifes Jugendwerk bezeichnet; aber es enthält auch gelungene Passagen und läßt v. a. die für K. bestimmende Nähe zur antiken Welt, insbesondere zur griechischen Mythologie, erkennen. K. nennt das Gedicht in einem Brief »a test, a trial of my Powers of Imagination« (»eine Probe seiner Einbildungskraft«), und es ist unbestreitbar, daß er und seine Zeitgenossen längeren Dichtungen, wie *Lamia* (1820; *Lamia*, 1897), *Isabella* (1820; *Isabella oder Der Basilienstock*, 1897), *The Eve of St. Agnes* (1820; *St. Agnes Vorabend*, 1897) und *Hyperion: A Fragment* (1820; *Hyperion*, 1897), einen höheren Wert beimaßen als heutige Leser und Kritiker, für die das kurze lyrische Gedicht im Mittelpunkt steht. Wenn »On First Looking into Chapman's Homer« (1816) trotz seiner frühen Entstehung viel geschlossener als die längeren Gedichte ist, so geht dies sicher entscheidend auf die Wirkung der Sonettform zurück, die K. nach Wordsworths Beispiel aufgriff. Auch hier vollzieht sich eine Begegnung mit der Antike, vermittelt durch den Shakespeare-Zeitgenossen George Chapman. Nachdem die

elisabethanische Homer-Übersetzung im 18. Jahrhundert durch die elegantere Version Popes verdrängt war, konnte die kraftvolle ältere Fassung nun für K. wieder zu einer Entdeckung werden, vergleichbar derjenigen der Neuen Welt durch die spanischen Eroberer. Die Oden, die heute allgemein als K.' bedeutendste Werke angesehen werden, gehen hinsichtlich der Strophenform auf das Sonett zurück (eine Form, die K. in fast siebzig Gedichten mit unterschiedlichen Reimschemata zugrunde legte). Inhaltlich kreisen sie hauptsächlich um die Themen Kunst, Dichtung, Natur, Schönheit und Vergänglichkeit sowie um den Gegensatz von Ideal und Wirklichkeit. »Ode to Psyche« thematisiert im Gewand der klassischen Antike eine Vision von Liebe und Natur. In »Ode to a Nightingale« erweckt der Gesang der Nachtigall, die als ideales Symbol die Bereiche Natur und Dichtung repräsentiert, im Dichter den Wunsch nach Auflösung des eigenen Ich und bewirkt in ihm ein visionäres Erlebnis der Entgrenzung, aus dem er am Ende ernüchtert in die Wirklichkeit zurückkehrt. Auch »Ode on a Grecian Urn«, K.' bekanntestes Gedicht, der ›Hamlet‹ in der englischen Poesie, behandelt das gleiche Grundthema der Diskrepanz von Ideal und erfahrbarer Wirklichkeit und ihre vorübergehende Aufhebung. Umstritten ist besonders die Bedeutung der beiden Schlußzeilen, in welcher Hinsicht Schönheit und Wahrheit als identisch gelten können. Mittelbar geht es ebenfalls in »Ode to Melancholy« um das Thema Schönheit, die mit ihrer unvermeidlichen Vergänglichkeit die wahre, für den Romantiker erstrebenswerte, Melancholie auslöst. »To Autumn«, zwar nicht im Titel als Ode gekennzeichnet, wird generell zu den großen Oden gerechnet und gilt vielen als K.' reifstes Gedicht. Indem es den Herbst als die Jahreszeit der beschaulichen Fruchtbarkeit preist, weist es einen deutlich ruhigeren und weniger leidenschaftlichen Grundtenor auf. In »*La Belle Dame sans Merci*«, zur gleichen Zeit wie die Oden entstanden, folgt K., konsequenter als die anderen Romantiker, dem Gattungsmuster der Volksballade. Zugleich behandelt er mit dem Ritter, der durch die Erfahrung und das Verfolgen des unerreichbaren Ideals, hier der idealen Schönheit der Feendame, zerstört wird, ein Thema, das ihm auch sonst am Herzen liegt.

Seine Briefe, die in keiner Weise zur Veröffentlichung vorgesehen waren, sind vornehmlich ein Zeugnis seiner von allen, die ihn kannten, gerühmten sympathischen Wesensart. Außerdem legt K. in der Korrespondenz mit seinen Bekannten, Freunden und Verwandten bei unterschiedlichen Anlässen dar, welche Überzeugungen ihn als Dichter bestimmen. Vor allem betont er, vielleicht noch emphatischer als andere Romantiker, die Bedeutung der Imagination als entscheidende Orientierungsinstanz: Verläßlich und wertvoll ist für K. nur, was die Imagination hervorbringt. Auf Gefühle, nicht auf Gedanken legt er, wie er an verschiedenen Stellen hervorhebt, hauptsächlich Wert. Den Dichter sieht er in erster Linie durch *negative capability* ausgezeichnet, d. h. durch die Fähigkeit, sich für Phänomene und Personen zu öffnen und sie auf sich wirken zu lassen; und er geht sogar so weit, dem »chamäleonhaften Dichter« eine eigene Persönlichkeit abzusprechen. Im Zusammenhang damit betont er die Notwendigkeit einer in ihrer Ausdrucksweise natürlichen und ungekünstelten Dichtung: »Poetry should be great and unobtrusive« (»Dichtung sollte groß und unaufdringlich sein«) – eine Forderung, die er selbst sicher in seinen besten Gedichten beispielhaft erfüllt.

Raimund Borgmeier

Kerouac, Jack (eigentlich Jean Louis Lebris de Kerouac)
Geb. 12. 3. 1922 in Lowell, Massachusetts; gest. 21. 10. 1969 in St. Petersburg, Florida

Mehr als zwei von Jack Kerouacs 18 publizierten Büchern gelesen zu haben, bedeutet für manche Kritiker, dem »Kerouacism« verfallen zu sein und sich folglich weniger für kultivierte Literatur als für literarische Kultfiguren zu interessieren. Auch Leslie Fiedlers Ansicht, daß der Mythos um K. bei weitem aufregender als sämtliche seiner Texte sei, findet man nicht selten zwischen den Zeilen literaturgeschichtlicher Abrisse, welche K.s autobiographische Romane hauptsächlich als Dokumente der »Beat Generation« hervorheben und ihn selbst gleichsam als Chronisten und Betrachter einer aufregenden Künstlerszene verstehen, nicht als aufregenden Künstler, dessen Schriften genauerer Betrachtung würdig wären. Zum Teil mag dies daran liegen, daß sich die zeitgenössische Literaturkritik naturgemäß eher schwer damit tut, einen Romancier ernstzunehmen, der in der Mitte des 20. Jahrhunderts noch behauptet, seine besten Texte in einer Art *furor poeticus* zusammenzuimprovisieren – *The Subterraneans* (1958; *Be-Bop, Bars und weißes Pulver*, 1979), verkündete K., habe er »in three full moon nights« und *On the Road* (1957; *Unterwegs*, 1959) in einer dreiwöchigen manischen Schreibeuphorie auf einer Rolle Endlospapier verfaßt. Als K. erklärte, die Überarbeitung spontan entstandener Texte verfälsche deren Wahrheitsgehalt und zerbräche deren Zauber, brachte ihm dies den Vorwurf ein, bloßes mechanisches ›Herunterschreiben‹ romantisieren zu wollen; Truman Capote bemerkte hämisch, K.s »spontaneous prose« sei nicht Schreiben, sondern Tippen. Nichtsdestoweniger ändern K.s Platitüden über die Magie der Spontaneität nichts an der Komplexität und Originalität vieler seiner Romane (die teilweise eben doch stark überarbeitet wurden) sowie an deren anhaltender Popularität: Die meisten seiner Schriften sind auch heute noch im Druck, *The Subterraneans* und *The Dharma Bums* (1958; *Gammler, Zen und hohe Berge*, 1963) durchliefen mehrere Auflagen, und *On the Road* gehört inzwischen zu den meistgelesenen Texten der 50er Jahre. In der Tat darf *On the Road* als Klassiker des modernen Romans und zusammen mit Allen Ginsbergs *Howl* (1956) als Hauptwerk der »Beat Generation« gelten, die K. selbst in Abgrenzung zur »Lost Generation« Ernest Hemingways benannte, als er 1952 von John Clellon Holmes gebeten wurde, die Künstlerszene des New Yorker Times Square zu beschreiben. Der Reiz von *On the Road* liegt in K.s gekonnter Art, die mit ihm befreundeten Lebenskünstler und Schriftsteller (u. a. Neal Cassady, Allen Ginsberg und William Burroughs) zu glanzvollen und charismatischen Kunstfiguren zu stilisieren, deren Maximen und Alltagsweisheiten die durch die repressive McCarthy-Ära gezeichnete amerikanische Nachkriegskultur auf provokante Weise in Frage stellen. *On the Road* kombiniert Elemente des Pikaresken, des Bildungs- und Schlüsselromans, der »frontier«- und »road novel« und handelt von Sal Paradises (K.s erzählerischem *alter ego*) Entdeckungsreisen quer durch die USA bis nach Mexiko, angeführt von dem enthusiastischen und lebensbejahenden Poeten, Autodieb und Vagabunden Dean Moriarty. Dabei trifft Paradise immer wieder auf vor Elan strotzende romantische Individualisten, die auf der Suche nach einem authentischen und hedonistischen Lebensstil sind, einem Lebensstil, vor dem es dem amerikanischen Bürgertum der Nachkriegszeit graute: Sexuelle Unbefangenheit, ausschweifender Alkohol- und Drogenkonsum und ein unbekümmerter Umgang mit dem Gesetz werden in *On the Road*

mit einer Ungeniertheit beschrieben, die auf zeitgenössische Leser einen außerordentlichen Schockeffekt ausübte – der freilich in seiner Vehemenz heute etwas schwerer nachzuvollziehen sein dürfte. K.s dritter Roman, *The Subterraneans*, löst sich etwas mehr als *On the Road* von konventionellen Erzählformen und beschreibt in getrieben-nervösem Duktus das Scheitern der Liebe zwischen K. und dem farbigen Mädchen Mardou. Der Roman schockierte seine Leser durch eine für die 50er Jahre ungewöhnliche sexuelle Detailgenauigkeit, würde heute aber wohl eher wegen der eklatanten »political incorrectness«, die den rassistischen und chauvinistischen Gesten von K.s Erzähler-Ich zugrunde liegt, ins Kreuzfeuer der Kritik geraten. K.s vierter und ebenfalls publikumswirksamer Roman, *The Dharma Bums*, beschäftigt sich eingehend mit dem für die »Beat Generation« zentralen Thema des Buddhismus, den K. selbst Zeit seines kurzen Lebens mit seinem Katholizismus zu versöhnen suchte. Als K.s ambitioniertestes Projekt gilt seine experimentelle Fortschreibung von *On the Road*, die unter dem Titel *Visions of Cody* in Auszügen 1960 und komplett erst postum 1972 erschien und zunehmend als ein Einflüsse von James Joyce und Marcel Proust aufweisendes stilistisches Meisterwerk wahrgenommen wird. Das umfangreiche Textkorpus, das K. in einer Rate von annähernd einem Roman pro Jahr publizierte, ist ein einzigartiges Dokument des Lebensgefühls eines antibürgerlichen Segments der amerikanischen Nachkriegsgeneration, dessen stilistische Feinheiten erst seit kurzem gewürdigt werden. K. trug sich mit Plänen, die aus juristischen Gründen verschlüsselten Namen und Ortsangaben seiner Schriften durch die realen zu ersetzen und sein Gesamtwerk als autobiographische Konfession mit dem Titel *The Legend of Duluoz* zu veröffentlichen. Bevor er seine Herausgeber von dieser wohl unprofitablen Idee überzeugen konnte, starb er 1969, wahrscheinlich an den Folgen seines Alkoholkonsums.

Günter Leypoldt

Kipling, Rudyard
Geb. 30. 12. 1865 in Bombay;
gest. 18. 1. 1936 in London

Nur wenigen Autoren waren zu Lebzeiten literarischer Erfolg und Popularität in einem Umfang beschieden wie Rudyard Kipling. Seine Bedeutung für die englische Literatur wurde in seiner Heimat mit der William Shakespeares oder Charles Dickens' verglichen und jenseits der Landesgrenzen mit dem ersten Literaturnobelpreis (1907) für einen englischsprachigen Autor gewürdigt. In der zweiten Lebenshälfte traten die Wertschätzungen zunehmend hinter Schmähungen K.s als Vulgärschriftsteller, Imperialist und Jingoist zurück, wodurch er im Alter nahezu in Vergessenheit geriet. Erhitzten sich die Kritiker anfangs an der ästhetischen Bilderstürmerei und ordneten K.s Schaffen aufgrund exotischer Sujetwahl, detailgetreuer Darstellung sowie der Verwendung von Umgangssprache und Dialekt dem in England verpönten Naturalismus zu, so nahmen die Auseinandersetzungen in der Folgezeit die Form eines ideologischen Kreuzzugs an, wodurch das Œuvre und die davon nicht ablösbare Person zum umstrittensten Fall der englischen Literaturgeschichte wurde. Die scharfe ideologische Kritik, die K. an die Seite von William Ernest Henley und John Davidson stellte, zielte auf die konservativ-autoritäre Grundhaltung und die pro-imperialistische Parteinahme für das Britische Empire ab. K.s moralisierend-didaktische, auf Disziplin, Ordnung und protestantische Arbeitsethik rekurrierende Initiationsgeschichten, seine bevorzugte Darstellung von Männerwelten sowie die Verherrlichung von Bünden Auserwählter waren Versuche, dem drohenden Niedergang britischer Weltmacht mit einem verbindlichen Wertekanon zu begegnen. Das breite Meinungsspektrum der darauf reagierenden Kiplingkritik mit Vertretern wie Andrew Lang, Max Beerbohm, G. K. Chesterton, T. S. Eliot, Boris Ford, George Orwell, Lionel Trilling und anderen reicht von Sympathie und Aufgeschlossenheit bis hin zur ultimativen Verdammung des Werks und hat über viele Jahre hinweg die um K. entstandene Kontroverse selbst zum Forschungsgegenstand werden lassen. K.s literarische Leistungen, die insbesondere im Aufbruch der englandzentrierten viktorianischen Ästhetik, neuartigen Verbindungsmöglichkeiten von Hochund Massenkultur sowie sprachlichen und thematischen Erweiterungen des literarischen Inventars zu sehen sind, werden von einem bis in die Gegenwart fortgeschriebenen Negativbild überlagert, das oft vergessen macht, daß er der Autor einiger der populärsten Gedichte und Prosatexte des 20. Jahrhunderts ist, von denen manche bis zum heutigen Tag in ununterbrochener Folge veröffentlicht werden. Die von K.s Person ausgehende widersprüchliche Faszination, die ihn als Verkörperung der Ideale einer ganzen Epoche ausweist, hat seit der Standardbiographie von Charles E. Carrington (1955) zahlreiche weitere Darstellungen mit wechselnder Schwerpunktsetzung hervorgebracht. Die Extrempositionen zum Werk K.s sind inzwischen einem pluralistischen Forschungsinteresse gewichen, an dem v. a. Bereiche wie Postkolonialismus, Kulturund Literaturgeschichte, Phantastik und Kinderliteratur teilhaben. K.s facettenreiches Werk, das auf modernistische Entwicklungen vorverweist, hat mehrere Lesergenerationen weit über England hinaus geprägt und Autoren wie H. G. Wells, T. S. Eliot, Jack London, Ernest Hemingway, Bertolt Brecht und Angus Wilson beeinflußt.

Als Sohn einer englischen Kolonialbeamtenfamilie in Bombay geboren, wuchs K. im Spannungsfeld von exotisch-kolonialen Kindheitserfahrungen und rigider *public school*-Ausbildung auf, zu der er eigens nach England geschickt wurde. Die Rückkehr auf den Subkontinent im Jahre 1882 markiert den Beginn seiner journalistischen Tätigkeit für anglo-indische Tageszeitungen in Lahore und Allahabad. Aus dieser biographisch-geographischen Doppelperspektive erwächst ein Großteil des Wirkungspotentials seiner frühen literarischen Texte. Am Anfang standen lyrische Versuche, die sich an der präraffaelitischen Dichtung, Robert Browning und Charles Algernon Swinburne orientierten, jedoch schon bald Gedichten und Kurzgeschichten mit genuin anglo-indischen Themen wichen. In der ersten Gedichtsammlung, *Departmental Ditties* (1886), und dem erzähltechnisch ausgefeilten Kurzgeschichtenband *Plain Tales from the Hills* (1888; *Schlichte Geschichten aus Indien*, 1913) gestaltete K. die Härten des Soldaten- und Beamtendienstes im klimatisch fordernden und kulturell fremden Land. Sein oral-situativer Erzählstil, der an zeitgenössische amerikanische Vorbilder erinnert, und die Erschaffung der narrativen Vermittlerfigur Mrs. Hauksbee zeigen die zunehmende Verschmelzung von literarischer und journalistischer Tätigkeit an. Die Parallelität von Lyrik und Prosatexten erscheint aufgrund thematischer Gemeinsamkeiten und formaler Kontrastierung als Erweiterung und Gegenbewegung zugleich und bildet ein nie aufgelöstes Spannungsverhältnis in K.s Schreiben. Mit der 1888 in der populären *Indian Railway Series* erfolgten Veröffentlichung zahlreicher Kurzgeschichten – *Soldiers Three; The Story of the Gadsbys: a Story without a Plot; In Black and White* (*In Schwarz und Weiss*, 1925); *Wee Willie Winkie and Other Child Stories; The Phantom Rickshaw and Other Tales* (*Die gespenstische Rik

scha*, 1954); *Under the Deodars* – erreichte K. ein stetig wachsendes Lesepublikum und begründete seinen Ruf als Schriftsteller des Empire und Poet des Soldatenlebens, was auf eine Karriere im englischen Mutterland hoffen ließ. Der Abschied von Indien und der Eintritt in die literarischen Kreise Londons im Jahr 1889 veränderten K.s Ton und literarisches Selbstverständnis allmählich, obgleich er auch weiterhin von seinen indischen Erfahrungen zehrte, was sich in Kurzgeschichtensammlungen wie *Life's Handicap* (1891) und *Many Inventions* (1893; *Mancherlei neue Geschichten*, 1913) sowie im sehr erfolgreichen Gedichtband *Barrack-Room Ballads and Other Verses* (1892; *Indische Balladen*, 1917) niederschlug. Letzterer enthält so bekannte Texte wie »Mandalay«, »The English Flag« und »The Ballad of East and West«, die sich in ihrer Eingängigkeit und im thematischen Anspruch in den zeitgenössischen imperialistischen Diskurs einfügten oder durch Verkürzungen von ihm vereinnahmt wurden. Zeitgleich unternahm K. mit dem autobiographisch durchsetzten Prosatext *The Light That Failed* (1891; *Das Licht erlosch*, 1925) seinen ersten, wenig erfolgreichen Romanversuch, dem *The Naulahka: A Story of East and West* (1892; *Naulahka, das Staatsglück*, 1900) folgte, eine an gängige Muster des Abenteuerromans anknüpfende literarische Koproduktion mit Wolcott Balestier, dem Bruder seiner Frau Caroline. 1892 siedelte K. mit seiner amerikanischen Frau in die USA nach Brattleboro/Vermont über und entwikkelte dort seine anglo-indischen Sujets im Kontext einer idealistischen Empire-Konzeption und in philosophisch-kosmischen Dimensionen weiter. In den *Jungle Books* (1894/95) gestaltet er anhand der exotischen Jungenfigur Mowgli, einem Grenzgänger zwischen Natur- und Menschenwelt, seine Vorstellungen von sozialen und naturgegebenen Riten und Regeln, die über zeitgenössisches darwinistisches Denken hinausgehen und in der zentralen Idee eines allwaltenden ethisch-moralischen Gesetzes ihre Entsprechung finden. Mit dem Indien-Roman *Kim* (1901), in dem K. die Vielfalt der Ethnien zu erfassen und, unter Beibehaltung des kolonialen *status quo*, idealisierend einen Interessenausgleich zu gestalten versucht, gelangt die indische Thematik zum Abschluß. Daneben ist K. zu jener Zeit um ein eigenständiges literarisches Amerikabild (*Captains Courageous*, 1897; *Fischerjungs*, 1957), um eine neuartige Gestaltung technologischer Themen (*The Day's Work*, 1898) und das Weiterschreiben seiner Jugend- und Initiationsgeschichten (*Stalky & Co.*, 1899; *Staaks und Genossen: Pennälerstreiche*, 1928) bemüht. Nach der aus familiären Gründen erfolgten Rückkehr nach England sah K. sich um die Jahrhundertwende auf dem Höhepunkt seiner Popularität, die aufgrund seines Engagements für die imperialistischen Zielstellungen des Burenkriegs allerdings bald zurückging. Die in den Jahren seines Seßhaftwerdens auf dem neuerworbenen Landgut *Bateman's* in Sussex veröffentlichten Gedichte (*The Five Nations*, 1903) und Kurzgeschichten – *Traffics and Discoveries*, 1904; *Actions and Reactions*, 1909 (*Spiel und Gegenspiel*, 1913) – zeichnen sich durch die Nutzung militärischer, technischer, medizinischer und psychologischer Sujets sowie durch sprachlich-erzähltechnisches Experimentieren aus. Das literarische Aufgreifen neuer Technologien wie Radio, Kino, Automobil und Flugwesen kontrastiert und korrespondiert mit Kindergeschichten – *Just So Stories for Little Children*, 1902 (*Das kommt davon!*, 1929); *Puck of Pook's Hill*, 1906 (*Puck vom Buchsberg*, 1925) – sowie historisierenden Gedichten und Prosatexten (*Rewards and Fairies*, 1910). Zusammen mit idealer Ernüchterung und gesundheitlichem Leiden brachte der Tod von K.s einzigem Sohn im Ersten Weltkrieg eine Verfinsterung des

literarischen Spätschaffens mit sich. In jener Phase entstehen weitere Sammelbände füllende Kurzgeschichten von großer thematischer Vielfalt – *A Diversity of Creatures* (1917), *Land and Sea Tales for Scouts and Guides* (1923), *Debits and Credits* (1926; *Bilanz*, 1927), *Thy Servant a Dog* (1930; *Wie spricht der Hund?*, 1931), *Limits and Renewals* (1932) – ebenso wie Kriegsreportagen, militärhistorische Studien, Übersetzungsarbeiten und Reiseberichte. Am Ende von K.s schaffensreichem Leben steht die unvollendete Autobiographie *Something of Myself* (*Erinnerungen*, 1938), die postum 1937 erschien.

Stefan Welz

Lawrence, D[avid] H[erbert]
Geb. 11. 9. 1885 in Eastwood,
Nottinghamshire; gest. 2. 3. 1930
in Vence, Frankreich

Unter dem Eindruck der Schriften von F. R. Leavis und seines engagierten Plädoyers, D. H. Lawrences Erzählwerk als die Vollendung der *great tradition* des englischen Romans im 20. Jahrhundert anzusehen, gilt dieser spätestens seit den 1950er Jahren national wie international als herausragender Repräsentant der britischen Literatur der klassischen Moderne. Gleichwohl ist L., dessen umfangreiches Œuvre neben den narrativen Fiktionen in den Gattungen Roman, Novelle und Kurzgeschichte, die seinen Ruhm begründen, auch Gedichtsammlungen, Dramen, Reiseberichte und spekulative philosophisch-theoretische Schriften umfaßt, nicht zuletzt wegen der sein Gesamtwerk bestimmenden eigenwilligen philosophischen Anthropologie eines vitalistisch-lebensphilosophischen Existentialismus, die in der Nachfolge Nietzsches eine (pseudo-)radikale Umwertung aller Werte und die Inversion traditioneller abendländischer Werthierarchien propagiert, bis heute umstritten geblieben. Die Auseinandersetzungen um die politisch-moralischen Ambivalenzen seines Primitivismus und um seine oft als pornographisch verurteilte Diskursivierung einer befreiten Sexualität und damit um das Verhältnis von ›Sex und Diskurs‹ (Michel Foucault) ragen dabei heraus. Ebenso zentral sind die Auseinandersetzungen um den naturhaften Essentialismus seiner Geschlechtsmetaphysik des *star-equilibrium* (unter den Vorzeichen von Differenz, Komplementarität, Mangel und sexuellem Begehren), die im feministischen Kontext als eine radikalisierte phallogozentrische Neuinszenierung von seit Jahrhunderten fixierten Geschlechtsrollenstereotypen erscheint. In jüngster Zeit stehen v. a. die Auseinandersetzungen um das Verhältnis seiner lebensphilosophischen Privatmythologie leiblich-endlich inkarnierter Individualität zur poststrukturalistischen *différance*-Konzeption im Spannungsfeld von Vorläufertum und Antagonismus im Mittelpunkt literaturwissenschaftlicher Debatten.

Als viertes von fünf Kindern eines Grubenarbeiters und seiner bildungsbeflissenen, leistungs- und aufstiegsorientierten Frau aus der bürgerlichen Mittelschicht wuchs L. unter ärmlichen Verhältnissen in der vom Bergarbeitermilieu geprägten Kleinstadt Eastwood auf, besuchte in Nottingham die High School und absolvierte später auf der Basis eines Stipendiums am dortigen University College ein Lehrerstudium, bevor er von 1908–12 in Croyden als Lehrer tätig war, ein Beruf, den er danach aufgab, um sich ganz auf die Schriftstellerei zu konzentrieren und damit für sich und seine spätere Frau Frieda, geb. von Richthofen, den Lebensunterhalt zu verdienen. Zwei intensiv erfahrene, tiefgreifende Polaritäten seiner Jugendzeit werden für seinen weiteren Werdegang strukturbildend: Es sind zum einen die unüberbrückbaren klasseninduzierten Mentalitätsgegensätze seiner Eltern, die, nur gelegentlich durch die grenzüberschreitende Kraft ihres erotischen Begehrens füreinander abgemildert, zu dauerhaften innerfamiliären Konflikten führten. Sie stürzten L. in Loyalitätskonflikte zwischen seiner überstarken, ödipalen Bindung an die besitzergreifende Liebe seiner Mutter und seine geheime, verschobene und verdrängte Faszination für die dunkelunbewußte maskuline Energie seines Vaters. In selbsttherapeutischer Funktion hat er diese Konflikte in seinem autobiographisch geprägten Bildungsroman *Sons and Lovers* (1913; *Söhne und Liebhaber*, 1925) anhand des Werdegangs von Paul Morel literarisch verarbeitet. Später hat er sie in vielen Fiktionen der 1920er Jahre imaginativ auf das erotische Faszinosum projiziert, das sozial inferiore, kulturelle Alterität repräsentierende phallisch-maskuline Männerfiguren auf gesellschaftlich höherstehende Protagonistinnen ausüben, wobei deren Entscheidung gegen die soziale Akzeptanz und für die Außenseiter, wie die von Lady Chatterley für ihren Wildhüter Oliver Mellors in *Lady Chatterley's Lover* (1928; *Lady Chatterley*, 1930), von den Texten als Affirmation des Lebens und regressiver Akt weiblicher Selbstfindung positiv gewertet werden. Da sich in den komplexen Konfigurationen dieser Personenkonstellation klassen- und geschlechtsspezifische Aspekte tiefenstrukturell überlagern und *class*- und *gender*-Hierarchien interferieren, wird das Symbolisierungspotential und damit die Wirkungsmacht verständlich, die diese prototypische Konstellation auf L.s Fiktionen, aber in seiner Nachfolge auch auf andere Autoren wie z. B. John Osborne oder David Storey ausübte. Ebenso strukturbildend wurde im Sinne einer Gleichzeitigkeit des Ungleichzeitigen das in Nottinghamshire topographisch konkret erfahrene kontrast- und konfliktreiche Nebeneinander einer modernen, kapitalistisch-industriellen Zivili sation (Ort des Vaters) mit den idyllisch-traditionalen Lebensweisen und Zeitrhythmen eines ländlich-agrarischen England (Herkunftsort seiner einflußreichen platonischen Jugendliebe Jessie Chambers), das L. etwa im dritten Teil seines Generationenromans *The Rainbow* (1915; *Der Regenbogen*, 1922) anhand des beständigen Oszillierens der Heldin Ursula Brangwen zwischen regressiven Natursehnsüchten und progressiven Emanzipationswünschen in der modernen städtischen Arbeitswelt literarisch eingefangen hat. Es wird zudem durch die tiefenstrukturelle Opposition von Zivilisationskritik und Lebensaffirmation auch für sein Gesamtwerk konstitutiv, wobei sich eine radikal-fundamentalistisch ansetzende Kritik an den rationalistisch-mechanistischen Allmachtsphantasien des modernen Bewußtseinssubjekts mit einer Orientierung an der ›pantheistischen‹ Weisheit organischer Naturprozesse und eines leiblich inkarnierten Unbewußten verknüpft.

In besonderem Maße schlägt sich dieser Zusammenhang in *Women in Love* (1920; *Liebende Frauen*, 1927), seinem intellektuell anspruchsvollsten und in der Ausgestaltung der für ihn typischen Erzählverfahren, wie der Überlagerung von Erzähler- und Figurenrede in den vielen Passagen erlebter Rede, einer komplexen Natursymbolik und der Versprachlichung tiefenpsychologischer Befindlichkeiten der Figuren, elaboriertesten Roman, nieder. Entstehungsgeschichtlich wie thematisch-motivisch bildet er mit *The Rainbow* eine Einheit und ergänzt dessen diachrone Perspektive einer historischen Rekonstruktion der tiefenstrukturellen Codierungen des Zivilisationsprozesses anhand individueller Erlebenszustände und Verarbeitungsmuster repräsentativer Figuren um die synchron-strukturanalytische Diagnose des zivilisatorischen Verblendungszusammenhangs in der Gegenwart und dem Ausloten kreativ-alterna-

tiver Sinnoptionen. In der Konzentration auf die beiden kontrastiv angelegten Entwicklungsverläufe der Liebesbeziehungen zwischen Gudrun Brangwen und Gerald Crich (negativ) und Ursula Brangwen und Rupert Birkin (positiv), deren individueller Mikrokosmos erzählerisch auf die Prägekräfte des soziokulturellen Makrokosmos hin durchsichtig gemacht wird, verbindet *Women in Love* die kritische Negation der todgeweihten Dekadenz des einen Paares mit der Affirmation individueller Kreativität und alternativer Lebensformen des anderen Paares.

Präformieren schon biographisch bezeugte Adoleszenzkonflikte wesentliche Motive und Strukturen seines Erzählwerks, so treffen die engen Wechselbeziehungen von Leben und Werk bei L. erst recht für den Einfluß der leidenschaftlichen Liebesbeziehung zu seiner Frau Frieda zu, die er 1912 als dreifache Mutter und Ehefrau seines Universitätsprofessors kennenlernte und die ihn von da an auf allen wechselvollen Stationen seines unsteten Wanderlebens bis zu seinem frühzeitigen Tod aufgrund eines langwierigen Lungenleidens begleitete, aber auch für den Einfluß seiner Reisen und längeren Auslandsaufenthalte, die ihn u.a. in die Schweiz, nach Italien, Australien, die USA und Mexiko führten: Weder die narrativen Explorationen des Mysteriums sexueller Erfüllung und die tiefenhermeneutischen Erkundungen des unbewußt-dynamischen Überwältigungsgeschehens erotischen Begehrens noch die vielfältigen Variationen der internationalen Thematik in seinen Fiktionen, wie etwa England-Italien in *The Lost Girl* (1920; *Das verlorene Mädchen*, 1939) oder Europa-Mexiko in *The Plumed Serpent* (1926; *Die gefiederte Schlange*, 1932), sind ohne den engen Bezug zum biographischen Erfahrungssubstrat angemessen erfaßbar. Eingedenk seines Diktums »Never trust the artist, trust the tale« und angesichts einer fragwürdigen Dominanz biographischer Deutungsverfahren in der kritischen L.-Rezeption gilt es freilich mindestens ebensosehr zu betonen, daß erst die kreativ-imaginative Transformation autobiographischer Erfahrungsimpulse in die Spezifika seiner *art-speech* und ihre konstruktive Integration zu dem umfassenden weltanschaulichen Anschauungssystem einer alternativen philosophischen Anthropologie, mit der L. in therapeutischer Absicht Antworten auf ein als krank und dekadent diagnostiziertes Verhängnis der modernen Zivilisation zu geben versucht, seinen literarischen Rang als Romancier und seine kulturkritische Signifikanz als Dichter-Philosoph begründen. So lassen erst die vertiefenden Ausdeutungen der interkulturellen Begegnungen mit fremden Völkern, Kulturen und Religionen im Horizont seiner »spirit of place«-Vorstellungen und die zivilisationskritische Funktionalisierung der fremden Alterität als Symbolisierung ›natürlicher‹ Kulturen und eines fremd gewordenen Eigenen die Erfahrungen der Fremde literarisch fruchtbar werden, initiieren die internationalen Fiktionen und Reiseberichte wie *Twilight in Italy* (1916) oder *Mornings in Mexico* (1927) den konstruktiven Dialog von Eigen- und Fremdbildern und eröffnen L. trotz seines Bekenntnisses »I am English. And my Englishness is my very vision« die Position einer kritischen Distanz zu den Wertparadigmen seines eigenen englischen und abendländischen Kultursystems. Auch zeigt sich, wie insbesondere seine theoretischen Spekulationen in *Psychoanalysis and the Unconscious* (1921) oder *Fantasia of the Unconscious* (1922) nahelegen, daß nicht die Sexualität als transzendentales Signifikat seiner eigenwilligen philosophischen Anthropologie fungiert, wobei L. normativ zwischen den Manifestationen eigentlicher Sexualität als dem naturhaften Überwältigungsgeschehen des erotischen Begehrens und den Verfallsfor-

men voyeuristischer Augenlust eines narzißtischen *sex in the head* unterscheidet. Vielmehr bildet ein vitalistisch-organizistisch gedeutetes Lebenssubstrat das Sinnzentrum, das in der Gestalt des vom reflexiven Bewußtsein uneinholbaren *true unconscious* dem jeweils leiblich inkarnierten individualisierten Selbst- und Weltverhältnis als sinnhafte Dynamik der Lebensstruktur zugrunde liegt. In dieser bio-zentrischen Interpretation individueller Existenz werden die Manifestationen eigentlicher Sexualität zu Metaphern für einen durch Mangel und Differenz bestimmten Lebensprozeß, die dem Einzelnen in unmittelbar eigenleiblicher Selbstaffektion seine unlösbare Verwurzelung in endlichen Natur- und Lebensprozessen offenbaren und sein narzißtisches Verlangen nach autonomer Einheit, Ganzheit und Allmacht korrigieren. Einer kranken Zivilisation, die durch das blinde Bemächtigungsstreben eines sich im Zusammenspiel von »mind, will and idea« autonom dünkenden reflexiv-rationalen Bewußtseinssubjekts angetrieben wird, das seine symbiotische Verwurzelung in der lebendigen Natur glaubt verdrängen zu können, um über die rational beherrschte und unterworfene innere wie äußere Natur sich zum Herrscher seines eigenen Schicksals aufzuschwingen, setzt L. somit eine alternative Anthropologie der *life-affirmation* entgegen. Sie konzipiert nicht nur wegweisend die Würde individueller Existenz als die komplexe Balance eines sich selbstreferentiell aussteuernden und verantwortenden organisch-psychischen Systems, sondern läßt auch die Rückgewinnung des Zugangs zur ›Stimme‹ des eigenen *true unconscious* und der expressiv-kreativen Eigenleiberfahrung zur Bedingung der Möglichkeit werden, die Spaltungen und Entzweiungen von Körper und Geist, Natur und Kultur, sinnlicher Erfahrung und abstraktem Denken in der modernen Zivilisation zu überwinden und zur Potentialität eines »spontaneous-creative fullness of being« zurückzufinden.

Meinhard Winkgens

Lessing, Doris [May]
Geb. 22. 10. 1919 in Kermanshah, Persien

Doris Lessing, als Tochter britischer Eltern in Persien geboren, wo der Vater als Bankangestellter arbeitete, wuchs auf einer Farm im südafrikanischen Rhodesien (dem heutigen Simbabwe) auf, wohin die Familie 1924 auswanderte. L. verließ mit 14 Jahren die Schule und arbeitete als Kindermädchen und Sekretärin, bildete sich aber durch intensive und breitgefächerte Lektüre weiter. Von ihrem ersten Mann Frank Wisdom, den sie mit 19 Jahren heiratete und mit dem sie zwei Kinder hatte, ließ sie sich nach vier Jahren Ehe scheiden. Im Lauf ihrer Aktivitäten in den kommunistischen Kreisen Südafrikas lernte sie ihren zweiten Ehemann, den Deutschen Gottfried Lessing, kennen, doch auch diese Ehe, aus der ein Sohn hervorging, wurde nach vier Jahren geschieden. 1949 verließ L. Afrika und zog mit ihrem jüngsten Sohn nach London (ihre Anpassungsschwierigkeiten an England schildert sie in dem Essayband *In Pursuit of the English*, 1960); zu diesem Zeitpunkt hatte sie bereits das Manuskript ihres ersten Romans, *The Grass Is Singing* (1950; *Afrikanische Tragödie*, 1953), fertiggestellt, der – von der Kritik hochgelobt – sie mit einem Schlag bekanntmachte. Die Romanpentalogie *Children of Violence* (1952–69; *Kinder der Gewalt*, 1981–84) festigte ihr literarisches Renommee, ebenso wie der Roman *The Golden Notebook* (1962; *Das goldene Notizbuch*, 1978), ihr wohl bis heute bekanntestes Werk.

Das Frühwerk L.s setzt sich in traditioneller Erzählmanier mit den Konflikten zwischen der schwarzen und der weißen Bevölkerung Afrikas auseinander und trägt unverkennbar autobiographische Züge: So zeichnen die ersten drei Bände der *Children of Violence*-Reihe die Kindheit der Protagonistin Martha Quest in Afrika, ihre gescheiterten Liebesbeziehungen sowie ihre Hinwendung zum Kommunismus nach. Im Gegensatz dazu stellt *The Golden Notebook* ein formales Experiment dar, das die Entwicklung der Hauptfigur Anna Wulf und ihren Kampf gegen einen drohenden psychischen Zusammenbruch in einem komplexen Aufbauschema zur Anschauung bringt. In einem nachträglich geschriebenen Vorwort zu *The Golden Notebook* betont Lessing ihre primär formal-stilistischen Absichten (»my major aim was to shape a book which would make its own comment, a wordless statement: to talk through the way it was shaped«) und widerspricht jenen Auslegungen, die den Roman zu einer ›Trompete für die Frauenbewegung‹ erklärten (»this novel was not a trumpet for Women's Liberation«). Im zweiten Band ihrer Autobiographie, *Walking in the Shade* (1997; *Schritte im Schatten*, 1997), weist sie autobiographische Deutungen des *Golden Notebook* zugunsten der Bedeutung der formalen Gestaltung zurück. Eine komplexe formale Struktur weist auch der von L. als »inner-space fiction« (›Innenraum-Fiktion‹) bezeichnete Roman *Briefing for a Descent into Hell* (1971; *Anweisung für einen Abstieg zur Hölle*, 1981) auf, dessen Protagonist eine Vision harmonischer Ganzheit und Integration erlebt, bei der Umsetzung dieser Vision jedoch scheitert. L.s Auseinandersetzung mit ganzheitlichen Lebenskonzepten ist nicht zuletzt auf ihr Interesse an der Mystik des Islam (Sufismus) zurückzuführen, mit der sie sich seit den 1960er Jahren beschäftigt.

Mit dem fünften Roman der *Children of Violence*-Reihe, *The Four-Gated City* (1969; *Die viertorige Stadt*, 1984), überschreitet L. erstmals die Grenzen des

›realistischen‹ Romans, indem sie Ausbruch und Folgen eines nuklearen Dritten Weltkriegs schildert. Damit stellt dieser Text einen Vorläufer der Romanpentalogie *Canopus in Argos: Archives* (1979–83; *Canopus im Argos: Archive*, 1983–85) dar, deren erster Band, *Shikasta* (1979; *Shikasta*, 1983), Motive aus *The Four-Gated City* aufnimmt. In dieser Reihe (deren fünf Bände jeweils in sich abgeschlossen sind und auch formal eine individuelle Durchgestaltung aufweisen) entwirft L. eine Kosmologie um das galaktische Reich Canopus. Ihre von der Kritik eher negativ aufgenommene Hinwendung zum ›space fiction‹-Genre verteidigte L., indem sie wiederholt auf die Bedeutung des Vorstellungsvermögens für den literarischen Schaffensprozeß hinwies; so z. B. im Vorwort zum dritten Band der *Canopus*-Reihe, *The Sirian Experiments* (1981; *Die sirianischen Versuche*, 1985): »Why is it that writers, who by definition operate by the use of their imagination, are given so little credit for it? We ›make things up‹. This is our trade.« Für einen Eklat sorgte L. mit der Bekanntgabe, die unter dem Namen ›Jane Somers‹ erschienenen Romane *The Diary of a Good Neighbour* (1983; *Das Tagebuch der Jane Somers*, 1984) und *If the Old Could ...* (1984; *Die Liebesgeschichte der Jane Somers*, 1985), die von mehreren Verlagen – darunter L.s Stammverlag Cape – abgelehnt worden waren, stammten in Wirklichkeit aus ihrer Feder. L.s Erklärung, sie habe auf diese Weise auf die Schwierigkeiten junger Autoren hinweisen wollen, im literarischen Establishment Fuß zu fassen, provozierte die Entrüstung von Verlegern und Kritikern. In jüngster Zeit belegen L.s Romane *Mara and Dann* (1999; *Mara und Dann*, 2001) und *Ben in the World* (2000; *Ben, in der Welt*, 2000) das anhaltende Interesse der Autorin an phantastisch-utopischen Literaturformen.

Neben mehr als 20 Romanen und zahlreichen Kurzgeschichten schrieb L. Dramen, Gedichte, den von Charlie Adlard illustrierten Comic *Playing the Game* (1995), nichtfiktionale Texte – darunter *African Laughter* (1992; *Rückkehr nach Afrika*, 1992), wo sie vier Besuche in Simbabwe, dem Land ihrer Kindheit, schildert –, zwei autobiographische Bände sowie die Libretti zu zwei Opern von Philip Glass, die auf Romanen aus der *Canopus in Argos*-Reihe basieren. Immer wieder protestiert L., deren Romane oft auf den Begriff ›Ideenroman‹ reduziert und deren literarische Fähigkeiten häufig unterschätzt werden, gegen die Einordnung ihrer Texte in klar abgegrenzte Kategorien und gegen die Vereinnahmung ihrer Person und ihrer Texte durch ideologische Interessen. Auch äußert sie sich wiederholt kritisch gegenüber dem universitären Lehrbetrieb und dem Umstand, daß literarische Texte gegenüber der ›Sekundärliteratur‹ oft ins Hintertreffen geraten, so z. B. im Vorwort zu *The Golden Notebook*: »It is possible for literary students to spend more time reading criticism and criticism of criticism than they spend reading poetry, novels, biography, stories. A great many people regard this state of affairs as quite normal, and not sad and ridiculous.«

Britta Bücher

London, Jack [John Griffith]
Geb. 12. 1. 1876 in San Francisco, Kalifornien; gest. 22. 11. 1916 in Glen Ellen, Kalifornien

Jack Londons Ruf beruht zu einem hohen Grade auf der Faszination der von ihm geschaffenen öffentlichen Persona als Rebell und Abenteurer. Die große Zahl biographischer Studien sowie seine langandauernde Vernachlässigung durch die Literaturwissenschaft belegen dies. Erst im Zuge des zunehmend kulturwissenschaftlichen Interesses wird L.s Werk als Audruck der Spannungen und diskursiven Widersprüche seiner Zeit gesehen, die es auf exemplarische Weise zu versöhnen sucht. Das spannungsreiche Nebeneinander von Individualismus und Gemeinschaftssinn in L.s Werk ist ein »amerikanisches Dilemma« (Dale H. Ross), das um 1900 im Konflikt zwischen Arbeiterklasse und Unternehmern seine historische Ausprägung findet. Sozialdarwinistische Gesellschaftsentwürfe konkurrieren mit sozialistischen Idealen, die von einer an Bedeutung gewinnenden Arbeiterbewegung vertreten werden. Diese widersprüchlichen Ideologien prägen L.s frühe Sozialisation. Er wächst in ärmlichen Verhältnissen auf und muß bereits im Alter von 16 Jahren seinen Beitrag zum Familieneinkommen leisten. Übertriebener Stolz auf die angelsächsische Herkunft, spiritistische Sitzungen sowie ›männliche‹ Abenteuer und Flucht in den Alkohol sind die Kompensationsstrategien, mit denen L.s Mutter und Vater der schwierigen ökonomischen Situation begegnen. Vor allem Letzteres wird auch für L. zu einem Mittel männlicher Selbstvergewisserung. In seinem 1913 erschienenen autobiographischen Werk *John Barleycorn* (*König Alkohol*, 1926) schildert L. die zerstörerischen Auswirkungen seines exzessiven Alkoholgenusses, der unter anderem zu seinem frühen Tod führt. In jungen Jahren ist er jedoch entschlossen, seinem sozialen Umfeld zu entfliehen. Ironischerweise verdankt L. seinen sozialen Aufstieg seinem Engagement in der Arbeiterbewegung, in deren Umfeld er seine ersten öffentlichen Auftritte hat.

Der literarische Durchbruch gelingt L. mit seinen in Alaska angesiedelten Kurzgeschichten, die den Nerv des Publikums treffen. Alaska eröffnet 1897 nicht nur ihm eine Möglichkeit, zu Erfolg zu gelangen und seinem Selbstbild gerecht zu werden, sondern auch der amerikanischen Öffentlichkeit, für die Alaska vorübergehend das Wiedererstehen der zu diesem Zeitpunkt historisch überholten »Frontier« bedeutet. Der Historiker Frederick Jackson Turner hatte 1892 mit dem Mythos der Grenzlinie zwischen Zivilisation und Wildnis eine der weitreichendsten identitätsstiftenden Fiktionen Amerikas begründet. L.s Geschichten aus dem Klondike illustrieren Turners Vorstellung einer aus dem Kampf mit der Natur und einer vorübergehenden Phase der Gesetzlosigkeit hervorgehenden moralischen Erneuerung und verhandeln gleichzeitig aktuelle Fragen der Zeit. Die erste, 1899 zur Veröffentlichung angenommene Kurzgeschichte »To the Man on Trail« ist in dieser Hinsicht programmatisch. Die Überwindung konventioneller Moral- und Rechtsvorstellungen wird anhand des Protagonisten Malemute Kid – nicht zufällig ein begnadeter Geschichtenerzähler – deutlich, der die Tat eines Betrügers im Sinne einer das Gesetz übersteigenden Moral rechtfertigt. Die ›neue‹ Identität integriert nicht nur die Nationalitäten der verschiedenen Einwanderergruppen, sondern auch das weibliche Prinzip, das metaphorisch mit dem Indianischen gleichgesetzt wird und auf einer primitiveren Entwicklungsstufe angesiedelt ist als der mit der Natur versöhnte weiße Mann, dessen Überlegenheit sich in seiner aktiven Gestaltung des Gesetzes manifestiert. Die ›neue‹ Moral entsteht vor dem Hintergrund eines ›unbeschriebenen‹ und von konventioneller Moral befreiten Raums, wie er etwa in der Erzählung »The White Silence« (in *The Son of the Wolf*, 1900; *Der Sohn des Wolfs*, 1927) entworfen wird. Als »weißes Schweigen« gefaßt, stellt diese Moral in der Art, in der sie antagonistische Prinzipien zu einer Synthese vereint, traditionelle Vorstellungen von Männlichkeit und rassistische Ideologien auf paradoxe Weise in Frage, indem sie diese zugleich auch affirmiert.

Das Thema der ›Überzivilisierung‹ durchzieht auch die folgenden Werke

L. s. *The Call of the Wild* (1903; *Wenn die Natur ruft*, 1907) stellt in der Figur des Wolfshundes Buck eine aus der Lektüre Nietzsches hervorgegangene allegorische Verkörperung des ›Übermenschen‹ dar, der in der amerikanischen Wildnis zu urwüchsiger Kraft und Stärke zurückfindet, nachdem er seine der Zivilisation geschuldete Bequemlichkeit und Selbstzufriedenheit überwunden hat. In der Wahl des Wolfes als *alter ego*-Gestalt – L. selbst zeichnete Briefe an seine Frau und enge Freunde mit »Wolf« und gab seiner Villa den Namen »Wolf House« – sind die widersprüchlichen Sehnsüchte L.s nach Individualität und Gemeinschaft symbolisch verkörpert. In einer weiteren Tiergeschichte, *White Fang* (1906; *Wolfsblut*, 1912), kehrt er die Entwicklung aus *The Call of the Wild* um und stellt einen Zivilisierungsprozeß dar, bei dem gerade die naturgegebenen Eigenschaften des Wolfes seinen Erfolg in der zivilisierten Gesellschaft garantieren. Die Übertragung dieses Grundkonflikts auf den menschlichen Bereich führt in *The Sea Wolf* (1904; *Der Seewolf*, 1926) zu einer komplexeren und spannungsreicheren Darstellung. Kapitän Wolf Larsen, der seinen Männern sowie den beiden Gegenspielern Humphrey Van Weyden und Maud Brewster, die er im Verlauf einer Reise als Schiffbrüchige an Bord nimmt, körperlich und geistig überlegen ist, beherrscht sein Schiff mit einer Unnachgiebigkeit und Härte, die Ausdruck seines Größenwahns sind, die jedoch auch als Versuche interpretiert werden können, seine emotionalen Defizite und Unsicherheiten zu kompensieren. L. brachte später seine Verwunderung darüber zum Ausdruck, daß seine Intention, das Konzept des Übermenschen einer radikalen Kritik zu unterziehen, von den meisten Lesern nicht erkannt wurde. Ähnlich mißverstanden fühlte sich L. auch bei seinem autobiographischen Künstlerroman *Martin Eden* (1908; *Martin Eden*, 1927). Ausgangs-punkt dieses Werkes ist die Beziehung zwischen der Titelfigur, einem ungebildeten Matrosen, und der bürgerlichen Ruth Morse, für Martin Eden Sinnbild geistiger und moralischer Vollkommenheit. Er tut alles, um sich die für den Schriftstellerberuf notwendige Bildung anzueignen und Ruth für sich zu gewinnen, während diese das sinnliche Verlangen, das Martin in ihr weckt, unter Kontrolle zu halten versucht. Sie verweigert sich ihm so lange, bis sein künstlerischer Durchbruch erfolgt ist, woraufhin sein Interesse an ihr jedoch erloschen ist. Er erkennt, daß sein Zivilisierungsprozeß ihn von sich selbst entfremdet und seiner ursprünglichen Energie und Lebenskraft beraubt hat, so daß er aus Verzweiflung über die Unumkehrbarkeit dieses Prozesses Selbstmord auf See begeht. An *Martin Eden* wird das künstlerische Problem L.s offenbar: Der werdende Künstler ist, um seine Werke überhaupt veröffentlicht zu sehen, so sehr bemüht, sich die literarischen Konventionen anzueignen, daß er nicht mehr länger in der Lage ist, seine Lebenserfahrung unmittelbar zum Ausdruck zu bringen. Anhand der Künstlerfigur Martin Eden reflektiert L. die gesellschaftliche Konstruiertheit seines eigenen Lebenslaufs. In der Wahl des Selbstmords als Ausweg aus dem Dilemma ›schreibt‹ Martin Eden ein bewußt romantisches Ende seiner Lebensgeschichte, das ihm die Illusion eines zumindest im Tod selbstbestimmten und ihn mit seiner Herkunft versöhnenden Endes erlaubt. L. selbst gab das mangelnde politische Engagement seines Protagonisten als Ursache für dessen Scheitern an.

In die Entstehungszeit seiner bedeutendsten Werke fällt gleichzeitig L.s aktivstes politisches Engagement. Seine in diesem Zeitraum veröffentlichten politischen Schriften weisen in ihrem Kern allerdings dieselbe ideologische Ambivalenz auf, die auch seine literarischen Texte kennzeichnen. *The People of the*

Abyss (1903; *Menschen der Tiefe*, 1928), eine soziologische Studie des Londoner East End, sowie der utopisch-dystopische Roman *The Iron Heel* (1908; *Die eiserne Ferse*, 1927) sind von chauvinistischem und sozialdarwinistischem Gedankengut durchzogen, das mit der explizit sozialistischen Aussage in Widerspruch steht. In gewisser Weise markiert der Roman *Martin Eden* einen Wendepunkt in L.s Laufbahn. Immer mehr unter dem Zwang stehend, seine kostspieligen Unternehmungen (u. a. den Bau des bombastischen Wolf House, das allerdings kurz nach der Fertigstellung bis auf die Grundmauern abbrennt) zu finanzieren, beeindrucken seine Werke mehr durch ihre Quantität als durch literarische Qualität. Seine in der Südsee angesiedelten Texte haben jedoch in jüngerer Zeit wegen der in ihnen zum Ausdruck kommenden Rassenproblematik ebenso neue Interpreten gefunden wie die kurz vor seinem Tode entstandenen Kurzgeschichten, die die zu dieser Zeit in den USA Aufmerksamkeit erregende Archetypenlehre C. G. Jungs illustrieren.

Jutta Zimmermann

Mansfield, Katherine [Kathleen Mansfield Beauchamp]
Geb. 14. 10. 1888 in Wellington, Neuseeland; gest. 9. 1. 1923 in Fontainebleau, Frankreich

Katherine Mansfield ließ nur wenige, die ihr begegneten, gleichgültig. Virginia Woolf, mit der M. eine von Rivalität geprägte Freundschaft verband, verglich sie mit einer wachsamen Katze und notierte nach M.s Tod in ihrem Tagebuch, sie sei auf M.s schriftstellerisches Talent eifersüchtig gewesen wie auf sonst keines. In D. H. Lawrence löste sie ebenfalls ambivalente Gefühle aus, die sich in seinem Porträt der Gudrun in *Women in Love* (1920) niederschlugen. M. war zeitlebens eine unkonventionelle Frau, die verschiedene Masken kultivierte. Ihr Werk weist eine ähnliche Vielfalt an Positionen auf: Neben den humoristisch-satirischen Skizzen deutscher Kurgäste in dem Band *In a German Pension* (1911; *In einer deutschen Pension*, 1982) finden sich modernistische *short stories*, in denen sie Erinnerungen an ihre Kindheit verarbeitet, Kolonialgeschichten, die das rauhe Leben im neuseeländischen Hinterland darstellen (»The Woman at the Store«), sensible Frauenporträts und subtil-ironische Gesellschaftskritik. Mit ihren *short stories* leistete M. einen zentralen Beitrag zur europäischen Moderne und gab entscheidende Impulse für die Weiterentwicklung und Transformation der Gattung: Die dichte, anspielungs- und symbolreiche Beschreibung und die Aufgabe des linearen *plot* zugunsten leitmotivischer assoziativer Verkettung von Episoden erinnern an die filmische Montagetechnik, und M.s poetische Prosa, die vermeintlich unwichtige Details ins Zentrum der Aufmerksamkeit rückt und Sinneseindrücke genau beschreibt, wurde von der Literaturkritik wahlweise als impressionistisch, postimpressionistisch oder symbolistisch beschrieben. Diese Reihung von Adjektiven enthüllt jedoch zugleich ein Problem der M.-Rezeption: Versuche, ihre Geschichten oder ihre Person eindeutig zu verorten, scheitern zumeist. M. entzieht sich einer solchen Klassifizierung, und ihr kurzes, aber bewegtes Leben bot reichlich Stoff, sich mehr mit der Biographie M.s als mit ihrem Werk zu beschäftigen: ein wenig seßhafter Lebensstil an den Rändern der englischen Avantgarde, finanzielle Probleme, sexuelle Affären mit Personen beiderlei Geschlechts, eine Ein-Tages-Ehe, Geschlechtskrankheit, Fehlgeburt und Schwangerschaftsabbruch. Jenseits dieser Auflistung skandalumwitterter Details zeugt M.s Biographie vor allem von ihrem Streben nach Unabhängigkeit und ihrem Wunsch nach Anerkennung.

Die vielseitig begabte M. (sie spielte u.a. Cello) wuchs in einer wohlhabenden Siedlerfamilie in Neuseeland auf. Nach einem Schulaufenthalt am Queen's College in London 1903–06 ertrug M. die Enge der neuseeländischen Kolonialgesellschaft nicht mehr und kehrte 1908 nach London zurück. Während ihrer Schulzeit lernte M. Ida Baker kennen, mit der sie eine lebenslange, wenn auch nie unproblematische Freundschaft verband. 1909 heiratete M. George Bowden, verließ ihn jedoch nach nur einem Tag. 1912 begegnete sie John Middleton Murry, den sie heiratete und mit dem sie verschiedene Zeitschriften herausgab. In dieser Zeit begann auch die spannungsreiche Freundschaft mit D.H. Lawrence und seiner Frau Frieda. 1918 wurde bei M. Tuberkulose diagnostiziert, und ihr war in ihren letzten Lebensjahren ständig bewußt, daß sie gegen die Zeit schrieb: Phasen fieberhafter Produktivität wechselten sich mit Phasen der Resignation und Depression ab. Sie starb schließlich 34jährig während eines Aufenthalts im Gurdjieff-Institut bei Paris.

M.s bissiger Humor und ihre satirische Beobachtungsgabe machen den Reiz der frühen Geschichten aus (*In a German Pension*). Sie selbst verwarf zwar später ihre Karikaturen deutscher Pensionsgäste als ›unreif‹ und verhinderte Neuauflagen des Werks, jedoch läßt sich schon in diesen Skizzen ablesen, was M. berühmt machen würde: knappe, unkommentierte Dialoge, die vieles nur andeuten, aber nicht aussprechen. Dieser Sinn für Ironie findet sich auch in M.s späterem Werk in Beschreibungen der Künstlerkreise Londons wieder. So ist »Bliss« (1918), die wohl meistanthologisierte Geschichte M.s, nicht zuletzt wegen der kritisch-distanzierten Analyse der englischen Bohème so erfolgreich. Der Text überzeugt jedoch auch durch die souveräne Handhabung der erlebten Rede zur Bewußtseinswiedergabe. M.s Verwendung von Leitmotiven und die Verdichtung von Symbolen enthüllen hinter der glitzernden Schicht aus geistreicher Unterhaltung und Ästhetizismus zugleich die existenzielle Einsamkeit des einzelnen und die unüberwindliche Kluft zwischen Mann und Frau – ein Thema, das M. gerade auch für die feministische Literaturkritik sehr fruchtbar gemacht hat. In »Prelude« (1918), einer langen Short Story, die unter dem Titel »The Aloe« ursprünglich als Roman geplant war, verarbeitet M. ihre neuseeländische Kindheit und findet zu ihrer charakteristischen Ausdrucksweise. In zwölf Episoden beschreibt M. den Umzug der Familie Burnell aufs Land und führt in Kezia Burnell ihr kindliches Alter ego ein. Zugleich entwickelt sie eine subtile Kritik der Geschlechterrollen und enthüllt die sexuellen Ängste ihrer weiblichen Figuren. M.s Geschichten bestechen nicht zuletzt durch paradoxe antiklimaktische Epiphanien, »glimpses«, in denen Charaktere kurz vor einer Einsicht innehalten und sich weigern, die Realität ihres Lebens zu sehen, so z.B. in der brillanten Geschichte »The Daughters of the Late Colonel« (1920) aus *The Garden Party and Other Stories* (1922; *Das Gartenfest und andere Erzählungen*, 1977). »The Fly« (1922), eine von M.s letzten Geschichten, zeugt von M.s Beschäftigung mit dem nahenden Tod und ist zugleich eine düstere Parabel auf die Folgen von Krieg und Gewalt.

Trotz ihres schriftstellerischen Erfolgs blieb M. in Englands Künstlerkreisen eine Außenseiterin und war als *colonial* nie völlig anerkannt. Die für die Moderne typische Erfahrung der Spaltung des Selbst wurde von M. noch schmerzhafter als Zerrissenheit zwischen zwei Kulturen erlebt. M.s bedeutende Stellung innerhalb der avantgardistischen europäischen Moderne ist heute weitgehend unbestritten. Ihre besondere Situation als *colonial* hingegen gelangte erst in den letzten Jahren ins Blickfeld

und inspiriert heute besonders neuseeländische Autoren in Romanen, Gedichten und Theaterstücken zu einer
kreativen Auseinandersetzung mit ihrem Leben und Werk.

Nicole Cujai

Mark Twain (d. i. Samuel Langhorne Clemens)

Geb. 30. 11. 1835 in Florida, Missouri;
gest. 21. 4. 1910 in Redding,
Connecticut

Samuel Langhorne Clemens – besser
bekannt unter seinem Künstlernamen
Mark Twain – ist in seiner humoristischen Respektlosigkeit gegenüber einem
›musealen‹ europäischen Kunstverständnis, dem unbeirrten, fast trotzigen
Glauben an das demokratische Potential
des einfachen Mannes, aber auch in
seinem ungenierten Hang zur aufsehen-
erregenden Selbstinszenierung für viele
zum Inbegriff des amerikanischen Autors geworden. Auch sein schriftstelle-
rischer Werdegang stellt eine amerikanische Erfolgsgeschichte dar: Nach dem
Schulabbruch und Lehrjahren als Lotse
auf dem Mississippi fand C. als Autodidakt über den Journalismus zur Literatur und wurde im Lauf seiner Karriere
zu einem der international bekanntesten Schriftsteller seiner Zeit. Zentral
für sein Werk ist der humoristische
Kontrast von zwei Welten (Europa/
Amerika; amerikanischer Osten/We-
sten; Mittelalter/Moderne; ›bessere‹ Ge-
sellschaft/einfaches Volk), in dem der
angesehenere und scheinbar überlegene
Bereich von Repräsentanten eines unverstellten »common sense« als eine
Welt der Illusionen und Prätentionen
entlarvt wird. C.' Werke leben von der
kompromißlosen Illusionskritik, die ihn
mit dem Realismus seiner Zeit verbindet und die ihr bevorzugtes Objekt immer wieder in religiöser Heuchelei und
literarischer Idealisierung findet. Wie
für andere Realisten auch war die idea-

lisierende Literatur, »romance« genannt, für C. infantil. In der Konfrontation mit dem gesunden Menschenverstand des einfachen Mannes wird sie ein
ums andere Mal ins Lächerliche gezogen
und, wie in den populären Geschichten
über Tom Sawyer und Huckleberry
Finn, als kindliches Phantasiegebäude
entlarvt.

C.' erstes Buch, *The Innocents Abroad*
(1869; *Die Arglosen auf Reisen*, 1875),
der Bericht über eine Reise in die ›Alte
Welt‹, lebt von der satirischen Konfrontation eines durch Kirchen, Museen
und Denkmäler definierten Europa mit
der respektlosen Gegenperspektive eines selbsternannten amerikanischen
Vandalen, der diese Alte Welt mit Spott
überschüttet. Das folgende Reisebuch
Roughing It (1872; *Im Gold- und Silber-
land*, 1892; *Durch Dick und Dünn*,
1922), mit dem C.' Rolle als irreverent-
selbstbewußte Stimme des amerikanischen Westens gefestigt wurde, steht in
der humoristischen Erzähltradition des
amerikanischen Südwestens, in der ein
»Westerner« mit todernster Miene
(»deadpan«) eine haarsträubende Geschichte (»tall tale«) in regionaler
Mundart (»vernacular«) erzählt und damit einen unerfahrenen Neuankömm-
ling von der Ostküste (»tenderfoot«)
hereinlegt. C.' erste Kurzgeschichte »The
Notorious Jumping Frog of Calaveras
County« (1865), die ihn berühmt
machte, ist ein Paradestück dieses Genres. Mit Texten wie *A Tramp Abroad*
(1880; *Bummel durch Europa*, 1922), das
mit dem Anhang »The Awful German
Language« *das* klassische Dokument des
Kampfes eines Ausländers mit der deutschen Sprache enthält, und *Life on the
Mississippi* (1883; *Leben auf dem Mississippi*, 1888), einer Mischung aus nost-
algischem Rückblick auf die eigene Lot-
senzeit und erbitterten Attacken auf die
grandiosen feudalen Illusionen der Südstaaten, setzt C. die Serie seiner Reisebücher fort. Mit der gemeinsam mit
Charles Dudley Warner verfaßten poli-

tischen Satire *The Gilded Age* (1873; *Das Vergoldete Zeitalter*, 1876) gibt C. der von Korruption geprägten Zeit nach dem amerikanischen Bürgerkrieg einen noch heute gebräuchlichen spöttischen Beinamen. Bereits in *The Adventures of Tom Sawyer* (1876; *Die Abenteuer Tom Sawyers*, 1876) hatte C. eine Erzählformel gefunden, in der sich die beiden bis dahin dominanten Tendenzen seines Werkes, die humoristische Illusionskritik und der nostalgische Rückblick auf die Jugendzeit am Mississippi, wirkungsvoll verbinden ließen. In den übermütigen Streichen des sympathischen Lausebengels Tom können infantile Abenteuerphantasien einerseits breit ausgemalt werden, andererseits läßt die amüsiert-distanzierte Perspektive des erwachsenen Erzählers keinen Zweifel daran, daß es sich hier um Vorstellungen handelt, die überwunden werden müssen. Der Erfolg des Buches regte C. zu einer Fortsetzung an, in der er die Illusionskritik durch einen Wechsel der Erzählperspektive noch verstärken wollte. Der Blickwinkel von *Adventures of Huckleberry Finn* (1884; *Abenteuer und Fahrten des Huckleberry Finn*, 1890) ist nunmehr der eines jugendlichen Nichtsnutzes jenseits jedes viktorianischen Erziehungseinflusses, den aber gerade deshalb der Reiz des Abenteuers und des freien Lebens umgibt. Mit der Entscheidung, den Roman aus der Perspektive Hucks zu erzählen, erreichte C. eine authentisch wirkende Unverstelltheit der Wahrnehmung und machte einen Stil umgangssprachlicher Direktheit literaturfähig, der das Ringen der literarischen Moderne um sprachliche Authentizität vorwegnahm. So läßt sich auch Ernest Hemingways Feststellung verstehen, alle moderne Literatur lasse sich von C.' *Huck Finn* herleiten. Zugleich hat C.' Wechsel der Erzählperspektive unverkennbare demokratische Implikationen. Aus Mangel an Bildung muß sich Huck auf eigene Erfahrungen, sei-

nen gesunden Menschenverstand und seine ›instinktive‹ Menschlichkeit verlassen, und die Art und Weise, in der ihm das gelingt, legt Zeugnis von C.' Glauben an das quasi naturgegebene demokratische Potential des einfachen Amerikaners ab. Diese Ausrichtung der narrativen Vermittlungsweise findet ihre Entsprechung auf der Handlungsebene in der demokratischen Gemeinschaft, welche die beiden Außenseiter Huck und der schwarze Sklave Jim auf ihrer Flucht vor der Gesellschaft im gesellschaftsfreien Raum des Floßes bilden, auf dem sie den Mississippi hinabtreiben.

Die literarhistorische Pionierrolle *Huck Finns*, der heute als einer der bedeutendsten amerikanischen Romane des 19. Jahrhunderts gilt, hat jedoch auch zu Rezeptionsproblemen eigener Art geführt. Denn C.' Wahl einer Erzählform, die den Leser in seinen Wertungen nicht mehr bevormundet, hat zur Folge gehabt, daß der Roman zu einem der interpretatorisch umstrittensten und meistzensierten Klassiker der amerikanischen Literatur geworden ist. In dem immer neu aufflammenden Streit darüber, ob der Roman vielleicht nicht doch unmoralisch oder rassistisch sei, wird das ganze Ausmaß des Abbaus von literarischer Vormundschaft deutlich, die C. leistet, denn es gibt nun in der Tat keine übergeordnete Urteilsinstanz mehr, an die zur Entscheidung dieser Fragen appelliert werden kann. Vielmehr bedarf die eingeschränkte Wahrnehmungs- und Urteilsfähigkeit Hucks fortlaufender Ergänzung und Richtigstellung durch den Leser. Wo dem Leser diese Selbständigkeit des Urteils nicht zugetraut wird, ist *Huck Finn* daher trotz seines Rufes als eines unschuldig-nostalgischen Kinderbuches immer wieder zum Objekt von Verboten und Zensurmaßnahmen geworden.

C.' Versuch, seine Illusionskritik über die Autorität eines unverbildeten gesunden Menschenverstandes zu legitimieren, wird in der ›umgekehrten Utopie‹ *A Connecticut Yankee in King Arthur's Court* (1889; *Ein Yankee am Hofe des Königs Artus*, 1923) mit dem Mittel einer literarischen Zeitreise in die Vergangenheit zu einem Konflikt zwischen dem »common man« Hank Morgan und einem mittelalterlichen Europa ausgebaut. Die hier vorgestellte Alte Welt hat nichts vom Glanz der Ritterromanze, sondern ist Inbegriff feudaler Rückständigkeit und Despotie. Bereits 1881 hatte C. einen ersten ›englischen‹ Roman, *The Prince and the Pauper* (*Der Prinz und der Betteljunge*, 1890) vorgelegt, in dem durch den Rollentausch zwischen einem Kronprinzen und einem jugendlichen Herumtreiber eine kritische Inspektion feudaler Zustände möglich wird. In *A Connecticut Yankee* wendet sich allerdings die Geschichte des überzeugten Demokraten und engagierten Reformers zunehmend zur Aufstiegs- und Erfolgsgeschichte eines Amerikaners, der mit dem technologischen Wissensvorsprung des 19. Jahrhunderts ausgestattet ist. Kein anderes Buch zeigt mit gleicher Deutlichkeit, wie sehr C. in sich gespalten war. Einerseits kämpfte er gegen infantile Machtphantasien in seinen Texten, andererseits blieb er immer wieder von der Figur des erfolgreichen Entrepreneurs und Entertainers fasziniert. Der mit demonstrativer Reformzuversicht begonnene Roman spiegelt diese Zerrissenheit in seinem schockierenden Ende, in dem sich der Yankee vor den Kräften der Reaktion hinter einem elektrischen Zaun verschanzt hat und eine anstürmende Ritterschar von 24 000 Mann in ihren Rüstungen buchstäblich verschmort. Die Technik wird bei dieser ›Bestrafung‹ der Reformunwilligen vom Garanten des Fortschritts zum Mittel apokalyptischer Zerstörung.

Dieses Romanende kann als endgültiger Zusammenbruch von C.' anfänglichem Vertrauen in die instinktive Menschlichkeit des einfachen Mannes verstanden werden. An dessen Stelle tritt im Spätwerk zunehmend ein Determinismus, demzufolge Menschen lebenslang Gefangene ihrer Umstände und Erziehung bleiben. C.' ungewöhnlichstes Buch, *Personal Recollections of Joan of Arc* (1896; *Persönliche Erinnerungen an Jeanne d'Arc*, 1970), ein sentimentales Porträt der historischen Figur, mutet wie ein forcierter Versuch an, gegen diesen wachsenden Pessimismus noch einmal die Gewißheit einer ›selbstlosen‹ Retterfigur zu setzen, doch schleicht sich selbst hier in den Bericht des Erzählers eine zunehmende Menschenverachtung ein. Wie in einer seiner bekanntesten und effektvollsten Erzählungen, »The Man That Corrupted Hadleyburg« (1900; »Wie die Stadt Hadleyburg verderbt wurde«, 1900, »Der Mann, der Hadleyburg korrumpierte«, 1967), setzt C. immer mehr auf die Figur des außergewöhnlichen Einzelnen, der die Dummheit und Selbstsucht der Menge durchschaut, doch ist jene Retterfigur auch geeignet, die Verachtung für die Masse zu verstärken. Mit C.' Geschichtspessimismus wird der Gegensatz zwischen Alter und Neuer Welt von der Reflexion über die Zufälligkeit menschlicher Existenz verdrängt. Zu ihrem Gleichnis wird in seinem letzten wichtigen Roman *Pudd'nhead Wilson* (1894; *Wilson, der Spinner*, 1896; *Querkopf Wilson*, 1898) ein Babytausch und die damit verbundene ›Determination‹ des Lebensschicksals. In einem jener Fragmente, die von C.' literarischen Nachlaßverwaltern 1916 postum zu dem Roman *The Mysterious Stranger* (*Der geheimnisvolle Fremde*, 1921) zusammengestellt wurden (ohne diese unzulässige Verschmelzung als solche zu erkennen zu geben), wird die Zufälligkeit und Nichtigkeit menschlicher Existenz noch einmal zugespitzt, wenn der eigentliche ›Held‹ des Textes, Satan, Menschen erschafft und gleich wieder zerdrückt. In seinen letzten Lebensjah-

ren stellt C. die Unterscheidbarkeit von Realität und Phantasie, auf der ein großer Teil seines Gesamtwerkes beruhte, zunehmend in Frage (»Which Was the Dream«, 1897), verkleinert den sich selbst überhöhenden Menschen zur bloßen Mikrobe (»Three Thousand Years among the Microbes«, 1905) und engagiert sich mit anti-imperialistischen Schriften (*King Leopold's Soliloquy*, 1905; *König Leopolds Selbstgespräche*, 1967). In seinem Alterswerk dominieren Bitterkeit, Enttäuschung und Zynismus. Die radikale Illusionszerstörung, die seine interessantesten Bücher prägt, erfaßte so schließlich auch die Vision, in deren Dienst sie ursprünglich gestellt worden war.

Winfried Fluck

McEwan, Ian [Russell]
Geb. 21.6.1948 in Aldershot, Hampshire

Das Werk Ian McEwans gehört nicht zur bevorzugten Lektüre derjenigen, die mit einem Buch aus der harten, grauen Alltagswirklichkeit fliehen möchten. Er sagt selbst: »Unser gesunder Menschenverstand wirft nur einen ganz engen Lichtkegel auf die Welt, und es ist eine der Aufgaben des Schriftstellers, diesen Kegel zu verbreitern« und »jeden Winkel der menschlichen Erfahrung auszuforschen«. Der Gesellschaft, der Kultur einen Spiegel vorzuhalten, ihre Schattenseiten auszuleuchten, ihre moralische Doppeldeutigkeit bloßzustellen, ihre ängstlich geschützten Sensibilitäten zu attackieren und die Begrenztheiten des Wirklichen mit der Endlosigkeit des Möglichen ins Spiel zu setzen, das zeichnet das Werk von M. aus. – Als debütierendem Jungtalent hat man ihm das Etikett eines literarischen *enfant terrible* angehängt, hat sein Werk als Ausfluß einer Obsession mit dem Makabren und Abseitigen, mit pervertierter Sexualität, mit Gewalt und Tod abge-

stempelt. Seine ersten beiden Buchveröffentlichungen, die Kurzgeschichtensammlungen *First Love, Last Rites* (1975; *Erste Liebe, letzte Riten*, 1980), für die er 1976 den *Somerset Maugham Award for Fiction* erhielt, und *In Between the Sheets* (1978; *Zwischen den Laken*, 1982), wurden von der Kritik als »brilliant debut«, aber unisono auch als Schocker, als tief beunruhigende und vor nichts zurückschreckende Darstellung des Unmenschlichen, Monströsen, als aus Alpträumen geborene Phantasmagorien charakterisiert. Das Maß an Beunruhigung, das M. auslöste, fand sein Gegenstück in der Hektik, mit der versucht wurde, in der Biographie des jungen Schriftstellers nach Gründen für diese schwarzen Phantasien zu fahnden. »Er sieht aus wie ein Schulmeister und schreibt wie ein Dämon«, faßte Natascha Walker einmal die Inkongruenz zwischen dem nachdenklichen, freundlichen Erscheinungsbild M.s und seiner haarsträubenden Phantasie zusammen. Diese Bemerkung pointiert aber auch das Mißverständnis, zu dem sein frühes Werk Anlaß zu geben schien: das Mißverständnis nämlich, daß Abartigkeiten im menschlichen Verhalten ein Problem des Schriftstellers und nicht eines der menschlichen Natur und der menschlichen Gesellschaft sind.

Da sein Vater Berufssoldat war, verbrachte M. als Kind einige Jahre in den britischen Garnisonen in Norddeutschland, in Singapur und in Libyen, wurde dann nach England in eine Internatsschule geschickt und studierte schließlich an der University of Sussex englische Literatur. Danach war er der erste Student des von Malcolm Bradbury und Angus Wilson an der University of East Anglia ins Leben gerufenen und später als literarische Talentschmiede berühmt gewordenen Master-Kurses in *Creative Writing*. Die Ehre, die es bedeutet, M. unter ihren Studenten gehabt zu haben, haben beide Universitäten ihm inzwischen mit Ehrendoktorwürden gedankt.

Ernsthaften Kritikern war von Anfang an nicht entgangen, daß hier ein ungewöhnliches literarisches Talent herangereift war. Immer wieder wurde von ihnen auf die faszinierende Diskrepanz zwischen dem dargestellten Grauen und der nüchtern, um nicht zu sagen unterkühlt sezierenden Sprache von M.s Geschichten und Romanen hingewiesen. Beides, der unverwandte kalte Blick und die Darstellung des erregend Unvorstellbaren, gehören zu seinem literarischen Programm.

In zunehmendem Maße, von Roman zu Roman sichtbarer, sind aber die Bilder des Horrors und der grotesken Besessenheiten eingebettet in ein Interesse an der Exploration grundlegender menschlicher Probleme, ihrer erkenntnismäßigen und ethischen Dimensionen. Im 1978 veröffentlichten ersten Roman *The Cement Garden* (*Der Zementgarten*, 1982) dominiert noch das Interesse am Erzählen einer schaurigen Welt, die die Kinder sich bauen, nachdem der Vater begraben und die gestorbene Mutter im Keller einzementiert ist. Im 1981 erschienenen *Comfort of Strangers* (*Der Trost von Fremden*, 1983), den ein Rezensent als »fiendish tribute to Thomas Mann's *Death in Venice*« charakterisiert hat, kommt der Schock der mörderisch ritualisierten Sexualität erst am Schluß nach einer längeren Vorbereitung, in der die Beteiligten, ihre Gedanken, Wahrnehmungen und Beziehungen im Mittelpunkt stehen. Sechs Jahre später, mit *The Child in Time* (1987; *Ein Kind zur Zeit*, 1988), einem Roman, der als *Whitbread Novel of the Year* preisgekrönt wurde, ist nach Meinung der Kritiker die Wende vom »purveyor of nasty tales« »to a novelist, unsurpassed for his responsive and responsible humanity« vollzogen. Leiden, Verlust, Trennung und Destabilisierung sind für M. in diesem profunden Roman offenbar unabdingbare Voraussetzungen für die Entfaltung von Menschlichkeit, von Einsicht und von Hoff-

nung. 1990 folgte mit *The Innocent* (*Unschuldige: Eine Berliner Liebesgeschichte*, 1990) ein Roman, der im Frontstadt-Milieu Berlins in den 1950er Jahren spielt und den Bau eines Abhörtunnels nach Ostberlin als zentralen Handlungsfaden hat. Wie ein Spionageroman angelegt und sein Spannungspotential nutzend, ist dies dennoch kein Ausflug M.s in ein völlig neues Genre. *Black Dogs* von 1992 (*Schwarze Hunde*, 1994) erhielt zurecht überschwengliche Kritiken und wurde von den Rezensenten als bislang philosophischster der Romane M.s gefeiert. Die Leidenschaft, in das Leben anderer Menschen einzudringen, an ihm stellvertretend teilzuhaben, führt den Erzähler in diesem Roman dazu, den Lebensgeschichten seiner Schwiegereltern als Kompensation für den frühen Verlust seiner Eltern nachzuspüren. Sein 1997 erschienener Roman *Enduring Love* (*Liebeswahn*, 1998) demonstriert einmal mehr, mit welchem Geschick M. packende Szenen in seinem Werk einzusetzen versteht. In der Eingangspassage, die eine Beschreibung des Picknicks eines Liebespaares in den Chiltern Hills enthält, wird die Idylle des Sonntagsausflugs jäh unterbrochen von einer Serie atemberaubender Ereignisse, an deren Ende eine zerstörte Beziehung, ein Toter und undefinierbare, aber intensive Schuldgefühle stehen.

M.s Interesse am Menschen ist immer auch ein wissenschaftliches Interesse. Er hat sich in den letzten Jahren verschiedentlich zu einer wachsenden Faszination für naturwissenschaftliche Grenzfragen bekannt. Sein Interesse an Theorien über die Relativität von Raum und Zeit, an Evolutionstheorie und Genetik bestimmt nicht nur in zunehmendem Maße den gedanklichen Gehalt seiner Romane, sondern zeigt auch M. als einen Schriftsteller, dessen Besonderheit in der ungewöhnlichen Verbindung der Mentalität eines Forschers mit einer ungeheuer fruchtbaren Phantasie besteht. Wieviel M. an einem möglichst reichen Leben der Phantasie liegt, hat er in seinen Kinderbüchern demonstriert. 1985 veröffentlichte er *Rose Blanche*, ein für das britische Publikum umgeschriebenes Kinderbuch des italienischen Autors Roberto Innocenti. 1994 folgte dann *Daydreamer* (*Der Tagträumer*, 1995), in dem die wirklichkeitsverändernde Macht der Phantasie, zumal der kindlichen, im Zentrum der Handlung steht.

Obwohl M. dem Ideenroman eine Absage erteilt und sich unmißverständlich zu der politischen Verantwortlichkeit des Schriftstellers geäußert hat – und zwar in dem Sinne, daß es nicht seine Aufgabe sein kann, in literarischen Texten eindeutige politische Präferenzen zu transportieren oder Ideen anschaulich zu vermitteln –, hat er sich doch insbesondere in Arbeiten für das Fernsehen der politischen Realität Großbritanniens kritisch zugewandt: so z. B. in *The Ploughman's Lunch* (1985), einer bissigen Auseinandersetzung mit dem Thatcherismus, aber auch einer scharfsinnigen Satire gegen die Art von mental verkrüppelten Menschen – Politiker, Journalisten, Intellektuelle –, wie sie die heutige Welt in immer größerer Zahl erzeugt. – Schon frühzeitig hatte sich M. neben dem Romanschreiben auf die Übertragung von Literatur in andere Medien konzentriert und in einigen Fällen sogar den visuellen Medien den Vorzug vor den geschriebenen gegeben. 1979 wurde die Verfilmung seiner Kurzgeschichte »Solid Geometry« (1974), für die er das Filmskript verfaßt hatte, von der BBC-Spitze gestoppt, weil diese die Zurschaustellung eines in einem Glas konservierten Penis für unzumutbar für das breite Publikum hielt. 1980 schrieb er das Skript für das Hörspiel *The Imitation Game* (1981), und 1983 führte das London Symphony Orchestra sein Oratorium *Or Shall We Die* auf. 1988 adaptierte M. Timothy Mos *Sour Sweet* (1982) für die Leinwand, und

1993 schrieb er das Skript für *The Good Son*. Einige seiner Romane sind verfilmt worden – hier ist insbesondere *The Innocent* als besonders erfolgreich zu erwähnen. Seine bislang letzten Romane sind *Amsterdam* (1998; *Amsterdam*, 1999), für den M. den *Booker Prize* erhalten hat, und *Atonement* (2001). *Amsterdam* ist neben *Daydreamer* bei weitem M.s heiterstes Werk, obwohl es mit einem Begräbnis beginnt und mit einem Doppelmord endet.

Jürgen Schlaeger

Melville, Herman
Geb. 1. 8. 1819 in New York City;
gest. 28. 9. 1891 in New York City

Als »der Mann, der unter Kannibalen gelebt hat«, wurde Herman Melville, erst 26jährig, nach Erscheinen seines ersten Buches *Typee: A Peep at Polynesian Life* (1846; *Vier Monate auf den Marquesas-Inseln oder Ein Blick auf polynesisches Leben*, 1847) bekannt. Der stark autobiographische Roman weckte bei Verlegern und Rezensenten Zweifel hinsichtlich der Wahrheit der dargestellten Abenteuer, was das Publikumsinteresse eher förderte. Doch schon damals war für den Autor nicht schlichte Tatsachentreue das Wesentliche, sondern die Frage nach dem Erkennen der Wahrheit. Als sich M. nur elf Jahre später mit seinem zehnten Buch, *The Confidence-Man: His Masquerade* (1857; *Ein sehr vertrauenswürdiger Herr*, 1958), als Berufsschriftsteller verabschiedete, hatte er den größten Teil seines Publikums längst wieder verloren, jedoch einen Text vorgelegt, der ein gutes Jahrhundert später als der erste postmoderne Roman Amerikas bezeichnet werden sollte, ein Buch, in dem die Frage nach der Wirklichkeitsnähe am radikalsten in seinem Œuvre durch jene tiefere nach der ›Wahrheit der Wahrheit‹ abgelöst wird. In dieser Satire erscheinen die USA als eine Gesellschaft von Betrügern und Betrogenen, doch in mehreren selbstreflexiven Kapiteln und durch den auch im übrigen Text ständigen Wechsel von Bedeutungserstellung und Bedeutungsvernichtung wird die Frage aufgeworfen, ob nicht auch alle Literatur Betrug sei. M. schrieb in diesen Jahren zunehmend gegen ein Publikum an, das ihm auf seinem Weg nicht folgen wollte, die Grundlagen von Erkenntnis und Moral sowie die Möglichkeiten und Funktionen literarischer Vermittlung zu erkunden. Das 20. Jahrhundert indessen erhob ihn zum Genie und sein wohl wichtigstes Werk, *Moby-Dick; or The Whale* (1851; *Moby Dick oder Der weiße Wal*, 1927), zu *dem* amerikanischen Roman seiner Epoche schlechthin.

M. stammte aus einer New Yorker Kaufmannsfamilie, doch sein Vater machte Bankrott und starb kurz darauf, so daß M. mit zwölf Jahren die Schule verlassen mußte. 1839 fuhr er als Schiffsjunge nach Liverpool, seine erste Seereise, die ihn auch mit den grimmigen Sozialverhältnissen in der englischen Hafenstadt konfrontierte und die er in seinem Roman *Redburn: His First Voyage* (1849; *Redburns erste Reise*, 1850) fiktionalisieren sollte. Nach einer Reise zum Mississippi heuerte er erneut an, diesmal auf einem Walfänger, der im Januar 1841 in Richtung Pazifik auslief. Mit einem Freund desertierte M. 1842 auf den Marquesas-Inseln, schlug sich ins Innere durch und landete bei den Taipis, einem Kannibalenstamm, bei dem er einen Monat in idyllisch-angstvoller Gefangenschaft zubrachte, ehe er von einem anderen Schiff gerettet wurde. Über Tahiti und Hawaii führte sein Weg, bevor er im Oktober 1844 als Matrose auf einer Fregatte der amerikanischen Marine nach Boston zurückkehrte. Diese vier Jahre Reise, Arbeit und Abenteuer ersetzten ihm, wie er zu scherzen pflegte, seine Hochschulausbildung und lieferten ihm den Ausgangsstoff für fünf seiner ersten sechs Romane. In *Typee* wird die selbsterlebte Begegnung mit dem radikal Fremden zu einer grundsätzlichen Gestaltung des abendländischen Zwiespalts von Zivilisation und Zivilisationsflucht benutzt; dem Traum vom Südseeparadies und seiner Freiheit von Arbeit und sexuellen Zwängen steht die Furcht gegenüber, vom (durch die Landschaftssymbolik und durch die Inselschöne Fayaway mit weiblicher Sexualität assoziierten) Anderen verschlungen zu werden, im wörtlichen und im übertragenen Sinn. Schon hier kombiniert M. in für ihn charakteristischer Weise Abenteuerhandlung, realistische, z. T. wissenschaftlich fundierte Beschreibung und symbolisch-metaphorische Stilisierung, die zum Mittel der Erschließung grundlegender Sinnfragen wird. Es folgten die Fortsetzung *Omoo: A Narrative of Adventures in the South Seas* (1847; *Omoo oder Abenteuer im Stillen Ozean*, 1847) und *Mardi and a Voyage Thither* (1849; *Mardi und eine Reise dorthin*, 1997), wo M. das autobiographische Modell zugunsten einer allegorischen Abenteuerromanze aufgibt, die den Protagonisten durch einen Archipel führt, dessen Inseln Staaten wie Frankreich, England und die USA oder – meist satirisch – bestimmte Institutionen und Weltanschauungen repräsentieren. Der eher negativen Reaktion auf die phantastischen Elemente dieses Buches und seinen oft bombastischen Stil begegnete M. mit *Redburn* und *White-Jacket* (1850; *Weißjacke*, 1948). Letzteres beschreibt höchst kritisch den Mikrokosmos eines amerikanischen Kriegsschiffs, auf dem die Matrosen mit großer Brutalität diszipliniert werden: Außer den schwarzen Plantagensklaven waren sie damals die einzigen Amerikaner, die regelmäßig ausgepeitscht wurden. Wie die meisten der frühen Romane M.s trägt auch dieser Züge des Initiationsberichtes: Erst als der Titelheld seine elitäre Selbstgenügsamkeit und seine dafür symbolisch stehende weiße Allzweck-

Jacke aufgibt, wird er Teil der anti-hierarchischen Mannschaftssolidarität.

Der Autodidakt M. war zur literarischen Berühmtheit avanciert und verkehrte in den intellektuellen Zirkeln New Yorks. 1847 hatte er Elizabeth Shaw geheiratet, Tochter eines hohen Richters, der der Familie später des öfteren finanziell unter die Arme greifen mußte. 1850 zogen die Melvilles auf eine Farm in Pittsfield, Massachusetts, die M. hinfort nebenbei bestellte. Gleichfalls 1850 rezensierte er Nathaniel Hawthornes Kurzprosasammlung *Mosses from an Old Manse*. Sein »Hawthorne and His Mosses« ist ein Schlüsseltext, weil er in seiner Charakterisierung des 15 Jahre älteren Autors als abgründigem Wahrheitssucher auf der Schattenseite menschlicher Existenz Wesentliches über M.s eigene skeptische Weltsicht und die Funktion seiner Literatur als Erkenntnisinstrument preisgibt. Kurz danach begann die persönliche Freundschaft der beiden Schriftsteller, ein Kontakt, der M. ebenso markant beeinflußte wie seine Lektüre William Shakespeares, Michel de Montaignes sowie vieler anderer europäischer Dichter und Philosophen, aber auch Ralph Waldo Emersons und weiterer amerikanischer Zeitgenossen sowie historischer und faktographischer Bücher. Seine weitgespannte, wiewohl eklektische Rezeption einer Fülle von Texten und Ideen in jenen Jahren ist Teil eines rapiden intellektuellen Reifungsprozesses. Früchte trug dieser am deutlichsten in *Moby-Dick*, dem letzten Roman, der auf dem Stoff jener großen Abenteuerreise fußte. Das monumentale Buch schildert die verhängnisvolle Jagd des monomanischen Kapitäns Ahab nach dem riesigen weißen Pottwal, den die Seeleute Moby Dick nennen und in dem er die dämonische Verkörperung alles Bösen sieht. Es schildert ebenfalls die Erfahrungen des Ich-Erzählers und einzigen Überlebenden Ishmael, der die Schiffsbesatzung, das Meer und seine Kreaturen und schließ-lich den weißen Wal selbst in einer Weise erlebt und wiedergibt, daß seine Reise sich zur Suche nach dem Wesen und Sinn der Wirklichkeit entwickelt. *Moby-Dick* zeigt den Walfang in allen realistischen Details als damals einträg-lichen Industriezweig und als Element der amerikanischen Expansion in den pazifischen Raum. Mit der Darstellung der multikulturellen Schiffsbesatzung kommen zudem zeitgenössische gesellschaftliche Fragen und die Relevanz politischer Ordnungssysteme zur Sprache. Zugleich ist das Buch insofern eine typische »romance«, als M. sich die Freiheit nimmt, die Grenzen des Wahrscheinlichen zu ignorieren. Zum Experimentalroman wird der Text dadurch, daß er eine Vielzahl von Gattungen mischt (einzelne Passagen werden sogar als Dramentext präsentiert) und zwischen diversen Stilen, von der Sachprosa bis zu Ahabs Blankvers-Rhetorik, wechselt. Ishmaels immer aussichtsloser hinter dem Gegenstand zurückbleibende Versuche, die Wirklichkeit zu strukturieren und sie zu einer Reihe von Erkenntnismodellen aus Philosophie, Psychologie, Religion, Wissenschaft und Literatur in Bezug zu setzen, widerlegen Ahabs transzendentalistische Vorstellung, daß Geist und Materie in unmittelbarer, simpler Analogie stehen. Angesichts der im Wal selbst verkörperten Totalität von Lebenskraft und todbringender Zerstörungsmacht, ja von Bedeutung überhaupt, wird Ishmael zum Erkenntnis-skeptiker, dessen Relativismus ausbalanciert wird durch sein Dennoch-Bekenntnis zu Mitmenschlichkeit und demokratischer Solidarität.

Für den Autor war die Niederschrift dieses Romans eine physisch und psychisch erschöpfende *tour de force*. Starke Augenbeschwerden und Ischiasprobleme plagten ihn. Der Vielpersonen-haushalt schien zeitweise kaum erträglich. M.s obsessive Arbeit machte Elizabeth und andere besorgt um seinen Geisteszustand. Die finanziellen Verhältnisse, familiäre Katastrophen, M.s zunehmender Alkoholkonsum, wohl auch seine heute von vielen Forschern vermutete Bisexualität belasteten die Ehe. Zudem rieb M. sich auf in dem Zwiespalt zwischen dem Geschmack des Publikums, das *Moby-Dick* nur verhalten rezipierte, und der Art von Ideendichtung, die ihm mehr und mehr als einzige erschien, die es wert war, geschrieben zu werden: »Dollars damn me«, klagte er. Doch *Pierre; or, The Ambiguities* (1852; *Pierre oder Im Kampf mit der Sphinx*, 1965), M.s erster »Landroman«, verprellte seine Leser erst recht. Diese Persiflage des sentimentalen und des Bildungsromans, zugleich eine Abrechnung mit gesellschaftlichen Verhältnissen und der Institution Literatur, demonstriert im Untergang des jungen, rebellischen Titelhelden und derer, die ihm nahestehen, die Unmöglichkeit, in einem absoluten Sinne moralisch zu handeln. Der nicht immer als Parodie erkennbare rhetorische Bombast, vor allem aber die Durchbrechung gesellschaftlicher Tabus in den Bereichen Sexualität und Religion machten *Pierre* für das zeitgenössische Publikum inakzeptabel. Die wirtschaftliche Lage der Melvilles war nun kritisch, und auch der Versuch, dem Autor eine Stellung als Konsul zu verschaffen, wie sie Hawthorne damals erhielt, mißlang – eine doppelte Enttäuschung, weil die Übersiedelung des Freundes nach England den intellektuellen Kontakt stark reduzierte.

Mehrere Jahre lang und durchaus mit einigem Erfolg schrieb M. nun Kurzprosa für literarische Zeitschriften, sprachlich im Vergleich zu den letzten Romanen sehr zurückgenommene Texte, die unter der oft humorvollen Oberfläche durch Ironie und Symbolik einen großen Bedeutungsreichtum entfalten. Ein Teil dieser Arbeiten wurde 1856 in dem Band *The Piazza Tales* (*Piazza-Erzählungen*, 1962) gesammelt. Einige der Geschichten gehören ebenso zur Weltliteratur wie *Moby-Dick*. Besonders gilt dies für »Bartleby, the Scrivener« (1853), eine der berühmtesten und meistinterpretierten Erzählungen der amerikanischen Literatur, in der die Beziehung zwischen Arbeitgeber und Angestelltem zu einer Parabel über die Grenzen des Verstehens im Angesicht der Sterblichkeit oder, allgemeiner, der *conditio humana* in einem sinnlosen Universum wird. Ebenso meisterhaft wie hier die Perspektive des unzuverlässigen Ich-Erzählers handhabt M. die Multiperspektivik in der langen Erzählung »Benito Cereno« (1855). Im Mehrfachbericht über eine Sklavenmeuterei spricht dieser Text nicht nur ein in den USA vor dem Bürgerkrieg hochbrisantes Thema an, sondern demonstriert auch die Unmöglichkeit klarer Einsichten und somit die Unzulänglichkeit einfacher Urteile und Lösungen. Die Schriftstellerkarriere M.s konnten diese Arbeiten ebenso wenig retten wie der historische Kurzroman *Israel Potter: His Fifty Years of Exile* (1855; *Israel Potters Irrfahrten und Abenteuer*, 1956). Auch eine von seinem Schwiegervater finanzierte Europa- und Palästinareise brachte M. keine geistige und psychische Erholung, wohl aber Material für öffentliche Vorträge, mit denen er einige Jahre Geld verdiente, bevor er 1863 mit seiner Familie zurück nach New York City zog. Dort verbrachte er den Rest seines Lebens, von 1866 bis 1885 als Zollinspektor, eine stetige, aber wenig erfreuliche Tätigkeit. Die Lyrik, die M. in diesen Jahrzehnten schrieb und in kleinen Auflagen oder Privatdrucken veröffentlichte, ist eigenwillig in ihrer Spannung zwischen formaler Konventionalität und sprachlicher Freiheit. Einige Texte sind hervorragend, und seine als *Battle-Pieces and Aspects of the War* (1866) gesammelten Gedichte zum amerikanischen Bürgerkrieg zeigen die traumatisierenden Wirkungen des Krieges auf Kultur und Gesellschaft im Norden wie im Süden mit seltener Eindringlichkeit. *Clarel* (1876) ist ein buchlanges Erzählgedicht über die quälende Suche nach Lebenssinn und Glaubensgewißheit, die eine Gruppe von Figuren in Palästina zusammenführt, Beleg für M.s fortdauernde Beschäftigung mit solchen philosophischen Fragen. Mit dem Kurzroman *Billy Budd, Sailor (Billy Budd: Vortoppmann auf der Indomitable*, 1938), den er in einem vielfältig revidierten Manuskript hinterließ und der erst 1924 veröffentlicht wurde, schrieb M. noch einmal ein meisterhaftes Prosawerk, in dem er zu seinen Grundfragen zurückkehrt: der Fraglichkeit ethischer und politischer Normen, der Undurchsichtigkeit menschlichen Verhaltens und der Begrenztheit sprachlicher Ausdrucks- und Kommunikationsmöglichkeiten.

Die Wiederentdeckung M.s begann in den 1920ern und förderte immer neue Aspekte seines Gesamtwerks zutage, von den Heldenfiguren seiner Romane über die revolutionäre ästhetische Struktur seiner Texte und seine problematisierende Verarbeitung der abendländischen Ideentradition bis hin zur Kontextualisierung in den politischgesellschaftlichen Debatten seiner Epoche. Die Fülle der Sekundärliteratur ist längst unüberschaubar geworden, und seine Faszinationskraft dokumentiert sich bis zum heutigen Tag in zahlreichen Werken aus bildender Kunst, Musik, Theater und Film, die sich mit der Person des Autors oder seinem Œuvre auseinandersetzen.

Helmbrecht Breinig

Miller, Arthur
Geb. 17. 10. 1915 in New York City

In seiner Jugend hätte ihm wohl niemand eine Karriere als Künstler und Intellektueller vorausgesagt. Geboren als zweiter Sohn eines jüdischen Textilfabrikanten, der es aus einfachen Verhältnissen zu Wohlstand gebracht hatte,

interessierte sich der heranwachsende Arthur Miller eher für Sport und Vergnügungen als für Bücher und Sozialkritik. Einen entscheidenden Einschnitt in seinem Leben markierte der Börsenkrach vom Oktober 1929, der auch den Bankrott des väterlichen Familienunternehmens zur Folge hatte. Konfrontiert mit Phänomenen, die er bis dahin nur aus der Distanz wahrgenommen hatte, wurde die Zeit der Weltwirtschaftskrise für M. – wie für viele, die ihre bewußtseinsprägenden Lernerfahrungen in den 1930er Jahren machten – zum Anlaß, den optimistischen Glauben an den »American Dream« radikal in Frage zu stellen.

Diese Desillusionierung spiegelt sich auch in den ersten Stücken, *Honors at Dawn* (1936) und *No Villain* (1937; später umgearbeitet zu *They Too Arise* und *The Grass Still Grows*), die M. noch während seines Studiums verfaßte. Beide Stücke bewegen sich noch im konventionellen Rahmen der epochentypischen linksradikalen Propagandaliteratur, indem sie soziale Mißstände einseitig auf die gesellschaftlichen Klassenstrukturen zurückführen. Nach dem Studium arbeitete M. eine zeitlang beim linkspolitisch engagierten Federal Theatre Project mit. Mit dem Eintritt der Vereinigten Staaten in den Zweiten Weltkrieg begann für M. dann eine Übergangsphase, in der er seinen Lebensunterhalt mit schriftstellerischen Auftragsarbeiten bestritt: Er schrieb Hörspiele, sammelte in Armeecamps Material für den Film *The Story of GI Joe* (1945) und verfaßte als Ergebnis dieser Recherchen das Kriegstagebuch *Situation Normal* (1945), das gegenüber dem patriotischen Pathos der Hollywood-Kriegspropaganda eine distanzierte Position einnimmt. 1945 erscheint sein Roman *Focus* (*Focus*, 1950), in dem sich M. kritisch mit dem Phänomen des Antisemitismus auseinandersetzt. Dieser Roman zeigt eine thematische Akzentverschiebung an, die sich auch in

M.s dramatischem Werk manifestiert. An die Stelle eines doktrinär verkündeten Klassenstandpunkts tritt nun die Frage nach der persönlichen moralischen Verantwortung des Individuums, und das marxistische Dogma von der ökonomischen Determiniertheit des Menschen wird ersetzt durch das Interesse an den Bewußtseinsverstrickungen des einzelnen in seine individuellen wie auch in die kollektiven Träume und Illusionen seines gesellschaftlichen Umfelds.

Diese Akzentverschiebung zeigt sich bereits in seinem ersten Broadwaydrama, der Komödie *The Man Who Had All the Luck* (1944). Dieses Stück über einen jungen Automechaniker, der durch eine Reihe von offensichtlich blinden Zufällen zu Reichtum gelangt, aber am Ende gleichwohl davon überzeugt ist, seinen Erfolg der eigenen Tüchtigkeit zu verdanken, ist nicht nur ein satirischer Kommentar auf den »American Dream«, sondern veranschaulicht auch, welch starken Einfluß bestimmte populärmythische Denkmuster auf das Bewußtsein und Handeln von Individuen haben können. Um Bewußtseinskritik geht es auch in den beiden nachfolgenden Familiendramen *All My Sons* (1947; *Alle meine Söhne*, 1948) und *Death of a Salesman* (1949; *Der Tod eines Handlungsreisenden*, 1950), mit denen M. sich als einer der führenden amerikanischen Dramatiker nach dem Zweiten Weltkrieg etablierte. Nach dem Vorbild der analytischen Dramentechnik Henrik Ibsens gestaltet M. *All My Sons* im Rahmen eines Vater-Sohn-Konflikts den Prozeß der allmählichen Aufarbeitung verdrängter Schuld. Zentrales Handlungsmotiv ist die Auseinandersetzung zwischen dem Fabrikanten Joe Keller und seinem Sohn Chris. Joe Keller ist im Zweiten Weltkrieg durch die Auslieferung schadhafter Flugzeugteile an die Luftwaffe zu geschäftlichem Erfolg gelangt, obwohl er für den Tod mehrerer Piloten, darunter auch den seines älteren Sohnes Larry, verantwortlich ist. Chris, der zunächst noch die Einsicht in die Schuld seines Vaters vor sich selbst zu verleugnen sucht, wird am Ende zu dessen gnadenlosem Ankläger. Das Stück endet mit dem Schuldeingeständnis und dem anschließenden Selbstmord Joe Kellers. Hinter der scheinbar einfachen Figuren- und Handlungskonstellation verbirgt sich eine außerordentlich komplexe moralische Problematik. Diese Komplexität erwächst nicht zuletzt aus dem Umstand, daß entgegen dem oberflächlichen Anschein alle Beteiligten sozusagen komplizenhaft in einen gemeinschaftlichen Schuldzusammenhang verstrickt sind. Im Lichte des in M.s programmatischem Essay »Tragedy and the Common Man« (1949) formulierten Diktums »I believe that the common man is as apt a subject for tragedy in its highest sense as kings were« betrachtet, erscheint Joe Keller als ein tragischer Held modernen Typs, dessen moralischer Entwicklungsgang dem konventionellen Gattungsmuster von tragischer Verblendung, Selbsteinsicht und sühnendem Selbstopfer folgt.

Death of a Salesman greift wesentliche Motive von *All My Sons* wieder auf, geht aber formal neue Wege, indem es die analytische Technik der allmählichen Vergangenheitsenthüllung mit dem expressionistischen Stilmittel der unmittelbaren Bewußtseinsdarstellung verknüpft. Das Stück besteht aus einer realistischen Rahmenhandlung und einer Reihe von expressionistischen Binnenszenen, in denen die subjektive Erinnerungs- und Halluzinationswirklichkeit des Protagonisten, des alternden Handlungsreisenden Willi Loman, auf die Bühne projiziert wird. Zentrales Handlungsmotiv ist wieder der Vater-Sohn-Konflikt, hier zwischen Willi Loman und seinem Sohn Biff, beide gescheiterte Existenzen, die kläglich hinter ihren Erfolgserwartungen zurückgeblieben sind. Indem das Stück die falschen

Träume des Protagonisten als wesentlichen Grund für dieses Scheitern freilegt, übt es zugleich Kritik am »American Dream«. Diese Kritik erfolgt im wesentlichen über eine Analyse der Widersprüche im Bewußtsein Willi Lomans, welche sich besonders in der Erinnerung an drei Vaterfiguren – Willis leiblichen Vater, seinen älteren Bruder, Uncle Ben, sowie den Handlungsreisenden Dave Singleman – manifestieren, von denen jeder eine bestimmte historische Spielart des »American Dream« verkörpert: Willis Vater den nostalgischen Traum von einem freien, selbstbestimmten und naturnahen Leben, wie er sich im kollektiven Gedächtnis der Amerikaner mit der vorindustriellen Pionierzeit des 18. und frühen 19. Jahrhunderts verbindet, Uncle Ben den sozialdarwinistischen Traum vom schnellen Erfolg, wie er vor allem für die frühkapitalistische Expansionsphase des späten 19. Jahrhunderts charakteristisch war, und Dave Singleman den Popularitätsmythos, also den Glauben, allein durch Bekanntheit und Beliebtheit zu Erfolg und Reichtum gelangen zu können, der ein ideologisches Produkt der spätkapitalistischen Konsumgesellschaft des 20. Jahrhunderts und zugleich die historische jüngste Variante des »American Dream« darstellt. Die symbolhaft verdichtete Schlußszene des zweiten Aktes repräsentiert einen letzten vergeblich-pathetischen Versuch Willi Lomans, die widersprüchlichen Leitbilder, die sein Leben bestimmt haben, zur Synthese zu bringen, als er zu mitternächtlicher Stunde Samen in seinen Hinterhofgarten einsät, Selbstmord begeht in der Hoffnung, seine Familie mit Hilfe seiner Lebensversicherung auf einen Schlag reich machen zu können, und mit der Vorstellung in den Tod geht, daß bei seinem Begräbnis Hunderte von Kollegen und Kunden anwesend sein werden. Der Protagonist sperrt sich damit bis zu seinem Ende gegen jede Einsicht in die Falschheit seiner Träu-

me. Eine solche wird allein Biff zuteil, der in einer emotional geladenen Auseinandersetzung seinem Vater entgegenhält: »I'm a dime a dozen, and so are you!« und in der abschließenden Requiemszene feststellt: »He had the wrong dreams. All, all wrong«.

Es hat in der Kritik eine breite Kontroverse über die Frage gegeben, inwieweit das Drama dem von M. formulierten Anspruch, eine ›moderne Tragödie‹ schaffen zu wollen, gerecht wird. Gegenüber Kritikern, die in dem Stück eine Aufspaltung von tragischer Verblendung und tragischer Einsicht auf zwei Figuren zu erkennen glauben, läßt sich einwenden, daß Biffs Einsicht in die eigene Nichtswürdigkeit und die seines Vaters nicht eigentlich als tragisch bezeichnet werden kann, da ihr das für die Figur des tragischen Helden konstitutive Moment der ›Größe‹ fehlt. Diese im Sinne des modernen Tragödienkonzepts M.s nicht mehr als soziale, sondern als innere Qualität zu definierende Größe gewinnt jedoch Willi Loman, wenn er auf der individuellen Würde seiner Person besteht und seinem Sohn entgegenhält: »I am not a dime a dozen! I am Willi Loman, and you are Biff Loman!«. Um sich aber der Einsicht in die Nichtswürdigkeit seiner Person verweigern zu können, muß er noch bis in den Tod hinein an den Illusionen festhalten, die sein Leben bestimmt haben. In diesem Sinne wird gerade die Intensität seiner tragischen Verblendung, in paradoxer Umkehrung des traditionellen Schemas, zum Ausweis seiner tragischen Größe.

Nach dem phänomenalen Erfolg von *Death of a Salesman* brachte M. in den 50er Jahren mit *An Enemy of the People* (1950), einer Adaption von Henrik Ibsens gleichnamigem Geschichtsdrama *The Crucible* (1953; *Hexenjagd*, 1954), sowie den beiden Einaktern *A View from the Bridge* (1955; *Blick von der Brücke*, 1956) und *A Memory of Two Mondays* (1955) vier Stücke auf die Bühne, die seinen Status als einer der führenden amerikanischen Dramatiker weiter festigten. Politische Aufmerksamkeit erregte er insbesondere mit *The Crucible*, in dem er den historischen Stoff der Hexenverfolgung in Salem, Massachusetts, zu einer Parabel über die zeitgenössische politische Situation während der McCarthy-Ära machte. Auch in diesem Drama vermeidet M. vereinfachende Antworten, indem er u. a. an der Hauptgestalt John Proctor aufzeigt, wie das persönlich unbeteiligte Individuum, das zum Opfer der Gewalt wird, komplizenhaft in die gesellschaftlichen und politischen Schuldzusammenhänge verstrickt werden kann. Dieses Thema sollte ihn wenig später auch in seiner eigenen Biographie beschäftigen. Im Juni wurde er 1956 vor das Committee on Un-American Activities geladen und aufgefordert, frühere Weggefährten zu denunzieren. Obwohl sich M., ähnlich wie sein Dramenheld John Proctor, diesem Ansinnen standhaft verweigerte, hinterließ das Erlebnis bei ihm nachhaltige Schuldgefühle. Hinzu kamen Komplikationen in seinem Privatleben: Im gleichen Jahre ging seine Ehe mit seiner ersten Frau, Mary Grace Slattery, in die Brüche, und er heiratete Marilyn Monroe, von der er sich jedoch 1960 wieder trennte. Nach der Scheidung von ihr folgte 1962 die Heirat mit der österreichischen Photographin Ingeborg Morath.

Durch solche persönlichen Erfahrungen wurde M. auch als Schriftsteller für das Thema der komplizenhaften Schuldverstrickung weiter sensibilisiert. Deutlich wird dies vor allem in dem autobiographischen Erinnerungsstück *After the Fall* (1964; *Nach dem Sündenfall*, 1964), in dem M. diese Erfahrungen mit Hilfe eines konfessionsähnlichen Erzählermonologs seiner fiktiven *persona* Quentin und einer den Assoziationsstrom des menschlichen Bewußtseins nachbildenden Montagetechnik aufarbeitet. M. weitet dabei das Thema der individuellen Schuldverstrickung

ins Allgemeine aus, indem er Motive aus dem vermeintlich persönlich-privaten Erlebnisbereich von Ehe, Familie und Freundschaft mit historischen Ereignissen wie der McCarthy-Ära und der Judenvernichtung kombiniert. Er verweist damit nicht nur auf die politische Dimension des Persönlichen, sondern kommt tendenziell zu einer Grundaussage über die Existenz des Bösen als einer grundlegenden Tatsache menschlichen Daseins. Insofern markiert das Stück eine perspektivische Verlagerung in M.s dramatischem Schaffen von einer psychologisch-sozialkritischen hin zu einer anthropologisch-existentialistischen Sichtweise. Deutlich wird diese Verlagerung auch in dem Einakter *Incident at Vichy* (1964; *Zwischenfall in Vichy*, 1965), dessen Handlung im Jahre 1942 während der deutschen Besetzung in Frankreich spielt. Eine Gruppe von Männern, die meisten von ihnen Juden, warten in einem Vorraum einer Verhörkammer der Gestapo auf ihr Verhör, in der angstvollen Erwartung, nach Auschwitz abgeschoben zu werden, falls sie als ›Nichtarier‹ identifiziert werden. Im Mittelpunkt des Geschehens steht die Auseinandersetzung zwischen dem jüdischen Intellektuellen Leduc und dem irrtümlich aufgegriffenen österreichischen Adligen Baron von Berg, in dessen Verlauf es zu einer überraschenden Rollenumkehr kommt. Der von Leduc der Komplizenschaft mit den Mördern beschuldigte Baron steckt seinem jüdischen Gegenspieler heimlich Ausweispapiere zu, die diesem die Flucht ermöglichen, aber ihn selbst möglicherweise das Leben kosten. Der Opferkandidat Leduc wird damit durch seinen Antagonisten als potentieller Komplize des verbrecherischen Gewaltsystems entlarvt. Umgekehrt erscheint auch Baron von Berg nicht als moralisch einwandfreie Märtyrergestalt, sondern nur als Sieger in einem moralischen ›Machtspiel‹, indem er durch sein Selbstopfer den anderen zum Schuldigen gemacht hat. Die moralische Ambivalenz menschlicher Motive ist auch ein Leitthema in dem analytischen Stück *The Price* (1968), in dem zwei Brüder anläßlich der Auflösung des Hausrats ihrer verstorbenen Eltern in eine Auseinandersetzung über die Vergangenheit geraten. Dabei wird für den Zuschauer deutlich, wie jeder der beiden mit seinen moralischen Vorhaltungen an die Adresse des anderen immer auch von einem unterschwelligen Bedürfnis nach Selbstrechtfertigung motiviert wird. In der dramatischen Satire *The Creation of the World and Other Business* (1972, *Die Erschaffung der Welt und andere Geschäfte*, 1974), einer 1974 unter dem Titel *Up From Paradise* als Musical herausgebrachten Parodie des biblischen Schöpfungsmythos, wird diese Thematik gewissermaßen ins Kosmische erweitert. Selbst der Schöpfergott ist, abgesehen davon, daß ihm gelegentliche ›Produktionsfehler‹ unterlaufen, nicht frei von eitlem Selbstbespiegelungsdrang, wenn er den ersten Menschen nach seinem Ebenbild zu schaffen versucht.

Die bis ins hohe Alter hinein ungebrochene schriftstellerische Vitalität M.s dokumentiert sich noch in einer Vielzahl weiterer Stücke, von *The Archbishop's Ceiling* (1977) und *The American Clock* (1980) bis hin zu *The Last Yankee* (1993) und *Broken Glass* (1994). Auch über den Bereich des Dramas hinaus bezeugt sich die ungewöhnliche Vielfalt seines Werkes u. a. in Form zahlreicher dramentheoretischer Essays (gesammelt in *The Theater Essays*, 1978; *Theateressays*, 1981), im Genre der Erzählprosa (*The Misfits*, 1961; *I Don't Need You Any More: Stories*, 1967), des Filmdrehbuchs (*The Misfits*, 1964, nach der gleichnamigen Kurzgeschichte), des Fernsehspiels (*Playing for Time*, 1980), der Autobiographie (*Timebends: A Life*, 1987; *Zeitkurven*, 1987) sowie in den zusammen mit Ingeborg Morath herausgebrachten Bild-/Textbänden (*In Russia*,

1969; *In the Country*, 1977; *Chinese Encounters*, 1979). Auch wenn es in letzter Zeit um den zurückgezogen in seinem Landhaus in Connecticut lebenden M. etwas stiller geworden ist – sein Werk ist von einer Breite und Tiefe, die ihn als eine der wichtigsten literarischen Stimmen unserer Zeit erscheinen läßt.

Kurt Müller

Milton, John
Geb. 9. 12. 1608 in London;
gest. 8. 11. 1674 ebd.

John Milton ist nach Shakespeare der prominenteste Autor des etablierten Kanons englischer Hochliteratur. Doch während Shakespeare lebendiges Kulturgut geblieben ist, dokumentiert in zahlreichen Bearbeitungen durch die Jahrhunderte bis zu Adaptionen in der Volkskultur oder postmodernen Gegentexten, hat sich der elitäre Text M.s solcher Dialogizität nur der Hochliteratur geöffnet. Der *poeta doctissimus* M., der Englisch so elegant schrieb wie Latein, Griechisch und Italienisch und des Hebräischen mächtig war, wird heute mehr geschätzt und zitiert als gelesen.

Der als ›Puritaner‹ und ›Cromwellianer‹ bekannte M. wurde als Anglikaner geboren, Sohn eines wohlhabenden Londoner Notars und Privatbankiers. Dies eröffnete ihm, neben standesgemäßer Privaterziehung, den Zugang zu der humanistischen St Paul's School, London, und danach dem Christ's College, Cambridge (den ›Puritaner‹ gescholtenen Nonkonformisten noch lange unzugänglich). Es war diese Kombination, die M. in seiner späthumanistischen Prosaschrift *Of Education* (1644) zum Ideal erhob. Innerhalb der anglikanischen Kirche waren die Miltons allerdings kalvinistische Protestanten der *Low Church*, die der sich später formierenden katholisierenden *High Church* und ihrer Unterstützung des Stuart-Absolutismus fernstanden. Das nährte M.s andauernde Rebellion wider jegliche Form von politischer und religiöser Orthodoxie: Er fühlte sich stets nur seinem Gewissen verpflichtet und der Bibel, die er in Hebräisch und Griechisch las, unter Hinzuziehung rabbinischer wie patristischer Kommentare. Daraus erwuchs seine Opposition wider die absolutistischen Bestrebungen von Charles I, dessen Hinrichtung 1649 er für Oliver Cromwell verteidigte. Das nährte aber auch seine ständige Opposition wider die ähnlich absolutistischen Bestrebungen Cromwells, dessen unbequemer ›Außenminister‹ er war. Hinzu kamen seine theologischen Häresien. Neben seinem Arianismus, der Annahme eines Gottvater nur wesensähnlichen Gottessohnes, war er Arminianer, verfocht also wider Calvins Prädestinationslehre die Willensfreiheit des Menschen, und nahm eine Körperlichkeit der Engel an. M.s Häresien veranlaßten die revolutionären Romantiker, ihn ›wider den Strich‹ zu lesen: so Percy Bysshe Shelley und William Blake (in seinem visionären Epos *Milton*, 1804–08).

Auch wenn M. in seiner Cambridge-Zeit (1625–32) gegen das rigide humanistische Curriculum protestierte, erwarb er doch profunde Kenntnisse antiker klassischer wie moderner Renaissance-Autoren, deren Vorbild er noch zu übertreffen suchte. Er studierte die unterschiedlichen Epenstile Homers und vor allem Vergils und orientierte sich rhetorisch am ›Rad des Vergil‹, der seine Dichterkarriere im bescheidenen Stil (*genus humile*) seiner *Eclogae* begonnen habe, dann in seiner *Georgica* zum mittleren Stil (*genus medium*) aufgestiegen sei, um schließlich in seiner *Aeneis* des hohen Stils (*genus grande vel sublime*) mächtig zu sein. M. wollte auf diesem Weg ein großes Arthur- oder Bibelepos schreiben, zu dem er in Cambridge erste Aufzeichnungen machte. Beides gab es schon mehrfach (Edmund Spenser, Michael Drayton, Guillaume Du Bartas, Giles Fletcher), jedoch ohne

den Anspruch eines umfassenden National- bzw. Menschheitsepos. Gleichzeitig aber war der zurückgezogene Dichterlehrling öffentlicher Universitätsredner, beides in der internationalen Gelehrten- wie Diplomatensprache Latein. Gemäß seinem Ideal kombinierter öffentlicher und privater Bildung zog er sich auf den Familiensitz Horton zurück (1632–38), um im Eigenstudium der Klassiker seine schriftstellerischen Fähigkeiten zu steigern. Unter den frühen Gedichten in englischer, lateinischer, griechischer und italienischer Sprache ragt seine Weihnachtshymne »On the Morning of Christ's Nativity« hervor, verfaßt 1629, zur Blütezeit der englischen Barockdichtung der *Metaphysical Poets*, wie die Häufung von kühnen Concetti, Paradoxa, Ellipsen usw. zeigt. Doch zeichnet sich in der Hymne auch schon die Emanzipation von diesem Stil ab. Der barocke *private mode* eines John Donne and George Herbert, die damals noch lebten und sich hohen Ansehens erfreuten, paßte M. ebensowenig wie der *social mode* der konkurrierenden Dichterschule Ben Jonsons und der ›Cavalier Poets‹. M. schlug die Brücke zurück zu den Humanisten und ihrem *public mode*: dem Modus der Gelehrten und Dichter, die zugleich öffentliche Ämter bekleiden und politischen Einfluß nehmen wollten. Nur so ließ sich der zunehmenden Isolation des Stuart-Hofes von James I und Charles I entgegenwirken, die ein entscheidender Faktor des Bürgerkriegsausbruchs 1642 werden sollte.

So pflegte M. Kontakte zum Hof von Whitehall, wie stets entschlossen, Widerstand zu leisten. Dort, wie an anderen englischen Fürstenhöfen, kultivierte man dem *private* und *social mode* entsprechende volksferne, prachtvolle, höfische Maskenspiele (*Stuart Court Masques*), in denen die Höflinge selbst Schauspieler und Zuschauer waren. Von außen holte man nur drei Künstler: einen Textdichter (wie Jonson), einen

Bühnenbildner (wie Inigo Jones) und einen Komponisten (wie Henry Lawes). Letzterer mag es gewesen sein, der M. als Textdichter für zwei Maskenspiele engagierte: *Arcades* (1632) und *Comus* (1634). Darin konterkarierte M. das übliche mythologisch-allegorische Maskenspiel, indem er es christianisierte. Privater Tugendheroismus siegt über höfische Ausgelassenheit und Intrige. Im Vorgriff auf das Epos übte M., noch im *genus medium*, sein Zentralthema ein: den Kampf der himmlischen wider die höllischen Mächte. – Im *genus medium* geschrieben ist auch M.s vielzitierte Pastoralelegie *Lycidas* (1638), Totenklage (*epicede*) auf den Seetod seines College-Gefährten Edward King. Es steht in der bukolischen Tradition von Theokrit, Moschus und Bion. King ist der Schäfer Lycidas, dessen Tod der Sprecher als überlebender Schäfer beklagt. Hier wird die Landbukolik mit Wasserbukolik gemischt, Neptun als Hirte seiner Fischherden, wie auch mit der christlichen Bukolik des guten Hirten (*pastor*) und Kleruskritik. Großgeworden auf demselben Hügel, hüteten beide ihre Schafe; doch nun ist Lycidas tot, treiben seine Gebeine im Reiche Neptuns. Zum geflügelten Wort wurde die Anrufung des Heiligen Michael (Schutzpatron der christlichen Seefahrer auf dem Mont St. Michel der Normandie wie Cornwalls), er möge sich landwärts wenden und um den Toten weinen: »Look homeward, Angel.« Mit der Einblendung des Delphins als Christussymbol erfolgt die Wende von der Klage über den Tod zum Jubel über die Auferstehung: »For Lycidas, your sorrow, is not dead.« Die private Elegie wird zum christlichen Lehrstück, das, wie später *Paradise Lost*, Leiden und Tod einen Sinn zu geben sucht (Theodizee). Auch der für die Renaissance typische Synkretismus sollte später *Paradise Lost* kennzeichnen.

M.s Bemühung um öffentliches Dichterengagement zeigt sich ferner auf seiner ›Grand Tour‹, der Bildungsreise nach Italien (1638–39), die der Horton-Zeit folgte. Er suchte die Großen auf, gerade auch Querdenker und Verfolgte wie Galileo Galilei. Die Zuspitzung der politischen Situation zum Bürgerkrieg rief ihn nach London zurück. Nun, in seiner mittleren Periode (1641–60), trat er mit zahlreichen lateinischen wie englischen Prosaschriften gegen die Königstreuen (›Cavaliers‹, später ›Tories‹) und für die Parlamentarier (›Puritans‹, später ›Whigs‹) ein. Er forderte religiöse Toleranz, Meinungs- und Pressefreiheit, die Herrschaft eines vom Volk gewählten Parlaments, Presbyterialsystem statt monarchietragenden Episkopalsystems. Aus seinem Arminianismus betonte er die Menschenwürde, die auch das Recht auf Ehescheidung einschloß. Mit solchen frührationalistischen Thesen empfahl M. sich Cromwell zunächst nicht, denn Cromwell kopierte in vieler Hinsicht die absolutistischen Praktiken des von ihm entmachteten Charles I: Königspose, Parlamentsauflösung nach Bedarf, politische Verfolgung, Zensur und Bücherverbrennung. Berühmt geworden ist M.s von der Geschichte bestätigte Feststellung in *Areopagitica* (1644; *Areopagitica*, 1851), daß Bücherverbrennung und Mord untrennbar sind. Diese Position erscheint um so kühner, als M. ein Verfechter der Idee eines Gottesstaates in Britannien war, die von Calvins Genfer Theokratie über Martin Butzers *De Regno Christi [in Anglia]* kam und von der Anglo-Israel-Parallele genährt wurde. M. empfahl sich Cromwell erst durch *The Tenure of Kings and Magistrates* und *Eikonoklastes* (1649), die ersten von mehreren Verteidigungsschriften zur Hinrichtung von Charles I im gleichen Jahr. Mit diesem Akt, der die Monarchien Europas erschütterte, wollte Cromwell auch symbolisch die christusanaloge Zweikörpertheorie des Königs als römisch-katholisches Götzenbild entlarven und demonstrieren, daß der König wie der Presbyter lediglich ein vom Volk gewählter und mit dem Volk in einem Vertrag gebundener Verwalter sei (*contractualism*), der im Falle von Vertragsbruch wie jeder andere Staatsbürger von einem weltlichen Gericht (dem Parlament) abgeurteilt werden mußte. Diese Lehre, später von den Whigs der Restaurationszeit wie Shaftesbury und Defoe übernommen, wurde in ganz Europa kontrovers diskutiert. Wenn Cromwell daraufhin M. trotz seiner Renitenz zu seinem Latin Secretary (›Außenminister‹ im Staatsrat) ernannte, so suchte der Isolierte internationale Anerkennung durch M.s Beredsamkeit und Gelehrtenglanz.

M. verfaßte in dieser Phase hauptsächlich theologische und politische Prosa. Eines der wenigen Gedichte ist das Sonett über seine Erblindung. Als mit der Restauration des Königs (Charles II) 1660 das Commonwealth zu Ende ging, war der nunmehr geächtete M. völlig blind. Aber er begann damals auch schon mit der Niederschrift seines im *genus grande* geplanten großen Epos, dessen Stoff und Thema er nun, statt des Nationalepos über König Arthur, umfassender und fundamentaler wählte: ein Menschheitsepos über das im Sündenfall verlorene und durch Christi Erlösungsakt wiedergewonnene Paradies, *Paradise Lost*. Die blutigen Bürgerkriegswirren und Verfolgungen forderten einen theologischen Weltentwurf, der unsägliches Leid rechtfertigte. Das erklärt auch die Nähe von *Paradise Lost* zu einigen der großen Prosaschriften, insbesondere *A Treatise on Christian Doctrine* (1658). Daß das Werk dann trotz Ächtung des Autors in der Restaurationszeit publiziert werden durfte, verdankte M. u. a. der Protektion derer, die er selbst gegen Cromwell geschützt hatte, und dem Pardon für die Cromwell-Anhänger, mit dem Charles II die Nation wieder zu einen suchte.

Das Epos, dessen freier Blankvers gegen den Heroic-Couplet-Zwang der Restaurationszeit protestierte, erschien 1667 in 10 Büchern und, revidiert in 12 Büchern, 1674 (*Das verlorene Paradies*, 1855). In dieser Schlußfassung ist jedem Buch ein »Argument« in Prosa vorangestellt, eine Zusammenfassung des epischen Kampfgeschehens und der theologischen Argumentation (lateinisch *arguere* = ›kämpfen‹). Im wörtlichen Sinne von »Argument« schildert das Werk die Entstehung des Bösen (Satans und seines den Himmel nachäffenden Pandämoniums) aus der Todsünde Stolz; Kriegsräte und Kriege des Bösen gegen das Gute; das Opferangebot des Sohnes an Gottvater im Himmel; den freien Willens verschuldeten Fall Adams und Evas aus derselben Todsünde Stolz; die Vertreibung aus dem Paradies; mit einem Ausblick auf den Opfertod Christi und den Endsieg des Guten. Das »Argument« von *Paradise Lost* im übertragenen Sinne ist eine dialektische Theodizee, Rechtfertigung von Sünde, Leiden und Tod (Antithese) als Weg zu höherem Leben (Synthese). Das alles, so betont M., sei ein »higher argument« als die antiker und moderner Epen. Entsprechend ersetzt M. in einem schweren latinisierenden Epenstil den üblichen Bescheidenheits- durch den Überbietungstopos wie auch synkretistisch die heidnisch-epischen Formen und Geschehnisse durch christliche. Der Heilige Geist tritt an die Stelle der Muse, Sinai und Siloah an die Stelle von Parnassus und Helikon, Christus der Retter an die Stelle des »pius Aeneas«, Engel an die Stelle von Götterboten und Orakeln. Nach überkommenem Epenbeginn *medias in res*, dem Sturz der abtrünnigen Engel um Satan und Beelzebub, erzählt der Erzengel Raphael Adam und Eva im Paradies rückblickend die Vorgeschichte: den Krieg der Heerscharen, die Schöpfung, mit einer Warnung vor dem Fall sowie dialogischen Exkursen über Gehorsamspflicht, Willensfreiheit und das neue heliozentrische Weltbild (Bücher 5–8). Später kündet der Erzengel Michael vorausblickend die Vertreibung aus dem »verlorenen Paradies«, die Möglichkeit des Gewinns eines »inneren Paradieses« im Exil und die Rettung des jenseitig »wiedergewonnenen Paradieses« aus Gottes gütiger Providenz (Buch 12). Auch das Leiden des geächteten und erblindeten Seher-Dichters, das Parallelen zum blinden Homer evoziert und zugleich den heidnischen Rückfall der Restaurationszeit (»evil days«) anspricht, gewinnt Sinn im universalen Heilsgeschehen (Anfang Buch 7). M.s Satan, zugleich Widersacher und Helfer Gottes im Heilsgeschehen, hat stets mehr fasziniert als Gott selbst. Ihn mit den romantischen ›Satanisten‹ gnostisch als Freiheitsheld im Kampf gegen die Tyrannei des Weltenschöpfers zu verstehen, ist zum mindesten im Sinne der Dichterintention nicht legitim. Er steht vielmehr in der Tradition tragischer Bühnenhelden der Shakespearezeit, die Furcht und Mitleid zugleich erregen.

Sinnvolles Leiden wie Verfolgung und Blindheit ist zentrales Thema von M.s Spätwerk. Das Kurzepos (Epyllion) *Paradise Regained* erschien, zusammen mit dem Lesedrama *Samson Agonistes*, 1671 (*Das wiedergewonnene Paradies*, 1855; *Simson der Kämpfer*, 1909). Beide Werke bescheiden sich mit je einer einzigen Episode der Heilsgeschichte (Versuchung und Sieg Christi in der Wüste bzw. Samsons im heidnischen Philisterland) und beziehen sich allegorisch auf M. selbst inmitten seiner libertinen ›gottlosen‹ Zeit. Beide Werke verkünden die gleiche Theodizee. Doch während *Paradise Regained* kaum Beachtung fand, gilt *Samson Agonistes* noch immer als Meisterwerk. Der blinde Kämpfer (griechisch *agonistes*) Samson ist, wie Christus in der Wüste und der blinde M., Versuchungen ausgesetzt: Selbstmord, Kollaboration mit dem Bösen, Aufgabe unter Einschüchterung. Schließlich, im 5. Akt des ebenfalls in antike Gattungsform gegossenen christlichen Dramas, erhält ein bangender Chorus durch Botenbericht Kunde von Samsons Tod und Triumph, da dieser mit sterbend erneuerter Jugendkraft die Tempel der Philister zerstörte. Zukunftsweisend war M.s Technik, die wechselnden seelischen Verfassungen Samsons nicht nur zu beschreiben, sondern auszudrücken, eine Technik, die er schon früh in seinen beiden kontrastiven Stimmungsgedichten »L'Allegro« und »Il Penseroso« (verfaßt ca. 1631, gedruckt 1645) eingeübt hatte.

Rolf Lessenich

Morrison, Toni
Geb. 18.2.1931 in Lorain, Ohio

Die Verleihung des Nobelpreises für Literatur an Toni Morrison 1993 unterstreicht den herausragenden Rang der Autorin, die bis heute neben zahlreichen Interviews und Essays sieben Romane vorgelegt hat. Die erste Auszeichnung dieser Art im Bereich der afroamerikanischen Literatur ehrt eine der unabhängigsten, erfindungsreichsten und intelligentesten Stimmen der zeitgenössischen amerikanischen wie transatlantischen Literatur und eine der unüberhörbaren Stimmen im wachsenden Chor weiblicher Selbst- und Weltwahrnehmung. M.s ungemein bewegliche und musikalische Erzählstimme fordert die Vorstellungskraft des Lesers heraus und belohnt sie durch die ihm abverlangte konstruktive Mitarbeit. M.s thematisches Interesse richtet sich dabei auf spezifisch afro-amerikanische wie frauenzentrierte Anliegen und Erfahrungen in unterschiedlichen Epochen und geographischen Räumen; ihre Fabulier- und Darstellungskraft scheint bis heute ungebrochen.

Schon in ihrem ersten Roman, *The Bluest Eye* (1970; *Sehr blaue Augen*, 1979), setzt sich M. in erzähltechnisch kühner Weise mit für die gesellschaftliche Positionierung schwarzer Frauen in Amerika zentralen Themen auseinander. Die auktoriale Erzählstimme begleitet die Stimme eines schwarzen Schulmädchens, das mit besonderem Augenmerk für ihre Schulkameradin Pecola Breedlove deren Familie und Umwelt beobachtet und kommentiert. Pecola wünscht sich nichts sehnlicher als unübertreffbar blaue Augen. Als Kind aus armen Verhältnissen sind diese für sie der Inbegriff unerfüllbarer Glücksvorstellungen. In M.s Text wird dieses Ideal zum Dreh- und Angelpunkt einer Kritik an der von Weißen gesetzten Ästhetik, deren Wunschbilder etwa in Form von Puppen, der Welt des Kinos, der Werbung und der Mode Afro-Amerikanern die vermeintliche Minderwertigkeit ihrer eigenen Natur vorführen. Der Roman führt anhand vieler Einzelgeschichten die vernichtende Wirkung dieser Ästhetik im Verein mit sozialer Chancenlosigkeit vor Augen. Pauline, Pecolas Mutter, endet in totaler Abhängigkeit – emotional von ihrem Mann Cholly, sozial vom Job in einem weißen Haushalt –, Cholly verfällt in Trunksucht und Haltlosigkeit, und Pecola flieht nach ihrer Vergewaltigung durch den Vater aus Verzweiflung in den Wahnsinn. Das in dem Roman angestimmte ›Klagelied‹ über die Vernichtung einer Kinderseele wird umspielt von den Initiationsriten und Selbstbefreiungsstrategien anderer Kinder und zugleich ironisch kontrastiert mit der Familienidylle eines interpolierten Schulfibeltextes. The Bluest Eye setzt über sein Figurenensemble M.s radikale Kritik an den normativen Grundlagen einer Gesellschaft um, die Schwarzen und Weißen, Frauen und Männern sehr ungleiche Rollen zuweist und an deren Defiziten leiden läßt.

Das Interesse für schichtenspezifische Studien macht in M.s zweitem Roman, Sula (1973; Sula, 1980), der Ausleuchtung eines gruppenspezifischen Aktionsraums Platz – in diesem Fall der marginalisierten schwarzen Nachbarschaft einer Kleinstadt in Ohio als Schauplatz einer Reihe von sehr unterschiedlichen Frauenschicksalen. Die große Widerstandskraft, welche die Umwelt den weiblichen Protagonisten hier abverlangt, wird dabei durch den Roman auch problematisiert, weil sie nicht selten in destruktive Tendenzen umschlägt. Eva Peace etwa, die Großmutter der Titelheldin, ist ebenso willensstark wie kompromißlos. Mit drei Kindern von ihrem Mann Boy Boy verlassen, sichert sie sich durch einen selbstinszenierten Unfall, bei dem sie ein Bein verliert, eine Invalidenrente und das Überleben in schwerer Zeit. Ihrem vom Krieg gezeichneten, in Drogen und kindliche Regression geflüchteten Sohn ›erlöst‹ sie durch Verbrennen. Sula wahrt innere Distanz zu Eva, ihrer Mutter und der Freundin Nel. Sie verläßt zum Studium die Stadt, kehrt nach zehn Jahren zurück, zerstört Nels Ehe und bringt Eva in die Nervenheilanstalt, um schließlich an der Zurückweisung durch einen Mann selbst zu zerbrechen. Persönliche Defizite und psychische Deformationen kennzeichnen hier eine aus sozialer Ghettoisierung und den Auswirkungen des Ersten Weltkriegs erwachsene Welt, die durch die Figur des traumatisierten Veteranen Shadrach apokalyptisch gerahmt ist.

Die stark psychologisch orientierte Figurengestaltung von Sula macht in M.s drittem, von vielen neben Beloved (1987; Menschenkind, 1989) als M.s bedeutsamste Leistung angesehenem Roman, Song of Solomon (1977; Solomons Lied, 1979), soziologisch genauer verorteten Charakteren Platz. Thematisch verbindet dieser Roman die kritische Erörterung mittelständischer Wertnormen mit dem sich ankündigenden Interesse M.s für Geschichtsschreibung als Aufarbeitung verdrängter oder vergessener Erfahrungen, bis hin zu ihrer mythischen Anknüpfung an die afrikanischen Ursprünge. Die Geschichte der gutsituierten Familie von Macon Dead, einem Grundstücks- und Mietspekulanten im Mittleren Westen, deren Konventionen durch eine Rebellion von Familienmitgliedern und Freunden bedroht werden, bildet den Stoff der Handlung. Milkman, der Sohn des Familienoberhaupts (so genannt, weil ihn die Mutter überlang gestillt hat) nimmt Kontakt zu seiner von der Familie ausgestoßenen und dämonisierten Tante Pilate auf und beginnt ein Verhältnis mit der Enkelin Hagar. In seinem 30. Lebensjahr bricht Milkman zu einer Erkundung der Geschichte seines Großvaters in Pennsylvania auf, die ihn auf frühere Spuren der Familientradition in Virginia verweist. Anknüpfungspunkt sind dabei alte Kinderverse über einen Vorfahren namens Solomon, der nach Afrika zurückgeflogen sein soll. Die kollektive Erinnerung holt Milkman schließlich im dramatischen Ende des Romans ein, als er seinem Freund Guitar (der Milkmans Bindung an eine militante schwarze Gruppe einfordert) in tödlichem Kampf begegnet und sich mit ihm in die Luft erhebt, ein Akt, der sich symbolisch als Rückkehr nach Afrika und als Abstreifen bürgerlicher Normen deuten läßt.

Unter M.s Romanen ist *Tar Baby* (1981; *Teerbaby*, 1983) vielleicht der unschlüssigste. Mit dem Schauplatz einer karibischen Insel wählt die Autorin ein ihr wenig vertrautes Terrain. Der Liebesrausch der Protagonistin Jadine (einer jungen schwarzen Yuppie-Figur), die sich dort in den schwarzen Schiffsdeserteur Son verliebt, erweist sich in der folgenden Konfrontation mit dessen Heimat, dem ländlichen Süden der USA, als flüchtig. Jadine schreckt panisch vor den archaischen Rollenerwartungen an Frauen in dem von »folkways« geprägten Milieu (mit starken intertextuellen Bezügen zu Nella Larsens Roman *Quicksand*) zurück. Da Son sich weigert, die engen Grenzen seiner traditionellen Welt zu verlassen, und Jadine der Erfolgswelt der dominanten Kultur verhaftet bleibt – die von ihren

Mäzenen, einem weißen Fabrikantenehepaar mit typisch liberal-patriarchalischem Verhalten gegenüber schwarzen Angestellten, eher negativ repräsentiert wird –, scheitert die Beziehung. Tar Baby, eine subversive Gestalt aus der afroamerikanischen Folklore, kann hier ambivalent sowohl für die ›Sogwirkung‹ afrikanischer Mythen, die Son in den Geisterwald der Insel locken, als auch für die verführerische Anziehungskraft einer globalen Wirtschaftswelt auf Jadine stehen.

In späteren Romanen begibt sich M. wieder auf amerikanischen Boden. Mit *Beloved* greift sie wie manch andere schwarze Autoren Themen und Traditionen der »slave narratives« des 19. Jahrhunderts auf. Angeregt von einer historischen Zeitungsmeldung über Margaret Garner, die in Ohio ihre Kinder getötet hatte, um sie vor dem Zugriff der Sklavenfänger zu bewahren, rückt M. die geflohene Sklavin Sethe ins Zentrum ihres Textes. Der Titel bezeichnet die unvollständige Grabinschrift, die Sethe einem eigenhändig getöteten Kind widmete, nachdem der Zuchtmeister Schoolteacher mit seinen Sklavenjägern sie in Ohio aufgespürt hatte. Als Geist plagt Beloved seit ihrem gewaltsamen Tod Sethe und ihre erste Tochter Denver (zwei Söhne sind abgewandert), bevor Paul D., ein Gefährte aus der Sklavenzeit, Sethe findet, ihr Liebhaber wird und den Geist austreibt. Doch kehrt Beloved als Mädchen aus Fleisch und Blut zurück, giert nach Zuwendung und Nahrung (als Kompensation für geraubtes Leben) und droht Sethe in ihrer übersteigerten Mutterliebe förmlich zu verzehren. Zunächst läßt sich Paul D. von Beloved vertreiben; erst als er zurückkehrt und Sethes Selbstwertgefühl aufbaut, bahnt sich eine tragfähige Beziehung zwischen ihren verwundeten Seelen an. Vorher mußte Sethe in zahllosen Akten der »rememory« – wie M. dies im Text nennt – die verdrängten traumatischen Erfahrungen der Sklavenzeit (u. a. den Verlust ihres Mannes, ihre Flucht als Hochschwangere und den Tod ihrer Mutter Baby Suggs) verarbeiten. Behutsam und mit viel Empathie für die Figuren begleitet die auktoriale Stimme diese Momente. Im Prozeß des befreienden Erinnerns spielt der aktive Austausch zwischen präsenten und abwesenden Personen eine wichtige Rolle. Entscheidend für Sethes Rettung aus der Umklammerung durch Beloved wird aber neben Paul D.s Zuwendung auch Denvers Anspruch auf eigene Lebensziele sowie zuletzt die schützende Solidarität der schwarzen Nachbarn, die Beloveds Verwandlung in einen mörderischen Geist verhindert. *Beloved* enthält eine Eingangswidmung an die über 60 Millionen Menschen, die Historikern zufolge über die Jahrhunderte der Sklaverei zum Opfer fielen. Die Romanhandlung dramatisiert eindrücklich diesen Verlust an Leben und Selbstbestimmung in der Konzentration auf eine Mutter-Kind-Beziehung und im historischen Rückgriff auf die Zeit kurz vor und kurz nach der Sklavenemanzipation in den USA. Wenige Texte der neueren afro-amerikanischen Literatur haben auf so intensive Weise verdrängte innere und äußere Alltagsgeschichte rekonstruiert, und nur wenige Erzähltexte sind in jüngster Zeit so intensiv diskutiert worden.

M.s Roman *Jazz* (1992; *Jazz*, 1993) führt den Leser nach Anfangskapiteln im agrarischen Süden auf die Bühne der Großstadt, genauer nach Harlem im Jahr 1926, dem Mekka ganzer Generationen schwarzer Zuwanderer. Die Glückserwartungen von Violet und Joe Trace werden hier durch die Großstadtstimmung und das Lebensgefühl schwarzer Musik, wie es die 20er Jahre als »Jazz Age« mitbestimmt hat, angefeuert und gleichzeitig unterlaufen. M. setzt mit dem Titel gegen die exotisierende weiße Sicht auf diese Zeit Jazz im umgangssprachlichen Wortsinn als Bezeichnung für Unruhe und sexuelle Ak-

tivität. In Interviews hat M. oft den Zusammenhang von Jazz mit mündlicher Tradition und schwarzer Literatur betont und in Texten als prinzipielle Offenheit und »nicht abgeschlossene Signatur von Hunger und Beunruhigung« beschrieben. *Jazz* macht die Stimmen von einfachen Menschen hörbar. So begleitet der Roman die Sehnsüchte und die Verstrickung eines verheirateten Mannes (Joe) in seiner Liebe zu einem jungen Mädchen (Dorcas), die der Heftigkeit seiner Gefühle und der in ihm selbst und in der ›Droge‹ der Großstadt begründeten Unordnung zum Opfer fällt. Gegenseitige Achtung und ein gemeinsames Lebensgefühl werden jedoch auch in der Tragödie noch als ein Ensemble von Blues-Stimmen orchestriert.

In M.s bislang letztem Roman, *Paradise* (1998; *Paradies*, 1999), verschmilzt das Interesse für eigene Geschichte (hier der Gründung einer Stadt in Oklahoma durch selbstbewußte schwarze Binnenwanderer) mit der Erforschung eines spezifisch weiblichen Schutz- und Gemeinschaftsraums. Dieser ist in einem Kloster vor den Toren der Stadt angesiedelt, in dem bedrohte oder eigenwillige Frauen eine auf Toleranz gegründete Utopie zu leben versuchen, die aber von einigen tonangebenden Männern der Stadt als so bedrohlich und normensprengend empfunden wird, daß sie das Kloster bei Nacht und Nebel überfallen und die Kommune mit mörderischer Gewalt zerstören. Der Roman lebt besonders von der Kontrastierung männlicher Ordnungs- und Machtvorstellungen mit der flexiblen und im Hinblick auf Sexualität, Arbeit und Kinderversorgung experimentierfreudigen Gemeinschaft von Frauen. Als Teile einer Trilogie geplant, reichen aber weder *Paradise* noch *Jazz* an die dramatische Geschlossenheit und Konnotationsfülle von *Beloved* heran.

M. hat sich außer durch ihr Erzählwerk auch durch ihre Lektorentätigkeit bei dem Verlag Random House von 1967 bis 1983 und durch ihre Lehrtätigkeit in Yale, Princeton und New York sowie durch weitgestreute Lesungen große Verdienste um das Ansehen und die Resonanz afro-amerikanischer Literatur auch über Amerika hinaus erworben. Mit dem Essayband *Playing in the Dark: Whiteness and the Literary Imagination* (1992; *Im Dunkeln Spielen*, 1994) hat sie auch als Leserin amerikanischer Literatur eine bahnbrechende Studie über die explizite oder ›erstickte‹ Omnipräsenz des Afrikanischen als der ›anderen Rasse‹ und ›symbolischen Gegenposition‹ im kulturellen Bewußtsein Amerikas vorgelegt. Diese These stützt sie auf scharfsinnige Lesarten einiger beispielhafter Werke von Edar Allan Poe, Ernest Hemingway und Willa Cather. Für M. gründet das Nationalbewußtsein des weißen Amerikaners parasitär auf der Verleugnung der schwarzen Mitbürger, die als verdrängtes Substrat und in maskierter Form im kulturellen Diskurs zurückkehren. Sie plädiert für die Verlagerung des kritischen Augenmerks vom Opfer auf die Täter mit ihren wiederkehrenden Leitbildern von weißer Leere und Todessehnsucht und legt ein kulturkritisches Neu-Lesen auch kanonisierter Texte nahe. In jüngster Zeit hat M. sich über einleitende Vorworte zu Aufsatzsammlungen auch dezidiert zu gesellschafts- und medienkritischen Fragen geäußert, so zu dem Komplex der Anita Hill-Clarence Thomas-Kontroverse (*Race-ing Justice, En-Gendering Power*, 1992), zum kulturellen Skript und öffentlichen Echo des O. J. Simpson-Prozesses (*Birth of a Nationhood: Gaze, Script, and Spectacle in the O. J. Simpson Case*, 1997) und zur Beurteilung und Thematisierung von Rassismus in Amerika (*The House That Race Built*, 1998).

Klaus Ensslen

Murdoch, [Dame Jean] Iris
Geb. 15. 7. 1915 in Dublin;
gest. 8. 2. 1999 in Oxford

Wenn man heutzutage von einem erkennbaren *Murdochland* spricht – analog zu Graham Greenes *Greeneland* –, oder wenn *Murdochian* ein ähnlich eingeführtes Epithet geworden ist wie *Dickensian* oder *Swiftian*, so wird damit angedeutet, daß Iris Murdochs Roman-Œuvre über fast 40 Jahre hinweg – von ihrem Erstling *Under the Net* (1954; *Unter dem Netz*, 1957) bis zu ihrem letzten Roman *Jackson's Dilemma* (1995) – eine erstaunliche thematische wie formale Konstanz aufgewiesen hat. Zwar sind ihre Texte im Laufe der Zeit immer episch breiter und damit umfangreicher geworden – knappe 200 Seiten in den 1950er Jahren bis gut 500 Seiten in den 1980er Jahren. Dieser Umstand verdankt sich ihrer wachsenden Neigung, eine stets größer werdende Zahl von Handlungssträngen parallelwie querlaufen zu lassen. Dennoch scheint ihr gewaltiges Œuvre von 26 Romanen Marcel Prousts Diktum zu bestätigen, wonach jeder Autor letztendlich immer nur ein- und denselben Roman schreibe. Einige Kritiker haben M. sogar vorgeworfen, daß sie ihre Texte nach einem feststehenden Texterzeugungsmodell generiere, in das sie nur je nach Lage ein paar Transformationsbefehle eingeben müsse, um einen neuen Roman mit fast denselben Figurentypen und deren Problemen zu produzieren. Doch selbst wenn die Vorstellung eines generativen Parcours von der konstanten Tiefenstruktur hin zur lediglich variierenden Oberflächenstruktur allzu mechanistisch erscheint, so ist nicht von der Hand zu weisen, daß eine Autorin, die gelernte Philosophin ist – M. lehrte bis Mitte der 1960er Jahre Philosophie in Oxford und hat im Laufe ihrer Schriftstellerkarriere immer wieder philosophische Schriften verfaßt –, ihre Romantexte gleichsam von unten

nach oben konzipiert, d. h. daß sie bei
abstrakten philosophischen Begrifflich-
keiten beginnt und diese sodann in Akten narrativer Verkörperung anhand
von fiktiven menschlichen Akteuren sowie deren Handlungen in einem imaginierten Wirklichkeitskorrelat konkretisiert. Dies schließt einen durchaus be-
absichtigten Didaktizismus ein, indem
sie das ethische Anliegen, das sie mit
ihren Texten propagieren will, wie folgt
formuliert: »The importance of not as-
suming that one has got individuals and
situations ›taped‹.« (»Die Wichtigkeit,
nicht anzunehmen, daß man Individuen oder Situationen durchschaut
hat.«) In der Tat knüpfen ihre Romane
aufgrund dieser philosophischen Fun-
dierung an die aufklärerische Tradition
des Philosophierens in und mit dem
Roman an, die Philosophen wie Vol-
taire, Diderot, Montesquieu oder Rousseau im 18. Jahrhundert begonnen haben.

Die semantische Leitopposition, die
allen von M.s Romanen zugrunde liegt,
wird gebildet durch die gegenläufigen
Konzepte von *necessity* und *contingency.*
Notwendigkeit bezeichnet dabei alle jene Wirklichkeitskonstruktionen, die in
essentialistischer Weise menschliche
Charaktermerkmale und Verhaltensweisen als unabänderlich gegeben auswei-
sen, und zwar im Sinne der Selbstfest-
legung von Subjekten hinsichtlich des
eigenen Ich sowie als Fremdfestlegung
anderer Subjekte, die beide einen Er-
wartbarkeitsrahmen des jeweiligen Verhaltens fixieren, etwa in folgender Art:
In einer Situation X reagieren Ego oder
Alter in der Weise Y. Kontingenz dagegen bedeutet die von der Systemerwar-
tung abweichende Unvorhersagbarkeit
und damit Zufälligkeit des Verhaltens.
Die Notwendigkeit sieht M. im wesentlichen repräsentiert durch zwei philosophische Richtungen, nämlich den linguistischen Empirismus und den Existentialismus, wobei die eine eher die
konventionelle, alltagssprachlich ver-

bürgte Solidität der Welt akzentuiert,
die andere hingegen die heroische, einem Akt der bewußten Wahl sich ver-
dankende Variante der Wirklichkeits-
festlegung darstellt. Mit den Aporien
letzterer Richtung hat sie sich bereits in
ihrer ein Jahr vor ihrem ersten Roman
erschienenen Sartre-Monographie (*Sartre: Romantic Rationalist*, 1953) auseinandergesetzt.

Auf der Ebene der narrativen Realisierung dieser Programmatik in den
Romanen schließen sich somit für die
Akteure die typisierende Selbstbeschrei-
bung und vereinnahmende Einschätzung der Menschen, die ihnen nahestehen, zum Bild einer stabilen Welt
zusammen, in der das eigene Ich, der
Andere sowie sämtliche Begleitumstände weitestgehend den eigenen Intentionen verfügbar sind. Der Verlauf der
Handlung besteht nun darin, die vermeintliche Stabilität dieser Welt zu erschüttern, zumal jede Intention den
Keim ihres Scheiterns in sich birgt. Die
hauptsächlichen Realisationsfelder solcher Intentionen sind künstlerische
bzw. intellektuelle Ambitionen oder hohe moralische Ansprüche an sich selbst
sowie, bezogen auf den Anderen als
Liebesobjekt, die implizite Annahme
von dessen Verfügbarkeit. In allen Romanen stellt sich daher in krisenhaften
Situationen eine Art Epiphanieerlebnis
der Protagonisten ein, als dessen Folge
sie buchstäblich ent-täuscht werden:
Der Künstler etwa, der den großen Roman schreiben will, scheitert an seinem
Unvermögen, und der untadelige *gentleman* an seiner Neigung zu unsauberen
Liebesaffären. Beide stellen also mit ihrer Rollenzuweisung an sich selbst zu
hohe Anforderungen an das eigene Ich,
dessen wahrer Identität gegenüber sie
auf eigentümliche Weise blind sind.
Ähnlich verhält es sich mit den Rollen-
etikettierungen und Definitionsversu-
chen des begehrten Anderen, etwa wenn
eine für grenzenlos dumm und gut-
mütig gehaltene Geliebte sehr wohl er-

kennt, wie rücksichtslos mit ihr umgegangen wird, und die Beziehung kurzerhand beendet. Das Scheitern manifestiert sich mithin als das Unerwartete, welches sich den Intentionen entzieht und das seinen Sitz hat in der jeglicher Typisierung sich widersetzenden menschlichen Identität, die sich als kontingente Größe erweist. Der Handlungsverlauf aller Romane M.s ist somit vorgegeben, indem die Akteure aus der Egozentrik und Realitätsblindheit ihrer Lebensmuster und Typisierungen, die sie sich selbst, andere und die Welt schlechthin inadäquat wahrnehmen läßt, über das Scheitern und die Einsicht in dessen Gründe zu einer neuen, ›offenen‹ Weltsicht gelangen, welche die Enge ihrer Notwendigkeitssetzungen sprengt. Der Plot, das syntagmatische Ablaufschema, erweist sich damit als doppelt geprägt: Auf der einen Seite präsentiert es sich als *plot of thought* (»Charakterhandlung«), indem mit dem »unselfing of the self« (»der Entselbstung des Selbst«) eine intellektuelle oder moralische Entwicklung vollzogen wird, auf der anderen als *romantic plot* (»Liebeshandlung«), indem die Entwicklung einer oder mehrerer Liebesbeziehungen von den Anfängen über etliche Wirrungen, Mißverständnisse oder andere Liebschaften bis hin zur schließlichen Vollendung verfolgt wird. Beide sequentiellen Ordnungsschemata durchdringen einander aufgrund des doppelten Lernziels für die Protagonisten (sowie ihnen folgend, für den Rezipienten), nämlich der Ich-Erkenntnis und der Du-Respektierung. Dieses invariante Geschichtssubstrat kann nun, und hier liegt dessen Innovationspotential, in einer großen Zahl von Geschichten unterschiedlichster Art erzählt werden, wobei die Realisationsformen einen pikaresken Künstlerroman wie *Under the Net*, einen Liebesroman wie *The Sea, the Sea* (1978; *Das Meer, das Meer*, 1981), einen Kriminalroman wie *The Nice and the Good* (1968; *Lauter feine*

Leute, 1968), eine *gothic novel* wie *The Unicorn* (1963), einen historischen Roman wie *The Red and the Green* (1965) oder eine Hamlet-Stilisierung wie *The Black Prince* (1973; *Der schwarze Prinz*, 1975) umfassen können.

M. ist von der Kritik wiederholt vorgeworfen worden, sie weiche zu stark von den Normalitätsannahmen des realistischen Romans ab, und in der Tat überwiegen im Verhalten ihrer Charaktere Bizarrerien wie verrückte Liebschaften, perverse Leidenschaften, Gewaltausbrüche, lebensgefährliche Risiken, perfide Intrigen usw. Dies ist jedoch erzählerisch konsequent angesichts des oben erwähnten didaktischen Ziels, die scheinbar so stabile Normalität in ihrer subjektiven Scheinhaftigkeit ansichtig zu machen, oder wie sie es formuliert hat, »to pierce the veil of selfish consciousness and join the world as it really is« (»den Schleier der Selbstbezogenheit zerreißen und die Welt so nehmen, wie sie wirklich ist«).

Die Sequenz scheiternder Lebensmuster und das abschließende Konversionserlebnis werden in den Romanen M.s häufig aus der begrenzten Perspektive eines Ich-Erzählers wiedergegeben. Die insgesamt typischere Realisationsform ist jedoch die personale Erzählweise, in der das komplizierte Durcheinander sich kreuzender Liebes- und Lebensgeschichten anhand verschiedener Reflektorfiguren in episodischer Weise wiedergegeben wird. Die blinde Ich-Befangenheit von Lebensentwürfen wird so nicht nur im handlungsmäßigen Vollzug, nämlich als Scheitern, sichtbar, sondern sie wird auch erzählerisch motiviert, indem durch die ständigen Perspektivenwechsel die parallele Alterität völlig divergenter Intentionen anschaulich gemacht werden kann, welche die Illusionshaftigkeit des jeweiligen Ich-Schemas sichtbar werden lassen.

Erhard Reckwitz

Nabokov, Vladimir [Vladimirovich]

Geb. 23. 4. 1899 in St. Petersburg,
Rußland; gest. 2. 7. 1977 in Montreux,
Schweiz

Warum wird einem gebürtigen Russen, der in der Schweiz verstorben ist, in einem Lexikon amerikanischer Autoren ein Artikel gewidmet? Vladimir Nabokov nannte sich einmal selbst einen »ageless international freak« und stellte damit die Problematik seiner nationalen wie kulturellen Zuordnung in aller Deutlichkeit heraus. Streng gesehen, lebte N. nur knapp ein Viertel seines Lebens in den USA, aber dennoch hatte er einen beträchtlichen Einfluß auf die amerikanische Literatur. Möglicherweise war es gerade sein nicht geklärter, ambivalenter Status zwischen Zugehörigkeit und Außenseitertum, der es ihm ermöglichte, Amerika in seinen Texten so treffsicher zu beschreiben und uns mit Lolita (1955; Lolita, 1959) einen der ›amerikanischsten‹ Romane seiner Zeit zu hinterlassen.

»Lolita ist berühmt, nicht ich«. Dieses Aperçu N.s trifft den Kern der mit ihm und seiner Werkrezeption verbundenen Problematik. Meist wird der Name N. zuerst, und häufig ausschließlich, mit Lolita verbunden, jenem Roman, den der Autor bereits in den 1950er Jahren verfaßte und der ihm zu Weltruhm und finanzieller Unabhängigkeit verhalf. Zu Unrecht tritt hinter diesen einen, skandalumwitterten Text das literarische Gesamtwerk N.s zurück, das ebenso facettenreich ist wie die Biographie des Autors und sich gleichfalls einer eindeutigen Klassifizierung entzieht. Es besteht aus einem Korpus von Gedichten, Theaterstücken, zahlreichen Kurzgeschichten, neun Romanen in russischer und acht in englischer Sprache.

In Rußland in wohlhabenden Verhältnissen geboren, zwang die Oktoberrevolution N. zur Flucht aus der Heimat und raubte ihm die finanzielle Unabhängigkeit. Erste Station seines lebenslangen Exils war Berlin. Nicht zuletzt die Ehe mit einer Jüdin verlangte 1937 die Umsiedlung nach Paris, der 1940 die Flucht nach Amerika folgte. Mit dem Exil und dem Abschied aus Europa verlor N. jedoch weit mehr als nur Heimat und Vermögen. Vor allem in seiner Berliner Zeit hatte er sich mit Romanen und Gedichten unter den Exilrussen bereits einen Namen als Schriftsteller gemacht – er veröffentlichte unter dem Pseudonym Sirin, dem Mädchennamen seiner Mutter. Diese erste Reputation als Autor folgte ihm indes nicht nach Amerika. Dort galt es für N., sich und seine Familie zu ernähren, und dies konnte er in den ersten Jahren nur durch die Arbeit als Sprachlehrer und Schmetterlingsforscher. Veröffentlichungen, vor allem im New Yorker, lieferten nur ein Zubrot. Da es für N. keine Hoffnung auf eine Rückkehr aus dem Exil gab, schuf er sich schließlich mit seinen Romanen eigene, neue Welten. Er machte die Bedingungen seines Exils zur Grundlage seiner Romane, denn als Exilant stand er außerhalb von Zeit und Raum, und gerade seine Perspektive als gesellschaftlicher und kultureller Außenseiter ermöglichte es ihm, eine Vielzahl verschiedener Erfahrungshorizonte sowie literarischer Traditionen in diesen Roman-Welten miteinander zu vereinen.

Der kommerzielle Erfolg stellte sich erst mit der Veröffentlichung von Lolita ein. Es waren jedoch vor allem die Zensurversuche, die den Roman und seinen Autor berühmt machten. Amerikanische Verlage hatten zunächst aus Angst vor Klagen die Veröffentlichung abgelehnt. Deshalb erschien Lolita 1955 in Frankreich bei Olympia-Press, einem Verlag, der sich vor allem durch pornographische Publikationen einen Namen gemacht hatte, eine Tatsache, die zur Beurteilung von Lolita als Skandalbuch noch beitrug. Öffentliche Debatten in England verschafften N. und seinem Roman Aufmerksamkeit – auch von

Seiten der Presse –, und so konnte *Lolita* schließlich 1958 auch in Amerika verlegt werden. 1961 verfilmte Stanley Kubrick den Roman, ohne sich jedoch an das eigens von N. verfaßte Drehbuch zu halten (*Lolita: A Screenplay*, 1974; *Lolita: Ein Drehbuch*, 1999). Die Neuverfilmung von Adrian Lyne im Jahre 1997 zog erneut öffentliche Diskussionen nach sich, die nachdrücklich dokumentieren, daß der Roman auch vier Jahrzehnte nach seiner Veröffentlichung offensichtlich noch immer als Sammlung erotischer Phantasien aufgefaßt wird und Erwartungen weckt, die der Text – zur Enttäuschung vieler Leser – allerdings nicht erfüllt. Vielmehr ist *Lolita* die Studie des Innenlebens eines Besessenen, die tragische Liebesgeschichte des Humbert Humbert, der, von der Liebe zur 12jährigen Dolores Haze getrieben, gegen alle gesellschaftlichen Konventionen verstößt. Humbert jagt verzweifelt dem Traum einer Liebe nach, deren Erfüllung schon deshalb unmöglich ist, weil Humbert das Unschuldige, das er liebt, durch seine Liebe zerstört. Das Augenmerk gilt dabei weniger der Liebesbeziehung an sich als vielmehr der mit ihr verbundenen Qual des Liebenden. Um in der heutigen Gesellschaft eine wahrhaft unmögliche und aussichtslose Liebesbeziehung darzustellen, blieb N. als einzige Wahl, das tabubehaftete Thema der Liebe eines Erwachsenen zu einem Kind zu gestalten.

N. gelang es im Alter von 56 Jahren, in einer Sprache, die nicht seine Muttersprache ist, einen Roman zu schreiben, der ihm Weltruhm verschaffte. Insofern er es vermochte, in der Sprache seiner neuen Heimat Ungewöhnliches zu leisten und nachfolgende Generationen von Schriftstellern mit seinen Werken zu beeinflussen, ist es umso bedauerlicher, daß *Lolita* noch heute fälschlicherweise vor allem wegen des tabubehafteten Themas diskutiert wird, obwohl der ungewöhnliche Umgang mit Sprache das wahrhaft Spektakuläre an diesem Roman ist.

Das Motiv des Exils und des damit verbundenen Verlusts von Muttersprache und Heimat zieht sich als roter Faden durch alle englischen Romane N.s. Der tragikomische Professor Pnin im gleichnamigen Roman (1957; *Professor Pnin*, 1960) kämpft z. B. ununterbrochen mit den Tücken des amerikanischen Alltags – mit Zügen, Waschmaschinen oder dem Ausleihsystem der Universitätsbibliothek – sowie den zahlreichen Schwierigkeiten der fremden Sprache. In *Pale Fire* (1962; *Fahles Feuer*, 1962) entwickelt N. sogar eigens eine künstliche Sprache, um dem Leser den Eindruck des Exils des aus dem Königreich Zembla geflohenen Kommentatoren zu verdeutlichen.

Generell sind N.s Romane von Sprachspielen und intertextuellen Bezügen durchzogen. Der Wechsel der Schreibsprache vom Russischen ins Englische machte N. dem Medium Sprache gegenüber noch aufmerksamer und freier als er es, vom russischen Formalismus der 30er Jahre beeinflußt, vorher schon war. Offener für Experimente als andere Autoren seiner Zeit, beschränkte sich sein Faible für neue Formen und ungewöhnliche Perspektiven nicht allein auf den Umgang mit Sprache. Auch auf die Strukturen der Darstellung bezogen, vor allem in Hinsicht auf das Spiel mit Genres und Genrekonventionen, beschreitet N. neue Wege. *Pale Fire*, ein Roman in Gestalt einer kritischen Gedichtausgabe, belegt dies besonders eindrucksvoll: Aus Vorwort, Gedicht, Kommentar und Index entsteht bei der Lektüre ein mehrfach geschachtelter, komplexer Roman, der mindestens drei plausible Handlungsvarianten zuläßt. So bleibt auch die Beantwortung der Frage nach der ›Identität‹ der Erzählinstanz letztlich dem Leser allein überlassen. Neben dem hohen Maß an sprachlicher Innovation waren es eben solche Formexperimente, die N.

zumindest zu einem Wegbereiter, wenn nicht gar zu einem Autor der Postmoderne machten. Allerdings erschwert N.s gleichzeitige Partizipation an russischen, westeuropäischen und amerikanischen Traditionen eine befriedigende literaturgeschichtliche Zuordnung zusätzlich. Am ehesten ist er wohl als ein Autor der Schwellenzeit zwischen Moderne und Postmoderne zu kennzeichnen, da sein Werk charakteristische Merkmale beider Epochen (insoweit man diese überhaupt als klar umrissene Epochen verstehen kann) aufweist. Postmodern mutet zumindest die Rolle an, die N. seinem Leser zuteilt. Passives Lesen wird von N. ausgeschlossen, denn jedes Lesen schafft eine neue Variante eines Textes, eine neue Realität. Folgerichtig stellt eine erkenntnistheoretisch-kritische Grundhaltung, die Realität stets als subjektiv konstituiert begreift, ein wesentliches Element des Gesamtwerks N.s dar. Die Texte sind nicht nur perspektivisch offen und lassen somit Raum für individuelle Interpretation, sie führen durch das Netz von Anspielungen auf andere Werke sowie die zahllosen Wortspiele in verschiedenen Sprachen gleichsam den prinzipiellen Konstruktcharakter jeder textuell vermittelten Wirklichkeit deutlich vor Augen. Abhängig vom sprachlichen, literarischen, geschichtlichen oder naturwissenschaftlichen Hintergrund des Lesers, eröffnen sich unterschiedliche Einblicke und Zusammenhänge, entsteht jeweils eine persönliche Version der Geschichte oder Realität. Der Leser erhält die Möglichkeit und die Aufgabe, seine individuelle Geschichte aus dem Text herauszulesen; gleichzeitig ist er aber den Spielen N.s so sehr ausgeliefert, daß viele der versteckten Hinweise erst bei nochmaligem Lesen entdeckt werden können.

Von einem rein biographischen Standpunkt aus war N. vielleicht kein Amerikaner, aber er ist sicherlich insofern ein amerikanischer Autor, als sein Werk von amerikanischen Werten maßgeblich geprägt ist. Freiheit, das oberste amerikanische Prinzip, interpretierte er dahingehend für sich, beständig neue stilistische und formale Mittel nutzen zu können. Die Ausdruckskraft seiner Texte, seine ungewöhnlichen Ansichten und Gedanken, haben eine Generation dazu bewegt, neu über Kunst nachzudenken, und ohne Zweifel hatte N. somit großen Einfluß auf die Entstehung einer neuen, einer postmodernen amerikanischen Literatur.

Barbara Hüppe

Naipaul, V[idiadhar] S[urajprasad]
Geb. 17. 8. 1932 in Chaguanas, Trinidad

V. S. Naipaul ist für sein Schaffen vielfach ausgezeichnet worden. Nach dem *Booker Prize* (1971) wurden ihm 2001 der Nobelpreis und 2002 der Friedenspreis des Deutschen Buchhandels verliehen; Königin Elizabeth II schlug ihn 1990 zum Ritter. Er lebt in Wiltshire, England. Sir Vidia, der Trinidader und Weltbürger, gehört zu den bedeutendsten lebenden Autoren der postkolonialen anglophonen Welt. Als der Kolumbianer Gabriel García Márquez den Literaturnobelpreis erhielt, verwies er, der sich als karibischer Autor versteht, spontan auf das ihm ebenbürtig (und preiswürdig) erscheinende umfangreiche Werk seines Kollegen N. Das Œuvre N.s kann in zwei große Kategorien eingeteilt werden, in belletristische Prosa (Kurzgeschichten und Romane) und in Reiseliteratur, *travelogues*. Sein essayistisches Werk ist wesentlich weniger umfangreich, hat ihm jedoch gerade in der karibischen Region nachhaltige Kritik eingebracht, die sich, weniger virulent, auch gegen sein Werk insgesamt richtete. Der damalige Premierminister von Trinidad und Tobago, Eric Williams, hatte bei N. einen Essayband über die Karibik in Auftrag gegeben, was in *The Middle Passage* (1962; *Auf der Sklavenroute: Meine Reise nach Westindien*,

1999) münden sollte. Im Titelessay stellte N. die Frage: »How can the history of this West Indian futility be told?« Und beantwortete sie u. a. folgendermaßen: »The history of the islands can never be told satisfactorily. Brutality is not the only difficulty. History is built around achievement and creation; and nothing was created in the West Indies.« N. wurde vor allem von karibischen Kritikern, einem Teil seiner Schriftstellerkollegen und vom linken Literaturestablishment in den USA und in Europa schlicht des Verrats an der eigenen Herkunft und Kultur bezichtigt und als Knecht der Kolonialherren gebrandmarkt. Erst in den 1980er Jahren wurde dieses Negativbild von einer differenzierteren Beurteilung abgelöst.

N. hatte vor allem in den ersten zwanzig Jahren seines Schaffens mit einer Mischung aus Humor und Satire sowie *local color* karibische Mentalität, Gesellschaft, Politik, die Mimikry in der Nachahmung der Kolonialherren wie die zwangsläufigen Fehlschläge in der Bemühung um Eigenständigkeit gegeißelt. In seinen auf Trinidad angesiedelten Romanen *The Mystic Masseur* (1957; *Der mystische Masseur*, 1984) und *The Suffrage of Elvira* (1958) scheitern seine Charaktere an den Umständen, in denen sie leben und arbeiten, gegen die sie aber auch nichts unternehmen. In *The Mimic Men* (1967), einem seiner unerbittlichsten fiktionalen Texte, erzählt der alte Ralph Singh seine Lebensgeschichte als gescheiterter, kolonialer Politiker, der keine Prinzipien außer seinem eigenen Wohlergehen kennt, im Spannungsfeld zwischen England und der Karibik orientierungslos hin und her pendelt und erst in der literarischen Verarbeitung seiner Lebenserfahrung zu sinnvollem Tun findet. Auch in dem Roman *Guerillas* (1975; *Guerillas*, 1989), der auf einer nicht genannten, aber unschwer als Trinidad auszumachenden Insel spielt, setzt er sich kritisch mit radikalisierten

Formen eines Dritte-Welt-Bewußtseins auseinander, wobei vor allem in der Figur des hysterischen Psychopathen und Schwarzen Moslems Jimmy Ahmed das Ausleben eines zunächst puerilen, dann mörderischen Machtstrebens veranschaulicht wird. Der Text bezieht sich auf einen Aufstand in Port of Spain, der 1974 das ganze Land erschütterte. Fraglos N.s größter Roman ist bislang *A House for Mr Biswas* (1961; *Ein Haus für Mr. Biswas*, 1981), in dem in epischer Breite Teile seiner Familiengeschichte verarbeitet sind. Es ist ein Roman des Scheiterns eines unbehausten Menschen und zugleich seines Triumphs in der ausdauernden Selbstbehauptung, was den Welterfolg jenseits aller karibischen Partikularismen erklären mag. Der westindische Inder Mohun Biswas, ein kleiner Schildermaler und Journalist, wehrt sich sein ganzes Leben lang gegen gesellschaftlich sanktionierte Normen, wie sie vor allem die Familie seiner Frau, die Tulsi-Sippe, vorlebt. Als Teil seiner Emanzipation verfolgt er fast wahnhaft sein Ziel, ein eigenes Haus zu besitzen. N.s unbestechlicher Blick macht absurd wirkende Reste indischer Kastenordnung aus; vor allem das abgefeimte, geldgierige Matriarchat der Sippe, das die Hackordnung festlegt, erfährt eine satirische Behandlung. Als Biswas im Alter von 46 Jahren stirbt, hinterläßt er – Anlaß großen Stolzes für den Protagonisten – ein absurd baufälliges Haus, aber auch zwei Kinder, die dank Stipendien studieren werden. Der an Charles Dickens erinnernde Roman ist in der Tradition des sozialkritischen Realismus verfaßt; er stellt das beeindruckende Fresko karibischer Lebenswelt eines freiheitlich-individualistischen Idealen nahestehenden Autors dar.

An Area of Darkness (1964; *Land der Finsternis*, 1997) war der erste kritische Reisebericht N.s, der wie im Falle von *India: A Wounded Civilization* (1977; *Indien, eine verwundete Kultur*, 1978)

und *Among the Believers: An Islamic Journey* (1981; *Eine islamische Reise: Unter den Gläubigen*, 1982) Proteste in den bereisten Ländern auslöste. Mit seinem Afrikaroman *A Bend in the River* (1979; *An der Biegung des großen Flusses*, 1980) bezieht er einen weiteren Bereich der ›Dritten Welt‹ in sein literarisches Schaffen ein. Der Roman schildert durch die Erfahrungen eines Inders aus Ostafrika die Entwicklungsprobleme eines neuen zentralafrikanischen Staates zwischen Revolution und Gegenrevolution, öffentlichem und privatem Leben, einheimischer Tradition und moderner Welt und verdeutlicht die Ausbreitung von Korruption und Repression. Für N.s Sach- und Erzählprosa gilt gleichermaßen, daß die hervorragende Dialogführung, die enthüllenden Pausen und Nuancen der Stimmführung der Sprechenden berücksichtigt, zu seinen unverwechselbaren Stärken gehört. Dialog und auktoriale Kommentar sind beide fragmentarisch, z. T. lakonisch, und lassen so den Lesern Raum zur Ausdeutung. Der Einfluß Ernest Hemingways (zumal seiner ›Eisbergtheorie‹) und William Faulkners sowie der englischen Roman-Klassiker des 19. Jahrhunderts sind unverkennbar. In *A Turn in the South* (1989, *In den alten Sklavenstaaten: Eine Reise*, 1990) schildert der Autor Reiseeindrücke in den ehemals von der Sklaverei geprägten Südstaaten der USA. Die Macht der Geschichte und die Rassenbeziehungen stehen dabei im Mittelpunkt seines Interesses. N. gelingen erstaunliche Porträts von Angehörigen eines Volkes, das entweder seine Macht verlor oder sie nie besaß. N. wertet die *rednecks*, die weiße, meist ländliche Unterschicht, auf und erkennt ihre Ästhetik an, wie überhaupt seit Mitte der 1980er Jahre N.s Werke eine zuvor nicht feststellbare Wärme und Humanität enthalten. Die weithin geglückte Balance von Distanz und einfühlsamer Öffnung machen dieses Werk zu einem seiner besten. In den letzten Jahren hat N. vermehrt Texte autobiographischer Natur veröffentlicht. Auch das als Roman deklarierte Buch *An Enigma of Arrival* (1987; *Das Rätsel der Ankunft*, 1993) war deutlicher als sonst autobiographisch geprägt: Der prekäre Versuch, im ländlichen, von Verfallssymptomen gekennzeichneten England heimisch zu werden, gibt Anlaß zu Retrospektiven, die Stationen seines Werdegangs vom spätkolonialen Trinidad über die multiethnische Metropole London bis zur Niederlassung in Wiltshire als eine Folge fragwürdig-mehrdeutiger »Ankünfte« nachzuzeichnen. In *Prologue to an Autobiography* (1983; *Prolog zu einer Autobiographie*, 1984) gibt er zum ersten Mal unverschlüsselt einen Einblick in sein Leben bis in die 1960er Jahre und behandelt die Tragik seines 1953 verstorbenen Vaters Seepersad. In dem 1999 widerstrebend publizierten umfangreichen Briefwechsel mit seinem Vater, *Letters Between a Father and Son*, der nur drei Jahre dauerte, entsteht das anrührende Porträt eines Vaters, der in provinzieller Enge gefangen bleibt, und eines Sohns, der in Oxford und London versucht, sich zu bilden und als Schriftsteller Fuß zu fassen. Zugleich kann das Werk als eine wichtige Quelle zu *A House for Mr Biswas* gelesen werden.

Die Produktivität N.s ist ungebrochen. In dem zuletzt erschienenen Roman *Half a Life* (2001; *Ein halbes Leben*, 2001) zeigen die Schauplätze (Indien, London, Ost-Afrika), wie der Werdegang des Anti-Helden Willie Chandran, N.s Fixationen auf: Versuche der Rebellion, Ablehnung der vom Kolonisator und der eigenen Brahmanenkaste erwarteten Ausbildung, Rebellion des Sohnes gegen seinen Vater, Unwissenheit, Fremdheit, wo immer er sich aufhält, das omnipräsente Gefühl der Schande, des Versagens, und dann doch Beweise erstaunlichen Muts. Als Willie sich nach 18 Jahren von seiner Frau Ana und ihrem Anwesen in einem fiktiven portugiesischen Ost-Afrika (einer Mischung aus Angola und Kenia) trennt, gesteht er sich ein, kein wirkliches Eigenleben gelebt zu haben, und verhält sich gleichzeitig grausam seiner Frau gegenüber, die ihn in London aus einem Leben als Drifter in der (pseudo-)literarischen Bohème der 1930er Jahre gerettet und ihn in die Freuden der Sexualität eingeführt hat. Die Komplexität der menschlichen Existenz, zumal des *colonial*, wird von N. mit einer gewissen altersbedingten Abgeklärtheit und nicht ohne Humor gestaltet.

Wolfgang Binder

Oates, Joyce Carol
Geb. 16.6.1938 in Millersport, New York

Joyce Carol Oates' erste Kurzgeschichtensammlung, *By the North Gate*, erschien 1963, ein Jahr später ihr erster Roman, *With Shuddering Fall*. Es folgen weitere Romane, ungefähr einer pro Jahr, eine große Zahl von Short Stories, mehrere Gedichtbände, daneben Theaterstücke und kritische Essays. Allein die Fülle der unterschiedlichen Themenbereiche, die Vielzahl der Texte sowie die Geschwindigkeit, mit der sie auf dem Markt erscheinen, mußte der Literaturkritik zunächst suspekt vorkommen. Zunehmend jedoch ist deutlich geworden, daß ästhetische Kriterien, die an einer strikten Trennung zwischen ›hoher‹ und ›populärer‹ Literatur festhalten – eine Trennung, die in den Vereinigten Staaten ohnehin fließender ist –, für diese Autorin gänzlich irrelevant sind. O. erreicht mit ihren Werken eine breite und weitgestreute Leserschaft. Ihre Bücher finden sich auf Bestsellerlisten und in den Leselisten von Universitäten. Ihre Essays erscheinen in populären, auf ein Massenpublikum hin ausgerichteten Magazinen ebenso wie in akademischen Zeitschriften.

Ihr Geburtsort in Erie County im Staat New York verwandelt sich in einigen ihrer Fiktionen in »Eden County«; ihr früherer Lebensraum in einer katholischen Familie der Arbeiterklasse bildet den Hintergrund für viele ihrer fiktionalen Figuren. O. ist die erste in ihrer Familie, die ein College besucht. Das gleiche gilt für die Heldin von *Marya: A Life* (1986; *Marya: Ein Leben*, 1991), ein Roman, den sie selbst als ihren persönlichsten bezeichnet hat. Auch andere ihrer Werke – u. a. *Wonderland* (1971), *Bellefleur* (1980; *Bellefleur*, 1982) – tragen autobiographische Züge. 1961 heiratet sie Raymond J. Smith, den sie an der Universität kennenlernte und mit dem sie seit 1974 die *Ontario Review Press* leitet. Sie unterrichtete an mehreren Universitäten und ist seit 1986 Professorin an der renommierten Princeton University.

Eines der charakteristischen Merkmale von O.' Werken, das die Kritik immer wieder beschäftigt hat, ist der Aspekt von Gewalt. In einem 1981 im *New York Times Book Review* veröffentlichten Essay mit dem Titel »Why is Your Writing So Violent?« stellt O. ironisch fest, daß ihr diese Frage u. a. in Deutschland gestellt worden sei – »not many miles from where Adolf Hitler proclaimed the Second World War«. Die Frage ist schon deshalb zurückzuweisen, weil damit offensichtlich die nicht selten von Brutalität und Zerstörung geprägte Realität des Alltags geleugnet wird. Auch ist die Gewalt der Texte nicht nur durch wiederkehrende Darstellungen von Aufruhr, Mord, Selbstmord, Vergewaltigung und psychischen Zusammenbrüchen bedingt; vielmehr entsteht der Schock für die Leser auch dadurch, daß sie häufig mit Figuren konfrontiert sind, für die sie kein Mitgefühl empfinden können, in *Bellefleur* etwa mit religiösen Fanatikern, mit Vergewaltigern, Sklavenhaltern und Mördern. Doch mit Hilfe ihrer scharfen Beobachtungsgabe und ihrem Hang zum psychologischen Realismus gelingt es O. in ihren Schicksals- und Familienromanen stets von neuem, größere soziale und gesellschaftspolitische Zusammenhänge aufzuzeigen, so u. a. in ihrem dritten Roman, *them* (1969; *Jene*, 1969), für den sie den National Book Award erhielt.

Ein weiterer wesentlicher Aspekt von O.' künstlerischem Schaffen ist ihre Auseinandersetzung mit literarischen Texten der Vergangenheit. So werden in *Marriages and Infidelities* (1972; *Lieben, Verlieren, Lieben*, 1980) – mit *The Wheel of Love* (1970; *Das Rad der Liebe*, 1988) und *Last Days* (1984; *Letzte Tage*, 1986) ihre vielleicht wichtigste Kurzgeschichtensammlung – berühmte Erzählungen der Weltliteratur, u. a. *The Aspern Papers* und *The Turn of the Screw* von Henry James, »Die Verwandlung« von Kafka, sozusagen neu inszeniert, oft dadurch, daß die Geschichten von einer anderen Perspektive aus erzählt werden – aus der Sicht einer Frau wie in »The Lady with the Pet Dog«, einer Variation von Tschechows Erzählung »Die Dame mit dem Hündchen«, oder in »The Dead«, die auf die gleichnamige Geschichte aus dem Erzählband *The Dubliners* von James Joyce anspielt. Ähnlich wie bei Kathy Acker und Jean Rhys wird auch hier versucht, durch diese ›Neuinszenierungen‹ literarischer Vorbilder – ihr Roman *Childworld* (1976; *Im Dickicht der Kindheit*, 1983) z. B. nimmt Bezug auf Vladimir Nabokovs *Lolita* – etwas sichtbar zu machen, was von den bekannten Geschichten der Vergangenheit ausgegrenzt, verschwiegen oder verdrängt wurde, etwa die Tatsache, daß die Situation von Frauen sich gegenüber dem 19. Jahrhundert nicht grundlegend verändert hat.

Obwohl O. sich immer wieder dagegen gewehrt hat, unter die Rubrik ›Frauenliteratur‹ eingeordnet zu werden (vgl. ihren Essayband *(Woman)Writer: Occasions and Opportunities*, 1988), rückt das Leben von Frauen im gegenwärtigen Amerika in den Romanen der 80er Jahre in den Vordergrund – u. a. in *Marya, You Must Remember This* (1987; *Die unsichtbaren Narben*, 1992), *Solstice* (1985; *Im Zeichen der Sonnenwende*, 1990). Auch hat v. a. die ›Initiation‹ heranwachsender weiblicher Charaktere in O.' Werken schon immer eine wesentliche Rolle gespielt – »she has perhaps the largest gallery of adolescent girls of any contemporary writer«, wie ein Kritiker einmal bemerkte. Diese Initiation, d. h. die Einführung Jugendlicher in die Welt der Erwachsenen, bedeutet gleichzeitig die Begegnung mit einer von Schrecken und Gewalt bestimmten Alltagsrealität.

Renate Hof

Ondaatje, Michael
Geb. 12. 9. 1943 in Colombo, Ceylon [heute Sri Lanka]

Michael Ondaatje ist neben Margaret Atwood der wohl bekannteste Vertreter zeitgenössischer kanadischer Literatur und genießt spätestens seit der oscarprämierten Verfilmung (1996) seines Romans *The English Patient* internationalen Ruhm. Der jüngste Sohn einer singhalesisch-tamilisch-holländischen Familie, der auf Ceylon und in England aufwuchs und 1962 zum Studium nach Kanada ging, ist auch literarisch ein Grenzgänger. Bis heute hat O. zehn Gedichtbände und sechs Prosatexte geschrieben sowie zwei Dokumentarfilme gedreht. Zur Zeit lebt er in Toronto und hat eine Professur an der York University.

Schon als Student veröffentlicht O. die ersten Gedichte. 1967, drei Jahre nach seiner Heirat mit der Künstlerin Kim Jones, erscheint der Lyrikband *The Dainty Monsters*. In dem Erstlingswerk, das sich durch die für O. typische elliptische, stark rhythmische Sprache sowie eine surreal-exotische, vielfach dem Tier- und Pflanzenreich entnommene und stets ambivalente Bildlichkeit auszeichnet, verfremdet O. Vertrautes und läßt Alltägliches in neuem Licht erscheinen. Durch Brüche und Paradoxien gelingt es ihm, Gegensätze auszuloten, ohne sie gänzlich aufzuheben. Bis ins Detail findet sich die unauflösliche Verquickung von Schönheit und Gewalt, welche auch O.s spätere Werke durchzieht. Während O. in *Dainty Monsters* noch ganz in der Tradition der Moderne auf Gestalten der klassischen Antike zurückgreift, wendet er sich in den folgenden, stärker experimentellen Texten neueren Quellen zu. *The man with seven toes* (1969), eine Sequenz aus 34 kurzen, bildgewaltigen Prosagedichten, basiert auf einem Gemäldezyklus von Sidney Nolan über die Erfahrungen einer schiffbrüchigen weißen Frau im australischen Busch. Aus diesen Bildern und den Fragmenten der Legende konstruiert O. eine ironisch gebrochene, mehrstimmige »Dokumentation« der Begebenheit und zeigt so die der Mythenbildung zugrunde liegenden Prozesse auf. *The Collected Works of Billy the Kid* (1970; *Die gesammelten Werke von Billy the Kid*, 1997), eine Collage aus Gedichten, Prosastücken, Balladen, Photographien, authentischen und fingierten Zitaten und fiktiven Zeitungsberichten erzählt aus verschiedenen Perspektiven vom Leben und Sterben des berühmtberüchtigten William Bonney (1859–81). Dabei betont O. insbesondere die Lücken und Leerstellen der zahlreichen Geschichten, die sich um eine der schillerndsten kulturellen Ikonen des Wilden Westens ranken. Im Gegensatz zu Billy the Kid ist der Jazzmusiker Buddy Bolden, dem O. mit *Coming Through Slaughter* (1976; *Buddy Boldens Blues*, 1995) ein Denkmal setzt, eine beinahe vergessene Legende. O. verwebt hier Fakten und Fiktion zu einem vielschichtigen und evokativen Künstlerporträt. Vor dem Hintergrund der Jazzmetropole New Orleans um die Wende vom 19. zum 20. Jahrhundert kartographiert er die psychologische und emotionale Landschaft eines genial-kreativen, doch letztendlich selbstzerstörerischen Musikers, der als Verkörperung des modernen Künstlers – und somit auch als ein ›Spiegelbild‹ O.s – gelten kann.

Die in den 1970er Jahren entstandenen Gedichte O.s zeigen neben wachsender Selbstreflexivität des Dichters, der im Schreiben den eigenen Schaffensprozeß und das Verhältnis von Realität und Kunst auslotet, auch eine Hinwendung zu privaten Themen. So verarbeitet er zum Beispiel in *Rat Jelly* (1973) mit dem elegischen »Letters and Other Worlds« den Tod seines Vaters und beschäftigt sich in der Gedichtreihe »Pig Glass«, die in die Sammlung *There's a Trick with a Knife I'm Learning to Do* (1979) Eingang findet, verstärkt mit seiner Familiengeschichte. Diese bildet die Grundlage von *Running in the Family* (1982; *Es liegt in der Familie*, 1992), einem Rückblick auf die spannungsreiche Ehe seiner Eltern und das Ceylon der 1920er bis 40er Jahre. Das stilistisch hybride, magisch-realistische Prosawerk, das Dokumentation, Reisebericht, *prose poem*, Gedichte und Photographien mischt, spielt nicht nur mit Genrekategorien und Erzählkonventionen, sondern verwischt die Grenze zwischen Fakt und Fiktion und spiegelt so ein neues Verständnis von (auto)biographischem Schreiben als schöpferische Rekonstruktion. Wie in keinem anderen Text macht O. hier deutlich, daß es immer mehr als nur eine Wahrheit gibt und keine Geschichte jemals wirklich abgeschlossen ist. In *Secular Love* (1984) stehen ebenfalls ganz persönliche Erfahrungen im Mittelpunkt. Trauer und Schuldgefühle im Zusammenhang mit dem Scheitern seiner Ehe, aber auch die Euphorie einer neuen Liebe (zu der Amerikanerin Linda Spalding) prägen Bilder und Sprache; der Ton bleibt der einer kontrollierten Distanz. In der Sequenz »Tin Roof« evoziert O. mit der pazifischen Westküste erstmals eine spezifisch kanadische Landschaft. Der Roman *In the Skin of a Lion* (1987; *In der Haut eines Löwen*, 1990) erzählt von Toronto in den 1920er Jahren und den südeuropäischen Immigranten, welche die Stadt aufgebaut haben. Durchsetzt mit intertextuellen Anspielungen und leitmotivisch wiederkehrenden Bildern des Wandels gibt dieses postmodernste Werk O.s den von der offiziellen Historiographie Ausgeschlossenen eine Stimme und identifiziert die kanadische Identität als multikulturell-pluralistisch. Geschichtsschreibung ist auch eines der zentralen Themen des mit dem *Booker Prize* ausgezeichneten Bestsellers *The English Patient* (1992; *Der Englische Patient*, 1993). Eine verlassene Villa in Italien gegen Ende des Zweiten Weltkriegs bildet den Hintergrund für ein Netz aus verschiedenen Erzählsträngen, die Zeit und Raum durchkreuzen und aus unterschiedlichen Perspektiven die Macht des geschriebenen und gesprochenen Wortes beleuchten. Die kanadische Krankenschwester Hana, der Spion Caravaggio, der indische Minensucher Kip und die bis zur Unkenntlichkeit entstellte Titelfigur sind eine Schicksalsgemeinschaft, deren Zusammenkunft individuelle Erinnerungen freisetzt und die Frage nach der eigenen Identität aufwirft.

In seinen neueren Werken wendet O. sich wieder seinem Geburtsland zu, was zu einer verstärkten Rezeption im Rahmen des postkolonialen Diskurses führt. Die vignettenartigen, suggestiven Gedichte in *Handwriting* (1998; *Handschrift*, 2001), einer lyrischen Hommage an die alte Heimat, umreißen die wechselvolle Geschichte und die jahrhundertealten Traditionen des kulturell heterogenen Inselstaates. Mit dem formal geradlinigsten Roman *Anil's Ghost* (2000; *Anils Geist*, 2000) fokussiert O. die jüngste Vergangenheit Sri Lankas, den Bürgerkrieg, und liefert – politisch entschiedener als bisher – ein eindeutiges Plädoyer für Menschlichkeit und Mitgefühl. Zugleich thematisiert der Text die

Doppelperspektive der auf ihr Heimatland zurückblickenden Emigrantin, durch die O. die Problematik des ›westlichen‹ Blickes auf den ›Osten‹ aufzeigt und die Komplexität einer jeden Wirklichkeitskonzeption unterstreicht.

Susanne Hilf

O'Neill, Eugene [Gladstone]

Geb. 16. 10. 1888 in New York City;
gest. 27. 11. 1953 in Boston,
Massachusetts

Eugene O'Neill, der nach wie vor bedeutendste Vertreter des modernen amerikanischen Dramas, kam in einem Hotelzimmer in New York zur Welt; er starb in einem Hotelzimmer in Boston. Seine letzten Worte sollen gewesen sein: »I knew it I knew it! Born in a goddam hotel room and dying in a hotel room!« Die Umstände seiner Geburt und seines Lebensendes charakterisieren mehr als alles andere die Grunderfahrungen einer modernen Künstlerbiographie, die überschattet war von Gefühlen des Wirklichkeitsverlusts und des Fremdseins. Als Sohn eines herumreisenden Schauspielers, des berühmten Broadway-Bühnenstars James O'Neill, verbrachte er seine Kindheit weitgehend in Hotelzimmern und in den Kulissen des Theaters. Seine Jugendjahre waren geprägt von einer ebenso unablässigen wie vergeblichen Suche nach ›Wirklichkeit‹ und ›Heimat‹. Diese Suche fand ihren Ausdruck zunächst in einem unsteten Bohemien- und Wanderleben. Nachdem er 1906 wegen eines groben Disziplinverstoßes das Studium an der Princeton University vorzeitig abbrechen mußte, schlug er sich jahrelang mit Gelegenheitsarbeiten durch, unternahm Schiffsreisen und Goldsucherexpeditionen, lebte an ›exotischen‹ Orten wie Buenos Aires, Honduras oder in den Elendsvierteln der New Yorker Hafengegend und ruinierte seine Gesundheit mit Alkohol. In seinem stark autobiographisch geprägten dramatischen Werk hat O. diese Erlebnisse, ebenso wie das traumatische Erfahrungsmaterial aus dem familiären Bereich, in vielfacher Weise verarbeitet.

Ein wegen einer Tuberkuloseerkrankung notwendig gewordener Sanatoriumsaufenthalt im Jahre 1912 markiert einen Wendepunkt im Leben O. s. Er beschäftigte sich während dieser Zeit ausgiebig mit dem modernen europäischen Drama – insbesondere mit dem Werk Henrik Ibsens und August Strindbergs – und faßte den Entschluß, Dramatiker zu werden. Er nahm 1914 an dem berühmten Dramenschreibkurs »English 47« von Professor George Pierce Baker an der Harvard University teil und entfaltete eine außerordentliche literarische Produktivität, die im zeitgenössischen Kontext einer gegen das kommerzielle Theater gerichteten Kleintheaterbewegung (»little theater movement«) auf fruchtbaren Boden fiel. Im Jahre 1916 schloß er sich den Provincetown‹Players an, einer zur Erneuerung des amerikanischen Dramas angetretenen Künstler- und Intellektuellengruppe. Die enge Zusammenarbeit mit dieser Gruppe, die bis in die frühen 20er Jahre andauerte, markiert sowohl in der künstlerischen Biographie des Autors wie auch in der allgemeinen Entwicklung des amerikanischen Dramas den Durchbruch zu internationaler Anerkennung.

Am Anfang von O.s Entwicklung als Dramatiker steht vor allem das Experiment mit der Form des Einakters. Er folgt darin dem Vorbild Strindbergs, der den Einakter als eine Dramenform bezeichnet hatte, die wegen ihrer Möglichkeiten zur Konzentration des dramatischen Geschehens auf seelische Krisenerfahrungen unfreier Individuen besonders geeignet sei, der spezifischen Bewußtseinslage des modernen Menschen Ausdruck zu verleihen. Das künstlerisch herausragendste Stück aus dieser frühen Phase ist Bound East for Cardiff (1916),

das mit The Long Voyage Home (1917), In the Zone (1917) und The Moon of the Caribbees (1919; Unterm karibischen Mond, 1924) zu einem Zyklus von See-Einaktern, dem »S. S. Glencairn Cycle«, zusammengeschlossen ist. Schauplatzgestaltung und Figurenarsenal der vier Stücke verweisen einerseits auf das Bemühen um milieuspezifische Authentizität, andererseits auf eine Verallgemeinerungstendenz, wie sie auch für die meisten von O.s späteren Dramen charakteristisch sein wird. Ähnlich wie bei Herman Melville, der den Autor hier maßgeblich beeinflußt hat, repräsentieren das Schiff »S. S. Glencairn« und die aus verschiedenen Nationalitäten zusammengesetzte Schiffsbesatzung eine Art Mikrokosmos der westlichen Zivilisation. In Bound East for Cardiff wird darüber hinaus das Schicksal des Schiffsheizers Yank, der, im Sterben liegend, vergeblich den Sinn seines Lebens zu ergründen versucht, zur Metapher einer existentiellen Grundsituation.

O. wandte sich danach der dramatischen Großform zu. Im Zentrum seiner künstlerischen Bemühungen stand dabei die Überwindung des im populären Theater üblichen Oberflächenrealismus zugunsten einer Darstellung der ›inneren Wirklichkeit‹. Er griff dabei zwei scheinbar gegensätzliche Stilrichtungen auf, die sich jedoch zum Teil in Form einer für O. charakteristischen Stilmischung überlagern. Zum einen bemühte er sich um einen symbolisch vertieften Realismus, zum anderen versuchte er, einer expressionistischen Ausdrucksdramatik zum Durchbruch zu verhelfen. Von den realistischen Mehraktern stellen Beyond the Horizon (1920; Jenseits vom Horizont, 1952) und Desire under the Elms (1924; Gier unter Ulmen, 1925), die bemerkenswertesten Leistungen dar. Beide Stücke verbinden die authentische Milieucharakterisierung des neuenglischen Farmlebens mit einer quasi geschichtsallegorischen Darstellung der durch den Geist des Materialismus bedingten Fehlentwicklungen der amerikanischen Zivilisation. Die Bedeutung dieser realistischen Frühdramen tritt allerdings gegenüber derjenigen der expressionistischen Formexperimente zurück. Insbesondere *The Emperor Jones* (1920; *Kaiser Jones*, 1923) und *The Hairy Ape* (1922; *Der haarige Affe*, 1924) wurden vom zeitgenössischen Publikum als bahnbrechende Innovationsleistungen gewürdigt. Beide sind ›Monodramen‹, in denen das Bühnengeschehen – nach dem Vorbild August Strindbergs und der deutschen Expressionisten – zum Sinnbild innerseelischer Vorgänge wird. An den Schicksalen des vom Kettensträfling zum Gewaltherrscher aufgestiegenen Schwarzamerikaners Brutus Jones in *The Emperor Jones* und des Schiffsheizers Yank in *The Hairy Ape* thematisiert O. die gewissermaßen archetypische Konfliktsituation zwischen der naturhaften und der zivilisierten Seite des Menschen.

In den späten 20er und frühen 30er Jahren verband sich die Innovations- und Experimentierbereitschaft des Autors immer stärker mit einem der künstlerischen Qualität der Stücke letztlich abträglichen Hang zu Monumentalismus und Lehrhaftigkeit. Beispiele hierfür sind etwa *The Great God Brown* (1926; *Der große Gott Brown*, 1928) und *Lazarus Laughed* (1927), wo O. Traditionselemente des griechischen Kulttheaters und des mittelalterlichen Moralitätenspiels wie Chor und Maske wiederbelebt und einer Botschaft mystisch-affirmativer Lebensbejahung im Geiste Friedrich Nietzsches dienstbar macht. Das gleiche affirmative Verkündigungspathos prägt auch die langatmigen exotisch-romantischen Geschichtsschauspiele *The Fountain* (1925) und *Marco Millions* (1928; *Marco Polos Millionen*, 1956). Zu den spektakulären Monumentaldramen aus dieser Schaffensperiode gehören weiterhin das neunaktige *Strange Interlude* (1928; *Seltsames Zwi-*

schenspiel, 1929), das mit einer am Vorbild von James Joyce orientierten Technik des inneren Monologs operiert, um im Sinne eines popularisierten Freud-Verständnisses innerseelische Konflikte zur Darstellung zu bringen, und die Trilogie *Mourning Becomes Electra* (1931; *Trauer muß Elektra tragen*, 1947), die den problematischen Versuch einer Wiedergeburt der antiken Tragödie aus dem Geiste der Freudschen Psychoanalyse unternimmt. Nach dem Mißerfolg seines expressionistisch-allegorischen Seelendramas *Days without End* (1934; *Tage ohne Ende*, 1965), dessen affirmativ-religiöse Botschaft im politischen Kontext der Depressionsepoche (der ›roten Dekade‹) keine Resonanz mehr fand, zog sich O. für zwölf Jahre aus der Öffentlichkeit zurück.

Versuchte O. in seinen bis 1934 entstandenen Stücken – bei aller für das Bewußtsein der Moderne charakteristischen Skepsis und Gebrochenheit – noch an der Möglichkeit einer affirmativen Sinndeutung der menschlichen Existenz festzuhalten, so trugen persönliche Krisen und die geschichtliche Katastrophe des Zweiten Weltkrieges mit dazu bei, daß diese Haltung im Spätwerk einem tiefgreifenden Pessimismus wich. Dies wird insbesondere deutlich an den beiden Hauptwerken, *The Iceman Cometh* (1946; *Der Eismann kommt*, 1949) und *Long Day's Journey into Night* (1956; *Eines langen Tages Reise in die Nacht*, 1956), die zu den herausragendsten künstlerischen Leistungen im Gesamtwerk des Autors wie im Gesamtkanon des modernen amerikanischen Dramas zählen. Beide Stücke markieren auch die Abkehr des späten O. vom spektakulären Bühnenexperiment und seine Rückwendung zu den Konventionen des symbolischen Realismus. Während das bis in kleinste Details hinein autobiographisch geprägte Familiendrama *Long Day's Journey into Night* am sozialen Mikrobereich familiärer Privatbeziehungen die zerstörerische Macht der individuellen und kollektiven Mythen über das menschliche Bewußtsein veranschaulicht, arbeitet das von Maxim Gorkis *Nachtasyl* inspirierte *The Iceman Cometh* mit einer zugleich auf quasi allegorische Verallgemeinerung abzielenden »slice-of-life«-Technik: Der Schauplatz – das Hinterzimmer eines heruntergekommenen New Yorker Hotels – und das aus einer Vielzahl von gestrandeten Existenzen unterschiedlicher Herkunft zusammengesetzte Figurenensemble verweisen auf den gesellschaftlichen Makrobereich einer ihrem Ende entgegenharrenden westlichen Zivilisation. In den ständig in sich selbst kreisenden Dialogen der beiden Stücke werden sowohl die privaten Illusionen des einzelnen als auch die gesellschaftlich vermittelten Sinnmodelle als fiktive Konstrukte – als sprachliche Strategien zur (Schein-)Bewältigung einer sinnleeren Wirklichkeit – bloßgelegt. Der zivilisationskritische Befund des späten O. läuft damit letztlich auf eine radikale Dekonstruktion des menschlichen Sinngebungsanspruchs hinaus. Der Autor, der in seinem Frühwerk dem amerikanischen Drama den Anschluß an die Moderne verschaffte, nähert sich in seinem Spätwerk Positionen an, die vom absurden Theater eines Samuel Beckett nicht mehr allzu weit entfernt sind.

Kurt Müller

Orwell, George [Eric Arthur Blair]
Geb. 25.6.1903 in Motihari, Indien;
gest. 21.1.1950 in London

Wie kaum ein anderer unter den britischen Autoren des 20. Jahrhunderts verdankt George Orwell seine weltweite, weitgehend postume Rezeption nicht primär ästhetischen Qualitäten. Sie war vielmehr stets von zeitgeschichtlichen und politischen Interessen geleitet. Solch starke Kontextbezogenheit begründet die langanhaltende Zitierbar-keit des Werks von O. wie auch die bald nach O.s Tod einsetzende Kanonisierung zweier seiner Bücher. Wenige Autoren können so festgefügte Assoziationen aufrufen wie das Adjektiv »Orwellian«; wenige Zitate der modernen Literatur sind in die Umgangssprache eingegangen wie »Some animals are more equal than others« und andere aus *Animal Farm* (1945; *Farm der Tiere*, 1946). Motive aus O.s letztem Roman, *Nineteen Eighty-Four* (1949; *Neunzehnhundertvierundachtzig*, 1950) flottieren, allmählich abgelöst von Autor und Werk, frei in globalen Medien der Massenkommunikation wie etwa »Big Brother«.

Um die Schnittpunkte von O.s Biographie mit den epochalen Krisen der ersten Hälfte des 20. Jahrhunderts kristallisierte sich sein schriftstellerisches Engagement. Einer von ihnen lag schon in O.s erster beruflicher Tätigkeit (nach dem Besuch einer Privatschule und Etons) als Angehöriger des indischen Polizeidienstes im britischen Empire. Einige Essays und ein späterer Roman über die moralischen Sackgassen der britischen Kolonialherrschaft, *Burmese Days* (1934; *Tage in Burma*, 1982), gestalten die Perspektive eines von ihr zunehmend Desillusionierten. Dieser Phase folgte die Distanzierung O.s vom sozialen Milieu seiner Herkunft im prekär sozial verankerten anglo-indischen Bürgertum durch seine teilnehmende Beobachtung am Leben der durch die Weltwirtschaftskrise Entwurzelten. Das Buch *Down and Out in Paris and London* (1933; *Erledigt in Paris und London*, 1978) schildert des Autors Erfahrungen als Tellerwäscher in einem Pariser Hotel und als Obdachloser in englischen Nachtasylen. Ein weiterer Erkundungsversuch, dessen literarischer Ertrag als *The Road to Wigan Pier* (1937; *Der Weg nach Wigan Pier*, 1982) vom Left Book Club veröffentlicht wurde, führte O. in die krisengeschüttelten alten Industriegebiete des englischen Nordwestens. Die zwiespältige soziale und politische Position des Autors zwischen Identifikation mit den Opfern der Klassengesellschaft und bürgerlicher Deklassierungsangst fand während des spanischen Bürgerkriegs im Kampf gegen den europäischen Faschismus einen vorübergehenden utopischen Horizont. *Homage to Catalonia* (1938; *Mein Katalonien*, 1964), das Buch über O.s spontane Mitwirkung in den linken, nicht an die kommunistische Partei gebundenen Milizen der Spanischen Republik, hebt im Scheitern des Widerstands v. a. die Konflikte auf der republikanischen Seite hervor. Der Gegensatz zu den autoritären Systemen des Stalinismus und Faschismus kennzeichnete auch die publizistischen Arbeiten O.s während des Zweiten Weltkrieges sowie die späten Antiutopien *Animal Farm* und *Nineteen Eighty-Four*. Wurde das frühere Werk erst mit Verzögerung publiziert, so traf der letzte Roman O.s sofort den Nerv des Kalten Krieges und wurde oft vereinfachend für den westlichen Status quo beansprucht. Dem kam entgegen, daß die zeitgeschichtlichen Kontexte, von denen sich O. als bewußt politischer, dem Sozialismus zwiespältig verpflichteter Schriftsteller durchaus nicht lösen wollte, in seinem Werk einen Prozeß immer stärkerer Abstraktion durchliefen. So reflektierten die späten Antiutopien etwa bedrohliche Tendenzen in durchaus unterschiedlichen gesellschaftlichen Systemen.

Die Wirklichkeit, in die sich O. unter Einsatz von Gesundheit und Leben einmischte, war in ihrer literarischen Repräsentation von den in seinem Werk verwendeten Genres geprägt. Nach juvenilen Versuchen in patriotisch getönter Lyrik legte sich O. bald auf eine Prosa fest, welche die zeitgenössische Realität in den tradierten Bahnen der naturalistischen Tradition einfangen wollte oder in einer neuen Form des dokumentarischen Schreibstils, in dem sich teilnehmende auktoriale Beobach-

tung und essayistische Reflexion verbanden. Dies gilt schon für die frühen Essays über das subjektive Erlebnis britischer Kolonialherrschaft in Indien (»A Hanging«, »Shooting an Elephant«) sowie für die Romane der 1930er Jahre wie *A Clergyman's Daughter* (1934; *Eine Pfarrerstochter*, 1983), *Keep the Aspidistra Flying* (1936; *Die Wonnen der Aspidistra*, 1983) und *Coming Up for Air* (1939; *Das verschüttete Leben*, 1953), aber auch für die ungleich wirkungsvolleren dokumentarischen Bücher. Der Übergang von deren persuasiven Strategien zu O.s politischer Publizistik während des Zweiten Weltkriegs war fließend. In diesen kleineren Schriften stand oftmals die hellsichtige, zuweilen überscharfe Analyse der eigenen sozialen Position im Zentrum, so in den Beiträgen für die Zeitschriften *Tribune* und *Partisan Review*, aber auch in dem Rückblick O.s auf seine privilegierte, dennoch von Minderwertigkeitsgefühlen begleitete Schullaufbahn auf einer kleinen Privatschule. Thematisch eröffnete O. Felder der britischen Populärkultur von der trivialen Massenliteratur bis zu Postkarten für eine nuancierte kulturkritische Reflexion.

Unter den von O. weiterentwickelten literarischen Genres wurde schließlich die antiutopische Phantastik für seine Wirkung bestimmend. *Animal Farm* lebte anfangs in der Lagermentalität des Kalten Krieges zwischen den großen Lagern einseitig von seiner satirischen Ausrichtung gegen die Sowjetunion unter Stalin. Dagegen ließ *Nineteen Eighty-Four* ein breiteres Spektrum der Rückübersetzung in Staatswesen zu, in denen eine systematisierte Überwachung des Individuums drohte. Andere Züge der Zukunftsvision dieses Buches, so v. a. das Motiv von materieller Knappheit, erschienen bald altmodisch gegenüber Aldous Huxleys hedonistischem Muster der Antiutopie. Mag die thematische Tragfähigkeit von O.s Werk gerade aufgrund seiner starken Gebundenheit an die politischen und sozialen Kontexte seiner Entstehungszeit begrenzt sein, so steht es doch aus dem gleichen Grund modellhaft für die Ausweitung des literarischen Kanons auf adressaten- und zweckbezogene literarische Formen. Ein Teil der neueren Orwellkritik formuliert diese Umakzentuierung.

Bernd-Peter Lange

Pinter, Harold
Geb. 10. 10. 1930 in London

Harold Pinter ist einer der erfolgreichsten Dramatiker des englischen Gegenwartstheaters, dessen Werk zunächst in den Kontext des Theaters des Absurden gestellt wurde, in dieser Kategorie aber nie aufging und schnell auch nach anderen Kriterien, etwa als realistische Darstellung der Wirklichkeit, symbolische Präsentation menschlicher Grundsituationen oder als gattungsbezogene Reflexion der Möglichkeiten und Grenzen von Drama und Sprache, interpretiert wurde. Das dramatische Œuvre läßt sich grob in drei Gruppen einteilen, die eine gewisse Entwicklung widerspiegeln, sich aber auch überlappen und wesentliche Gemeinsamkeiten in formaler und thematischer Hinsicht aufweisen: a) Dramen, in denen eine konkrete physische Bedrohung aus der Außenwelt in einen bewohnten und Sicherheit versprechenden Innenraum eindringt; b) Dramen, in denen Bedrohung und Verunsicherung weniger von außen als vielmehr von innen (psychisch) durch Sprache, Erinnerung und Imagination entsteht; c) Dramen, die deutlich politisch intendiert sind und damit einen konkreten Bezug zur Lebenswirklichkeit der Rezipienten haben. – In den Stücken der 1990er zeigt sich deutlicher als früher, daß sich bei P. diese Themen eng miteinander verbinden und er für ihre Darstellung im wesentlichen dieselben dramatischen Formen verwendet. Es gibt damit nur

an der Oberfläche eine erstaunliche Entwicklung vom absurden zum politischen Drama bei P., während seine Werke in ihren Grundcharakteristika deutliche Gemeinsamkeiten aufweisen. Schon der relativ früh verwendete Begriff ›pinteresk‹ verweist auf solch grundlegende Charakteristiken und auf P.s Leistung, durch Dialoge, die alle Nuancen alltäglicher Sprache reproduzieren, die Schwierigkeiten und Vielschichtigkeiten menschlicher Kommunikation aufzuzeigen. ›Pinteresk‹ bezeichnet eine Sprachverwendung, in der sich Alltags- und Umgangssprache, Satz- und Gedankenteile, Sprach-, Denk- und Handlungsklischees, Wiederholungen, Pausen und Andeutungen so verdichten, daß aus scheinbar gewöhnlicher Prosa Dichtung wird, die ebensoviel impliziert wie sie direkt ausdrückt, die zeigt, wie Sprache als Maske, Waffe oder Ausflucht gebraucht wird, und die bei aller Vieldeutigkeit trotzdem individuelle Charaktere offenlegt. Das Gesagte (der Text) klingt wie normale Alltagssprache, gleichzeitig ist aber darin so viel Wichtiges impliziert (ein Subtext), daß eine für P. spezifische Mischung von realistischer und künstlerisch stilisierter Sprachverwendung ergibt. Die Interpretation der Stücke erfordert in hohem Maß die aktive Beteiligung der Rezipienten beim Vergleich zwischen Gesagtem und Gemeintem, zwischen Sprache und Handlung, Teil und Ganzem. Mit dem formalen Element des Pintieresken verbindet sich untrennbar der wesentliche inhaltliche Aspekt der Bedrohung: Wo nie alles klar ausgesprochen wird, bleibt immer Raum für weitere Möglichkeiten, das Nichtgesagte kann Positives wie Negatives implizieren, und alles zur Sprache Gebrachte kann durch weitere Worte oder Handlungen wieder geleugnet oder verändert werden. Neben dem Charakteristikum des Pinteresken eignet sich daher die von Irving Wardle 1958 für das Frühwerk verwendete Bezeichnung ›*comedy of menace*‹

(›Komödie der Bedrohung‹) für alle Werke P. s., wenn man ›Komödie‹ nicht als bloße Unterhaltung versteht, sondern als Gattung, die Komik, Witz und typische Alltagssituationen zur Darstellung und Kritik von Gesellschaft benutzt. P. geht spielerisch und kreativ mit dieser Tradition der Sittenkomödie (›comedy of manners‹) um und verbindet sie mit modernen Themen wie existentielle Unsicherheit und Bedrohung. Der Kampf um Positionen in menschlicher Gemeinschaft und die Ängste des Individuums in der modernen Welt sind die wesentlichen Inhalte seiner Stücke, wobei es aufschlußreiche Veränderungen bzw. Nuancierungen in den drei genannten Werkgruppen gibt. Mit der ständigen Gefahr einer Bedrohung (von außen durch Individuen und politische Kräfte oder durch den Menschen selbst, durch Gefühle, Ängste, Bedürfnisse, aber auch die Unwägbarkeiten der Realität und Sprache) ist bei P. immer Mehrdeutigkeit verbunden. Damit werden in seinem Werk grundsätzlich menschliche Erkenntnis und Selbstgewißheit, die Realität und Alltagswelt sowie deren Wahrnehmung in Frage gestellt. Aber P. endet nicht in postmoderner Offenheit, was am besten zu erkennen ist, wenn man die politischen Dramen, die deutliche Wertungen beinhalten, mit den anderen vergleicht und dabei die gerade genannten Gemeinsamkeiten feststellt. – P. gilt inzwischen als moderner Klassiker, und diese Einschätzung verweist auf die große Wirkung seiner Dramen ebenso wie auf ihre Darstellung von aktuellen, andauernden Problemen der Moderne. Hauptthemen sind individuelle und gesellschaftliche Identität, das Verhältnis von Sprache zu Wirklichkeit und Wahrheit, die Bedeutung von Erinnerung und Imagination, die Relation von Bewußtsein und Unbewußtem, das Problem der grundsätzlichen Möglichkeit von Erkenntnis sowie existentielle Ängste und alle Versuche, Angst und Unsicher-

heit zu vermeiden und in menschlicher Gemeinschaft eine akzeptable, befriedigende Rolle einzunehmen. Dabei betont P. auch in seinen politischen Werken die besondere Bedeutung des Individuums, das mit allen Mängeln und Schwächen immer im Zentrum seiner Werke steht.

Seine Laufbahn begann P. 1949 als Schauspieler, und er tritt weiterhin gelegentlich auf der Bühne, im Fernsehen oder Film auf. Dort arbeitet er auch als Regisseur, und er hat mehr als 20, z. T. sehr erfolgreiche Drehbücher verfaßt. Zunächst schrieb er Gedichte und kurze Prosatexte, bevor 1957 seine ersten Kurzdramen, The Room (Das Zimmer, 1969) und The Dumb Waiter (Der stumme Diener, 1959), 1958 das erste abendfüllende Stück, The Birthday Party (Die Geburtstagsfeier, 1959), und 1960 sein großer Durchbruch The Caretaker (Der Hausmeister, 1960) erschienen. Danach verfaßte P. kürzere Texte für Bühne, Hörfunk und Fernsehen. 1965 erschien sein nächster großer Erfolg, The Homecoming (Die Heimkehr, 1965). Schon innerhalb dieser ersten Werkgruppe verlagert sich die allen Stücken gemeinsame Bedrohung von einer undefinierbaren, unverstehbaren, widersprüchlichen Außenwelt immer mehr in die Figuren selbst. The Homecoming deutet dies schon im Titel an. Während in dem Stück The Birthday Party die Bedrohung noch deutlich von außen kommt, liegt sie hier in der Familie selbst und in all den immanenten Ambiguitäten, die nie aufgelöst werden. ›Geburtstagsfeier‹ und ›Heimkehr‹ sind im Grunde Ereignisse, die die Geburt, Rückkehr und Anerkennung der menschlichen Grundbefangenheit in Triebhaftigkeit und Lebensangst markieren, ohne daß dies wirklich ein Grund zum Feiern wäre. P.s Dramen sind nie Feiern menschlicher Leistungen, sondern immer Dokumente des Scheiterns und existentieller Probleme. So stellen schon alle frühen Stükke heraus, wodurch eine positive menschliche Gemeinschaft unmöglich gemacht wird, und präsentieren die unheimliche, oft nicht klar ausgesprochene Bedrohung durch andere Menschen, die Unsicherheit der individuellen Situation, die Unwilligkeit und Unfähigkeit der Menschen, sich klar auszusprechen. – Mit den Dramen *Landscape* und *Silence* (1969; *Landschaft* und *Schweigen*, 1970) wird die Bedeutung von Erinnerung und Imagination, die bisher eher im Hintergrund stand, hervorgehoben und direkt thematisiert. *Old Times* (1971; *Alte Zeiten*, 1972) etwa macht deutlich, wie sehr die Vergangenheit von menschlichen Gefühlen abhängig ist und wie vergangenes Erleben nachträglich rekonstruiert bzw. nach eigenen Vorstellungen umgestaltet wird; die objektive Darstellung der Vergangenheit erscheint unmöglich. *Betrayal* (1978; *Betrogen*, 1978) weist jedoch darauf hin, daß es trotz aller Subjektivität objektive Sachverhalte gibt, die zum Scheitern von Beziehungen führen und dazu, daß man nicht nur andere, sondern auch sich selbst betrügt. Die Kurzdramentrilogie *Other Places* (1982; *An anderen Orten*, 1988) setzt P.s Auseinandersetzung mit der Vergangenheit, ihrer Erinnerung und Imaginierung, ihrem ständigen Einfluß auf die Gegenwart und menschlichen Möglichkeiten mit ihr umzugehen, fort. – P.s explizit politische Stücke (*Precisely*, 1983, *Genau*, 1991; *One for the Road*, 1984, *Noch einen letzten*, 1991; *Mountain Language*, 1988, *Berg-Sprache*, 1998; *Party Time*, 1991; *The New World Order*, 1991) unterscheiden sich von den anderen v. a. dadurch, daß Rollen und ihre Bewertungen, gut und böse, deutlicher erkennbar sind und daß den weiterhin keine expliziten politischen Aussagen machenden Texten durch Sub- und Kontexte die relevanten politischen Bedeutungen nahegelegt werden, so etwa durch die Publikation von *Precisely* in einem Band für Frieden und gegen Atomwaffen und die Kontextualisierung von *One for the Road* durch P.s Engage-

ment gegen Folter. P.s Dramen weisen insgesamt eine besonders aufschlußreiche Relation zwischen dem eigentlichem Text, dem damit verbundenen impliziten Subtext und dem außerhalb liegenden Kontext auf, wobei in den politischen Werken Dramenformen und -inhalte nicht wesentlich anders sind, die lebensweltbezogenen Sub- und Kontexte aber direkter politisch mit den textinternen Zeichen verbunden werden können. – Von den neuesten Stücken zeigen besonders *Moonlight* (1993; *Mondlicht*, 2000) und *Ashes to Ashes* (1996; *Asche zu Asche*, 2000) die Fortsetzung, Erweiterung und Verbindung der bisherigen Themen miteinander. Beide handeln wieder von Erinnerung und der Schwierigkeit, Vergangenheit und Gegenwart, persönliche Identität und individuelles Handeln in Sprache zu fassen, geschweige denn zu erklären. Wahrheit ist und bleibt problematisch, aber es wird deutlich, daß eine mit subjektiver Phantasie und persönlicher Bedürfnisbefriedigung gleichgesetzte Realität Leben zerstört und daß Erinnerung als Flucht vor der Realität zwar eine subjektive, nicht aber eine gesellschaftliche Hilfe sein kann. Die Stücke sind weiterhin mehrschichtig und vieldeutig, so daß etwa das letzte sowohl eine Erinnerung an ein Konzentrationslager, die Darstellung einer akuten Situation in einem solchen Lager oder aber auch, wie P. es selbst sieht, eine Präsentation gegenwärtiger Vorstellungen über Menschengeschichte und der Wirkungen solcher Konzepte auf den menschlichen Geist und das Selbstverständnis der Gegenwart ist. Indem P. von Beginn an zeigt, daß alles in der Welt von der Wahrnehmung abhängig und dementsprechend veränderlich ist, machen seine Werke auf die Bedeutung des Geistes aufmerksam und enthalten damit eine besondere Form der Mimesis, nämlich die Nachahmung menschlicher Verstehensprozesse. Auf diese Weise führen die komplexen und nicht leicht zu verstehenden Dramen die Rezipienten zu grundlegender Gesellschafts- und Selbsterkenntnis, zu umfassender Reflexion über Realität und alle Probleme ihrer Darstellung und Bewertung.

Klaus Peter Müller

Poe, Edgar Allan
Geb. 19. 1. 1809 in Boston,
Massachusetts; gest. 7. 10. 1849
in Baltimore, Maryland

»Three-fifths of him genius and two-fifths sheer fudge«, so charakterisierte James Russell Lowell seinen Kollegen Edgar Allan Poe in seiner Verssatire *A Fable for Critics* (1848), und zwiespältig – zwischen Genieverehrung und Abwertung des Autors als Urheber »schieren Blödsinns« – sind die Meinungen über P. bis heute geblieben. P.s immensen Einfluß auf die Literaturgeschichte nicht nur in seinem eigenen Land hat dies nicht beeinträchtigt. Als Spätromantiker entwickelte er Samuel Taylor Coleridges Imaginationstheorie sowie August Wilhelm Schlegels Konzept von der Wirkungseinheit des Kunstwerks weiter; als Vorläufer der literarischen Moderne entwarf er eine konstruktivistische Ästhetik, die durch die begeisterte Aufnahme bei Charles Baudelaire und den französischen Symbolisten zu einem Grundelement der Dichtung des 20. Jahrhunderts werden sollte. Mit jeder seiner innovativen Leistungen – und dazu zählen die Erfindung der Detektivgeschichte und die Entwicklung von Vorformen der Science Fiction ebenso wie sein Beitrag zu einem modernen Konzept von Literaturtheorie und Ästhetik – hätte er sich einen Platz in der Weltliteratur verdient gehabt. Seine Lyrik und vor allem seine Erzählungen gelten jedoch als seine bedeutsamste Hinterlassenschaft.

P.s ungewöhnliche Biographie liefert durchaus Material für das Bild einer etwas exzentrischen Persönlichkeit, doch sind es vor allem die mißgünstige Version seines Nachlaßverwalters Griswold einerseits und die Heroisierung zum *poète maudit* durch seine französischen Anbeter andererseits gewesen, die den Mythos von Drogenabhängigkeit, sexueller Perversion (Pädophilie und Nekrophilie sind die Hauptunterstellungen) und Psychose entstehen ließen. Vorschnell sind immer wieder Aussagen seiner fiktionalen Erzähler auf ihn selbst übertragen worden. Leidlich erwiesen sind lediglich P.s Alkoholismus und seine Probleme, sein Leben nach dem Tod seiner Frau noch einmal in den Griff zu bekommen. P. wurde 1809 als Sohn eines Schauspielerehepaars geboren; da sein Vater bald danach verschwand, war er mit dem Tod seiner Mutter 1811 Vollwaise. Er wurde von Frances und John Allan in Richmond, Virginia, aufgenommen. Der Verlust von Frauen, die für ihn Mutterersatz und zugleich Verkörperungen weiblicher Idealität waren, bildet eine Kette von Traumatisierungen; dazu gehört der Tod seiner Pflegemutter 1829. Der Kaufmann John Allan, mit dem sich P. schon früh zerstritt, sorgte immerhin dafür, daß er eine gute Ausbildung erhielt. Sein Studium an der University of Virginia brach P. allerdings nach einer Auseinandersetzung mit Allan ab. Er trat als gemeiner Soldat in die Armee ein, sodann in die Offizierssakademie West Point, von der er aber bald relegiert wurde. 1827 hatte P. seinen ersten Lyrikband *Tamerlane and Other Poems* publiziert, und mit der Ausgabe seiner *Poems* 1831 erregte er so viel kritisches Interesse, daß er Zugang zur New Yorker Literaturszene fand, bevor er zu seiner Tante Maria Clemm nach Baltimore zog, wo er die nächsten Jahre in desperaten finanziellen Verhältnissen zubrachte. 1833 gewann er einen Preis für seine Erzählung »MS. Found in a Bottle« (»Das Manuskript in der Flasche«, 1922). P. plante damals einen durchkomponierten Zyklus von Erzählungen, *Tales of the Folio Club*, fand aber keinen Verleger und mußte sich damit begnügen, den aufblühenden Zeitschriftenmarkt zu bedienen. Aus den Einzelveröffentlichungen lassen sich die geplante Position und Funktion der jeweiligen Geschichte kaum mehr erkennen, so daß nicht immer deutlich ist, ob ein Text etwa zur Satire oder zur Schauerliteratur gehört. 1834 starb P.s Pflegevater; sein Testament übergeht den Autor. 1835 bekam P. eine Anstellung beim *Southern Literary Messenger* in Richmond, einer Zeitschrift, in der P. nicht nur eine Anzahl von Erzählungen und Gedichten publizierte, sondern für die er mehr als 100 Rezensionen und Kolumnen zur Literatur schrieb, für die er aber auch als Redakteur, Produktionsleiter und *de facto*-Herausgeber fungierte. Seine exzellente Arbeit, gerade auch seine brillanten, oft scharfen Besprechungen, führten dazu, daß sich die Auflage versiebenfachte und P. sich als führender Kritiker Amerikas etablierte, bevor das Arbeitsverhältnis Ende 1836 wegen inhaltlicher Differenzen und P.s Alkoholproblemen gelöst wurde. Im selben Jahr heiratete P. seine 13jährige Cousine Virginia Clemm, vielleicht primär, um seine Ersatzfamilie zusammenzuhalten. Weder das Alter der Braut noch der Altersunterschied galten damals als aufsehenerregend, doch künftigen Generationen bot sich hier reichlich Stoff für Spekulationen. Was auch immer die Basis dieser Ehe sein mochte, P. war ein liebevoller Partner, und das Trauma des frühen Todes Virginias durch Tuberkulose (1847) sollte entscheidend zu seinem eigenen Ende zwei Jahre später beitragen. In der (vergeblichen) Hoffnung auf finanziellen Erfolg schrieb P. trotz seiner Skepsis gegenüber literarischen Langformen seinen einzigen Roman, *The Narrative of Arthur Gordon Pym of Nantucket* (1838; *Seltsame Seeabenteuer Arthur Gordon Pym's*, 1883). 1839 wurde er Herausgeber von *Burton's Gentleman's Magazine*, von

dem er sich 1840 im Streit wieder trennte. In späteren Jahren wiederholte sich dieses Muster bei anderen Zeitschriften, wobei wohl auch die hohen professionellen Ansprüche eine Rolle spielten, die P. gegenüber den Verlegern durchzusetzen versuchte. Seine Pläne, eine eigene Zeitschrift längerfristig zu besitzen und frei gestalten zu können, scheiterten. Immerhin konnte er seine Erzählprosa 1840 endlich auch in einem Sammelband nachdrucken, *Tales of the Grotesque and Arabesque*. 1845 erschien sein Gedicht »The Raven« (»Der Rabe«, 1862) in mehreren Zeitschriften und steigerte P.s Bekanntheitsgrad in den USA und in Europa mit einem Schlag beträchtlich. Eine Veröffentlichung von zwölf seiner Geschichten in dem Band *Tales* (1845) und seiner Lyrik in *The Raven and Other Poems* im selben Jahr machten ihn zum Salonlöwen in New York City, wo seine Familie damals wieder wohnte. Doch Angriffe auf P. nicht nur als Autor, sondern auch als Person, erneute Geldnot und schließlich der Tod Virginias machten seine Lage desolat. Seine Beziehungen zu mehreren Frauen in seinen beiden letzten Lebensjahren wirken verzweifelt. Zwar erschienen noch u. a. sein bedeutendes Gedicht »Ulalume« (1847) und seine kosmologisch-philosophische Schrift *Eureka* (1848), doch sein physischer und phasenweise auch sein psychischer Zustand wurden besorgniserregend. Die ungeklärte Ursache seines Todes in Baltimore im Oktober 1849 erschien vielen als das passende Ende eines skandalumwitterten Lebens.

Mag auch P.s im engsten Sinne literarisches Werk relativ schmal sein, so bietet es doch eine erstaunliche Vielfalt, die noch einmal erweitert wird, wenn man das umfangreiche essayistisch-journalistische Œuvre einbezieht. P. entwickelte statt der eher subjektivistischen Tendenzen der früheren Romantik prä-modernistische Ansätze weiter, als er das ›Gedicht an sich‹ forderte, d. h.

die Autonomie des Kunstwerks nicht nur von den Aufgaben der Didaxe und Mimesis im Sinne des 18. Jahrhunderts, sondern auch von der des Selbstausdrucks. Andererseits haben seine Schauergeschichten viele Kritiker vermuten lassen, daß hier dennoch persönliche Psychosen des Autors umgesetzt werden. Andere Texte haben offensichtliche literatur- oder gesellschaftssatirische Bezüge, z. B. seine zahlreichen Parodien auf zeitgenössische Werke und Schulen. In der Erzählung »The System of Dr. Tarr and Prof. Fether« (1845) schildert der Erzähler den Besuch in einer Heilanstalt und seine Begegnung mit dem angeblichen Pflegepersonal, das ihm ungewöhnlich ausgelassen vorkommt. Erst als eine Gruppe von affenähnlich aussehenden Wesen hereinstürmt, stellt sich heraus, daß die Aufseher von den Geisteskranken überwältigt, geteert, gefedert und eingesperrt worden waren und sich nun erst befreien konnten. Das scheinbar Animalisch-Bedrohliche erweist sich als das Beruhigend-Normale, das Freundlich-Heitere als gewalttätige Verrücktheit. Die Geschichte ist offensichtlich eine Satire auf damals neue psychiatrische Behandlungsmethoden, darüber hinaus wohl auch auf basisdemokratische Tendenzen in Amerika, die P. aus seiner südstaatlich-konservativen Gesellschaftssicht als Herrschaft des Mobs empfand. Doch seinen eigentlichen Reiz gewinnt der Text jenseits der Satire durch seine groteske Mischung von Komischem und Grausigem. Das Groteske wird von P. in vielen Erzählungen und Gedichten als Kipp-Phänomen zwischen Lächerlichkeit und Horror gestaltet, zwischen Rationalität und Unbewußtem, zwischen dem Vertrauten und dem Fremden oder aber dem Unheimlichen im Sinne Sigmund Freuds. Insofern geben zahlreiche Texte P.s weniger die Erfahrung einer wie immer gearteten äußeren oder psychischen Realität wieder als das Erlebnis der Grenzen unserer normalen Realitätserfahrung.

Eines der typischsten Muster der Grenzerfahrung bei P. ist die Entdeckungsreise, dem z. B. The Narrative of Arthur Gordon Pym folgt oder »MS. Found in a Bottle«, wo der Erzähler aus den bekannten in die unbekannten Teile der Erde vorstößt, dann jedoch in die Welt des Spukschiffs, und schließlich in eine Welt der Imagination jenseits des rational Erklärlichen, oder auch in die Welt des Unbewußten, das sich, postmoderne Selbstreferentialität vorwegnehmend, als Text zu erkennen gibt. Von der letzten Grenze kann man freilich nicht lebendig (oder normal) zurückkehren; die Kunst ist die einzige Möglichkeit, sich ihr ahnungsvoll anzunähern bzw. Setzung und Aufhebung zu vereinen. Ob sich hinter dieser Grenze eher der Blick ins existentiell Abgründige öffnet wie im Gedicht »The City in the Sea« (1831, 1845) oder ins ideale Absolute, ist unterschiedlich gesehen worden und hängt auch vom Einzeltext ab. Der zweiten Sichtweise entspricht P.s Beschreibung des Göttlich-Vollkommenen in Eureka als zunächst rein geistiger Einheit, die sich dann aufspaltet und zur Vielheit des Universums wird. Dieses ist notwendigerweise unvollkommen und strebt zur Einheit zurück, die allerdings nur durch (Selbst-)Aufhebung erreichbar ist. Die Idee von Tod und Vernichtung, aber auch die Assoziation von Tod und Schönheit (als Abglanz des Idealen) haben P. immer fasziniert; im Motiv des Todes einer schönen Frau hat er sie häufig gestaltet. Zugleich zeigt sich hier eine mögliche Wurzel des P.schen Schreckens, denn die Vorstellung von der Aufhebung irdischer Unvollkommenheit zugunsten der Rückkehr ins Absolute bedeutet die radikale Vernichtung ohne Aussicht auf Transzendenz; das wiederkehrende Motiv vom Sturz in Abgründe oder Wasserstrudel belegt solche Ambivalenz von Furcht und Angezogensein.

Aus Eureka läßt sich auch die Attraktivität der Imagination als jener Fähigkeit erklären, die zum Göttlichen als der absoluten Imagination in Korrespondenz zu stehen scheint. Obwohl P. ihr nur beschränkte Kreativität zubilligte, ist die Hoffnung auf eine radikal befreiende Imaginationskraft aus seinen Texten nicht wegzudenken. Selbst P.s Detektivfiguren besitzen imaginatives Vorstellungsvermögen und Intuition, wenngleich in den ihnen gewidmeten »tales of ratiocination« (Geschichten, die die Kunst der logischen Schlußfolgerung illustrieren) die Wahrheit als Befriedigung des Verstandes im Mittelpunkt steht. Diese Texte, etwa »The Murders in the Rue Morgue« (1841; »Der Mord in der Rue Morgue«, 1875) oder »The Purloined Letter« (1845; »Der entwendete Brief«, 1882), nehmen mit dem scharfsinnigen Amateurdetektiv, seinem unbedarften Helfer und dem Handlungsmuster der Aufklärung eines bereits geschehenen Verbrechens entscheidende Gattungskomponenten des späteren Kriminalromans vorweg.

Motive wie der Doppelgänger oder der Scheintod und vor allem die innerlich zerrissenen, ihren Wahnvorstellungen ausgelieferten Erzählerfiguren und Protagonisten in Erzählungen wie »Ligeia« (1838; »Ligeia«, 1853) oder »The Fall of the House of Usher« (1839; »Der Untergang des Hauses Usher«, 1883), verweisen auf eine Welterfahrung, die in der Krise des Subjekts ihren Kern hat und gerade darin die Moderne vorausweist. Die Hybris des sich selbst setzenden Individuums wird in Texten wie »The Masque of the Red Death« (1842; »Die Maske des roten Todes«, 1883) schonungslos entlarvt, wo Prinz Prospero mit seinem Versuch scheitert, sich und seine Gruppe dem Pesttod zu entziehen – ein Streiflicht auch auf eine fortschritts- und prosperitätsgläubige amerikanische Gesellschaft, von deren nationalkulturellen Parolen sich P. kühl distanzierte.

P.s frühe Lyrik ist romantischen Vorbildern verpflichtet, doch schon in den *Poems* von 1831 und erst recht im Spätwerk finden sich Texte, die seiner Vorstellung vom Gedicht als »rhythmischer Schöpfung von Schönheit« entsprechen. Ob man P.s Bericht über die völlig auf die Leserwirkung hin kalkulierte Entstehung von »The Raven« in »The Philosophy of Composition« (1846) in Gänze akzeptieren darf, ist fraglich, doch werden hier wie in anderen Aufsätzen und Rezensionen wesentliche Aspekte eines konstruktivistischen Literaturverständnisses formuliert. Hierzu gehört auch seine zweiteilige Rezension von Hawthornes *Twice-Told Tales* (1837, 1842) im Jahre 1842, in der nach verbreiteter Meinung das Genre definiert wird, das später als Short Story bezeichnet werden sollte. P. fordert eine Ausrichtung auf eine einheitliche Wirkung, der wiederum die Werkeinheit zu entsprechen hat. Daraus ergeben sich die Forderungen nach relativer Kürze, einheitlicher Grundstimmung, geschlossenem Plot, geeigneter Themenwahl sowie der Verwendung metrischer, klanglicher und bildlicher Elemente zur Stimmungserzeugung. Letztere gelingt nicht nur in der hypnotischen Suggestivität von »Ulalume« und anderen Gedichten, sondern auch in vielen der Erzähltexte.

Weder die wissenschaftliche noch die populäre Rezeption, erst recht nicht die zahlreichen Bearbeitungen P.schen Materials in Film, Musik und bildender Kunst, haben sich von seinen Theoriegebäuden einengen lassen, sondern haben sich auf seine Gestaltung der Nachtseiten menschlicher Existenz, die psychologischen und psychopathologischen Themen und Gestalten in seinem Werk konzentriert.

Helmbrecht Breinig

Pope, Alexander
Geb. 21.5.1688 in London;
gest. 30.5.1744 in Twickenham
bei London

Als überragende Gestalt der klassizistischen Dichtung Englands ist Alexander
Pope gleichsam deren Synonym. Die
Biographie des im Revolutionsjahr 1688
Geborenen steht unter einem ironischen Vorzeichen, denn der repräsenta-
tivste Dichter des nachrevolutionären
England gehörte als katholischer Kauf-
mannssohn zu einer in ihren bürgerlichen Rechten eingeschränkten Min-
derheit, welcher der Besuch der höheren
Bildungsstätten versagt war. Durch die
Zeitumstände gezwungen, als Autodidakt eine umfassende Bildung zu erwerben, wurde P. gleichwohl zum vollendeten Interpreten des kulturellen und
gesellschaftlichen Selbstverständnisses
Englands im Aufklärungszeitalter.

Der frühreife, aber durch körperliche
Mißbildung (einen Buckel) belastete P.
gab schon in jugendlichem Alter seinen
literarischen Ehrgeiz zu erkennen, der
sich in Versübersetzungen antiker und
Nachahmungen englischer Dichter an-
kündigte. Das hochgespannte, auf öffentliche Anerkennung drängende
Selbstbewußtsein P.s artikulierte sich
unmißverständlich in dem 1711 veröffentlichten, aber weiter zurückzuda-
tierenden *Essay on Criticism* (*Versuch
über die Kritik*, 1745). Dieses literatur-
kritische Manifest steht in der Tradition
des poetologische Probleme behandeln-
den Versessays und erhält seine besondere Signatur durch P.s ungewöhnlich
brillante Handhabung des zu epigram-
matischer Prägnanz genutzten *heroic
couplet*; das von P. im Laufe seiner Karriere in erstaunlicher Variationsbreite
eingesetzte lange Reimpaar sollte seine
Domäne bleiben. Als *An Essay on Criticism* erschien, war P. bereits auf dem
Weg zur *rota Vergilii*; mit den 1709 in
Jacob Tonsons *Poetical Miscellanies* veröffentlichten *Pastorals* tat er den ersten

Schritt, um in Nachfolge des lateinischen Vorbildes die Trias von buko-
lischer, georgischer und epischer Dichtung planmäßig zu verwirklichen. Obwohl es sich bei den *Pastorals* um sein
eigentliches Erstlingswerk handelt, belegen die im Jahreszeitenrhythmus an-
geordneten Gedichte P.s ungewöhnlich
früh ausgebildete technische Virtuosität.

Zwar bedeuteten die *Pastorals* P.s Ap-
probation als Dichter durch die englische Öffentlichkeit, doch konnte er
mit diesem eleganten Entree noch nicht
in die geistigen Auseinandersetzungen
der Zeit eingreifen. In die gesellschaftlichen und weltanschaulichen Diskurse
der Epoche schaltete er sich erst im
Zuge der weiteren Realisierung der von
Vergil vorgegebenen Gattungsmuster
ein. Mit *Windsor Forest* (1713; *Der Wald
bei Windsor*, 1778), seinem Pendant zu
Vergils *Georgica*, erhob P. öffentlich-politische Ansprüche im Medium der
Landschaftsdichtung. Dieses strukturell
komplexe und in der Stringenz seiner
literarischen Ausführung meisterhafte
Werk ist von der Literaturgeschichts-
schreibung lange unterschätzt worden;
das politische Manifest zugunsten des
emblematisch und mythologisch verbrämten Hauses Stuart und der von den
Tories erreichten Beendigung des Spanischen Erbfolgekrieges ist dank seiner
poetischen Sublimierung eine Dichtung
auf weltliterarischem Niveau. In *Windsor Forest* wird intellektuell transparente
Naturbeschreibung durch Analogiebil-
dung großen Stils zum Resonanzboden
für propagandistische Aussageimpulse.
Von der antiken Vorstellung der *concor-
dia discors* ausgehend, kennzeichnet P.
die Landschaft um Windsor als eine
durch harmonische Vielfalt geprägte
Kontrastharmonie, in der sich kosmische Gesetze widerspiegeln. Von Windsor Forest als Anschauungsmodell solcher universellen Ordnung geht somit
zugleich der Anspruch der Naturge-
mäßheit seiner politischen Ordnung

aus; als Königssitz Mikrokosmos Englands, verkörpert es mit seinem ländlich-aristokratischen Ambiente in idealtypischer Weise das politische Selbstverständnis des erstarkten Toryismus. An einheimische topographische Dichtungen wie insbesondere Sir John Denhams *Cooper's Hill* (1642) anknüpfend, zeichnet sich *Windsor Forest* diesen gegenüber durch die nahtlose Verschränkung von Naturbeschreibung, historischen Reminiszenzen und aktualisierender politischer Reflexion aus.

P.s parteipolitisches Engagement in *Windsor Forest* bedeutete auch insofern einen Wendepunkt, als er sich nun den Tories annäherte. Seine Mitgliedschaft in dem Literaten und Politiker dieser Richtung anziehenden Scriblerus Club, dem neben Jonathan Swift auch John Gay und John Arbuthnot angehörten, bestätigte P.s Neuorientierung auf politisch-gesellschaftlichem Parkett.

P.s letzter Schritt zur Einlösung der *rota Vergilii* erfolgte unter der Antike gegenüber erheblich veränderten kulturellen Rahmenbedingungen für die Produktion von Epen. An die Stelle des traditionellen Epos, dem das Fundament einer mythisch-heroischen Weltsicht entzogen worden war, traten Werke, welche die Verschiebung der gesellschaftlichen und intellektuellen Ausgangslage signalisierten. Mit *The Rape of the Lock* (1712 in vorläufiger, 1714 in endgültiger Fassung mit fünf statt zwei Gesängen erschienen; *Herrn Alexander Popens Lockenraub, ein scherzhaftes Heldengedicht*, 1744) demonstrierte P. seine perfekte Beherrschung der epischen Manier in zeitgemäßem Gewand. In diesem komischen Epos, das in Nicolas Boileaus *Le Lutrin* (1674/83) seinen wichtigsten Vorläufer besitzt, rückt der Raub einer Haarlocke eines jungen Mädchens der Oberschicht ins Zentrum eines brillanten Gemäldes der Londoner Gesellschaft. Die Mittelpunktstellung dieser an sich unbedeutenden, aber an

den Raub der Helena erinnernden Begebenheit ist Indiz für den – durchaus komplexen – Aussagewillen des Autors, der das gesamte technische und motivliche Repertoire der herkömmlichen Heldendichtung für seine Gestaltungsintentionen konsequent nutzbar macht. P.s literarischer Hebel dafür ist die ingeniös gehandhabte diminutive Methode, die überlegte Reduzierung der epischen Dimensionen, mit deren Hilfe er die um elegante Trivialitäten kreisende Existenz der oberen Klassen witzig-ironisch beleuchtet. So werden aus Waffen Kosmetika, an die Stelle der Ahnentafel eines berühmten Geschlechts tritt die Genealogie einer Haarnadel, und der homerische Schild wird durch Belindas Petticoat ersetzt. Indem durchgehend eitle Nichtigkeiten mit epischen Reminiszenzen versehen werden, wird deutlich, daß die Lebensführung der zeitgenössischen aristokratischen Gesellschaft eben nicht mehr heroischen Maßstäben entsprach. Doch diese sanfte, nie verletzende Kritik stellt nur eine Seite der Medaille dar. Denn das Diminutive ist nicht nur das Unbedeutende, sondern zumindest ebensosehr das Reizvolle, Exquisite und Kokette – gerade der feminine Einschlag von *The Rape of the Lock* trägt dazu bei, eine Salonatmosphäre von rokokohafter Eleganz zu beschwören. Die epische Verbrämung des Trivialen schmeichelte also zugleich einer Gesellschaft, die selbst in der Kultivierung des Unbedeutenden faszinierte. Durch P.s geistreiche, Zustimmung und Kritik in schillerndem Gleichgewicht haltende Auseinandersetzung mit epischen Wertmaßstäben wurde die Gattung des komischen Epos zum adäquaten Medium für die Beleuchtung der zeitgenössischen Wirklichkeit. *The Rape of the Lock* ist mit Dresdner Porzellan und einem Menuett verglichen worden; in seiner kaum übertreffbaren Einheit der Tonart, seiner grazilen Korrektheit und seiner beschwingten Leichtigkeit stellt es vielleicht das künstlerisch vollendetste Werk des englischen Klassizismus dar.

Daß das heroische Epos nach zeitgerechter Adaptierung verlangte, unterstrichen P.s Übersetzungen der *Ilias* (1715–20) und der *Odyssee* (1725–26). Diese mittels Subskription auch finanziell erfolgreichen Werke waren zwar eher Umdichtungen Homers als philologisch verläßliche Übertragungen, aber indem er die kraftvolle und rauhe Sprache Homers in die elegante und gesellschaftlich akzeptable Diktion zeitgenössischen Stilempfindens verwandelte, baute P. Barrieren für die Rezeption des kulturell Archaischen ab und sicherte dem antiken Epiker das Interesse der gebildeten Öffentlichkeit Englands.

In der Folgezeit profilierte sich P. immer stärker als öffentliche Instanz. Mit seinen geschliffenen Versen trat er auch als Satiriker an die Spitze zeitgenössischer Autoren. In *The Dunciad* (1728–29; *Die Dunciad*, 1778), seiner ersten Satire, deren erzählerische Achse die Erhebung des Publizisten und Dramatikers Lewis Theobald auf den Thron der Dummköpfe bildet, steht persönliche Abrechnung mit der im zeitgenössischen Sprachgebrauch als Grub Street bezeichneten Zunft der sich rasch ausbreitenden Lohnschreiber im Vordergrund, die das literarische Niveau nach Auffassung P.s und seiner elitären Freunde herabdrückten. Literarische Polemik weitete sich in der späteren und endgültigen Fassung der *Dunciad* (1742–43) zu einer allgemeineren Auseinandersetzung mit kultureller und politischer Dekadenz aus; der inzwischen zur Opposition gehörende P. schließt seine von aggressivem Einfallsreichtum sprudelnde Dichtung mit einer beklemmenden apokalyptischen Vision allumfassenden Niedergangs während der Walpole-Ära.

Demgegenüber zeichnen sich die *Imitations of Horace* (1733–38; *Satiren und Episteln nach dem Horaz*, 1778) durch größere Affinität zu klassischer Zucht

aus. In diesen Episteln, Epoden und Satiren von Horaz nachschaffenden Gedichten, die mit ihrer Beifügung der lateinischen Originale P.s rollenmäßige Anlehnung an seine Vorlage, aber auch deren selbständige Weiterverarbeitung erkennbar machen, trat P. in horazische Fußstapfen, um sich als Anwalt öffentlicher Belange zu legitimieren. P. läßt sich in den ihn auch von Verleumdungsklagen abschirmenden Horaz-Imitationen zu einer kultivierten, witzig-urbanen Selbstaussprache anregen, die mit dem Ausweis der eigenen Lebensführung zugleich bestrebt ist, die Berechtigung zur satirischen Betrachtung der Umwelt zu erbringen. Die erste Satire des zweiten Buches stellt die exemplarische Apologie des Genres dar, in der sich P. mittels stilisierender Mimikry von Horaz als streitbarer Satiriker inszeniert. Um unüberhörbare Kritik an politisch-gesellschaftlichen Mißständen üben zu können, gesellt er der weltmännisch-vornehmen Tonart von Horaz die pathetisch-deklamatorische Strenge Juvenals bei, der die alternative Ausprägungsmöglichkeit der römischen Verssatire verkörperte. Zu dem satirischen Spätwerk P.s gehören ebenfalls *An Epistle to Dr Arbuthnot* (1735) und der Epilog zu den Satiren.

Satirischen Einschlag weisen durchweg auch die im gleichen Zeitraum entstandenen moralphilosophischen Dichtungen auf. P., der sich seit Ende der 1720er Jahre zum Moralisten berufen fühlte, plante ein großes ethisches Werk, das vielbeschworene *opus magnum*, zur umfassenden Darlegung einer pragmatisch-aufklärerisch verstandenen Morallehre. *An Essay on Man* (1733–34; *Versuch über den Menschen*, 1778) ist das wichtigste Zeugnis dieser nur fragmentarisch verwirklichten schriftstellerischen Intentionen. Dieses als Pendant zu Lukrez' *De rerum natura* konzipierte und Anregungen von P.s konservativem aristokratischem Freund Lord Bolingbroke aufnehmende philosophische

Lehrgedicht wirft die Frage nach der Stellung des Menschen in der universellen Seinsordnung auf. P.s Antwort darauf ist ein bedingter Optimismus; der *Essay on Man*, der, wie sein lateinisches Bezugswerk, Mikrokosmos und Makrokosmos einer einheitlichen Deutung zugänglich macht, möchte dem Menschen die Überzeugung vermitteln, an einer vernünftig eingerichteten Welt teilzuhaben. Deren hierarchische Struktur zeichnet dem Menschen auch als Gesellschaftswesen die toryistischer Weltanschauung entsprechende Bestimmung vor, sich in die herkömmliche soziale Rangordnung einzufügen. P.s vergleichsweise optimistische Bilanzierung der menschlichen Angelegenheiten wird dadurch erleichtert, daß er dem Theodizee-Problem, der die Epoche beschäftigenden Frage nach dem Ursprung des Bösen, die Brisanz nimmt, indem er die menschliche Erkenntnisfähigkeit auf die Wahrnehmung der insgesamt sinnvoll geordneten sichtbaren Welt beschränkt. Durch den Verzicht auf Einsicht in die letzten Dinge und die Konzentration auf die natürlichen Gesetze erhält P.s Lehrgedicht zumindest teilweise deistischen Anstrich. Die zuversichtliche, am Ende der ersten Epistel verkündete und den gesamten *Essay* haltungsmäßig begleitende Maxime »Whatever IS, IS RIGHT« geht mit einer ausgesprochen realistischen Einschätzung der Möglichkeiten des Menschen einher, der dazu aufgerufen wird, falschem Stolz zu entsagen. P.s Anthropologie in poetischem Gewand erreicht einen Höhepunkt in der Beschreibung der mittleren Lage des Menschen zu Beginn der zweiten Epistel; das stenogrammartige Stakkato der heroischen Reimpaare, die mit ihrer kontrastiv-bipolaren Tendenz den Dualismus der menschlichen Natur transparent machen, läßt ein in seiner rhetorischen Dichte nicht übertreffbares Glanzstück rationalistischer Dichtung entstehen. Mit dem *Essay on Man*

schrieb P. europäische Literaturgeschichte und gab der für die Aufklärung charakteristischen Gattung des philosophischen Lehrgedichts das Gepräge.

Die vier *Epistles to Several Persons* (1731–35), auch unter dem Titel *Moral Essays* bekannt, umrahmen illustrativ das moralistische Zentralwerk, den *Essay on Man*. Sie setzen die psychologisch-didaktische Analyse menschlichen Verhaltens fort und leuchten einzelne Positionen z. T. weiter aus. Die zuerst erschienene und an Lord Burlington, den Wegbereiter des palladianischen Baustils, gerichtete Epistel *Of False Taste* veranschaulicht P.s Rolle als *arbiter elegantiarum*, der damit auch ein öffentliches Anliegen im Sinne der Bekräftigung kultureller Wertmaßstäbe verfocht, die ihm in der Walpole-Ära oft genug bedroht erschienen. Mit seinem kunstvollen Miniaturgarten in Twickenham gehörte P. auch zu den prominenteren Figuren der weit über England hinaus folgenreichen Landschaftsgartenbewegung.

Der größte englische Dichter des 18. Jahrhunderts ist rezeptionsmäßig lange ein Opfer des romantischen Literaturparadigmas gewesen, das sich im 19. Jahrhundert durchsetzte und einen kongenialen Zugang zu seinen Werken verwehrte. Erst im Laufe des 20. Jahrhunderts hat P. eine seiner Bedeutung angemessene wissenschaftliche Würdigung erfahren.

Heinz-Joachim Müllenbrock

Pound, Ezra [Weston Loomis]

Geb. 30. 10. 1885 in Hailey, Idaho; gest. 1. 11. 1972 in Venedig

Ezra Pound ist als innovativer Dichter, charismatischer Initiator sowie Wegbereiter und Gefährte anderer Dichter und Künstler und als rastloser Erzeuger und Propagator von Ideen und Programmen fraglos die bedeutendste Persönlichkeit in der Literatur- und Kunstszene des

Modernismus. Sein Programm war die Erneuerung und Modernisierung der Literatur und Kunst seiner Zeit, sein Motto »Make It New«. Er hatte ein untrügliches Gespür für das literarische Talent anderer. In T. S. Eliot sah er jemanden, der auf eigenem Wege zur Moderne gefunden hatte, und er bewirkte die Publikation von dessen »The Love Song of J. Alfred Prufrock«, in seinen Augen das beste Gedicht eines Amerikaners, das er je gesehen hatte. Ohne P.s drastische Kürzungsvorschläge wäre Eliots *The Waste Land* nie in seiner vorliegenden Form erschienen. Die Widmung dieses Werks an P. – »il miglior fabbro« – ist sehr ernst gemeint. William Carlos Williams wurde von P. zum radikalen Bruch mit der traditionellen Dichtungssprache motiviert, was ihn nach eigenem Bekunden in seiner Entwicklung um Jahre voranbrachte.

P. nimmt unter den modernistischen Dichtern eine besondere Stellung ein. Er studierte mit einigen Unterbrechungen Literatur an der University of Pennsylvania (und vorübergehend am Hamilton College), wo sein Interesse den romanischen Literaturen und der Komparatistik galt. Was für Eliot die englischen Barocklyriker (»metaphysical poets«) waren, waren für P. die provenzalischen und toskanischen Dichter, vor allem Guido Cavalcanti, den er später übersetzte. Während seiner Studienzeit begann P.s Freundschaft mit William Carlos Williams und H. D. (Hilda Doolittle), mit der er eine Zeit verlobt war. Nach einem vergeblichen Versuch, eine Laufbahn als Universitätslehrer zu ergreifen, ging er nach Europa, wo er in geradezu furioser Weise aktiv wurde. In Venedig veröffentlichte er seine erste Gedichtsammlung, *A Lume Spento* (1908). Nach London weitergereist, brachte er 1908 eine zweite Sammlung, *A Quinzaine for This Yule*, heraus, auf die ein Jahr später ein weiterer Gedichtband, *Personae* (1909; *Masken*, 1959), folgte. In diesen Gedichtbänden

spiegelt sich P.s Interesse am Mittelalter und den romanischen Literaturen. In London fand er Kontakt zu verschiedenen Literatenkreisen, vor allem dem um den Philosophen und Dichter T. E. Hulme, der unter dem Einfluß Henri Bergsons und neuerer französischer Dichtung in Vorträgen die ästhetischen Prinzipien des Imagismus formulierte und sie in eigenen Kompositionen erprobte. P. wurde zur Zentralfigur des Imagismus, dem u. a. H. D., Richard Aldington und F. S. Flint angehörten, löste sich aber unter dem Einfluß des Malers und Schriftstellers Wyndham Lewis von dieser Bewegung und wandte sich dem Vortizismus zu, der eine dynamischere Konzeption des Kunstwerks – das Kunstwerk als Kraftzentrum oder Bündelung von Energien um einen Punkt, den Vortex – propagierte. Das Forum für den Vortizismus wurde die von P. und Lewis herausgegebene Zeitschrift *Blast*, die heftige Angriffe gegen die beharrenden Kräfte in der Kultur und die Selbstzufriedenheit des bürgerlichen Establishments führte. P. war gleichwohl der Wortführer bei der Festlegung der Prinzipien des Imagismus. Diese sind die »direkte Wiedergabe des Gegenstands«, die Ächtung »überflüssiger Worte« und ein »poetischer Rhythmus«, der sich auf die »musikalische Phrase« und nicht auf das Metronom gründet. P.s Definition des »Image« aus dem Jahr 1913 (in dem mit Flint zusammen verfaßten Beitrag »Imagism« in der Zeitschrift *Poetry*) als »that which represents an intellectual and emotional complex in an instant of time« enthält ein vortizistisches Moment, das sich in seinen Erläuterungen noch deutlicher abzeichnet. Die unmittelbare Darstellung eines solchen Komplexes löse »[a] sense of sudden liberation«, »of freedom from time limits and space limits«, »of sudden growth« aus. P. hat in seinem berühmten Metro-Gedicht »In a Station of the Metro« eine unübertroffene poetische Realisierung dieses theoretischen Kunstprinzips geschaffen: »The apparition of these faces in the crowd; / Petals on a wet, black bough.« In diesen prädikatslosen Äußerungen wird ein momentan wahrgenommener Eindruck, »an apparition«, in kühner Nebeneinanderstellung mit einem Natureindruck gleichgesetzt. Die vortizistisch-dynamische Eigenschaft dieses Gedichts zeigt sich nicht so sehr in der Art, wie hier ein flüchtiger Eindruck aus dem Strom der Zeit herausgegriffen wird, sondern in der metaphorischen Technik, die Disparates geradezu blitzartig zusammenbringt. Dabei ist dieses nicht als spontane Reaktion und eine tatsächlich gemachte Wahrnehmung zu verstehen, sondern als Ergebnis einer künstlerischen Anstrengung, die freilich von einer Erfahrung, P.s »métro emotion«, ausgelöst wurde. P. hat selbst erklärt, daß er über einen langen Zeitraum an diesem Gedicht arbeitete, bis er es von 30 Zeilen auf seine endgültige Gestalt reduziert hatte, wobei das Vorbild des japanischen *haiku* eine große Rolle spielte. Japanische und auch chinesische Bildkunst und Literatur ist für P. zu einem großen Inspirationsquell geworden und hat über P. auch auf andere Dichter weitergewirkt. Ohne P.s *haiku*-artige Komposition hätten manche der imagistischen Gedichte von H. D. und William Carlos Williams kaum entstehen können. Der wichtigste Gedichtband ist in diesem Kontext *Lustra* (1916/17), der so exquisite Stücke wie »The Garden« und eine Fülle von durch chinesische und japanische, aber auch antike Kunst inspirierten Texten enthält. Eliot betont mit Recht, daß auch P.s Übersetzungen und Adaptionen als dichterische Leistungen gelten müssen, etwa seine Version des altenglischen »Seafarer« oder seine Nachgestaltungen provenzalischer und alter italienischer Dichtung. Für Eliot ist P. »moderner«, wenn er sich mit der Provence oder Italien beschäftigt, als wenn er das »moderne Leben« behandelt. Von seinen Übersetzungen aus dem Chinesischen sagt er, P. sei »the inventor of chinese poetry for our time« (Einleitung zu P.s *Selected Poems*, 1928).

Im Hinblick auf die Spielart des freien Verses, die P. entwickelte, ist eines der poetologischen Gedichte aus *Lustra*, »A Pact«, aufschlußreich. Hier bezeichnet P. Walt Whitman als »pig-headed father« und macht damit seine Verbundenheit und zugleich seine Distanz zu dem Erneuerer der Verssprache im 19. Jahrhundert deutlich.

P.s bedeutendstes lyrisches Werk vor den *Cantos* ist *Hugh Selwyn Mauberly* (1920), das wie Eliots gleichzeitige »Sweeney«-Gedichte mit strengeren metrischen Formen eine Art Gegengewicht zu der weniger disziplinierten Handhabung des freien Verses bei der Imagistin Amy Lowell und in der *Spoon River Anthology* von Edgar Lee Masters (1915/16) – »the dilutions of *vers libre*, Amygism, Lee Masterism [and] general floppiness« – darstellt. *Mauberley* zeigt in der radikalen Auseinandersetzung mit dem Ersten Weltkrieg eine neue, politische Orientierung bei P., für die auch der Kriegstod eines Freundes, des vielversprechenden jungen Bildhauers Henri Gaudier-Brzeska, 1915 ein Grund war. Darin gibt P. seinem Kriegshaß mit höchster Kunst Ausdruck, wenn er etwa im ersten Teil von *Mauberley* das Horaz-Wort »Dulce et decorum est pro patria mori« durch die Mittel der Fragmentierung und Umstellung und durch den neuen Kontext *ad absurdum* führt – »Died some, pro patria, / non ›dulce‹ non ›et decor‹ ... / walked eye-deep in hell«. Er stellt auch das politische System und die gesamte Kultur, die zum Weltkrieg geführt hatte, in Frage: »There died a myriad / [...] For an old bitch gone in the teeth / For a botched civilization«. Der Tod Gaudiers und der ganze Erste Weltkrieg waren für P. eine traumatische Erfahrung, die er auch in den *Cantos* – speziell in den »Hell Cantos« – verarbeitete, wo er mit Bezug auf

Gaudiers Tod bildkräftig von »an arm upward, clutching a fragment of marble« spricht, der nach unten »into the lake of bodies« gesaugt wird. P.s politisches Denken war darauf gerichtet, eine Wiederholung des Weltkriegs zu vermeiden. Er beschäftigte sich zunehmend mit wirtschaftspolitischen und sozioökonomischen Theorien, deren Anwendung, wie er glaubte, den Weltkrieg hätte verhindern können. Er war sich sicher, daß Europa auf einen zweiten Krieg zusteuerte und fand in tragischer Verkennung der Person und Situation in Benito Mussolini den einzigen westlichen Staatsmann, dessen Persönlichkeit und Programm das Unheil eines zweiten Weltkriegs abwenden könnte. Die Geschichte von P.s politischer Verirrung, die sich auch in den *Cantos* spiegelt, ist bekannt. Er hat sich mehr und mehr mit ökonomischen Fragen auseinandergesetzt und einschlägige Vorträge gehalten und Publikationen herausgebracht (etwa »ABC of Economics«, 1933). Von seinem Idol Mussolini hat er sich nicht lösen können. In einem Atem mit Thomas Jefferson nannte er ihn »the OPPORTUNIST who is RIGHT« (*Jefferson and/or Mussolini*, 1935). Seit 1935, als nach Mussolinis Eroberung von Abessinien die Wahrheit über die machtpolitischen Ambitionen des Duce bekanntgeworden war, belog sich P. mehr und mehr selbst und wurde zum Opfer politisch-ideologischer Selbstverblendung, wobei er seine wirklichkeitsfremden Ansichten schriftlich und über den Rundfunk geradezu zwanghaft verlautbarte, was schließlich zu demütigender Einzelhaft und Einweisung in eine psychiatrische Klinik führte.

P.s *Cantos* sind das bedeutendste Langgedicht (»long poem«) des 20. Jahrhunderts. Schon am Beginn seiner literarischen Laufbahn hatte er den Vorsatz gefaßt, ein großes »40jähriges Epos« zu schreiben, und von 1915 bis 1959 arbeitete er unablässig an den *Cantos* in einem Prozeß der fortwährenden Teilveröffentlichung und der Prüfung und Revision des bereits Geschriebenen. Unabhängig von ihrem unbestreitbar hohen künstlerischen Rang sind die *Cantos* ein ungemein aufschlußreiches Dokument der künstlerischen, geistigen und weltanschaulichen Entwicklung des Dichters, weniger Ausdruck der Kultur seiner Zeit als ein Ausbruch aus dem gegebenen Kultursystem und einer auf der Grundlage seiner individuellen Sensibilität erfolgende Neukonstruktion der Welt- und Kulturgeschichte mit stetem Bezug auf die Gegenwartssituation. Techniken und Prinzipien, die P. in dem Werk zur Geltung bringt, sind das Verfahren der Maskerade (der Annahme von Masken, des Sprechens mit der Stimme anderer bis hin zum wortwörtlichen Zitat), die ideogrammatische Methode (die unter dem Einfluß des japanischen *haiku* und *Nō*-Spiels und von Ernest Fenollosas poetologische Deutung der chinesischen Schriftzeichen vorgenommene Überlagerung unterschiedlicher Bildvorstellungen) und das Prinzip der Metamorphose (die von Leo Frobenius' Kulturmorphologie beeinflußte Vorstellung vom Gleichen in den verschiedenen Menschheitskulturen und das Postulat der jeweils möglichen Neugestaltung auch des Gegenwärtigen). Hinzu kommen das Verfahren der Zitat-Collage und der Zitatüberlagerung sowie die Methode des Wechsels unterschiedlicher Diskursformen, etwa vom poetischen zum amerikanisch umgangssprachlichen und dokumentarischen Wiedergabemodus. Die Bewunderung der großen poetischen Leistung der *Cantos* schließt nicht aus, daß man ihre »Philosophie«, wie es Eliot in seiner Einleitung zu P.s *Selected Poems* (1928) ausdrückt, ablehnt. So gelten die »Pisan Cantos«, die nach dem Krieg während P.s Inhaftierung bei Pisa entstanden, mit ihrer intensiven Bezugnahme auf das Leben P.s als eine große Errungenschaft, obwohl einige der darin zum Ausdruck gebrachten Wertungen kritisch aufgenommen wurden.

Wolfgang G. Müller

Pynchon, Thomas
Geb. 8.5.1937 in Glen Cove, Long Island

Spätestens seit Erscheinen seines enzyklopädischen Romans *Gravity's Rainbow* (1973; *Die Enden der Parabel*, 1981) gilt Thomas Pynchon in den Augen der akademischen Literaturkritik als der James Joyce der Postmoderne. Er selbst verbirgt sich freilich konsequent-modernistisch hinter seinen Texten. Inzwischen scheint verbürgt, daß er aus einer alten neuengländischen Familie stammt (seine Vorfahren gehörten zu den puritanischen Siedlern der Massachusetts Bay Company), daß er in Cornell Ingenieurwissenschaft und Literatur studierte, von 1955 bis 1957 bei der amerikanischen Marine diente und von 1960 bis 1962 als technischer Texter beim Informationsdienst des Flugzeuge und Raketen produzierenden Boeing Konzerns beschäftigt war. Von den um 1960 publizierten Kurzgeschichten, die er 1984 unter dem Titel *Slow Learner* (*Spätzünder*, 1985) herausbrachte, ist »Entropy« die bekannteste und lieferte vor allem der frühen Pynchonkritik ein oft verwendetes Stichwort. Sein erster Roman, *V.* (1963; *V.*, 1968), trägt bereits die unverwechselbare Handschrift: Hier wie auch in den nachfolgenden Romanen inszeniert P. ein endzeitliches Welttheater, in dem sich auf verwirrende Weise revuehafte Tanz- und Gesangsnummern, detailgenauer Realismus, derbe Burleske mit (alp)traumhaften Einbrüchen des Phantastischen vermischen. Dennoch ist *V.* unverkennbar ein Buch der 50er Jahre, literarisch geprägt von Vladimir Nabokov und Jorge Luis Borges, philosophisch vom Existenzialismus Jean-Paul Sartres und Al-

bert Camus' (aber auch Norman Mailers und der »Beat Generation«). Wie in vielen von P.s Romanen sind die Protagonisten von *V.* einer unüberschaubaren Menge von Daten und Zeichen ausgesetzt, denen sie sich – wie das menschliche YoYo Benny Profane – entweder hilf- und gedankenlos überlassen oder aus denen sie eine zusammenhängende Geschichte konstruieren. Letzteres ist die Absicht Herbert Stencils, der aus unterschiedlichen Quellen die Geschichte der geheimnisvollen Victoria Wren entwirft, die möglicherweise seine Mutter ist, aber vielleicht auch am Tode seines Vaters beteiligt war, eines britischen Geheimagenten, der 1919 auf der Insel Malta spurlos verschwand. Stencil inszeniert fünf Episoden aus dem Leben der V., deren Spuren er zu verschiedenen Zeiten und unter verschiedenen Namen und Verkleidungen an den Rändern, aber immer in Krisenmomenten der europäischen Geschichte zwischen 1898 und 1945 zu entdecken glaubt – als Agentin einer Verschwörung, der er gelegentlich sogar kosmische Ausmaße zuschreibt. Stencil bastelt jedoch weniger an der Geschichte einer Person als an der Allegorie einer Idee, die Benny Profane konkret als Wirklichkeit erfährt: die zunehmende Verdinglichung der Welt und das Wuchern leerer Zeichen. Denn wie die allegorische Verkörperung eines kulturellen Verfalls ins Leblose und Künstliche auf allen Ebenen des Romans Bestätigung findet, ist der Buchstabe V. (Victoria? Virgin? Venus? Void? Vanitas? Vector?) ein Zeichen, das immer mehr an Sinn verliert, je öfter es erscheint. Dieses Paradox macht die Rätselhaftigkeit vieler Romane P.s aus: Sie verweisen auf der einen Seite überdeutlich auf einen Sinnzusammenhang, dem sie auf der anderen Seite den epistemologischen Boden entziehen. Sie sind daher im gleichen Maße sinnfixiert wie sinnoffen. So ist dem dominanten Diskurs von Dekadenz und Verdinglichung stets auch ein subversiver Subtext eingelagert, der Personen und Ereignisse aus kausalen und linearen Bezügen des Erzählens herauslöst und in das lockere Nebeneinander des Zufälligen stellt. Dies wird im auktorial erzählten Epilog deutlich, in dem der Leser erfährt, daß Stencil Sr., der im Dienste seiner Majestät die alte Ordnung zu bewahren sucht, nicht wie sein Sohn Verschwörung fürchtet, sondern das Mirakel der revolutionären ›Situation‹, wenn aus der anarchischen Vielfalt von Personen und Umständen ein ereignishaftes Zusammenwirken revolutionär Handelnder entsteht. Nicht dies jedoch geschieht, sondern der planlos-zufällige eigene Tod, der sich jeder Interpretation und jedem Einbezug in narrative Ordnung widersetzt.

P. hatte Stencil Jr. nach dem Vorbild von Henry Adams modelliert, der in den geschichtstheoretischen Spekulationen seiner Autobiographie dem ungebrochenen Evolutionsoptimismus der spätviktorianischen Epoche das Verfallsmodell des zweiten thermodynamischen Gesetzes als alternatives Interpretationsmuster der abendländischen Geschichte entgegengesetzt hatte. Für Adams war jede kulturelle Ordnung eine Projektion des menschlichen Bewußtseins gegen die Übermacht des natürlichen Chaos, von dem es umgeben ist. Wie jedes System betreibt auch das der abendländischen Kultur in einem nicht umkehrbaren Prozeß den eigenen Verfall: Kulturelle Ordnungsenergie wird zuerst allmählich, dann immer schneller, zuletzt in sprunghafter Beschleunigung von jenen Kräften aufgesogen, die sie zähmen will. Doch im Versuch der Zähmung entmachtet sie sich auch: »Die Natur läuft dem Geist davon«, Bewußtseinsenergie macht zunehmend entfesselter Naturenergie Platz und läßt das Ding zum Fetisch werden. Die Spuren von Henry Adams sind überall bei P. zu entdecken: in einem geradezu barocken Bewußtsein von Vergänglichkeit, im Verfall von V.,

der Ambivalenz des Tristero, im grandiosen Fetisch der V2-Rakete. Doch scheint P. in der Folge Adams' Konzept noch weiter anzureichern, etwa durch Max Webers Theorie von der fortschreitenden Bürokratisierung und Entzauberung der Welt. P. verbindet diese und andere Deutungen der Moderne zu einem Bild der abendländischen Geschichte, in dem Europa und Amerika in einem unumkehrbaren Prozeß gefangen sind, der seine unheilvolle Dynamik aus der konsequenten Instrumentalisierung des Denkens und dem Ineinandergreifen ökonomischer, wissenschaftlich-technokratischer und organisatorischer Interessen bezieht.

In P.s zweitem Roman, *The Crying of Lot 49* (1966; *Die Versteigerung von No. 49*, 1973), erhält Oedipa Maas, die Protagonistin, den Auftrag, das Testament eines früheren Liebhabers, des Großindustriellen Pierce Inverarity, zu vollstrecken. Beim Versuch einer Bestandsaufnahme des riesigen Inverarity-Besitzes, dessen Organisationsstrukturen ganz Kalifornien überziehen, versteht sie, daß es um mehr geht als nur um die Ordnung dieser Hinterlassenschaft. In seltsamen Momenten glaubt Oedipa in alltäglichen Dingen und Begebenheiten Zeichen zu erkennen, die auf verborgene Botschaften verweisen. Deren Code könnte das geheimnisvolle Kryptogramm W. A. S. T. E. sein, daß sie auf Häuser- und Toilettenwänden entdeckt. W. A. S. T. E., so schließt sie, fungiert als Codewort eines subterranen Kommunikationssystems der Kommunikationslosen, denn im Zentrum des Inverarity-Besitzes – einer Stadt, die San Narciso heißt – wächst mit der Masse toter Zivilisationsprodukte auch die Masse der Übergangenen. Die Frage, ob der Abfall eines Systems mehr sein könnte als dessen bloße Ausscheidung, ob aus dem Weggeworfenen durch widerständiges »Recycling« auch Neues hervorgehen könnte, ist die zentrale Frage dieses Romans wie auch des nachfolgenden *Gra-*

vity's Rainbow. Denn die Indizien mehren sich, die W. A. S. T. E. mit einem Geheimbund in Verbindung bringen, den Oedipa das »Tristero-System« nennt: Dieses System, so erfährt sie, sei ein Rachebund der Entrechteten, der seit dem Mittelalter – zuerst in Europa, dann auch später in Amerika – in einem anarchischen Guerillakrieg die Zerstörung des herrschenden Kommunikationssystems betreibe. W. A. S. T. E. steht für »We Await Silent Tristero's Empire« und verweist so auch auf die Möglichkeit eines anderen Amerika, das aus den apokalyptischen Erwartungen seines menschlichen ›Abfalls‹ entstehen könnte. Spätestens hier findet sich Oedipa in einem unauflöslichen Dilemma. Denn so lange Tristero sich nicht sichtbar in der Geschichte offenbart, kann sie nie sicher sein, ob es Tristero gibt oder ob sie ihn erfindet, ob man sie glauben machen will, daß es ihn gibt, oder ob auch dies nur phantasiert ist. An diesem Punkt, an dem Wahrheit, Fiktion und Paranoia ununterscheidbar ineinander verfließen, entscheidet sich Oedipa für Tristero, da es, selbst wenn es ihn nicht gibt, ihn doch geben müßte. Sie tritt am Ende gefaßt in die Versammlung derer ein, welche die Offenbarung des Heilig-Schrecklichen erwarten.

Eine solche Offenbarung scheint sich gleich am Anfang von *Gravity's Rainbow* zu ereignen, wenn die V2 über den nächtlichen Himmel Londons heult. Da dieses Heulen erst nach ihrem Einschlag hörbar wird, stellt die Rakete, die im ersten Kapitel in London und im letzten auf die Welt herabstürzt, die Folge von Ursache und Wirkung auf den Kopf und mit ihr auch die Lehre von der Unumkehrbarkeit der Zeit. Die todbringende und alle Ressourcen aufsaugende Rakete wird daher zum Mysterium einer neuen diskursiven Ordnung, die ihre eigenen Hohenpriester und Verwalter, ihre Gralssucher und Exegeten, ihre Mystiker, Propheten und Häretiker hervorbringt. Der Roman ist, wie einer seiner vielen Interpreten bemerkt hat, ein Buch von »außerordentlicher Inkohärenz«. Das liegt einmal an der chaotischen Handlungsstruktur mit ihren unüberschaubar vielen Haupt- und Nebenfiguren, großen und kleinen Handlungssträngen; zum andern an der atemberaubenden metaphorischen Verknüpfung äußerst disparater Sprach- und Bildbereiche (etwa der von Religion und Technik, den Filmen des deutschen Expressionismus und den Formeln der organischen Chemie). Schauplatz des Romans ist zunächst London unter der Bedrohung der V2. Zentrale Figur des ersten Teils des Romans ist der Pawlowianer Pointsman, ein Fanatiker der Konditionierungslehre, der von der mechanistischen Erklärung der Psyche träumt, dem Zufall und Offenheit ein Greuel sind. Sein Gegenspieler ist der Statistiker Roger Mexiko, der zwar die wahrscheinliche Verteilung der Raketeneinschläge auf die Fläche Londons vorausberechnen kann, nicht jedoch Zeit und Ort der einzelnen Einschlags. Pointsmans Gegenstück auf deutscher Seite ist der SS-Hauptmann Weissmann, der in Peenemünde die Rakete entwickelt und sie dann von Holland aus auf London feuert. Er bringt am Ende mit einem rituellen Schuß ins All das »Kind« Gottfried dem eigenen Wahn von Transzendenz zum Opfer. Dann gibt es vor allem den amerikanischen Leutnant Tyrone Slothrop, der wie seine puritanischen Vorfahren auf die Zeichen des Himmels reagiert: Seine Erektionen nehmen die Einschläge der V2 vorweg, was ihn für den britischen Geheimdienst interessant macht. Slothrops von Pointsman ferngesteuerte Suche nach der Rakete führt ihn ins Deutschland der unmittelbaren Nachkriegszeit, das P. zu einer quasi-mythologischen Zone anarchischer Offenheit stilisiert. In diesem ordnungslosen Raum des Möglichen entzieht sich Slothrop der Kontrolle Pointsmans und wird vom Auserwählten des Systems zum Abtrünnigen. Obwohl sich im Laufe des Romangeschehens die Indizien für das ständige Anwachsen staatenübergreifender Bürokratien und Wirtschaftskartelle mehren, bietet der Roman verschiedene, sich widersprechende Deutungsmuster eines historischen Augenblicks, der in die Zukunft zwar noch offen ist, dessen wahrscheinlichem Ausgang das Publikum jedoch am Ende mit grimmig-stoischer Gelassenheit entgegensieht. Eingestreut in den Roman sind Muster nicht-linearen Denkens (etwa das mathematische Konzept der Singularität, das Gödelsche Theorem), die sich – wie auch die anarchische Erzählform des Romans – dem Zwang des Linearen widersetzen und die Möglichkeit zufälliger und wunderbarer Umkehrungen offenhalten.

In *Vineland* (1990; *Vineland*, 1993), das in den 80er Jahren spielt und auf die 60er Jahre zurückblickt, hat dieses Umspielen des Immer-noch-Möglichen einer scheinbaren Rückkehr zu geschlosseneren Formen des Erzählens Platz gemacht. Darüber hinaus zieht dieses Buch die Bilanz einer Generation, die ihre revolutionären Illusionen im kollektiven Stupor der Reagan-Zeit an das Fernsehen verloren hat. Aus ihm kann es am Ende nur Erlösung durch den Sprung ins Märchenhafte geben, wenn das Böse besiegt ist, und das Schlußbild des friedlich schlafenden Kindes zum magischen Zeichen einer geschichtlich nicht mehr verortbaren Hoffnung wird. *Mason & Dixon* (1997; *Mason & Dixon*, 1999), P.s vorläufig letzter Roman, knüpft nur vom Umfang her an *Gravity's Rainbow* an. Es ist der erste Roman P.s, der die Gegenwart verläßt, doch aus ihrem Wissen jene Kindheitsphase der Moderne rekonstruiert, der die Welt die Geburt der amerikanischen Republik wie auch der modernen Wissenschaft verdankt. Mason, der sternenverliebte Astronom, und Dixon, der erdbezogene Landvermesser, die den Durchgang der Venus gleich zweimal für die Royal Society beobachten dürfen, ziehen zwischen 1763 und 1768 jene lang umstrittene Grenze zwischen Maryland und Pennsylvanien, die fast 100 Jahre später die sklavenhaltenden Südstaaten vom Rest der Republik trennen sollte. Die beiden Vermessungsvirtuosen, die Amerika mit dem ›Schlagen‹ gerader Linien durch die ungeordnete Wildnis den Stempel des »Age of Reason« aufdrücken, merken zu spät, welchen höheren Interessen sie dabei dienen. Die breite Schneise, die sie in Richtung Westen anlegen, fördert im Namen von Vernunft und Wissenschaft Landspekulation und den Drang nach Westen. In *Mason & Dixon* ist viel vom Paradies die Rede, doch sind alle Paradiese nur Legende und Erinnerung. Der Indikativ der Vernunft läßt in seiner Grenzziehung anderes Leben, Denken oder Träumen als bloßen »konjunktiven« Abfall hinter sich. P.s Roman deckt jene paradoxe Struktur des abendländischen Bewußtseins auf, das im Namen höherer Gesetze das zerstört, was es begehrt. Zugleich dokumentiert er in phantastischen Geschichten, in Legenden des Unwahrscheinlich-Unerhörten und in atemberaubenden Schilderungen verlorener Ursprünglichkeit das ungebrochene Begehren nach dem Wunderbaren. Aus diesem Wissen um die geschichtliche Unmöglichkeit des einst Möglichen und um die narrative Möglichkeit des jetzt Unmöglichen bezieht dieses Alterswerk P.s seine Melancholie und Heiterkeit.

Heinz Ickstadt

Richardson, Samuel
Getauft 19. 8. 1689 in Mackworth, Derbyshire; gest. 4. 7. 1761 in London

Während des 18. Jahrhunderts war Samuel Richardson wohl Europas berühmtester und einflußreichster Romanautor. Er gilt, neben Daniel Defoe, als Vater des englischen Romans, und es ist auf ihn zurückzuführen, daß die Form des Briefromans sich im 18. Jahrhundert besonderer Beliebtheit erfreute. Indem R. den sentimentalen Roman mit der eingehenden Darstellung von Gefühlen und individuellem Bewußtsein entscheidend prägte, ist er sowohl als ein wichtiger Vorläufer der Romantik anzusehen als auch des modernen Bewußtseinsromans, wie man ihn bei Henry James, Virginia Woolf oder Marcel Proust findet.

R.s Lebenslauf gab zu derart großen Erwartungen wenig Anlaß, und auch sein Charakter entsprach in keiner Weise der Vorstellung eines Künstlergenies. Zunächst Handwerker und Geschäftsmann, angetrieben vom protestantischen Arbeitsethos, kam er erst spät und scheinbar zufällig zum literarischen Schreiben. Da sein Vater, ein Schreiner, aufgrund politischer Verfolgung oder wegen geschäftlicher Schwierigkeiten London verlassen mußte, erblickte R. in Derbyshire das Licht der Welt. Er wäre gern anglikanischer Geistlicher geworden; aber für die notwendige Ausbildung (er war eines von neun Kindern) fehlte das Geld. So erhielt er nur eine mäßige Schulbildung und ging 1706 zu dem Drucker John Wilde in London in die Lehre, weil er meinte, so seinen Lesehunger am besten stillen zu können. Nach den üblichen sieben Lehrjahren arbeitete R. zielstrebig als Geselle und machte sich 1721 selbständig. Er heiratete die Tochter seines Meisters, mit der er fünf Söhne und eine Tochter hatte, die alle früh starben. Nach dem Tode seiner ersten Frau heiratete er 1733 Elizabeth Leake, die Tochter eines Druckerkollegen und Schwester eines Buchhändlers; von den fünf Mädchen und einem Jungen, die er mit ihr hatte, überlebten vier Mädchen. Durch seinen einzigartigen Fleiß und Geschäftssinn war R. sehr erfolgreich, und sein Betrieb wuchs ständig. Wenn er gelegentlich selbst zur Feder griff, so geschah es überwiegend aus praktischen Gründen, indem er für die unterschiedlichen Texte und Bücher, die er herausbrachte, Indizes, Vorwörter oder Widmungen beitrug. Auch die erste Schrift von ihm, ein langes Pamphlet mit dem Titel *The Apprentice's Vade Mecum: or, Young Man's Pocket-Companion* (1733), das zu Fleiß, Nüchternheit und selbstloser Pflichterfüllung anhielt, ist derart zweckgerichtet.

In seinen Selbstzeugnissen, wie sie R.s erste Biographin, Anna Laetitia Barbauld, als Einleitung ihrer sechsbändigen Ausgabe der Briefe (1804) zusammengestellt hat, lassen sich freilich doch schon früh Anzeichen für seine erzählerische Begabung und die Nähe zu seinem späteren Lesepublikum beobachten. So erinnert sich R., wie ihn die Schulkameraden mit Spitznamen wie ›Serious‹ und ›Gravity‹ bedachten und sich von ihm Geschichten erzählen ließen, die natürlich alle, wie er betont, eine nützliche Moral vermittelten. Frauen waren stets R.s bevorzugter Umgang. Aufgrund seiner schüchternen Veranlagung fühlte er sich mehr zum weiblichen Geschlecht als zu gleichaltrigen Jungen hingezogen, und junge Frauen aus der Nachbarschaft ließen sich von ihm bei der Näharbeit vorlesen. Besonders stolz machte ihn, daß einige ihm so großes Vertrauen schenkten, ihn an ihren Liebesgeheimnissen teilnehmen zu lassen: Er durfte ihre Liebesbriefe lesen und verfaßte für sie Antwortbriefe. Von frühester Jugend an war R. ein begeisterter Briefschreiber. Schon als Elfjähriger griff er, wie er sagt, spontan zur Feder und stellte in einem anonymen Brief eine heuchlerische Witwe wegen ihrer Klatsch- und Streitsucht zur Rede. Dabei ahmte er geschickt den Stil einer älteren Person nach, wurde aber entdeckt, da seine Handschrift bekannt war. R.s Affinität zu Frauen, die später den wichtigsten Teil seines Lesepublikums ausmachten, wurde noch dadurch verstärkt, daß er, wie es bei Frauen im 18. Jahrhundert die Regel war, keine formale Bildung erhielt. Mit den kleinen und großen Problemen des Lebens war er jedoch, wie sie, durch leidvolle Erfahrung vertraut; im Zusammenhang mit seiner schon früh angegriffenen Gesundheit erwähnt er z. B., daß er einmal in einem Zeitraum von zwei Jahren elf Todesfälle in seiner näheren Umgebung zu beklagen hatte.

Erst nachdem R., Geschäftsmann mit guten Verbindungen in literarischen Kreisen und als geschickter Stilist bekannt, bereits 50 Jahre alt war, begann seine eigentliche Laufbahn als literarischer Autor. Zwei befreundete Buchhändler schlugen ihm vor, einen Briefsteller, d. h. eine Sammlung von Musterbriefen, zu verfassen. Im Vergleich zu anderen Briefstellern der Zeit ist das Werk deutlich didaktischer ausgerichtet, wie der vollständige Titel zum Ausdruck bringt: *Letters Written to and for Particular Friends, on the Most Important Occasions: Directing Not Only the Requisite Style and Forms to Be Observed in Writing Familiar Letters; But How to Think and Act Justly and Prudently in the Common Concerns of Human Life* (1741). Während der Arbeit an den Musterbriefen kam R. der Einfall, in dieser Form eine zusammenhängende Geschichte zu erzählen; er unterbrach das Werk und schrieb in zwei Monaten von November 1739 bis Januar 1740 seinen ersten Roman. *Pamela: Or, Virtue Rewarded. In a Series of Familiar Letters from a Beautiful Young Damsel, To her Parents* (1740; *Pamela oder die belohnte Tugend*, 1743) erschien noch im gleichen Jahr und wurde ein gewaltiger Erfolg. Die Geschichte von der schönen jungen Tochter frommer und ehrlicher, aber verarmter Leute, die von ihrer Herrin gefördert wird, nach deren plötzlichem Tod sich jedoch der Verführungskünste und finsteren Absichten ihres jungen Herrn erwehren muß, bis er am Ende durch ihre Tugend überzeugt wird und sie heiratet, geht nach R.s späteren Angaben auf eine wahre Geschichte zurück, welche er mehr als zwei Jahrzehnte vorher gehört hatte. In der zweibändigen Erstausgabe tritt R. ohne Namensnennung als Herausgeber authentischer Briefe auf; so betont er den Realismus des Werks, der, neben der moralischen Ausrichtung, die frühen Leser und besonders die Leserinnen begeisterte. R. nutzte den Erfolg und fügte zwei Folgebände mit Briefen, die Pamela nach ihrer Eheschließung mit Personen von Stand wechselt, bei der revidierten Ausgabe 1741 hinzu. Doch nicht alle Zeitgenossen waren überzeugt. Henry Fielding war über die, wie er meinte, scheinheilige Heldin, die ihre Tugend erst zum Höchstgebot vermarktet, empört und wurde mit seinen parodistischen und satirischen Gegenentwürfen *Shamela* (1741) und *Joseph Andrews* (1742) selbst zum Romancier, der seitdem gern von Literarhistorikern mit R. verglichen wird. – An seinem nächsten Roman arbeitete R. etwa fünf Jahre: *Clarissa: Or, the History of a Young Lady* (1747 f.; *Die Geschichte der Clarissa, eines vornehmen Frauenzimmers*, 1748–51) erschien in sieben Bänden und wurde nach allgemeinem Urteil sein Meisterwerk. Zwar sind die Grundelemente die gleichen wie in dem Erstlingsroman – Konflikte zwischen Mann und Frau reflektieren gegensätzliche gesellschaftliche Werte und führen zu intensiven Gefühlen, die, vorgeblich zu moraldidaktischen Zwecken, ausschließlich in Briefen dargestellt werden –, aber das Muster ist ungleich komplexer. R., der seine eigenen Texte beständig revidierte, versuchte offensichtlich die Schwächen von *Pamela* zu vermeiden. Während dort eine einzige Briefschreiberin dominiert, sind an den 537 Briefen von *Clarissa* über 20 Korrespondenten beteiligt, in der Hauptsache die tugendhaften jungen Damen Clarissa Harlowe und ihre Freundin Anna Howe sowie die jungen Lebemänner Lovelace und Belford. Statt des glücklichen Endes als Ausdruck poetischer Gerechtigkeit setzte R. hier (allen Bitten seiner Fans zum Trotz) einen tragischen Ausgang: Clarissa, die sich Lovelace anvertraut hat, um ihrer despotischen Familie und der Zwangsehe mit dem widerlichen Holmes zu entkommen, wird von dem gewissenlosen Libertin unter Drogeneinfluß entehrt und stirbt an ihrem Kummer. In der leidenden Protagonistin sah die bürgerliche Mittelschicht die Vertreterin ihres Moralkodex im Gegensatz zur verantwortungslosen Aristokratie. Wieder gibt die – von Fielding in *Shamela* parodierte – Brieform R. die Möglichkeit großer Unmittelbarkeit der Darstellung; im Vorwort spricht er von »*instantaneous* Descriptions and Reflections«, und in einem Brief nennt er seine innovative Schreibweise »writing to the moment«. Besonders die Gefühle der Romanfiguren kommen differenziert zur Geltung. Lovelace spricht für den Autor, indem er *correspondence* mit bezeichnender Etymologie als »writing from the heart« erklärt. Wenngleich R. sich mehr als ein Jahr lang bemühte, den Text zu kürzen, entstand doch einer der längsten Romane der englischen Literatur. Dr. Samuel Johnson, der zeitgenössische Literaturpapst, der eine hohe Meinung von R. hatte und ihm eine von vier Fremdnummern seines *Rambler* überließ (»Advice to Unmarried Ladies«, Nr. 97), meinte in einer gern zitierten Bemerkung, wer R. um der Story willen lesen wolle, müsse sich vor Verärgerung aufhängen, man müsse ihn um der Gefühle willen lesen und die Story nur als Anlaß dafür betrachten.

Nachdem R. in *Pamela* mit Mr. B. und in *Clarissa* mit Lovelace eine negative oder sogar skrupellose männliche Hauptfigur dargestellt hatte, entschloß er sich in seinem dritten und letzten Roman, das Porträt eines uneingeschränkt guten Mannes zu zeichnen. Er wollte damit auch ein Gegenbild zu dem von ihm sehr mißbilligten *Tom Jones* (1749) seines Rivalen Fielding entstehen lassen. *The History of Sir Charles Gran-*

dison erschien 1753–54 in sieben Bänden. Die Brieform, derer R. sich wieder bediente, wäre undenkbar ohne die Briefkultur bzw. den Briefkult der Zeit. Am aktivsten beim Briefeschreiben ist freilich nicht der Titelheld, der erst spät mit Pauken und Trompeten auf den Plan tritt, als er die schöne Harriet Byron mutig aus der Gewalt eines aristokratischen Entführers befreit, sondern diese junge Dame selbst, die er am Ende zur Frau bekommt. R. hatte nicht nur Schwierigkeiten mit der fiktional wenig ergiebigen Musterhaftigkeit des Helden; er fand auch die Darstellung weiblicher Qualitäten erklärtermaßen viel interessanter und kongenialer. *Grandison* war mit einiger Berechtigung weniger populär als die Vorgänger, was R.s Ruhm und Erfolg jedoch wenig beeinträchtigte. 1754 wurde er zum Meister der Buchhändler- und Verleger-Innung gewählt, und noch zwei Jahre vor seinem Tode hatte er entscheidenden Anteil an der wegweisenden Schrift *Conjectures on Original Composition* (1759) von Edward Young. Mit 71 Jahren starb er an einem Schlaganfall.

Raimund Borgmeier

Roth, Philip
Geb. 19. 3. 1933 in Newark, New Jersey

Der Romancier Philip Roth ist neben Saul Bellow der beständigste literarische Zeitzeuge Amerikas in der zweiten Hälfte des 20. Jahrhunderts. Von *Goodbye, Columbus* (1959; *Goodbye, Columbus*, 1962) zu *The Human Stain* (2000) spannt sich ein Bogen von 24 Romanen, allesamt kritische Zeugnisse des Seelenzustands einer zerrütteten Nation. In *Goodbye, Columbus*, das die Identitätssuche eines jungen amerikanischen Juden zwischen Anpassung und Selbstbestimmung thematisiert, bewegt sich R. einerseits noch innerhalb tradierter Bahnen, andererseits initiiert er mit diesem Roman eine öffentliche Auseinandersetzung über die Frage, ob die satirische Perspektivierung eines solchen Themas antisemitischen Tendenzen Vorschub leiste. Zehn Jahre darauf erhält diese Kontroverse schrille Obertöne, als R. mit *Portnoy's Complaint* (1969; *Portnoys Beschwerden*, 1970), einer prononcierten Absage an Tradition und Orthodoxie, einen empfindlichen Nerv jüdischer *und* nicht-jüdischer amerikanischer Identität freilegt. Seither gilt R. als *enfant terrible* in der amerikanischen Literaturszene; sein Material ist die Gegenwart, seine Mittel, sie zu kennzeichnen, sind die politische Satire, der psychologisierende Disput sowie der messerscharfe Kommentar. Der Blick des Künstlers auf sein Sujet ist dabei stets selbstbezogen: R. inszeniert in einem postmodernen Versteckspiel mit dem Leser seine eigene Biographie, charakterisiert sich gleichzeitig als (befreiter) Intellektueller und als (gefangener) Sohn, und führt ausgefeilte Diskurse über Fiktion und Metafiktion, Literatur und Realität sowie über die doppelbödige (De-)Konstruktion von Wirklichkeit. Was R. motiviert, die Welt zu be-schreiben, ist, wie er in einem Interview sagt, »the relationship between the written and the unwritten world«. Als sein primäres Thema identifiziert er dabei »the tension between license and restraint«. So gestaltet R. gleichzeitig Entwürfe und Gegenentwürfe des Lebens, in einer Sprache, deren Schärfe als schonungslos offenbarend bezeichnet worden ist.

Über R.s Jugend ist nur bekannt, was er später in seinen von ihm so bezeichneten »autobiographischen« Schriften *The Facts* (1988; *Die Tatsachen*, 1991) und *Patrimony* (1991; *Mein Leben als Sohn*, 1992) offenbart. Er charakterisiert seinen Geburtsort Newark als die Welt der sich in der Mittelklasse etablierenden zweiten und dritten Generation amerikanischer Juden zwischen sozioökonomischer Assimilation und ethnoreligiöser Abgrenzung. 1959 ist für R.

ein einschneidendes Jahr. Sein erster Roman, *Goodbye, Columbus*, wird über Nacht zum durchschlagenden Erfolg. Seine ebenfalls in dieses Jahr fallende Eheschließung erweist sich als Katastrophe. Beide Ereignisse arbeitet R. in den nachfolgenden Jahrzehnten in diverse fiktionale Szenarien um. Rückblickend wird deutlich, daß R.s Œuvre das ständige »replay« einer Selbstinszenierung ist. R. zeigt sich verletzt (*Letting Go*, 1962; *Anderer Leute Sorgen*, 1965), empört (*When She Was Good*, 1967; *Lucy Nelson oder die Moral*, 1973), seelisch und künstlerisch geknebelt (*My Life as a Man*, 1974; *Mein Leben als Mann*, 1990) und verbittert über das »konjugale Prinzip« der Ehe. Was fasziniert die Leser an einem so unnachgiebig auf die eigene Befindlichkeit fixierten Mitteilungsbedürfnis? Einerseits ist es die kollektive Stimme Amerikas, mit der R. das »amerikanische Experiment« beschwört, der Versuch, die Multiperspektivität Amerikas in eine Synthese zu fokussieren. Zum anderen ist es die Sprache R.s, jener brillante Stil, die vielgerühmte »unheimliche Faszination seiner Diktion«, mit der er sein Publikum in den Bann zieht. Die beiden Debütromane R.s markieren somit bereits das literarische Feld, in dem seine nachfolgenden Werke angesiedelt sein werden. Beide setzen sich mit dem Genre des Immigrantenromans in der von Abraham Cahan begründeten Tradition auseinander. R. allerdings verweigert seinen Figuren jene von Irving Howe als »Komödiantentum der Entfremdung« dargebotene Immigrantenszenerie. Für R. ist ›Differenz‹ gegenwartskulturell bedingt und kann allein psychologisch perspektiviert werden. So charakterisiert er in *Portnoy's Complaint*, jener satirisch überzeichneten Mischung aus kultureller Rebellion und psychanalytischer (Selbst-)Zerfleischung, diese Differenz auch als Angstneurose, sexuelle Manie und Impotenz.

In den frühen 70er Jahren vollendet

R. drei Romane, denen aufgrund ihrer pseudo-autobiographischen Sentenz eher marginale Bedeutung zugeschrieben worden ist – *Our Gang* (1971; *Unsere Gang*, 1972), *The Breast* (1972; *Die Brust*, 1979) und *The Great American Novel* (1973). Erst mit *My Life as a Man* findet R. zurück zu seiner Erfolgsstrategie, der Oszillation zwischen Biographie und Fiktion. Der Roman ist auf drei Ebenen angesiedelt. R. stellt einen gewissen Schriftsteller Peter Tarnopol vor, der sich einen Schriftsteller namens Nathan Zuckerman erfindet, um mit dessen Hilfe sein ›Dilemma‹ zu lösen – die Blockierung seiner künstlerischen Intuition auf der Suche nach dem ›richtigen‹ Weg zwischen Illusion und Wahrheitsliebe. Das Buch ist als Meisterwerk des Künstlerromans an der Grenze zur Postmoderne gewürdigt worden, als eine hochkomplexe und ambitionierte Auseinandersetzung mit dem künstlerischen Ich. Mit Nathan Zuckerman bringt R. eine literarische Figur ins Spiel, die ihn zukünftig als sein literarisches *alter ego* begleiten wird. In *The Ghost Writer* (1979; *Der Ghost Writer*, 1980) begegnet dieser Zuckerman einer jungen Frau, in der er Anne Frank zu erkennen glaubt. In seiner Phantasie ›rettet‹ er sie aus ihrem Versteck in einer abenteuerlichen Flucht nach New York. Mit dieser Spurensuche jüdischer Identität zeigt R., daß er neben dem Tenor des Zorns auch das feinere Timbre der pointierten Ironie beherrscht. In *Zuckerman Unbound* (1981; *Zuckermans Befreiung*, 1982) hat Zuckerman soeben mit seinem Skandalroman »Carnovsky« notorischen Ruhm erlangt; jetzt wird er zum Gefangenen seines eigenen Erfolgs. Seine Reputation als »Lästermaul« ruiniert sein Liebesleben und seine Familie. In *The Anatomy Lesson* (1983; *Die Anatomiestunde*, 1989) schließlich holt Zuckerman/Roth zum Rundumschlag gegen das kulturelle Establishment aus, was in einem Scherbenhaufen endet, mit Zuckermans ge-

brochenem Ego (und einem gebrochenen Kiefer) in der Einöde seines Hasses auf »die Kultur« schlechthin. Die drei Romane werden 1985 gesammelt als *Zuckerman Bound* veröffentlicht, ergänzt um einen Epilog, *The Prague Orgy* (*Die Prager Orgie*, 1986). Ein weiteres Mal tritt Zuckerman in *The Counterlife* (1986; *Gegenleben*, 1988) in Erscheinung, einem fünfteilig angelegten Roman, in dem jeder Teil von einer unterschiedlichen Warte aus (»counterlife« – Gegenentwurf) zentrale Fragen heutigen Judentums beleuchtet. In *The Facts* und in *Patrimony* treibt R. anschließend mit dieser Frage ein (auto-)biographisches Doppelspiel, indem er Zuckerman zum Wirklichkeits*konstrukteur* seiner (und damit Roths) Familiengeschichte macht und gleichzeitig diese Konstruktion in das Zwielicht der Manipulation rückt.

Die auf dieses (auto-)biographische Zwischenspiel folgenden Romane der 90er Jahre zeigen einen Autor, der einerseits weitere Spielarten autobiographisierender Fiktion entwickelt, der andererseits aber auch neue postmoderne Nuancen literarischer Ent- und Verfremdung auslotet. In *Operation Shylock: A Confession* (1993; *Operation Shylock: Ein Bekenntnis*, 1994) etwa macht sich R. das Doppelgängermotiv für sein Welt-Gegenwelt-Schema nutzbar. In dieser Spurensuche jüdischer Identität begibt sich der Protagonist namens Philip Roth (!) auf eine Reise nach Israel, wo er in das Leben eines Menschen verwickelt wird, der sich als »Philip Roth« ausgibt, wobei es unklar bleibt, ob es sich bei letzterem um den Autor handelt, um einen sich als der Autor ausgebenden Doppelgänger oder auch ›nur‹ um eine Fiktion und Projektion eines verwirrten Menschen namens Roth. Darüber hinaus bleiben auch die Motive seines Handelns unklar; sie schwanken zwischen Bruderkonflikten, Holocaust-Ängsten und Zionismus-Syndrom. Eine sehr eindeutige Position bezieht R. danach mit *Sabbath's Theater* (1995; *Sabbaths Theater*, 1996). Dieses grimmige Porträt zeigt die amerikanische Nation als eine von unersättlichem Machtstreben und selbstzerfleischender Begierde getriebene Horde, die um das Goldene Kalb tanzt. Die Reaktionen auf diesen Roman sind gespalten, insbesondere als R. für dieses Buch den National Book Award erhält. Der Roman entwirft in der Hauptfigur des Mittsechzigers Mickey Sabbath einen gealterten, aber immer noch bissigen Portnoy. Wo ehedem die Auseinandersetzungen des heranwachsenden Portnoy noch in Familie und sozialem Umfeld verankert waren und ursprüngliche Destruktionsgelüste in Heilungsprozesse mündeten, ist nun die Selbstzerstörung einer im Sex- und Blutrausch unberechenbaren, völlig überdrehten Gesellschaft Sabbaths Weg und Ziel. Im »Rausch des Bösen sich verwirklichend«, so ein Kritiker R.s, stellt der Autor sich jenseits der Normen von Gesellschaft, Kunst und Geschmack. Wieder meint man, in R. den Verräter am jüdischen Erbe Amerikas zu erkennen, denn er liefert die Menschheit, die Juden ebenso wie die ›Anderen‹, dem Höllenfeuer des ›Theaters‹ eines unheiligen Sabbaths aus.

Nathan Zuckermans ureigenste Aufgabe seit seinen Anfängen als R.s *alter ego* ist die Entmythologisierung der amerikanischen Vergangenheit durch auktoriales Erinnern und Wiederentdecken. In dieser Rolle begegnet der Leser ihm auch in R.s jüngster Trilogie dreier Romane der 90er Jahre, die sich mit der Nachkriegsgeschichte der USA befassen. Von Verirrung, Täuschung und Endzeitstimmung der Vietnam-Ära durchsetzt ist die zunächst heiter und locker daherfließende »Pastorale« *American Pastoral* (1997; *Amerikanisches Idyll*, 1998). Die eher harmlose Welt der angepaßten Mittelstandsgesellschaft hat ihre Kehrseite im Amerika des Vietnamkriegs. Dieses Amerika ist eine zwischen

Kohärenz und Desintegration positionierte doppelköpfige Janus-Gestalt. Einen ähnlichen Weg geht R. in *I Married a Communist* (1998; *Mein Mann, der Kommunist*, 1999). Auch hier wird Vergangenes (die McCarthy-Ära) im gedoppelten Rückspiegel von individueller Lebensgestaltung und sozialer Verantwortung neu be- und verurteilt. Mehr noch als in früheren Werken verweist dieser Roman darauf, daß das Erinnern gerade für die Nach-Holocaust-Generation eine kollektive Aufgabe ist. In seinem jüngsten Roman, *The Human Stain* (2000), schließlich geht es – vor dem Hintergrund der Clinton-Lewinsky-Affäre – um die erschreckend vergängliche Natur des ethischen Prinzips. R. zeigt einmal mehr, daß der Mensch vom Stigma (»stain«) der Zeit und der Erfahrung leidvoll gekennzeichnet ist – ein Thema, das die gesamte Chronologie des R.schen 20. Jahrhunderts umschließt.

Gerhard Bach

Rushdie, Salman
Geb. 19. 6. 1947 in Bombay

Salman Rushdie ist der bedeutendste Autor der indischen Diaspora, einer der Hauptrepräsentanten der postkolonialen Literaturen und seit der ›Rushdie-Affaire‹ ein Schriftsteller im Blickpunkt der Weltöffentlichkeit. Gleichgültig ob man sein Erzählwerk der anglophonen Literatur Indiens, der ›asiatischen‹ Minoritätenliteratur Großbritanniens oder einer sich abzeichnenden neuen Weltliteratur transnationaler Migranten zuordnet, R. hat auf jeden Fall eine nachhaltige Wirkung ausgeübt. Der Autor von *Midnight's Children* (1981; *Mitternachtskinder*, 1985) bricht mit der Dominanz realistischer Erzählkonventionen im indischen Roman, indem er dieses Konzept der Phantastik öffnet, archaisch-indigene Erzählverfahren der mündlichen Tradition mit spielerischmetaliterarischen Methoden der internationalen Postmoderne verbindet und eine der komplexen Breite seines Indienbildes entsprechend registerreiche Sprache verwendet. R. hat mit seiner experimentierfreudigen Erzählkunst zugleich dem englischen Roman richtungweisende Impulse gegeben und nach Autoren wie V. S. Naipaul die Minderheitenliteratur der Immigranten aus der Dritten Welt in Großbritannien konsolidiert. Schließlich reiht er sich in die Schar der internationalen Autoren ein, die vom Magischen Realismus eines Gabriel García Márquez bis zur grotesken zeitgeschichtlichen Satire eines Günter Grass ihre elementare Fabulierlust immer auch mit dezidierter Gesellschaftskritik verbinden.

R. wuchs als Kind in einer gutsituierten, liberalen muslimischen Familie im weltoffenen Bombay auf, erhielt als Jugendlicher in England eine privilegierte Erziehung (Privatschule von Rugby, Geschichtsstudium in Cambridge) und arbeitete als Texter in einer Werbefirma, bevor er als freier Schriftsteller leben konnte. Sein in Europa vielfach preisgekröntes, in Asien mehrfach verbotenes Erzählwerk umfaßt bislang acht Romane und einen Kurzgeschichtenband. Mit dem Roman *The Satanic Verses* (1988; *Die satanischen Verse*, 1989) löste er eine spektakuläre Kontroverse aus: Ein Großteil der orthodox islamischen Welt reagierte mit fanatischer Militanz auf die »blasphemische« Infragestellung der sakrosankten Koranüberlieferung und die »Verunglimpfung« des Propheten, während die sich pluralistisch verstehende, weithin säkularisierte westliche Welt im Namen der freien Meinungsäußerung ihre Betroffenheit darüber zum Ausdruck brachte. Die Verkündung der *fatwa* durch den Ajatollah Chomeini, die R. zum Tode verurteilte und Attentätern ein hohes Kopfgeld versprach, zwang R. zum Untertauchen. Auch nach der offiziellen Abschwächung des Urteils durch den Iran kann

der – inzwischen in den USA lebende – Autor sich nicht frei bewegen.

Abgesehen von seinem Debütroman *Grimus* (1975), dessen phantastischer Erzählduktus abstrakt bleibt, ist für R.s Romanwerk ein Grundkonzept charakteristisch, das realistische und phantastische Tendenzen so miteinander verbindet, daß der Bezug zum zeitgeschichtlichen Alltag nicht verlorengeht. Die wiederkehrende Thematik der nationalen, sozialen und psychologischen Probleme postkolonialer Identität zielt auf kollektive Relevanz, wird aber anhand der Lebenswege von abgehobenen oder ausgegrenzten Individuen und deren Familien dargestellt, die im konkreten Hier und Jetzt kontextualisiert sind. R.s literarisch bedeutsamster (mit dem superlativen »Booker of Bookers« ausgezeichneter) Roman ist *Midnight's Children*, der im Rahmen der Chronik einer muslimischen Familie und der Lebensgeschichte des Ich-Erzählers Saleem Sinai ein realistisch pralles wie fabulös phantastisches, zugleich ironisch eingefärbtes Bild des Subkontinents entwirft. Saleem gehört zu den »Mitternachtskindern«, die – in der Stunde von Indiens Unabhängigkeit geboren – die neue Nation verkörpern, aber die historische Herausforderung der Entwicklung einer Vielvölkerdemokratie angesichts der konfliktreichen Heterogenität der Sprachen, Religionen, Rassen und Klassen nicht wahrzunehmen vermögen. Als artifizielle Staatsgründungen auf dem Boden des multikulturellen Subkontinents bleiben Indien, Pakistan und Bangladesch halb wirkliche, halb fiktionale Gebilde, die im fortwährenden Prozeß des »re-inventing« Geschichte machen und Saleem mit seinen lückenhaften Erinnerungen ein Modell für das Geschichte nachschaffende Geschichtenerzählen bieten. Sein Leben ist entsprechend eng und auf oft fatale Weise mit markanten zeitgeschichtlichen Ereignissen verknüpft: vom Bombayer Amtssprachenstreit über einen der Indisch-Pakistanischen Kriege und den pakistanischen Bürgerkrieg bis zur Notstandsperiode unter Indira Gandhi. Saleem richtet sich in seinem – dem eigenen Verfall abgetrotzten – Lebensbericht letztlich an seinen Sohn, der eine illusionslosere Generation repräsentiert. Er selbst vertritt das Prinzip der toleranten, imaginativen Überwindung von Gegensätzen und bemüht sich darum, dem »vielköpfigen Monster« Indien Stimme zu verleihen, indem er eine bunte Mischung autochthoner Typen und Milieus, Situationen und Schicksale einbezieht. R. läßt sich bei der Darstellung indischer Denkweisen zum Spiel mit charakteristischen Motiven inspirieren, die der immer wieder überbordenden Erzählung zugleich ein strukturelles Grundgerüst geben. Ein ingeniös eingesetzter Motivkomplex dieser Art bezieht sich auf die Normen des Sehens/Gesehenwerdens/Unsichtbar-Bleibens, mit dem das Leitmotiv des »perforated sheet« assoziiert ist: Ausgehend von den praktischen Implikationen der kodifizierten Verhüllung des weiblichen Körpers, wird dies zum Sinnbild der fragmentarischen Manifestation jeglicher Ganzheitlichkeit, ob diese nun die persönliche Identität, die nationale Einheit, die historische Kontinuität oder die narrative Kohärenz betrifft. Ein Hauptreiz des Romans geht von R.s sprachlicher Virtuosität und beziehungsreicher Intertextualität aus. Er verwendet eine vom metaliterarischen Diskurs bis zum spontanen Zuhörerbzw. Leserappell variationsreich modulierte, bald assoziativ abschweifende, bald sprachspielerisch aufblitzende Erzählersprache, bezieht eine auf diverse indische Sprechweisen hin stilisierte Figurenrede ein und bringt eine Fülle – oft parodistischer – Anspielungen auf europäische und orientalische Literatur- und Medientraditionen an, die von der englischen Satire und sozialkritischen Erzählkunst bis zur selbstreflexiven Postmoderne, vom Mythenpersonal der Sanskrit-Epen und dem im Erzählrahmen invertierten Schema von *Tausendundeine Nacht* bis zum mündlichen Erzählmodus der volkstümlichen Straßenunterhalter und den populären, melodramatischen Bombay Movies reichen.

R. gibt in *Midnight's Children* der Phantastik seiner Erzählung, gerade wo sie mit realistisch dokumentierter Zeitgeschichte einhergeht, angesichts der eskalierenden Fehlentwicklung wie der Abspaltung und inneren Aufspaltung Pakistans oder dem Bankrott indischer Politik in der Notstandsphase zunehmend grotesk-apokalyptische Züge, eine Tendenz, die er in *Shame* (1983; *Scham und Schande*, 1985) insofern weitertreibt, als er dort ein Bild von Pakistan unter Zia ul Haq entwirft, das einerseits schon mit der Detailtreue eines politischen Schlüsselromans ausgemalt wird, andererseits auf quasi allegorische Weise farcenhaft-satirische Verzerrungseffekte einbezieht und das Geschehen nach der Manier des Schauerromans in einer explosiven Horrorvision kulminieren läßt.

In *The Satanic Verses* verlegt R. die Haupthandlung in die multikulturelle britische Metropole. Anhand zweier muslimischer Inder aus Bombay, des in seinem Anpassungseifer frustrierten Saladin Chamcha und des in seinem Glauben paranoid verunsicherten Filmstars Gibreel Farishta, sowie des »unsichtbaren«, aber vielköpfigen Einwanderergettos im London der Thatcher-Ära werden die Identitätskonflikte und komplexen Veränderungen, die Wanderer zwischen den Kulturen an sich erfahren, in grotesken Metamorphosen versinnbildlicht. Das komplementäre Hauptfigurenpaar entwickelt sich entsprechend unterschiedlich: Der diabolisierte Saladin findet zu einem Neuanfang in Indien zurück, während Gibreel in seiner engelhaften Selbststilisierung zu Tode kommt – ein im Vergleich zu den destruktiven Schlüssen der vorangegangenen Romane zweiseitiges Ende. Alternierend mit dem Hauptstrang der Erzählung sind die als separate Geschichten eingelegten Träume Gibreels von dem Propheten Mahound, der in Arabien eine neue Religion zu etablieren versucht, von einem fanatischen Imam, der im englischen Exil gegen sein verwestlichtes Heimatland intrigiert, oder von einem visionären Mädchen, das sein indisches Dorf auf wundersamer Pilgerreise nach Mekka zu bringen verspricht, alles Varianten der zentralen Migrationsthematik. R. setzt sich mit der konfliktreichen Situation der asiatischen Einwanderer in England, dem Wahrheitsanspruch und der Gut-Böse-Polarisierung des islamischen Fundamentalismus dem Prinzip des Wandels und Fragen existentieller, sozialer und psychologischer Bedeutung auseinander, die er vom Standpunkt säkulärer Skepsis, historischer Differenzierung und toleranter Humanität sowie mit einem ausgeprägten Sinn für Ironien und Ambivalenzen beleuchtet. Wenn R. sich in dem Roman zum Anwalt der marginalisierten ethnischen Minoritäten in England macht, indem er für die durch England »Verwandelten« die Rolle der nun England »Verwandelnden« beansprucht, so hat ihn die aggressive Ablehnung aus den Reihen der ihm am nächsten stehenden Gruppe besonders verbittert.

Auf die Rushdie-Affaire reagierte der Autor unter anderem mit *Haroun and the Sea of Stories* (1990; *Haroun und das Meer der Geschichten*, 1991), einer dem eigenen Sohn gewidmeten und zugleich an erwachsene Leser gerichteten Erzählung, die in der Mischung von orientalischem Märchen und Science-fiction nicht zuletzt eine Parabel auf das elementare Erzählbedürfnis und die repressive Bedrohung der freien Meinungsäußerung anbringt. Mit *The Moor's Last Sigh* (1995; *Des Mauren letzter Seufzer*, 1996) kehrt R. zur Fiktionalisierung des Subkontinents zurück.

Er entwirft diesmal anhand der Chronik einer Familie mit katholischen und jüdischen Zweigen, künstlerisch-liberalen wie skrupellos-materialistischen Mitgliedern ein auf Bombay und den Südwesten des Landes konzentriertes Jahrhundertbild, das über die Notstandsphase hinaus bis zum militant repressiven Auftreten einer fundamentalistischen Hindu-Partei fortgeführt wird.

In seinen beiden neuesten Romanen, *The Ground Beneath Her Feet* (1999; *Der Boden unter ihren Füßen*, 1999) und *Fury* (2001; *Wut*, 2002), greift R. erneut die Problematik der indischen Migrantenschicksale auf, verbindet sie aber mit der erstmals zentralen Liebesthematik und verlegt den Hauptschauplatz in die USA. Im ersten Fall geht es um den Werdegang und die zwischenmenschlichen Beziehungen eines als Halbgötter verehrten (dem Orpheus-und-Euridike-Mythos nachgebildeten) Rockstar-Paares und des befreundeten Erzählers, eines Pressephotographen. Im Gefolge der Stationen Bombay-London-USA wird zugleich die aus dem »schiefen Blickwinkel« des Immigranten in Alternativversionen erfahrene Zeitgeschichte einbezogen. Im zweiten Fall präsentiert R. einen aus Bombay stammenden Cambridge-Dozenten und populären Fernsehstar, der in einer furiosen Anwandlung seine Familie und die Karriere im kleingeistigen England verläßt, um in New York unterzutauchen, wo er in einer infernalischen Umwelt jedoch zutiefst verunsichert wird, bis er in der Beziehung zu einer Inderin eine neue Lebensperspektive gewinnt. R. verarbeitet hier offensichtlich – wie in vielen seiner Werke – auch autobiographische Erfahrungen, die in wiederkehrenden Schauplätzen und Figuren dem Gesamtwerk zudem einen inneren Zusammenhang geben. Wenn sich die thematischen Akzente in den neueren Romanen verschieben, bleibt die fulminante Sprach- und Erzählkunst R.s hervorstehende Qualität als Romancier, wiewohl etwa bei *The Ground Beneath Her Feet* auch ein Hang zur verbosen Verselbständigung der Sprache und zur Stereotypisierung der amerikanischen Szene kritisiert worden sind.

Über sein Romanwerk hinaus hat R. die thematisch verwandte Kurzgeschichtensammlung *East, West* (1994; *Osten, Westen*, 1995), die politischen Reisenotizen *The Jaguar Smile: A Nicaraguan Journey* (1987), die literatur- und kulturkritische Prosasammlung *Imaginary Homelands: Essays and Criticism 1981–1991* (1991; *Heimatländer der Phantasie*, 1992), die Filmanalyse »*The Wizard of Oz*« (1992) und die zusammen mit Elizabeth West (seiner dritten Frau) als Herausgeber betreute Prosa-Anthologie *The Vintage Book of Indian Writing 1947–1997* (1997) veröffentlicht sowie die Fernsehdokumentation *The Riddle of Midnight* (1987) über das Indien 40 Jahre nach der Unabhängigkeit produziert. (R.s Interesse für das Medium Film spiegelt sich in den sein Erzählwerk durchziehenden Filmmotiven und -techniken.) Zu seinen verstreuten journalistischen Beiträgen gehört auch jener 1982 in der *Times* erschienene Artikel, der mit dem vielzitierten Bonmot »The Empire Writes Back« im Titel den Aufbruch der postkolonialen Literaturen von der weltliterarischen Peripherie gegen die etablierten Literaturzentren Europas und der USA kennzeichnet, eine Entwicklung, zu der R. selber einen maßgeblichen Beitrag geleistet hat.

Eberhard Kreutzer

Scott, Sir Walter

Geb. 15. 8. 1771 in Edinburgh;
gest. 21. 9. 1832 in Abbotsford, Borders

Sir Walter Scott gehört zu den einflußreichsten Schriftstellern aller Zeiten. Mit der Veröffentlichung von *Waverley, or, 'Tis Sixty Years Since* im Jahre 1814 (*Waverley oder so war's vor 60 Jahren*, 1828) begründete er eine neue Gattung, den historischen Roman, der – national wie international gesehen – unter den von S. ausgehenden Anstößen einen beispiellosen Siegeszug antrat. – S.s Weg zum historischen Romancier verlief zwar nicht geradlinig, aber doch ohne eigentliche Umwege im Sinne sachfremder Experimente. Begabung und antiquarische Interessen zeichneten bald seine literarische Bestimmung in Richtung eines intensiven Kontakts mit der Geschichte vor, der bei dem aus dem schottischen Grenzgebiet stammenden S. noch auf der unmittelbaren Verbundenheit mit der volkstümlichen Überlieferung beruhte. Schon in früher Jugend machte er die in Dokumenten verschiedenster Art verfügbare Geschichte seiner schottischen Heimat zu seinem persönlichen Besitz. Im kulturell anregenden Edinburgh des ausgehenden 18. Jahrhunderts aufwachsend, kam der als Jurist ausgebildete und tätige, aber seine literarischen Neigungen lebende S. in enge Berührung mit zwei geistesgeschichtlichen Strömungen, die seiner epochemachenden Behandlung der Vergangenheit wesentliche Impulse gaben. Ein wichtiger intellektueller Katalysator für S.s Verarbeitung von Geschichte wurde die durch Namen wie Adam Ferguson, William Robertson, Dugald Stewart und Adam Smith repräsentierte schottische Aufklärungshistorie, deren Bestrebungen sich darauf richteten, Gesetzmäßigkeiten gesellschaftlicher Entwicklung vom Naturzustand des Menschen bis zu dessen gegenwärtiger Organisation in den fortgeschrittenen Ländern aufzudecken. S., dem als historischer Romancier zu lange das in seiner Einseitigkeit irreführende Etikett des Romantikers angeheftet worden ist, teilte das empirisch-realistische Interesse der schottischen Aufklärer, deren bedingten Fortschrittsstandpunkt er bejahte; der geistige Austausch mit ihnen schuf die Grundlage dafür, daß S.s von nostalgischen Zügen nicht ganz freiem retrospektiven Patriotismus eine rationalistische Abgeklärtheit ausgleichend an die Seite treten konnte.

Den anderen Pol im Spektrum zeitgenössischer Strömungen bildete die besonders durch Henry Mackenzie vermittelte deutsche Romantik, unter deren Einfluß S. u. a. Gottfried August Bürgers *Lenore* (1773) und Johann Wolfgang von Goethes *Götz von Berlichingen* (1773) übersetzte; dieses Interesse fand seinen Niederschlag auch in S.s durch Thomas Percys *Reliques of Ancient English Poetry* (1765) angeregter Sammlung *Minstrelsy of the Scottish Border* (1802–03). Die Hinwendung der Romantik zu dem lange vernachlässigten Mittelalter beflügelte S.s phantasiebestimmte Erschließung vergangener Epochen. Nachdem er als Sammler, Herausgeber und Bearbeiter von Balladen an das zeitgenössische Publikum herangetreten war, veröffentlichte er eigene Verserzählungen, die von *The Lay of the Last Minstrel* (1805; *Der letzte Minstrel*, 1820) über *Marmion* (1808) und *The Lady of the Lake* (1810; *Die Jungfrau vom See*, 1819) bis zu *Rokeby* (1813; *Burg Rokeby*, 1822) reichen. Aufgrund dieser damals zumeist sehr erfolgreichen Werke wäre S. als Dichter ein ehrenvoller Platz in den regionalen Annalen der Literatur sicher gewesen; literarhistorisch sind sie aber v. a. aufschlußreiche Indikatoren für S.s Werdegang zum Romancier. Wie die metrischen Romanzen über die zu knappe Balladenform hinausdrängten, um vergangene Kontexte lebendig werden zu lassen, so waren die Verserzählungen ihrerseits kaum mehr imstande, eine dem Zeitgeschmack entsprechende breitere Ausgestaltung des Geschichtlich-Umständlichen zu leisten. Die spätestens in den achtziger Jahren des 18. Jahrhunderts einsetzende und rasch zunehmende Reihe historisierender Vorläuferromane, ein Barometer sich wandelnden Leserinteresses, belegt, daß das Publikum offenbar nach einer extensiveren Darstellung geschichtlicher Gegenstände verlangte.

Den unter medialen Aspekten folgerichtigen Schritt zum Prosaroman und damit in die Weltliteratur tat S. erst 1814 mit dem (anonymen) Erscheinen von *Waverley*. S.s Erstling, von der Kritik begeistert aufgenommen, entfaltet sogleich das innovatorische Potential der neuen Gattung. In der Anlage der Fabel konventionell, rückt der Roman trotz der nominellen Mittelpunktstellung des träumerisch gestimmten und phantasiebegabten Edward Waverley nicht dessen romanzenhafte Züge aufweisenden persönlichen Lebensweg ins Zentrum, der freilich in seinem desillusionierenden Verlauf thematische Relevanz besitzt, sondern wählt über Waverleys Verstrickung in den Jakobitenaufstand von 1745/46 die Scharfeinstellung auf die politisch-sozialen Eigenarten des damaligen Schottland. Besonders in dem fremdartig-bizarren Raum des schottischen Hochlandes mit seinen gesellschaftlichen Anachronismen stand S. gewissermaßen eine soziologische Experimentierbühne zur Verfügung, auf der eine entwicklungsgeschichtliche Etappe seines Landes dramatisiert werden konnte. In dem Zusammenwirken der einzelnen Strukturelemente dokumentiert sich S.s literarische Intention, sich die Vergangenheit erinnernd anzueignen, um ihre Einverleibung in das Gegenwartsbewußtsein zu erreichen. Die Wahl des geschichtlichen Zeitraums – einerseits schon abgeschlossene Vergangenheit, andererseits noch Vorgeschichte der Gegenwart – verschafft ihm sowohl in historiographischer als auch in darstellungsästhetischer Hinsicht die gewünschte Realitätsgrundlage. Insbesondere ermöglicht die Entscheidung für die sogenannte mittlere Vergangenheit S. den Gebrauch des schottischen Dialekts, in dem sich das historisch Autochthone artikuliert und der wesentliches Verdienst daran hat, das der Gattung aufgetragene Problem der Vermittlung geschichtlicher Wirklichkeit auf glückliche Weise zu lösen. Das Vorherrschen der szenischen Darstellungsmethode mit ihrem hohen Anteil an Dialogen unterstreicht die Tendenz zu einer ebenso authentischen wie imaginativ eindringlichen Wiedergabe der Vergangenheit. Der neuartigen Konzentration auf den Objektbereich der Geschichte, das eigentliche Interessenzentrum dieses Romans, entspricht die Konzeption eines mittleren im Sinne eines neutralen Helden, der, zugleich Repräsentant des Lesers, v. a. die Aufgabe erfüllt, mit beiden kämpfenden Lagern in Verbindung zu treten, um einen erlebnismäßigen Nachvollzug des historischen Konflikts zu gestatten. Unentbehrliche Mosaiksteine zum Aufbau der geschichtlichen, durch das Lokalkolorit atmosphärisch beglaubigten Welt sind die zahlreichen, sozial belangvollen, aus dem Volk stammenden und meist komischen Typencharaktere, die die Schwerpunktverlagerung auf den gesellschaftlichen Raum im Sinne breiter sozialer Streuung bekräftigen. Zur Erstellung des gesellschaftlichen Kosmos trägt sogar die ausführlich beschriebene und Spuren der Geschichte bewahrende Landschaft bei, die zum Resonanzboden für die Schwingungen gesellschaftlicher Mentalität wird. S., der als Erzähler in Personalunion mit dem Historiographen eine durch dokumentarische Verweise gestützte Rhetorik des Damals und Heute betreibt, die den Eigencharakter der vergangenen Welt verbürgt, kann sein leitendes, auf die Vermittlung von Geschichte gerichtetes Interesse nicht zuletzt deshalb so erfolgreich umsetzen, weil er in klarer Realisierung der natürlichen Domäne der Gattung Roman den Schwerpunkt eindeutig auf die Schilderung des privaten Lebensbereiches legt, der von den großen geschichtlichen Vorgängen tangiert wird. Dementsprechend sind die bedeutenden historischen Persönlichkeiten, vom Standpunkt der Fabel gesehen, nur als Nebenfiguren angelegt. Dadurch vermeidet S. sowohl eine romantisch-monumentale Darstellungsweise, wie sie später von Thomas Carlyle bevorzugt wird, als auch eine psychologisch-nivellierende Behandlung, wie sie später von William Makepeace Thackeray praktiziert wird. Innerhalb der durch den Wahrheitsanspruch der Historie vorgegebenen Grenzen kann S. so den Freiraum produktiv werden lassen, den er für seine Phantasie gewonnen hat. *Waverley* als erster historischer Roman zeichnet sich durch die gattungsadäquate Harmonisierung von *fact* und *fiction* aus, wobei S. das neue Genre im Unterschied zur traditionellen aristotelischen Antithetik von Literatur und Geschichtsschreibung in ein komplementäres Verhältnis zur Historiographie rückt. – In *Waverley* verfügte S. Imagination und Sachverstand zu einem nahtlosen Ganzen. Durch seine mühelose, in Habitus und Mentalität eingegangene Vertrautheit mit dem Schottland der jüngeren Geschichte gelang ihm eine überzeugende Fiktionalisierung der Vergangenheit. S.s entscheidende Neuerung, sein Beitrag zur Weltliteratur, besteht darin, als erster Autor den Menschen in seinem zeitgenössischen Denken, Fühlen und Handeln beschrieben zu haben. So beschwor er in *Waverley* in historistischer Vergegenwärtigung vergangener Lebensformen auf der anschaulichen Grundlage der breiten Gestaltung der Clangesellschaft den heroischen Opfermut der patriarchalisch organisierten Hochländer herauf, für den Evan Dhus Vorschlag, anstatt seines zum Tode verurteilten Häuptlings Fergus Mac-Ivor hingerichtet zu werden, das bewegendste Beispiel liefert.

Das über die strukturellen Eigenarten *Waverleys* Ausgesagte gilt trotz gewisser Modifikationen auch für die übrigen der nach ihrem stofflichen Zentrum bezeichneten schottischen Romane. Gerade die besten Werke dieser Gruppe profitieren in ähnlicher Weise von einer durch die Wahl der mittleren Distanz begünstigten Realitätsgrundlage, die auch durch die behutsame Integrierung des Übernatürlichen nicht in Frage gestellt wird. S.s vielleicht größter und bei seinen Landsleuten bis heute besonders populärer Roman ist *The Heart of Midlothian* (1818; *Das Herz von Midlothian*, 1826), der in die *Porteous Riots* des Jahres 1736 einblendet, die als historisches Ferment für den weiteren Verlauf der Handlung wirken. Diese ist auf das Bauernmädchen Jeanie Deans abgestellt, eine höchst aktive Protagonistin, deren beschwerlicher Weg zur Rettung ihrer des Kindesmordes angeklagten Schwester in einer durch den Herzog von Argyle vermittelten Audienz bei Königin Caroline in London kulminiert. In der Mission der durch altkalvinistische Sittlichkeit und korporative Bindungen geprägten Heldin veranschaulicht S. eine entwicklungsgeschichtliche Etappe Schottlands.

Zu den eindrucksvollsten der schottischen Romane gehört *Old Mortality* (1816; *Die Presbyterianer*, 1845), der die blutigen Kämpfe zwischen Covenanters und royalistischen Truppen aus England gegen Ende der Restaurationszeit schildert. Eine Affinität zu *Waverley* weist *Rob Roy* (1818; *Robin der Rothe*, 1828) auf. Dieser in den Jakobitenaufstand von 1715 führende Roman sondiert am Beispiel der Hauptfigur Francis Osbaldistone und seiner Familie althergebrachte gesellschaftliche Ansprüche im Wandel der Zeit. Die thematische Konstanz der schottischen Romane ist in dem in mannigfachen Erscheinungsformen auftretenden Konflikt zwischen Tradition und Fortschritt zu suchen, der – wie bereits von Samuel Taylor Coleridge betont – ein beständiges Dilemma der gesellschaftlichen Existenz des Menschen verkörpert. Wie *Guy Mannering, or the Astrologer* (1815; *Guy Mannering oder: Der Sterndeuter*, 1828) belegt, konnten diese Romane unter Hintanstellung der großen Historie auch zu der ausführliche soziale Tableaus – in diesem Fall der schottischen Tieflande – entwerfenden Darstellungsweise der *novel of manners* tendieren.

Zwar ist eine künstlerische Entwicklung im Werk S.s nicht erkennbar, doch schlug dieser mit der Veröffentlichung von *Ivanhoe* (1819; *Ivanhoe*, 1827) noch ein neues Kapitel als historischer Romancier auf. Unter dem Aspekt literarischer Wertung ist ein deutliches Qualitätsgefälle von den schottischen zu den sogenannten, die Tudorepoche einschließenden Mittelalterromanen zu registrieren, die S.s Beliebtheit noch steigerten. Wie *Ivanhoe*, S.s populärster, die englische Geschichte des späten 12. Jahrhunderts behandelnder und in seiner panoramischen Farbigkeit beeindruckender Roman, exemplarisch zeigt, hatte diese Interessenausweitung eine Einengung des literarischen Gestaltungsspielraums zur Folge. Aufgrund der Fremdheit von Zeitraum und Stoff war der seiner persönlichen Wissens- und Anschauungsbasis beraubte S. nicht länger imstande, Einblick in die privaten Lebensverhältnisse in ihrer historischen Konkretisierung mittels umgangssprachlicher und mentalitätsgetreuer Schilderung zu geben. Dadurch verschiebt sich das Gewicht von diesem bisher zentralen Bereich auf die politischen Vorgänge, die ohne Anspruch auf geschichtliche Akkuratesse geschildert, im Sinne des Volksempfindens nacherzählten Kämpfe zwischen Angelsachsen und Normannen. Den veränderten Vermittlungsbedingungen entsprechend konzentriert sich die Darstellung sehr stark auf spektakuläre äußere Geschehnisse wie das Turnier von Ashby-de-la-Zouche. In *Ivanhoe* überwiegt eindeutig die Tendenz, das Theatralisch-Romanzenhafte als das Geschichtliche auszugeben. Die anderen Romane dieser Werkgruppe setzen im allgemeinen die mehr auf ornamentale Wirkung abzielende Behandlung der

Geschichte fort und dürfen zu einem guten Teil als *pageants* großen Stils bezeichnet werden. Obwohl Romane wie *Kenilworth* (1821; *Kenilworth*, 1821) oder *The Fortunes of Nigel* (1822; *Nigels Schicksale*, 1867) das Publikum durch ihre gekonnte Veranschaulichung des äußeren Glanzes der Historie lange gefesselt haben und obwohl die stattliche Porträtgalerie der Könige und Fürsten in das kulturelle Gedächtnis eingegangen ist, hat der Bilderbuchcharakter dieser Werke S.s literarisches Ansehen auf die Dauer eher belastet.

Die *Waverley Novels* gehören zu den größten Erfolgen, welche die Literaturgeschichte zu verzeichnen hat. Der historische Roman des 19. Jahrhunderts ist nicht nur in England, sondern weit darüber hinaus den von S. ausgehenden Anstößen verpflichtet. Auf dem europäischen Kontinent bezeugen Autoren wie Honoré de Balzac, Alfred de Vigny, Prosper Mérimée und Victor Hugo in Frankreich, Alessandro Manzoni in Italien, Puschkin und Tolstoi in Rußland, Adalbert Stifter und Theodor Fontane im deutschen Sprachraum die Fruchtbarkeit des S.schen Impulses; in Nordamerika wurden James Fenimore Coopers Lederstrumpf-Romane zum Resonanzboden S. s.

Heinz-Joachim Müllenbrock

Shakespeare, William

Geb. 23?. 4. 1564, in Stratford-upon-Avon, Warwickshire; gest. 23. 4. 1616 ebd.

Dem Bildnis William Shakespeares gegenüber findet sich in der ersten (Fast-)Gesamtausgabe seiner Dramen ein von Ben Jonson verfaßtes Widmungsgedicht an den Leser, das mit der Aufforderung schließt: »Reader, looke / Not on his Picture, but his Booke«. Der Verweis auf das Buch hat Symbolgehalt. Die *First Folio Edition* von 1623, herausgegeben von seinen Schauspielerkollegen John Heminge und Henry Condell, besiegelt Sh.s Übergang vom Theater zur Literatur, von der Flüchtigkeit der Aufführung zur Permanenz der Schrift. Erst im Medium des Buches kann sich die in einer weiteren Widmung Jonsons erhobene Behauptung erfüllen, Sh. sei »not of an age, but for all time«; wobei seine Überlebensfähigkeit allerdings davon abhängt, daß er immer wieder neu vom Theater zurückerobert wird. Zur Entstehungszeit der Dramen waren diese ausschließlich für die Bühne bestimmt. Der Druck – häufig Raubdruck – erfolgreicher Stücke war demgegenüber die oftmals unerwünschte ›Zweitauswertung‹. Wer auf literarischen Lorbeer aus war, betätigte sich in anderen Gattungen, wie z. B. Sh. es mit *Venus and Adonis* und *The Rape of Lucrece* tat – Versepen, die hohe Auflagen erzielten und zu seiner Reputation bei den Gebildeten vermutlich mehr beitrugen als die Dramen. Das Drama rangierte tiefer in der Gattungshierarchie. Produziert und rezipiert wurde es nicht in einer subventionierten Kultureinrichtung, sondern einem rein kommerziellen Unterhaltungsbetrieb, vergleichbar dem Kino unserer Tage. Von Puritanern verteufelt, war das Theater in anrüchigen Randbezirken der Hauptstadt angesiedelt, nahe den blutrünstigen Spektakeln der Bärenhatzen und den Bordellen. Zugleich jedoch genoß es die Protektion des Hochadels und sogar der Krone selbst. Ab 1603, dem Jahr der Thronbesteigung von James I, durfte Sh.s Schauspieltruppe unter dem Namen »The King's Men« firmieren. Die Beliebtheit des Theaters erstreckte sich quer durch alle Schichten: Um 1600 verfügt die etwa 200.000 Einwohner zählende Stadt London über sieben *playhouses* mit einer geschätzten Kapazität von 15.000 Plätzen.

Der Gemischtheit des Publikums entspricht eine Gemischtheit des dramatischen Stils, der sich weder von klassisch-antiken Vorbildern noch aus der einheimischen Tradition der mittelalterlichen Mysterienspiele und Moralitäten einseitig ableiten läßt, sondern aus beiden ein Drittes bildet, eine offene, multiperspektivische Dramaturgie eigenen Gepräges. Die Regelpoetik der Aristoteliker (in England: Sir Philip Sidney) mit ihren drei Einheiten und ihren Ziemlichkeitsvorschriften hat in ihr keine Geltung: Orts- und Zeitgrenzen werden auf kulissenloser Bühne imaginativ übersprungen; das flexible Medium des Blankverses wechselt mit Prosa und komplexen lyrischen Strukturen; das hohe Pathos der Leidenschaften bricht sich an sarkastischer Nüchternheit; der König trifft auf den Clown (exemplarisch: Lear und der Narr), der Prinz auf den Totengräber (Hamlet), der mutige Kämpfer auf den hedonistischen Anti-Helden (Prince Hal und Falstaff in *Henry IV.I*), und erst in solchem Widerspiel, in der vielstimmigen Orchestrierung erschließen sich Sh.s dramatische Entwürfe. Sein Theater ist und begreift sich als Welttheater. Nichts anderes verkündet der Name der 1599 errichteten Spielstätte seiner Truppe: Globe Theatre. Doch wäre es eine drastische Reduktion der auf dieser Bühne inszenierten Welten, sie in jenes im wesentlichen mittelalterliche Ordnungsgefüge einzupassen, welches 1944 von E.M.W. Tillyard als *Elizabethan World Picture* in Umlauf gebracht wurde. Sh.s Drama erweist nicht die Geltung, sondern die Geltungsschwächen dieses statischen, feudalistisch-theozentrischen Systems. Gerade aus den Umbrüchen, den Legitimationskrisen der Frühen Neuzeit speist sich seine Dynamik. Exemplarisch bündelt es die Spannungen einer wahrhaft dramatisch in Bewegung geratenen ›Schwellenzeit‹ und wird damit zur Signatur jener historischen Weichenstellungen am Beginn der Moderne, deren Wirkungen bis heute prägend geblieben sind. Unmittelbar anschaulich wird dies dadurch, daß Sh.s Welttheater auch und gerade ein Theater

neuer Innenwelten ist. Seine *dramatis personae* erreichen einen zuvor schlechterdings unbekannten, kaum in Ansätzen erahnbaren Grad der Individualisierung und Psychologisierung. Hamlet zumal, dessen ›Charakter‹ gleichsam einen Komplexitätsüberschuß aufweist, den die Dramenhandlung gar nicht mehr zu bewältigen vermag, wird zur prototypischen Gestalt neuzeitlicher Subjektivität. Und indem diese sich selbst entdeckt, wird sie sich auch schon problematisch. Die bildungshumanistische Zuversicht der Renaissance kehrt sich um in radikalen Zweifel. Der Mensch, das Wunderwerk der Schöpfung, wird für Hamlet zur »quintessence of dust«.

Angesichts seiner Werke ist Sh.s Biographie enttäuschend unspektakulär. Eine Autorpersönlichkeit, aus deren Lebenszeugnissen der schöpferische Reichtum und die tiefgründige Menschen- und Welterkundung der Stücke erklärlich würde, geben die Quellen nicht her. Nur der äußere Lebenslauf läßt sich einigermaßen nachzeichnen; die ›innere‹ Biographie ist eine einzige Leerstelle und bietet somit reichlich Platz für Spekulationen. Wie Sh. von seinem Geburtsort Stratford-upon-Avon nach London und zur Bühne gelangte, ist ungewiß. Feststeht, daß er am 26. April 1564 in Stratford getauft wurde und demnach wenige Tage zuvor geboren worden sein muß. Williams Vater John Sh., Handschuhmacher von Beruf, war ein Vertreter des aufstrebenden gewerbetreibenden Bürgertums, lange Jahre Mitglied im Rat der Stadt Stratford und schließlich sogar Bürgermeister und Friedensrichter, ehe seine erfolgreiche Laufbahn 1577 plötzlich abbricht – ob allein aufgrund finanzieller Probleme oder auch weil seine mutmaßlichen katholischen Überzeugungen ihn in Schwierigkeiten brachten, ist unklar. Daß der Knabe William die Stratforder Lateinschule besuchte, gilt als ausgemacht, wenngleich es nicht erwiesen ist. Urkundlich belegt ist die Heirat des 18jährigen mit der acht Jahre älteren Anne Hathaway und die sechs Monate später erfolgende Geburt einer Tochter. 1585 kommen Zwillinge zur Welt. Danach bleibt die Ehe kinderlos. Die sieben Jahre zwischen der Geburt der Zwillinge und der ersten Erwähnung von Sh.s Bühnentätigkeit in London 1592 firmieren in der Forschung als »the lost years«. Viel Zuspruch – allerdings ebensoviel Skepsis – erfährt neuerdings die These, Sh. habe diese Jahre in Diensten der Hoghtons zugebracht, einer katholischen Adelsfamilie in Lancashire. Die faszinierende Hypothese, durch die der angehende Dramatiker mitten hineingerät in die geheime Welt der gegenreformatorischen Missionen und Komplotte, gründet letztlich auf einer einzigen, unbewiesenen Annahme: daß William Shakespeare identisch sei mit jenem William Shakeshafte, den Alexander Hoghton 1581 testamentarisch der Fürsorge seines Halbbruders Thomas anempfiehlt. Schon viel eindeutiger bezieht sich eine Anspielung in einem dem Dramatiker Robert Greene zugeschriebenen Pamphlet von 1592 auf Sh. Darin warnt Greene seine Schriftstellerkollegen vor der Konkurrenz eines Schauspielers, der sich anmaße, genauso gut Blankverse schreiben zu können wie sie selbst, und der meine, er sei »the onely Shake-scene« im ganzen Land. Bei aller Unsicherheit der Werkchronologie darf angenommen werden, daß um diese Zeit bereits zumindest die dreiteilige Dramatisierung der Rosenkriege, *Henry VI* (um 1590–92; *König Heinrich der Sechste*), sowie die auf Seneca-Rhetorik und blutige Schaueffekte setzende Römertragödie *Titus Andronicus* (um 1593–94; *Titus Andronicus*) entstanden waren, vielleicht auch schon die an Plautus' *Menaechmi* angelehnte *Comedy of Errors* (1594; *Komödie der Irrungen*). Die ersten und einzigen seiner Werke aber, die Sh. selbst unter seinem Namen publizierte, sind bezeichnenderweise

keine Theaterstücke, sondern die Versepen *Venus and Adonis* (1593; *Venus und Adonis*) und *The Rape of Lucrece* (1594; *Die Schändung der Lucretia*), entstanden, als die Pest die monatelange Schließung der Theater erzwang. Beide sind einem jungen Aristokraten gewidmet, Henry Wriothesley, 3rd Earl of Southampton. Da die zweite Widmung nach Auffassung mancher Interpreten einen vertraulicheren Ton anschlägt, schloß man auf freundschaftliche Beziehungen zwischen dem Dichter und seinem Patron, was dazu führte, in ihm den geheimnisvollen »Mr. W. H.« zu erblicken, dem die unautorisierte Ausgabe von Sh.s *Sonnets* (1609; *Sonette*) gewidmet ist, und folglich auch den jungen Mann, der in diesen Sonetten in platonisch-petrarkistischer Überhöhung gepriesen wird. Am Ende einer hundertjährigen Blüte des englischen Sonetts bildet Sh.s 154 Gedichte umfassender Sonettzyklus einen krönenden Abschluß, der in seiner reizvollen Abwandlung der Gattungskonventionen zugleich deren Überlebtheit andeutet. In immer neue Perspektiven gerückt, bilden die zerstörerische Macht der Zeit und die Liebe als deren Gegenkraft das thematische Zentrum der Gedichte. Doch deren Adressat ist statt der üblicherweise gepriesenen Dame ein schwärmerisch verehrter Jüngling, und die Gefühlsumschwünge dieser Beziehung werden durch die Einführung weiterer Figuren dramatisch kompliziert, eines Dichterrivalen und einer untreuen Geliebten, jener »Dark Lady«, um deren ›Realidentität‹ sich ebenfalls endlose Spekulationen ranken.

1595 wird Sh. im Zusammenhang mit einer Aufführung bei Hofe als Mitglied der führenden Schauspieltruppe, der Lord Chamberlain's Men, namentlich genannt; ein sicheres Zeichen seines beruflichen Erfolges, der es ihm gestattet, 1596 ein Familienwappen und damit Anrecht auf den Titel *gentleman* zu erwerben. Seinen literarischen Ruf bestätigt das Lob seiner Verserzählungen, seiner »sugred [zuckersüßen] Sonnets« und seiner Komödien und Tragödien »among the English the most excellent in both kinds« in Francis Meres' *Palladis Tamia* (1598).

Breiteren Raum nimmt in Sh.s dramatischem Œuvre der 1590er Jahre aber das im Titel der *First Folio* angeführte dritte dramatische Genre ein: die *histories*, Dramatisierungen der englischen Geschichte auf der Quellengrundlage der Chroniken von Raphael Holinshed (1587) und Edward Hall (1548), aus denen Sh. den ›Tudor Mythos‹ übernimmt. Dieser unterstellt den Ereignissen zwischen der Absetzung von Richard II (1394) und dem Ende der (angeblichen) Schreckensherrschaft von Richard III (1485), die Sh. in zwei Tetralogien darstellt, ein heilsgeschichtliches Verlaufsmuster von Sünde, Buße und letztendlicher Erlösung durch den ersten Monarchen aus dem Hause Tudor, Henry VII. Dieses staatstragende Konstrukt nutzt Sh. allerdings zur Hinterfragung der Legitimation von Herrschaft, die an einer Galerie höchst unterschiedlicher Königsgestalten das Verhältnis von Rolle und Person, Auftrag und Eignung des Herrschers reflektiert und die Einheit der Nation als stets prekäre darstellt. – Von den *histories* durch die stärkere Konzentration auf die tragischen Protagonisten unterschieden, verhandeln auch die auf Plutarch basierenden Römerdramen Fragen aktueller politischer Relevanz am historischen Exempel, wobei hier besonders deutlich die perspektivische Offenheit von Sh.s Dramaturgie sich zeigt, die weder Brutus in *Julius Caesar* (1599; *Julius Caesar*), noch die Titelhelden in *Antony and Cleopatra* (ca. 1608; *Antonius und Cleopatra*) oder *Coriolanus* (ca. 1608; *Coriolanus*) eindeutig ins Recht setzt oder verurteilt.

Sh.s Komödien – anders als die satirischen Komödien Ben Jonsons – begeben sich in romantisch entrückte Spielwelten, wenngleich die neuere Forschung auch in ihnen den Abdruck der politisch-ideologischen Formationen der Epoche entdeckt hat. Ihr Thema sind die am Ende stets glücklich gelösten Liebesverwicklungen junger Paare, bei denen häufig die (von *boy actors* gespielten) Frauen handlungsbestimmend Initiative ergreifen und in männlicher Verkleidung ein doppelbödiges Spiel mit Geschlechteridentitäten eröffnen: *As You Like It* (ca. 1599; *Wie es euch gefällt*), *Twelfth Night* (1602; *Was Ihr wollt*), *The Two Gentlemen of Verona* (ca. 1593; *Die beiden Veroneser*), *The Merchant of Venice* (ca. 1598; *Der Kaufmann von Venedig*). Was geschieht, wenn das Schicksal die Liebenden im Stich läßt, zeigt *Romeo and Juliet* (1595; *Romeo und Julia*). Der Einbruch des Tragischen in eine heitere Komödienwelt ist hier ganz zufallsbestimmt.

Anders bei den seit A. C. Bradley (1904) so genannten ›großen Tragödien‹: *Hamlet* (1600–01; *Hamlet*), *Othello* (1602–03; *Othello*), *King Lear* (1605–06; *König Lear*) und *Macbeth* (1605–06; *Macbeth*). Hier ist tragisches Scheitern in der Individualität des Helden selbst angelegt, und sein Untergang legt die Zerbrechlichkeit einer ganzen Weltordnung offen. Zwar ist deren christlicher Horizont noch gewärtig, doch handlungsbestimmend ausagiert werden Konflikte, deren Ursachen und Wirkungen im Diesseits liegen. Der göttliche Eingriff bleibt im entscheidenden Augenblick aus: z. B. wenn Cordelia in *King Lear* gegen jede poetische Gerechtigkeit nicht gerettet wird. Harmoniebedürftigere Zeiten konnten Derartiges nicht dulden und schrieben Sh.s trostloses Ende beschönigend um (Nahum Tate, *Lear*, 1681). Die Moderne entdeckt gerade in solcher Illusionslosigkeit Sh. als ›unseren Zeitgenossen‹ (Jan Kott). Biographisch wurde die Wendung zum Tragischen und der etwa gleichzeitige Übergang von den heiteren zu den *dark comedies* und Problemstücken – *Troilus* and Cressida (1601–02; *Troilus und Cressida*), *Measure for Measure* (1603–04; *Maß für Maß*) – als Beleg für eine zunehmend melancholisch-pessimistische Gemütsverfassung des Dichters gedeutet und demgegenüber die Werke der letzten Schaffensphase als Ausdruck versöhnlicher Altersweisheit (eines freilich erst 45jährigen). Tatsächlich erschließt sich Sh. mit den Romanzen *Pericles* (1610; *Perikles*), *Cymbeline* (1611; *Cymbeline*), *The Winter's Tale* (1611; *Das Wintermärchen*) und *The Tempest* (1611; *Der Sturm*) nochmals ein neues, zur Tragikomödie tendierendes Genre, das durch märchenhaft-phantastische Handlungsverwicklungen und Anklänge an die barocke *court masque* gekennzeichnet ist. Einer populären Deutung zufolge zelebriert Sh. in Prospero, der am Ende von *The Tempest* der Magie entsagt, seinen eigenen Abschied vom Theater. Noch bis 1613 ist seine häufige Anwesenheit in London belegt. Danach scheint er sich nach Stratford zurückgezogen zu haben, wo er 52jährig im April 1616 verstarb. Seine Grabinschrift beschwört die Nachwelt, ihn in Frieden ruhen zu lassen, und verflucht »the man … yt [that] moves my bones«. Während diese Drohung die Unversehrtheit des Grabes bis heute gesichert hat, kann davon, daß Sh. in Frieden ruht, in einem übertragenen Sinn kaum die Rede sein: Nach wie vor wird seine, auch von der Filmindustrie gestützte, kulturelle Präsenz im englischen Sprachraum von keinem anderen Autor auch nur annähernd erreicht. Weit über das Englische hinaus ist seine weltliterarische Geltung unangefochten. In Deutschland, wo er im 18. Jahrhundert entscheidend zur Herausbildung einer eigenen Nationalliteratur beitrug, ist er der meistgespielte Dramatiker. Und angesichts jährlich etwa 5000 neuer Veröffentlichungen zu Sh. paßt Goethes Stoßseufzer noch immer: »Shakespeare und kein Ende«.

Andreas Höfele

Shaw, George Bernard
Geb. 26. 7. 1856 in Dublin; gest.
2. 11. 1950 in Ayot St Lawrence,
Hertfordshire

Als George Bernard Shaw 1876 Irland verließ, um in London seinen künstlerischen Ambitionen nachzugehen, deutete zunächst nichts darauf hin, daß der in ärmlichen Verhältnissen aufgewachsene Sohn protestantischer, anglo-irischer Eltern sich nach entbehrungsreichen Jahren nicht nur zum Wegbereiter des modernen britischen Dramas, sondern zu einem der bedeutendsten Dramatiker der Weltliteratur entwickeln sollte. In London studierte der entwurzelte Außenseiter die großen Sozialphilosophen und Naturwissenschaftler der Zeit und verkehrte in den Clubs des radikalen, säkularistischen Milieus. Seine politische Heimat fand er schließlich in der 1884 gegründeten Fabian Society, einer Vereinigung bürgerlicher Intellektueller, für die er zahlreiche Manifeste und Traktate verfaßte und 1889 die *Fabian Essays in Socialism* herausgab, die ein evolutionäres, reformistisches Sozialismusmodell begründeten. Sh. war kein originärer, systematisch denkender Theoretiker, sondern bediente sich eklektisch im theoretischen Arsenal unterschiedlicher Traditionen und ordnete seine Ausführungen immer wieder taktischen Erwägungen unter. Inkonsistenzen und Widersprüche sind die zwangsläufige Folge, was die an ein breites Publikum gerichteten Bände *The Intelligent Woman's Guide to Socialism and Capitalism* (1928) und *Everybody's Political What's What* (1943) demonstrieren.

Seine literarische Laufbahn begann Sh. als Verfasser von fünf Romanen, die den Einfluß marxistischer Denkansätze offenbaren und ansatzweise die Themen und Figurenkonstellationen seiner Dramen vorwegnehmen. Seit Mitte der 1880er Jahre machte er sich als Musik-, Kunst- und Theaterkritiker einen Namen, dessen aggressiv-polemische, geistreiche Artikel bewußt gegen die vorherrschenden ästhetischen und moralisch-ethischen Konventionen verstießen. Als Musikkritiker führte er Richard Wagner in England ein, in seinen Theaterkritiken rechnete er unnachsichtig mit dem eskapistischen, sensationalistischen Illusionstheater und dem Ästhetizismus des *l'art pour l'art* ab. Wie Schiller und Brecht begriff Sh. das Theater als eine Stätte der Aufklärung und der Beschäftigung mit zeitgeschichtlichen, weltanschaulichen und ethischen Fragestellungen. Den eigentlichen Ausgangspunkt seiner dramatischen Tätigkeit bildete die Auseinandersetzung mit Ibsen (*The Quintessence of Ibsenism*, 1891; *Ein Ibsenbrevier*, 1908), unter dessen Einfluß er das bürgerliche Problemstück in Richtung des literarisch anspruchsvollen, gesellschaftskritischen Ideen- und Diskussionsdramas weiterentwickelte, in dem die intellektuelle Auseinandersetzung das Bühnengeschehen zunehmend dominiert und die Handlung zurückdrängt. Es geht ihm in erster Linie darum, die kulturellen Normen, moralischen Konventionen, sozialen und politischen Ideale sowie Einrichtungen der bürgerlichen Gesellschaft als lebensverneinend zu entlarven und zu zerstören. Seine Figuren sind keine psychologisch ausgeleuchteten, individualisierten Gestalten, sondern sie personifizieren grundlegende Einstellungen zur Wirklichkeit, Ideologien, Denk- und Verhaltensweisen, gesellschaftliche Gruppen, politische Institutionen, historische Formationen und evolutionäre Kräfte. Dramentechnisch sind Sh.s Stücke nicht revolutionär. Analog zur fabianischen Strategie der *permeation* erneuerte er das Drama von innen heraus, indem er Figuren, Situationen und Themen des herkömmlichen Dramas übernahm und sie zugleich verwandelte und umfunktionalisierte.

Die ersten sechs Stücke erschienen 1898 unter dem Sammeltitel *Plays: Pleasant and Unpleasant* im Druck. Besonderes Interesse beanspruchen *Widowers' Houses* (1892; *Die Häuser des Herrn Sartorius*, 1946) und *Mrs Warren's Profession* (1902; *Frau Warrens Gewerbe*, 1906), in denen der Einfluß der naturalistischen Milieutheorie und der marxistischen Geschichtsauffassung am stärksten spürbar ist. Sie prangern soziale Mißstände an, legen sie aber nicht dem einzelnen, sondern dem kapitalistischen Gesellschaftssystem zur Last. Während in *Widowers' Houses* die determinierende Wirkung sozialer Strukturen und Mechanismen allmächtig erscheint, geht Sh. in *Mrs Warren's Profession* über den sozial engagierten, aber letztlich pessimistischen Naturalismus hinaus, indem er die schöpferische Kraft des menschlichen Willens hervorhebt. Dieses voluntaristische Element verkörpert Vivie Warren, die erste Ausprägung der Shawschen Heldengestalten, die sich von gesellschaftlichen und moralischen Traditionen und Konventionen lösen und zum Träger der Hoffnung auf eine bessere Zukunft werden. Um ihre Selbstachtung und moralische Integrität zu bewahren, entsagt Vivie, die darüber hinaus den neuen Frauentyp der emanzipierten *new woman* repräsentiert, dem Ethos des Profits und predigt das puritanische Evangelium der Arbeit, das den Verzicht auf Kunst, Schönheit, Liebe und Sinnlichkeit einschließt. Auf die *Plays Pleasant*, die romantisch-sentimentalen Patriotismus, militärisches Heldentum und die Institution der Ehe kritisch hinterfragen, folgten *Three Plays for Puritans* (1901). Herauszuheben ist vor allem das Geschichtsdrama *Caesar and Cleopatra* (1899; *Caesar und Cleopatra*, 1904), in dem Sh. voller Witz und Komik erstmals seine philosophische Geschichtsdeutung entwickelt. Wie schon in *Arms and the Man* (1894; *Helden*, 1903) bringt er auch hier einen neuen Typ des antiromantischen männlichen (Anti-)Helden auf die Bühne.

Seinem Caesar fehlt jeglicher heldenhafter Nimbus; er ist ein unheroischer, realistischer, mit gesundem Menschenverstand ausgestatteter, utilitaristisch gesinnter Mann der Tat.

Der Aufschwung des Imperialismus, die ihn begleitende chauvinistische Euphorie, der Burenkrieg, die Unfähigkeit der Politik, die sozialen Probleme zu lösen, und die Apathie der Massen führten um die Jahrhundertwende dazu, daß Sh. sein ursprüngliches Vertrauen in die Vernunft und den Fortschritt verlor. Bereits in *The Perfect Wagnerite* (1898; *Ein Wagnerbrevier*, 1908) manifestiert sich diese tiefgründige politische Ernüchterung, die sich dann in *Man and Superman* (1905; *Mensch und Übermensch*, 1907) und in *Major Barbara* (1905; *Major Barbara*, 1909) in einer pointierten Kritik an der Demokratie und am Parlamentarismus äußert. *Major Barbara* handelt vom Verhältnis zwischen ökonomischer Macht, Politik, Religion, Kultur und Moral. Der dämonische, machiavellistische Waffenproduzent Andrew Undershaft, dessen »gospel of money and gunpowder« auf einem materialistischen Realismus basiert, artikuliert unverhohlen seine Verachtung für die bürgerlich-parlamentarische Demokratie und die christliche Religion. Gleichzeitig singt er ein Loblied auf die positive Kraft der Zerstörung und die Gewalt als einzig wirksames Mittel der gesellschaftlichen Umwälzung. Im Verlauf der Handlung bekehrt er seine Tochter Barbara und ihren Verlobten, den humanistischen Gelehrten Cusins, zu einer realistischen Einstellung gegenüber der Gesellschaft. Die Titelheldin erlangt eine schmerzliche Einsicht in den Zusammenhang zwischen Religion und sozialem Elend, und Cusins gibt seine idealistische Position auf in der Hoffnung, ökonomische und politische Macht ließen sich im Interesse einer sozialen Veränderung instrumentalisieren und mit aufklärerischen ethischen Normen in Einklang bringen.

Der Erste Weltkrieg verschärfte Sh.s politische Desillusionierung weiter. Ein Jahr nach seinem populärsten Stück, *Pygmalion* (1914; *Pygmalion*, 1913; vertont als Musical *My Fair Lady*, 1956), erschien das Pamphlet *Common Sense About the War* (1914), in dem er die englischen Politiker einer Mitschuld am Ausbruch des Krieges bezichtigt und für einen Verhandlungsfrieden plädiert. Von allen Seiten angefeindet, begann er mit der Arbeit an *Heartbreak House* (1920; *Haus Herzenstod*, 1920), das im Stil Tschechows den Verfall der europäischen Zivilisation und Kultur beklagt. Verzweiflung, Resignation, Orientierungs- und Ziellosigkeit kennzeichnen die Figuren und ihre Dialoge. Das apokalyptische Ende des symbolisch dichten Dramas demonstriert, daß eine friedliche Umgestaltung der Gesellschaft nicht möglich ist, dem Aufbau einer neuen Gesellschaft vielmehr die grundlegende Zerstörung der alten Ordnung vorausgehen muß.

Parallel zu seiner Demokratie- und Parlamentarismuskritik entwickelte Sh. eine evolutionistische *Life Force*-Philosophie, die in der Tradition Arthur Schopenhauers, Thomas Carlyles, Friedrich Nietzsches, Henri Bergsons, Jean de Lamarcks und Samuel Butlers d. J. die Voraussetzungen und Möglichkeiten der Veränderung des Menschen ergründet und im Willen des Einzelnen den maßgeblichen Faktor gesellschaftlichen und geschichtlichen Fortschritts erkennt. Diese vitalistische Geschichtsphilosophie skizziert er erstmals zusammenhängend in *Man and Superman*, bevor er sie in dem metabiologischen Pentateuch *Back to Methuselah* (1922; *Zurück zu Methusalem*, 1923) am systematischsten darlegt und in *Saint Joan* (1923; *Die heilige Johanna*, 1924) abschließend inszeniert. *Saint Joan* ist Sh.s letztes bedeutendes Werk, ein Höhepunkt sowohl hinsichtlich des philosophischen Gehalts als auch der dramatischen Technik. Die Titelheldin dieses

Geschichtsdramas ist eine Inkarnation der *Life Force*, eine revolutionäre Agentin der sozialen und geschichtlichen Evolution, die ihrem individuellen Gewissen folgend aus innerer Freiheit und im Namen höherer Zwecke mit den kirchlichen und weltlichen Mächten in Konflikt gerät, indem sie die katholische Kirche und die Feudalaristokratie mit den anachronistischen Konzepten des Protestantismus und des Nationalstaates konfrontiert. Charakteristisch für die Gestaltung des Konflikts ist, daß Sh. auf eine Schwarz-Weiß-Zeichnung verzichtet, die Gegenspieler Johannas also keineswegs verteufelt.

In Sh.s Alterswerk dominieren politische Parabeln, Parodien, Bühnensatiren, offene Tendenzdramen, die angereichert mit allegorischen und karikierenden Zügen und grotesken Übertreibungen die politische Demokratie, die Monarchie und den Kapitalismus angreifen und konkrete sozial- und zeitgeschichtliche Probleme behandeln: *The Apple Cart* (1929), *Too True to Be Good* (1932; *Zu wahr, um schön zu sein*, 2000), *On the Rocks* (1933), *Geneva* (1938), *In Good King Charles's Golden Days* (1939; *Die goldenen Tage des guten Königs Karl*, 1991).

Raimund Schäffner

Shelley, Percy Bysshe
Geb. 4.8. 1792 in Field Place bei Horsham, Sussex; gest. 8.7. 1822 im Golf von La Spezia, Italien

Percy Bysshe Shelley gehört zu den bedeutendsten Dichtern der englischen Hochromantik, aber anders als sein Zeitgenosse John Keats, dessen Rang als Lyriker nie in Zweifel gezogen wurde, oder als Lord Byron, der schon zu Lebzeiten, nicht zuletzt durch Goethes Bewunderung, zur mythischen Figur wurde und weltliterarische Bedeutung gewann, blieb Sh. während seiner gesamten literarischen Laufbahn und in

seinem Nachleben eine umstrittene Dichterpersönlichkeit. Vielen seiner Zeitgenossen erschien er als Außenseiter und Feind der Gesellschaft, weil er ein Leben führte, das gesellschaftliche Konventionen und Moralvorstellungen durchbrach, und weil er in seinem politischen Radikalismus etablierte Mächte und Werte wie das Christentum, die staatliche Autorität, den Ehestand und den Handel angriff, da sie seiner Meinung nach dem wahren Wesen des Menschen, der Freiheit und dem Fortschritt im Wege standen. Sein kurzes Leben war gekennzeichnet von Zusammenstößen mit der Gesellschaft, deren Normen er verachtete. Wegen seiner atheistischen Schrift *The Necessity of Atheism* (1811) wurde er von der Universität Oxford gewiesen, und es kam zu einem Bruch mit seinem Vater, was ihn in finanzielle Not brachte. Mit 19 Jahren ›rettete‹ er die 16jährige Harriet Westbrook aus ihrem Internat und heiratete sie in Edinburgh. Drei Jahre später fand er die ›ideale‹ Frau in Mary Godwin, Tochter des von ihm verehrten radikalen politischen Philosophen William Godwin (*Enquiry Concerning Political Justice*, 1793) und der ebenso radikalen Feministin Mary Wollstonecraft (*A Vindication of the Rights of Woman*, 1792). Denkwürdig war der Aufenthalt von Sh., Mary Godwin und Byron und dessen Geliebter Claire Clairemont am Genfer See im Sommer 1816, der für die Beteiligten auch literarisch sehr fruchtbar war. Mary schrieb während dieser Zeit ihren Schauerroman *Frankenstein* (1818), Byron arbeitete an Canto 3 von *Childe Harold's Pilgrimage* (1816), und Sh. verfaßte neuartige philosophische Gedichte (z. B. »Hymn to Intellectual Beauty«). Sh. pflegte auch während seiner letzten Jahre in Italien intensive Freundschaften mit Dichterkollegen wie Byron, Keats und Leigh Hunt.

Sh.s Werk läßt sich in vier Phasen einteilen. In seiner Frühphase (1810–13) geht er von der Schauerromantik der Romane *Zastrozzi* (1810) und *St Irvyne* (1811) und der Gedichtfolge *Original Poetry; by Victor and Cazire* (1810) zum Radikalismus über, der sich politisch-philosophisch in Pamphleten wie *The Necessity of Atheism* und *An Address to the Irish People* (1812) und dichterisch in *Queen Mab* (1813; *Feenkönigin*, 1878) dokumentiert, einer ins Kosmische reichenden Vision, in deren Zentrum die von Empörung getragene Verurteilung der Tyrannei, des Kriegs, des Handels, der Ehe und der Religion steht. Für die Zukunft hofft Sh. auf eine freie Gesellschaft, in der Liebe, Brüderlichkeit, Frauenemanzipation und Freiheit von den Fesseln der Religion herrschen.

In Sh.s zweiter Schaffensphase (1814–17) zeigt sich ein neues psychologisches Interesse am dichterischen Ich in dem kleinen Blankversepos *Alastor* (1816), das wie viele Gedichte Sh.s die Form der Vision aufweist. Das Schicksal des Dichters wird hier im Bild einer Wanderung dargestellt, die ihn von seinem entfremdeten Zuhause (»alienated home«) durch Arabien und Persien bis nach Kaschmir führt, wo ihm im Traum das verschleierte Mädchen (»a veiléd maid«), die Idealgestalt der Dichterin, erscheint. In einem zauberhaften Tal im indischen Kaukasus hat er später eine flüchtige Begegnung mit dem Idealbild seiner selbst (Doppelgängermotiv), das sich ihm aber sofort wieder entzieht. Im Thema der rastlosen Suche nach dem in der Realität nicht erreichbaren Ideal und in poetischen Qualitäten wie der halluzinatorischen Bildfolge und suggestiven, synästhetischen Vorstellungsverknüpfungen zeigt sich Sh. schon auf der Höhe seines Könnens. Die geistige Schönheit, in *Alastor* nur im Traumbild erahnt, wird in »Hymn to Intellectual Beauty« und »Mont Blanc«, zwei Gedichten, die von William Wordsworths Immortality-Ode und »Tintern Abbey« beeinflußt sind, direkter beschworen. Das erste Gedicht spricht, Wordsworth vergleichbar, von der ekstatischen Naturerfahrung der Kindheit; das zweite drückt das charakteristisch romantische Gefühl der Einheit mit der Natur aus und feiert die Macht, welche die eisige, entrückte Schönheit des Alpenbergs über Natur und Betrachter besitzt, wenn auch in den Schlußzeilen skeptische Töne nicht zu überhören sind. Die bedeutendste politische Dichtung aus Sh.s zweiter Schaffensperiode ist das Versepos *Laon and Cythna* (1817), das 1818 unter Tilgung des anstößigen Themas der Geschwisterliebe und einiger massiver atheistischer Passagen mit dem neuen Titel *The Revolt of Islam* erschien. Das in Spenser-Strophen abgefaßte Gedicht ist Sh.s – in den Orient versetzte – Auseinandersetzung mit der Französischen Revolution, deren politische Ideale seiner Ansicht nach pervertiert worden waren. Sh. stellt eine Revolution dar, die sich auf wirkliche egalitäre Prinzipien gründet und weitgehend gewaltlos durchgeführt wird. Das Werk veranschaulicht in der Figur Laons die politisch-revolutionäre Wirksamkeit, die Sh. der Dichtung zuerkannte. Die Figur der revolutionären Feministin Cythna ist von beträchtlichem historischen Interesse.

In seiner dritten Phase (1818–20), die mit seiner Übersiedelung nach Italien einsetzte, assimilierte Sh. platonische Vorstellungen wie das Konzept des *furor poeticus*. Er übernahm auch Platons Auffassung von den zwei Seinsweisen, der idealen und der realen, und ordnete diesen zwei Kunstformen zu: die prophetische Kunst, die das Ideal offenbart, und die realistische Kunst, die das Tatsächliche nachahmt. Zu letzterer gehören sein Versdrama *The Cenci* (1819; *Die Cenci*, 1837), das die Themen von patriarchalischer Gewalt und Inzest behandelt, das Dialoggedicht *Julian and Maddalo* (1824) und das in leidenschaftlicher Rhetorik formulierte politische Gedicht *The Masque of Anarchy* (1832; *Die Maske der Anarchie*, 1985), eine Antwort auf das Peterloo-Massaker in Manchester aus dem Jahre 1819. Zu den prophetisch-idealistischen Dichtungen gehört Sh.s Hauptwerk *Prometheus Unbound* (1820; *Der entfesselte Prometheus*, 1876), ein lyrisches Lesedrama in vier Akten, das Prometheus als einen Retter der Menschheit von der Versklavung darstellt. Der letzte Akt des Dramas entwirft ein neues Weltzeitalter, in dem die Menschen und alle Wesen des Universums in Freiheit, Frieden, Liebe und Gleichheit zusammenleben. – In dieser Phase entstanden auch viele von Sh.s besten Gedichten: das narrative Sonett »Ozymandias« (1818), das am Beispiel der Überreste einer Statue die Nichtigkeit königlicher Macht ausdrückt; die »Lines Written among the Euganean Hills« (1819), in denen der Dichter in der Einswerdung mit der Landschaft des Appenins und des Meeres von verzweifelter Trauer zur Hoffnung auf Freiheit und Glückseligkeit für die gesamte Menschheit gelangt; die »Stanzas Written in Dejection, near Naples« (1820), in denen sich die ans Selbstmitleid reichende persönliche Klage des Dichters wirkungsvoll mit der intensiven Empfindung der Naturschönheit verbindet; das berühmte Gedicht an eine Lerche (»To a Skylark«, 1820), welches das ätherische Wesen des Vogels und seinen Jubelgesang in einer Folge von ineinander übergehenden, disparaten Vergleichen und synästhetischen Metaphern einfängt; und der kunstvolle Rollenmonolog »The Cloud« (1820), in dem die Wolke des Titels ihr paradoxes Wesen als ewiges Sein im ständigen Wandel definiert. – Die große »Ode to the West Wind« (1820), ein Gedicht aus Terzinen, die zu fünf sonettartigen Abschnitten geordnet sind, stellt in den ersten drei Teilen eine grandiose Apostrophe an den Westwind dar, der, zugleich Zerstörer und Erhalter (»destroyer and preserver«), als genau erfaßtes Naturphänomen und mythisches Wesen angesprochen wird. In die ekstatische Anrede dringt im vierten

Teil die Sehnsucht nach der Vereinigung mit der Naturkraft ein (»Oh, lift me as a wave, a leaf, a cloud!«) und die Klage über das Verwundetsein des Ichs (»I fall upon the thorns of life! I bleed!«). Im letzten Teil wird der Wind leidenschaftlich zur Identifikation mit dem Ich aufgefordert (»Be thou, Spirit fierce, / My spirit! Be thou me«) und – im Bild der äolischen Harfe und der Trompete – zur Gewährung der Inspiration: »Make me thy lyre«, »Be through my lips ... / The trumpet of a phophecy«. Die hier geäußerte Hoffnung auf einen neuen Menschheitsfrühling ist auch politisch zu sehen. Rein politische Oden sind die ekstatischen Visionen in »To Liberty« und »To Naples«. Sh. verfaßte auch kürzere politische Gedichte wie das agitatorische Lied »Song to the Men of England« (1819), das mit Thomas Hoods *The Song of the Shirt* (1843) vergleichbar ist.

In seiner vierten und letzten Schaffensphase (1821/22) verfaßte Sh., in relativer Ruhe in Pisa lebend, mit der Prosaschrift *The Defence of Poetry* (1821; *Verteidigung der Poesie*, 1968) eine auf seine Dichtungen zugeschnittene Poetik. So ist das Bild des Dichters als eine Nachtigall, die durch ihren Gesang in der Dunkelheit ihre Einsamkeit aufhellt und die Hörer unwillkürlich bewegt, eine Paraphrase der achten Strophe von »To a Skylark«. Auf den in seiner Dichtung vielfach thematisierten Vorgang der Inspiration wendet Sh. in *The Defence* das Bild der äolischen Harfe und das der verglimmenden Kohle an, die vom Wind zum Klingen bzw. Glühen gebracht werden. Der Dichter ist für Sh. ein Prophet, die Imagination eine moralische, gesellschaftsverändernde Kraft, und die Dichtung verkündet eine auf die Schönheit und Wahrheit gegründete Seinsordnung der Welt. Die berühmte Definition der Dichter als »The unacknowledged legislators of the world« am Schluß der Schrift knüpft an Sir Philip Sidneys *A*

Defence of Poetry (1595) an. – Die letzten großen lyrischen Werke Sh.s haben Vermächtnischarakter. Das der 19jährigen Emilia Viviani gewidmete und vielfach biographisch als Liebesgedicht gedeutete Werk *Epipsychidion* (1821) ist Sh.s letzte Feier der idealen Schönheit der weiblichen Seele und ein hymnisches Bekenntnis zur freien Liebe, die Sh. als die höchste Möglichkeit des Menschlichen ansieht. Mit *Adonais* (1821), einer in Spenser-Strophen geschriebenen Totenklage auf Keats, reiht sich Sh. in die große Tradition der englischen Elegie ein. *Adonais* steht zwischen John Miltons *Lycidas* (1638) und Alfred Lord Tennysons *In Memoriam* (1850). In dem als Pastoralelegie konzipierten Gedicht trauert das ganze Universum um den Schäfer Adonais. Unter den Klagenden finden sich auch Sh.s Dichterkollegen im Hirtengewand, wobei sich Sh. nicht scheut, auch sich selbst, »a pardlike Spirit beautiful and swift«, mit einzubeziehen. In Strophe 39 endet die Trauer. Adonais lebt, in die Weltseele entrückt, als Manifestation des ewigen Ideals. Sh. starb im Juli 1822 bei einem Bootsunfall, den die letzte Strophe von *Adonais* - »my spirit's bark is driven, / Far from shore« – gleichsam vorausahnt. In seinen letzten Lebensmonaten, als Sh. in der einsamen Bucht von Lerici lebte, entstanden das von der Kritik hochgeschätzte, Fragment gebliebene visionäre Gedicht *The Triumph of Life* (1824), in dem Rousseau eine zentrale Rolle spielt, und eine Reihe schöner kurzer lyrischer Gedichte wie »When the lamp is shattered« und »Lines Written in the Bay of Lerici«.

Im 19. Jahrhundert wurde Sh. von den Spätromantikern und Präraffaeliten wegen der reinen lyrischen Intensität seiner Dichtung, wegen seiner Humanität und seiner visionären Kraft bewundert, aber er wurde auch als schwacher, wirklichkeitsfremder, ätherischer Dichter abgelehnt, z. B. von Matthew Arnold. Am Beginn des 20. Jahrhunderts lieferte

William Butler Yeats in dem Aufsatz *The Philosophy of Shelley's Poetry* (1900) eine Apotheose des Dichters als eines Sehers, der die Menschen durch die Vision der geistigen Schönheit (»intellectual beauty«) zum Guten führen könne. Seit den 1920er Jahren kam es zu einem starken Ansehensverlust Sh.s. Namentlich die *New Critics* griffen ihn v. a. aus ästhetischen Gründen an. Sie bemängelten extreme Subjektivität und Sentimentalität sowie Vagheit der Metaphorik und vermißten Qualitäten wie Paradoxie, Ironie und Ambiguität. Die größte Verunglimpfung entstammt der Feder von Aldous Huxley, der eine Figur seines Romans *Point Counter Point* (1928) Sh. als eine »Mischung aus einer Fee und einer weißen Schnecke« bezeichnen läßt. Ungefähr seit den 1940er Jahren begann das Pendel zurückzuschlagen: Sh.s Lyrismus, die visionäre Kraft seiner Dichtung und seine Metaphorik fanden beredte Fürsprecher.

Für die Rehabilitierung des Dichters in den letzten Jahrzehnten gibt es gute Gründe: Was die *New Critics* als substanzlose Emotionalität und Selbstmitleid Sh.s mißverstanden, stellt in Wahrheit einen radikalen Endpunkt in dem Prozeß der Subjektivierung und Emotionalisierung dar, der in der englischen Dichtung seit der Vor- und Frühromantik stattfand. Die Unmittelbarkeit und Intensität des Gefühlsausdrucks ist in einigen von Sh.s Gedichten ins nicht überbietbare Extrem gesteigert, etwa in den emotionalen Asyndeta von »The Indian Serenade« – »I die! I faint! I fail!« – und *Epipsychidion* – »I pant, I sink, I tremble, I expire!« In Übereinstimmung mit dem emotionalen Charakter seiner Dichtung hat Sh. die klanglichen Möglichkeiten der Sprache in höchstem Maße genutzt und damit die Wortmusik der anglo-amerikanischen Spätromantiker (Tennyson, Edgar Allan Poe, Sidney Lanier) und die Klangexperimente der Symbolisten vorbereitet. Man hat auch zunehmend die Leistung von Sh.s

Bildersprache erkannt, die synthetisierende Funktion seiner Metaphern, in der sich die Kraft der Imagination mehr als in jedem anderen Formelement bekundet. Dichtungsgeschichtliche Bedeutung kommt Sh. auch aufgrund der visionären Intensität seiner Werke zu, durch die er zwischen William Blake und Yeats steht. Sh. muß auch als einer der herausragenden politischen Lyriker der Romantik gelten, dessen menschheitsemanzipatorisches Pathos unübertroffen bleibt.

Wolfgang G. Müller

Shepard, Sam
Geb. 5. 11. 1943 in Fort Sheridan, Illinois

»Sam Shepard is the most exciting presence in the movie world and one of the most gifted writers ever to work on the American stage«, so urteilt die amerikanische Dramatikerin Marsha Norman. »One of the most original, prolific and gifted dramatists at work today«, kommentiert der *New Yorker*, und das Magazin *Newsweek* nennt seine Stücke »a form of exorcism: magical, sometimes surreal rituals that grapple with the demonic forces in the American landscape«. Bis heute hat S. über 50 Bühnenstücke geschrieben, eine ganze Anzahl von Kurzgeschichten, Gedichten und Impressionen sowie mehrere Filmdrehbücher. Eigentlich wollte S. Rock-Musiker werden, und so ist Musik in vielen seiner Stücke ein fundamentaler Bestandteil, etwa in *Mad Dog Blues* (1971), *Cowboy Mouth* (1971; *Cowboy Mouth*, 1987), *The Tooth of Crime* (1972; *Rhythm & Blues oder der Zahn der Zeit*, 1975), *Suicide in B-Flat* (1976; *Selbstmord in h-Moll*, 1988), *Angel City* (1976) oder in *Tongues* (1978). S. selbst dazu in einem Interview: »I think music's really important, especially in plays and theatre – it adds a whole different kind of perspective, it immediately brings the audience to terms with an emotional reality. Because nothing communicates emotions better than music, not even the greatest play in the world«. Musikalisch, wie S. ist, hat er auch einen ausgeprägten Sinn für die Rhythmen der Sprache und für unterschiedliche Sprachformen (Dialekte, Soziolekte etc.). Er ist ein Rock-Poet mit einem tiefen Gespür für die Faszinationskraft und die existentielle Kraft der Sprache: »Language is a veil hiding demons and angels which the characters are always out of touch with. Their quest in the play is the same as ours in life – to find those forces, to meet them face to face and end the mystery«.

S.s Fähigkeit, auf seiner Suche nach diesen mysteriösen Kräften gewöhnliche Sprache in Poesie zu verwandeln, verleiht seinen Werken eine außerordentliche lyrische Kraft. Oft steht ein einziges ausdrucksstarkes Bild im Mittelpunkt seiner frühen Stücke: das Flugzeug in *Icarus's Mother* (1965; *Ikarus*, 1970), ein Schlangen-Computer in *Operation Sidewinder* (1970; *Unternehmen Klapperschlange*, 1989), grüner Schleim in *Angel City* (1976), ein leerer Kühlschrank in *Curse of the Starving Class* (1967; *Fluch der verhungernden Klasse*, 1980). Diese Stücke stehen in der Stiltradition des abstrakten Expressionismus; mehrere Realitätsebenen fließen in einem spontanen Ausfluß der Gefühle zusammen. Die Figuren sind immer Charaktere, die sich selbst entwerfen, die offen über ihre Gefühle sprechen und diese auch ausleben. Die Imagination spielt sowohl für die Charaktere wie für die Zuschauer eine große Rolle, insofern S.s Werke uns oft in ›innere Landschaften‹, in völlig ›andere Welten‹ versetzen. »Amerikanische Träume« nennt Bonnie Marranca zu Recht S.s frühe Stücke, und tatsächlich scheint der Geist des amerikanischen Westens hier zu regieren. Doch während das Individuum im Land der unbegrenzten Möglichkeiten vermeintlich triumphiert und S. die alte Pionierethik sowie die ›männlichen‹ Ideale von Kraft und Stärke vermeintlich glorifiziert, geht es ihm neben der Mystifizierung immer wieder gerade auch um Entmystifizierung, um eine nachdrückliche Brechung der falschen Ideale und somit um ›Ent-Täuschung‹. Die Charaktere sind zwar mythischer, archetypischer Natur, insbesondere die als Symbole für Freiheit, Abenteuer und Freundschaft stehenden Cowboys, doch zeigt sich in ihnen immer auch die düstere Seite Amerikas, der Niedergang des amerikanischen Traums, der Niedergang Amerikas. S.s Figuren sind vielfach Enttäuschte; sie sind enttäuscht über das Land und letztlich über sich selbst. So heißt es in *Operation Sidewinder*: »I was made in America. [...] I dream American dreams. I fuck American girls. I devour the planet. I'm an earth eater. I'm a lover of peace. A peace maker. A flower child, burned by the times. Burned out. A speed freak. [...] I came to infect the continent. To spread my disease. To make my mark, to make myself known. To cut down the trees, to dig out the gold, to shoot down the deer, to capture the wind«. Das eher wie ein Drehbuch geschriebene Theaterstück scheint die Verzweiflung der Generation Ende der 60er Jahre in Nixons Amerika einzufangen: Entfremdung, Entwurzelung, technologische Bedrohung, Gewalt, Revolution, Drogen sind in S.s Dramen überall präsent. Doch in *Operation Sidewinder* gibt es – wie in vielen anderen Stücken S.s – am Ende auch einen Moment der ›Erlösung‹, eine tiefreligiöse Erfahrung, die den jungen Mann womöglich aus seiner spirituellen Krise herausführt und statt unmittelbarer Gesellschaftsveränderung spirituelle Transformation zu propagieren scheint.

S.s ›Politik des Bewußtseins‹ kennzeichnet auch *Mad Dog Blues*, ein phantastisch-postmodernes Stück. Vorgestellt wird es als Film – und als eine Geburt aus der Imagination zweier Freunde, des Rockstars Kosmo und des Drogen-Dealers Yahoodi, die beide auf der Suche nach sich und ihren Wurzeln sind. Sie scheinen in der Welt amerikanischer Filme, amerikanischer Popmusik und der Welt der Cowboy-Helden verloren zu sein. Collageartig angelegt und mit musikalischen Einlagen bereichert, überlagern sich in dem Stück ständig die Realitätsebenen. Mythische Gestalten aus Film, Fernsehen und Geschichte erscheinen auf der Bühne: Marlene Dietrich, Captain Kidd, Jesse James, Paul Bunjan, Mae West, ein texanischer Cowboy, ein Geist und ein Rockstar. Wie in einem Abenteuerfilm suchen alle den von Captain Kidd vergrabenen Schatz, und der entpuppt sich schließlich als ein Haufen alter Flaschendeckel. Am Ende aller abenteuerlichen Träume steht ein Ruf in der Einsamkeit, ein Ruf nach dem Anderen, nach dem Du. Wie *Mad Dog Blues* sind auch die anderen frühen Stücke S.s primär durch Performance und Improvisationstechnik gekennzeichnet; sie ereignen sich meist in einer Welt zwischen Wirklichkeit und Phantasie: Dies gilt besonders für die drei Einakter *Chicago* (1965; *Chicago*, 1970), *Icarus's Mother* und das mit einem Obie Award ausgezeichnete *Red Cross* (1966) sowie für *Forensic and the Navigators* (1967) und *The Tooth of Crime*.

Charakteristisch für die folgende Phase ist dann *Curse of the Starving Class*, ein Stück, in dem es um den Niedergang einer amerikanischen Farmersfamilie im mittleren Westen geht. Einerseits realistisch, andererseits mit einem starken Einschlag von schwarzem Humor werden skurril-extreme Situationen geschildert. Im Mittelpunkt des Familienlebens steht der Kühlschrank: Ein unstillbarer Hunger scheint die Familie zu plagen, ein Hunger, der allerdings mit Nahrungsmitteln nicht zu stillen ist. Letztendlich geht es um das Thema ›Fressen und gefressen werden‹, Selbstvernichtung und Fremdvernichtung sowie um die Pervertierung des Amerikanischen Traums durch Konsumgier, die aus einem Mangel an Spiritualität resultiert. Einen Moment lang blitzt der alte Pioniergeist wieder auf – aber er ist unter den gegebenen Bedingungen zum Tode verurteilt.

Ein Stück, das ebenfalls schon stark realistisch dargeboten wird, aber noch deutlich irreale Einlagen aufweist, ist das mit dem Pulitzer Preis ausgezeichnete *True West* (1979; *True West*, 1988). Das Stück kontrastiert die Lebensauffassungen zweier Brüder: Austin, ein Schriftsteller, hütet vorübergehend die Wohnung der Mutter in Südkalifornien und verfaßt dort gleichzeitig ein Drehbuch für einen Hollywoodproduzenten. Lee, vagabundenhaft ungepflegt, bricht in die intellektuelle Idylle ein, und schon ist nichts mehr, wie es war. Sehr bald kommt es zur ersten Konfrontation: Lee kann nicht verstehen, daß Austin für die miserablen Texte, die er produziert, bezahlt wird: »That's a dumb line. That is a dumb fuckin' line. You git paid fer dreamin' up a line like that?« Er versucht schließlich, seinen Bruder in seinem Metier zu verdrängen. »I got a Western that'd knock yer lights out. [...] Yeah. Contemporary Western. Based on a true story«. Zwar folgt zunächst eine gemeinsame Aktion, die nach Versöhnung aussieht – Lee diktiert und Austin tippt den ›einzig wahren Western‹ in die Schreibmaschine. Als Austin allerdings erfahren muß, daß der Produzent Lees Stück vorzieht und dafür sein eigenes zunächst zurückstellen will, rastet er aus. Er versucht vergeblich, den Mythos des Westens für tot zu erklären: »There's no such thing as the West anymore! It's a dead issue! It's dried up«. Vielleicht habe Austin recht, meint der Produzent, aber sein Instinkt sage ihm, es sei die richtige Entscheidung, insofern der Mythos des Westens lebe oder zumindest immer wieder aufleben könne. S. setzt nachfolgend eine totale Rollenverkehrung in Szene: Aus-

tin gibt sich dem Alkohol hin, und Lee versucht, sich an Austins Schreibmaschine zu konzentrieren. Beide fallen aus ihrer Rolle, finden aber keineswegs zu ihrer wahren Identität; der Tausch endet in Chaos und Zerstörung. Die beiden Brüder stehen sich am Ende feindlicher denn je gegenüber. Der ›Kampf‹ zwischen dem dionysischen Prinzip ungebändigter Abenteuerlust und überschäumender Vorstellungskraft und dem apollinischen Prinzip überlegter, auf Form bedachter Rationalität und Kultiviertheit wird nicht in einer Künstlerexistenz versöhnt. Die Synthese dieser Antithesen wäre gewiß auch S.s künstlerischem Ideal nahegekommen, und es ist gewiß kein Zufall, daß das Stück gerade am Schnittpunkt von zwei Schaffensperioden geschrieben ist – am Übergang von den stark phantastischen, grellen, überschäumend expressionistischen und dionysischen Stücken hin zu den stärker realistischen und apollinischen.

S. dringt tief in die Welt der amerikanischen Mythen ein, um die Gründe für die ›Krankheit‹ der Gesellschaft herauszukristallisieren: So geht es in *Angel City* um die Traumfabrik Hollywood, in *Buried Child* (1978; *Vergrabenes Kind*, 1980) um die Suche nach den »roots«, in *Fool for Love* (1983; *Fool for Love*, 1987) um die ambivalente Liebe-Haß-Beziehung zwischen den Geschlechtern. S. verfährt dabei nicht wie ein moderner Wissenschaftler, sondern wie ein Magier archaischer Gesellschaften, der die Krankheiten auf die Herrschaft falscher Mythen zurückführt. Dabei hat er dem Theater die Sprache wiedergebracht zu einer Zeit, in der Theoretiker von hohem Einfluß ihren Tod verkündet hatten. Es ist eine männliche, gewaltsame Sprache, mit der S. dem Theater neue Impulse gibt. »I felt it was important that an American playwright speak with an American tongue, not only in a vernacular sense, but that he should inhabit the stage with an American being.

An American playwright should snarl and spit, not whimper and whine«. Wie sehr der Mythos des Cowboys auch die Sprache durchdrungen hat, erspürt S. gleichermaßen: »It's like pulling out a .38 when someone faces you with a knife«. Die phallische Sprache kann in einer männlich-patriarchalischen Welt tatsächlich revolvergleich sein, tödlich – z. B. für Hoss in *The Tooth of Crime*. Positiv gesehen kann sie aber auch ein Kampf- und Verteidigungsmittel sein, gerade gegen diese Welt oder gegen die Massenmedien, eine Form der Selbstverteidigung, ein Überlebensmittel in einer Zeit, in der seelisches Überleben in Gefahr ist. S.s ›Mann-Sein‹ bestimmt sein Schreiben, seine Sprache, seine Weltsicht. Aber er ist ein Magier – ein Schamane – ganz im mythischen Sinne, der die dunklen Seiten der Existenz gnadenlos anspricht, sie dadurch aber transformiert und Verständnis erzeugt, wenngleich dieses Verständnis – wie nicht zuletzt *A Lie of the Mind* (1985; *Lügengespinst*, 1987) dokumentiert – vor allem den männlichen ›Helden‹ und Opfern einer pervertierten, zerfallenen Gesellschaft gilt und weniger den Opfern dieser Opfer, den Frauen. S. ist sowohl ein leidenschaftlicher Verehrer wie Kritiker seines Landes, der sich auch durch die Kritik anderer keine Grenzen setzen läßt.

Margit Sichert

Soyinka, [Akinwande Olu] Wole
Geb. 13. 7. 1934 bei Abeokuta, Nigeria

Seit den 1960er Jahren hat Wole Soyinka, der bekannteste Autor Nigerias, der 1986 als erster schwarzafrikanischer Schriftsteller den Literatur-Nobelpreis erhielt, die moderne afrikanische Literatur maßgeblich mitgeprägt. – S. wuchs in einer einflußreichen Yoruba-Familie in Westnigeria auf, absolvierte in Ibadan und Leeds ein Studium der englischen Sprache und Literatur und

arbeitete einige Jahre in London als Schauspieler, bevor er 1960 nach Nigeria zurückkehrte, wo er an verschiedenen Universitäten lehrte und als Theaterproduzent tätig war. Nach dem ersten Militärputsch von 1966 setzte sich S. für eine gesamtnigerianische Reformbewegung ein, die den Ausbruch eines Bürgerkrieges verhindern sollte; während des Biafra-Krieges wurde er 1967–69 wegen seines radikalen friedenspolitischen Engagements fast zwei Jahre lang inhaftiert. S. lehrte lange Jahre an der nigerianischen Universität Ife, mußte das Land aufgrund seines Eintretens für Menschenrechte und demokratischen Wandel aber mehrfach verlassen, zuletzt 1997 während der Endphase der Militärdiktatur unter General Abacha.

Obwohl S. wie kaum ein anderer afrikanischer Autor immer wieder als streitbarer Intellektueller Einfluß auf die politischen Geschicke seines Heimatlandes genommen hat, entziehen sich die meisten seiner Werke aufgrund ihrer thematischen und sprachlichen Komplexität herkömmlichen Kategorien ›politisch engagierter‹ Kunst. Im Mittelpunkt seines umfangreichen literarischen Schaffens, das neben zahlreichen Theaterstücken mehrere Romane und autobiographische Schriften, Gedichte sowie Essays und literaturtheoretische Abhandlungen umfaßt, steht die Auseinandersetzung mit einer spezifisch afrikanischen Moderne, die S. zum einen aus den kulturellen Traditionen Afrikas heraus begreifbar zu machen versucht, zum anderen selbstbewußt mit kulturellen und literarischen Traditionen Europas von der griechischen Antike über Shakespeare bis zum epischen Theater Brechts konfrontiert. In zahlreichen literatur- und kulturtheoretischen Schriften – neben *Myth, Literature and the African World* (1976) ist hier vor allem die Aufsatzsammlung *Art, Dialogue and Outrage: Essays on Literature and Culture* (1988) zu nennen – hat

S. diese Programmatik begründet und gegen kulturnationalistisch inspirierte Traditionalismen, aber auch gegen einen doktrinären Dritte-Welt-Marxismus abgegrenzt. – Bereits in seinen frühen Stücken findet sich eine Synthese von ritueller Symbolik und gegenwartsbezogener Gesellschaftskritik, die irritierte Literaturkritiker gelegentlich dazu verleitet hat, S. einen kulturellen »Traditionalismus« und eine »mythologische« Weltsicht zu unterstellen. Tatsächlich steht die traditionelle Kosmologie der Yoruba z. B. in *A Dance of the Forests* (1960) jedoch keineswegs für eine kulturelle ›Rückbesinnung‹ etwa im Sinne der im frankophonen Afrika in den 1950er-60er Jahren einflußreichen *Négritude*-Bewegung, die S. als romantisierende Verklärung afrikanischer Geschichte und Kultur vehement ablehnte. Die Geister, Götter und Ahnen, die in S.s anläßlich der Unabhängigkeit Nigerias uraufgeführtem Stück den Ton angeben, eröffnen den Blick auf eine von Gewalt und Machtmißbrauch geprägte afrikanische Geschichte, die einen langen Schatten auf die sich ankündigende nachkoloniale Gegenwart wirft; das zeitgenössische Afrika scheint hier auf dem besten Wege, die Fehler der Vergangenheit zu wiederholen, und kulturelle Traditionen vermögen angesichts einer ungewissen Zukunft keinen festen Halt mehr zu bieten, sondern werden in die intensive Selbstreflexion der Protagonisten mit einbezogen. Eine zentrale Bezugsfigur in S.s ›mythopoetischem‹ Blick auf das moderne Afrika ist der Yoruba-Gott Ogun, der als traditioneller Schutzpatron der Jagd, der Kriegskunst und des Schmiedehandwerks schöpferische und zerstörerische Kräfte in sich vereint. ›Oguneske‹ Figuren, die sich durch lebenspralle Sinnlichkeit, Sprachwitz und eine rücksichtslose Egozentrik auszeichnen, finden sich in vielen Stücken S.s; der gerissene alternde Stammesherrscher Baroka, der in *The Lion and the Jewel*

(1959; *Der Löwe und die Perle*, 1973) im Wettbewerb um die Hand der Dorfschönheit Sidi die Oberhand über seinen jungen, westlich gebildeten Rivalen Lakunle behält, gehört ebenso hierher wie der verschlagene religiöse Scharlatan Bruder Jero in *The Trials of Brother Jero* (1960), dem es immer wieder gelingt, aus der Leichtgläubigkeit seiner Anhänger Kapital zu schlagen, der geschäftstüchtige Professor in *The Road* (1965), der philosophische Reflexionen über Leben und Sterben auf der Straße mit einem florierenden Ersatzteilhandel verbindet, oder der mafiöse Geschäftsmann Sidibe in *From Zia, With Love* (1992), der sich im politischen Dschungel einer korrupten Militärdiktatur als skrupelloser Überlebenskünstler erweist.

Eine teils ironisch-satirische, teils zynisch-desillusionierte Kritik der nachkolonialen Gesellschaft Nigerias steht im Mittelpunkt der beiden Romane S.s. *The Interpreters* (1965; *Die Ausleger*, 1983) behandelt das Schicksal einer Gruppe junger Intellektueller, die zu Beginn der 1960er Jahre nach Nigeria zurückkehren, um nach dem Ende des Kolonialismus am Aufbau einer neuen Gesellschaft mitzuwirken, aber schon bald feststellen müssen, daß in ihrem von Korruption und Machtmißbrauch geprägten Heimatland kein Platz mehr für ihre Ideale zu sein scheint. Überwiegen in *The Interpreters* noch die ironischen Porträts eines afrikanischen Spießbürgertums, das seine neugewonnenen Privilegien um jeden Preis zu verteidigen versucht und sich dabei hinter einer konservativen Fassade britisch-kolonialer Wohlanständigkeit verschanzt, zeichnet *Season of Anomy* (1973; *Zeit der Gesetzlosigkeit*, 1977) ein stellenweise geradezu apokalyptisches Bild einer vom Bürgerkriegsterror zerrissenen Nation. S. hatte sich bereits in seinem Gefängnistagebuch *The Man Died* (1972; *Der Mann ist tot*, 1979) intensiv mit den Pogromen im islamisch geprägten Norden Nigerias befaßt, denen vor Ausbruch des Biafra-Krieges tausende ostnigerianische Ibos zum Opfer fielen; in *Season of Anomy* porträtiert S. dieses traumatische Kapitel nigerianischer Zeitgeschichte als einen sorgfältig geplanten, politisch motivierten Massenmord, mit dem ein »Kartell« aus Agrarunternehmern, traditionellen Herrschern und Militärs seine Herrschaft aufrechtzuerhalten versucht. Mit der sozialistisch inspirierten Reform-Gemeinde von Aiyéró stellt S. den Machenschaften des »Kartells« einen utopischen Gemeinschaftsentwurf gegenüber, der traditionelle religiöse Rituale mit der bewußten Teilhabe an der modernen Welt verbindet, ohne jedoch den Ausbruch der politisch inszenierten Gewalt verhindern zu können. – In späteren Prosawerken wendet sich S. verstärkt autobiographischen Themen zu: In *Aké: The Years of Childhood* (1981; *Aké: Eine Kindheit*, 1986) entwirft er ein Porträt des Künstlers als Kind und zeichnet die kulturellen Traditionen der Yoruba nach, die sein späteres Werk so nachhaltig prägen sollten; in *Ìsarà: A Voyage Around »Essay«* (1989; *Ìsarà: eine Reise rund um den Vater*, 1994) beschäftigt er sich mit dem Leben seines Vaters, der sich als junger Lehrer zusammen mit anderen Protagonisten einer sich herausbildenden afrikanischen Mittelklasse in den 1930er Jahren für einen sozialen und kulturellen Wandel einsetzt und dabei mit engstirnigen afrikanischen Traditionalisten und anmaßenden europäischen Kolonialadministratoren in Konflikt gerät; und in *Ibadan: The Penkelemes Years* (1994) schildert er seine Lehr- und Wanderjahre in London und Paris sowie die legendären Anfänge seiner Theaterarbeit im Nigeria der frühen 1960er Jahre.

Zum umfangreichen Werk S.s gehören auch mehrere Gedichtbände. Während manche der frühen Gedichte in *Idanre and Other Poems* (1967) und *A Shuttle in the Crypt* (1972) mit ihrer dichten, teilweise geradezu privaten Symbolik bis an die Grenze der sprachlichen Kommunikationsmöglichkeiten gehen, wendet sich S. in *Ogun Abibiman* (1976), einem auf dem Hintergrund des Befreiungskrieges in Rhodesien entstandenen Langgedicht, historisch-politischen Themen zu. Die mit der Synthese von Ogun und Chaka, dem legendären südafrikanischen Zulu-General, beschworene panafrikanische Befreiungsvision hebt vor allem auf den Kampf gegen Kolonialismus und Rassismus ab und übergeht die autoritären Züge der Gewaltherrschaft Chakas. In späteren Gedichten, z. B. in *Mandela's Earth and Other Poems* (1989), setzt sich S. jedoch nicht nur mit dem Apartheid-Regime in Südafrika, sondern auch mit der »Kultur der Gewalt« in verschiedenen nachkolonialen Gesellschaften Afrikas und der Notwendigkeit eines demokratischen Wandels auseinander. – In den 1980er bis 90er Jahren wurde S. – nicht zuletzt in Folge seiner Medienpräsenz als Literatur-Nobelpreisträger – zu einem der bekanntesten Intellektuellen Afrikas, dessen öffentliches Engagement gegen die Militärdiktatur in Nigeria und für eine demokratische Erneuerung des nachkolonialen Afrika auch in seinen Theaterstücken zum Ausdruck kommt. Bereits in der Brechts *Dreigroschenoper* nachempfundenen *Opera Wonyosi* (1977) und in *Requiem for a Futurologist* (1983) spielen sozial- und gesellschaftskritische Themen eine zentrale Rolle; in Stücken wie *From Zia, With Love* und *The Beatification of Area Boy* (1995) erweist sich S. vollends als kompromißloser Kritiker autoritärer Gesellschaftsverhältnisse, der sich allerdings nicht pädagogisch-belehrend an sein Publikum wendet, sondern eine sinnlich-opulente Form des Theaters entwickelt, die sich grotesker Komik und politischer Satire ebenso bedient wie ritueller Tänze oder zeitgenössischer Rap-Musik. Der in der Literaturkritik gelegentlich formulierte Vorwurf, S. zeichne ein allzu pessimistisches Bild des zeitgenössischen Afrika und lasse klare Lösungsperspektiven für die von ihm benannten Probleme vermissen, kann so kaum überzeugen: S.s zähes Festhalten an zivilgesellschaftlichen Normen und seine hartnäckige Weigerung, Korruption, Militärdiktatur und politische Gewalt als afrikanische Normalität hinzunehmen, entspringen weder zynischer Resignation noch politischem Fatalismus, sondern der beharrlichen Hoffnung auf einen demokratischen Neuanfang in Afrika, einer Hoffnung, die auch in S.s politischen Streitschriften der 1990er Jahre wie *The Open Sore of a Continent: A Personal Narrative of the Nigerian Crisis* (1996) und *The Burden of Memory: The Muse of Forgiveness* (1999) zum Ausdruck kommt.

Frank Schulze-Engler

Stein, Gertrude
Geb. 3. 2. 1874 in Allegheny, Pennsylvania; gest. 27. 7. 1946 in Neuilly-sur-Seine, Frankreich

»(Eine) Rose ist eine Rose ist eine Rose ist eine Rose«: Gertrude Steins Prosa ist so herausfordernd schlicht, daß die rätselhafte Einfachheit der Sprache ein breites Publikum davon abgehalten hat, ihre Bücher zu lesen. Die zuweilen bewundernd »Mutter der Moderne« (Thornton Wilder) genannte S. ist eines jener literarischen Genies, die trotz ihres überragenden Könnens kein Meisterwerk im literarischen Kanon plazieren konnten. Es ist also für S. und ihr Schaffen durchaus bezeichnend, daß sie vor allem als Verfasserin der wohl »berühmtesten Zeile der amerikanischen Literatur« (U. Hahn) in aller Munde ist. Ebenso bezeichnend ist, daß bis heute über den Sinn und die ›richtige‹ Version der ›Gertrudenrose‹ immer wieder gestritten wird. Wieviele Rosen sind es? Eine Rose? Drei Rosen? Vier Rosen? Beinhaltet der Satz eine Aussage, eine

Frage, gar eine Gleichung? Die Faszination des Satzes, der in mehreren autorisierten Varianten überliefert ist, liegt wohl auch darin, daß er durch die suggestive Kraft der Wiederholung Leser geradezu dazu auffordert, das Rätsel seiner Bedeutung zu lösen. Ist »Rose« durch die Reduktion auf das Elementare ganz Wort oder ganz Ding? Ist die reine, innerweltliche Gleichsetzung des Gegenstands mit sich selbst Inbegriff einer modernen, gottlosen Welt oder aber zeigt sich in dieser Rose das wahre Sein? Indem S. das Wort von allen metaphorischen Verästelungen befreit, zeigt sie die Rose einzig und allein mit sich selbst identisch. Es ist diese Rückführung auf das Wesentliche, die S.s Sprachexperimente stilbildend werden ließ und die ihren Einfluß auf so wichtige moderne amerikanische Autoren wie Sherwood Anderson, Ernest Hemingway und Richard Wright begründete.

Für das Verständnis der besonderen literarischen Eigenschaften der bedeutenden amerikanischen Sprachkünstlerin scheint der Umstand wichtig, daß ihre erste Sprache Deutsch und ihre zweite Französisch war. S. wurde zwar in den USA in eine wohlhabende deutsch-jüdische Kaufmannsfamilie hineingeboren, mit der sie dann aber in ihrer frühen Kindheit nach Österreich und Frankreich kam, ehe sie in der Schulzeit mit der Familie wieder nach Kalifornien zog. Der Kontakt mit verschiedenen ›Muttersprachen‹ und die Frage der Zugehörigkeit zu einer bestimmten Kultur waren für sie zeitlebens prägend und ebenso bedeutsam wie für andere zentrale Figuren der Moderne (z. B. für die ebenfalls exilierten, mit dem Potential hybrider Herkunft experimentierenden Pablo Picasso, James Joyce oder Ezra Pound). Der Kontakt mit dem kulturell Eigenen als angeeignetem Fremden machte S. früh hellhörig für die Konstruiertheit und Konventionalität des Mediums Sprache. Dazu kam, daß sie in Harvard bei Hugo

Münsterberg und William James Psychologie und Philosophie studierte und damit in Berührung mit den Theorien des Pragmatismus kam, die die Welt ebenfalls als eine aus Gewohnheiten und Konventionen konstruierte betrachteten. Nach dem Tod der Eltern folgte S. ihrem Bruder Leo nach Europa. In der Rue de Fleurs 27 in Paris bezogen die beiden eine Wohnung, die bald zum Treffpunkt von Künstlern und Intellektuellen wurde. Von Hause aus mit den nötigen Mitteln ausgestattet, erwarben sich Gertrude und Leo, der Kunstkritiker war, dort eine Sammlung mit zeitgenössischen Werken von Paul Cézanne, Henri Matisse, Picasso u. a., die sie Freunden und der Öffentlichkeit im Rahmen eines *jour fixe* zugänglich machten. Nach einem Streit mit Leo lebte S. ab 1913 mit ihrer Haushälterin, Sekretärin und Geliebten Alice B. Toklas zusammen. S. stand in Paris in besonders engem Kontakt zur künstlerischen Avantgarde. Sie saß Picasso Modell und veröffentlichte einen ersten Essay über seine Malerei. Nach dem Ersten Weltkrieg wurde ihr Salon Mittelpunkt der amerikanischen »Lost Generation«, die sie mit den Ideen und Techniken der europäischen Avantgarde vertraut machte. Eine Vortragsreise durch Amerika in den 30er Jahren wurde zu einem großen Erfolg, da sie es vermochte, das Publikum für sich und ihr »Projekt Moderne« einzunehmen. Bei Ausbruch des Zweiten Weltkriegs lebte S. wieder in Frankreich, überstand aber mit Hilfe der Nachbarn die Besatzungszeit unbehelligt. Der Krieg öffnete der politisch naiven und in der Unterstützung für Franco und Pétain zuweilen reaktionären S. letztlich die Augen für die Greuel der Zeit. 1946 starb sie in Neuilly-sur-Seine an Krebs.

S. gehört zu den anerkannt großen Sprachkünstlerinnen der klassischen Moderne. Wie bei kaum einer anderen Vertreterin der Avantgarde standen die Eigenheiten des Materials, der Sprache selbst, im Zentrum ihrer Bemühungen für einen neuen, authentischen Ausdruck. Die vom Kubismus angeregte Rückführung der Sprache auf grundlegende Formen trug dazu bei, daß alles Interesse dem Mittel und nicht mehr dem Inhalt des Ausdrucks galt und somit im Vorgriff auf Marshall McLuhan behauptet werden kann, daß bereits bei S. das Medium die Botschaft war. Die Auseinandersetzung mit den Gesetzmäßigkeiten des Mediums verlagerte sich im Laufe ihrer Karriere zwar immer wieder, blieb aber doch konstant im Fokus auf die Reduktion der Sprachmittel und ihre Loslösung aus den Konventionen der Alltagssprache. Ihre Kurzgeschichtensammlung *Three Lives* (1909; *Drei Leben*, 1960) ist noch deutlich naturalistischen Milieustudien verpflichtet, doch überwiegt in der Darstellung der Einfachheit der Charaktere hier schon das Interesse, die Eigenarten der Figurenrede zu stilisieren und zu schematisieren. Der über einen längeren Zeitraum entstandene Roman *The Making of Americans* (*The Making of Americans: Geschichte vom Werdegang einer Familie*, 1989), der 1911 fertiggestellt wurde, aber aufgrund mangelnden Verlegerinteresses erst 1925 erschien, gilt als Stilkompendium ihrer experimentellen Prosa. Hier wird Sprache vollends zum Material abstrakter, kubistischer Wort- und Satzkompositionen. In der anspielungsreich betitelten Lyriksammlung *Tender Buttons* (1914; *Zarte Knöpfe*, 1979) ist der Verzicht auf die herkömmliche Referenzleistung der Sprache noch markanter. Der größte Publikumserfolg war der im ironisch-epigrammatischen Plauderton verfaßte Kolportageroman aus Künstlerkreisen *The Autobiography of Alice B. Toklas* (1933; *Die Autobiographie von Alice B. Toklas*, 1955). Das Buch ist ein für S. untypisches Gattungsexperiment, in dem sie die Persona ihrer Partnerin nutzt, um das Genre der Autobiographie hintersinnig zu demontieren. Neben vielen weiteren Romanen sowie Essay- und Gedichtsammlungen verfaßte S. auch das Opernlibretto *The Mother of Us All* (1947) und das Kinderbuch *The World Is Round* (1939; *Die Welt ist rund*, 1994), bei dem sich der Satz von der Rose auf einem Baumstamm wiederfindet.

S.s Schaffen ist von all den Paradoxien durchdrungen, die für die klassische Moderne charakteristisch sind. Der demokratische Impuls, der sich in einer angestrebten Gleichheit aller Stilmittel und in einem enthierarchisierten Sprachduktus niederschlägt, wird von einer elitären Haltung begleitet, die ihre Kunst selbst für Eingeweihte oft kryptisch bleiben läßt. Die vielfach beschworene Offenheit ihrer Werke steht im krassen Widerspruch zu deren hermetischer Geschlossenheit. Die verstörende Artifizialität ihrer Prosa bewirkt indes, daß die so dargestellten Dinge in ihrer naiven, magischen Schlichtheit paradoxerweise ganz unverfremdet erscheinen. Auch wenn sich S. selbst als eine »Schriftstellerin für Schriftsteller« bezeichnet hat, lohnt es sich, dem unverstellten Charme der Dinge in ihrer Kunstwelt nachzugehen.

Gerd Hurm

Steinbeck, John [E.]
Geb. 27. 2. 1902 in Salinas, Kalifornien; gest. 20. 12. 1968 in New York City

»The great crime I have committed against literature is living too long and writing too much, and not good enough«, schrieb John Steinbeck, einige Jahre bevor ihm 1962 der Nobelpreis für Literatur verliehen wurde. Schon einen Tag nach der Preisvergabe wurde im Leitartikel der *New York Times* die Frage aufgeworfen, ob man wirklich einen Autor ehren wollte, der seine besten Romane vor 30 Jahren geschrieben hätte. Als S. 1968 starb, bis zuletzt umgetrieben von der Sorge, die Qualität der frühen Werke nicht mehr erreichen zu können, hinterließ er über 20 Romane, Erzählungen und Reisebücher, zahlreiche Reportagen, Drehbücher und Theaterstücke. Seine lebenslangen Selbstzweifel standen der öffentlichen Selbstinszenierung als etablierter, schon zu Lebzeiten kanonisierter Autor nicht im Wege. Seit seiner Kriegsberichterstattung im Zweiten Weltkrieg und seinem Engagement für die Regierung, die ihn 1940 für die Mitarbeit im Foreign Information Service gewann, später dann mit der persönlichen Freundschaft zu Präsident Johnson und mit seinen umstrittenen Stellungnahmen in den Kommunistenprozessen sowie als Befürworter des Vietnamkrieges, verstand sich S. immer auch als Figur des öffentlichen Lebens. Vor allem in den sozialkritischen Romanen der 30er Jahre, aber auch in seinen späteren amerikabezogenen Werken *Travels with Charley: In Search of America* (1962; *Reise mit Charley*, 1963) und *America and Americans* (1966; *Amerika und die Amerikaner*, 1966) setzte er sich mit der gesellschaftlichen Wirklichkeit des zeitgenössischen Amerika auseinander. Sein Leitfaden war dabei weniger ein ausgeprägtes politisches Bewußtsein als vielmehr ein unerschütterlicher Glaube an die menschliche Integrität, den er auch für die künstlerische Arbeit als maßgeblich ansah: »The writer is delegated to declare and to celebrate man's proven capacity for greatness of heart and spirit – for gallantry in defeat, for courage, compassion and love. In the endless war against weakness and despair, these are the bright rally flags of hope and of emulation« (Rede zur Nobelpreisverleihung, 1962).

Grundsätzliche Zweifel an der Gestaltung der Welt durch Literatur oder überhaupt an den Möglichkeiten der sprachlichen Erfassung der Wirklichkeit waren S. fremd. Selten dachte er systematisch über seine ästhetischen Prinzipien nach. In seinen Aufzeichnungen und Briefen reflektiert er zwar immer wieder den Vorgang des Schreibens und seine Aufgabe als Schriftsteller, setzt sich jedoch mit diesen Themen nicht theoretisch, sondern eher aus der eigenen Erfahrung heraus auseinander. In kaum eines seiner literarischen Werke sind sprachphilosophische oder selbstreflektierende Beobachtungen eingegangen. Einzige Ausnahme ist das Reisetagebuch *Sea of Cortez: A Leisurely Journal of Travel and Research* (1941; *Das Logbuch des Lebens*, 1953), sicherlich eine seiner eigenartigsten Veröffentlichungen, die auf einer Forschungsreise in den mexikanischen Golf von Kalifornien unter Mitarbeit seines engsten Freundes, des Meeresbiologen Ed Ricketts, entstand. Darin entwickelt S. die Idee der »Phalanx«, eine Theorie über Gruppenverhalten und das Individuum als Bestandteil größerer sozialer Einheiten, die schon für die Werke der 30er Jahre prägend war. Ansonsten steht Schreiben für S. vor allem im Dienst der Geschichte, die erzählt werden will, mit ihrem spannenden Handlungsaufbau und ihren klar umrissenen Figuren, die sich vor dem Hintergrund einer wiedererkennbaren Wirklichkeit bewegen. Da er sich den formalen Herausforderungen der Moderne entzieht und sich einer Form des konventionellen Erzählens verpflichtet, die manchen Kritikern als naiv oder marktgefällig gilt, ist seine literarische Qualität nach wie vor umstritten, obwohl seine Bücher sich in zahlreichen Ländern millionenfach verkaufen und die Verfilmungen seiner Romane *The Grapes of Wrath* (1939; *Früchte des Zorns*, 1940) und *East of Eden* (1952; *Jenseits von Eden*, 1953) ein breites Publikum erreicht haben.

Obwohl S. seit 1945 in New York lebte, spielen mehr als die Hälfte seiner Werke in Südkalifornien, wo er seine Jugend verbrachte. Der regionale Bezug liefert jedoch nur den Hintergrund, vor dem seine zentralen Themen entfaltet werden: die Frage nach Gut und Böse, nach dem menschlichen Handlungsspielraum zwischen diesen beiden Polen und nach der Verantwortung für den Nächsten. Das gilt schon für die ersten ernstzunehmenden Werke, *Tortilla Flat* (1935; *Die Schelme von Tortilla Flat*, 1951) und *The Pastures of Heaven* (1932; *Tal des Himmels*, 1954), aber auch für die politisch engagierten Texte der 30er Jahre – den Streikroman *In Dubious Battle* (1936; *Stürmische Ernte*, 1955), das »big book« *The Grapes of Wrath*, das von S. sehr geschätzte »little book« *Of Mice and Men* (1937; *Von Mäusen und Menschen*, 1955) – die ihm heftige Angriffe, öffentliche Anfeindungen, sogar Drohungen von Antikommunisten eintrugen. S. verstand sich nie als Sozialist, im Gegenteil, er arbeitete immer wieder die Fragwürdigkeit einseitigen ideologischen Engagements heraus. Andererseits stellte er sich eindeutig auf die Seite der ausgebeuteten Arbeiter. Als überzeugter Befürworter des New Deal bestand er auf der Notwendigkeit von Hilfsmaßnahmen für die Hunderttausenden von verarmten Pachtfarmern, die in den 30er Jahren vor allem aus Arkansas und Oklahoma nach Kalifornien auswanderten, um dort auf den Obstplantagen Arbeit zu finden, und stattdessen in die soziale Verelendung stürzten. S. recherchierte vor Ort, fuhr in die Hilfslager, sprach mit hungernden Familien, arbeitslosen Männern und Streikführern. *In Dubious Battle* ist das erste Buch, in dem er sich direkt mit diesen Vorgängen auseinandersetzte. Über weite Strecken hat es die provozierende Dringlichkeit und Schonungslosigkeit einer Sozialreportage. *Of Mice and Men* spielt in einem ähnlichen Milieu, rückt aber das persönliche Schicksal zweier Wanderarbeiter in den Vordergrund. Der Traum vom selbstbestimmten Leben scheitert; zwischenmenschliche Verantwortung kann sich unter dem Druck der Verhältnisse nur tragisch entfalten. Dagegen steht in der heiteren Erzählung *Cannery Row* (1945;

Cannery Row: Die Straße der Ölsardinen,
1946) der Gegenentwurf einer gelungenen Gemeinschaft, die sich auf Toleranz
und Solidarität gründet. In *The Grapes
of Wrath* entfaltet S. am Beispiel der
verarmten Familie Joad ein umfassendes Panorama sozialer Mißstände in Kalifornien und zeigt den amerikanischen
Traum von der unbegrenzten Ausdeh-
nung nach Westen als zum Scheitern
verurteilt. Formal ist der Roman konventionell erzählt, wobei die neutrale
Erzählperspektive, die ökonomische Figurenzeichnung und der knappe Stil an
Ernest Hemingway erinnern. Ungewöhnlich sind allerdings die Zwischen-
kapitel, die den Erzählfluß unterbre-
chen: kurze, oft metaphorisch durch-
gearbeitete Einschübe, die den Exodus
der Familie Joad in einen größeren Zusammenhang einordnen, so daß der Roman an epischer Breite und sozialkritischer Schärfe gewinnt. Daneben hielt
S. von seinen späteren Werken nur die
kalifornische Familiensaga *East of Eden*
für gelungen, die über mehrere Generationen der Familien Trask und Hamilton den Grundkonflikt zwischen
Mitmenschlichkeit und dämonisierter
Eigenliebe verhandelt und die Frage
nach der menschlichen Entscheidungs-
freiheit durchspielt.

Neben diesen ehrgeizigen Projekten,
die er ohne den intensiven Zuspruch
seines Verlegers Pat Covici und ohne die
praktische Unterstützung seiner drei
Ehefrauen kaum bewältigt hätte, versuchte sich S. mit wechselndem Erfolg
in verschiedenen Gattungen, von Parabeln und Allegorien über Broadway-
Komödien bis zur Gesellschaftssatire. Er
arbeitete über zehn Jahre an einer Übersetzung der mittelenglischen Artusdich-
tung *Le Morte d'Artur* von Thomas
Malory, die seiner Ansicht nach neben
der Bibel und William Shakespeare für
das ethische Selbstverständnis der westlichen Zivilisation prägend war, kommentierte Bildbände, verfaßte Reportagen und Artikel über seine Reisen

durch die Vereinigten Staaten, Südamerika, Rußland und Europa. In seinen
späten Werken entwickelte S. eine zwischen patriotischem Bekenntnis, nostalgischer Kulturkritik und aufmerksamer kritischer Zeitgenossenschaft
schwankende Haltung zu seinem Land,
die ihm gleichermaßen Freunde und
Feinde schaffte und in ihrer Widersprüchlichkeit charakteristisch für sein
Lebenswerk ist, wenn man neben den
kanonisierten Werken das gesamte
Schaffen dieses ungewöhnlich produkti-
ven Autors miteinbezieht.

Annette Pehnt

Sterne, Laurence
Geb. 24. 11. 1713 in Clonmel, Irland;
gest. 18. 3. 1768 in London

Bereits zu Lebzeiten von den Londoner
und Pariser Salons als exzentrischer
Wort-Virtuose gefeiert, erlebte Laurence Sterne im 20. Jahrhundert eine
beispiellose Auferstehung – als gleichsam versprengter Pionier der Moderne
oder gar der Postmoderne. Kritiker ent-
deckten in ihm einen Meister radikaler
Subjektivierung und Dekonstruktion;
Autoren wie Nietzsche und James Joyce,
Salman Rushdie und Milan Kundera
sahen sich tief in seiner Schuld. Dabei
hatte dieser anglikanische Provinz-
Geistliche, wie die orthodoxen Interpreten ständig und erbittert wiederholen, mit seinem *Tristram Shandy* an eher
konservative Traditionen seiner Zeit an-
geknüpft. Er hatte gelernt von den *anat-
omies* und ihrer Kunst des ›learned wit‹
(d. h. des parodistischen Umgangs mit
pedantischen Wissenssystemen), von
den Swiftschen Satiren, der mockheroi-
schen Komik des Cervantes, der saftig-
frivolen Rhetorik eines Rabelais. All dies
ließ ihn in den Augen der Zeitgenossen
offenbar als ein besonders originelles
Kind seiner Zeit erscheinen. Dabei war
sein Leben kaum exzeptionell zu nennen. Als Sohn eines verarmten Berufs-

soldaten hatte er eine nomadische Kindheit und eine einsame Internatszeit erlebt, die ihn den Eltern völlig entfremdete. In Cambridge hatte er Theologie studiert (dank eines Stipendiums, welches einst von seinem Urgroßvater, dem Bischof von York, gestiftet worden war). Als ihn die ersten beiden Bände des *Tristram Shandy* 1759 über Nacht berühmt machten, war er schon seit mehr als zwei Jahrzehnten Landpfarrer in Yorkshire, freilich ein Pfarrer mit dem »Hang zur Ausschweifung«, wie ein Vetter mit Blick auf eine Kette amouröser Seitensprünge vermerkte. Der literarische Erfolg versetzte St. endlich in die Lage, 1762 mit seiner Familie nach Toulouse in den Süden zu ziehen, auf der Flucht vor dem »Hurensohn« – so nennt Tristram, der (in Buch VII) ebenfalls nach Frankreich flieht, den Tod. St. hatte fast sein ganzes Leben an Lungentuberkulose gelitten, an der er, nach zeitweiliger Erholung und weiteren Reisen zwischen England und dem Kontinent, im März 1768 schließlich starb. Die genannten Elemente seiner Biographie, die theologische Karriere ebenso wie die Versuchungen des Fleisches, die militärischen Diskurse und die Begegnung mit dem »anderen«, nämlich romanischen Kultur sowie schließlich auch der Umgang mit Krankheit und stetiger Todesgefahr findet der Leser als teilweise radikal verfremdete Leitmotive in seinen beiden Romanen wieder.

Life and Opinions of Tristram Shandy, Gentleman (1759–67; *Leben und Meinungen des Tristram Shandy*, 1999) verspricht eine Autobiographie, die dann aber ironisch zum Scheitern gebracht wird. In dem Versuch, sein eigenes Leben nicht nur zu berichten, sondern obendrein zu erklären, verstrickt sich Tristram zunehmend in seinen ›Digressionen‹ und zwanghaften ›Assoziationen‹ (beides Schlüsselwörter des Textes). Um seine hindernisreiche Geburt und Taufe zu erklären, bedarf es zahlreicher Rückblenden zur Zeugung, zur

Karriere der Hebamme, zum Ehevertrag seiner Eltern, zu den skurrilen Theorien seines Vaters, aber auch allgemeiner Exkurse über Embryos, Nasen, Namen, Geburtszangen, Flüche und Knoten usw. Kein Wunder, daß Tristram erst nach vier Bänden geboren ist und daß das abrupte Ende des Romans gar früher als sein Anfang liegt. Dieses Spiel mit der Chronologie, und mit der Zeit überhaupt, ist Aspekt einer beinahe vollkommenen Psychologisierung. Nicht nur John Lockes *Essay Concerning Human Understanding* (den Walter Shandy ständig zitiert), auch St.s Roman entpuppt sich als »a history-book of what passes in a man's own mind« (Bd. II, Kap.2). Schauplatz ist nicht Shandy Hall oder Südfrankreich, sondern Tristrams Bewußtsein. In dieser Innenwelt aber verlieren die sogenannten Gesetze der Realität ihre Geltung, sowohl die physikalischen als auch die sozialen. Hier sprengen die »wilden Fluten« der Begierde, der Phantasie und der sexuellen Neugier die »Schleusen des Gehirns« (VIII, 5), werden Millionen von »schwimmenden« Gedanken beim leisesten Windhauch der Leidenschaften vom Kurs abgetrieben (III, 9). Die sprichwörtlichen Charaktere der Shandy-Welt erleiden und genießen diese monadische, irrationale Subjektivität. Der Vater Walter, besessen von seinen spitzfindigen Theorien, sieht seine Pläne immer wieder von der Realität widerlegt bzw. überholt – Tristram wächst schneller als das Erziehungsprogramm, welches er für ihn verfaßt – und fühlt sich von seinem ein wenig begriffsstutzigen, aber ebenso besessenen Bruder, »meinem Onkel Toby«, regelmäßig mißverstanden. Dieser nämlich denkt allein in den Kategorien seines geliebten Kriegshandwerkes, an dessen Ausübung ihn aber eine geheimnisvolle Wunde hindert. Auf seinem kleinen Modell-Schlachtfeld spielt er mit Korporal Trim die gleichzeitigen Kriege Europas nach, bis das Geschick mit dem

Frieden von Utrecht auch dem ein Ende setzt und ihn in seinen fatalen Liebesfeldzug gegen die Witwe Wadman treibt.

Naturgemäß wirkt sich eine solche totale Subjektivierung auch auf das Erzählen selber, auf den Umgang mit dem Leser aus. Nicht nur, daß Tristram durch seine zwanghaften Einfälle immer wieder in Digressionen verschlagen wird; er bringt auch den Leser und u. a. die Leserin (»Pray, Madam ...«) dazu, mit scheinbar unschuldigen Wörtern (wie »button-hole«, »nose«, »candle«, »sealing-wax« usw.) Heikelstes zu assoziieren. Zwar mag er beteuern: »For by the word *Nose* ...- I declare, by that word I mean a Nose, and nothing more or less.« (III, 31), kann aber natürlich nicht verhindern, daß die eingeschobene Geschichte von der gewaltigen Nase des Slawkenbergius (Bd. IV) eben doch in einer zweiten, obszönen Bedeutung gelesen wird – im Gegenteil, er drängt dem Leser diese Bedeutung geradezu auf. Wiederum wird hier ein eher beiläufiger Nebengedanke Lockes (von den möglichen ›Unvollkommenheiten‹ der Sprache) fast freudianisch radikalisiert. Wörter, so wird durchgehend demonstriert, sind nicht fest genug, ein und dieselbe Idee verläßlich zu umschreiben; jederzeit können sie sich durch die irrationalen, häufig sexuellen Assoziationen des Erzählers (oder Lesers) »erhitzen« (wie durch Reibung, will Tristrams Metapher sagen). Die kaum verborgenen Subtexte handeln übrigens nur selten von den Freuden der Sexualität, häufiger von ihren Alpträumen – die Angst vor der Impotenz und der Kastration ist in dieser Gesellschaft verwundeter oder bejahrter Männer (einschließlich des versagenden Bullen im allerletzten Kapitel) nie ganz fern. Dennoch wird der Leser nicht einfach mit einer Welt des Scheiterns, der Isolation und Verletztheit konfrontiert. Es fehlt nicht an Kompensationen. Das *hobby-horse* mag ein Sklaventreiber

sein, aber es ist auch eine Quelle unerschöpflicher Genüsse. Als Uncle Toby das Projekt seines Modellkrieges im Garten in Angriff nimmt, tut er es mit fast erotischen Gefühlen: »Noch nie war ein Liebhaber zu seiner Geliebten mit mehr Feuer und Ungeduld geeilt, als Toby sich beeilte, um sich dieses Glücks im geheimen zu erfreuen.« (II, 5) Beide Brüder können in ihren selbstgeschaffenen Spiel-Räumen wenigstens zeitweise souverän und im Einklang mit sich selbst agieren. Und in manchen kostbaren Sekunden gelingt sogar die – dann meist sprachlose – Kommunikation: im Tanz, in einer Geste oder Berührung, in einem Blick. Die Witwe Wadman weiß das wohl und bringt den Onkel unter einem Vorwand dazu, ihr tief ins Auge zu blicken: »Es war ein Auge voll leiser Winke und sanfter Responsen ... es flüsterte milde wie der letzte Hauch einer Heiligen: ›Könnt Ihr wirklich so ohne alle Pflege leben, Hauptmann Shandy, so allein, ohne einen Busen, Euer Haupt zu betten?‹ Es war ein Auge ... Jedenfalls tat es seine Wirkung.« (VIII, 25) Auch Korporal Trim beherrscht diese nonverbale Kunst der Kommunikation. Sein berühmter Hut, den er schwer wie eine Erdscholle zu Boden fallen läßt, sagt über den Tod des Bobby Shandy mehr als Walters gelehrter Monolog: »Nichts hätte das Gefühl der Sterblichkeit (dessen Urbild und Vorläufer der Hut gleichsam war) besser ausdrücken können. Das Auge des Korporals blickte auf ihn wie auf einen Leichnam, und Susannah brach in eine Flut von Tränen aus.« (V, 7) Hier beginnt man auch Tristrams scheinbar exzentrische Erzählweise zu verstehen, mit ihren zahllosen Interjektionen, Ausrufezeichen, verschieden langen Gedankenstrichen, typographischen Spielereien. Sie ist »performativ« (Manfred Pfister); die Sprachhandlung, die implizierte Gestik und Mimik, die Dramatisierung sind häufig bedeutsamer als die semantische Ebene. Tristram, der ja eher sein Inneres als eine äußere Handlung ›erzählt‹, enthüllt sich in der dialogischen Aktion. So sind es gerade die Digressionen, die scheinbaren Abschweifungen, die dem Buch »Wärme« verleihen: »Nehmen Sie sie z. B. aus diesem Buch heraus, so können Sie gleich das ganze Buch mitnehmen. Ein einziger kalter Winter wird dann auf jeder Seite liegen. Erstatten Sie sie dem Autor zurück – und schon tritt er wie der Bräutigam hervor« (I, 22). Die Sprache ist bezeichnend. Gerade in den *nonsequiturs* der Digressionen konstituiert sich das Subjekt Tristram in seiner Spontaneität, seiner widersprüchlichen Lebendigkeit, seiner quasi-erotischen Anziehung. Freilich scheint die spektakuläre Intertextualität des *Tristram Shandy* diese These von der Individualisierung der Charaktere zuweilen in Frage zu stellen. Als Walter vom Tod seines Sohnes Bobby erfährt, läßt er jegliche individuelle Emotion von einer Masse fremder Gedanken und Texte ersticken: »Philosophie hat für alles einen schönen Satz, für den Tod aber einen ganzen Vorrat davon; das Unglück war nur, daß sie sich alle auf einmal in meines Vaters Kopf stürzten ... Er nahm sie, wie sie kamen.« (V, 3) Nach einer halben Stunde hat Walter seinen toten Sohn völlig vergessen. In zahlreichen Szenen sieht man so die Brüder zu Marionetten reduziert, die nur noch von den Regeln bestimmter Texte (spekulativer oder militärischer) bewegt werden; in dieser Welt der sich multiplizierenden Diskurse droht auch das Subjekt seinen Status als einzig verbliebene Realität zu verlieren. Noch in einem anderen Punkt findet die Postmoderne St.s Roman merkwürdig vertraut. Seine besondere Synthese von Melancholie und Heiterkeit erinnert an eine ähnliche Zweideutigkeit des ausgehenden 20. Jahrhunderts, eine Mischung von skeptischer Nostalgie (über den Verlust so vieler dekonstruierter Gewißheiten) und karnevalesker Lockerung (weil wir in der

Welt der Masken und Diskurse neue Freiheit gewinnen). Was, wenn wir nie einen weißen Bären gesehen haben – im Diskurs sind wir frei, ein intensives, subtiles oder sogar sündiges Verhältnis mit einem weißen Bären zu beginnen, wie uns Walter Shandy demonstriert: »EIN WEISSER BÄR! Sehr gut. Habe ich je einen gesehen? ... Sollte ich jemals einen gesehen haben? ... wenn ich je einen weißen Bären sehen sollte, was würde ich sagen? Wenn ich niemals einen weißen Bären sehen sollte, was dann? Ist der weiße Bär sehenswert? Ist keine Sünde dabei? Ist er besser als ein schwarzer Bär?« (V, 43)

St.s zweites (und letztes) Werk, im Grenzbereich zwischen Reisebericht und Roman angesiedelt, blieb konventioneller. In *A Sentimental Journey through France and Italy, by Mr. Yorick* (1768; *Yoricks empfindsame Reise durch Frankreich und Italien*, 1993) folgt der Erzähler der Chronologie der Reise und dosiert sowohl Digressionen als auch Frivolitäten sehr viel sparsamer. Das Buch wirkt damit eleganter und geschliffener als der *Tristram Shandy*, liest sich heute aber vielleicht ein wenig ›dekadent‹. Eine ungemein verfeinerte Empfindungskunst verbindet sich mit den selbstironischen Plaudereien Yoricks und seinen latent erotischen Interessen zu einer unverwechselbaren Mischung: »Ist das Herz noch warm genug, das tränennasse Tüchlein am Busen trocknen zu lassen?« Die Erzählung ist episodisch, greift scheinbar triviale Begegnungen heraus – die Geste eines Bettlers, die ihn beschämt, die Klage eines Pilgers um einen toten Esel, ein ländliches Fest – Begegnungen, die ihm Einblicke in die französische Wesensart und in die menschliche Psyche überhaupt eröffnen. Höhepunkte bleiben aber die angedeutet amourösen Episoden, die Yorick gemeinsam mit seinem Diener LaFleur besteht und auskostet. Doch geht es hier nicht annähernd so handfest zu wie in Shandy Hall. Häufig schwelgt der Erzähler in zartesten Gefühlsschwingungen, in Situationen, da noch nichts gesagt ist, aber das beiderseitige Erröten, die winzigen Gebärden, die verstohlenen Blickkontakte und Berührungen den Dialog längst eröffnet haben. Manche dieser ›sentimentalen‹ Momente erscheinen geradezu inszeniert, so daß die vorbehaltlose und gefühlsselige Identifizierung der Zeitgenossen heute eher erstaunt. Was die heutigen Leser fasziniert, ist die Selbstironie, mit der der reisende Engländer seine nationale Identität, seinen Narrenstatus und selbst die eigene Leidenschaft für kostbare Tränen und für Mädchen aus dem Volke (Grisetten, Handschuhmacherinnen, Zimmermädchen) betrachtet. – St.s ›empfindsame‹ Reise (so die eigens für die Übersetzung geprägte deutsche Neuschöpfung) wurde zum Vorbild einer neuen Gattung von Reiseberichten und löste eine europäische Mode aus.

Gerd Stratmann

Stevenson, Robert Louis
Geb. 13. 11. 1850 in Edinburgh;
gest. 3. 12. 1894 auf Upolu, Samoa

In seiner Jugend gerierte sich Robert Louis Stevenson gern als Bohemien und Bürgerschreck. Auch später hatte er für das Respektable und Konventionelle nur wenig übrig. 1880 heiratete St. gegen den Willen seiner Eltern und Freunde eine Amerikanerin, die geschieden, Mutter zweier Kinder und zehn Jahre älter als er selbst war. Während seiner letzten Lebensjahre auf Samoa protestierte er unerschrocken gegen die Politik der dort herrschenden Kolonialmächte, sehr zum Mißfallen des britischen Außenministeriums. – Vom puritanischen Christentum seiner tiefgläubigen Eltern blieb bei St. nur die Ethik übrig. Der Agnostiker blieb zeit seines Lebens ein Gewissensmensch, der sein Tun und Lassen einer rigorosen morali-

schen Prüfung unterzog – wobei er allerdings die Normen seiner Moral neu definierte. Er verwarf die puritanische Fixierung auf Negationen und Verbote, insbesondere die Ächtung der Sexualität: Die wahre Ethik stelle das Handeln, nicht das Vermeiden in den Vordergrund. Auch die Erzählungen St.s behandeln häufig ethische Probleme: einen Loyalitätskonflikt, ein moralisches Dilemma, eine kasuistische Rechtfertigung. Selbst in dem für jugendliche Leser bestimmten Abenteuerroman *Treasure Island* (1883; *Die Schatzinsel*, 1897) tauchen solche Probleme auf. In einer charakteristischen Szene durchsuchen Jim Hawkins und seine Mutter die Seemannstruhe eines Piraten, der ihnen Geld schuldet. Währenddessen befinden sich die Gefährten des Piraten im Anmarsch, die es ebenfalls auf die Truhe abgesehen haben. In dieser lebensgefährlichen Situation zeigt Jims Mutter einen dubiosen moralischen Ehrgeiz. Obwohl die Zeit drängt, beharrt sie darauf, den ihr zustehenden Betrag auf Heller und Pfennig abzuzählen. Sie riskiert ihr Leben und das ihres Sohns, nur um den Piraten ihre Rechtschaffenheit zu demonstrieren. In engem Zusammenhang mit St.s Hang zu ethischen Problemen und Paradoxa steht seine Vorliebe für gemischte und gespaltene Charaktere. *The Strange Case of Dr Jekyll and Mr Hyde* (1886; *Der seltsame Fall des Dr. Jekyll und Mr. Hyde*, 1889) ist das bekannteste, aber keineswegs das einzige Beispiel. – In seinen zahlreichen literaturkritischen Essays kritisiert St. den Realismus, dem sich viele Autoren seiner Zeit, v. a. die französischen, verschrieben hatten. Gegenüber dem moralischen Defätismus, der sich aus dem Determinismus eines Zola ableiten läßt, hält der Moralist St. an dem Prinzip der persönlichen Verantwortung fest. Der Detailhäufung, die mit der minutiösen Darstellung eines bestimmten Milieus verbunden ist, stellt er das künstlerische Prinzip der Selektion entgegen. Seine eigenen erzählerischen Texte halten Abstand zur zeitgenössischen Alltagswirklichkeit. St. schreibt Abenteuergeschichten, die auf entlegenen Inseln spielen, historische Romane, die in vergangenen Jahrhunderten angesiedelt sind, oder allegorische Erzählungen, die um moralisch-psychologische Probleme kreisen und der Spezifika eines bestimmten Milieus nicht bedürfen. Dies bedeutet aber nicht, daß St. eskapistische Schönfärberei betreibt. Die Abkehr vom zeitgenössischen Alltag führt nicht in sonnige Paradiese, sondern in dunkle und problematische Welten. Dies gilt besonders für den späten, in der Südsee spielenden Roman *The Ebb-Tide* (1894; *Die Ebbe*, 1998). In der Anfangsszene des Romans malen sich drei gescheiterte Existenzen, die am Strand von Tahiti herumlungern und dort frieren, ihre Rückkehr nach England in rosigen Farben aus. Das ist die genaue Umkehrung des Eskapismus gewöhnlicher Abenteuerromane des 19. Jahrhunderts. Während es die Helden und Leser dieser Texte aus der bourgeoisen Welt Europas auf exotische Inseln zieht, gehen die Sehnsüchte der drei Männer, die sich dort befinden, in die entgegengesetzte Richtung. – Die Art und Weise, wie St. in *The Ebb-Tide* die Konventionen des Abenteuerromans auf den Kopf stellt, dokumentiert seine Bereitschaft zum literarischen Experiment. Diese Bereitschaft zeigt sich auch darin, wie er mit unterschiedlichen Erzählern und Perspektiven operiert. Die Perspektivenstruktur von *Dr Jekyll and Mr Hyde* z. B. gleicht einem System konzentrischer Kreise, die um das zentrale Geheimnis angeordnet sind. Die Erzählung nähert sich diesem Geheimnis von außen nach innen; sie beginnt mit dem Bericht eines unwissenden Augenzeugen und führt uns erst ganz am Schluß, mit einer Ich-Erzählung Jekylls, ins Zentrum des rätselhaften Geschehens. Ein weiteres Perspektivenexperiment ist der Roman *The Master of Ballantrae*

(1888–89; *Der Junker von Ballantrae*, 1924), in dem mehrere unglaubwürdige Erzähler die Geschichte eines Bruderkonfliktes beleuchten (oder auch verdunkeln). Dieser Roman problematisiert neben der Glaubwürdigkeit der narrativen Rede auch deren pragmatischen Aspekt: Es geht nicht nur um das, was eine Erzählung sagt, sondern ebenso um das, was sie tut. Eine Figur des Romans ermordet ihren Feind mit einer Erzählung, eine andere Figur provoziert ihren Zuhörer mit einer Erzählung zu einem Mordversuch. Die Folgen dieser Provokation zeigen noch einmal St.s Vorliebe für moralisch-psychologische Paradoxien: Das Verhältnis zwischen Zuhörer und Erzähler ist nie besser als nach dem Versuch des einen, den anderen zu ermorden.

Burkhard Niederhoff

Stowe, Harriet Beecher

Geb. 14. 6. 1811 in Litchfield, Connecticut; gest. 1. 7. 1896 in Hartford, Connecticut

Mehr als eine halbe Million Frauen in Europa, genau 562 448, unterschrieben im Jahr 1855 einen Brief an die Frauen Amerikas, zu Händen von Harriet Beecher Stowe, in dem sie an ihre amerikanischen Schwestern appellierten, sich für die Abschaffung der Sklaverei zu engagieren, wie S. es mit ihrem Roman *Uncle Tom's Cabin* (1852; *Onkel Toms Hütte*, 1852) getan hatte. In 26 ledergebundenen Bänden, die man St. überreichte, dokumentieren diese Unterschriften das überwältigend positive Echo, das das Buch weltweit hervorgerufen hatte. Kein anderer Roman hat jemals eine ähnlich globale, kulturelle Breitenwirkung gehabt: Noch im Erscheinungsjahr 1852 wurden von dem Buch, das zuvor als Fortsetzungsroman in der Antisklavereizeitschrift *National Era* erschienen war, in den USA 300 000 und in England 1 Million Exemplare verkauft. Im selben Jahr erschienen Übersetzungen in sieben europäische Sprachen. Bis heute ist der Roman, der immer im Druck geblieben ist, in 42 Sprachen übersetzt worden. Schon 1852 wurde die erste Dramatisierung mit großem Erfolg auf die Bühne gebracht. 80 Jahre lang blieb *Uncle Tom's Cabin* das erfolgreichste Stück der Saison im amerikanischen Theater. 500 Schauspieltruppen sollen es in den 1890er Jahren in Szene gesetzt haben. Auch auf vielen europäischen Bühnen wurden Versionen gespielt, und die erste von zahlreichen Verfilmungen stammt bereits aus dem Jahr 1903. Die Bearbeitungen für Bühne und Film hatten ihrerseits starke Rezeptionswirkungen, denn vor allem ihnen verdankt sich das Bild von Onkel Tom als altem Mann (im Buch ist er ein großer, kräftiger Schwarzer mittleren Alters). Auch das negative Stereotyp vom unterwürfigen Schwarzen, mit dem der Name Onkel Tom im 20. Jahrhundert verbunden wurde, mißversteht den kulturellen Kontext der Entstehungszeit. Die Wirkkraft des Textes zeigt sich aber auch an der Fülle der negativen fiktionalen Reaktionen, die das Buch hervorrief. Allein in den neun Jahren bis zum amerikanischen Bürgerkrieg erschienen 27 Anti-Onkel-Tom-Romane, die das System der Sklaverei zu rechtfertigen versuchten. Noch heute ist der Nachhall des Textes in den Werken schwarzer und weißer Autorinnen und Autoren zu hören. St. hatte an den Nerv nicht nur ihrer Epoche gerührt.

Als eines von 13 Kindern des charismatischen Geistlichen Lyman Beecher wuchs St. in Connecticut auf. 1832 zog die Familie nach Cincinnati. Am Fluß Ohio gelegen, der die Grenze zwischen dem Sklavereistaat Kentucky und dem sklavenfreien Ohio bildete, war die Stadt damals eines der Zentren der Auseinandersetzung zwischen Befürwortern und Gegnern der Sklaverei; die Beechers gehörten zu den letzteren. 1836 heiratete St. den Theologieprofessor Calvin Stowe. Trotz einer rasch wachsenden Zahl von Kindern (letztlich sieben), veröffentlichte St., die immer schon literarische Neigungen gehabt hatte, nebenher kürzere Texte. Eine erste Sammlung ihrer Erzählungen erschien 1843 unter dem Titel *The Mayflower*, der an Frühlingsblumen und Pilgerväter gemahnt. 1850 wurde Professor Stowe an das Bowdoin College berufen, und die Familie kehrte nach Neuengland zurück. Die politische Situation in den USA war zu dieser Zeit wegen der Sklavereifrage äußerst angespannt. Das Fugitive Slave Law von 1850 als Teil eines Kompromißpakets zwischen Nord- und Südstaaten machte es auch für die Bewohner sklavenfreier Staaten zur Pflicht, entlaufene Sklaven ihrem Besitzer zurückzugeben, und verbitterte dadurch die Gegner der Sklaverei. Zutiefst empört begann S. eine Geschichte zu schreiben, die sich zu ihrem berühmtesten Roman auswuchs.

Uncle Tom's Cabin spielt in der Erzählgegenwart. Ein Plantagenbesitzer in Kentucky verkauft aus Geldnot und gegen den Willen seiner Frau seinen besten und treuesten Sklaven Tom und den erst fünfjährigen Sohn der Sklavin Eliza an einen Sklavenhändler. Während Eliza vor dem Abtransport mit ihrem Kind flieht, fügt sich Tom in christlicher Demut in sein Schicksal und die Trennung von seiner Familie. Alternierend wird die Flucht Elizas nach Norden, in die Freiheit, und Toms Weg in den tiefen Süden und in immer unerträglichere Verhältnisse erzählt. Sein letzter Besitzer, der brutale Pflanzer Legree, prügelt Tom schließlich zu Tode, ohne ihm allerdings seine christliche Vergebungshaltung nehmen zu können. Der Sohn seines ersten Besitzers, der Tom zurückkaufen will, kommt zu spät und kann ihn nur noch begraben. Schuldbewußt läßt er zu Hause seine Sklaven frei. Wie Charles Dickens ist St. eine Meisterin des sentimentalen Romans; sie appelliert mit Humor und Gefühl an die emotionale Solidarität ihrer Leser. Dabei hat sie zugleich eine (konservativ-)feministische Agenda, denn ihre Kritik an der Sklaverei stützt sie auf die hohen viktorianischen Werte von Familie und Mutterschaft. Ein System, das Familien auseinanderreißt und Kinder von ihren Müttern trennt, ist zutiefst menschenverachtend. Der eminent politische Roman propagiert als Fundament einer neuen demokratischen Ära mütterliche Liebe und Fürsorge anstelle männlicher Autorität. St. postuliert einen gynokratischen und matriarchalen Gegendiskurs gegen die »patriarchale Institution« Sklaverei; die Herrschaft der Liebe gegen männliches Profitstreben.

Nach dem sensationellen Erfolg von *Uncle Tom's Cabin*, durch den die Autorin allerdings wegen eines für sie ungünstigen Publikationsvertrages nicht reich wurde, war St. eine Person von internationalem Interesse. Europareisen in den Jahren 1853 und 1856 wurden zu Triumphzügen; St. wurde u.a. von Königin Viktoria empfangen. Sie verarbeitete ihre Reiseerfahrungen in *Sunny Memories of Foreign Lands* (1854) und in dem Europaroman *Agnes of Sorrento* (1862). Noch zweimal wandte sie sich dem Thema Sklaverei zu: 1853 in *A Key to Uncle Tom's Cabin* (*Schlüssel zu Onkel Toms Hütte*, 1853), in dem sie dokumentarisches Material über die Sklaverei präsentierte, um sich gegen den Vorwurf fehlender Belege für ihren Text zu verwahren, und in dem Roman *Dred* (1856; *Dred: Eine Erzählung aus den amerikanischen Sümpfen*, 1856). Von ihren vielen weiteren schriftstellerischen Arbeiten sind besonders ihre Neuenglandromane zu erwähnen, *The Minister's Wooing* (1859), *The Pearl of Orr's Island* (1862), *Oldtown Folks* (1869) und *Poganuc People* (1878), in denen sie einen wichtigen Beitrag zur regionalen Literatur leistet. Mit ihrer Ehrenrettung für Lady Byron, die verstorbene Frau des Dichters, erregte St. einen transatlantischen Sturm der Entrüstung. Dem Vorwurf, Lady Byron habe ihren Mann grundlos verlassen, begegnete St. mit dem Hinweis auf Byrons inzestuöse Beziehung zu seiner Halbschwester. Sie legte damit die doppelte Moral ihrer Gesellschaft bloß, die einen Mann trotz seines Verstoßes gegen sexuelle Tabus achtete, während sie die Frau ächtete. Die öffentliche Anfeindung, die ihr von vielen Seiten entgegenschlug, entmutigte sie nicht; sie veröffentlichte sogar eine Langfassung in Buchform, *Lady Byron Vindicated* (1870). Eine Reihe von Gesellschaftsromanen – *My Wife and I* (1871), *Pink and White Tyranny* (1871) und *We and Our Neighbors* (1875; *Wir und unsere Nachbarn*, 1876) – behandeln das Geschlechterverhältnis und die Ehe. Auch hier stellt St. mit ihren positiven Frauenbildern weibliche Machtansprüche. Ihre eher konservative Einstellung zur Ehe hinderte sie nicht, für das Frauenwahlrecht einzutreten. St. starb 85jährig und hochgeehrt in ihrem Haus in Hartford, in dem heute ein Stowe-Museum untergebracht ist.

Susanne Opfermann

Swift, Jonathan
Geb. 30. 11. 1667 in Dublin;
gest. 19. 10. 1745 ebd.

Jonathan Swift ist ein Autor, der seine Leser zu polarisieren pflegt, im Laufe der Wirkungsgeschichte ebenso heftig angegriffen wie mitfühlend verteidigt. Selten wurden Leben und Werk eines Mannes genauer unter die Lupe genommen, und selten waren die Urteile über Leben und Werk mehr von Mutmaßungen bestimmt. Die Zahl der Publikationen ist inzwischen auch für den Fachgelehrten kaum noch überschaubar, und doch lautet das Adjektiv, das S. am genauesten beschreibt, nach 250 Jahren immer noch ›rätselhaft‹. S. pflegte Vexierspiel und Mystifikation in seinem persönlichen Habitus, und die

Denkfiguren, zu denen er am häufigsten Zuflucht nahm, sind Unbestimmtheit, Ironie und Paradox. – Die Lebensgeschichte S.s läßt sich als irisches Leben bezeichnen, das durch englische Episoden unterbrochen wurde. In Irland, dem »Land der Sklaven und Sümpfe«, fühlte sich der anglophile Sohn englischstämmiger Eltern zeitlebens als Verbannter, der bis zu seiner Ernennung zum Dechanten von St. Patrick in Dublin 1713 vergeblich auf eine Karriere in der anglikanischen Kirche hoffte. Gleichwohl wurde der ›exilierte‹ S. den Iren seit seinem Einsatz für die konstitutionelle Freiheit ihres Landes in der Kontroverse um das Woodsche Patent (»A Letter to the Whole People of Ireland«, 1724) der ›hibernische Patriot‹. Der englische Vizekönig dieser Jahre, John Lord Carteret, soll auf die Frage, wie er Irland habe regieren können, geantwortet haben: »I pleased Dr. Swift«, und in seiner Wiedergabe des lateinischen Epitaphs faßte William Butler Yeats die aus irischer Sicht grundlegende Lebensleistung S.s zusammen: »He served human liberty.« – Nach der Ausbildung an der Kilkenny Grammar School wechselte S. 1682 zum Studium an das Trinity College in Dublin. Dessen scholastisch geprägtes Curriculum veranlaßte ihn, seine akademischen Pflichten zu vernachlässigen, so daß er 1686 den Grad eines Bachelor of Arts nur *speciali gratia* erwarb. Mit dem Ausbruch des Bürgerkriegs floh S. 1689 vor den Unruhen nach England. Dort trat er als Sekretär in die Dienste des Diplomaten Sir William Temple, der zwar zurückgezogen auf seinem Landsitz Moor Park in Surrey lebte, aber nach wie vor dem seit 1688 regierenden Wilhelm von Oranien als Ratgeber zur Verfügung stand. S. diente Sir William mit Unterbrechungen bis zu Temples Tod im Januar 1699. Diese Zeit ermöglichte ihm nicht nur, seinen literarischen Neigungen – Poesie, Geschichte, Reiseliteratur – nachzugehen, sie lehrte

ihn auch den furchtlosen Umgang mit den Granden von Kirche und Staat sowie den Größen der Literatur (*The Examiner*, 1710–11; *The Conduct of the Allies*, 1711; »The Windsor Prophecy«, 1711; »A Satirical Elegy on the Death of a late Famous General«, 1722; »On Poetry: A Rapsody,« 1733). In Moor Park begegnete S. der jungen Esther Johnson, seiner Stella (1681–1728). Er wurde Stellas Lehrer, später ihr Mentor und Freund. Ob er bei aller Liebe, die die Beziehung auch ausgezeichnet hat (*Journal to Stella*, 1710–13; *Tagebuch in Briefen an Stella*, 1866/67), mit ihr verheiratet war, ist ungeklärt. Sicher ist, daß S. dieser »wahrsten, tugendhaftesten und wertvollsten Freundin« seines Lebens (»On the Death of Mrs. Johnson«, 1728) in empfindsamen Geburtstagsgedichten (»Stella's Birthday«, 1727) ein bleibendes Denkmal gesetzt hat. – In die Zeit auf Moor Park fiel auch die Entscheidung für den Priesterberuf (1694/95). Obwohl diese Entscheidung ebensosehr im Bedürfnis nach materieller Absicherung durch eine kirchliche Pfründe verwurzelt ist wie im Motiv der Berufung, ist unbestritten, daß S. seine Aufgaben als Priester zeitlebens ernst nahm. Er versammelte seinen Haushalt regelmäßig zum Gebet und predigte seiner Gemeinde die Grundsätze eines einfachen, vernunftbestimmten und karitativen Christentums (»A Letter to a Young Gentleman, Lately Enter'd into Holy Orders«, 1720). Theologische Kontroversen waren ihm ein Greuel, und als Amtsträger sah er seine Aufgabe darin, die Institution der *Established Church* zu stärken (*Thoughts on Religion*, 1765). Diese Position erklärt S.s Bemühungen um die Abschaffung von Kirchensteuern in den Jahren 1707–09 ebenso wie seine Intoleranz gegenüber Katholizismus und Dissentertum. – Nicht zuletzt brachen während der Zeit auf Moor Park die ersten Symptome der Ménièreschen Krankheit bei S. aus, die Schwerhörigkeit und

Drehschwindel hervorruft und ihn zeitlebens in Intervallen heimsuchte. Diese Krankheit ist auch die Ursache für die geistige Umnachtung S.s, die ihn drei Jahre vor seinem Tode in die Obhut einer *Lunacy Commission* überstellte. Obwohl S. in seinem Leben also viele Rollen spielte, hat keine ihn so ausgefüllt wie die des Satirikers. In seinem vielleicht bekanntesten Gedicht (*Verses on the Death of Dr. Swift*, 1731), dessen La Rochefoucauld entlehnte egoistische Psychologie *Gulliver's Travels* (1726; *Des Capitains Lemuel Gulliver Reisen*, 1727) in mancher Hinsicht komplementiert, ließ er den Sprecher des »Rose-Tavern-Monologs« diese Eigencharakteristik vortragen: »PERHAPS I may allow, the Dean / Had too much Satyr in his Vein; / And seem'd determin'd not to starve it, / Because no Age could more deserve it« (Z. 455–58). – Als Satiriker war S. von einer aggressiven Intention literarischen Sprechens bestimmt, die nie dem Laster im Individuum, immer aber dem lasterhaften Individuum galt; auch war S. von dem Wunsch besessen, die, mit denen er stritt, in größtmögliches Unrecht zu setzen, »die Welt zu quälen, nicht zu unterhalten«. Als Schwester der Peitho ist S.s Satire eine Spielart der Überredung; ihr Ziel ist nie ästhetisches Wohlgefallen, sondern mehr noch als die Erweckung von Reformabsichten die von Scham- und Schuldgefühlen. – S. begegnete dem Ideologieverdacht, dem alle Satiriker ausgesetzt sind, mit einer Strategie, die die personifizierten Torheiten und Laster sich selbst ans Messer liefern ließ. Statt eine Narren und Schurken mit der ideologischen Keule des Satirikers zu ›erledigen‹, ließ er sie sich selbst den Prozeß machen, sich selbst geistig und/oder moralisch ›vernichten‹. Keine Satire setzt diesen ›Freitod‹ anschaulicher in Szene als die *Predictions for the Year 1708* (1708; *Wundersames Prognosticon oder Prophezeiung Was in diesem 1708 Jahr geschehen soll*, 1708), in denen S. unter dem

Pseudonym Bickerstaff den Astrologen Partridge (»Irgendetwas wird irgendwann irgendwo schon passieren«) mit der eigenen Methode zu Tode reimte. – Diese Jiu-Jitsu-Technik, des Gegners Waffen gegen ihn selbst zu wenden, ist bereits in den frühesten Satiren ausgebildet, so etwa in *The Battle of the Books* (1704; *Die Schlacht zwischen den alten und modernen Büchern*, 1967), mit der S. seinem Patron, der sich in einer Streitfrage der *Querelle des Anciens et des Modernes* kompromittiert hatte, zu Hilfe eilte und in der er die Kritik des ›antiken‹ Sir William Temple an der modernen Fortschrittsgläubigkeit ins Bild setzte. An ihrem Ende sind die *moderni* gebrandmarkt als von Natur aus aggressive Habenichtse, die vom Geist, der stets verneint, getrieben werden und deren Taten, entgegen ihrem Anspruch, für das Wohl der Menschheit belanglos sind. – Noch schonungsloser ist das mit *The Battle of the Books* veröffentlichte *A Tale of a Tub* (1704; *Ein Tonnenmärchen*, 1967), das in etwa drei gleichgewichtige Teile zerfällt, Vorspann (A), religiöse Allegorie (B) und Exkurse (C), die durch den ›Erzähler‹, einen modernen Gossenliteraten, zusammengehalten werden. Die religiöse Allegorie beschreibt die Geschichte der christlichen Religion als Chronik fortschreitenden Ungehorsams gegenüber dem Vermächtnis ihres Stifters, hermeneutische Kasuistik und Irrationalität der Transsubstantiationslehre auf seiten des Katholizismus etwa sowie den sich auf innere Erleuchtung berufenden ›Wahnsinn‹ der Schwarmgeisterei, wie ihn zahlreiche postreformatorische Religionsgemeinschaften in England vorlebten. Präliminarien und Exkurse, S.s ›kreativer‹ Ausdruck für die moderne Unfähigkeit, zur Sache zu sprechen, spinnen neben der religiösen Allegorie eine zweite ›Geschichte‹, deren Themen denen der Parabel korrespondieren. Sie propagieren neuzeitliche Alternativen wie Solipsismus und Innovationssucht,

Negation und Destruktion, Inversion der Werte und Anderssein um jeden Preis. Als ›fertiges‹ Buch ist *A Tale of a Tub* eine *creatio ex nihilo*, bei der ein ›Un‹-buch aus Nichts entsteht, dessen ›Schöpfer‹ in den (Un-)Tiefen seiner Seiten verschwindet. S. pariert den Anspruch von Grub Street, Bücher *schreiben* zu können, mit dem paradoxen Gegen-›Beweis‹, daß in Grub Street bestenfalls Bücher *gemacht* werden, Bücher als physische Gegenstände. Nicht nur kommt *A Tale of a Tub*, Sinnbild ohne Schlüssel und Geschichte ohne Sinn, ans Ende, weil alles gesagt *ist*, sondern weil es nie etwas zu sagen *gab*. – Mit *Gulliver's Travels* vollendete S. das satirische Programm, das er in *A Tale of a Tub* begonnen hatte. Wenn *A Tale of a Tub* seine Anatomie der »zahlreichen und groben Verderbtheit in Religion und Gelehrsamkeit« darstellt, ist *Gulliver's Travels* S.s satirische Vivisektion menschlicher Triebkräfte, die nach seinem Urteil die Geschichte neuzeitlicher Politik (Bücher I und II) und Wissenschaft (Buch III) geleitet haben. Während dreier Reisen läßt S. (s)einen allegorischen Repräsentanten, den *homme moyen* Gulliver, ausgestattet mit Neugier und Bildungshunger, im Buche der Geschichte lesen. In der Geschichte begegnet Gulliver dem Menschen und seinen Werken. An den Werken ›er-fährt‹ er den geistigen und moralischen Zustand des Menschen, das Gefälle von menschlichem Anspruch und geschichtlicher Leistung. Allein die Geschichte lehrt Gulliver-Jedermann nichts. Erst sein Herr im Land der Pferde (Buch IV) setzt Gulliver ›ein Licht auf‹. Die Bücher I-III bilden im Gesamtplan also eine Einheit; Buch IV steht für sich. Die Bücher I-III liefern das Anschauungsmaterial für das satirische Urteil zur Irrationalität des Menschen (Buch IV). – Wie Gullivers ›Fall‹ am Ende vor Augen führt, nutzen die Menschen aus Hochmut ihre Möglichkeiten nicht, ja sie erheben sogar Maßstäbe zur Richt-

schnur ihres Handelns, die ihrer Natur nicht angemessen sind. Wer wie die orthodoxe Anthropologie den Menschen für ein vernünftiges Geschöpf hält, erweist ihm keinen Gefallen, mißt ihn außerhalb der Voraussetzungen, unter denen er angetreten und nach denen sein Handeln zu beurteilen ist. Wie sich an Gullivers ›Fall‹ herausstellt, ist Gulliver, nicht S., ›verrückt‹ nach Vernunft, und so bleibt bei *Gulliver's Travels*, wie in *A Tale of a Tub*, ein Rest von Unbehagen, das ausdrücklich nicht in der strukturellen Unfähigkeit des Paradoxons gründet, Stellung zu beziehen. Schließlich führen in beiden Werken ›Ver-rückte‹ das große Wort, Erzähler, die nicht ›recht bei Trost‹, ja von allem ›guten Geist‹ verlassen sind. Der Normenkollaps scheint vollkommen. Wo steht S.?

Diese Frage bleibt auch in den aufwühlenden skatologischen Gedichten der 1730er Jahre, vorab in den aufeinander bezogenen, Innenwelt wie Außensicht vermittelnden »A Beautiful Young Nymph Going to Bed« (1734) und »The Lady's Dressing Room« (1732), ebenso unbeantwortet wie in der eschatologischen (Schreckens-)Vision von »On the Day of Judgement« (ca. 1731), in der ein indifferenter Weltenlenker das Jüngste Gericht ausfallen läßt, weil die Menschheit kein Urteil verdient, und *last but not least* in der Satire, die alle analytischen Fähigkeiten paralysiert, *A Modest Proposal* (1729; *Bescheidener Vorschlag*, 1967), mit der S. sein letztes Wort zur irischen Frage verkündete. *A Modest Proposal* ist ein nach der klassischen Gerichtsrede komponierter ›ökonomischer‹ Traktat, der die ausbeuterische englische Wirtschaftspolitik gegenüber Irland in gleicher Weise auf die Anklagebank setzte wie die irische Lethargie angesichts des eigenen Schicksals. Im ökonometrischen Kalkül des Sprechers erscheint das merkantilistische Prinzip, »People are the riches of a nation«, das zwischen Rohstoff und

Produktionsmittel scheidet, aufgehoben und das irische Volk aufgerufen, die einzige ihm verbleibende Aussicht auf (Über)leben im Tod der eigenen Kinder zu suchen. – Bekanntlich vertreten Paradoxa keine Positionen; sie beziehen nie Stellung, und sie sind niemandem verpflichtet. Ihre einzige Funktion ist zu schockieren, zu verwirren und zu überraschen; herrschende Meinungen und Normen in Frage zu stellen und zu weiterem Nachdenken aufzufordern. So gesehen bleibt der Dechant von St. Patrick ein Autor für jede und alle Zeit.

Hermann J. Real

Thackeray, William Makepeace
Geb. 18.7.1811 in Kalkutta;
gest. 24.12.1863 in London

Nichts deutet im Werdegang von William Makepeace Thackeray darauf hin, daß er zu einem der großen viktorianischen Romanautoren werden sollte. Emotionale Verarmung bedrohte ihn sowohl im frühen Kindesalter, als er, das Schicksal der in anglo-indischen Kolonien geborenen Söhne teilend, von der Mutter getrennt wurde (der Vater war schon früh gestorben), um in England die Schule zu besuchen, als auch nach wenigen Ehejahren, deren Glück der Ausbruch einer Geisteskrankheit seiner Frau beendete. Intellektuelle Unterforderung kennzeichnete seine Schulzeit: *Public school* (Charterhouse) und Universität (Trinity College Cambridge) empfand Th. keineswegs als anregend und fördernd. Finanzielle Not schließlich, teils durch eine indische Bankenkrise, teils durch Th.s Müßiggang und Spielleidenschaft herbeigeführt, ließ keine Muße für geduldiges Arbeiten am Werk. Th. übernahm ab 1833 journalistische Arbeiten in London und veröffentlichte bald in den angesehenen Periodika *Fraser's Magazine* (seit 1835) und *Punch* (seit 1842). Diese Arbeiten machten Th. zum beliebten Autor, und

mit *Vanity Fair, or, A Novel Without a Hero* (1848; *Jahrmarkt der Eitelkeit: Ein Roman ohne Held*, 1849) wurde er zu einer berühmten öffentlichen Persönlichkeit. Obwohl ihm ein Familienleben versagt blieb und kräftezehrende Krankheiten die zweite Lebenshälfte überschatteten, schätzte sich Th. wegen seiner schriftstellerischen Erfolge, seines sehr guten Verhältnisses zu den geliebten Töchtern, eines reichen gesellschaftlichen Lebens und zahlreicher Vortrags- und Erholungsreisen als zufrieden ein.

Die aus Geldnot eingeschlagene schriftstellerische Karriere begann mit humoristischer Kurzprosa, die ihren Effekt aus der Wahl exzentrischer Erzählperspektiven gewinnt. Die Leserschaft schätzte Th.s Technik, aus der Sicht beschränkter Figuren wie der des Bediensteten James Yellowplush, des Gesellschaftslöwen George Savage Fitz-Boodle und des Künstlers Michael Angelo Titmarsh die zeitgenössische Gesellschaft karikiert darzustellen. In *Fraser's Magazine* veröffentlichte Th. »The Yellowplush Papers« (1837/38), später Bestandteil von *The Yellowplush Correspondence* (1852; *Die Memoiren des Mr. C.J. Yellowplush, ehedem Lakai in vielen vornehmen Familien*, 1958), die das Treiben der ›besseren Gesellschaft‹ aus der Sicht der Dienerschaft analysieren. In jener Zeit entstand auch Reiseprosa wie die (wenig bemerkenswerten) Impressionen des Reisenden M.A. Titmarsh in *The Paris Sketch Book* (1840) und *The Irish Sketch Book* (1843; *Irländische Zustände, geschildert von M.A. Titmarsh*, 1845). Die 53teilige *Punch*-Serie »The Snobs of England, by One of Themselves« (1846/47) wurde in überarbeiteter Form zu *The Book of Snobs* (1848; *Die Snobs: Humoristische Bilder aus Alt-England*, 1851); diese Texte ließen die konservative Gesellschaft Londons auf Distanz zu Th. gehen, da er hier über eine Reihe satirischer Porträts den Abstand zwischen viktorianischer Moral und sozialer Praxis allzu offenkundig machte. In den Jahren 1859 bis 62 bewies der späte Th. noch einmal als Herausgeber des sich gut verkaufenden *Cornhill Magazine* seine glückliche journalistische Hand. – Als ersten (kommerziell wenig erfolgreichen) Roman legte Th. *The Luck of Barry Lyndon: A Romance of the Last Century* (1844; *Die Memoiren des Junkers Barry Lyndon*, 1953) vor, der auf der Grundlage einer Gaunerbiographie und vor dem Hintergrund anti-irischer Propaganda in der Ich-Form von den Taten eines militärischen und amourösen irischen Abenteurers berichtet. Dabei breitet dieser Kriminelle seine Erfolge so selbstgefällig aus, daß aus der Sprache dummer Eitelkeit auf die Verantwortungslosigkeit und moralische Verderbtheit dieses Mannes (und der Iren überhaupt) geschlossen werden muß.

Th., der auch über beträchtliches Talent als Zeichner verfügte und die meisten seiner Veröffentlichungen selbst illustrierte, hatte sich als Autor stets gegenüber Charles Dickens zu definieren. Er übernahm die von Dickens geschaffenen Publikationsformen der Zeitschriftenserie und des in monatlichen Folgen erscheinenden Fortsetzungsromans. Inhaltlich aber setzte er Dickens' oft phantastischen und melodramatischen Handlungen eine – wechselnd in satirischem, ironischem oder parodistischem Ton gehaltene – realistische Bestandsaufnahme des Lebens, oft unter Verzicht auf Handlungsreichtum, entgegen. Fremd war Th. Dickens' engagiertes Eintreten für radikale soziale Reformen: Th.s Erzähler treten nicht als überzeugte Künder der Wahrheit auf; vielmehr sind sie sich der Subjektivität ihrer Sicht der Dinge bewußt und erheben keinen Anspruch auf verbindliche moralische Autorität. Th.s skeptische Erzähler bringen ihre Figuren immer wieder in durchaus dickenssche heldisch-romanhafte Posen, nur um sie dann aber durch die Handlung auf die menschliche Ebene finanzieller Mo-

tive, unglücklicher Verstrickungen und körperlicher und charakterlicher Unzulänglichkeiten zurückzuführen.

Mit *Vanity Fair* – zuerst 1847/48 als 19teilige Serie veröffentlicht – legte Th. den ersten Roman unter eigenem Namen vor. Detailreich und historisch genau zeichnet dieser Text ein Panorama der jüngeren Vergangenheit, zugleich aber stellt er in der erfundenen Handlung zwei für die viktorianische Gegenwart typische Lebensoptionen einander gegenüber: Die bloß in materiellen Kategorien kalkulierende Becky Sharp wird vermögend, aber nicht glücklich; Amelia Sedley, der mangelnde Intelligenz und ein weiches Herz alle Strategien des Aufstiegs unmöglich machen, endet arm, aber nicht ohne Chance auf Glück. Bei welcher der beiden Frauengestalten die Sympathie des Erzählers liegt, bleibt unentschieden; als Kritiker wie Bewunderer seiner Gestalten zugleich kann er ihnen nicht überlegen sein. Die letzte Folge des Romans zieht denn auch – unerhört für einen viktorianischen Roman – kein Resümee durch eine Konstellation, die ›poetische Gerechtigkeit‹ ins Werk setzte; vielmehr endet die Handlung unentschieden an einem Punkt vorübergehender Ruhe. Zuvor hat der Erzähler und »Manager of the Performance« die Handlung in Parallelen und Gegensätzen sowie in den Kontexten von Gefühl und gesellschaftlichen Rahmenbedingungen arrangiert, so daß über ein dichtes Muster von Verweisen das Treiben der Figuren aus der Erzählung hinaus ins allgemein Gültige weist und auch die Leserschaft mit einschließt. Mit *Vanity Fair* läßt Th. die auf moralischen Sicherheiten bestehende Welt des viktorianischen Romans hinter sich: Daß die Wahrheit nicht so einfach ist, wie die Moralisten behaupten, ist Ergebnis jeder genauen Lektüre dieses Romans.

Th.s nächster, 1848–50 in 24 Folgen erschienener, autobiographisch gefärbter Bildungsroman *The History of Pen-*

dennis: His Fortunes and Misfortunes, His Friends and His Greatest Enemy (1848–50; *Die Geschichte von Arthur Pendennis, seinen Freuden und Leiden, seinen Freunden und seinem größten Feind*, 1849–51) vernachlässigt Handlungsentwicklung zugunsten von Figurenzeichnung und Ausbreitung eines Gesellschaftspanoramas. Nur die abgeklärte Reife der Erzählerfigur hält die Fülle vornehmlich Londoner Szenen zusammen, indem sie die erinnerte Welt um die Pole ›häusliche Tugend‹ und ›weltliche Versuchung‹ gliedert, zwischen denen sich der Held bei seiner doppelten Entwicklung zum Romanautor und Gentleman entscheiden muß. Die Qualitäten seines Vorbilds, Henry Fieldings *Tom Jones* (1749), erreicht der Roman seiner ästhetischen Konventionalität wegen keineswegs; dennoch ist *Pendennis* anderen zeitgenössischen Bildungsromanen durch seine intensive Auseinandersetzung mit der Frage überlegen, wie der Künstler aus der Erfahrung der Wirklichkeit Wahrheit gewinnen kann und welchen Anspruch die Gesellschaft auf diese künstlerische Erkenntnisleistung hat.

Den Zwängen serieller Veröffentlichungsformen entzog sich Th. mit dem Werk *The History of Henry Esmond, Esq., a Colonel in the Service of Her Majesty Q. Anne, Written by Himself* (1852; *Geschichte des Heinrich Esmond: Von ihm selbst geschrieben*, 1852). In diesem nach den Konventionen der Autobiographie geschriebenen historischen Bildungsroman muß sich der Held zwischen zwei Frauen, Beatrix und Rachel, entscheiden, die in schematischer Gegensätzlichkeit Kälte und (leider völlig unerotische) Herzenswärme verkörpern. Obwohl Esmonds Lebensweg mit großer historischer Sorgfalt im für die viktorianische Zeit schon so fernen 18. Jahrhundert angesiedelt wird, betont der Roman das zeitlose private Dilemma des Helden. Die Wahl einer solchen Mischform aus historischem Roman und einer auf das allgemein Menschliche abhebenden Erzählung soll auf die Wandelbarkeit auch der scheinbar ›ewigen‹ moralischen Grundsätze aufmerksam machen. Wer einem allen gepredigten Verbindlichkeiten gegenüber skeptischen Erzähler, der die eigene Subjektivität durch seine Erfahrung von geschichtlicher Relativität begründet, gerne folgt, wird zu *Henry Esmond* greifen und hier nicht nur mit dem Porträt einer faszinierenden Frauenfigur, der tragischen Beatrix, belohnt, sondern auch mit einer als prozeßhaft begriffenen geschichtsabhängigen Wertewelt und entsprechenden Reflexionen über den wahren Gentleman. Von seiner Fortführung der Familiengeschichte der Esmonds, *The Virginians: A Tale of the Last Century* (1857–59; *Die Virginier: Eine Geschichte aus dem vergangenen Jahrhundert*, 1953), einem formal nur locker organisierten Roman, hielt Th. selbst wenig. Der moralische Grundkonflikt ist hier in das Amerika der Revolutionszeit mit seiner Opposition von amerikanischer Unschuld und europäischer Verderbtheit transportiert.

In den späten Romanen *The Newcomes: Memoirs of a Most Respectable Family* (1853–55; *Die Newcomes: Geschichte einer sehr achtbaren Familie*, 1854–56) und *The Virginians* kultiviert Th. sein vom damaligen Publikum geschätztes Talent, wenig Handlung mit zahlreichen Reflexionen zu verknüpfen. *The Newcomes*, wieder zuerst als 23teiliger Fortsetzungsroman veröffentlicht, reflektiert in der Gestalt des Clive Newcome Th.s Auffassung von Kunst und in der Gestalt des Erzählers die Gründe für die menschliche Vorliebe für die Vergangenheit. Solche Überlegungen werden an einer Familiengeschichte festgemacht, in der soziale Mobilität und das Streben nach Reichtum jede historische Identität gefährden. Egoismus ersetzt die alten gesellschaftlichen Tugenden, Geld die Familienehre, und die Gegenwart ist durch Heuchelei und Herzlosigkeit gekennzeichnet. Unter diesen Umständen kann nur ein ironisches *happy ending*, angesiedelt im Bereich der Fabel, gelingen. Unvergessen bleibt in diesem Panorama die Figur des Colonel Newcome, der demonstriert, daß man in einer materialistisch orientierten Gesellschaft zwar als Gentleman leben kann, dabei aber Opfer dieser Gesellschaft wird; ebenso bleibt in Erinnerung die zwiespältig angelegte Ethel Newcome, die materiellen Wohlstand für sich zwar erstrebt, im Prinzip aber verachtet.

Wie die meisten Romanautoren des englischen 19. Jahrhunderts war Th. Moralist; im Zusammenhang mit der viktorianischen Suche nach Definitionen wahrer Männlichkeit wollte er ein der Gegenwart gerecht werdendes Konzept des Gentleman entwickeln. Im Gegensatz zu den Konventionen seiner Zeit zeichnet die Mehrzahl seiner Texte aber kein eindeutiges Bild von Gut und Böse; eher sind sie als Experimente der Wahrnehmung angelegt, die den Leser mit unterschiedlichen moralischen Sichtweisen konfrontieren und zu einer eigenen Stellungnahme herausfordern. Zu diesem neuartigen Vorgehen befähigte Th. sein früh im Journalismus eingeübter kritischer Blick auf die Gesellschaft seiner Zeit, der ihm die Einsicht vermittelte, daß Standpunkte immer nur relativ gültig sind. Diese distanzierte Sicht der unübersichtlichen Verhältnisse in der Gesellschaft und ihrer Geschichte stößt – und hier liegt der unvergleichliche Unterhaltungswert Th.s – nicht zu den großen ethischen Fragen vor, sondern konzentriert sich auf die Beschreibung der Oberfläche, des Verhaltens von Charakteren. Charakterzeichnung erweist sich damit als heuristisches Verfahren zur Annäherung an moralische Maßstäbe.

Nicht alles, was Th. schrieb, hat überdauert. Die frühen Arbeiten bleiben thematisch und geschmacklich zu zeitbezogen, um heute noch wichtig zu

sein; *The Virginians* fehlt innerer Zusammenhalt und künstlerische Struktur. Erinnert aber werden *Vanity Fair* und *Pendennis* ihres relativierenden Erzählers und ihrer skeptischen Zeichnung gemischter Figuren wegen; zugleich führen diese Texte den historischen Roman auf eine Ebene, die diese Gattung zum Zeugen gegen den allgemeinen Gültigkeitsanspruch der viktorianischen Moral macht. Th. teilt freilich mit vielen heute vergessenen AutorInnen des englischen 19. Jahrhunderts das Schicksal radikal veränderter literarischer Maßstäbe. So war *The Newcomes* zu seiner Zeit Th.s populärster Roman; unter dem Einfluß einer auf ökonomischer Formung des Stoffes bestehenden formalistischen Literaturkritik wird dieser Text aber heute als abschreckendes Beispiel für viktorianische Exkursfreude abgewertet. Wer jedoch ein wenig Geduld mitbringt, wird *The Newcomes* als beziehungsreiches und faszinierendes soziales, moralisches und emotionales Porträt des englischen 19. Jahrhunderts lesen.

Stephan Kohl

Tolkien, J[ohn] R[onald] R[euel]
Geb. 3. 1. 1892 in Bloemfontein, Südafrika; gest. 2. 9. 1973 in Bournemouth

Die Aufgabe eines Künstlers, so J.R.R. Tolkien, bestehe darin, als *sub-creator* eine Sekundärwelt zu schaffen, die es erlaubt, im Vertrauten die Wunderbare zu sehen und so Wahrheiten über die Primärwelt zu erkennen. In seinem literarischen Werk gelang es T., der als Begründer der modernen *fantasy*-Literatur gilt, mit dem Kosmos von Mittelerde eine solche Welt zu beschreiben, die durch ihre Geschlossenheit zu überzeugen weiß. Insbesondere sein bekanntester und bereits zweimal verfilmter (1978 und 2001ff.) Roman, *The Lord of the Rings* (1954–55; *Der Herr der Ringe*,

1969 und 2000), der in T.s fiktionaler Chronologie am spätesten angesiedelt ist, erzielt erzählerische Tiefe v. a. durch die intertextuellen Verweise auf eine mythische Vergangenheit der erzählten Welt und die Durchkonstruiertheit der in ihr gesprochenen Sprachen.

Obwohl T. sich bereits zu seiner Schulzeit für reale und fiktive Sprachen begeisterte, ist es das Erlebnis der Somme-Offensive, das T. dazu veranlaßte, 1917 im Lazarett mit dem Entwurf einer ›Mythologie für England‹ zu beginnen, die den Kern dessen bildet, was postum als *The Silmarillion* (1977; *Das Silmarillion*, 1978) veröffentlicht wurde, und damit seinen erfundenen Sprachen eine plausible Sprachgeschichte zu geben. Nach dem Krieg und zweijähriger Mitarbeit am *New English Dictionary* führte ihn seine akademische Laufbahn von Oxford zum Aufbau der englischen Fakultät nach Leeds, wo er mit E. V. Gordon *Sir Gawain and the Green Knight* (1925) edierte, und wieder zurück nach Oxford, wo er 1925 eine Professur für Altenglisch antrat und in den ›Inklings‹, zu denen u. a. C. S. Lewis und Charles Williams zählten, Zuhörer und Kritiker für seine Geschichten fand. Die Veröffentlichung des als Kinderbuch konzipierten *The Hobbit* (1937; *Der kleine Hobbit*, 1974) machte T. schlagartig berühmt, und nur auf das Drängen des Verlegers hin – der *The Silmarillion* ablehnte – schrieb er 1937–49 *The Lord of the Rings*, das zugleich Fortsetzung und Integration von *The Hobbit* in den im *Silmarillion* angelegten Kosmos bildet. – T.s Mittelerde-Erzählungen, zu denen auch eine Vielzahl von Fragmenten und Skizzen gehört, die T.s Sohn Christopher als *History of Middle-Earth* (1983ff.) herausgibt, weisen, neben dem Schauplatz, verschiedene Gemeinsamkeiten auf: Sie schildern eine mit mythischen Wesen bevölkerte Welt von deren Erschaffung an, die durch einen ausgeprägten Gut-Böse-Dualismus gekennzeichnet ist. Die

mit Motiven und Erzählformen aus nordischen Sagen durchzogenen Erzählungen greifen Themen auf, die durch T.s Katholizismus geprägt, jedoch nie allegorisch zu verstehen sind, wie den Fall durch Überheblichkeit und die korrumpierende Wirkung der Macht. Die elaborierteste Darstellung erfolgt in *The Lord of the Rings*, das durch die Strukturierung des Personals und die Anlage der Handlung die Notwendigkeit der individuellen Entscheidung auch der physisch kleinsten Mitglieder der phantastischen Gesellschaft – der Hobbits – vor Augen führt: In zwei Handlungssträngen wird neben der Rückkehr und Einsetzung des siegreichen Königs auch die *quest* der ›kleinen‹ Hobbits erzählt, die durch ihren Leidensweg den Sieg des Königs ermöglichen. Diese ›Eukatastrophe‹ ist kennzeichnend für die meisten Mittelerde-Erzählungen und verbindet diese mit Werken wie *Farmer Giles of Ham* (1949; *Die Geschichte vom Bauern Giles und dem Drachen*, 1974), *Smith of Wootton Major* (1967; *Der Schmied von Großholzingen*, 1975) und »Leaf by Niggle« (1945; »Blatt von Tüftler«, 1975), das in fiktionaler Form T.s in »On Fairy-Stories« (1938/1945; »Über Märchen«, 1982) dargelegte christliche Poetik inszeniert. – Bereits Ende der 1960er Jahre avancierte *The Lord of the Rings* – als Allegorie gegen den Kalten Krieg mißverstanden – zum Kultbuch der alternativen Bewegung. Durch die Popularität von T.s Werken etablierte sich nicht nur die *fantasy*-Literatur als eigenständiges Genre, sie bewirkte auch neue Formen der Auseinandersetzung mit fiktionalen Themen (insbesondere das Rollenspiel).

Klaudia Seibel

Updike, John [Hoyer]
Geb. 18. 3. 1932 in Shillington,
Pennsylvania

John Updike, der aus einer Kleinstadt in
Pennsylvania stammt und in Harvard
und ein Jahr in Oxford studierte, gehört
wie Philip Roth zu der kleinen Gruppe
hochgebildeter Schriftsteller des Ostens
der USA, deren Erzählen weitgehend
an die realistische Tradition anschließt
und postmodernem Gedankengut und
Formexperimenten zumindest in den
ersten Schaffensphasen abhold ist. U.
veröffentlichte seine erste Kurzgeschichte, »Friends from Philadelphia«, 1954 in
The New Yorker, arbeitete einige Zeit in
der Redaktion dieser Zeitschrift mit und
blieb ihr auch nach seinem Umzug von
New York nach Ipswich, Massachusetts,
verbunden. U. hat als Lyriker, Essayist
und vor allem als Erzähler ein außerordentlich umfangreiches, vielseitiges
und qualitätsvolles schriftstellerisches
Werk geschaffen. Seine eigene reali-
stisch-mimetische Position als Künstler
drückt sich auch in seinen kritischen
Schriften aus, etwa wenn er an einem
der mit Raffinement geschriebenen fik-
tionsironischen Romane Italo Calvinos
bemängelt, er sei lediglich »involuntari-
ly real« und »intellectually achieved«.
In einer anderen Calvino-Besprechung
formuliert er seine eigene ›humanistische‹ Poetik. Diejenige Erzählkunst
lehnt er ab, die sich zu weit von »the
home base of all humanism« entfernt,
von »the single, simple human life that
we all more or less lead, with its crude
elementals of nurture and appetite, love
and competition, the sunshine of well-
being and the inevitable night of death«.
In diesem Sinne definiert U. seine Aufgabe als Erzähler: die fiktionale Gestaltung der Schicksale und der Beziehungen von nicht über das Normalmaß
hinausreichenden Menschen in ihrem
Eingebundensein in den spezifischen
sozialen und kulturellen Kontext der
amerikanischen Gegenwart. Als heraus-

ragendes Zeugnis muß in diesem Zusammenhang U.s Rabbit-Tetralogie gelten.

Bei dieser Roman-Sequenz handelt es
sich im Verhältnis zu Textfolgen (»se-
quels«) anderer Autoren um eine innovatorische Leistung, wie schon der
Blick auf einige elementare Daten erkennen läßt. Die Romane erscheinen im
Zehnjahrestakt und behandeln in ihren
zeitgeschichtlichen Porträts auch inhaltlich die jeweilige Dekade im Leben der
zentralen Jedermann-Figur Harry Angstrom (»Rabbit«) – ein amerikanischer
Nachfolger von James Joyces Leopold
Bloom: *Rabbit, Run (Hasenherz*, 1962)
erschien 1960 und bezieht sich u. a. auf
politische Ereignisse wie das Treffen
zwischen Präsident Eisenhower und
Premierminister Harold Macmillan sowie den chinesisch-tibetanischen Konflikt mit der Flucht des Dalai-Lama.
*Rabbit Redux (Unter dem Astronauten-
mond*, 1972) kam 1971 heraus und
nimmt Bezug auf Ereignisse wie den
Vietnamkrieg und die amerikanische
Mondlandung. Der dritte Roman der
Folge, *Rabbit Is Rich (Bessere Verhältnisse*, 1983), erschien 1981 und bezieht
sich u. a. auf die Energiekrise 1979, den
Geisel-Konflikt mit dem Iran und die
russische Intervention in Afghanistan.
Das letzte Werk der Sequenz, *Rabbit at
Rest (Rabbit in Ruhe*, 1992), wurde 1990
veröffentlicht. Ein Ereignis, das es leitmotivisch aufgreift, ist das Flugzeugun-
glück von Lockerbie. Die historischen,
politischen und kulturellen Ereignisse
und Fakten stehen nicht im Vordergrund der Romane, sie sind aber als
Kontext ständig präsent. Im Zentrum
steht vielmehr die Darstellung der Lebensabschnitte des Protagonisten Rabbit, wobei es allerdings zu aufschlußreichen Parallelen kommt. Das Verschwinden des Dalai-Lama im ersten Roman
entspricht Rabbits Versuch, aus seiner
Ehe auszubrechen. Das Chaos von Rabbits Leben im zweiten Roman mit seinen Beziehungen zu einem Hippiemäd-

chen und einem schwarzen Politakti-
visten findet eine Entsprechung im
Vietnamkrieg und der gesellschaftlichen
Revolution Ende der 60er Jahre. In *Rabbit Is Rich* kommt es zu einer Par-
allelisierung von Rabbits Konflikt mit
seinem Sohn Nelson und der Geisel-
Krise mit dem Iran, welche die Carter-
Regierung belastete. Ähnlich entsprechen sich in *Rabbit at Rest* die Locker-
bie-Katastrophe und das Challenger-
Unglück, »the disgrace of the decade«,
auf der einen Seite und Rabbits physischer Kollaps auf der anderen. In diesem Roman läßt U. das Privat-Persön-
liche und das Öffentlich-Politische einander geradezu überexplizit entsprechen, wenn er Rabbit mit Abscheu an
seinen Ehebruch mit Thelma denken
läßt und zugleich an Nixon und Watergate sowie die für Amerikaner demüti-
genden Appelle, Energie zu sparen: »It
was like another sad thing to remember,
the time when Nixon, with Watergate
leaking out all around him, during one
of the oil crunches went on television to
tell us [. . .].«

Die zeitgeschichtlichen Referenzen
erfolgen in dem Roman in der Regel
beiläufig durch Hinweise auf Radiosen-
dungen, Zeitungslektüre oder Unterhal-
tungen. Hinzu kommen zahllose Bezüge zu Sportereignissen, Popmusik-Ti-
teln usw. Die gesamte Kultur Amerikas
von 40 Nachkriegsjahren wird hier evoziert, aber nicht in dem Sinne, daß U.
ein Sittengemälde oder eine Zeitdoku-
mentation liefert. Die Kultur der amerikanischen Welt ist in Harry Angstroms
Leben ebenso selbstverständlich präsent, wie sie es im realen Leben auch ist.
Und insofern ist die Rabbit-Tetralogie
im wahrsten Sinne des Wortes ein Kul-
turzeugnis. Ein markanter Punkt, in
dem das spezifisch Amerikanische dieses Werks greifbar wird, sind die leitmotivischen Bezüge auf den Sport, speziell Basketball, in dem sich Rabbit als
Jugendlicher und junger Mann ausgezeichnet hatte. Das durch die sport-

lichen Leistungen verheißene erfolgreiche Berufs- und Privatleben ist ausge-
blieben. Symbolisch dafür steht der
Doppelsinn des Wortes »run«, das im
Titel des ersten Werks der Folge erscheint. Es bezieht sich einerseits auf die
kämpferischen Leistungen des jungen
Rabbit beim Sport und andererseits auf
seine zahllosen Versuche, aus seiner
bürgerlichen Existenz auszubrechen
und in Freiheitsräume vorzudringen,
die allesamt scheitern. Hier spielen –
wie in seinem Werk insgesamt – auch
religiöse Aspekte eine Rolle. Angstrom
lebt in einer gottverlassenen Welt. Versuche, einen Sinn zu finden, bleiben
ergebnislos. Die Analogie zur puritanischen Pilgerschaft in John Bunyans *Pil-
grim's Progress* wird während Rabbits
erstem Fluchtversuch in Ortsnamen
deutlich: Bird in Hand, Paradise, Inter-
course, Mt Airy. Über der fiktiven Stadt
Brewer, in der Rabbit lebt, liegt ein
immer wieder erwähnter Berg mit dem
ominösen Namen Mt Judge. Das Bas-
ketballspiel taucht auch signifikant in
der Darstellung von Rabbits körperli-
chem Verfall im letzten Teil der Tetralogie auf: Der schwer herzkranke Protagonist schädigt seine Gesundheit
ernsthaft, als er sich zu einem Spiel mit
Kindern hinreißen läßt.

Ein weiteres für die Kultur des Amerika der letzten Dekaden charakteristi-
sches Thema zeigt sich in Rabbits Obsession mit dem Sex. Darin hat man
einen Ersatz für den verlorenen christlichen Gott gesehen. Man sollte sich allerdings davor hüten, die Sexualthematik
in U.s Werk nur allegorisch zu deuten.
Für Rabbit ist es von elementarer Bedeutung, daß ihm seine Geliebte Ruth
in *Rabbit, Run* eine Art der sexuellen
Befriedigung verschafft, die seine Frau
Janice ihm versagt. Von ebenso existentieller Bedeutung ist der letzte Ge-
schlechtsakt für Rabbit in *Rabbit at Rest*,
den er mit seiner Schwiegertochter Pru
vollzieht. Hier nimmt das Wort »Herz«
eine charakteristische Doppeldeutigkeit

an: Es verweist auf das schwer geschädigte Herz des vorzeitig gealterten Mannes und gleichzeitig auf sein Sündenbewußtsein: »he is watchful of his heart, his accomplice in sin«.

Eine charakteristische Eigenschaft der Rabbit-Tetralogie ist die im Erzählablauf vollzogene präzise Vergegenwärtigung des lokalen Milieus der durchschnittlichen amerikanischen Stadt Brewer. Rabbit fragt sich in *Rabbit, Run*, wieso das unerklärliche Gebundensein an »this town, a dull suburb of a third-rate city« eine Bedingung seiner Existenz ist, »the center and index of a universe«. Das Geheimnis des Ortes hängt unlöslich mit dem Geheimnis der Identität zusammen. Rabbit beobachtet die Stadt nicht nur in ihrem jeweils gegenwärtigen Zustand; vom zweiten Teil der Tetralogie an ist er auch Zeuge des Wandels, und zunehmend vermischt sich seine Beobachtung mit seiner Erinnerung daran, was früher war. Hier zeigt sich eine andere als die naturalistische Interdependenz von Charakter und sozialer Umwelt. Ein Charakter wie Harry existiert nur im Kontext des jeweiligen amerikanischen Milieus, in das er gehört.

Neben der Rabbit-Tetralogie, die sich, von einigen Passagen abgesehen, auf eine Figur, den Protagonisten Harry Angstrom, konzentriert, gibt es einen anderen Romantyp bei U., der Beziehungen zwischen zwei oder mehr Paaren ins Zentrum stellt. Ein Ansatz dazu findet sich in *Rabbit Is Rich*, wo es bei einem Urlaub in der Karibik zu einem Partnertausch zwischen Ehepaaren kommt. Das wichtigste Werk U.s, das die Beziehungen mehrerer Paare darstellt, ist *Couples* (1968; *Ehepaare*, 1969), ein erotischer Roman, ein ›Reigen‹ von Liebesbeziehungen, in dem sich alles um den Gott Eros dreht. Durch seine ironische Spiegelungstechnik, die subtile Verwendung von Symbolik und Mythologie und durch raffinierte intertextualistische Verfahren (Anspielungen u.a. auf Tristan und Isolde, Abélard und Eloïse, Nathaniel Hawthornes *The Blithedale Romance*, Henry James' *The Golden Bowl*) hebt sich der Roman deutlich von pornographischer Literatur ab. Eine Beziehungsanalyse, die auf zwei Ehepaare bezogen ist, leistet *Marry Me: A Romance* (1976; *Heirate mich! Eine Romanze*, 1978). Der Roman bezeugt U.s Fähigkeit, die Beziehungssehnsüchte und -ängste seiner Figuren bis ins kleinste Detail darzustellen. Daß ein Ausbrechen aus den einmal eingegangenen Bindungen nicht möglich ist, wird durch die ironische Handlungsführung verdeutlicht. Die Kunst dieses Romans besteht zu einem großen Teil in der Dialoggestaltung, in der sich die endlose Gesprächs- und Argumentationsbereitschaft der Figuren manifestiert. Ein weiterer wichtiger Eheroman U.s ist *A Month of Sundays* (1975; *Der Sonntagsmonat*, 1976), der als Roman über das Schreiben eines Romans, dessen Protagonist der Autor ist, metafiktionale Züge trägt und mit seinen vielfältigen Bezügen auf Hawthornes *The Scarlet Letter* intertextualistisch konzipiert ist. Der Bezug auf Hawthorne weitet sich durch zwei spätere Werke, die sich ebenfalls an *The Scarlet Letter* anlehnen, zu einer Trilogie aus, *Roger's Version* (1986; *Das Gottesprogramm*, 1988) und *S.* (1988; *S.*, 1989). *Roger's Version* verrät durch metafiktionale Elemente und eine raffinierte intertextuelle Struktur den Einfluß der Postmoderne und gewinnt durch die Diskussion theologischer Fragen (Karl Barth, Sören Kierkegaard usw.) eine zuvor bei U. unbekannte intellektuelle Tiefe. Mit *S.*, einem humorvollen Briefroman mit einer weiblichen Heldenfigur, wollte U., wie er erklärte, die feministischen Kritiker seiner vielfach maskulin orientierten Werke besänftigen. U.s Tendenz, sich vom Realismus seiner früheren Werke zu lösen, zeigt sich u.a. in *The Witches of Eastwick* (1984; *Die Hexen von Eastwick*, 1989), einem Experiment mit der Erzählform des magischen Realismus (»magic realism«), und *The Coup* (1978; *Der Coup*, 1981), der Autobiographie eines fiktiven afrikanischen Präsidenten und Diktators mit vielen komischen, ironischen und satirischen Momenten, welche die westlich-amerikanische Zivilisation genauso wie das nach dem Tod der afrikanischen Götter geistig-moralische Vakuum auf dem schwarzen Kontinent kritisiert.

Wolfgang G. Müller

Walcott, Derek
Geb. 23. 1. 1930 in Castries, St. Lucia, Karibik

Derek Walcott kommt aus einem künstlerisch talentierten Elternhaus afrikanisch-europäischer Abstammung. Aufgrund der Muttersprache Englisch und der Zugehörigkeit zur methodistischen Kirche nahm die Familie in mehrheitlich frankophonen, katholischen St. Lucia eine Randposition ein. W. und sein Zwillingsbruder Roderick wurden indirekt, aber nachhaltig von ihrem früh verstorbenen Vater geprägt, der Gedichte geschrieben und gemalt hatte; ihre Mutter inszenierte als Lehrerin an der lokalen Methodistenschule Shakespeare-Stücke. Stark beeinflußt wurde W. zudem von einem Freund des Vaters, dem Maler Harold Simmons, und seine Ambitionen als Maler hat W. nie ganz aufgegeben, obwohl er ein eher amateurhaft begabter Aquarell-Maler geblieben ist. Daß seine literarische Begabung ungleich größer war, zeichnete sich früh ab: Schon mit 18 Jahren veröffentlichte W. seinen ersten Gedichtband, *25 Poems* (1948), zwei Jahre später kamen drei Stücke in St. Lucia zur Aufführung, die teilweise von der BBC übertragen wurden. W. studierte Englisch, Französisch und Latein am University College of the West Indies in Jamaika (1950–54), unterrichtete an höheren Schulen in Grenada, St. Lucia und Jamaika und war als Mitarbeiter bei diversen Zeitschriften, u. a. als Feuilletonist des *Trinidad Guardian*, tätig. Während seiner Jahre in Trinidad war er hauptsächlich als Gründungsleiter des Trinidad Theatre Workshop in Port-of-Spain beschäftigt (1959–76). W. übersiedelte 1981 in die USA, wo er mehrere Gastprofessuren wahrnahm und v. a. in Boston lebte. Heute verbringt er den größten Teil seiner Zeit wieder in St. Lucia, wo er mithilfe des Nobelpreis-Geldes ein Kulturzentrum gegründet hat. Der Preis, der ihn endgültig weltweit bekanntmachte, wurde ihm 1992 verliehen; seine bei dem Anlaß gehaltene Rede, die eine Standortbestimmung des karibischen Autors formuliert, erschien unter dem Titel *The Antilles: Fragments of Epic Memory* im gleichen Jahr.

W. ist geprägt von den insularen karibischen Kulturen mit ihren charakteristisch multiethnischen Ursprüngen und den damit verknüpften Dilemmata gemischter Abstammung, ungewisser Herkunft und gekappter Wurzeln. Die Plantagenkulturen der Karibik, die auf der Arbeitskraft der aus Afrika verschleppten Sklaven und später aus Südasien angeworbenen Vertragsarbeiter gründeten, waren bruchstückhaft verkürzt und weit verstreut, charakterisiert durch das, was W. als ›Amnesie‹ oder Abwesenheit historischer Kontinuität und cartesianischer Linearität bezeichnet. Künstlerische Kreativität – schon nach quantitativer Produktivität ein Phänomen erst in jüngerer Zeit – entfaltete sich im Kontext importierter europäischer Traditionen, die in der merkantilistischen Welt vor Ort keinen adäquaten Nährboden fanden. Die Distanz zwischen den formenden und deformierenden Kulturen der kolonialen Zentren und der Natur der Karibik als eines Archipels von ›Nationen‹, die kaum miteinander kommunizieren konnten, brachte W. dazu, die Grundsituation des karibischen Menschen als die eines Crusoe oder ›Schiffbrüchigen‹ bzw. ›Ausgesetzten‹ zu betrachten, der in einer Welt ohne historischen Rückhalt die psychische Krise der Anomie erlebt. Die Titel zweier Gedichtbände, *The Castaway* (1965) und *The Gulf* (1969), deuten W.s Auffassung ebenso an wie der des wegweisenden Essays »The Figure of Crusoe« (1965), der zusammen mit anderen wichtigen Überlegungen zur Kunst, Dichtung, Kultur, zum Drama, zur Geschichte und Gesellschaft in der Sammlung *What the Twilight Says* (1998) nachgedruckt ist. Die negative Ausgangslage enthält aber ein Entdeckungs- und Erfindungspotential, das die Kreativität und das Identitätsverständnis des Dichters zur Entfaltung kommen läßt. Für W. ist die ›Neue Welt‹ die Welt Adams und neuer ›grüner‹ Anfänge. ›Identität‹ ist für W. allerdings nicht vorrangig eine Frage der Ethnizität oder Rasse im Sinne des psychotischen Zustands, den Frantz Fanon in dem kolonialismusbedingten Minderwertigkeits- bzw. Überlegenheitskomplex verortet. Anders als Theoretiker und Autoren in der Tradition der *négritude*, welche die ›Herrschaftssprache‹ Englisch verwandten, um eine afrikanische Tradition – in Afrika oder in der Neuen Welt – zum Ausdruck zu bringen, akzeptiert W. sein ›Mulatten‹-Erbe und bringt die gesamte westliche Tradition durch Anverwandlung in den karibischen Kontext. Seine Essays »The Muse of History« (1976) und »What the Twilight Says« (1970) formulieren diese Position besonders schlüssig, und sein Drama *Pantomime* (1980), das die Konstellation des Crusoe/Friday-Mythos umkehrt, demonstriert, wie unterschiedliche Rassen eine koexistentielle Basis finden können. Mythos ist wichtiger als Geschichte, die moralische und universale Imagination wichtiger als politische und partikuläre Ideologie. Die Landschaft, gerade in der Verbindung von Meer und Inseln, stellt die zentrale, strukturbildende Sinnbildlichkeit seiner Gedichte und vieler seiner Stücke dar. Mit der unerschöpflichen Gabe, der Natur immer wieder neue Metaphern abzugewinnen, verknüpft er das Lokale mit dem Universalen, das Menschliche mit dem Natürlichen, wie in der meisterhaften (4000 Zeilen langen) autobiographischen Gedichtsequenz *Another Life* (1973), in der er anhand seiner Kindheitserinnerungen und eindringlicher Reflexionen die Wurzeln seiner künstlerischen Erfahrung und die einer Künstlergeneration, die sich der Erkundung der karibischen Heimat widmete, sondiert und die aufreibenden Zwänge, die ihn zur Übersiedlung aus der Karibik in die USA trieben, erörtert. Die Episodenstruktur der Sequenz, die zwischen der Ich- und Er-Form alterniert, reflektiert Gestaltungsprinzipien des Dramatikers W. In *Another Life* bezieht W. sich wie häufig in seiner Dichtung auf andere Autoren, sieht sich als Teil einer internationalen Gemeinschaft von engagierten Künstlern, die sich politischer Unterdrückung und kultureller Ideologie widersetzen, und verwendet die Vorstellung vom Schreiben als einer Schatzkammer der Metaphorik, die selbst auf das Wirken der Natur, der Landschaft oder der Erinnerung angewandt werden kann.

Der Drang zur Unmittelbarkeit des Ausdrucks, der sich in W.s passionierter Malerei niederschlägt, zeigt sich auch in seinem unermüdlichen Engagement als Leiter des Trinidad Theatre Workshop, der eine maßgebliche Rolle in der Entfaltung und Förderung des karibischen Dramas spielte und durch Theatertourneen dafür sorgte, daß es einem internationalen Publikum nahegebracht wurde. Viele seiner Stücke wurden für diese Truppe geschrieben, und sie offerieren ein gemischtes Figuren-Ensemble aus der Folklore, kreolischer Sprache und Mündlichkeit, Musik und Tanz. W.s beachtlichsten Werke in dieser Hinsicht sind *Dream on Monkey Mountain* (1970; *Der Traum auf dem Affenberg,*

1993), *Ti-Jean and His Brothers* (1970) und die Rastafari-Satire *O Babylon!* (1978). Das letztgenannte Stück ist ein Musical, wie auch *The Joker of Seville* (1978), eine Adaptation des klassischen spanischen Dramas von Tirso de Molina. Eine radikalere Adaptation ist die Kombination karibischer Szenerie und klassisch-antiker Mythologie in der Bühnenversion *The Odyssey* (1993). Viele seiner Stücke gehen dem Verhältnis zwischen ethnischer Identität und politischer Macht nach, insbesondere *The Haitian Trilogy* (2002), welche die früheren Stücke *Henri Christophe* (1950), *Drums and Colours* (1958) und *The Haitian Earth* (1984) zusammenführt.

W. vertritt eher eine konservative Moderne als eine radikal-experimentelle Avantgarde. Seine frühesten Verse zeigen den Einfluß von W. B. Yeats, Thomas Hardy und den *Metaphysical Poets*; es gibt oft einen auf Alfred Tennyson zurückverweisenden Grundton und eine deutliche Affinität mit Dichtern wie Saint John Perse, die das Postulat einer der Erfahrung der Neuen Welt gerecht werdenden Poetik artikuliert haben. Gleichgültig ob er sich vorgegebener metrischer Muster oder des Freiverses bedient, W. erweist sich als ein Meister der Verskunst, der von vorbildlichen Dichtern der westlichen Tradition viel gelernt hat. Er besitzt ein ausgeprägtes Bewußtsein von der (auch politisch) verantwortungsvollen Rolle des Dichters, Zeugnis abzulegen von der Natur des Menschen und der Universalität der Kultur, und es ist bezeichnend, daß er zu seinen engsten Freunden gleichgesinnte Lyriker wie Seamus Heaney (Nordirland), Edouard Glissant (Martinique) und den – inzwischen verstorbenen – Joseph Brodsky (UdSSR/USA) zählt. W.s Stil ist gewöhnlich inkantatorisch und hat einen leicht melancholischen Zug trotz seines immer wieder aufblitzenden Witzes und Humors. In den Sammlungen seiner mittleren

Schaffensphase, während der er mehr Zeit in den USA verbrachte und sich mit dem Fehlschlag der Begründung eines Nationaltheaters in der anglophonen Karibik abfinden mußte, konnte man ihn gegen Versuche schwarzer Nationalisten, die Volkskultur eines anti-kolonialen Analphabentums zu glorifizieren, Stellung beziehen sehen. Von daher erklärt sich der gereizt-verärgerte Ton und die direktere Sprechweise in *Sea Grapes* (1976) und anderen Gedichten der 1970er Jahre, eine Tendenz, die sich freilich schon in einer so frühen Sammlung wie *In a Green Night: Poems 1948–1960* (1962) angekündigt hatte. Den Höhepunkt des Bandes *The Star-Apple Kingdom* (1980; *Das Königreich des Sternapfels*, 1989) bildet die elfteilige Sequenz »The Schooner *Flight*«, die autobiographische Züge in einer Erzählung über die Seefahrt eines Mulatten durch die Karibik integriert. Die Gedichte der Sammlung setzen sich mit politischer Korruption ebenso wie mit dem Wesen menschlicher Grausamkeit und Überlebensfähigkeit auseinander. Viele der Gedichte in *The Fortunate Traveller* (1981) und *The Arkansas Testament* (1987) gehen auf kulturelle Parallelen und Kontraste ein (Norden und Süden, Europa und die Neue Welt, Schwarze und Juden, insulare Karibik und kontinentale USA, Römisches Reich und Nazi-Deutschland, ›hier‹ und ›anderswo‹), und alle versuchen, die verhängnisvolle Spaltung der Identität (die ›Erbsünde‹), die durch das falsche Bewußtsein einer Rassenidentität verursacht worden ist, zu heilen. W. definiert die eigene Persönlichkeit aufs neue in der liebevollen Erkundung karibischer Landschaften, wie etwa in den 54 eklogenartigen Gedichten der Sequenz *Midsummer* (1984; *Mittsommer*, 2001) und in *The Bounty* (1997). W.s Rückkehr in die Karibik und die wiederaufgenommene Malerei finden ihren Niederschlag in der – selber illustrierten – ›Quest-Erzählung‹ *Tiepolo's Hound* (2000), die zwei Lebensberichte miteinander verschränkt: über den Werdegang des karibischen Malers Camille Pisarro und die Suche des Dichters nach dem Gemälde eines venezianischen Malers. Wieder werden die Karibik und Europa nebeneinandergestellt, wie auch in *Omeros* (1990; *Omeros*, 1995), einem Gedicht epischen Ausmaßes, das als der Höhepunkt in W.s Schaffen angesehen werden kann. In diesem Werk, dessen Versform (*terza rima*) und spirituelle Sensibilität dem Beispiel Dantes verpflichtet sind, rückt W. Figuren ins Zentrum, die den unglückseligen Liebenden und Kriegern des Kampfes um Troja nachgebildet sind und einen Archipel bewohnen, der als das Neue-Welt-Pendant zur Aegeis in Homers Griechenland erscheint. In einem poetischen Duktus unerschöpflicher lyrischer Dynamik voller Witz, Metaphorik und Sensualität verwendet *Omeros* das epische Konzept des Reisens, um die vielen Gesichter der karibischen Kultur – historisch, ethnisch, mythisch – zur Anschauung zu bringen. Das Gedicht vereinigt verschiedene Kulturtraditionen (afro-karibische Volkskultur, anglo-irischer Kolonialismus, griechische und danteske Epik) in seiner Intertextualität und repräsentiert zugleich W.s subtilsten Versuch, literarische Expressivität mit den Rhythmen und Modulationen kreolischer Mündlichkeit zu verschmelzen.

Gordon Collier

Walker, Alice [Malsenior]
Geb. 9. 2. 1944 in Eatonton, Georgia

In der imposanten Reihe zeitgenössischer afro-amerikanischer Autorinnen nimmt Alice Walker neben Toni Morrison einen herausgehobenen Platz ein. Sie zeigte sich von Beginn ihrer Karriere an als eine besonders experimentierfreudige, politisch und sozial engagierte Autorin, die in vielen Textsorten zu Hause ist. Ihr Publikumserfolg erreichte mit der Veröffentlichung des Romans *The Color Purple* (1982; *Die Farbe Lila*, 1984), der Verleihung des Pulitzer Preises und des National Book Award 1983 für dieses Buch und seiner Verfilmung durch Steven Spielberg 1985 einen ungewöhnlichen Höhepunkt.

Als Kind einfacher Eltern geboren (ihr Vater war Farmer und Gelegenheitsarbeiter), schloß W. 1961 ihre Schulbildung ab, bevor sie mit einem Förderstipendium zwei Jahre am Spelman College in Atlanta und bis 1965 am Sarah Lawrence College studierte. Als Studentin verbrachte sie einen Sommer in Afrika, verliebte sich dort, wurde schwanger und trug sich vor der schließlich vorgenommenen Abtreibung mit Selbstmordgedanken. Nachdem sie in New Yorks Lower East Side für das Sozialamt gearbeitet hatte, kehrte sie 1967 verheiratet in den Süden zurück. Ihr Mann, ein jüdischer Rechtsanwalt, engagierte sich mit W. zusammen intensiv bei Bürgerrechtsaktivitäten in Jackson, Mississippi. Unter dem Druck von Rassismus und schwarzer Militanz wurde die Ehe aber schließlich freundschaftlich gelöst, bevor W. 1977 zusammen mit der einzigen Tochter nach Kalifornien zog.

W.s erste Veröffentlichung war eine Kurzgeschichte, »To Hell with Dying« (1967), mit deutlich biographischem Bezug, aus der sie 1988 ein illustriertes Kinderbuch machte. Auch ihr erster Gedichtband, *Once* (1968), thematisiert persönliche Erfahrungen in Afrika und in den USA. Sie ließ dieser weitere Lyriksammlungen folgen – darunter die eindrucksvolle *Revolutionary Petunias and Other Poems* (1973) – und gab ab 1991 ihre gesammelten Gedichte heraus. W.s schriftstellerische Reputation beruht aber im wesentlichen auf ihrem umfangreichen Erzählwerk, ergänzt durch einige markante Essays. W.s erster Roman, *The Third Life of Grange Copeland* (1970; *Das dritte Leben des Grange Copeland*, 1988), ist eine der eindringlichsten Darstellungen des ländlichen Südens in der amerikanischen Literatur und erinnert an Erskine Caldwells oder Ernest J. Gaines' ähnlich gestaltete Milieustudien. Der Roman erzählt die Geschichte einer schwarzen Familie über drei Generationen zwischen 1920 und 1960 in Georgia und nimmt die systemimmanente Ausbeutung schwarzer »sharecropper« (an der Ernte beteiligter Landpächter) sowie die Auswirkungen des so entstehenden Drucks mit Familie, Ehe und Kinder in den Blick. Grange Copeland, vom weißen Landbesitzer ständig gedemütigt, schlägt seine Frau Margaret und ignoriert seinen Sohn Brownfield. Zunächst findet er noch zeitweiliges Vergessen bei der Prostituierten Josie, sucht aber schließlich in der Flucht nach Norden einen Ausweg. Nach dem Selbstmord der Mutter entwickelt sich Brownfields Leben nach ähnlichen Mustern: wirtschaftliche Abhängigkeit, Mißhandlung der eigenen Familie und, nach der unerhörten Rebellion seiner Frau Mem, schließlich sogar ihre Ermordung. Nachdem Grange im Norden genügend Geld gespart hat, kehrt er als gewandelter Mensch in den Süden zurück, heiratet Josie, kauft sich Haus und Land und versucht, die neue Sicherheit quasi als sein »drittes Leben« an die Enkelin Ruth weiterzugeben. Als Brownfield dies verhindern will, erschießt Grange ihn und opfert sich so für die besseren Chancen von Ruth, die sich auch im Bürgerrechtskampf engagiert. Die Lernprozesse der Protagonisten sind der realutopische Fluchtpunkt des Romans. W. artikuliert hier Postulate eines neuen Geschlechter- und Gruppenverständnisses kühner und pointierter, als ihr dies in ihrem zweiten Roman *Meridian* (1976; *Meridian*, 1993) gelingen sollte. Dieser behandelt die Solidarität von politisch aktiven jungen Menschen sowohl innerhalb ihrer eigenen Gruppe als auch über Geschlechter- und Rassengrenzen hinweg. Ihre Initiationsreise läßt Meridian

Hill mehrere Verwandlungen durchlaufen, sowohl was die Klärung ihrer Beziehung zu Mutter, Kirche, Studiengefährten und dem Geliebten Truman Hill anbelangt, als auch mit Blick auf den Stellenwert von Kunst in einer politisch bewegten Zeit. Formal weist der Text insgesamt eine poetisch assoziativ gestaltete Erzählstruktur auf.

W. verbreitete ihr thematisches Spektrum noch weiter in der kurzen Erzählform. Schon mit *In Love and Trouble: Stories of Black Women* (1973; *Roselily: 13 Liebesgeschichten*, 1986) legte sie eine beeindruckend vielseitige Reihe von Kurzgeschichten vor, die schwarze Frauen in materieller, sozialer oder emotionaler Bedrängnis zeigen, dabei aber auch ihre Fähigkeit zur Selbstbehauptung oder zum Kompromiß demonstrieren. W. bevorzugt hier geschlossene, tektonisch klare Erzählformen. Ihr zweiter Band mit Erzählungen, *You Can't Keep a Good Woman Down* (1981; *Freu dich nicht zu früh! 14 radikale Geschichten*, 1987), signalisiert schon im Titel die Widerstandsfähigkeit von Frauen. Formal nähern sich die Texte bloßen Entwürfen – sowohl in der drastischen Verkürzung der Aussage wie in »The Lover«, »Elethia«, »Porn«, »Coming Apart« als auch in den längeren Skizzen wie »Advancing Luna – and Ida B. Wells« und »Source«. Die Texte wenden sich brisanten Themen zu, so etwa den Rachegelüsten mißbrauchter Frauen, der Ausbeutung von Musikerinnen, den sexuellen Wünschen und der Desintegration von Frauen, aber auch den Konflikten zwischen politischem Engagement und Sexismus. Der experimentelle, nahezu dekonstruktivistische Umgang mit dem Genre der Kurzgeschichte steht bei diesen Texten im Dienste feministischer Anliegen.

Die beste Rezeption bei Kritik und Lesepublikum erzielte W. zweifellos mit ihrem dritten Roman, *The Color Purple*. Umgangssprache tritt hier mit der bewußt schlicht gehaltenen Erzählstimme der Briefschreiberin Celie in den Vordergrund und wird mit den hochsprachlichen Briefen der Schwester Nettie kontrastiert. Der Dialekt des ländlichen schwarzen Südens gewinnt in seinen sparsam pointierten Bildern und Redewendungen eine unerhört anschauliche Ausdruckskraft. In ihrer kühnen Aneignung des Genres des Briefromans (dem Prototyp der westeuropäischen bürgerlichen Erzählform) macht W. die Briefform, als Ausdruck des Mangels an unmittelbarer Kommunikation, hier zum Sinnbild der Vereinsamung von Celie als entmündigter und ausgebeuteter Frau. Die schon mit 14 Jahren sexuell mißbrauchte, als zweifache Mutter an den kinderreichen Witwer Albert verkaufte Protagonistin wendet sich nach der Trennung von ihrer Schwester verzweifelt mit ihren Briefen an Gott. Die Anrede »Dear God« markiert das Fehlen anderer Gesprächspartner der Kindfrau, die ihrem gefühllosen Mann (von ihr nur als »Mr. –« bezeichnet) den Haushalt führen muß. Erst mit dem Auftauchen der Blues-Sängerin Shug Avery, Alberts früherer Geliebten, findet Celies Existenz neuen Sinn: Die erwachende und erwiderte Liebe zu Shug führt über das zaghafte Anwachsen ihres Selbstwertgefühls, die Trennung von »Mr. –« und das Ausüben eines Berufes bis zu einem neuen, autonomen Selbstverständnis der Protagonistin. Diese wird darüber hinaus am bewußt märchenhaft gestalteten Romanende durch eine Erbschaft und die Wiedervereinigung mit der Schwester belohnt. Neben Celies Selbstfindung verfolgt der Roman noch weitere exemplarische Geschichten von Frauen, so etwa die der starken, unbeugsamen Sofia, die Alberts Sohn Harpo bändigt und eine zehnjährige Gefängnisstrafe übersteht (für die Beleidigung des weißen Bürgermeisters), die der schwachen, noch zu formenden Squeak, Harpos Freundin und Helferin, und schließlich die von Nettie, die als Missionarsfrau in

Afrika eine neue Welt bei den Olinkas erfährt.

Mit dem Roman *Possessing the Secret of Joy* (1992; *Sie hüten das Geheimnis des Glücks*, 1993), der den Nettie-Olinka Handlungsstrang aus *The Color Purple* fortführt, nahm W. wieder verstärkt ihr Interesse für Afrika auf. Ihre engagierte Parteinahme gegen die weibliche Beschneidung gibt dem Text einen bitteren, polemisch-missionarischen Ton. W. vertiefte ihr Engagement gegen die Klitorisbeschneidung als patriarchalisch motivierte Zerstörung weiblicher Sexualität schließlich auch durch ihre Mitarbeit an dem Dokumentarfilm *Warrior Masks*. Ganz anders geartet war ihr vierter Roman, *The Temple of My Familiar* (1989; *Im Tempel meines Herzens*, 1990) – ein weltgeschichtlich-mythisch aufgeladener Versuch, an drei Paarbeziehungen unter Einbezug von Motiven wie Kosmologie, Seelenwanderung und Weltreligionen eine Neugewichtung des weiblichen Geschlechts zu propagieren. Das labyrinthisch ungeordnete und inhaltlich überfrachtete Buch dürfte das am wenigsten überzeugende Erzählwerk der Autorin sein. Was die Thematisierung von Sexualität und Spiritualität vor einem parabelhaft kosmologischen Welttheater mit exotischem Schauplatz angeht, macht ihm höchstens der bislang letzte Roman Konkurrenz, der in Mexikos Bergen unter einem Mischvolk aus Indios und geflohenen Schwarzen spielt: *By the Light of My Father's Smile* (1998; *Das Lächeln der Vergebung*, 1999).

Von unbestritten hohem literarischen Rang ist dagegen die Sammlung von Essays, Reden und Rezensionen aus den Jahren 1966–1982, die unter dem Titel *In Search of Our Mothers' Gardens* (1983; *Auf der Suche nach dem Garten unserer Mütter*, 1987) erschien. Der Titel spricht, wie mehrere Beiträge im Band, die Schwierigkeiten des praktischen und künstlerischen Überlebens von schwarzen Frauen in Amerika an; sein Wortlaut bezieht sich auf das konkrete Beispiel der eigenen Mutter, die u. a. in Gartenarbeit einen unbefriedigenden Ersatz für ihre kreativen Impulse suchen mußte. So wie Alltagsnöte das Potential von Frauen verschütteten, deckten falsche Erziehung und ein einseitiger Kanon die literarischen Vorbilder zu, die W. zur Orientierung gebraucht hätte. Im Zentrum ihrer militanten Forderung nach einer eigenen (schwarzen wie weiblichen) Geschichte und literarischen Tradition (von ihr auch als »womanism« im Gegensatz zum weißen Feminismus definiert) steht die Entdeckung von Zora Neale Hurston, der mehrere Essays gewidmet sind und für deren Reetablierung im Kanon W. mit der Hurston-Textanthologie *I Love Myself When I Am Laughing* (1979) einen wichtigen Beitrag leistete.

Klaus Ensslen

Wallace, [Richard Horatio] Edgar
Geb. 1. 4. 1875 in Greenwich, England;
gest. 10. 2. 1932 in Hollywood

E. A. Poe rühmte an der Kurzgeschichte, daß man sie »at one sitting« lesen könne; von Edgar Wallace läßt sich mit nur geringer Übertreibung sagen, daß er ganze Romane »at one sitting« schrieb. Die daraus resultierenden Mängel in Handlungsführung und Charakterisierung veranlaßten Kritiker seiner über 170 Bücher mitunter, W.s Erfindungsreichtum zu unterschätzen. Dieser verwendet meist keine Serienhelden und auch nicht die hochgebildeten Amateurdetektive, die im englischen Detektivroman vor dem Zweiten Weltkrieg häufig als Protagonisten auftreten. Statt dessen finden wir bei ihm Polizisten, deren Fähigkeiten das Maß des Glaubhaften selten überschreiten. Einige seiner Schurken weisen eine Tendenz zum Monströsen auf (so in *The Angel of Terror*, 1922; *Der Engel des Schreckens*, 1931), wohingegen andere seiner Ver-

brecher sogar mit sympathischen Zügen versehen sind, wie etwa in *The Joker* (1926; *Der Joker*, 1931) und *The Ringer* (1926 Theaterstück, 1927 Romanfassung; *Der Hexer*, 1927). W. greift in seinen Thrillern zwar auf die traditionellen wirkungsästhetischen Rezepte melodramatischer Gattungen zurück, indem er *action* und Sentimentalität, Kampf für den Sieg des Guten und die Rettung der verfolgten Unschuld verbindet; er riskiert es jedoch entgegen den Gepflogenheiten damaliger Kriminalliteratur, gelegentlich die Grenzen des Phantastischen zu streifen (siehe etwa *The Fellowship of the Frog*, 1923; *Der Frosch mit der Maske*, 1930).

Hauptfigur der in Afrika spielenden Erzählungen W.s, deren erster Band, *Sanders of the River*, 1911 erschien (*Sanders vom Strom*, 1929), ist der unscheinbare Bezirksamtmann Sanders; zu ihrem Inventar gehören außerdem der weltfremde Leutnant Bones und der schwarze Häuptling Bosambo, der an der langen Leine von Sanders wirken darf. Die Problematik des Kolonialismus spart W. aus; sein Afrika ist ein von einem benevolenten Despoten geschickt regiertes Lilliput, dessen kindliche, aber keineswegs harmlose Bewohner einer festen Hand bedürfen und vom Leser aus humoristischer Distanz beobachtet werden können. – In seinen späteren Lebensjahren betätigte sich W. mit Erfolg als Dramatiker; er starb, als er in Hollywood das Drehbuch für den Film *King Kong* zu schreiben beabsichtigte.

Als uneheliches Kind zweier Schauspieler geboren und zur Adoption freigegeben, wurde er von einer Londoner Fischhändlerfamilie aufgezogen. Nach dem Besuch der Grundschule trat W. als 18jähriger in die Armee ein, die ihn in Südafrika stationierte. Während des Burenkriegs von 1899 wurde er Korrespondent, doch entließ ihn sein Arbeitgeber, die *Daily Mail*, als er sich wegen einiger seiner Berichte mit Schadensersatzforderungen konfrontiert sah. W., der zweimal verheiratet war und fünf Kinder hatte, hing einem Lebensstil an, für den selbst seine hohen Einkünfte nicht ausreichten. In England schwand seine Popularität nach dem Zweiten Weltkrieg; in der Bundesrepublik Deutschland erreichte sie in der Nachkriegszeit ein erstaunliches Ausmaß. Adenauer zählte W. zu seinen Lieblingsautoren und besaß von diesem mehr Werke als von jedem anderen Schriftsteller; bildungsbürgerlichen Mißmut über W. repräsentiert dagegen die Feststellung des marxistischen Philosophen Ernst Bloch, es sei besonders leicht, von W. nicht gefesselt zu sein. Die Verfilmungen der Thriller W.s füllten die Kinos der 1960er Jahre und gehören bis heute zum Standardrepertoire deutscher Fernsehsender.

Eberhard Späth

Wharton, Edith
Geb. 24. 1. 1862 in New York; gest. 11. 8. 1937 in Saint-Brice Sous-Forêt, Frankreich

»Das Leben ist die traurigste Sache von der Welt, mit Ausnahme des Todes.« Dieses Motiv durchzieht nicht nur fast das gesamte literarische Œuvre Edith Whartons, es verweist auch auf ihre einzigartige Stellung unter den amerikanischen Schriftstellerinnen und gibt einen Hinweis darauf, weshalb die Reaktionen auf ihr Werk bis heute widersprüchlich sind. W. verachtete die großbürgerlichen Verhältnisse, unter denen sie in New York aufgewachsen war, und ihre Entwicklung als Schriftstellerin war ein bewußter Versuch, sich von ihrer Herkunft zu distanzieren. Dennoch sollte eben jene soziale Schicht der Fokus ihrer besten Werke werden. Getreu der Forderung ihres Freundes und literarischen Mentors Henry James, sie solle beim Schreiben nur die ihr vertraute Welt darstellen, schildern W.s Geschichten und Romane die New Yorker Gesellschaft am Ende des 19. und am Anfang des 20. Jahrhunderts, und das Hauptsignum dieser Gesellschaft ist die Erstickung der weiblichen Kreativität. Es ist daher nicht überraschend, daß W.s Werk trotz der beinahe einhelligen Meinung, daß seine literarische Qualität oft stark schwanke, in letzter Zeit wachsendes Interesse erfahren hat.

In ihren besten Werken wie *The House of Mirth* (1905; *Haus der Freude*, 1988) und *The Age of Innocence* (1920; *Amerikanische Romanze*, 1939; *Im Himmel weint man nicht*, 1951) kombiniert W. eine naturalistisch-pessimistische Weltsicht mit einem fesselnden realistischen Erzählstil. Diese Werke erfreuten sich aufgrund ihrer schriftstellerischen Ausgereiftheit höchsten Lobes von seiten der Kritik und großer Beliebtheit bei der Leserschaft, eine Tatsache, welche W. in ästhetischen Konflikt mit der aufkommenden modernistischen Auffassung brachte, derzufolge die Grundhaltung des Künstlers dem Geschmack der ›Massen‹ entgegengesetzt sein müsse. W.s Erfolg – sie war die wohl meistgelesene Autorin der ersten Hälfte des 20. Jahrhunderts – beeinflußte sicher auch ihre Meinung über die wichtigste literarische Strömung dieser Zeit, den Modernismus. W. lehnte experimentelle Formen der Prosa konsequent ab. Neben ihren mehr als 20 Romanen und Novellen verfaßte sie zwischen 1902 und 1937 über 80 Kurzgeschichten, mehrere Bücher über Architektur sowie ein bedeutendes Korpus an literaturtheoretischen Schriften.

W.s Ruf als Schriftstellerin blieb nicht von den zwiespältigen Reaktionen verschont, welche eine Mischung aus Genialität, schriftstellerischem Können und Publikumswirksamkeit mit sich bringt. Sie wurde so oft ›wiederentdeckt‹, daß es schwierig ist zu entscheiden, welche dieser Wiederentdeckungen ihr Werk am ehesten definiert. Zu ihren Lebzeiten wurde sie für jene Eigenschaften kritisiert, auf die sich ihr Ruhm gründete: ihren Schreibstil, ihre Themenwahl, die scheinbar elitäre Fokussierung auf die New Yorker Oberschicht, ihren Intellektualismus und ihr zurückhaltendes Wesen, ihre Darstellung von Frauen, die angebliche Ähnlichkeit ihrer Werke mit denen von Henry James, ihre Auswanderung aus den Vereinigten Staaten und ihren Pessimismus. »Erwartet Mrs. Wharton, daß wir uns in einer Galerie erwärmen, in der solch klirrende Kälte herrscht?« fragte Katherine Mansfield im *Athenaeum* und sprach damit aus, was viele als W.s überaus distanzierten und sezierenden Blick auf die Gesellschaft kritisierten. Blake Nevius, der Verfasser von W.s erster Biographie, entdeckte einen thematischen Schwerpunkt in W.s negativer Weltsicht, nämlich »das Schauspiel, welches eine edle und großmütige Seele bietet, die durch Umstände (welche sie ironischerweise selbst verschuldet hat) in der Beziehung zu einer niedrigeren Seele gefangen ist«. Spätere Kritiker brachten diese Weltsicht mit W.s unglücklicher Ehe in Verbindung und machten auch auf W.s gespanntes Verhältnis zu ihren New Yorker Ursprüngen und zu ihrer amerikanischen Herkunft aufmerksam, welche sie durch ihre spätere Auswanderung hinter sich zu lassen versuchte.

Kritiker haben W. oft als »novelist of manners«, als Autorin von literarischen Sittengemälden, in der Nachfolge von Jane Austen, Honoré de Balzac und William Makepeace Thackeray gesehen. In der Tat nannte W. Jane Austen und besonders deren Roman *Emma* als wichtige Einflußfaktoren. Gleichzeitig beschäftigte sie sich jedoch auch intensiv mit den wissenschaftlichen Theorien ihrer Zeit (Darwinismus, Sozialdarwinismus usw.), die sie eher mit dem deterministischen Denken und Werk von naturalistischen Autoren wie etwa Theodore Dreiser verbinden. W. kombinierte in ihrer Prosa viele verschiedene literarische Genres wie den Sittenro-

man, den naturalistischen Roman oder gar den sentimentalen Roman; sie tat dies manchmal sehr erfolgreich, wie in *The House of Mirth* und *The Age of Innocence*, manchmal auch weniger, wie z. B. in *The Glimpses of the Moon* (1922; *Der flüchtige Schimmer des Mondes*, 1995). Von der Kritik wird W.s Stil meist als konservativ und den literarischen Konventionen des 19. Jahrhunderts verhaftet eingestuft, eine Einschätzung, welche die meisten von W.s eigenen literaturtheoretischen Aussagen zu unterstützen scheinen. W. wurde ferner oft dafür kritisiert, daß ihre Art zu schreiben zu sehr jener von Henry James gleiche, obwohl sie dessen Vorliebe für »complexity of design« und die Vielschichtigkeit der Handlung nicht teilte.

In *The House of Mirth* z. B. kombiniert sie den literarischen Realismus von Austens *Emma* mit dem Naturalismus von Dreisers Roman *Sister Carrie*, um so gleichzeitig die Abhängigkeit wie auch die Eigenständigkeit ihrer Protagonistin Lily Bart darzustellen. Lily ist eine ausgesprochene Schönheit, aber verwaist und daher von der Gunst der New Yorker »high society« abhängig. Um ihren sozialen Abstieg zu verhindern, muß sie einen wohlhabenden Bräutigam finden, doch scheitert sie bei ihren diversen Versuchen, einen Gatten aus der Oberschicht zu finden, sowohl an der Unvereinbarkeit ihres Wesens mit den Wertvorstellungen der Reichen und Mächtigen als auch an der Oberflächlichkeit und Korrumpiertheit eben jener Gesellschaft, der sie sich zugehörig fühlt. Mit Lily Bart hat W. eine Figur geschaffen, die ihre Umgebung durch ihre Anmut und ihren Stil beeinflußt, die aber dennoch an dieser Gesellschaft und ihrem eigenen Bedürfnis nach gesellschaftlicher Anerkennung zugrunde geht. Die einzige aufrichtige Beziehung, die Lily eingeht, jene mit dem Rechtsanwalt Lawrence Selden, scheitert u. a. an ihrer Unfähigkeit, dem falschen Glanz des von ihr bevorzugten sozialen Milieus abzuschwören. Was *The House of Mirth* freilich davor bewahrt, nichts weiter als ein pessimistisches Porträt einer dekadenten und ohnedies aussterbenden Klasse zu sein, ist die ambivalente Rolle Lily Barts innerhalb dieser Gesellschaft und die Art und Weise, wie Lily selbst in ihrem gesellschaftlichen Niedergang noch ein Maß an Vornehmheit, Anstand und moralischen Überzeugungen behält. Es sind gerade diese Eigenschaften, welche besonders für eine weibliche Hauptfigur wichtig waren, da sie sie von ihrem Status als bloßem Objekt auf dem gesellschaftlichen Heiratsmarkt entrückten.

In *The Age of Innocence*, W.s bekanntestem Roman, zeichnet die Schriftstellerin das faszinierende Porträt eines Mannes, der zwischen der Loyalität zu seiner reichen Familie und seinen persönlichen Neigungen gespalten ist. Der Protagonist Newland Archer, ein junger Rechtsanwalt, muß sich zwischen der Heirat mit der reichen May Welland und seiner leidenschaftlichen Beziehung zu Mays Cousine, der Gräfin Ellen Oleska, entscheiden. Ellen ist, um ihrer unglücklichen Ehe mit einem polnischen Adligen zu entkommen, nach New York geflohen, und Archers Versuche, ihr in der New Yorker Gesellschaft zu einer legitimen gesellschaftlichen Stellung zu verhelfen, sowie seine sich daraus entwickelnde Liebe bilden den Handlungskern des Werkes. Wenn Archer am Ende des Romans Ellen dennoch zurückweist, so steht er mit Lawrence Selden aus *The House of Mirth* und mit der Figur des Waythorne aus W.s Kurzgeschichte »The Other Two« in einer Reihe von schwachen und schwer durchschaubaren männlichen Charakteren, deren Leidenschaft und Hingabe hinter ihren tiefschürfenden Überlegungen zur Ehe und zur Rolle der Frau in der Gesellschaft zurückbleiben. Archers Zurückweisung von Ellen wird von W. weitestgehend mit Ironie behandelt, einer Ironie, die am offensten in W.s Schilderung der gesellschaftlichen Oberschicht und deren Gefangensein in den Zwängen von Reichtum und Macht zutage tritt.

W.s beste Werke handeln von neuen sozialen Entwicklungen im Bereich des Ehe- und Privatlebens. In den Kurzgeschichten »The Other Two« und »Souls Belated« modifiziert sie beispielsweise radikal jene Grundregel des Sitten- und Gesellschaftsromans, wonach die Handlung mit der Heirat der Protagonisten zu enden habe, und setzte die Ehescheidung ins Zentrum dieser Erzählungen. Doch trotz W.s beständiger Bemühungen, neues gesellschaftliches und kulturelles Terrain literarisch zu erkunden, zeichnete erst die feministische Literaturkritik der 80er Jahre ein differenziertes Porträt dieses literarischen »Engels der Verheerung«, wie James sie nannte. Das Bild von W. als einer herzlosen Vivisektorin einer degenerierten gesellschaftlichen Schicht ist aufgrund eines neuen Verständnisses ihrer persönlichen Lebensgeschichte und ihrer eigenen literaturtheoretischen Aussagen grundlegend revidiert worden.

Anne-Marie Scholz

Whitman, Walt
Geb. 31. 5. 1819 in West Hills, New York; gest. 26. 3. 1892 in Camden, New Jersey

Zu der von F. O. Matthiessen als »American Renaissance« bezeichneten ersten Blütezeit amerikanischer Literatur zwischen 1850 und 1855 gehört auch Walt Whitmans *Leaves of Grass* (*Grashalme*, 1889). Der schmale Gedichtband, der 1855 kurz nach dem amerikanischen Unabhängigkeitstag in 200 Exemplaren anonym im Selbstverlag erschien, enthält ein Porträt des Autors, das ihn mit breitrandigem Hut, Bart, offenem Hemd, in unternehmungslustiger Pose zeigt, ein programmatisches Vorwort, das erklärt, Amerika an sich

sei das größte Gedicht, und zwölf titel-
lose Gedichte in freien Versen, die mit
der Zeile »I celebrate myself« beginnen
und mit der Zeile »death is great as life«
enden. W. schrieb nicht nur einige positive Selbstrezensionen, sondern sandte
sein Werk auch an Ralph Waldo Emerson; den Antwortbrief mit den berühmten Worten »I greet you at the beginning
of a great career« benutzte W. in vielfältiger Weise zur Eigenwerbung, u.a.
druckte er ihn im Anhang zur zweiten
Auflage von *Leaves of Grass* ab.

Der Autor, der sich im ersten Gedicht
des Bandes, das schließlich *Song of Myself* heißen wird, als »Walt Whitman, an
American, one of the roughs, a kosmos«
bezeichnet, wurde in West Hills auf
Long Island geboren, wuchs in Brooklyn auf, betätigte sich als Drucker, Lehrer, Zimmermann, Verfasser von Leit-
artikeln, Rezensent, Redner und Politiker. Ein dreimonatiger Aufenthalt in
New Orleans bleibt geheimnisumwo-
ben. Die frühen Jahre seit 1838 in
Brooklyn und New York bezeichnet W.
selbst als entscheidende Einflüsse, wobei
er nicht nur die Vielzahl und Vielfalt der
Menschen, sondern auch den Einfluß
der französischen und italienischen
Oper besonders betonte. Während des
Bürgerkrieges arbeitete W. als Freiwilliger in Armeekrankenhäusern in Washington, D.C. Einen Posten im Indian
Department verlor er, weil ein Vorge-
setzter den Gedichtband *Leaves of Grass*,
auf den er zufällig gestoßen war, als
unmoralisch empfand; Freunde besorg-
ten ihm daraufhin eine andere Stelle,
die er 1873 nach einem Schlaganfall
aufgeben mußte. Den Rest seines Lebens verbrachte W. – mit der Ausnahme
von Reisen in die Rocky Mountains,
nach Kanada und nach Boston – in
Camden, New Jersey, wo er der Mittelpunkt eines liberalen literarischen Zir-
kels wurde. Horace Traubel fungierte in
der Rolle eines Eckermann, die homoerotische Beziehung zu dem Kutscher
Peter Doyle, die in einer Reihe von

Briefen dokumentiert ist, irritierte die
Mitwelt. W. blieb in den USA lange
umstritten, wenn er auch Verehrer wie
W.D. O'Connor hatte, der ihn als »good
gray poet« gesellschaftsfähig machen
wollte. Als einflußreicher erwies sich
eine Ausgabe ausgewählter Gedichte,
die William Michael Rossetti 1868 in
London herausbrachte und die die englischen Leser, darunter auch Alfred Tennyson, begeisterte. Den endgültigen
Durchbruch erfuhr W., als die neue Lyrik, die sich zwischen 1912 und 1922 in
Amerika etablierte, ihn als Vorbild für
ihre Erneuerungsbemühungen feierte.

W.s Hauptwerk ist die Sammlung
Leaves of Grass, die er in einem unablässigen Schaffensprozeß, der seine
menschliche und künstlerische Entwicklung getreulich spiegelt, von Auflage zu Auflage änderte und erweiterte;
die neunte Auflage, als »deathbed edition« bezeichnet, enthält schließlich 383
Gedichte. Daneben veröffentlichte W.
zwei Prosabände, 1871 das Pamphlet
Democratic Vistas (*Demokratische Aus-
blicke*, 1922), in dem er unter dem Eindruck des Bürgerkrieges und der materialistischen Nachkriegszeit seine Auffassung von Demokratie darlegte: Demokratie besteht für ihn aus zwei Komponenten, dem Individualismus, der
einen isolierenden Effekt habe, und einer zusammenbindenden Liebe zwischen Männern, die W. als Grundlage
echter Demokratie ansieht. *Specimen
Days* (1882; *Tagebuch: 1862–1864,
1876–1882*, 1946) enthält die persönlichen Aufzeichnungen W.s, der als aufmerksamer Beobachter an politischen
Ereignissen und am täglichen Leben
teilnimmt.

Nach einem von Horace Traubel
überlieferten Ausspruch hat W. *Leaves of
Grass* als ein »gigantisches Sprachexpe-
riment« bezeichnet. Wenn sich bei W.
auch durchaus hohes Pathos und rheto-
rischer Überschwang finden, so war er
doch überzeugt, daß im Zeichen einer
fortschreitenden Demokratisierung der

Literatur nur der Rückgriff auf die gesprochene Sprache des amerikanischen Volkes die notwendige Spracherneuerung ermögliche, eine Forderung, die er in dem frühen Pamphlet *An American Primer* erhoben und in *Leaves of Grass* verwirklicht hat. Neben dem »barbaric yawp«, der die amerikanische Literatur aus ihrer kolonialen Abhängigkeit befreite, ist es der Freivers, in dem W. einen eigenständigen Ausdruck gefunden und in der amerikanischen Lyrik durchgesetzt hat. Seine unregelmäßigen Zeilen haben oft die Form der enjambementlosen Langzeile, die eine Sinneinheit umfaßt und in der Aneinanderreihung sich zum aufzählenden Katalog ausweitet.

Auch in thematischer Hinsicht hat W. die amerikanische Lyrik revolutioniert. Mit seiner Überzeugung, daß Amerika selbst das größte Gedicht sei, artikulierte er ein Selbstbewußtsein, das nicht das Kulturdefizit, die Leere der Neuen Welt, beklagt, sondern an den poetischen Genius Amerikas glaubt. W.s Gedichte besingen deshalb den einfachen Menschen in seinen vielfältigen Erscheinungen, die elementaren Landschaften, aber auch das städtische Amerika, das er optimistisch bejahte. Charakteristisch ist die Überzeugung, daß auch einfache Dinge poetische Sujets abgeben; »a leaf of grass is no less than the journeywork of the stars«, weil es genauso den Kosmos spiegelt. Am revolutionärsten und für die zeitgenössische Leserschaft wohl am schockierendsten war W.s Einbeziehung sexueller Themen. Schon in der zweiten Auflage von *Leaves of Grass* legte er in einem offenen Brief an den »Freund und Meister« Emerson ein Programm zur nationalen Identitätsfindung vor, das eine »überzeugte, kraftvolle, unerschrockene Berücksichtigung der Sexualität« einschließt. W.s Überlegungen und Gedichtentwürfe der folgenden Jahre führten zu zwei neuen Gedichtgruppen, *Enfans d'Adam* und *Calamus*, die er gegen Emersons in-

ständiges Bitten in die dritte Auflage einfügte. Während die erste Gruppe »amative love« zwischen Mann und Frau besingt, verherrlicht die zweite Gruppe »manly love«, die er mit einem Begriff aus der Phrenologie als »adhesiveness«, als zusammenbindende Liebe, bezeichnet und als Grundlage für eine neue Demokratie verstanden wissen will. W.s homoerotische Lyrik hat stark auf Allen Ginsberg gewirkt, der sich u. a. als literarischer Nachfahre von W. sieht.

W.s Berührung mit dem amerikanischen Bürgerkrieg fand ihren Niederschlag in dem Band *Drum-Taps* (1865) mit Gedichten, die das Leiden der Verwundeten, die Gefühle von Trauer und Verlust beschreiben; außerdem enthält der Band W.s Elegie auf den Tod von Abraham Lincoln, »When Lilacs Last in the Dooryard Bloom'd«, die in strukturierender, um die Dreiheit von »lilac and star and bird« kreisender Symbolik die Emotionen des Sprechers von anfänglicher Trauer zur Hinnahme des Todes nachzeichnet und schließlich in eine überindividuelle Versöhnung mit dem Faktum Tod mündet.

W.s Hauptthema ist jedoch zweifelsohne der Dichter selbst, das Ich, das sich selbst feiert (»I celebrate myself«). Dieses Ich ist zwar einerseits ein isoliertes Ego, andererseits aber auch ein Ego, das sich der Masse bewußt ist, das sich an die Mit-Menschheit (»his fellow-humanists«) wendet, ja, das die Identifikation seiner selbst mit dem Kosmos sucht. Der lange »Song of Myself« kreist in rhapsodischen Abschnitten um diese Ausweitung des persönlichen in ein kosmisches Bewußtsein, das Auflösung und Einheit, Individuum und Mit-Menschheit umfaßt; komprimierter erscheint das Thema in dem Gedicht »A Noiseless Patient Spider« (1871), das im Motiv der Spinne – welches auch bei Edward Taylor und Robert Frost der Beschreibung der menschlichen Situation dient – die Überzeugung artikuliert, daß es der Dichterseele gelingt, in den grenzenlosen Ozeanen des Raumes Brücken zu schlagen und Sphären zu verbinden.

Volker Bischoff

Wilde, Oscar
Geb. 16. 10. 1854 in Dublin;
gest. 30. 11. 1900 in Paris

»The first duty in life is to be as artificial as possible. What the second duty is no one has as yet discovered.« Lebensphilosophie und Kunstprogramm Oscar Wildes finden in einem Aphorismus wie diesem ihren prägnantesten Ausdruck. Als Zeitgenosse Nietzsches macht W. das Bonmot zum Medium einer Umwertung aller Werte: *duty*, ein Kernbegriff viktorianischer Ethik, wird – respektlos zweckentfremdet – für einen ungeniert amoralischen Ästhetizismus vereinnahmt. Daß dies auf so spielerisch-unterhaltsame Weise geschieht, führt leicht dazu, die Tragweite derartiger Äußerungen zu unterschätzen. Doch wenn W. in einem berühmten Diktum behauptet, das Leben imitiere die Kunst weit mehr als die Kunst das Leben (»The Decay of Lying«, 1891), so erwächst diese paradoxe Umkehrung der aristotelischen Mimesis ganz folgerichtig aus der Einsicht in eine Krise der Repräsentation ausgangs des 19. Jahrhunderts, die W. scharfsichtig wie kaum ein zweiter diagnostiziert hat. Seine Antwort, das Programm einer sich selbst reflektierenden, metatextuellen Literatur (»The Critic as Artist«, 1891) nimmt Positionen der Moderne und sogar Postmoderne vorweg und ist in W.s besten Arbeiten (z. B. *The Importance of Being Earnest*, 1895; *Bunbury, oder: Die Bedeutung ernst zu sein*, 1930) künstlerisch umgesetzt. Mit seinen bewußt auf Effekt kalkulierten Kabinettstückchen wirbt W. um die Gunst eines bürgerlichen Publikums, dessen moralische und ästhetische Normen er ständig desavouiert. Dieser Balanceakt »zwischen Provokation und Anpassung« (Kohl 1980) ist bestimmend für Leben und Werk dieses Autors und findet am Zenith einer glänzenden Laufbahn mit der Enthüllung und Aburteilung von W.s Homosexualität sein jähes Ende.

Geboren wird W. 1854 in großbürgerlichen Verhältnissen. Der Vater ist ein berühmter Arzt, der für seine Verdienste geadelt wird, allerdings auch ein notorischer Schwerenöter; die Mutter eine bekannte Literatin, die einen Salon unterhält und unter dem Pseudonym ›Speranza‹ für die irische Unabhängigkeit schreibt. Nach standesgemäßer Privatschulerziehung nimmt W. 1871 das Studium der klassischen Philologie auf, zunächst am Trinity College, Dublin. Drei Jahre später wechselt er nach Oxford, wo er nicht nur als Gräzist und brillanter Redner, sondern auch bereits als exzentrischer Dandy und Ästhet auf sich aufmerksam macht. Die Grundlagen seines Schönheitskults bezieht er von akademischen Lehrern wie John Ruskin und v. a. Walter Pater, dessen *Studies in the History of the Renaissance* er als »the holy writ of beauty« preist. Anders als seine Mentoren kultiviert W. seinen Ästhetizismus auch im äußeren Habitus: Sein Kostüm – Samtjacke, Lilie oder Sonnenblume am Revers, Kniehosen und Seidenstrümpfe – wird zum Markenzeichen. Zwar gewinnt er bereits als Student mit seinem Erzählgedicht »Ravenna« den angesehenen Newdigate Prize for Poetry (1878), doch beruht seine frühe Zelebrität weit weniger auf tatsächlichen literarischen Leistungen (den epigonalen *Poems*, 1881, oder dem schwerfälligen Melodram *Vera; or the Nihilists*, 1880) als auf seiner bewußt exaltierten Selbstinszenierung, die ihn zu einer Lieblingszielscheibe der Karikaturisten und zum Vorbild einer Opernfigur, Bunthorne, in Gilbert und Sullivans *Patience* (1881) macht. Gewissermaßen als der ›echte Bunthorne‹ begibt sich W. 1881–82 auf eine von dem New Yorker Produzenten der Oper organisierte Vorlesungstournee durch 125 amerikanische Städte. Die Einnahmen ermöglichen ihm einen längeren Aufenthalt in Paris, wo er mit führenden Vertretern der literarischen und künstlerischen Avantgarde wie Paul Verlaine, Emile Zola und Edgar Dégas zusammentrifft. 1884 heiratet er Constance Lloyd, die hübsche, aber eher unbedarfte Tochter eines irischen Anwalts. Aus der Ehe gehen zwei Söhne hervor (1885 und 1886). Um seinen aufwendigen Hausstand zu finanzieren, übernimmt er zeitweise die Herausgeberschaft der Zeitschrift *Woman's World*. Neben einem zweiten erfolglosen Drama (*The Duchess of Padua*, 1883) und einer Reihe von Kunstmärchen (*The Happy Prince and Other Tales*, 1888; *Der glückliche Prinz und andere Märchen*, 1928) entstehen bis Ende der 1880er Jahre vorwiegend literarische Gelegenheitsarbeiten.

Erst der Erfolg von *The Picture of Dorian Gray* (1890; *Das Bildnis des Dorian Gray*, 1907) macht W. von solchem Broterwerb unabhängig. Der Roman um den schönen jungen Mann, der auf der Suche nach einem ›Neuen Hedonismus‹ seine Seele und schließlich auf höchst melodramatische Weise sein Leben verliert, bündelt die Elemente des ästhetischen Lebensprogramms zu einer prägnanten Parabel. Er ist so etwas wie das literarische Vermächtnis der englischen *Décadence* und jener spätviktorianischen Subkultur, zu deren Bezeichnung das noch junge Medizinerwort ›homosexuell‹ sich eben erst einzubürgern begann. Und das, obwohl der Roman Homosexualität nicht eigentlich thematisiert, sondern eher durch Aussparung suggeriert. Die zeitgenössische Kritik machte sich trotzdem ihren Reim – genau wie fünf Jahre später die Justiz. W., der vermutlich seit 1886 sexuelle Beziehungen zu Männern unterhielt, traf 1891 auf seine *grande passion*, den jungen Lord Alfred Douglas, genannt ›Bosie‹. W.s Ehe bestand offiziell weiter,

doch die Beziehung zu ›Bosie‹ bildete in den nun folgenden Jahren seiner größten Erfolge seinen eigentlichen Lebensmittelpunkt.

Anfang 1892 brachte *Lady Windermere's Fan* (*Lady Windermeres Fächer*, 1902) W. den Durchbruch als Dramatiker. In Aufbau und Personenkonstellation folgt das Stück gängigen Mustern der französischen Gesellschaftskomödie und des einheimischen *problem play* (Arthur W. Pinero), garniert diese aber mit dem unverwechselbaren W.schen *wit* des Dandys Lord Darlington (»I can resist everything except temptation.«). Auf eine ähnliche Mischung setzt W. in zwei weiteren Salonkomödien, *A Woman of No Importance* (1893; *Eine Frau ohne Bedeutung*, 1902) und *An Ideal Husband* (1895; *Ein idealer Gatte*, 1903). Daneben experimentiert er aber auch in völlig anderem Stil: Das auf Französisch verfaßte Versdrama *Salomé* (1896; *Salome*, 1903), eine stark erotisierte Version des biblischen Stoffes, die 1905 von Richard Strauss zur Oper vertont wurde, frönt einem an Maurice Maeterlinck gemahnenden Symbolismus. Die geplante Londoner Aufführung, mit Sarah Bernhardt in der Titelrolle, scheiterte am Verbot des Zensors. Mit den berühmten Illustrationen Aubrey Beardsleys versehen, erschien das Stück 1893 in englischer Übersetzung.

W.s unbestrittenes Meisterwerk und ein triumphaler Lacherfolg bei der Premiere im Februar 1895 ist *The Importance of Being Earnest*, »A Trivial Comedy for Serious People«. Von der Unentschlossenheit der drei früheren Komödien ist hier nichts mehr zu spüren. Anstatt die dramatischen und gesellschaftlichen Konventionen seiner Zeit zu erfüllen, führt W. sie parodierend vor. In einer halsbrecherisch virtuosen Verwechslungskomödie erschafft er eine gänzlich von (männlichen wie weiblichen) Dandies beherrschte Kunstwelt, in der die Prätentionen viktorianischen Ernstes zum Spielball frivoler Sprachartistik werden. Zum Lebensglück, so die Grundidee des Stücks, kann nur Ernst verhelfen – und zwar in doppelter Ausfertigung, denn beide Heldinnen, Cecily und Gwendoline, haben es sich in den Kopf gesetzt, nur einen Mann dieses Namens lieben zu können. Alles in diesem Stück ist spiegelglatte Oberfläche. Genüßlich zelebriert W. den Sieg der Ästhetik über die Ethik, der – stets eleganten – Form über den Inhalt, der Wörter über die Bedeutung. Nur wenige Tage nach der Premiere schlägt die Realität, über die die Komödie so mühelos triumphiert, gnadenlos zurück. Bosies Vater, der Marquess of Queensberry, dem die Beziehung seines Sohnes zu W. schon lange ein Dorn im Auge ist, schickt diesem eine Karte, auf der er ihn als ›Somdomiten‹ (sic!) beschimpft. Kaum weniger fanatisch als sein Vater, stachelt Bosie W. an, den Marquess wegen Verleumdung zu verklagen. »In Deinem haßerfüllten Krieg gegen Deinen Vater war ich Euch beiden Schild und Waffe zugleich«, schreibt W. später in *De Profundis* (1905; *De Profundis*, 1905). Der Prozeß endet mit Queensberrys Freispruch. Dafür wird Wilde nun selber angeklagt und aufgrund der Aussagen von Zeugen aus dem Strichermilieu wegen Sodomie zu zwei Jahren Gefängnis verurteilt. Der Prozeß kommt einer öffentlichen Hinrichtung gleich. W. wird zur Unperson. Seine Bücher verschwinden aus den Regalen. Seine Stücke werden abgesetzt. Der Untergang ihres brillanten Wortführers beendet die kurze Blüte der englischen *Décadence*. W.s Jünger gehen auf Distanz; manche fliehen sogar außer Landes. Nach Verbüßung der vollen zwei Jahre kommt W. frei. Geschieden, krank, bankrott, geächtet, nimmt er den Namen des ruhelosen Wanderers Melmoth aus Charles Maturins Schauerroman an. Noch im Gefängnis vollendet er die rührselige »Ballad of Reading Gaol« (1898; »Die Ballade vom Zuchthaus zu Reading«, 1903) und die große

Lebensbilanz und Abrechnung mit dem Geliebten (*De Profundis* 1905). Danach entsteht nichts mehr. Am 30. November 1900 verstirbt W., der sich am Vorabend noch katholisch hat taufen lassen, in einem offiziell als zehntklassig eingestuften Pariser Hotel an Enzephalitis.

Er habe, so W. zu André Gide, nur sein Talent in sein Werk gesteckt, sein Genie hingegen in sein Leben. Unwiederbringlich ist der Teil dieses Lebens, in dem W.s Genie nach Auffassung seiner Zeitgenossen am vollkommensten zur Geltung kam: seine Konversation. Einer, der es wissen mußte, Max Beerbohm, hielt ihn in dieser Disziplin für den unerreichten Großmeister: »Oscar was the greatest of them all – the most spontaneous and yet the most polished.«

Andreas Höfele

Wilder, Thornton

Geb. 17.4.1897 in Madison, Wisconsin; gest. 7.12.1975 in Hamden, Connecticut

Als Thornton Wilder 1957 der Friedenspreis des deutschen Buchhandels überreicht wurde, führte er in seiner Rede »Kultur in einer Demokratie« an, daß es das Ziel aller künstlerischen Tätigkeit sein müsse, »neue Mythen, neue Metaphern und neue Bilder zu schaffen und den neuen Stand der Würde aufzuzeigen, in den der Mensch getreten ist«. In seinem eigenen literarischen Schaffen löste W., der als Begründer des epischen Theaters in Amerika und neben Bertolt Brecht auf internationaler Ebene als dessen Hauptvertreter angesehen wird, diese Forderung durch die Abkehr von realistischen Dramenkonzeptionen ein. Vor allem in seinen zu den Klassikern des modernen amerikanischen Dramas zählenden Stücken *Our Town* (1938; *Unsere kleine Stadt*, 1939) und *The Skin of Our Teeth* (1942; *Wir sind noch einmal davongekommen*, 1944), die beide mit dem Pulitzer Preis ausgezeichnet wurden und W. zu Weltruhm verhalfen, suchte er dieser Programmatik weniger durch neue Inhalte als durch illusionszerstörende Darstellungsverfahren wie direkte Publikumsansprachen, das Aus-der-Rolle-Fallen der Figuren oder extrem reduzierte Bühnenbilder gerecht zu werden. Im Gegensatz zu Brecht, der mit ähnlichen Mitteln der Verfremdung die Zuschauer zu einer kritischen Haltung gegenüber der historisch-gesellschaftlichen Wirklichkeit auffordern wollte, verfolgte W. das Ziel, dem die Wirklichkeit bloß nachahmenden Schauspiel auf der Guckkastenbühne seine Unverbindlichkeit zu nehmen, unmittelbares Miterleben an individuellen Ereignissen zu verhindern und dadurch den Blick der Zuschauer auf das anthropologisch Universale zu lenken. Nicht besondere Ereignisse wurden dargestellt, sondern Grundsituationen des Alltags, die – unabhängig von ihrem historischen und kulturellen Kontext – universell sind und den Menschen Orientierung vermitteln. W.s didaktisches Ziel war es, daß der Zuschauer selbst das scheinbar Triviale aus der Distanz als Teil einer größeren bedeutungsvollen Ordnung erkennt und dem Alltäglichen als dem Allgemeinmenschlichen eine neue, erbauende Würde abgewinnt.

W.s Auslandsaufenthalte beeinflußten sein literarisches Schaffen stark. Schon als Kind verbrachte er einige Jahre in China. Nach Abschluß seiner universitären Ausbildung in Italien und Amerika begann W. seine berufliche Laufbahn als Lehrer an der berühmten Schule von Lawrenceville und als Dozent an der Universität Chicago. Während des Zweiten Weltkriegs war er Offizier beim amerikanischen Luftwaffenstab in Nordafrika und Italien; 1951–52 bekleidete er eine Professur an der Harvard University.

Neben seiner Tätigkeit als Literaturwissenschaftler (W. beschäftigte sich vor allem mit den Werken von James Joyce, Johann Wolfgang Goethe und Lope de Vega) fing er Ende der 20er Jahre an, Romane und Dramen zu schreiben. Nicht zuletzt bedingt durch seine zahlreichen Reisen in Europa und durch seine große Belesenheit (W. trug den Spitznamen »The Library«) war W.s literarisches Schaffen geprägt durch einen beständigen Rekurs auf die abendländische Kultur, was schon früh Kritiker auf den Plan rief, die seine Werke für zu wenig amerikanisch hielten. Vor allem seine Romane The Cabala (1926; Die Cabala, 1929), The Woman of Andros (1930; Die Frau von Andros, 1931) und The Ides of March (1948; Die Iden des März, 1949) – in letzterem wird durch eine Vielzahl fiktiver Dokumente ein multiperspektivisches Bild Cäsars evoziert – sowie sein Drama The Alcestiad (1955; Die Alkestiade, 1957) sind durchzogen von antiken Schauplätzen, Stoffen und Motiven. Neben The Ides of March ist W.s bekanntester Roman The Bridge of San Luis Rey (1927; Die Brücke von San Luis Rey, 1929), für den er seinen ersten Pulitzer Preis erhielt. In diesem episodenhaft strukturierten Roman geht es um den Einsturz einer peruanischen Brücke im Jahre 1714 und um die Frage nach Zufall oder göttlicher Vorbestimmtheit, der ein Pater anhand der Lebensgeschichten der fünf bei dieser Katastrophe tödlich verunglückten Menschen nachgeht. Drei weitere Romane, Heaven's My Destination (1935; Dem Himmel bin ich auserkoren, 1935), The Eighth Day (1967; Der achte Schöpfungstag, 1968) sowie W.s Alterswerk Theophilus North (1973; Theophilus North oder ein Heiliger wider Willen, 1974) entstammen der amerikanischen Gegenwart und stellen Auseinandersetzungen mit dem christlichen Gedankengut dar.

Trotz der weltweiten Rezeption seines Erzählwerks nahm W. auf die Entwicklung des amerikanischen Romans keinen prägenden Einfluß. Sein Vermächtnis waren vielmehr seine Theaterstücke, die im Hinblick auf die formalen Darstellungsverfahren die moderne Bühne revolutionierten. Beeinflußt von der Experimentierfreudigkeit des europäischen Theaters der 20er und 30er Jahre, führte W.s Weg über zahlreiche »Drei-Minuten-Spiele« (1928 unter dem Titel *The Angel That Troubled the Waters* erschienen) und Einakter (*The Long Christmas Dinner and Other Plays in One Act*, 1931), in denen sein späteres dramatisches Werk in allen wesentlichen Ausprägungen bereits vorgezeichnet ist. Die programmatisch postulierte Lenkung des Zuschauerblicks auf das anthropologisch Universale kommt formal in der Simultandarstellung von Vergangenem und Gegenwärtigem, der Kontinuität des Schauplatzes sowie der archetypischen Figurendarstellung zum Ausdruck. So wird in *The Long Christmas Dinner* (*Das lange Weihnachtsmahl*, 1954), dessen Stoff Paul Hindemith 1960 in einer Oper verarbeitete, das Leben und Sterben einer Familie über einen Zeitraum von 90 Jahren als Montage einzelner Weihnachtsfeiern zu einem einzigen langen Mahl komprimiert, bei dem immer wieder neue Familienmitglieder durch die allegorischen Pforten des Lebens und des Todes zu beiden Seiten der Bühne treten. Durch den großen Kontrast von Spielzeit und dargestellter Zeit wird dem Zuschauer die Schnellebigkeit der Zeit bewußt; das einzig Konstante sind die Gespräche bei Tisch, die in denselben Worten immer wieder um dieselben Themen kreisen. In *Our Town*, W.s erstem abendfüllenden Stück, werden die gleichbleibend wiederkehrenden Grundmuster menschlicher Existenz wie Alltag, Familie, Geburt, Jugend, Heirat, Alter und Tod in drei Akten am Beispiel einer amerikanischen Kleinstadt und aus der Rückschau durch einen Spielleiter präsentiert. Die Einführung dieses »stage manager«, den W. auch gerne selbst spielte, ist von vielen

als sein bedeutendster Beitrag zur Entwicklung neuer dramatischer Darstellungstechniken angesehen worden. Die klassische Form des allein aus Handlung und Dialog bestehenden abbildenden Dramas wird durch diese spielexterne Figur aufgebrochen und in Richtung einer überwiegend deutenden Darstellung gelenkt. Der »stage manager« dirigiert das Spiel: Er charakterisiert die Figuren, unterbricht und kommentiert die Handlung, spricht die Zuschauer an, übernimmt selbst kleine Nebenrollen, arrangiert die Requisiten und greift im dritten Akt in das Geschehen ein, als er dem Wunsch der toten Emily nachkommt, einen einzigen Tag ihres Lebens noch einmal erleben zu dürfen. Bei dieser Gelegenheit erkennt Emily die Blindheit der Menschen, die sich der Einmaligkeit und des Glücks des alltäglichen Lebens nicht bewußt sind.

In *The Skin of Our Teeth*, einem der wichtigsten Stücke des zeitgenössischen Theaters überhaupt, das Brecht als erstes amerikanisches Drama im Berliner Ensemble spielen ließ, erweitert sich die Darstellung des zeitlos Universalen in allegorischer Form auf die gesamte Menschheitsgeschichte. Die archetypische Familie Antrobus überlebt im Jahr 1942 in New Jersey nacheinander die Katastrophen der Eiszeit, der Sintflut und des Krieges, die nicht als einmalige, sondern als immer wieder mögliche, die Menschheit bedrohende, aber letztlich überwindbare Katastrophen präsentiert werden. Durch die Überlagerung verschiedener Zeit- und Handlungsebenen – es ist gleichzeitig von Dinosauriern und der Erfindung des Rades, von Eiszeit und Wirtschaftskrise die Rede – werden traditionelle, teleologische Zeitkonzeptionen aufgehoben. Die daraus resultierende Entindividualisierung und Enthistorisierung des Geschehens sowie die Bedeutung des Immer-Wiederkehrenden kommen auch im Schluß zum Ausdruck, kehrt doch die Handlung zu ihrem Ausgangspunkt zurück. Diese experimentellen Darstellungsverfahren in W.s Stücken – seine Komödie *The Matchmaker* (1954; *Die Heiratsvermittlerin*, 1957), die in der Musical-Fassung *Hello, Dolly!* 1963 ein Welterfolg wurde, fällt hier aus dem Rahmen – sind Ausdruck eines Weltbildes, das Geschichte als zyklische Wiederkehr festgelegter Grundsituationen und den Menschen als unveränderliche Größe begreift, der trotz seiner Schwächen aus allen Krisensituationen immer wieder gerettet wird. Das christliche Fundament dieses Weltbildes offenbart sich dabei in der Auffassung, daß alles Geschehen in eine von Gott gelenkte kosmische Ordnung eingebettet ist.

W.s lebensbejahende, harmonisierende und von einem Urvertrauen in den Menschen zeugende Dramen wurden insbesondere im Nachkriegsdeutschland mit großem Erfolg gespielt und hatten wesentlichen Anteil an der Entwicklung des deutschen Theaters. In den USA jedoch wurden sie lange Zeit vergleichsweise gering geschätzt und haben wenig traditionsbildend gewirkt. Dies läßt sich zum einen durch die Dominanz realistischer bzw. expressionistischer Stilformen in den Dramen so bedeutender Autoren wie Eugene O'Neill, Tennessee Williams und Arthur Miller erklären, die die amerikanische Theaterszene lange beherrschten. Zum anderen ist W.s konservative Ideologie einer sich gleichbleibenden *conditio humana* im fortschrittsgläubigen, das individuelle Erfolgsstreben des einzelnen propagierenden Amerika auf harsche Kritik gestoßen. Ihm wurde vorgeworfen, die Probleme der Zeit zu verdrängen und ein realitätsfernes, fatalistisches Weltbild zu entwerfen. Das uneinheitliche Bild der Rezeptionsgeschichte von W.s dramatischem Werk ist denn auch vor dem Hintergrund seiner Verbindung von formaler Innovation und ideologischer Traditionalität zu sehen. Bei aller Kritik an seinem Weltbild, das wesentliche Grundannahmen unserer

Zeit, wie z. B. die der grundsätzlichen Veränderbarkeit der Welt und der Möglichkeit der Beeinflussung dieses Wandels durch den Menschen, ausschließt, darf jedoch das innovative Potential von W.s Dramenkonzeption für die formale Entwicklung des Theaters im 20. Jahrhundert nicht in Vergessenheit geraten.

Carola Surkamp

Williams, Tennessee
[Thomas Lanier Williams]
Geb. 26.3. 1911 in Columbus, Mississippi; gest. 25.2. 1983 in New York City

Als einer der wenigen amerikanischen Dramatiker von weltliterarischer Bedeutung steht Tennessee Williams auf einer Stufe mit Eugene O'Neill, Arthur Miller und Edward Albee. Innerhalb dieser Gruppe ist er allerdings der einzige Autor aus den Südstaaten. Diese regionale Prägung erklärt viele seiner markanten Themen und Motive wie gesellschaftliches Außenseitertum, die verhängnisvollen Auswirkungen romantisierend-nostalgischer Vergangenheitsverklärung, Dekadenz, der Konflikt zwischen materialistischem Realitätssinn und idealisiertem Lustprinzip, Heimatlosigkeit und kompensatorische Suche nach Schutzräumen sowie die strukturelle Gewalt erzwungener Anpassung an normative Vorgaben. Darüber hinaus gründet sich die zentrale Stellung seiner Theaterstücke im Kanon amerikanischer Bühnenwerke auf W.' Bedeutung als Bühnenpraktiker und Dramentheoretiker. In dieser Hinsicht ist vor allem seine Modifikation realistischer Darstellungskonventionen durch die eigenwillige Adaption von Techniken des symbolistischen, expressionistischen und, in bescheidenerem Umfang, auch des epischen und absurden Theaters von Bedeutung. Die Tatsache, daß W. in seinen Werken obsessiv auf Grundkonstellationen und Versatzstükke der eigenen Biographie wie ödipale Familienstrukturen, intime Bruder-Schwester-Beziehungen oder auch die Traumatisierung durch regionale Entwurzelung Bezug nimmt, verstellt gelegentlich den Blick auf die eigentlich kulturanalytische Leistung seiner Dramen. W. nutzt biographische Komponenten stets als Ausgangspunkt und Medium zur Analyse repräsentativer sozialer oder kollektivpsychologischer Strukturen, um somit zu einer literarischen Typologie amerikanischer Mentalität beizutragen. Hierbei gilt sein besonderes Augenmerk historischen, regionalen und geschlechtsgebundenen Varianten. Obgleich er in seiner fast ein halbes Jahrhundert (von den späten 1930er bis zu den frühen 80er Jahren) umspannenden Karriere über 70 Dramen verfaßt hat, verdankt sich sein Ruf im wesentlichen drei großen Bühnendichtungen aus einer einzigen Schaffensperiode: *The Glass Menagerie* (1944; *Die Glasmenagerie*, 1947), *A Streetcar Named Desire* (1947; *Endstation Sehnsucht*, 1949) und *Cat on a Hot Tin Roof* (1955; *Die Katze auf dem heißen Blechdach*, 1956). Es ist vor allem die ungebrochene Popularität dieser drei Stücke, aus der sich auch die Tatsache erklärt, daß W. bis in die aktuelle Gegenwart in Deutschland der am häufigsten aufgeführte amerikanische Dramatiker geblieben ist.

Im Zentrum von *The Glass Menagerie*, dem ersten Theaterstück, mit dem W. das Broadway-Publikum für sich gewinnt, steht eine explosive Dreierbeziehung zwischen Amanda Wingfield und ihren erwachsenen Kindern Laura und Tom. Wie in allen psychologischen Dramen W.' kommt auch hier dem Raum eine situations- und figurencharakterisierende Funktion zu. In diesem Fall suggeriert seine hermetische Enge klaustrophobische Ängste, Fluchtträume und sprachlose Aggressivität. Das Schauspiel setzt in der Folge schmerzhafte Desillusionierungsprozesse in Szene, aus denen aber kein Protagonist wirkliche Selbsterkenntnis gewinnt oder eine wahrhaftigere Lebensführung ableiten kann. Seine Lebendigkeit bezieht das Stück aus der Differenz zwischen männlichen und weiblichen Konfliktlösungsstrategien, denen allerdings ein Element selbstzerstörerischer Verdrängung gemeinsam ist. Während die Männer – Tom, sein Arbeitskollege Jim, der Vater der Familie, der diese vor Jahren verlassen hat – ihr Heil in äußerlicher Rastlosigkeit suchen, treten die Frauen als Repräsentantinnen der häuslichen Sphäre und der kulturellen Überlieferung die Flucht aus der Wirklichkeit in Phantasiewelten an. Wo Jim als eitellautsprecherischer Vertreter eines zeittypischen borniert-aggressiven Materialismus und Konformitätsdrucks zur besonderen Zielscheibe auktorialer Ironie wird, bewahren Laura und Amanda, durch ihre Phantasie zugleich in ihrem Handeln paralysiert und vor Verletzungen geschützt, ihre Würde gerade wegen ihrer transparenten Zerbrechlichkeit. Vor dem Hintergrund eines Landes, das im Gefolge der großen Weltwirtschaftskrise durch soziale Not und eskapistische Amüsierlust gekennzeichnet ist, erhält das Drama eine zusätzliche zeitgeschichtliche Bedeutungsebene. Es ist zugleich ambivalente Klage über eine Welt der Selbsttäuschung und Wirklichkeitsflucht und bitterer Abgesang auf nationale Reinheits- und Unschuldsphantasien. W. hat dabei aber in Regieanweisungen und Selbstinterpretationen viel Wert auf seine programmatische Charakterisierung des Stücks als autobiographisch eingefärbtes, um lyrische Elemente angereichertes Erinnerungsstück (»memory play«) gelegt. Bei den Erinnerungen der höchst unzuverlässigen Erzählerfigur Tom handelt es sich indes letztlich nur um selektiv gefilterte Wahrnehmungen, um nachträgliche Bearbeitungen eines Schuldigen, um einen Ausdruck des Wunsches nach Kontrolle und Dominanz durch ästhetische Überformung der Vergangenheit.

In späteren Bühnenstücken vollzieht W. die Wendung von einer verdeckten hin zu einer offenen Darstellung von Gewalt und Sexualität. In *A Streetcar Named Desire* inszeniert W. zwei Aspekte seiner (unbewußten) Persönlichkeitsstruktur als einander feindlich gegenüberstehendes Protagonistenpaar. Bedeutsamer ist freilich, daß er den Gegensatz der beiden Figuren Blanche Dubois und Stanley Kowalski zusätzlich zur Entfaltung eines vielschichtigen Konfliktes nutzt. So steht ihr Kampf zugleich für den Kampf zwischen den Geschlechtern, zwischen zwei Zeitkonzeptionen (rückwärtsgewandte, geschichtsverklärende Nostalgie/progressiver Zukunftsoptimismus), zwei sozialen Subkulturen (alte Südstaatenaristokratie/osteuropäisches Immigrantentum), zwei Wertesystemen (Kunst und Kultur/Materialismus), zwei psychischen Profilen (neurotische Hypersensibilität/Insensibilität) und zwei unterschiedlichen körpersprachlichen Verhaltensmustern (zwanghafte Selbstverhüllung/exzessive Selbstentblößung). Der Kampf beider um die Dominanz über Blanches Schwester Stella, über kulturelle Deutungsansprüche sowie über definitorische Bestimmungen amerikanischer Identität endet in einem mit schonungsloser Brutalität inszenierten Showdown: Mit dem Instinkt eines Jägers zerstört Stanley zuerst Blanches Reputation, danach ihre körperliche Unversehrtheit durch Vergewaltigung und schließlich auch noch durch Leugnung des Verbrechens ihre psychische Gesundheit. Das Stück endet mit Blanches Abtransport in ein staatliches Irrenhaus. Doch Stanleys Sieg ist derjenige einer hohl-banalen Welt oberflächlicher Männlichkeitsrituale, der jegliches moralische Zentrum fehlt, und folglich schließt das Drama mit einer Perspektive von außergewöhnlicher Bitterkeit. Zwar werden Fassaden ein- und

Masken abgerissen, Selbststilisierungen als Lügengespinste enttarnt, heilende Wirkungen jedoch oder auch nur Selbsterkenntnis bleiben gänzlich aus. In ihrer spannungsreichen Mischung von anachronistischer Prüderie und unkonventioneller Promiskuität, sexuellem Begehren (Eros) und Todessehnsucht (Thanatos), hat W. mit Blanche Dubois eine der großen Frauenfiguren im Drama des 20. Jahrhunderts geschaffen. Diese steht gleichsam im Spannungsfeld zwischen der Wahrheit des Scheins (auch im Sinne der subversiven Kraft der Kunst) und der Un- oder Halbwahrheit der bloßen Fakten. Die Figur wurde so zur facettenreichen nationalen Ikone, an der sich männliche Sexualphantasien und weibliche Erlösungshoffnungen kristallisieren konnten. Die Schlußworte, mit denen sie sich aus dem Drama verabschiedet (»Whoever you are – I have always depended on the kindness of strangers«), sind als Allgemeingut in den Zitatenschatz einer Nation eingegangen, die die Erfahrung ursprünglicher Fremdheit und die Konzeption des Sündenbock-Opfers tief in ihr kulturelles Gedächtnis eingeschrieben hat. Als »America's *Hamlet*« (P. C. Kolin) offeriert W.' Meisterwerk zudem mit der gleichzeitigen Glorifizierung und Dämonisierung der Sexualität eine tiefschürfende Analyse der puritanischen Grundlagen spezifisch amerikanischer Obsessionen.

Das chronologisch letzte Werk in der Trias der großen Dramen, obgleich in kommerziellen Sinne eines der erfolgreichsten, ist unter ästhetischen Gesichtspunkten das wohl am wenigsten gelungene. In *Cat on a Hot Tin Roof* nimmt W. aufgrund weitgehender Zugeständnisse an die Rezeptionserwartungen seines Publikums Einbußen an Komplexität und Bedeutungsvielfalt bewußt in Kauf. So greift er etwa auf melodramatische Techniken zurück, beugt sich der Konvention der poetischen Gerechtigkeit und wählt einen realistischen Darstellungsmodus sowie ein hohes, an den Film angelehntes Aufführungstempo. Es ist auch das einzige Drama, das am Ende – zumindest in der zweiten, der sogenannten »Broadway«-Version – eindeutig zwischen Siegern und Verlierern unterscheidet und in einer optimistisch-versöhnlichen Atmosphäre ausklingt. Wieder stehen Desillusionierung und die Zerstörung von Lebenslügen im Mittelpunkt des Dramengeschehens, doch werden diesmal kathartische Effekte und die erlösende Kraft der Liebe betont. Viele der markanten Charakteristika der Blanche Dubois finden sich überraschenderweise in der Figur des Brick Pollitt wieder: Flucht in eine Tagtraumwelt, Romantisierung unkonventioneller Lebensentwürfe, Suche nach sexueller Identität sowie die katalysatorische Wirkung auf das gesellschaftliche Umfeld. Die Inszenierung eines zweifachen radikalen Wandels in seiner Verhaltensweise – in Akt II von der Vermeidung eines Konflikts zur Konfrontation mit dem Vater, in Akt III von der Konfrontation zur Unterwerfung unter die Ehefrau Maggie – leidet freilich unter nicht unerheblichen Unstimmigkeiten und mangelnder Plausibilität. Weder ist der plötzliche Wandel in Weltsicht und Verhalten hinreichend motiviert, noch kann der Verzicht auf Selbstbehauptung als eine Art Reifungsprozeß vermittelt werden. Somit entwickelt sich, entgegen der ursprünglichen Konzeption, Maggie (»the cat«), auf deren prekäre Situation der Titel anspielt, zur eigentlichen Heldin des Bühnenwerks. Deutlicher erkennbar als in den früheren Dramen werden hingegen die Adaption existentialistischen Gedankenguts (Schlüsselformulierung: »the charm of the defeated«) und das Thema der Homoerotik etwa in Bricks Beziehung zu seinem Jugendfreund Skipper.

Gemeinsames Kennzeichen aller drei Hauptwerke ist es, daß sie vorrangig gescheiterte Kommunikationsprozesse im Spannungsfeld von Unfähigkeit zur Artikulation und Fehldeutungen in Szene setzen. Folglich gewinnen in diesen Stücken die figurencharakterisierende Funktion symbolisch aufgeladener Requisiten und körpersprachliche Gesten an Bedeutung. In der Entwicklung des amerikanischen Dramas leiten die drei bekanntesten und populärsten Werke im W.-Kanon damit eine ebenso neuartige wie folgenreiche sexuelle Kodierung bzw. Erotisierung körperlicher Präsenz ein. Zudem exemplifizieren besonders *Glass Menagerie* und *Streetcar* mustergültig W.' dramentheoretische Konzeption eines »plastic theatre«, in deren Zentrum die Ergänzung des gesprochenen Texts durch optische und akustische Mittel wie Beleuchtung und Musik steht. Unter den weniger populären Dramen kommt dem Experimentalwerk *Camino Real* (1953; *Camino Real*, 1954), innerhalb des Spätwerks dem Zweiakter *The Two-Character Play* (1967) eine jeweils prominente Bedeutung zu. Der Rückgriff auf elaborierte intertextuelle Verweissysteme und auf dezidiert anti-realistische Darstellungstechniken führt in beiden Texten zu einer anspruchsvollen poetologischen Ausdeutung eines existentiellen Konflikts, in der z. T. Elemente des Dramas der Postmoderne antizipiert werden. In ihrer Gesamtheit freilich leiden die Bühnenwerke ab den späteren 50er Jahren deutlich unter einem allzu einsinnigen Symbolgebrauch und unter dramaturgischer Effekthascherei.

Angesichts seiner herausragenden Bedeutung für die Geschichte des amerikanischen Theaters treten W.' Leistungen auf dem Feld der Lyrik und Erzählprosa in den Hintergrund. Einige seiner früheren Kurzgeschichten dürfen freilich ein hohes Maß an thematischer und formaler Originalität für sich beanspruchen. Die Kurzgeschichte »One Arm« (1948) etwa, im Kern eine leidenschaftliche Anklage gegen die Todesstrafe, experimentiert mit innovativen

Techniken zur Darstellung von redukti-
vem Raum und beschleunigter Zeit. Zudem verbindet die Geschichte satirische
Medien- und Sozialkritik mit poetolo-
gischer Selbstanalyse und einer für den
entstehungsgeschichtlichen Kontext erstaunlich offenen und tabulosen Darstellung von homosexuellem Begehren.
Demgegenüber schildert die Geschichte
»The Vine« (1948) mit analytischem
Blick und unter Problematisierung von
zeittypischen Männlichkeitskonzeptio-
nen die Entwicklung einer heterosexuel-
len Ehe hin zu Entfremdung, Gleichgültigkeit und Sprachlosigkeit. Seit sich W.
in seiner späteren Lebensphase offen zu
seiner Homosexualität bekannt hatte,
verlagerte sich ein Teil des literaturkritischen Interesses darauf, homosexuellen Subtexten in seinen Werken
nachzuspüren. Mit jüngeren For-
schungsansätzen auf den Gebieten der
»Gay« und »Gender Studies« eröffnet
sich auch die Möglichkeit, im Hinblick
auf geschlechtliche Kodifizierungen und
Aspekte des »gender crossing« neue Fragen an das Œuvre zu richten.

Als Theaterpraktiker und Dramentheoretiker hat W. trotz seiner erstran-
gigen Stellung keine eigene Schule begründet. Dennoch leben seine thematischen Schwerpunkte und dramentech-
nischen Experimente als künstlerisches
Vermächtnis im zeitgenössischen amerikanischen Drama fort: Edward Albees
Familiendramen oder David Mamets
Bühnen-Parabeln über Macht und Kontrolle sind bewußte Weiterentwicklun-
gen dramatischer Formen, die durch W.
nachhaltig und bis heute entscheidend
geprägt wurden.

Werner Reinhart

Woolf, Virginia
Geb. 25. 1. 1882 in London;
gest. 28. 3. 1941 in Rodmell, Sussex

Angesichts von Virginia Woolfs heute
unumstrittener Bedeutung ist es kaum

mehr nachvollziehbar, daß sie nach ihrem Tod eine Zeitlang viel weniger bekannt war als James Joyce, mit dem sie
dieselben Lebensdaten (1882–1941)
teilt. Die Renaissance, die W. seit den
1970er Jahren erfuhr, hängt z. T. damit
zusammen, daß ihr Werk für die *Gender
Studies* besonders interessant ist. W. ist
jedoch weit darüber hinaus bedeutsam
als modernistische Erzählerin von Welt-
rang, daneben als Literaturkritikerin
und Essayistin sowie allgemein als Kritikerin und Überwinderin viktorianischen Schreibens und Denkens, mit
dem sie gleichwohl in mancherlei Hinsicht verbunden bleibt.

W. wird als drittes Kind des Literaten
Leslie Stephen und dessen zweiter Frau
Julia Duckworth in eine wohlhabende
Familie der oberen Mittelschicht geboren. Trotz der aufgeklärten, agnosti-
schen Intellektualität des Vaters ist das
Leben der Stephens von den traditionellen patriarchalischen Geschlechterrollen des Viktorianismus bestimmt, deren
Abwehr in W.s Werk eine große Rolle
spielt. Virginia leidet unter dem zunehmend tyrannischen Vater, lernt aber
auch in ihrer aufopferungsvollen Mutter eine Rolle kennen, zu der sie später
auf Distanz gehen wird. Nach deren
frühem Tod (1895) erleidet W. einen
Nervenzusammenbruch und ist – wie
ihre Schwester Vanessa – über Jahre
inzestuösen Attacken ihrer Halbbrüder
George und Gerald ausgesetzt. Im Todesjahr ihres Vaters (1904) begeht sie
einen ersten Selbstmordversuch. Als
Folge weiterer Nervenprobleme wird W.
wiederholt in eine Heilanstalt einge-
liefert, wo sie Objekt psychiatrischer
Zwangsnormalisierungsversuche wird.
Seit 1905 eröffnen sich ihr jedoch neue
Perspektiven als Mitglied der ›Bloomsbury Group‹, einer avantgardistischen
Intellektuellen-Vereinigung von Wis-
senschaftlern, Literaten, Kunstkritikern
und Künstlern (u. a. dem Maler und
Organisator der postimpressionisti-
schen Londoner Ausstellung von 1910,

Roger Fry). Die freidenkerische und auch sexuell freizügige *Bloomsbury Group* trägt entscheidend zu W.s Emanzipation vom prüden Viktorianismus bei (was sich u.a. in einer lesbischen Beziehung zu Vita Sackville-West manifestiert), bietet ihr – wie auch viele Reisen ins europäische Ausland – intellektuelle Anregungen und legt im Kontakt mit der Malerei einen Grund für ihren ›impressionistischen‹ Erzählstil. Seit 1905 ist W. auch in der Öffentlichkeit tätig: anfangs in der Erwachsenenbildung, seit 1914 als Mitglied der sozialistischen Fabian Society, ferner als Streiterin für die Frauenemanzipation, seit 1915 als Romanautorin und ab 1917 als Mitarbeiterin der Hogarth Press, eines Privatverlags, den Leonard Woolf, ihr 1912 geheirateter Mann, leitet und in dem W. selbst mehrere Kurzgeschichten veröffentlicht. Trotz ihrer Erfolge als Autorin, anregender Kontakte mit zeitgenössischen Größen (z.B. mit Sigmund Freud 1939) und öffentlicher Ehrungen (1939 wird ihr das Ehrendoktorat der Universität Liverpool angeboten, das sie jedoch im Einklang mit ihren in *Three Guineas* propagierten Grundsätzen ablehnt) bleibt W.s Allgemeinzustand weithin labil. Der Ausbruch des Zweiten Weltkriegs, die Furcht vor einer deutschen Invasion und das Bombardement Londons, durch das auch ihr Haus schwer beschädigt wird, verstärken ihre Depressionen, so daß sie schließlich angesichts eines befürchteten neuerlichen Nervenzusammenbruchs im südenglischen Fluß Ouse Selbstmord begeht.

W. hinterließ neben ihrem fiktionalen Werk ein umfangreiches nicht-fiktionales Œuvre, das wie bei kaum einem anderen englischen Modernisten zusätzliche Einblicke in Weltsicht und Ästhetik einer Autorenpersönlichkeit erlaubt. Es umfaßt neben autobiographischen Schriften (*A Writer's Diary*, 1953, sowie einer sechsbändigen Briefsammlung) und einer Biographie (*Roger Fry: A Biography*, 1940) zahlreiche Rezensionen, Essays und v.a. zwei Monographien, die z.T. ähnliche Themen behandeln und maßgeblich W.s Ruf als Feministin begründet haben: *A Room of One's Own* (1929; *Ein Zimmer für sich allein*, 1978) und *Three Guineas* (1938; *Drei Guineen*, 1978). Ausgehend von der Frage nach der Beziehung zwischen Frausein und literarischer Produktion, kritisiert W. in *A Room of One's Own* die patriarchalische Gesellschaftsordnung, besonders wegen der mangelnden weiblichen Bildungschancen und der allgemein schlechten Entfaltungsmöglichkeiten weiblicher Tätigkeit außerhalb von Heim und Familie, und wirft dieser Ordnung insgesamt die Verursachung von Ungerechtigkeit, Krieg und Unterdrückung vor, aber auch eine Usurpation der Sprache, die diese zu einem problematischen Instrument für weibliches Schreiben macht. Diese Kritik wird durch konstruktive, z.T. utopische Alternativen ergänzt. Hierzu zählen der im Titel geforderte Freiraum für Frauen innerhalb des Hauses, die Beleuchtung einer minoritären, aber doch für künftige Generationen hoffnungsstiftenden Tradition weiblichen Schreibens und die Vorstellung eines neuen Ideals der Modellierung von Geschlechterrollen: Dabei distanziert sich W. ebenso von einem aggressiven Feminismus wie von typisch männlichen Stereotypen und propagiert statt dessen eine Androgynität, in der die positiven Seiten beider Geschlechter zu einer Synthese gelangen. Diese synthesebildende Mißachtung traditioneller Differenzierungen manifestiert sich auch in der Form des Werkes: Wie schon zuvor z.B. in ihrem Essay »Mr Bennett and Mrs Brown« (1924), wo zur Erläuterung moderner Charakterdarstellung eine fiktive, ähnlich schon einmal in einer Kurzgeschichte (»An Unwritten Novel«, 1921) verwendete Szene in einem Eisenbahnabteil dient, vereint W. hier den rationalen, üblicherweise von einer eindeutigen Sprecherinstanz ausgehenden Diskurs des Essays mit fiktionalen Elementen, z. B. auch der Imaginierung einer fiktiven Schwester Shakespeares und der Vermittlung über eine widersprüchliche, dezentrierte Instanz (Mary Beton, Mary Seton, Mary Carmichael). Diese Inszenierungen einer Art *écriture féminine*, zu der auch ein zum Teil assoziativer Sprachgebrauch gehört, setzen sich in *Three Guineas* fort. Erneut dient hier eine quasi-fiktive Vermittlung (Antworten einer weiblichen Gestalt auf diverse Bittbriefe) als Rahmen für eine Abrechnung mit dem Patriarchat, diesmal politisch akzentuiert unter dem Eindruck des Spanischen Bürgerkriegs und des Faschismus in Italien und Deutschland. In diesen aktuellen Entwicklungen sieht W. eine Radikalisierung patriarchalischer Mechanismen, die auch in England und seinen Institutionen spürbar sind. Bei aller Schärfe der Kritik fordert W. – so dokumentieren auch ihre übrigen Schriften – allerdings nie revolutionären Umsturz, sondern vertraut auf reformerische Meliorisierung. Ihre Mäßigung bezieht sich auch – hierin sowohl von Joyce als auch D. H. Lawrence unterschieden – auf die literarische Darstellung des Sexuellen. In diesem Beachten von *decency*, aber auch in ihrem Ästhetizismus und Elitarismus zeigt sie noch unterschwellig Affinitäten zum späten 19. Jahrhundert. Massiv vom Viktorianismus und dem Realismus des 19. Jahrhunderts weicht sie dagegen in ihrer Wirklichkeitsauffassung und Epistemologie ab: Statt des Glaubens an eine objektive Realität, die sich in klar lesbaren äußeren Erscheinungen manifestiert, betont sie, direkt oder indirekt beeinflußt von Freud und Henri Bergson, die inneren Wirklichkeiten. Ihr skeptischer Subjektivismus geht einher mit einem prononcierten Atheismus. Charakteristischerweise für W.s spannungsreiches Weltbild schließt dieser jedoch einen latenten Transzendentalismus nicht aus, demzufolge es jenseits der Welt der Erscheinungen und Einzel-

schicksale ein verborgenes Muster gebe (»behind the cottonwool is hidden a pattern«, »A Sketch of the Past«, 1939). Die Welt ist zwar oberflächlich nicht so geordnet und klar erkennbar, wie es die Realisten glaubten (»Life is not a series of gig lamps symmetrically arranged«, »Modern Fiction«, 1919), doch ist sie diaphan, besitzt eine ›Wattestruktur‹, durch die eine höhere Wirklichkeit durchscheinen kann (»some real thing behind appearances«, »A Sketch of the Past«). Dies geschieht v. a. in privilegierten, epiphanischen Seinsmomenten (»Moments of Being«, wie W. diese meist von Unscheinbarem ausgelösten Erlebnisse in einem Kurzgeschichtentitel von 1944 nennt), besonders im Kontakt mit anderen Menschen, den Schönheiten der Welt und der Kunst. Die fehlende statische ›Symmetrie‹ der Oberflächenrealität wird auch durch den steten Fluß der Zeit bewirkt, ein für W. zentrales Thema. Dieses Zeitempfinden korreliert mit ihrem Bewußtsein, in eine neue Epoche hineinzuwachsen, deren Schwelle sie in »Mr Bennett and Mrs Brown« im Jahr 1910, dem Todesjahr von Edward VII, ansetzt. Diese neue Welt und W.s subjektivistische und dabei doch allgemeinen Sinnfragen sich öffnende Weltsicht erfordern eine neue Ästhetik und innovative künstlerische Darstellungsmittel, die sich von der Fixierung der Realisten und ›Edwardianer‹ auf materialistisch-empirische Details unterscheiden. Programmatisch ist hier W.s in »Modern Fiction« an ihre Zeitgenossen, die ›Georgianer‹, gerichtetes Plädoyer für die modernistische Bewußtseinsmimesis sowie ihre Ablehnung realistischer, an einem äußeren Plot orientierter Erzählkonventionen. All dies konvergiert in einem Aufruf zum erzählerischen Experiment: »no experiment, even of the wildest – is forbidden«.

In W.s erstem Roman, *The Voyage Out* (1915; *Die Fahrt hinaus*, 1989), ist hiervon allerdings noch wenig zu spüren. Dieser Bildungsroman schildert meist in auktorialer Erzählmanier die Entwicklung der jungen, lebens- und liebesunerfahrenen Rachel Vinrace. Auf einer Schiffsreise von London nach Südamerika und dort in der fiktiven britischen Kolonie Santa Marina gelangt sie, geleitet von ihrer älteren, erfahrenen Freundin Helen, sowohl zu einer größeren Selbständigkeit und Tiefe im Denken (und vollzieht damit eine ›Ausfahrt‹ bzw. – auch religiöse – Emanzipation vom Viktorianismus) als auch zur Erfahrung in Liebesdingen. Allerdings kommt es zu keinem *happy ending*, da Rachel vor ihrer geplanten Hochzeit an einer mysteriösen Krankheit stirbt. In einer negativen Epiphanie muß ihr Verlobter die Allgegenwart des Leidens erkennen. Statt eines wenig überzeugenden religiösen Trostes bleiben am Ende in für W. paradigmatischer Weise die ästhetische Perzeption (hier: der Natur) und die menschliche Gemeinschaft (hier: der Hotelgäste) als Reste von Positivität. – Die Wendung zum experimentellen modernistischen Erzählen vollzieht W. zuerst in der Short Story (in der fast ganz aus einem inneren Monolog bestehenden Geschichte »The Mark on the Wall« von 1917), in der Gattung des Romans erst in ihrem nach *The Voyage Out* und *Night and Day* (1919; *Nacht und Tag*, 1981) dritten Roman, *Jacob's Room* (1922; *Jacobs Raum*, 1981). Der Diskurs von *Jacob's Room* ist auffallend fragmentarisch, in inkohärent wirkende und häufig mit *camera-eye*-Technik erzählte Segmente zersplittert, die Momentaufnahmen aus der fiktiven Biographie des Jacob Flanders bieten. In ihrer Opazität und Ordnungslosigkeit bilden diese ein Korrelat zur Opazität des menschlichen Charakters und einer chaotischen Wirklichkeit. Wie so oft bei W. endet auch diese Geschichte unglücklich: mit einer Vignette von Jacobs Zimmer, in dem alles so geblieben ist wie bei seinem Auszug in die Schlachtfelder des Ersten Weltkriegs, in dem er, wie man erschließen muß, gefallen ist.

Auch der nächste Roman, *Mrs Dalloway* (1925; *Eine Frau von fünfzig Jahren*, 1928; *Mrs Dalloway*, 1977), weicht stark vom traditionellen, plotzentrierten Erzählen ab, und auch hier spielt der Erste Weltkrieg eine Rolle: als Ursache für den *shell shock* des Septimus Warren Smith, der schließlich seinen Psychiatern durch einen selbstmörderischen Sprung aus dem Fenster entflieht. Der Roman ist in zwei Stränge geteilt, die thematisch, motivisch und durch Schaltstellen verbunden sind (u. a. durch das Schlagen von Big Ben, das die Zeitthematik des ursprünglich *The Hours* betitelten Textes unterstreicht). Die Haupthandlung beschreibt dabei – ähnlich wie auch Joyces *Ulysses* – einen Tag in einem Großstadtleben: hier im Londoner Alltag der Mrs Dalloway, Ehefrau eines Parlamentariers, die am Abend eine Party geben will, eine ›Opfergabe‹, die sie im Rahmen einer säkularen Ethik ihren Gästen ›darbringen‹ will. Im Gegensatz zur durch den Selbstmord geschlossenen Nebenhandlung um Septimus bleibt die Haupthandlung offen: Sie endet dort, wo ein realistischer Roman erst eigentlich einsetzen würde, nämlich mit der epiphanischen – die Möglichkeit einer künftigen Ehebruchsverwicklung allenfalls andeutenden – Wiederbegegnung (der zweiten an diesem Tag) zwischen Mrs Dalloway und ihrer Jugendliebe Peter Walsh.

Der folgende, dreiteilige Roman, *To the Lighthouse* (1927; *Die Fahrt zum Leuchtturm*, 1931), gehört neben *Mrs Dalloway* mit Recht zu den berühmtesten Erzählwerken W. s. Wieder ist die äußere Handlung auf ein Minimum reduziert: Teil I beschreibt einen ereignislosen Ferientag vor dem Ersten Weltkrieg, den die zehnköpfige Familie des Philosophieprofessors Mr Ramsay und deren Gäste auf einer Hebrideninsel verbringen. Teil II, »Time Passes«, schildert, meist in impressionistischen Naturbildern, das Verstreichen der Zeit bis zum Ende des Kriegs, wobei der Tod der Mrs Ramsay buchstäblich nur in Klammern erwähnt wird. Teil III beinhaltet im wesentlichen die Erfüllung eines Kindheitswunsches eines Ramsay-Sohnes zehn Jahre nach Teil I: die titelgebende Fahrt zum Leuchtturm, auf der sich Spannungen zwischen den Kindern und ihrem patriarchalischen Vater lösen, während parallel dazu die Malerin und ehemalige Freundin Mrs Ramsays, Lily Briscoe, endlich ein Gemälde vollenden kann. Wieder erzählt W. hier innen- und multiperspektivisch, wobei sie thematisch neben der metaästhetischen Frage nach den Möglichkeiten der Wirklichkeitsdarstellung erneut die Komplexe ›leidvolles Bewußtsein der Vergänglichkeit und Augenblickshaftigkeit von Glück‹ und Probleme der Geschlechterrollen und zwischenmenschlicher Kommunikation behandelt.

W.s sechster Roman, *Orlando* (1928; *Orlando: Die Geschichte eines Lebens*, 1929; *Orlando: Eine Biographie*, 1961), ist wie der übernächste, in dem W. ihre perspektivischen Experimente durch ein Erzählen aus der Sicht eines Hundes erweitert (*Flush: A Biography*, 1933; *Flush: Die Geschichte eines berühmten Hundes*, 1934), eine phantastische Biographie: das vom elisabethanischen Zeitalter bis in die Gegenwart reichende Leben einer adeligen Figur, die im Laufe der Geschichte mit wechselnden Geschlechterrollen konfrontiert wird und – als Verkörperung von W.s Androgynitätsideal – das Geschlecht zu wechseln vermag. Mit *The Waves* (1931; *Die Wellen*, 1959) kehrt W. wieder zu ›ernsthaftem‹ Experimentieren zurück. Der Roman, ein poetisch-evokatives Erzählwerk, vermittelt die parallelen Viten von sechs Figuren in stilisierten, durch Naturschilderungen gegliederten Bewußtseinsströmen. Dabei erinnert die konsequent verwendete Multiperspektivität aufgrund der engen Motivverknüpfungen der einzelnen Perspektiven an musi-

kalische Polyphonie. W.s vorletzter Roman, *The Years* (1937; *Die Jahre*, 1954), ist die erneut in einzelnen, nichtteleologisch wirkenden Szenen erzählte Geschichte einer Londoner Familie, der Pargiters. Wiederum ist die äußere Handlung marginal, vielmehr geht es um eine mentalitäts- und sozialhistorische Darstellung der Veränderungen der englischen Gesellschaft zwischen 1880 und der Gegenwart. W.s letzter, postum publizierter Roman, *Between the Acts* (1941; *Zwischen den Akten*, 1963), spielt wie schon *Mrs Dalloway* an einem einzigen Tag, hier des Jahres 1939. Im Landgut Pointz Hall der Familie Oliver wird ein traditionelles Dorffest gefeiert. Dessen Höhepunkt ist die Aufführung eines *pageant*: eines Bilderbogens der englischen Geschichte, bei dem zum letzten Mal bei W. mit dem Viktorianismus abgerechnet wird. Das Kapitel der Gegenwart illustriert die experimentierende Spielleiterin Miss La Trobe, eine *mise en abyme* W.s, durch einen Spiegel, den sie den Zuschauern vorhält. Angesichts des heraufziehenden Zweiten Weltkriegs erscheint die ländliche Festgesellschaft hier quasi als ›Zwischenakt‹ in der Geschichte. Es ist eine Welt, die im nächsten Akt versinken wird – einem Akt, in dem W. selbst jedoch nicht mehr mitspielen wollte.

Werner Wolf

Wordsworth, William
Geb. 7. 4. 1770 in Cockermouth, Cumberland; gest. 23. 4. 1850 in Rydal Mount, Cumberland

Auch wenn zu seinen Lebzeiten Scott und Byron größere Anerkennung erfuhren, ist William Wordsworth doch als der entscheidende Pionier und Repräsentant der Romantik in England anzusehen. In seinen Gedichten und theoretischen Ausführungen wurden dem relativ zahlreichen an Dichtung interessierten Lesepublikum der Zeit zum ersten Mal romantische Grundvorstellungen vom Künstler und seinem Werk, von der Natur und der Bedeutung gesellschaftlicher Randgruppen, insbesondere Kindern, intensiv präsentiert. Und entsprechend diesen Vorstellungen findet man eine sehr enge Verbindung von literarischem Schaffen und Leben: »He wrote as he lived, and he lived as he wrote«, stellt W.s erster Biograph zutreffend fest. – W. wurde als zweites von fünf Kindern eines als Gutsverwalter amtierenden Rechtsanwalts im nordenglischen Lake District geboren. Er verlebte, wie er selbst meinte, eine glückliche Kindheit, obwohl er schon mit acht Jahren seine Mutter und fünf Jahre später seinen Vater verlor. In der Hawkshead Grammar School, unweit Cockermouth, erhielt er eine gute Erziehung, wurde von einem jungen Lehrer mit der englischen Dichtung des 18. Jahrhunderts vertraut gemacht und hatte v. a. ausgiebig Gelegenheit, die eindrucksvolle Berglandschaft seiner Heimat kennen und lieben zu lernen und im Zusammenhang damit seine dichterische Berufung zu entdecken und zu entwickeln. Das Universitätsstudium am St. John's College in Cambridge nahm er wenig ernst. Anstelle des akademischen Pensums studierte er moderne Fremdsprachen, insbesondere Italienisch, und las, was ihn interessierte. Statt sich auf die Prüfungen vorzubereiten, unternahm er in den letzten großen Ferien mit einem walisischen Freund eine ausgedehnte Wandertour durch die Alpen. Auch nach dem B. A.-Examen, das er Januar 1791 mit mäßigem Erfolg ablegte, zeigte er keine Neigung, einen regulären Beruf anzustreben. Er besuchte London und Wales, kehrte kurz nach Cambridge zurück und ging dann für ein Jahr nach Frankreich, angeblich, um Französisch zu lernen. Während dieser Zeit vertieften sich seine Sympathien für die Französische Revolution, er schloß Freundschaft mit Michel Beaupuy, einem jungen Aristokraten, der die Revolution unterstützte. Mit Annette Vallon, einer Arzttochter aus Bois, hatte er eine Liebesbeziehung. Doch seine Mittellosigkeit und der zwischen England und Frankreich ausbrechende Krieg standen einer Ehe mit ihr, die ihm eine Tochter, Caroline, schenkte, im Wege. Die Bewunderung für die französische Republik erfuhr durch die weiteren politischen Ereignisse eine schmerzliche Enttäuschung und wandelte sich ins Gegenteil.

W.s erste Gedichte, »An Evening Walk« und »Descriptive Sketches«, welche Wanderungen durch den Lake District und durch die Alpen in *heroic couplets* darstellen, erschienen 1793. Nachdem W. 1795 durch das Vermächtnis eines Freundes, den er vorher gepflegt hatte, eine bescheidene wirtschaftliche Unabhängigkeit erhielt, ließ er sich mit seiner Schwester Dorothy, der er »An Evening Walk« gewidmet hatte und die ihm zeit seines Lebens innig verbunden war, in Racedown, Dorset, und später in Alfoxden, Somerset, nieder. Hier erlebte er eine enge Freundschaft mit dem in der Nähe wohnenden Coleridge, die zur Entstehung der 1798 mit Coleridge gemeinsam veröffentlichten *Lyrical Ballads* führte. Diese Sammlung, insbesondere in der erweiterten, nun von W. allein verantworteten zweiten Auflage mit einem eigenen »Preface« (1800), bedeutete eine Wendemarke in der englischen Dichtung. Die zusätzlichen Gedichte hatte W. während eines mehrmonatigen Deutschlandaufenthaltes – die deutsche Romantik galt als führend – geschrieben, als er den strengen Winter 1798/99 mit seiner Schwester v. a. in Goslar verbrachte. Der Titel der Sammlung macht, neben der Bedeutung des Gefühls (*Lyrical*), die Wertschätzung deutlich, welche die Romantiker der Gattung Ballade entgegenbrachten. Balladen waren für sie echte, nicht durch künstliche Konventionen verfälschte Volksdichtung. So steht programma-

tisch am Anfang der Erstauflage Coleridges »Ancient Mariner«, die Geschichte des alten Seemanns, der sich frevel-
haft an der Natur versündigt. In W.s
Ballade »Lucy Gray« findet man ein
Kind im Mittelpunkt, und in dem balla-
denartigen Gedicht »We are Seven« geht
es um kindliche Weltsicht, das Unvermögen des Kindes, den Tod zu verstehen. Einen Angehörigen einer anderen gesellschaftlichen Randgruppe,
einen alten Schäfer im Lake District,
behandelt das lange, ›pastorale‹ Gedicht
»Michael«, dem W. in der Zweitauflage
die prononcierte Schlußposition gibt.
An den Anfang stellt er jetzt »Expostula-
tion and Reply«, das die dichterische
Kreativität zum Gegenstand hat: Nicht
Bücher gäben dem Dichter die notwendige Inspiration, er könne nicht
durch willentliche Anstrengung etwas
hervorbringen, sondern er müsse sich
›in weiser Passivität‹ für die Kräfte der
Natur öffnen. Das Verhältnis des Dichters (bzw. des Menschen) zur Natur in
seinen verschiedenen Entwicklungssta-
dien wird auch in dem reflektiven Gedicht »Tintern Abbey« dargestellt, das
W. während einer Wanderung durch das
Wye-Tal im walisischen Grenzland verfaßte und als Abschluß der Erstausgabe
wählte. In den sogenannten »Lucy
Poems« über ein einfaches, naturnahes
Mädchen, dem der Dichter in Liebe
zugetan ist, kommt W. seinem Ideal der
schlichten, ungekünstelten Sprache besonders nahe. Im »Preface«, welches die
Neuheit der Gedichte einem an klassische Normen gewöhnten Publikum zu
erklären versuchte, findet W. einpräg-
same Formeln für das romantische
Dichtungsverständnis. Für ihn ist der
Dichter nicht ein speziell geschulter
Wortkünstler, sondern einfach »a man
speaking to men«, freilich ein Mensch,
der mit besonderer Empfindsamkeit be-
gabt ist, und durch seine Dichtung andere an seinen Erfahrungen teilhaben
lassen kann. Gute Dichtung habe wesentlich mit Gefühl zu tun und wird von

W. als »spontaneous overflow of power-
ful feelings« definiert; zugleich auch, da
es sich um Sekundäremotionen handelt,
als »emotion recollected in tranquillity«. Die Gegenstände, mit denen sich
W.s Dichtung vorzugsweise befaßt, werden als »incidents and situations from
common life« oder als »humble and
rustic life« wiedergegeben, und die an-
zustrebende Sprache ist nach W. nicht
eine literarische Sondersprache oder
poetic diction, vielmehr »a selection of
language really used by men«.

Aus Deutschland zurückgekehrt, verbrachte W. mit Dorothy sein weiteres
Leben, abgesehen von mehr oder weniger kurzen Unterbrechungen und immer wieder unternommenen ausgedehnten Reisen, in und bei Grasmere im
Lake District; 1799–1808 in Dove Cot-
tage, bis 1811 in Allen Bank, dann im
Pfarrhaus von Grasmere und schließlich
ab 1813 in Rydal Mount. Francis Jeffrey,
feindlicher Kritiker der einflußreichen
Edinburgh Review, prägte deshalb für
W., Coleridge und Robert Southey die
Bezeichnung Lake Poets (der Begriff
›Romanticism‹ wurde erst in der viktorianischen Zeit gebraucht). 1802 heiratete W. Mary Hutchinson, die seit der
frühen Schulzeit mit ihm und auch mit
Dorothy befreundet war und seine
Dichtung bewunderte, und hatte mit ihr
fünf Kinder, von denen zwei früh starben.

Die frühen Jahre des neuen Jahrhunderts waren W.s produktivste Zeit, und
einige seiner letzten Gedichte erschienen in Poems, in Two Volumes (1807).
Dazu gehört »To the Cuckoo«, eines der
herausragenden romantischen Vogelge-
dichte, in denen Vögel gepriesen werden, weil sie sich über die Sphäre der
körperlichen Begrenztheit erheben und
so die Kraft des Geistes und der Phantasie repräsentieren können. In »Resolu-
tion and Independence« dient dem
Dichter ein behinderter alter Mann, den
er auf seiner Wanderung beim Sammeln
von Blutegeln trifft, durch seine im Titel

angesprochenen Eigenschaften als Vorbild. In den liedhaften Gedichten »I Wandered Lonely as a Cloud« und »The Solitary Reaper« geht es um Begegnungen mit der Natur bzw. einem naturnahen Menschen; beide setzen W.s poetische Formel von »emotion recollected in tranquillity« erkennbar um. Die sogenannte »Immortality Ode«, das meistdiskutierte Gedicht W.s, feiert das Kind, weil es mit dem pränatal erfahrenen Urgrund menschlicher Existenz in einer unmittelbaren Verbindung steht, die beim Erwachsenen verschüttet ist. Beachtung verdienen auch einige in der Form an Milton orientierte Sonette: »Composed upon Westminster Bridge« preist die Metropole überraschenderweise wegen ihrer Verbundenheit mit der Natur; »It Is a Beauteous Evening« betont, ähnlich wie »Tintern Abbey« und die »Immortality Ode«, die begnadeten Fähigkeiten des Kindes; und »The World Is Too Much with Us« hat die Entfremdung des Menschen von der Natur durch die Betriebsamkeit der Welt zum Thema. Während dieser Zeit schloß W. auch die Arbeit an der ersten Fassung des *Prelude* (1850; *Präludium oder Das Reifen eines Dichtergeistes: Ein autobiographisches Gedicht*, 1974) ab, das erst postum, drei Monate nach seinem Tod, veröffentlicht wurde. Im Mittelpunkt dieser 14 Bücher langen, eposhaften Dichtung in Blankversen stehen keine Heroen aus mythischer Vorzeit. W. stellt in der ersten Person seine eigene Entwicklung als Dichter dar, wobei er sich auf prägende Erlebnisse, »spots of time«, konzentriert. Der Titel und Untertitel, *Or, Growth of a Poet's Mind*, stammen von Dorothy Wordsworth, während der Dichter selbst stets von »the poem of my own life« sprach. In dieser Dichtung, die als Vorspiel für ein noch größeres Werk geplant war, kommen auf der Basis des eigenen Lebenslaufs alle Vorstellungen W.s über die kreative Sensibilität des Dichters und sein Verhältnis zur Natur zum Tragen.

W. betätigte sich auch weiterhin als fleißiger Schreiber, und einige seiner später verfaßten Gedichte, wie etwa die Sonette »Mutability« (1822) oder »Scorn Not the Sonnet« (1827), sind ebenfalls als literarische Kunstwerke bemerkenswert. Doch seine eigentlich kreative Phase war nach 1807 zu Ende. Eine Ernennung zum Distributor of Stamps für Westmorland 1813 sicherte seinen Lebensunterhalt, bis ihm 1842 eine Pension ausgesetzt wurde. W.s allgemeine Anerkennung als großer Dichter erfolgte erst relativ spät. 1838 erhielt er die juristische Ehrendoktorwürde der Universität Durham und 1839 die von Oxford. 1842 veröffentlichte W. sein einziges Drama, die wenig bedeutende Blankvers-Tragödie *The Borderers* (*Die Grenzgänger*, 1992), die bereits in Dorset entstanden war. 1843 wurde er als Nachfolger seines Freundes Southey zum *Poet Laureate* ernannt. Während der viktorianischen Epoche erreichte die Verehrung für diesen bedeutenden Dichter, der durch den sittlichen Ernst seiner Botschaft und die intendierte Einfachheit seiner Sprache leicht zum Gegenstand von Spott und Parodien wurde, ihren Höhepunkt. Heute ist die Kritik neben der literarhistorischen Position W.s nicht zuletzt an den Spannungen und Widersprüchen in seinem Werk interessiert.

Raimund Borgmeier

Yeats, W[illiam] B[utler]
Geb. 13. 6. 1865 in Dublin;
gest. 28. 1. 1939 in Cap Martin,
Frankreich

W. B. Yeats gehört zu den überragenden englischsprachigen Dichtern des 20. Jahrhunderts. Primär als Lyriker, aber auch als Dramatiker hat er weit über Irland und die eigene Zeit hinaus einen nachhaltigen Einfluß ausgeübt, während sein erzählerisches und essayistisches Werk weniger Beachtung gefunden hat. Die Komplexität seines literarischen Schaffens hängt aufs engste mit einer ausgeprägten Widersprüchlichkeit zusammen. Y. war ein Traditionalist, der sich halb ironisch als »letzten Romantiker« bezeichnete, aber doch auch einen unverwechselbar eigenen Weg ging und dabei der englischsprachigen Moderne wichtige Impulse geben konnte. Er umgab sich einerseits früh mit der Aura des elitären Ästheten und esoterischen Exzentrikers, bewahrte sich andererseits aber bis ins hohe Alter einen spontanen Sinn für die vitalen Bedürfnisse des Menschen. Er erwies sich als ein enorm wandlungsfähiger Autor, der sich schwer literarhistorisch klassifizieren läßt und markante Schaffensphasen durchläuft, aber doch auch eine beträchtliche Kontinuität der poetischen Motive und Methoden entwickelt. Dazu gehören die wiederkehrende Thematik spannungsvoller Dualismen wie Ich und Welt, Leben und Tod, Körper und Seele, Imagination und Realität, Gegenwart und Vergangenheit ebenso wie der Rückgriff auf zentrale Bilder und Symbole (etwa Baum, Vogel, Turm, Meer, Haus), die in nuancen- und kontrastreicher Mehrschichtigkeit einbezogen und von suggestiven Klangmustern getragen werden. Für Y. gab häufig das eigene Leben mit seinen leidenschaftlich ausgetragenen Konflikten entscheidende Anstöße, die er allerdings mithilfe antithetischer Sprecherrollen nach einer ausgeklügelten »Masken«-Doktrin verarbeitete, um die autobiographische Sphäre zu entgrenzen. Ähnlich war er ein der heimischen, zumal ländlichen Umwelt verbundener Visionär, deren besonderer mythisch-magischer Tradition er zugleich eine universale Dimension verlieh. Er trat als zeitkritischer und auch apokalyptisch mahnender Kommentator auf, der gleichwohl aus metaphysischer Überzeugung eine letztlich affirmative Weltanschauung vertrat. In seinem Schaffensprozeß bemühte er sich mit konstruktiver Akribie, stilisti-

scher Subtilität, ironischen Manövern und komplexen Strukturen in oft zahlreichen, langjährigen Überarbeitungen um die perfekte Komposition seiner Texte, die nicht selten eine volkstümlich eingängige Einfachheit erreichten.

Y. entstammt einer anglo-irischen, protestantischen Familie mit künstlerischen Ambitionen und wuchs in Dublin, London und im ländlichen Westen Irlands auf. Er kam früh zur Schriftstellerei (sein erstes Buch veröffentlichte er mit 21 Jahren) und gehörte zu Zirkeln ›dekadenter‹ Poeten und zu Geheimbünden okkultistischer Adepten im London der ›Nineties‹, bevor er sich ganz Irland und der Neubelebung seiner autochthonen Tradition zuwandte. Die unerfüllt bleibende Liebe zu der irischen Nationalistin Maud Gonne hatte nicht nur einen nachhaltigen Einfluß auf seine Dichtung, sondern motivierte ihn auch zu langjährigen Aktivitäten in der literarischen Bewegung der *Irish Renaissance*, darunter der Leitung des 1904 mit Lady Gregory und John Millington Synge gegründeten Abbey Theatre, der zentralen Stätte des neuen irischen Dramas. Über die Theaterarbeit hinaus war er in diverse kulturpolitische Kontroversen verwickelt, die ihn gegen das Dubliner Philistertum Stellung beziehen ließen. 1917 heiratete er die Engländerin Georgie Hyde-Rees, deren ›automatisches Schreiben‹ ihn zum Entwurf seines visionären »Systems« inspirierte und so seiner Dichtung einen festeren Bezugsrahmen gab. Die Übernahme eines Senatorenamts im irischen Freistaat (1922) und die Verleihung des Literaturnobelpreises (1923) konsolidierten seine prominente Stellung im kulturellen Leben Irlands und seinen internationalen Status als Autor. Als patriotisch und konservativ eingestellte Persönlichkeit setzte er sich für die Unabhängigkeit Irlands und den Aufbau der neuen Nation ein, rückte Anfang der 1930er Jahre allerdings auch zeitweilig in die Nähe der irischen Faschisten. Die konformistisch-materialistische Entwicklung der westlichen Zivilisation betrachtete er mit großer Skepsis, während er in der zugleich spirituellen und sensuellen Kultur der Landaristokratie und des Bauerntums in Irland eine über die eigene Nation hinaus wegweisende Alternative sah.

Y. hat mit seinem literarischen Werk den bedeutendsten Beitrag zur *Irish Renaissance* geliefert, aber selbst in dem öffentlichsten Teil seines Werks nie den unverwechselbar persönlichen Ansatz aufgegeben und bei allem Engagement immer den Primat der künstlerischen Perfektion betont. Dies gilt insbesondere für seine Lyrik, die man auch nach solchen Kriterien in drei Schaffensphasen einteilt. Das Frühwerk steht im Zeichen des ästhetizistischen Jahrhundertendes mit seiner wehmütig-weltflüchtigen Grundstimmung und seiner Kultivierung der Kunst um der Kunst willen. Y. tendiert hier zu einem lebensfremden Idealismus in träumerisch vagen Projektionen, die aus mystischen wie mythischen Quellen eine zwielichtige Atmosphäre heraufbeschwören. Die elaborierten Texte sind bis zur Sinnverdunkelung formal angereichert, verwenden allerdings auch folkloristische Grundmuster. Sie sollen das Geheimnisvolle und Unergründliche des »verborgenen Lebens« offenbaren, in einer Transzendierung der Wahrnehmungswirklichkeit, die nur in Andeutungen zu vermitteln ist. Schon in *The Wanderings of Oisin* (1889), einer Erzählung um irische Mythen- und Sagengestalten, wendet er sich der gälischen Tradition zu, die in den Sammlungen *The Rose* (1893) und *The Wind Among the Reeds* (1899) weiterverfolgt wird. Die Titelsymbolik in *The Rose* wird dabei in vieldeutigen Konnotationen und strukturbildender Konsistenz auf die Privatsphäre (die Rose als Sinnbild der durch Maud Gonne verkörperten weiblichen Schönheit), die okkulte Tradition (die *rosa mystica* als Chiffre für spirituelle

Perfektion) oder Irland (die Rose als verbreitete Metapher für das Land) bezogen. Die autobiographischen Erfahrungen, zumal seiner unglücklichen Liebe, hat Y. in *The Wind Among the Reeds* und den folgenden Bänden oft in der Projektion von Männerfiguren, die verschiedene Seiten seiner selbst verkörpern, dargestellt. Charakteristisch für das Frühwerk sind Gedichte wie »The Lake Isle of Innisfree«, »The Sorrow of Love«, »The Two Trees« oder »The Song of Wandering Aengus«.

In der mittleren Schaffensphase, die vornehmlich mit der Sammlung *Responsibilities* (1914) einsetzt, verlagert Y. die Thematik und ändert den Stil seiner Gedichte. In deutlicher Abwendung vom Frühwerk erkennt Y. nun eine Hauptfunktion der Dichtung in der »Kritik des Lebens«, indem er sich mit der konkreten Umwelt seines Landes in einer turbulenten Übergangszeit auseinandersetzt. Die neue Verantwortlichkeit gilt gleichermaßen dem Erbe der Vorfahren, dem aktuellen Zustand der Gesellschaft und der eigenen Person als Mensch und Künstler. Ein entsprechender Stilwandel zielt gegenüber der artifiziellen Tendenz des Frühwerks auf eine neue Unmittelbarkeit und Einfachheit in offener persönlichen Aussagen, unverblümt kritischen Zeitkommentaren und prosaischen Sprechweisen. Die gleichzeitige Theaterarbeit legt den verstärkten Einsatz dramatischer Techniken nahe: die Form des Dialog-Gedichts, die Strategie ironischer Kontrastierung, ein erweitertes Repertoire von Sprecherrollen. Bedeutende Sammlungen der Zeit sind *The Wild Swans at Coole* (1919) und *Michael Robartes and the Dancer* (1921). In diese Phase gehören Gedichte wie die über Robert Gregory oder »Easter 1916«.

Im Spätwerk der seit den 1920er Jahren entstandenen Gedichte erreicht Y. den Höhepunkt seines lyrischen Schaffens. Das gilt zumal für die Bände *The*

Tower (1928; *Der Turm*, 1958) und *The Winding Stair and Other Poems* (1933), die nicht nur eine ungebrochene Alterskreativität zeigen, sondern auch die eigenwillige Modernität eines bemerkenswert wandlungsfähigen Autors. Die Thematik der eigenen Entwicklung, des Umbruchs in Irland und des Weltgeschehens strukturiert er nun mithilfe des in der Prosaschrift *A Vision* (1925, revidiert 1937) entwickelten Systems menschheitsgeschichtlicher Zyklen und universaler Persönlichkeitstypen. Er schöpft dabei aus dem archetypischen Bilderreservoir des kollektiven Unbewußten und sieht das Ich wie die Welt von dynamischen Grundmustern konträrer bzw. komplementärer Art geprägt. Dies betrifft auch das Selbstverständnis des Künstlers, der zur Wesensvervollständigung sein maskenhaftes »Anti-Selbst« benötigt. Die beiden Gedichtbände sind entsprechend nicht nur in sich strukturiert, sondern korrespondieren auch miteinander, insofern der Band mit der Turm-Symbolik auf eine männliche, politische Welt, Bilder des Verfalls und der Sterilität sowie einen bitteren Grundton zielt, während der Band mit der Wendeltreppen-Symbolik auf eine weibliche, künstlerische Welt, Bilder der Regeneration und Sinnlichkeit sowie eine affirmative Grundstimmung abhebt. Diese Phase repräsentieren die besonders komplexen Byzanz-Gedichte, die weitergeführten Coole-Park-Gedichte, die Sequenz »Meditations in Time of Civil War«, »Among School Children«, »Lapis Lazuli« und – als eine Art testamentarisches Credo – »Under Ben Bulben«.

Die Dramen von Y. sind primär poetische Stücke, deren Bühnenwirksamkeit von den imaginativen thematischen Entwürfen und der stilisierten Sprache des Lyrikers abhängt. In der poetischen Erneuerung des Dramas liegt zugleich – über das *Irish Dramatic Movement* hin-

aus – ihr Verdienst für das englischsprachige Theater der Zeit. Wiederkehrende Merkmale seines dramatischen Schaffens sind die Bevorzugung irischer Schauplätze und historischer oder mythisch entrückter Zeiträume; die Betonung des inneren gegenüber dem äußeren Geschehen und die Einbeziehung einer die Alltagsrealität erfassenden übernatürlichen Macht, die emotionsgeladene Lebenssituationen und elementare Existenzprobleme ins Spiel bringt; eine Vorliebe für die kompakte Kurzform des Einakters; die metrische oder metaphorische Stilisierung der Figurenrede; die aussparend andeutende Reduktion der Bühnenmittel. In den früheren Dramen tendiert Y. dazu, von der Realität auszugehen, um den Bereich des Unwirklichen eindringen zu lassen. So präsentiert er in *The Countess Cathleen* (1892, 1919; *Die Gräfin Cathleen*, 1972) eine Titelheldin, die ihre Seele an Dämonen verkauft, um ihr Volk aus der Hungersnot und vor dem Teufel zu retten, und in *Cathleen ni Houlihan* (1902; *Cathleen ni Houlihan*, 1972) eine Titelheldin, die als Personifikation Irlands zur Rebellion gegen die Fremdherrschaft aufruft. In den seit 1914 entstandenen, vom japanischen No-Theater beeinflußten Stücken siedelt Y. das – meist ritualisierte – Geschehen von vornherein im Bereich des Imaginären an und nähert sich eher umgekehrt der vertrauten Realität. Das gilt etwa für *At the Hawk's Well* (1916; *An der Falkenquelle*, 1972), das erste einer Reihe von Stücken über den sagenumwobenen Cuchulain, der sich hier von der ewiges Leben verleihenden Quelle ablenken läßt und dem Schicksal eines fluchbeladenen Heldentums folgt. Auch in seinem dramatischen Werk blieb Irland und seine autochthone Tradition die maßgebliche Inspirationsquelle von Y.

Eberhard Kreutzer

Verfasserinnen und Verfasser

Bach, Gerhard: P. Roth
Baumann, Uwe: Ch. Brontë
Berger, Dieter A.: Fielding
Berkemeier, Christian: Auster
Binder, Wolfgang: Naipaul
Bischoff, Volker: E. Dickinson,
  Whitman
Borgmeier, Raimund: Keats,
  Richardson, Wordsworth
Breinig, Helmbrecht: J. F. Cooper,
  Hawthorne, Melville, Poe
Breitinger, Eckhard: Achebe
Bücher, Britta: D. Lessing
Collier, Gordon: Walcott
Cujai, Nicole: Gordimer, Mansfield
Ensslen, Klaus: Morrison, A. Walker
Erzgräber, Willi: Chaucer, Hardy
Feuchert, Sascha: Christie, Doyle
Fischer, Katrin: Chandler, Hammett
Fischer-Seidel, Therese: Beckett,
  E. M. Forster
Fluck, Winfried: James, Mark Twain
Foltinek, Herbert: Dickens
Glaap, Albert-Reiner: Ayckbourn
Grandel, Hartmut: Hughes
Henke, Christoph: J. Barnes
Hilf, Susanne: Ondaatje
Hölbling, Walter: Hemingway
Hof, Renate: J. C. Oates
Höfele, Andreas: Shakespeare, Wilde
Horatschek, Anna-M.: Ackroyd
Horlacher, Stefan: Fowles
Hüppe, Barbara: Nabokov
Hurm, Gerd: D. Barnes, Dos Passos,
  Fitzgerald, G. Stein
Ickstadt, Heinz: Pynchon
Imhof, Rüdiger: Banville
Keitel, Evelyne: K. Chopin, Highsmith
Kohl, Stephan: Thackeray
Kramer, Jürgen: Conrad
Kreutzer, Eberhard: Carroll, Joyce,
  Rushdie, Yeats
Krewani, Angela: A. Carter

Lange, Bernd-Peter: Orwell
Lessenich, Rolf: Blake, Byron, Defoe,
  Milton
Leypoldt, Günter: Faulkner, Kerouac
Link, Viktor: Coleridge
Löschnigg, Maria: Bond
Mader, Doris: C. Churchill
Meinig, Sigrun: Carey
Müllenbrock, Heinz-Joachim: Pope,
  Scott
Müller, Klaus Peter: Pinter
Müller, Kurt: Dreiser, A. Miller, O'Neill
Müller, Wolfgang G.: J. Austen, Carver,
  T. S. Eliot, B. Jonson, Pound, Shelley,
  Updike
Niederhoff, Burkhard: Stevenson
Nischik, Reingard M.: Atwood
Opfermann, Susanne: H.B. Stowe
Pehnt, Annette: Steinbeck
Peters, Christoph M.: Huxley
Real, Hermann J.: Swift
Reckwitz, Erhard: Coetzee, Murdoch
Reinhart, Werner: Albee, T. Williams
Rippl, Gabriele: Byatt
Salheiser, Britta: St. Crane
Sander, Hans Jochen: Golding
Schäffner, Raimund: Shaw
Schenkel, Elmar: Chatwin
Schlaeger, Jürgen: Heaney, McEwan
Scholz, Anne-Marie: E. Wharton
Schöneich, Christoph: Gr. Greene
Schulz, Dieter: Emerson
Schulze-Engler, Frank: Soyinka
Seeber, Hans Ulrich: G. Eliot
Seibel, Klaudia: Tolkien
Sichert, Margit: Shepard
Späth, Eberhard: Wallace
Stratmann, Gerd: Sterne
Surkamp, Carola: Th. Wilder
Welz, Stefan: Kipling
Winkgens, Meinhard: Lawrence
Wolf, Werner: V. Woolf
Zimmermann, Jutta: London

Die in diesem Band versammelten Autoren-
porträts stammen aus dem »Metzler Lexikon
englischsprachiger Autorinnen und Autoren«
(2002), herausgegeben von Eberhard Kreutzer
und Ansgar Nünning sowie aus dem »Metzler
Lexikon amerikanischer Autoren« (2000),
herausgegeben von Bernd Engler und Kurt
Müller. Dort befinden sich auch weiterführende Literaturhinweise zu jedem der
Artikel.

Bibliografische Information
Der Deutschen Bibliothek
Die Deutsche Bibliothek verzeichnet diese
Publikation in der Deutschen National-
bibliografie; detaillierte bibliografische
Daten sind im Internet über
<http://dnb.ddb.de> abrufbar.

ISBN 978-3-476-02028-4
ISBN 978-3-476-02951-5 (eBook)
DOI 10.1007/978-3-476-02951-5

© 2004 Springer-Verlag GmbH Deutschland
Ursprünglich erschienen bei J.B. Metzlersche Verlagsbuchhandlung
und Carl Ernst Poeschel Verlag GmbH in Stuttgart 2004

www.metzlerverlag.de
info@metzlerverlag.de

Die NEUEN Lexika im Westentaschen-Format

Jeder Band steckt voller Leben. Welche herausragenden kulturellen Leistungen haben brillante Geistesgrößen vollbracht? Ob fürs Studium, zum Stöbern oder für unterwegs: Die Bände der neuen Reihe *metzler kompakt* glänzen mit geballtem Wissen. Schnell, anschaulich und unterhaltsam präsentiert.

Brodersen/Zimmermann (Hrsg.),
Personen der Antike
2004. 256 Seiten · ISBN 3-476-02023-1

Engler/Kreutzer/Müller/Nünning (Hrsg.),
Englischsprachige Autoren
2004. 320 Seiten · ISBN 3-476-02028-2

Lutz (Hrsg.),
Philosophen
2004. 272 Seiten · ISBN 3-476-02026-6

Lutz (Hrsg.),
Deutschsprachige Autoren
2004. 280 Seiten · ISBN 3-476-02027-4

Weber (Hrsg.),
Komponisten
2004. 320 Seiten · ISBN 3-476-02024-X

Vinzent (Hrsg.),
Theologen
2004. 256 Seiten · ISBN 3-476-02025-8

jeder Band: Kartoniert, € 12,95/CHF 21,–

metzler kompakt

Printed in the United States
By Bookmasters